DIREITO ELEITORAL

JAIME BARREIROS NETO

DIREITO ELEITORAL

8ª edição
revista, ampliada e atualizada

coleção
SINOPSES
para **concursos**

Coordenação
Leonardo Garcia

40

2018

EDITORA *Jus*PODIVM
www.editorajuspodivm.com.br

EDITORA *Jus*PODIVM
www.editorajuspodivm.com.br

Rua Mato Grosso, 164, Ed. Marfina, 1º Andar – Pituba, CEP: 41830-150 – Salvador – Bahia
Tel: (71) 3045.9051
• Contato: https://www.editorajuspodivm.com.br/sac

Diagramação: Linotec *(www.linotec.com.br)*

Capa: Ana Caquetti

N469d Direito eleitoral/ Jaime Barreiros Neto – 8. ed. rev. e atual. – Salvador: Juspodivm, 2018.
592 p. (Sinopses para concursos, v. 40 / Coordenador Leonardo de Medeiros Garcia)

Bibliografia.
ISBN 978-85-442-1892-1.

1. Direito. 2. Direito eleitoral. I. Neto, Jaime Barreiros. II. Título.

CDD 341.2813

8ª ed., *2.ª tir.:* abr./2018; *3.ª tir.:* ago./2018.

Aos meus pais, Geraldo e Solange, por terem traçado para mim um caminho de estudo e dignidade.

À minha esposa, Lorena, pelo amor e companheirismo constantes.

A meus irmãos, sobrinho e demais familiares.

Às pessoas amadas que, não mais presentes neste mundo, continuam a sobreviver no meu amor e na minha lembrança.

A Luiza e Laura, com o meu amor incondicional.

Coleção Sinopses para Concursos

A *Coleção Sinopses para Concursos* tem por finalidade a preparação para concursos públicos de modo prático, sistematizado e objetivo.

Foram separadas as principais matérias constantes nos editais e chamados professores especializados em preparação de concursos a fim de elaborarem, de forma didática, o material necessário para a aprovação em concursos.

Diferentemente de outras sinopses/resumos, preocupamo-nos em apresentar ao leitor o entendimento do STF e do STJ sobre os principais pontos, além de abordar temas tratados em manuais e livros mais densos. Assim, ao mesmo tempo que o leitor encontrará um livro sistematizado e objetivo, também terá acesso a temas atuais e entendimentos jurisprudenciais.

Dentro da metodologia que entendemos ser a mais apropriada para a preparação nas provas, demos destaques (em outra cor) às palavras-chaves, de modo a facilitar não somente a visualização, mas, sobretudo, a compreensão do que é mais importante dentro de cada matéria.

Quadros sinóticos, tabelas comparativas, esquemas e gráficos são uma constante da coleção, aumentando a compreensão e a memorização do leitor.

Contemplamos também questões das principais organizadoras de concursos do país, como forma de mostrar ao leitor como o assunto foi cobrado em provas. Atualmente, essa "casadinha" é fundamental: conhecimento sistematizado da matéria e como foi a sua abordagem nos concursos.

Esperamos que goste de mais esta inovação que a Editora Juspodivm apresenta.

Nosso objetivo é sempre o mesmo: otimizar o estudo para que você consiga a aprovação desejada.

Bons estudos!

Leonardo Garcia
leonardo@leonardogarcia.com.br
www.leonardogarcia.com.br

Guia de leitura da Coleção

A Coleção foi elaborada com a metodologia que entendemos ser a mais apropriada para a preparação de concursos.

Neste contexto, a Coleção contempla:

- **DOUTRINA OTIMIZADA PARA CONCURSOS**

Além de cada autor abordar, de maneira sistematizada, os assuntos triviais sobre cada matéria, são contemplados temas atuais, de suma importância para uma boa preparação para as provas.

> Não obstante, boa parcela da doutrina, há tempos, sustentava a inconstitucionalidade da execução provisória, sob o argumento de que ela violaria princípios como a presunção de inocência e a dignidade da pessoa humana.
>
> Nesse prisma, reconhecendo a pertinência deste argumento, o Pleno do STF, em julgamento histórico proferido no HC nº 84078/MG, sob a relatoria do então Ministro Eros Grau, na data de 5/2/2009, por 7 (sete) votos a 4 (quatro), resolveu por bem encerrar qualquer polêmica decidindo que **a execução provisória é inconstitucional**, eis que afronta o princípio da não culpabilidade (art. 5º, inciso LVII, do Texto Constitucional).

- **ENTENDIMENTOS DO STF E STJ SOBRE OS PRINCIPAIS PONTOS**

> **Qual o entendimento do STF sobre o assunto?**
>
> O STF, no julgamento da ADIN nº 1.570-2, decidiu pela **inconstitucionalidade do art. 3º da Lei nº 9.034/95** (no que se refere aos dados "fiscais" e "eleitorais"), que previa a figura do **juiz inquisidor**, juiz que poderia adotar direta e pessoalmente as diligências previstas no art. 2º, inciso III, do mesmo diploma legal ("o acesso a dados, documentos e informações fiscais, bancárias, financeiras e eleitorais").

- **PALAVRAS-CHAVES EM OUTRA COR**

As palavras mais importantes (palavras-chaves) são colocadas em outra cor para que o leitor consiga visualizá-las e memorizá-las mais facilmente.

Conforme entendimento doutrinário prevalecente, o **impedimento do juiz** é causa de **nulidade absoluta** do ato processual. De se registrar que parcela minoritária, mas respeitável, da doutrina entende que o ato praticado por juiz impedido é inexistente, já que falta jurisdição (NUCCI, 2008, p. 833-834). Já a **suspeição** é causa de **nulidade relativa** (NUCCI, 2008, p. 833-834).

- **QUADROS, TABELAS COMPARATIVAS, ESQUEMAS E DESENHOS**

Com esta técnica, o leitor sintetiza e memoriza mais facilmente os principais assuntos tratados no livro.

Ato inexistente: sequer ingressa no mundo jurídico, não produzindo efeitos. → **Ato nulo:** ingressa no mundo jurídico, podendo ou não produzir efeitos. → **Ato irregular:** ingressa no mundo jurídico e produz efeitos.

- **QUESTÕES DE CONCURSOS NO DECORRER DO TEXTO**

Através da seção *"Como esse assunto foi cobrado em concurso?"* é apresentado ao leitor como as principais organizadoras de concurso do país cobram o assunto nas provas.

▸ **Como esse assunto foi cobrado em concurso?**

No concurso de Analista do Tribunal de Justiça do Estado do Espírito Santo, promovido pelo Cespe/Unb, em 2011, questionou-se sobre os critérios de definição dos procedimentos ordinário e sumário: *"O procedimento comum será ordinário, quando tiver por objeto crime cuja sanção máxima cominada seja igual ou superior a quatro anos de pena privativa de liberdade; ou sumário, quando tiver por objeto crime cuja sanção máxima cominada seja inferior a quatro anos de pena privativa de liberdade."*. A assertiva foi considerada correta.

Sumário

CAPÍTULO 1

Direito eleitoral: noções introdutórias

1. CONCEITO, OBJETO E OBJETIVOS DO DIREITO ELEITORAL

O **Direito Eleitoral**, ramo do Direito Público diretamente relacionado à instrumentalização da participação política e à consagração do exercício do poder de sufrágio popular, é **conceituado**, por Fávila Ribeiro (Direito Eleitoral, 1996, p. 5) como o "ramo do Direito que dedica-se ao estudo das normas e procedimentos que organizam e disciplinam o funcionamento do poder de sufrágio popular, de modo a que se estabeleça a precisa equação entre a vontade do povo e a atividade governamental". Joel J. Cândido (Direito Eleitoral Brasileiro, 2008, p. 25), por sua vez, define o Direito Eleitoral como sendo o "ramo do Direito Público que trata de institutos relacionados com os direitos políticos e as eleições, em todas as suas fases, como forma de escolha dos titulares dos mandatos eletivos e das instituições do Estado".

Pode-se compreender o **objeto do Direito Eleitoral** como sendo a **normatização de todo o chamado "processo eleitoral"**, que se inicia com o alistamento do eleitor e a consequente distribuição do corpo eleitoral e se encerra com a diplomação dos eleitos. Neste ínterim, torna-se objeto do Direito Eleitoral todo o conjunto de atos relativos à organização das eleições, ao registro de candidatos, à campanha eleitoral (principalmente no que se refere ao combate ao abuso de poder econômico por parte de candidatos), à votação, à apuração e à proclamação dos resultados.

O **Direito eleitoral** tem como **objetivo** a garantia da normalidade e da legitimidade do procedimento eleitoral, viabilizando a democracia. A normalidade significa a plena garantia da consonância do resultado apurado nas urnas com a vontade soberana expressada pelo eleitorado. A legitimidade, por sua vez, significa o reconhecimento de um resultado justo, de acordo com a vontade soberana do eleitor. Vale ressaltar que a **expressão "procedimento eleitoral"** utilizada refere-se não apenas às eleições, mas também às consultas populares, a exemplo do plebiscito e do referendo, sobre as quais também incidem as normas de direito eleitoral.

Direito Eleitoral

Conceito: Ramo do Direito Público que normatiza o exercício do poder de sufrágio popular, viabilizando a democracia.

Objeto: Normatização de todo o chamado "processo eleitoral", que se inicia com o alistamento do eleitor e a consequente distribuição do corpo eleitoral e se encerra com a diplomação dos eleitos.

Objetivos: Garantia da normalidade e da legitimidade do poder de sufrágio popular.

Atenção!!!

A competência privativa para legislar sobre Direito Eleitoral é da União, segundo o artigo 22 da Constituição Federal de 1988.

2. A DEMOCRACIA COMO CONDIÇÃO BASILAR PARA A EXISTÊNCIA DO DIREITO ELEITORAL

Em uma das suas mais famosas frases, Sir. Winston Churchill, grande estadista britânico do século XX, primeiro-ministro do Reino Unido durante a Segunda Guerra Mundial, definiu a democracia como "o pior de todos os regimes políticos, à exceção de todos os demais conhecidos". Tal pensamento, aparentemente para muitos, confuso, denota, com grande acuidade, a verdadeira **essência do regime democrático**: o seu caráter contraditório e processual, tendo em vista a própria lógica paradoxal da condição humana, pautada na necessidade do homem viver em sociedade e, ao mesmo tempo, atuar como "o lobo do homem", na clássica definição de Thomas Hobbes.

Buscando compreender o conteúdo da democracia, para além do conhecido conceito consagrado, em 1863, pelo presidente Abraham Lincoln, em seu famoso discurso de Gettysburg, segundo o qual a democracia seria "o governo do povo, pelo povo e para o povo", o cientista político **Robert Dahl**, (Sobre a Democracia, p. 49-50), indica **cinco critérios fundamentais**, na sua visão, para a **caracterização de um regime democrático**: a participação efetiva de todos os membros da comunidade, que devem ter oportunidades iguais e efetivas para expressar suas opiniões; a igualdade de voto, seguindo a lógica de que todas as pessoas devem ter o mesmo valor e importância em um processo democrático; o entendimento esclarecido, a partir do qual a consciência cidadã deverá ser despertada; o controle do programa de planejamento, segundo o qual os membros da comunidade devem ter a oportunidade de decidir as prioridades políticas e ter acesso, de forma transparente, a informações acerca do orçamento público; e a inclusão de adultos, fundamentada na concepção de sufrágio universal, de forma a evitar exclusões despropositadas de pessoas do processo político.

A partir dos **cinco critérios** de Robert Dahl, viabiliza-se uma **melhor compreensão do que seria uma democracia**: um regime político fundamentado na ampla participação popular, na igualdade política, na transparência e no desenvolvimento do espírito crítico do povo.

Ocorre que, diante de tais características ideais, um grande dilema se perpetua: será que realmente **existe democracia?** Em algum país do mundo há, em uma total plenitude, um regime político fundamentado em todas as características apontadas? Provavelmente não! Assim sendo, a **única alternativa** que resta para fazer valer a crença da existência do regime político democrático, almejando-se a sua efetivação, **fundamenta-se** em importante doutrina do cientista político italiano **Giovanni Sartori**, segundo quem a melhor forma de entender-se a democracia não é, de fato, buscando um conceito formal e estático. Para Sartori (Teoria Democrática, p. 19): "o ideal democrático não define a realidade democrática e, vice-versa, uma democracia legítima não é, não pode ser, igual a uma democracia ideal". **A democracia, dessa forma, deve ser estudada como um processo**, em constante evolução e aprimoramento, para o qual todos devem contribuir. Afinal, nenhum regime político, além da democracia, preserva, de forma tão eficaz, o respeito à diversidade, às particularidades individuais, às minorias, à liberdade de opinião, sexual e de crença e a igualdade. O **pressuposto** de que o **indivíduo singular**, como pessoa moral e racional, é o **melhor juiz do seu próprio interesse**, é o **grande trunfo do regime político democrático**.

> ▸ **Atenção!!!**
>
> É a democracia condição basilar para a existência material do Direito Eleitoral. Fora da democracia podem, até mesmo, existir normas eleitorais regendo eleições, plebiscitos e referendos, mas não persiste o objetivo maior desse ramo do Direito que é, como já ressaltado, a garantia da normalidade e da legitimidade do exercício do poder de sufrágio popular (poder inerente ao povo de tomar decisões, determinando prioridades e ações no âmbito público).

2.1. Espécies de democracia

Existem **várias classificações** relacionadas às espécies de democracia. A mais importante é a que diferencia a democracia direta, a indireta (também chamada de representativa) e a semidireta (também chamada de participativa). Senão vejamos:

a) **Democracia direta**: modelo de democracia caracterizado pelo **exercício do poder popular sem a presença de intermediários**. Atualmente, é pouco utilizada, sendo observada a sua presença em alguns cantões da Suíça, de pequena dimensão territorial e populacional. Visto por muitos, a partir da era digital, como o caminho natural a ser traçado pelos povos democráticos, o modelo direto de democracia teve origem na Grécia Antiga, em especial na cidade-estado de Atenas, por volta do século IV a. C.

b) **Democracia indireta (representativa)**: modelo de democracia marcado pela **pouca atuação efetiva do povo no poder**, uma vez que ao povo, neste modelo, cabe apenas escolher, através do exercício do sufrágio, seus representantes políticos, de forma periódica. A democracia representativa **se desenvolveu** como modelo a partir, principalmente, da **Revolução Francesa**, estando relacionada aos interesses elitistas da nova classe dominante de distanciar o povo do exercício do poder, servindo como ideologia de dominação em favor da classe burguesa. Com as revoluções sociais do século XIX, a **crise econômica de 1929** e as duas grandes guerras mundiais do século XX, o modelo de **democracia indireta entrou em colapso**, sendo objeto de constantes críticas que culminaram na sua substituição pelo modelo da democracia semidireta ou participativa, vigente no mundo contemporâneo no âmbito dos Estados mais amadurecidos democraticamente.

c) **Democracia semidireta (participativa)**: modelo de democracia dominante no mundo contemporâneo, caracteriza-se **pela preservação da representação política aliada**, entretanto, por **meios de participação direta** do povo no exercício do poder soberano do Estado. Na democracia semidireta, o **povo** exerce a soberania popular não só **elegendo representantes** políticos, mas também **participando de forma direta** da vida política do Estado, através dos institutos da democracia participativa (plebiscito, referendo e iniciativa popular de lei).

> **Atenção!!!**
>
> A democracia semidireta é o modelo de democracia adotado pelo Brasil, de acordo com a Constituição Federal de 1988.

> **Como esse assunto foi cobrado em concurso?**
>
> No 23º Concurso de Procurador da República foi questionado se o plebiscito, o referendo e as leis de iniciativa popular seriam as únicas formas de soberania popular previstas na Constituição da República. A afirmativa, evidentemente, era falsa, uma vez que, em uma democracia semidireta, a exemplo do Brasil, além destes três instrumentos o povo exerce a soberania também pelo voto, proferido nas eleições, na escolha dos seus representantes políticos.
>
> Já no 20º Concurso de Procurador da República havia uma alternativa afirmando que a soberania popular seria exercida unicamente por meio de seus representantes, e nunca diretamente pelo povo. A afirmativa era falsa, uma vez que o Brasil adota a democracia semidireta.

2.2. Institutos da democracia participativa

Como já destacado, a **democracia semidireta**, ou participativa, é caracterizada pela **mescla** existente entre a **representação popular** definida nas eleições e a existência de meios de **participação direta** do povo no exercício do poder soberano do Estado. A esses meios chamamos de "institutos da democracia participativa", destacando-se, dentre esses institutos, o **plebiscito**, o **referendo** e a **iniciativa popular de lei**, previstos constitucionalmente e regulamentados pela Lei nº. 9.709/98.

O artigo 2º, caput, da Lei nº. 9.709/98 é quem define os conceitos de plebiscito e referendo, estabelecendo-os como "consultas formuladas ao povo para que delibere sobre matéria de acentuada relevância, de natureza constitucional, legislativa ou administrativa".

> **Atenção!!!**
>
> O **plebiscito** deve ser convocado com **anterioridade** ao ato legislativo ou administrativo, cabendo ao povo, pelo voto, aprovar ou denegar o que lhe tenha sido submetido (art. 2º, § 1º da lei nº. 9.709/1998). Já o **referendo** "é convocado com **posterioridade** a ato legislativo ou administrativo, cumprindo ao povo a respectiva ratificação ou rejeição". (art. 2ª, § 2º da Lei nº. 9709/1998).

Nas questões de **relevância nacional**, de competência do Poder Legislativo ou do Poder Executivo, e no caso do § 3º do art. 18 da Constituição Federal (incorporação, subdivisão ou desmembramento de estado, com ou sem anexação a outro estado), o **plebiscito** e o **referendo** são convocados mediante **decreto legislativo**, por proposta de um terço, no mínimo, dos membros que compõem qualquer das Casas do Congresso Nacional (art. 3º da Lei nº. 9707/98).

> **Atenção!!!**
>
> Convocado o plebiscito, o projeto legislativo ou medida administrativa não efetivada, cujas matérias constituam objeto da consulta popular, terá sustada sua tramitação, até que o resultado das urnas seja proclamado (art. 9º da Lei nº. 9709/98).

Aprovado o ato convocatório da consulta popular, o presidente do Congresso Nacional dará ciência à **Justiça Eleitoral**, a quem incumbirá, nos limites de sua circunscrição, fixar a data da consulta popular, tornar pública a cédula respectiva, **expedir instruções** para a realização do plebiscito ou referendo e assegurar a gratuidade nos meio de comunicação de massa concessionários de serviço público, aos partidos políticos e às frentes suprapartidárias organizadas pela sociedade civil em torno da matéria em questão, para a divulgação de seus postulados referentes ao tema sob consulta.

O **referendo** pode ser **convocado no prazo de trinta dias**, a contar da promulgação de lei ou adoção de medida administrativa, que se relacione de maneira direta com a consulta popular (art. 11 da Lei nº. 9709/98).

O **plebiscito** ou **referendo**, convocado nos termos da citada lei, será **considerado aprovado ou rejeitado por maioria simples**, de acordo com o resultado homologado pelo Tribunal Superior Eleitoral.

A incorporação de estados entre si, a subdivisão e o desmembramento para se anexarem a outros, ou formarem novos estados ou territórios federais, dependem da aprovação da população diretamente interessada, por meio de plebiscito realizado na mesma data e horário em cada um dos estados, e do Congresso Nacional, por lei complementar, ouvidas as respectivas Assembleias Legislativas. Considera-se população diretamente interessada toda a população do estado que poderá ter seu território desmembrado, valendo esta mesma regra em caso de desmembramento, incorporação ou subdivisão de municípios.

A **iniciativa popular de lei**, por sua vez, também pode ser considerada como um importante instituto da democracia participativa previsto no Direito brasileiro. É também a **lei nº. 9.709/98** que disciplina, no âmbito federal, o citado instituto, estabelecendo, no seu **artigo 13**, que "a iniciativa popular consiste na apresentação de projeto de lei à Câmara dos Deputados, subscrito por, no mínimo, um por cento do eleitorado nacional, distribuído pelo menos por cinco Estados, com não menos de três décimos por cento dos eleitores de cada um deles". Como se observa, **o povo não tem a capacidade de legislar diretamente**. A iniciativa popular de lei é, na verdade, a prerrogativa que o povo tem, na democracia semidireta adotada no Brasil, de **apresentar projeto de lei**, que poderá, ou não, tornar-se lei.

Ainda de acordo com a lei nº. 9.709/98, **a iniciativa popular de lei** deverá circunscrever-se a **um só assunto**. Além disso, **o projeto de lei de iniciativa popular não poderá ser rejeitado por vício de forma**, cabendo à Câmara dos Deputados, por seu órgão competente, providenciar a correção de eventuais impropriedades de técnica legislativa ou de redação.

A **tramitação** de projeto de iniciativa popular de lei federal **sempre é iniciada na Câmara dos Deputados**.

▸ **Como esse assunto foi cobrado em concurso?**

Na questão aberta do 18º Concurso de Procurador da República, indagou-se: "o que vêm a ser Plebiscito e Referendo? Em que hipóteses podem ser realizados?"

Já no concurso para o Ministério Público do Acre, realizado pelo CESPE, em 2014, foi considerada verdadeira afirmativa que dispunha que "A soberania popular é exercida pelo sufrágio universal e pelo voto direto e secreto, com valor igual para todos, e, nos termos da lei, mediante plebiscito, referendo e iniciativa popular".

No concurso para técnico judiciário do TER-MG, realizado em 2015 (banca Consulplan), por sua vez, foi cobrada a seguinte questão:

O princípio democrático encontra-se inscrito no artigo 1º parágrafo único da Constituição Brasileira que dispõe: "todo poder emana do povo, que o exerce por meio de representantes eleitos ou diretamente, nos termos desta Constituição". Assinale a alternativa que contempla direito político que representa desdobramento direto deste princípio.

a) Filiação partidária.

b) Sufrágio capacitário.

c) Iniciativa popular das leis.

d) Referendo para aprovação de projeto de lei.

A alternativa correta é a assertiva "c", uma vez que o artigo 14, III da Carta Magna prevê que "a soberania popular será exercida pelo sufrágio universal e pelo voto direto e secreto, com valor igual para todos, e, nos termos da lei, mediante iniciativa popular de lei". Desta forma, a assertiva "c" é a única, das disponíveis, que se revela como um desdobramento direto do princípio democrático, uma vez que representa uma forma de exercício do poder político.

2.2.1. *O plebiscito para a divisão do Pará*

Em **11 de dezembro de 2011**, foi realizado, no estado do Pará, o **maior plebiscito regional da história do Brasil**, tendo como objeto a discussão acerca da **criação de duas novas unidades federativas**, decorrentes de um desmembramento do território paraense: o estado do Carajás e o estado do Tapajós.

Como já destacado, a Lei nº. 9.709/98 estabelece que sempre que houver a possibilidade de criação de um novo estado ou município, a população interessada deverá ser previamente consultada. Dessa forma, em 26 de maio de 2011, o Congresso Nacional aprovou, mediante o **Decreto Legislativo nº. 136**, a convocação de plebiscito para a criação do Estado do Carajás, o qual seria constituído pelos seguintes municípios do Estado do Pará: Abel Figueiredo, Água Azul do Norte, Anapu, Bannach, Bom Jesus do Tocantins, Brejo Grande do Araguaia, Breu Branco, Canaã dos Carajás, Conceição do Araguaia, Cumaru do Norte, Curionópolis, Dom Elizeu, Eldorado do Carajás, Floresta do Araguaia, Goianésia do Pará, Itupiranga, Jacundá, Marabá, Nova Ipixuna, Novo Repartimento, Ourilândia do Norte, Pacajá, Palestina do Pará, Parauapebas, Pau d'Arco, Piçarra, Redenção, Rio Maria, Rondon do Pará, Santa Maria das Barreiras, Santana do Araguaia, São Domingos do Araguaia, São Félix do Xingu, São Geraldo do Araguaia, São João do Araguaia, Sapucaia, Tucumã, Tucuruí e Xinguara.

Em 02 de junho de 2011, por sua vez, o Congresso Nacional também aprovou o **Decreto Legislativo nº. 137**, dispondo sobre a convocação de plebiscito para a criação do Estado do Tapajós, o qual seria constituído pelos municípios de Almeirim, Prainha, Monte Alegre, Alenquer, Óbidos, Oriximiná, Faro, Juruti, Belterra, Santarém, Porto de Moz, Vitória do Xingu, Altamira, Medicilândia, Uruará, Placas, Aveiro, Itaituba, Trairão, Jacareacanga, Novo Progresso, Brasil Novo, Curuá, Rurópolis, Senador José Porfírio, Terra Santa e Mojuí dos Campos.

Em ambos os Decretos Legislativos, restou estabelecido que, **em caso de decisão favorável** ao desmembramento do território paraense, a Assembleia Legislativa do Estado do Pará teria dois meses para se pronunciar, participando o resultado, em três dias úteis, ao Congresso Nacional, para fins do disposto no § 3º do art. 18 combinado com o inciso VI do art. 48, ambos da Constituição Federal.

Diante da convocação do plebiscito, marcado para o dia 11 de dezembro, para o qual foram instados a participar, de forma obrigatória, todos os eleitores alfabetizados entre 18 e 70 anos do Estado do Pará, e, de forma facultativa, os eleitores analfabetos, os maiores de 16 e menores de 18 anos e os maiores de 70 anos de idade, o TSE expediu treze resoluções, disciplinando a consulta popular.

Assim, de acordo com a Resolução nº. 23.342/11, **todos os eleitores do Pará deveriam responder a duas perguntas**: a) Você é a favor da divisão do Estado do Pará para a criação do Estado do Carajás? b) Você é a favor da divisão do Estado do Pará para a criação do Estado do Tapajós? Os números 55 e 77 foram designados como os respectivamente referentes à manifestação positiva ou negativa às perguntas utilizadas na urna eletrônica.

Dentre todas as resoluções atinentes ao plebiscito do Pará, a que mais merece destaque, dada a sua peculiaridade, é a **Resolução nº.**

23.347/11, a qual dispôs sobre a **formação e o registro de frentes de apoio** a cada uma das teses em discussão, tendo em vista que a questão em debate não se resumia a uma disputa eleitoral, tendo natureza suprapartidária.

Assim, de acordo com o citado comando normativo, até quatro frentes poderiam ser formadas no plebiscito, representando as seguintes correntes: a) a favor da criação do Estado do Carajás; b) contra a criação do Estado do Carajás; c) a favor da criação do Estado de Tapajós; d) contra a criação do Estado de Tapajós.

Cada uma das frentes, conforme a Resolução nº. 23.347/11, deveria ser composta por, no mínimo, um parlamentar no exercício do mandato de deputado estadual pelo Estado do Pará, deputado federal representante do Pará na Câmara dos Deputados ou senador pelo mesmo estado, a quem incumbiria a presidência da frente. Qualquer eleitor domiciliado no Estado do Pará poderia, ainda de acordo com a referida norma, compor quaisquer das frentes constituídas.

De acordo com o artigo 3º da Resolução citada, o requerimento para a constituição da frente deveria ser apresentado até o dia 02 de setembro de 2011 ao Tribunal Regional Eleitoral do Pará. Antes da formulação do requerimento, contudo, em convenção, a frente deveria aprovar o seu estatuto e eleger o seu presidente.

Outra Resolução referente ao plebiscito que merece destaque é a de nº. **23.354/11**, a qual dispôs sobre a **propaganda plebiscitária e as condutas ilícitas no plebiscito do Pará**. De acordo com esse comando normativo, a propaganda plebiscitária deveria ser realizada apenas a partir do dia 13 de setembro de 2011, tendo como parâmetro a legislação federal referente à propaganda eleitoral, disposta na Lei nº. 9.504/97. Assim, por exemplo, foi proibido, no plebiscito, o showmício, a propaganda em outdoor e a distribuição de brindes que pudessem proporcionar vantagem ao eleitor.

Ainda no que se refere à propaganda plebiscitária, foi prevista, na citada Resolução nº. 23.354/11, a divulgação de propaganda gratuita no rádio e TV, restrita ao território do Pará, no período de 11 de novembro a 07 de dezembro, em blocos de dez minutos, às segundas, terças, quartas, sextas-feiras e aos sábados, excluídos assim, as quintas-feiras (reservada à propaganda partidária gratuita) e os domingos. Alternadamente, para cada dia de propaganda foi reservada a discussão acerca da criação dos estados de Carajás e Tapajós, tendo cada frente tempos idênticos para a exposição de suas ideias.

Finalmente, na data designada pela Justiça Eleitoral, o eleitorado do Estado do Pará, por ampla maioria, recusou a divisão do território paraense, encerrando a discussão sobre a criação das novas unidades federativas.

> **Atenção!!!**
>
> Para saber mais sobre o plebiscito do Pará, em especial sobre as resoluções que o disciplinaram, consulte o site http://www.tse.jus.br/eleicoes/plebiscitos-e-referendos/plebiscitos-no-estado-do-para.

3. A GARANTIA DA LEGITIMIDADE DO EXERCÍCIO DO PODER DE SUFRÁGIO POPULAR COMO OBJETIVO DO DIREITO ELEITORAL

Como já destacado no item 1 deste capítulo, o objetivo do Direito Eleitoral é a garantia da normalidade e da legitimidade do poder de sufrágio popular. Mas, afinal de contas, **o que significa este "poder de sufrágio popular"**, a que o Direito Eleitoral busca resguardar? Segundo **Paulo Bonavides** (Ciência Política, 2003, p. 228), o **sufrágio é** o "poder que se reconhece a certo número de pessoas (o corpo de cidadãos) de participar direta ou indiretamente na soberania, isto é, na gerência da vida pública". Em uma democracia participativa, como a brasileira, o poder de sufrágio é exercido através do voto, instrumento de materialização do sufrágio manifestado nas eleições e nas consultas populares (plebiscitos e referendos), bem como por outros meios de participação direta do povo na formação da vontade política do Estado, a exemplo da iniciativa popular de lei.

Vale destacar, assim, a **diferença entre sufrágio, voto e escrutínio**. O sufrágio, como já ressaltado, é o poder inerente ao povo de participar da gerência da vida pública; o **voto**, por sua vez, é instrumento para a materialização deste poder; o **escrutínio**, por fim, designa a forma como se pratica o voto, o seu procedimento, portanto.

Sufrágio	→ Poder inerente ao povo de participar da gerência da vida pública.
Voto	→ Instrumento de materialização do poder de sufrágio.
Escrutínio	→ Forma como se pratica o voto.

Assim, o **poder de sufrágio** pode ser exercido através do voto, por meio de escrutínio secreto, por exemplo, hipótese prevista no ordenamento jurídico brasileiro (artigo 60, II da Constituição Federal e artigo 103 do Código Eleitoral), através do qual **se garante o sigilo do voto**, evitando distorções e abusos de poder político prejudiciais ao regime democrático. O sigilo do voto é **garantido**, no Brasil, através da **inviolabilidade do emprego de urnas** que assegurem a inviolabilidade do sufrágio (urnas eletrônicas, em conformidade com o disposto no **artigo 61 da Lei nº. 9.504/97** – Lei das Eleições, bem como urnas de lona suficientemente amplas, a fim de evitar que as cédulas se acumulem, na ordem em que foram depositadas, conforme o artigo 103 do Código Eleitoral), bem como pelo isolamento do eleitor em cabina indevassável.

> **▸ Como esse assunto foi cobrado em concurso?**
>
> Em questão aberta do 14º Concurso de Procurador da República, perguntou-se: "O que significa o sigilo do voto, qual sua fundamentação legal e constitucional, e como deve ser assegurado?"

Ainda em relação ao **sufrágio**, é importante a **distinção entre as suas várias espécies**: sufrágio universal ou restrito, plural ou singular, direto ou indireto.

A principal classificação, relacionada ao tema, é aquela que **distingue o sufrágio universal do sufrágio restrito**. Objetivamente, poderíamos afirmar que todo sufrágio tem alguma espécie de restrição, não existindo sociedade que defira o exercício pleno do poder de sufrágio a todos os seus cidadãos. Assim, de forma precipitada, seríamos levados a concluir que todo sufrágio é restrito, o que seria um equívoco. Na verdade, o que distingue o sufrágio universal do restrito não é o fato de existirem restrições ao exercício do poder democrático, mas sim a razoabilidade, ou não, de tais restrições.

Senão vejamos: no Brasil, pessoas menores de 16 anos não podem votar, o que não deixa de ser uma restrição ao exercício do sufrágio. Pergunta-se: tal restrição é razoável? Entendemos que sim! Tal fato, portanto, por si só, não retira o caráter universal do sufrágio no nosso país.

> **▸ Como esse assunto foi cobrado em concurso?**
>
> No Concurso para Juiz Substituto do Mato Grosso do Sul, realizado em 2008, foi considerada falsa afirmativa que dizia que "o sufrágio é universal, direito público subjetivo, que cabe a todos os nacionais, sem restrições". Afinal, como já destacado, um menor de dezesseis anos poderá ser considerado nacional, mas não estará habilitado a exercer o sufrágio, o que não retira, entretanto, seu caráter universal.

Será que é razoável, por sua vez, impedir mulheres de exercer o sufrágio? Sem dúvidas que não! Tal restrição, portanto, se presente, torna o sufrágio restrito, retirando-lhe o caráter universal.

Doutrinariamente, podemos indicar as seguintes formas de sufrágio restrito:

Formas existentes de sufrágio restrito	
Sufrágio censitário	Leva em consideração o grau de riqueza do eleitor. Foi adotado no Brasil durante o Império;
Sufrágio Capacitário	Restringe o exercício do poder de sufrágio em virtude do grau de instrução do cidadão;
Sufrágio racial	Restringe o exercício do poder de sufrágio em decorrência da etnia. Historicamente, foi verificado na África do Sul durante o regime do Apartheid, vigente até meados da década de 1990;
Sufrágio por gênero	Espécie de sufrágio restrito que leva em conta o sexo do cidadão. Foi verificado no Brasil até 1932, ano em que, finalmente, as mulheres passaram a ter o direito de participar ativamente da vida política do Estado.
Sufrágio religioso	Espécie de sufrágio restrito que leva em conta o credo do cidadão.

Ainda no que se refere às classificações do sufrágio, é válido lembrar-se da **diferença entre sufrágio plural e sufrágio singular.** Assim, no **sufrágio plural**, um mesmo indivíduo tem o poder de exercer, mais de uma vez, o direito ao voto em um determinado processo eleitoral, fazendo com que o seu poder de sufrágio seja mais forte do que o de outros cidadãos (por exemplo, na escolha de um prefeito, no caso de sufrágio plural, um determinado eleitor poderia ter o direito de votar três vezes no mesmo candidato, configurando o sufrágio plural, enquanto outro só poderia votar uma ou duas vezes no mesmo processo, gerando desequilíbrio). No **sufrágio singular**, por outro lado, prevalece a lógica de Rousseau, segundo a qual, na democracia, cada homem deve corresponder a um único voto (um homem, um voto).

No **Brasil**, de acordo com **o artigo 14, *caput*, da Constituição Federal de 1988**: "a soberania popular será exercida pelo **sufrágio universal** e pelo **voto direto e secreto**, com igual valor para todos". Vige, assim, no Brasil, o **princípio da imediaticidade do sufrágio**, segundo o qual o voto deve resultar imediatamente da vontade do eleitor, sem intermediários, bem como o **princípio da universalidade**

sufrágio, o qual impõe, dentro dos parâmetros da razoabilidade, o direito de sufrágio a todos os cidadãos.

> **Como esse assunto foi cobrado em concurso?**
>
> No 20º Concurso de Procurador da República, uma questão afirmava que a soberania popular, segundo a Constituição, será exercida pelo sufrágio universal e pelo voto direto e secreto, com valor igual para todos, e, nos termos da lei, mediante plebiscito, referendo e iniciativa popular. A questão foi considerada verdadeira.
>
> No Concurso para Juiz Substituto do Mato Grosso do Sul, realizado em 2008, por sua vez, foi considerada verdadeira assertiva que afirmava que "o princípio da imediaticidade do sufrágio é característica do sistema eleitoral brasileiro".

> **Atenção!!!**
>
> Ainda segundo a Lei Maior, no seu artigo 60, II, é cláusula pétrea no Brasil o voto direto, secreto, universal e periódico. O voto indireto, no entanto, é possível, excepcionalmente, em caso de vacância concomitante dos cargos de prefeito e vice-prefeito ou governador e vice-governador, ou ainda presidente e vice-presidente da República, nos últimos dois anos de mandato, casos em que a Constituição determina a realização de eleições indiretas para os cargos vagos, a fim de que sejam completados os mandatos vagos.
>
> Vale ainda destacar, neste sentido, que a obrigatoriedade do voto não é cláusula pétrea no Brasil.

> **Como esse assunto foi cobrado em concurso?**
>
> No 19º Concurso de Procurador da República, uma questão afirmava que "Na democracia brasileira a soberania popular é exercida pelo sufrágio universal e pelo voto direto e secreto, cláusula pétrea na Constituição". A afirmativa foi considerada verdadeira.
>
> Também no Concurso de Juiz Substituto do Mato Grosso do Sul, realizado em 2008 pela FGV, foi considerada falsa afirmativa que dispunha que no sistema brasileiro inexiste exceção à regra do voto direto. Como observado, excepcionalmente é possível o voto ser exercido de forma indireta (vide quadro anterior).

4. O DEFERIMENTO DE MANDATOS POLÍTICOS COMO PRESSUPOSTO DA REPRESENTAÇÃO POLÍTICA

No item 2 deste capítulo, foi destacado que a democracia é condição basilar para a materialização do Direito Eleitoral, ramo do Direito Público que tem como objetivo a garantia da normalidade e da legitimidade do poder de sufrágio popular. Neste ínterim, visualizou-se que a democracia moderna, superando o modelo ateniense de democracia direta, fundamenta-se na existência da representação política, nascendo, deste fato, a necessidade do Direito Eleitoral.

A **representação política**, característica da democracia moderna, tanto na sua versão indireta como também na semidireta, **pressupõe**, por sua vez, o **deferimento de mandatos políticos**, por meio dos quais os representantes eleitos pelo povo exercem, em nome deste, o poder. Assim, é possível concluir que o **mandato político é o instituto de direito público** por meio do qual o povo delega, aos seus representantes, poderes para atuar na vida política do Estado.

Assemelha-se o mandato político ao mandato de direito privado, espécie de contrato através do qual alguém delega a outrem poderes para representá-lo na prática de um ato ou negócio jurídico. Tais institutos, no entanto, não se confundem, uma vez que, no **mandato de direito privado**, o mandatário (aquele que recebe o mandato) sempre é limitado pelo mandante, nos termos estabelecidos no mandato, enquanto que no **mandato político**, tendo em vista a relação maior travada entre os mandatários e a sociedade como um todo, na maioria das vezes o exercício do mandato é livre. Senão vejamos!

De acordo com a tradição jurídica ocidental, o mandato é, tipicamente, um instituto do Direito Privado, pelo qual uma pessoa autoriza outra a exercer determinadas atividades em seu nome. O aspecto contratual, desta forma, é relevado, podendo o mandato, no Direito Civil, ser concedido a título oneroso ou gratuito.

Com o advento da democracia representativa, a teoria do mandato é transposta para o Direito Público. Convenciona-se denominar de mandato político o instrumento através do qual os representantes, eleitos pelos seus pares, exercem a soberania, tomando decisões em nome da coletividade.

Inicialmente, a **tradição civilista do mandato** influencia decisivamente a concepção do mandato político. Com o filósofo inglês **John Locke**, no século XVII, a **teoria do mandato político imperativo** passa a ser difundida, na defesa do ideal de que o povo, como titular da soberania, deve estabelecer limites à ação do governo, a fim de que o interesse público, e não os interesses privados dos representantes, prevaleça. A este propósito, Orlando Ferreira de Melo (Dicionário de Direito Político, 1978, p. 78) define a teoria do mandato político imperativo como sendo o "processo político através do qual os eleitores conferem aos eleitos poderes condicionados, ou seja, sujeitando os **atos de representação do mandatário à vontade do mandante**, com relação a questões partidárias, de representação regional e outras".

Com a consolidação da **democracia liberal-burguesa**, no século XVIII, entretanto, a tese referente ao mandato político que termina por prevalecer é a referente ao **mandato político-representativo**, cujos adeptos, como bem ressalta Bobbio (A Filosofia Política e a Lição dos Clássicos, 2000, p. 462), defendem, de forma geral, a incompetência do povo para tratar de assuntos gerais, devendo assim ser eleitos representantes mais preparados e entendidos de tais questões, para o bem de toda a sociedade. Foi com Edmund Burke, no seu famoso "Discurso aos Eleitores de Bristol", proferido em 03 de novembro de 1774, que a teoria do mandato representativo foi impulsionada. Naquela oportunidade, Burke proferiu as seguintes e históricas palavras (Arnaldo Gonçalves, 2005):

> O Parlamento não é um congresso de embaixadores que defendem interesses distintos e hostis, interesses que cada um dos membros deve sustentar, como agente ou advogado, contra outros agentes ou advogado, ele é senão uma assembléia deliberante de uma Nação, com um interesse: o da totalidade; de onde devem prevalecer não os interesses e preconceitos locais mas o bem geral que resulta da razão geral do todo. Elegeste um Deputado mas quando o escolheste, não é ele o deputado por Bristol, mas um membro do Parlamento.

São **traços característicos do mandato representativo** a generalidade, a liberdade, a irrevogabilidade e a independência. De acordo com a generalidade, o mandatário não representa o território, a população, o eleitorado ou o partido político, ele representa a nação em seu conjunto. Já conforme a característica da liberdade, o representante exerce o mandato com inteira autonomia de vontade, como titular da vontade nacional soberana.

Quando se ressalta a irrevogabilidade do mandato representativo, por sua vez, afirma-se que o eleitor não pode destituir o mandatário tido como "infiel". Por fim, a independência é uma característica que denota que os atos do mandatário encontram-se desvinculados de qualquer necessidade de ratificação por parte do mandante.

Na **contemporaneidade**, tem se notado um **fortalecimento da tese do mandato imperativo**. Exemplo desta tendência pôde ser observado, por exemplo, no *recall* realizado na Califórnia, em 2004, que possibilitou a eleição do ator Arnold Schwarzenegger para governador daquele estado americano. O fator decisivo, entretanto, para a consecução desta tendência é a aplicação, cada vez mais constante, da teoria do mandato partidário, que teve em Hans Kelsen seu maior expoente, nos regimes democráticos. É de se ressaltar que, acolhendo-se a **teoria do mandato partidário**, não se está abraçando, propriamente, a tese do mandato imperativo. Os eleitores, diante da doutrina do mandato partidário, não detém o poder de revogação dos mandatos dos seus representantes. Estes, entretanto, são obrigados a submeter-se ao cumprimento das diretrizes partidárias legitimamente estabelecidas, sob pena de perda dos seus mandatos. Daí a incontestável necessidade de valorização do princípio da fidelidade partidária como basilar à engenharia da representação política contemporânea, o qual será trabalhado, nesta obra, no capítulo referente aos partidos políticos (neste sentido, vale ainda destacar publicação específica sobre o tema, de nossa autoria, denominada "Fidelidade Partidária", publicada em 2009 pela Editora JusPodivm).

Questão sempre recorrente nos debates populares sobre política refere-se ao fato de que a grande maioria dos políticos, uma vez eleitos, tendem a não cumprir promessas realizadas em campanha, as quais, por sua vez, restam olvidadas pela população, que termina por convalidar tais omissões.

Sob o argumento da necessidade de um maior controle por parte do eleitorado em relação às atitudes dos seus mandatários políticos, foi **incluído na lei 9.504/97**, por meio da lei nº. 12.034/09, o **inciso IX do § 1º do art. 11**, estabelecendo que os **candidatos a cargos majoritários** do Poder Executivo (prefeitos, governadores e presidente da república) deverão juntar, aos seus **requerimentos de candidaturas**, as suas **propostas e projetos de campanha**. Tal obrigação, ressalte-se, é imputável apenas a candidatos a cargos executivos.

Vale destacar, comentando o referido dispositivo legal inovador, que, na prática, o mesmo tem, apenas, **conteúdo moral**, uma vez que não existe previsão legal de perda de mandato político de candidato eleito que venha a descumprir promessas formuladas durante a campanha eleitoral no Brasil, uma vez que **não há, em nosso país, mandato político imperativo**.

Mandato representativo	Mandatário tem plena liberdade para exercer o mandato político. Não precisa seguir as orientações do eleitor.
Mandato imperativo	Fundamenta-se na concepção de que o povo, como titular da soberania, deve estabelecer limites à ação do governo, a fim de que o interesse público, e não os interesses privados dos representantes, prevaleçam. O mandatário, assim, deve seguir as recomendações do eleitor, sob pena de perder o mandato.
Mandato partidário	Fundamentado na lógica da fidelidade partidária, baseia-se no pressuposto de que o partido político é o verdadeiro dono do mandato, devendo o mandatário seguir as diretrizes legitimamente estabelecidas pelo partido sob pena de perder o mandato por infidelidade partidária. É a espécie de mandato político vigente no Brasil desde o momento em que o
Mandato partidário	TSE respondeu à consulta nº. 1398 formulada pelo partido de Frente Liberal (PFL), em 27.03.07 e o STF julgou os Mandados de Segurança 26.602, 26.603 e 26.604, relacionados à questão da fidelidade partidária.

5. O DIREITO ELEITORAL COMO MICROSSISTEMA JURÍDICO E AS SUAS RELAÇÕES COM OUTROS RAMOS DO DIREITO

Um dos principais, senão o principal, objetivos do Direito é o estabelecimento de uma ordem estável e racional de fatores, capaz de promover a paz social e a convivência pacífica das pessoas.

Neste sentido, a evolução do homem ao longo da sua história, que trouxe como consequência uma complexidade cada vez maior das relações sociais, que culminaram com a formação e a consolidação do moderno Estado de Direito, terminou por firmar a necessidade de uma maior racionalização do Direito, a partir da consagração do entendimento de que as normas jurídicas constituem-se no mínimo ético fundamental das sociedades, devendo assim a ilicitude jurídica ser sancionada de forma institucionalizada pelo Estado.

Surge, assim, a dominação legal-burocrática, pautada em uma lógica de organização racional de competências estatais firmada na ideologia da supremacia da lei, fato que conduz a uma sistematização do conhecimento jurídico, fundamentada em uma ordem, a partir da qual se viabiliza o poder de sanção do Estado, necessário à citada promoção da paz social e da convivência pacífica entre as pessoas. Constrói-se, dessa forma, a concepção de ordenamento jurídico como sistema, ou seja, como uma unidade ordenada de conhecimentos, fundamentada em regras e princípios.

Sem querer entrar no mérito da discussão sobre o caráter aberto ou fechado dos ordenamentos jurídicos, trabalhada a partir de uma análise mais aprofundada da Teoria Geral do Direito, é possível afirmar que o ordenamento jurídico é fundamentado em uma lógica sistemática de regras e princípios em permanente interação, sobre a qual é possível visualizar-se a inserção de diversos microssistemas, de proporções diminutas. **O Direito Eleitoral**, neste diapasão, pode ser considerado um **microssistema jurídico**, composto de normas de caráter material e processual, de naturezas civil, administrativa e criminal. Evidente se torna, assim, a existência de relações desse ramo do Direito com outras disciplinas jurídicas, a exemplo do Direito Administrativo, do Direito Civil, do Direito Penal e do Direito Processual Civil e Penal.

De todos os **ramos do Direito**, entretanto, aquele que guarda uma **relação mais próxima** e evidente com o **Direito Eleitoral** é, sem sombra de dúvidas, o **Direito Constitucional**. Desde os tempos mais remotos, é possível se identificar a existência de uma ordem política constitucional, independentemente do desenvolvimento mais aprofundado de uma teoria constitucional ou mesmo de um Direito Constitucional, implicando uma limitação ao exercício do poder político. Seja na Idade Média, ou mesmo na Antiguidade, evidente é a existência de uma normatização, nem sempre positivada, dos direitos e deveres fundamentais dos indivíduos, da organização política da sociedade e dos preceitos básicos de instrumentalização da participação política.

Pode-se afirmar, assim, que o **Direito Constitucional**, independentemente da definição de seu marco histórico originário, é o ramo do Direito que **tem como objeto** a normatização dos preceitos políticos fundamentais do Estado, representados pelo **seguinte tripé**:

Objeto do Direito Constitucional

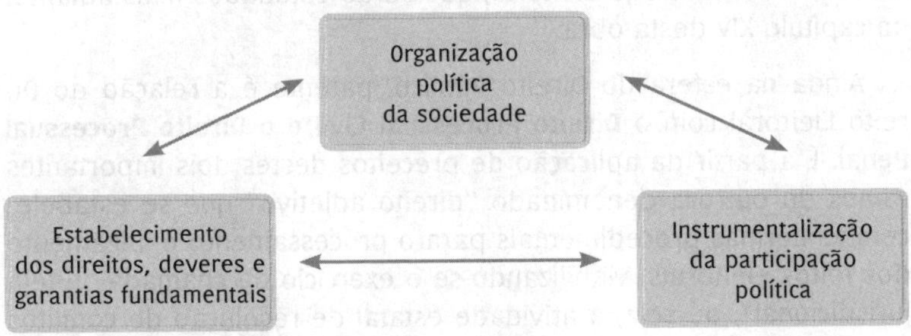

Tendo em vista que um dos objetos fundamentais do Direito Constitucional é a instrumentalização da participação política, evidente torna-se a conclusão que o **Direito Eleitoral guarda uma íntima relação** com esse ramo do Direito. Afinal de contas, como já ressaltado, o Direito Eleitoral tem por objeto todo o conjunto de regras e princípios atinentes à promoção dos preceitos basilares da atuação política do cidadão, normatizando não apenas o processo eleitoral, como também outros meios de participação política, típicos da chamada "democracia semidireta", a exemplo do plebiscito e do referendo.

Ainda no âmbito do chamado "Direito Público", o **Direito Eleitoral** guarda uma **importante relação** com o **Direito Administrativo.** Afinal de contas, como será observado no capítulo IV desta obra, referente à **organização da Justiça Eleitoral**, várias atividades desenvolvidas por esta justiça especializada, que se constituem em objeto do Direito Eleitoral, têm natureza administrativa, a exemplo da organização do eleitorado nas zonas e seções eleitorais, do **alistamento e transferência de domicílio** dos eleitores e do **poder de polícia** para a manutenção da ordem.

Com os **Direitos Financeiro e Tributário**, também ramos do chamado "Direito Público", lembra Fávila Ribeiro que, da mesma forma que com o Direito Administrativo e o Direito Constitucional, são observados muitos contatos firmados pelo Direito Eleitoral, a exemplo das normas de controle sobre **finanças e contabilidade dos partidos políticos**, bem como na "distribuição de multas e penalidades em dinheiro e na sua convergência para o fundo partidário" (Fávila Ribeiro, 1996, p. 21).

Já com o **Direito Penal**, o Direito Eleitoral também guarda uma forte relação. Basta recordarmos, para afirmamos tal condição, a existência de diversos **crimes eleitorais** previstos na legislação eleitoral, em especial no Código Eleitoral, que serão estudados mais adiante, no capítulo XIV desta obra.

Ainda na esfera do Direito Público, patente é a relação do Direito Eleitoral com o **Direito Processual Civil e o Direito Processual Penal.** É a partir da aplicação de preceitos destes dois importantes ramos do outrora denominado "direito adjetivo" que se estabelecem as normas procedimentais para o processamento e julgamento dos feitos eleitorais, viabilizando-se o exercício da chamada "tutela jurisdicional", ou seja, a atividade estatal de resolução de conflitos estabelecidos no âmbito das eleições, desde a sua fase preparatória (iniciada com o alistamento dos eleitores), até a sua fase final (com a diplomação dos eleitos e a possibilidade de propositura de Ação de Impugnação de Mandato Eletivo, no prazo decadencial de quinze dias após a referida diplomação, de acordo com norma expressa na Constituição Federal de 1988, em seu artigo 14, §10). Assim, são previstas, no âmbito do **direito processual eleitoral**, diversas normas referentes à jurisdição e competência, prazos, recursos e modalidades de ações, de suma importância para a efetivação do direito material.

Já no que se refere às relações travadas entre o Direito Eleitoral e os ramos do chamado "Direito Privado", é indiscutível a proximidade daquele com o **Direito Civil**. Afinal, conceitos e regras como as de **parentesco** (estabelecidas pelo Direito de Família, segmento do Direito Civil), personalidade, **domicílio** e **propriedade** têm larga aplicação no âmbito das eleições, definindo, por exemplo, muitas vezes, causas de inelegibilidade. A identificação de uma propriedade como pública ou privada, rural ou urbana, objeto do Direito Civil, também se constitui, neste diapasão, em tema de grande relevância para o Direito Eleitoral, quando do momento da organização do eleitorado e da definição do funcionamento das mesas receptoras de votos.

Vale destacar que mesmo diante de tão próximas relações do **Direito Eleitoral** com outros ramos do Direito, é **evidente a autonomia científica** do mesmo. Tal constatação é possível a partir da verificação da existência de **princípios próprios** (que serão estudados ainda neste capítulo); **autonomia legislativa** (dispõe o art. 22, *caput*, da Constituição de 1988 que compete privativamente à União legislar sobre Direito Eleitoral); **autonomia didática**, constatada a partir do oferecimento da disciplina em vários cursos jurídicos, bem como de uma cada vez mais abrangente literatura especializada; além, é claro, da **existência**, no Brasil, desde 1932, **de uma justiça especializada** na matéria eleitoral.

6. AS FONTES DO DIREITO ELEITORAL

Várias são as **fontes diretas** do Direito Eleitoral. **As mais importantes são** a Constituição Federal, o Código Eleitoral, a Lei das Eleições (Lei nº. 9.504/97), a Lei das Inelegibilidades (Lei Complementar nº. 64/90), a Lei dos Partidos Políticos (Lei nº. 9096/95), além das resoluções do Tribunal Superior Eleitoral.

Nos últimos anos, em especial na década de 1990, com o fortalecimento contínuo da democracia brasileira, surgiram, como se pode perceber, importantes instrumentos normativos regulamentadores do processo eleitoral, como a Lei das Inelegibilidades, a Lei dos Partidos Políticos e, principalmente, a Lei das Eleições. Tal fenômeno, de crucial importância para a consolidação do regime democrático no país, foi fundamental para o fim, ou pelo menos a diminuição, de casuísmos, muito comuns outrora, quando, às vésperas de cada eleição, uma nova normatização surgia, gerando uma grande insegurança jurídica.

Não podemos olvidar que, além das chamadas fontes diretas, ainda existem as chamadas **fontes indiretas**, a exemplo da **jurisprudência** (que será analisada ao longo desta obra) e da **doutrina**.

Doravante, faremos uma breve exposição sobre a importância de cada uma das chamadas "fontes diretas" do Direito Eleitoral brasileiro, as quais, obviamente, serão melhor estudadas ao longo de toda esta obra.

6.1. Constituição Federal de 1988

A **fonte primária do Direito Eleitoral brasileiro** é, sem dúvidas, a **Constituição Federal de 1988**, que estabelece os princípios e regras fundamentais da democracia, além das normas primárias sobre direito de nacionalidade, condições de elegibilidade e causas de inelegibilidade, sistemas eleitorais, hipóteses de perda e suspensão dos direitos políticos, previsão sobre a propositura de Ação de Impugnação de Mandato Eletivo, além de normas gerais sobre o funcionamento dos partidos políticos e organização da Justiça Eleitoral.

No seu artigo 12, por exemplo, dispõe a Carta Magna sobre normas relativas ao direito de nacionalidade, determinando os parâmetros gerais para a fixação da capacidade eleitoral ativa (quem pode alistar-se eleitor) e para a capacidade eleitoral passiva (quem pode ser candidato a cargos eletivos), uma vez que, em regra, só pode participar da vida política do Estado quem é considerado povo, ou seja, quem tem não apenas vínculos jurídicos para com o Estado, mas também vínculos políticos, de identidade, válidos independentemente dos limites de fronteira estatais. Em suma: só pode alistar-se, em regra, como eleitor o brasileiro, nato ou naturalizado, conforme as normas de direito de nacionalidade determinadas, primariamente, no texto da Constituição Federal (excepcionalmente, como será estudado, portugueses, sem cidadania brasileira, poderão alistar-se eleitores e candidatar-se a cargos eletivos no Brasil).

Os artigos 45 e 46 da CF/88, por sua vez, determinam, respectivamente, que os deputados federais serão eleitos pelo sistema eleitoral proporcional e os senadores pelo sistema majoritário simples, assim como o artigo 77 estabelece o sistema majoritário absoluto como o válido para a eleição do presidente da república. Tais normas, assim, confirmam, mais uma vez, a importância da Constituição Federal como fonte do Direito Eleitoral, não devendo o leitor, neste sentido, olvidar que uma das bases do tripé constituinte do objeto do Direito Constitucional, como já ressaltado, é, justamente, o estabelecimento das normas de instrumentalização da participação política, tema central do Direito Eleitoral.

6.2. Código Eleitoral (Lei nº. 4.737, de 15/07/1965)

Além da Constituição Federal, outra **fonte de grande relevância** para o Direito Eleitoral é o chamado **"Código Eleitoral", instituído pela Lei nº. 4.737/65**, quando o Brasil, saliente-se, já vivia o Regime Militar estabelecido em 1964, fato histórico que determinou várias restrições ao pleno exercício da democracia neste país.

Embora defasado em vários aspectos, ainda é no Código Eleitoral que encontramos diversas normas de substancial importância para o Direito Eleitoral, a exemplo daquelas referentes ao alistamento eleitoral, sistemas eleitorais, atos preparatórios para a votação, organização da Justiça Eleitoral, recursos eleitorais e crimes eleitorais, que serão estudadas oportunamente, nesta obra.

6.3. Lei das Eleições (Lei nº. 9504/97)

Surgida em 1997, a **Lei das Eleições** passou a exercer **fundamental papel para a estabilização da democracia brasileira**, estabelecendo normas perenes regulamentadoras de temas como coligações, convenções para a escolha de candidatos, registro de candidatos, prestação de contas, pesquisa eleitorais, propaganda eleitoral, condutas vedadas aos agentes públicos em campanhas e fiscalização das eleições.

> ▸ **Atenção!!!**
>
> Até a promulgação da Lei nº. 9.504/97, prevalecia, no Brasil, o casuísmo, com a edição de leis específicas para cada eleição, criadas de acordo

com os interesses daqueles que se encontravam no poder, e não o respeito a uma lei geral para todas as eleições. A referida lei, assim, exerceu um importante papel, estabelecendo normas gerais aplicáveis a todas as eleições, e não apenas às eleições de 1998, como era de praxe, permitindo o desenvolvimento de uma doutrina eleitoral, bem como a consolidação de uma jurisprudência.

Nos últimos anos, a Lei das Eleições sofreu algumas **importantes modificações**, a exemplo daquelas decorrentes da chamada "minirreforma eleitoral", de 2006 (a partir da **Lei nº. 11.300**), da **lei nº. 12.034**, de 2009, das leis 12.875 e 12.891, de 2013, da lei nº. 13.165, de setembro de 2015, e das leis 13.487 e 13.488, de outubro de 2017, que alteraram dispositivos legais relacionados, principalmente, ao financiamento de campanhas, prestação de contas e propaganda eleitoral.

6.4. Lei das Inelegibilidades (Lei Complementar nº. 64/90)

No capítulo IV do seu título II, a Constituição Federal de 1988 estabelece normas sobre direitos políticos, prevendo, dentre outras questões, condições de elegibilidade e hipóteses de inelegibilidade. Neste diapasão, o **artigo 14, § 9º da Carta Magna** dispõe que "Lei complementar estabelecerá outros casos de inelegibilidade e os prazos de sua cessação, a fim de proteger a probidade administrativa, a moralidade para o exercício de mandato considerada vida pregressa do candidato, e a normalidade e legitimidade das eleições contra a influência do poder econômico ou o abuso do exercício de função, cargo ou emprego na administração direta ou indireta".

▸ Como esse assunto foi cobrado em concurso?

No 21º Concurso de Procurador da República, uma questão afirmava que seriam inelegíveis os candidatos que incidirem nas hipóteses de inelegibilidade previstas na Constituição Federal e na Lei Complementar nº 64/90. A questão foi considerada verdadeira.

Em 18 de maio de 1990, o então presidente da república, Fernando Collor, sancionou a referida **Lei Complementar, de número 64**, estabelecendo, em conformidade com o citado artigo 14, § 9º da Constituição, casos de inelegibilidade, prazos de cessação e determinando outras providências: surgia, assim, uma das mais importantes fontes do Direito Eleitoral brasileiro.

Reformada, em várias das suas disposições, pela Lei Complementar nº 135/10 **(Lei da Ficha Limpa)**, a LC 64/90, além de dispor sobre diversas hipóteses de inelegibilidades, também normatiza, no seu artigo 22 e seguintes, o procedimento aplicável a algumas ações eleitorais, a exemplo da Ação de Investigação Judicial Eleitoral e da Ação por Captação Ilícita de Sufrágio, que serão estudadas posteriormente nesta obra.

6.5. Resoluções do Tribunal Superior Eleitoral

Dentre as muitas peculiaridades inerentes à Justiça Eleitoral, a exemplo da própria configuração dos seus órgãos jurisdicionais, de natureza híbrida e sem quadro próprio de carreira, uma sempre se destacou, por ser alvo de muita polêmica quanto ao seu conteúdo: falamos do **poder regulamentar, instituído pelo Código Eleitoral e reafirmado na Lei nº. 9.504/97**, a partir do qual o legislador concedeu ao próprio Poder Judiciário, e não ao Executivo, como tradicionalmente ocorre, a prerrogativa de densificar o conteúdo das normas gerais e abstratas produzidas pelo Poder Legislativo.

Muito embora as limitações ao poder regulamentar exercido pelo Executivo, em matérias gerais, sejam razoavelmente evidenciadas pela doutrina e pela jurisprudência, no âmbito da matéria eleitoral tais limites sempre foram polemizados, a partir do questionamento, sempre presente, acerca da possibilidade ou não, de criação, pelo Tribunal Superior Eleitoral, de resoluções desvinculadas da lei, geradoras de sanções e restrições de direitos distintas daquelas previstas nas normas jurídicas produzidas pelo Poder Legislativo. Neste diapasão, assim dispunha o **artigo 105 da Lei nº. 9.504/97**, até o mês de setembro de 2009, quando foi publicada a Lei 12.034/09:

> **Art. 105.** Até o dia 05 de março do ano da eleição, o Tribunal Superior Eleitoral expedirá todas as instruções necessárias à execução desta lei, ouvidos previamente, em audiência pública, os delegados dos partidos participantes do pleito.

Com a **nova redação** do citado artigo 105, estabelecida pela Lei nº. 12.034/09, buscou o legislador esclarecer quais seriam, então, os limites do referido poder normativo da Justiça Eleitoral, **encerrando a antiga polêmica**. Dessa forma, dispõe o novo dispositivo legal:

> **Art. 105.** Até o dia 05 de março do ano da eleição, o Tribunal Superior Eleitoral, **atendendo ao caráter regulamentar**

> **e sem restringir direitos ou estabelecer sanções distintas das previstas nesta Lei**, poderá expedir todas as instruções necessárias para sua fiel execução, ouvidos, previamente, em audiência pública, os delegados ou representantes dos partidos políticos. (grifos nossos)

Como se observa, deixou claro, o legislador, que o **poder regulamentar da Justiça Eleitoral é limitado**, não podendo estabelecer restrições a direitos sem embasamento legal.

> **▸ Como esse assunto foi cobrado em concurso?**
>
> No 24º Concurso de Procurador da República, uma questão afirmava que haveria necessidade de prévia consulta à população para a elaboração das resoluções do TSE, o que era, evidentemente, falso.

7. PRINCÍPIOS DO DIREITO ELEITORAL

7.1. A distinção entre princípios e regras

Importantíssimo para a interpretação do Direito Eleitoral e a busca da máxima efetividade das suas normas, em conformidade com os preceitos firmados democraticamente pela Constituição de 1988, é o estabelecimento da distinção entre princípios e regras.

Por **regras jurídicas**, é possível se entender as disposições normativas que disciplinam situações jurídicas determinadas no âmbito do chamado "mínimo ético social", estabelecendo exigências e proibições, bem como facultando condutas. No exercício dos seus misteres, as **regras jurídicas** são submetidas a um **juízo de validade**, devendo ser cumpridas na exata medida do que dispõem, possuindo um grau de abstração relativamente reduzido.

Já os **princípios**, em uma ótica tradicional, fundamentada na chamada "ideologia positivista", construída com o advento do racionalismo jurídico sustentado pelos interesses impostos pela burguesia a partir da Revolução Francesa, não passavam de generalizações de caráter ético e moral, desprovidas, *a priori*, de conteúdo jurídico-normativo. Apenas residualmente, dentro desta visão, os princípios seriam aplicados no âmbito do Direito, como fonte integradora das normas jurídicas, hierarquicamente inferiores aos usos e costumes e à analogia.

Com o advento do chamado **"pós-positivismo"**, em meados do século XX, no entanto, os **princípios foram inseridos no campo da nor-**

matividade jurídica, ganhando **força cogente** e grande relevo para o direito contemporâneo, mesmo ante as dificuldades geradas por suas imprecisões, ambiguidades, alto grau de abstração e generalidade.

> **Atenção!!!**
>
> Enquanto os princípios podem ser considerados normas jurídicas impositivas de uma otimização, compatíveis com vários graus de concretização, a partir da verificação de condicionamentos fáticos e jurídicos diversos, as regras são normas que convivem de forma antinômica, ou seja, ou são aplicadas em sua totalidade ou são excluídas do sistema: vale a lógica do tudo ou nada, em um eventual conflito de regras uma delas não terá aplicação. Já os princípios coexistem, mesmo em um conflito, permitindo o balanceamento de valores e interesses, não obedecendo à lógica do tudo ou nada. Em um eventual conflito de princípios, ambos serão aplicados na maior medida possível, após a realização de um juízo de ponderação.

Feitas estas considerações iniciais, passemos ao estudo dos **princípios específicos do Direito Eleitoral**, os quais devem ser vislumbrados, como é possível concluir, como normas jurídicas, voltadas ao estabelecimento de padrões de comportamento relativos ao chamado "mínimo ético social", não se resumindo, portanto, a disposições de caráter puramente moral ou ético.

> **Como esse assunto foi cobrado em concurso?**
>
> No concurso para Promotor de Justiça do Rio Grande do Sul, realizado em 2012, foi cobrada a seguinte questão aberta: "disserte sobre cinco princípios específicos do direito eleitoral".

7.2. Princípio da lisura das eleições

Segundo **o artigo 23** da Lei Complementar nº. 64/90, "o tribunal formará sua **convicção pela livre apreciação dos fatos públicos e notórios**, dos indícios e presunções e provas produzidas, atentando para as circunstâncias dos fatos, ainda que não indicados ou alegados pelas partes, mas que preservem o interesse público da lisura eleitoral". Assim, o princípio da lisura das eleições respalda-se na busca da verdade real, possibilitando até mesmo que o juiz produza provas de ofício, no processo eleitoral, a fim de formar o seu convencimento.

Ainda no que se refere ao referido princípio, vale destacar a **Súmula nº. 18 do TSE**, segundo a qual "Conquanto investido de poder de polícia, não tem legitimidade o juiz eleitoral para, de ofício, instaurar procedimento com a finalidade de impor multa pela veiculação de propaganda eleitoral em desacordo com a Lei nº. 9.504/97".

7.3. Princípio do aproveitamento do voto

O juiz deverá abster-se de pronunciar nulidades sem prejuízo (**in dubio pro voto**). Assim, por exemplo, em uma eleição proporcional (assunto que será melhor abordado no capítulo II desta obra), o voto dado a candidato inexistente mas que permita a identificação do partido (por exemplo, o número 99.200 não se refere a nenhum candidato, mas o número 99 é o número do Partido X) deve ser validado como voto de legenda. É o que se afere da interpretação do artigo 176 do Código Eleitoral, *in verbis*:

> **Art. 176.** Contar-se-á o voto apenas para a legenda, nas eleições pelo sistema proporcional:
>
> I – se o eleitor escrever apenas a sigla partidária, não indicando o candidato de sua preferência;
>
> II – se o eleitor escrever o nome de mais de um candidato do mesmo partido;
>
> III – se o eleitor, escrevendo apenas os números, indicar mais de um candidato do mesmo partido;
>
> IV – se o eleitor não indicar o candidato através do nome ou do número com clareza suficiente para distingui-lo de outro candidato do mesmo partido.

Ainda no que se refere ao princípio do aproveitamento do voto, vale destacar a seguinte interpretação do **artigo 224 do Código Eleitoral** (que estabelece que "se a **nulidade** atingir a mais de metade dos votos do País nas eleições presidenciais, do estado nas eleições federais e estaduais ou do município nas eleições municipais, julgar-se-ão prejudicadas as demais votações e o Tribunal marcará dia para nova eleição dentro do prazo de vinte a quarenta dias"), manifestada pelo Tribunal Superior Eleitoral no **julgamento do Acórdão 665, de 17 de agosto de 2002**:

> **EMENTA**: Agravo regimental. Recurso em mandado de segurança. Acórdão regional. Determinação. Nova eleição.
>
> [...] 2. Para fins do art. 224 do Código Eleitoral, a validade da votação – ou o número de votos válidos – na eleição majoritária não é aferida sobre o total de votos apurados, mas leva em consideração tão somente o percentual de votos

> dados aos candidatos desse pleito, excluindo-se, portanto, os votos nulos e os brancos, por expressa disposição do art. 77, § 2º, da Constituição Federal. 3. Considerando o que decidido na Consulta nº 1.657 – no sentido de que não se somam aos votos nulos derivados da manifestação apolítica dos eleitores aqueles nulos em decorrência do indeferimento do registro de candidatos, afigura-se recomendável que a validade da votação seja aferida tendo em conta apenas os votos atribuídos efetivamente a candidatos e não sobre o total de votos apurados. (Ac. 665, de 17.8.09, do TSE)

Como se percebe, o **TSE, abstendo-se de pronunciar nulidades sem prejuízo**, de forma a valorizar a legitimidade da soberania popular, decidiu que o artigo 224 do Código Eleitoral não se aplica quando, voluntariamente, mais da metade dos eleitores decidirem anular o voto ou votar em branco, preservando, assim, a validade da eleição.

7.4. Princípio da celeridade

Uma das principais características do processo eleitoral é a sua celeridade. A garantia da legitimidade do exercício da soberania popular depende bastante da celeridade da Justiça Eleitoral, uma vez que o processo eleitoral, como um todo, ocorre em menos de seis meses, contados do registro das candidaturas até a diplomação, o que exige que as decisões judiciais, em tal matéria, sejam rápidas.

Exemplo importante da aplicação do **princípio da celeridade** no processo eleitoral diz respeito aos **prazos recursais, em regra de três dias, inclusive para o Recurso Extraordinário**, como será estudado no capítulo XIII desta obra.

Em 2009, a Lei nº. 12.034/09 reafirmou a importância do princípio da celeridade no processo eleitoral ao regulamentar a questão da **razoável duração do processo eleitoral**. Tendo em vista previsão constitucional segundo a qual o rol de direitos fundamentais assegurados na ordem jurídica vigente não é exaustivo, devendo, ao contrário, evoluir conjuntamente com a sociedade, o legislador reformador da Constituição incluiu, por meio da Emenda Constitucional nº. 45/04, o inciso LXXVIII ao artigo 5º da Carta Magna, afirmando o direito fundamental à razoável duração do processo. Buscando disciplinar o direito fundamental à razoável duração do processo, no âmbito eleitoral, a Lei nº. 12.034/09 incluiu, no texto da Lei das Eleições, o **artigo 97-A**, assim dispondo:

> **Art. 97-A.** Nos termos do inciso LXXVIII do art. 5º da Constituição Federal, considera-se duração razoável do processo que possa resultar em perda do mandato eletivo o período máximo de 1 (um) ano, contado da sua apresentação à Justiça Eleitoral.
>
> **§ 1º.** A duração do processo de que trata o *caput* abrange a tramitação em todas as instâncias da Justiça Eleitoral.
>
> **§ 2º.** Vencido o prazo de que trata o *caput*, será aplicável o disposto no art. 97, sem prejuízo de representação ao Conselho Nacional de Justiça.

Como se observa, o legislador buscou evitar que políticos eleitos irregularmente possam continuar a exercer mandato eletivo por tempo demasiado, enquanto aguardam decisão transitada em julgado que acarrete a perda do mandato, violando a democracia. Teve ainda, o legislador, o cuidado de afirmar que a duração do processo abrange toda a tramitação do mesmo.

Por fim, no § 2º do novo artigo, prevê a lei a possibilidade de o magistrado incorrer em desobediência, caso não seja diligente quanto à duração razoável do processo, cabendo, inclusive, representação junto ao CNJ, em face do mesmo.

7.5. Princípio da anualidade

Segundo o **artigo 16 da Constituição Federal**, "a lei que alterar o processo eleitoral entrará em vigor na data da sua publicação, não se aplicando à eleição que ocorra até um ano da data da sua vigência". Estabeleceu, assim, o legislador constitucional originário, o princípio da anualidade eleitoral, de fundamental importância para a **preservação da segurança jurídica**. Evita-se, a partir da aplicação do princípio da anualidade, que as normas eleitorais sejam modificadas faltando menos de um ano e um dia para as eleições, prejudicando o equilíbrio da disputa, com a mudança das regras do jogo.

Vale ressaltar, entretanto, que grandes divergências doutrinárias e jurisprudenciais são observadas no que se refere à interpretação da expressão "processo eleitoral". Neste sentido, de grande relevância tivemos o julgamento da **ADIN 354**, pelo STF, que questionava a **constitucionalidade do artigo 2º da Lei nº. 8.037/90**, publicada no dia 25 de maio de 1990, que alterava os artigos 176 e 177 do Código Eleitoral, relativos ao procedimento de apuração de votos, e previa a sua entrada em vigor na data da sua publicação. Afinal, a nova lei poderia ser aplicada nas eleições de 1990? Tratava-se a nova lei de lei que alterava o "processo eleitoral"? Por seis votos a cinco, o STF entendeu que a cláusula de vigência imediata não era inconstitucional, por não alterar o "processo eleitoral". Cinco ministros, no entanto, como se observa, entenderam pela inconstitucionalidade da expressão e pela aplicação, no caso, do princípio da anualidade.

Discussão bastante polêmica, quanto à interpretação do princípio da anualidade, foi travada no TSE e no STF, referente à aplicabilidade ou não da Lei da Ficha Limpa nas eleições 2010. Muitos foram os defensores da ideia de que a aplicação da nova lei, publicada em junho de 2010, a apenas quatro meses das eleições gerais daquele ano, violava tal princípio, atingindo a segurança jurídica necessária à garantia da normalidade e da legitimidade das eleições. Terminou por **prevalecer, naquela oportunidade, no âmbito do TSE**, entretanto, o entendimento segundo o qual a **aplicação imediata da nova lei não feria o princípio da anualidade**, uma vez que a mesma não geraria desequilíbrio na disputa nem privilégios desmedidos a quaisquer candidatos, não se constituindo, assim, em fator perturbador do pleito, capaz de introduzir deformações capazes de afetar a normalidade das eleições.

O Supremo Tribunal Federal, ao declarar a inelegibilidade do candidato ao Senado Federal pelo estado do Pará, Jáder Barbalho, enquadrado na Lei da Ficha Limpa, **terminou por, inicialmente, referendar este entendimento**, embora o referido julgamento tenha terminado empatado (cinco votos a favor e cinco votos contra. Somente participaram do julgamento dez ministros, uma vez que o Min. Eros Grau já se encontrava aposentado, sem substituto definido): conforme o regimento interno do STF, em caso de empate prevalece o teor da decisão recorrida, o que fez com que o entendimento firmado pelo TSE quanto à aplicabilidade imediata da lei prevalecesse.

Tudo mudou, no entanto, com a posse do novo ministro da corte, Luiz Fux. **Em 23 de março de 2011**, julgando recurso interposto pelo candidato a deputado estadual pelo estado de Minas Gerais, Leonídio Bouças, o **STF**, já com a sua corte completa, após a posse do Ministro Luiz Fux na vaga deixada pelo Ministro aposentado Eros Grau, **terminou por decidir, por 06 votos a 05, pela inaplicabilidade da lei da Ficha Limpa nas eleições 2010**, com o voto decisivo do novo ministro, para quem "as vozes que pedem a validade imediata da lei não encontram respaldo no ordenamento jurídico".

No seu voto, o Ministro Luiz Fux priorizou a segurança jurídica, defendendo a tese de que o princípio da anualidade não pode ser mitigado. Assim, políticos que haviam sido declarados inelegíveis para as eleições 2010, em virtude da nova lei, ficaram livres da punição, pelo menos até as eleições de 2012.

O julgamento do caso Leonídio Bouças, assim, foi decisivo para a não aplicação da Lei da Ficha Limpa nas eleições 2010, fazendo surgir, entretanto, uma nova celeuma, relativa ao candidato a senador Jáder Barbalho, a quem o STF já tinha impedido de ser empossado, aplicando a referida lei. Afinal de contas, caberia, a partir de novo entendimento, uma revisão dos efeitos da decisão proferida no caso do político paraense? Após muita polêmica, em 28 de dezembro de 2011 Jáder Barbalho foi, finalmente, empossado como senador pelo estado do Pará.

▸ Atenção!!!

O STF firmou a tese de repercussão geral nº 387, afirmando que "A Lei Complementar 135/2010 não é aplicável às eleições gerais de 2010, em face do princípio da anterioridade eleitoral (art. 16 da Constituição Federal)". A tese, firmada por seis votos a cinco, passou a nortear o entendimento jurisprudencial do STF no que se refere ao conteúdo do princípio da anualidade eleitoral.

▸ Como esse assunto foi cobrado em concurso?

No 19º Concurso de Procurador da República, uma questão afirmava que a lei que alterar o processo eleitoral entrará em vigor na data de sua publicação, não se aplicando à eleição que ocorra até um ano da data de sua vigência. A alternativa foi considerada correta.

Questão idêntica foi abordada no Concurso para Promotor de Justiça de Minas Gerais, em 2010, que considerou verdadeira afirmativa que dispunha que "A lei que alterar o processo eleitoral entrará em vigor na data de sua publicação, não se aplicando à eleição que ocorra até um ano da data de sua vigência (princípio da anualidade)"

Já no concurso para juiz de direito do DF, realizado em 2007, foi cobrada a seguinte questão dissertativa: "Dissertação Tema: Efeitos temporais de lei que altera o processo eleitoral".

Finalmente, em concurso para a magistratura do DF realizado pelo CESPE em 2016, foi considerada falsa afirmativa que dispunha que "O princípio da anualidade não é uma cláusula pétrea e pode ser supri-mido por EC".

7.6. Princípio da moralidade eleitoral

Uma das questões mais antigas envolvendo os princípios do Direito Eleitoral diz respeito à **densidade material do princípio da moralidade eleitoral**. Em virtude da atualidade do tema, manifestada na promulgação da **"Lei da Ficha Limpa"**, válida é a realização de uma abordagem um pouco mais aprofundada sobre o tema, que, certamente, poderá vir a ser cobrado em questões abertas de futuros concursos.

Desde a época do regime militar, quando o Brasil ainda estava sob a égide da **Constituição Federal de 1967**, com suas alterações provenientes da Emenda Constitucional nº 01, de 1969, a discussão acerca dos **limites do princípio da presunção da inocência em face da necessária preservação da moralidade para o exercício de cargos e funções públicas** tem sido bastante frutífera. De lá para cá, em meio a mudanças extremamente significativas no regime político pátrio, importantes inovações legislativas e jurisprudenciais vieram ao lume, no que concerne à temática da análise da vida pregressa e da moralidade como condições de elegibilidade ou causas de inelegibilidade. Neste sentido, ainda no período de exceção, **previa a Constituição vigente**, em seu artigo 151, IV, disposição normativa segundo a qual "a moralidade para o exercício do mandato, levada em consideração a vida pregressa do candidato" deveria ser preservada, a partir do estabelecimento de casos de inelegibilidade por lei complementar.

A Lei Complementar prevista na Constituição de 1967/69, por sua vez, foi editada no ano de 1970 **(LC nº 05/70)**, estabelecendo, em seu artigo 1º, como hipótese de inelegibilidade, a **mera instauração de processo criminal** contra candidato que houvesse incidido em supostas práticas delituosas, tais como crimes contra a segurança nacional e a ordem política e social, a economia popular, a fé pública e a administração pública, enquanto não absolvido ou penalmente reabilitado. Tal disposição, no entanto, quando da redemocratização do país, terminou por ser veementemente rechaçada, uma vez que identificada como instrumento autoritário e antidemocrático utilizado pelo extinto regime.

Com a **Constituição de 1988**, o princípio da **presunção da inocência** foi erigido a um status nunca antes alcançado na história brasileira. De forma inédita, passou a ser estabelecido, por meio do **artigo 5º, LVII**, que "ninguém será considerado culpado até o trânsito em julgado de sentença penal condenatória". Ao mesmo tempo, em seu artigo 14, § 9º, a Constituição Federal dispôs, na sua redação original, que Lei Complementar estabeleceria "outros casos de inelegibilidade e os prazos de sua cessação, a fim de proteger a normalidade e legitimidade das eleições contra a influência do poder econômico ou abuso de exercício de função, cargo ou emprego na administração direta ou indireta", sem se referir, portanto, à possibilidade de imputação de inelegibilidade a candidato que tivesse, em sua vida pregressa, praticado atos atentatórios à moralidade para o exercício do mandato ou à probidade administrativa.

Em **1994**, no entanto, durante o período de revisão constitucional previsto no Ato das Disposições Constitucionais Transitórias, o **constituinte revisor** modificou a redação do artigo 14, § 9º da Constituição, supracitado, que passou assim a dispor:

> **Art. 14** (...).
>
> § 9º. Lei Complementar estabelecerá outros casos de inelegibilidade e os prazos de sua cessação, a fim de proteger **a probidade administrativa, a moralidade para o exercício do mandato, considerada a vida pregressa do candidato e** a normalidade e legitimidade das eleições contra a influência do poder econômico ou abuso de exercício de função, cargo ou emprego na administração direta ou indireta. (grifos nossos. Alterações incluídas pela ECR nº. 04, de 07.06.94)

Desde então, sempre que se aproximava algum período eleitoral, voltavam as discussões acerca da possibilidade de análise da vida pregressa dos candidatos para fins de impugnação do registro de candidaturas daqueles que tenham praticado atos violadores da moralidade eleitoral e ameaçadores da normalidade e da legitimidade das eleições, mesmo que ainda não consagrados em decisão judicial transitada em julgado.

Teriam ou não autoaplicabilidade a disposição normativa prevista no § 9º do art. 14 da Constituição, após a sua nova redação, estabelecida pela Emenda Constitucional de Revisão nº 04/94? Seria possível o indeferimento do registro de candidatura de postulante a cargo eletivo que esteja respondendo a processos criminais sem que tenha havido trânsito em julgado das respectivas decisões? O que poderia ser considerado moralidade para o exercício do mandato?

No âmbito da Justiça Eleitoral, o **debate** acerca da **aplicabilidade imediata ou não do artigo 14, § 9º da Constituição**, no que concerne à possibilidade de indeferimento do registro de candidatura de indivíduos que sejam considerados indignos e/ou imorais para concorrer nas eleições, independentemente de trânsito em julgado de sentença penal condenatória em seu desfavor, a partir da análise da vida pregressa, também é bastante antigo, tendo se acirrado desde que foi promulgada a ECR 04/94, até a publicação da L ei da Ficha Limpa, em 2010.

Relevante, neste sentido, foi a seguinte decisão tomada pelo Tribunal Superior Eleitoral por meio do **acórdão nº. 13.031 – MG**, relatado pelo Min. Francisco Rezek, em exame do recurso especial interposto por Edson Megaço contra decisão do TRE/MG que, confirmando sentença monocrática, indeferiu o registro de sua candidatura à prefeitura do município de Três Marias, tendo em vista que o recorrente respondia a ações penais e civis públicas, afirmando que "a vida pregressa do candidato só pode ser considerada para efeito de inelegibilidade quando lei complementar assim estabelecer" (Jurisp. do TSE, vol. 8, nº. 2 abr./jun./97, fls. 282).

Tal decisão, proferida em 1997, corroborou, assim, com os pretéritos acórdãos de nº. 12.082, de 04 de agosto de 1994, 12.081 e 12.107, de 06 de agosto, que pavimentaram o caminho para a elaboração da **Súmula nº. 13**, daquele egrégio Tribunal, que firmou o entendimento que "não é auto-aplicável o § 9º, art. 14, da Constituição, com a redação da Emenda Constitucional de Revisão nº 04/94".

Verdadeiramente paradigmático, no entanto, se constituiu o julgamento do famoso **"Caso Eurico Miranda" (RO 1069)**, relatado no TSE pelo Min. Marcelo Ribeiro, no ano de 2006. Na época, o então deputado federal Eurico Miranda, ex-presidente do Clube de Regatas Vasco da Gama, que respondia a oito processos criminais, sem trânsito em julgado, teve o seu registro de candidatura indeferido pelo Tribunal Regional Eleitoral do Rio de Janeiro, por ausência de moralidade para o exercício de cargo eletivo, com análise na vida pregressa. Em sede recursal, o Tribunal Superior Eleitoral, em decisão apertada, decidiu pelo provimento do recurso interposto pelo então deputado, deferindo a sua candidatura.

Votaram a favor de Eurico o ministro relator, além dos ministros Gerardo Grossi, Marco Aurélio de Melo e Cezar Peluso, que, em síntese, argumentaram que deveria ser ressaltado o princípio da presunção da inocência e que o juiz não é legislador para determinar o conteúdo jurídico da expressão "vida pregressa", na ausência de uma definição do Poder Legislativo. Contra o então deputado votaram os ministros Cesar Asfor Rocha e José Delgado, acompanhando o voto divergente do Ministro Carlos Ayres Britto que defendeu a mitigação da disposição constitucional prevista no art. 15, III da CF/88, que exige o trânsito em julgado de condenação criminal para a aplicação das penas de perda e suspensão de direitos políticos. Segundo o ministro:

> esse trânsito em julgado somente foi exigido na lógica pressuposição de estar o candidato a responder por um ou outro processo penal. Por uma ou outra situação de eventual percalço jurisdicional-penal, de que ninguém em sociedade está livre. Jamais pretendeu a Lei das Leis imunizar ou blindar candidatos sob contínua e numerosa persecutio criminis, como é o caso dos autos. Pois isto equivaleria a fazer do seu tão criterioso sistema de comandos um castelo de areia. Um dar com uma das mãos e tomar com a outra, para evocar a sempre referida metáfora de Ruy Barbosa sobre como não se deve interpretar os enunciados jurídico-positivos, a partir da Constituição mesma.

Em 10 de junho de 2008, a polêmica envolvendo a possibilidade de indeferimento de registro de candidaturas de postulantes a cargos eletivos detentores de suposta "ficha-suja" ganhou mais um capítulo. Em resposta à **consulta nº 1621, formulada pelo Tribunal Regional Eleitoral da Paraíba**, o TSE, por quatro votos a três, manteve seu entendimento segundo o qual sem o trânsito em julgado de sentença penal condenatória, nenhum pré-candidato pode ter seu registro de candidatura recusado pela Justiça Eleitoral.

Tomando, então, por base a explícita divergência revelada pelo TSE na resposta à consulta nº 1621, supracitada, a Associação dos Magistrados Brasileiros (AMB) ajuizou, junto ao Supremo Tribunal Federal, a **Arguição de Descumprimento de Preceito Fundamental nº. 144**, questionando a validade constitucional das interpretações emanadas pelo TSE relacionadas ao tema da inelegibilidade proveniente da análise da vida pregressa do candidato em face do disposto no art. 14, § 9º da CF/88, bem como arguindo a não recepção da Lei Complementar nº. 64/90 pela ECR 04/94 nos seus dispositivos que exigem o trânsito em julgado para efeito de reconhecimento de inelegibilidade.

Suscitando o direito fundamental à presunção da inocência, previsto no art. 5º, LVII, o corolário do devido processo legal e a eficácia constitucional limitada do disposto no art. 14, § 9º da Constituição, uma vez que existente a reserva constitucional da Lei Complementar, o Supremo Tribunal Federal, por maioria, não acolheu a pretensão deduzida pela AMB, tendo sido vencidos os ministros Joaquim Barbosa e Carlos Ayres de Britto.

A decisão proferida pelo STF nos autos da ADPF nº 144, se, por um lado, gerou efeitos vinculantes, por outro lado não afastou a polêmica. Maior prova disso foi a tramitação, no Congresso Nacional, de projeto de Lei Complementar, de iniciativa popular e encampado pelo **Movimento de Combate à Corrupção Eleitoral**, que previu a possibilidade de decretação de inelegibilidade de postulantes a cargo eletivo que estejam respondendo a processos criminais, mesmo sem o trânsito em julgado, fato que comprova a relevância e a importância do tema.

Em pouco menos de um ano e meio, mais de um milhão e quinhentas mil assinaturas de eleitores de todo o Brasil foram arrecadadas em todo o país, propondo a regulamentação do parágrafo nono do artigo catorze da Constituição Federal de 1988, referente à questão da imoralidade eleitoral como causa de inelegibilidade.

Após muita polêmica e discussão, foi finalmente promulgada, em 04 de junho de 2010, a **Lei Complementar nº. 135 (Lei da Ficha Limpa)**, alterando a Lei Complementar nº. 64, de 18 de maio de 1990, que estabelece, de acordo com o § 9º do art. 14 da Constituição Federal, casos de inelegibilidade, prazos de cessação e determina outras providências, para incluir hipóteses de inelegibilidade que visam a proteger a probidade administrativa e a moralidade no exercício do mandato, até a publicação da L ei da Ficha Limpa, em 2010.

Oportunamente, nesta obra, serão detalhadas as alterações promovidas nas normas referentes à inelegibilidade, decorrentes da edição da LC 135/10.

Capítulo 2

Os sistemas eleitorais

1. INTRODUÇÃO

Como já observado no capítulo I desta obra, uma das grandes conquistas da modernidade é a consagração da democracia como regime político dominante nas sociedades! **Essencial para a compreensão da democracia**, como visto, é a noção de que a legitimidade do regime político democrático reside na **autoridade do povo** e na **consagração não só dos direitos das maiorias, mas também das minorias**, sendo o mesmo regime um instrumento para a consecução de valores essenciais à preservação da própria existência da humanidade, fundado em três princípios basilares: a supremacia popular, a preservação da liberdade e a igualdade de direitos.

Para que haja, entretanto, a consagração da supremacia popular, capaz de preservar a liberdade e promover a igualdade de direitos, **imperiosa se faz a necessidade de eleições livres**, a partir das quais a escolha dos representantes políticos reflita, de fato, **a vontade popular**, não apenas da maioria, mas **também das minorias**. Desta necessidade é que surgem os **sistemas eleitorais**, entendidos como **mecanismos necessários** para a definição daqueles que exercerão efetivamente, em nome do povo, o poder soberano, exercendo cargos políticos executivos e legislativos, definindo políticas públicas e determinando o futuro do país e o legado para as próximas gerações.

Neste capítulo, estudaremos os principais sistemas eleitorais, com destaque para o sistema eleitoral majoritário, utilizado no Brasil sob as formas simples e absoluta; e o sistema eleitoral proporcional de lista aberta, também previsto na legislação brasileira para as eleições de deputados federais, deputados estaduais, deputados distritais e vereadores.

> **Atenção!!!**
> Por sistema eleitoral, podemos compreender o conjunto de critérios utilizados para definir os vencedores em um processo eleitoral, as regras, portanto, do jogo eleitoral.

2. OS SISTEMAS ELEITORAIS E AS SUAS ESPÉCIES

Três são os sistemas eleitorais conhecidos para a averiguação dos candidatos eleitos em um pleito: o sistema majoritário, o sistema proporcional e o sistema misto. Neste tópico, analisaremos, em linhas gerais, o funcionamento de cada um destes sistemas eleitorais, com ênfase para o sistema majoritário, adotado no Brasil nas eleições para cargos executivos (prefeito, governador e presidente da república) e para senadores, e para o proporcional, adotado no Brasil nas eleições para deputados e vereadores.

> **Como esse assunto foi cobrado em concurso?**
>
> No 17º Concurso de Procurador da República foi perguntado, em questão aberta, quais seriam as características do sistema eleitoral no Brasil.
>
> No 15º Concurso para Procurador da República, por sua vez, foi perguntado, também em questão aberta, quais os sistemas de eleição adotados no Brasil para o Legislativo e o Executivo. Nesta questão, o candidato ainda devia explicar o funcionamento de tais sistemas, com base na Constituição e na legislação eleitoral.

2.1. O sistema eleitoral majoritário

Comecemos o nosso estudo com uma breve **análise do sistema majoritário**, adotado atualmente no Brasil nas eleições para os cargos de presidente da república, governador de estado, prefeito e senador da república. Por este sistema, é considerado eleito o candidato que obtenha a maior soma de votos sobre os seus competidores, sendo os votos atribuídos aos demais candidatos desprezados, prevalecendo, assim, o pronunciamento emitido pela maioria. **Vence a eleição, no sistema majoritário, o candidato mais votado.**

No sistema majoritário, **pode ser necessária** a mera **maioria relativa** para a aferição do candidato vencedor em uma eleição, como também pode haver exigência de **maioria absoluta**. Na primeira hipótese, estaremos diante do chamado **sistema majoritário simples**, adotado no Brasil nas eleições para senadores da república e prefeitos de municípios com até duzentos mil eleitores. Já na segunda hipótese, teremos a aplicação do **sistema majoritário absoluto**, adotado, no Brasil, nas eleições para presidente da república, governadores e prefeitos de municípios com mais de duzentos mil eleitores.

Sistema majoritário	
Simples	Válido nas eleições para senadores e prefeitos de municípios com até 200 mil eleitores.
Absoluto	Válido nas eleições para presidentes da república, governadores e prefeitos de municípios com mais de 200 mil eleitores.

▸ **Como esse assunto foi cobrado em concurso?**

No Concurso para Promotor de Justiça do Amazonas, realizado em 2007, foi considerada como correta afirmativa que dispunha que o sistema majoritário é o sistema eleitoral utilizado nas eleições para o Senado Federal. Na mesma questão, foi considerada falsa afirmativa que dispunha que o sistema eleitoral utilizado para cargos do Poder Legislativo no Brasil é sempre o proporcional de lista aberta, uma vez que, não podemos esquecer, o senador também integra o Poder Legislativo, sendo eleito, no entanto, pelo sistema majoritário simples.

O **sistema majoritário simples**, adotado nas eleições para prefeitos de municípios com até 200 mil eleitores (e não habitantes) e senadores da república exige um único turno de eleições. Vence o candidato mais votado, independentemente da soma dos votos dos seus adversários. Este sistema é alvo de críticas por pecar quanto à legitimidade do eleito. Afinal, é possível, de acordo com o sistema majoritário simples, a eleição de um candidato com alta rejeição do eleitorado, embora bem votado. A partir de um exemplo simples é possível entendermos melhor esta conclusão: imaginemos um condomínio residencial, composto por setenta apartamentos, cada um deles com direito a um voto na assembleia condominial, que esteja elegendo seu síndico. No dia da votação, dos setenta apartamentos, apenas trinta e nove enviam representantes para a assembleia, contabilizando-se, assim, trinta e uma abstenções. Dos trinta e nove presentes, quatro anulam seus votos e seis votam em branco. Tais votos, assim, são descartados (no Brasil de hoje, voto branco e voto nulo não servem para nada, vão para a lata do lixo). Sobram vinte e nove votos válidos, distribuídos entre os quatro candidatos concorrentes: o candidato A obtém 10 votos, o candidato B 08 votos, o candidato C 06 votos e o candidato D 05 votos. De acordo com o sistema eleitoral majoritário simples, aplicável a esta eleição, está eleito o candidato A, com apenas 10 votos, embora o mesmo candidato seja odiado pela grande maioria dos vizinhos. Como não há segundo turno, a forte rejeição ao candidato A não interfere na sua vitória. Se o sistema fosse o **majoritário absoluto**, seria necessário um segundo turno entre os dois candidatos mais votados (neste exemplo, os candidatos A e B), quando, teoricamente, o candidato A, altamente rejeitado, poderia ser derrotado.

No **atual sistema eleitoral brasileiro**, é exigida a **maioria absoluta** dos votos para se apontar o candidato vencedor, em uma eleição, apenas nos pleitos para os **cargos de presidente da república, governador de estado, e prefeito de municípios com mais de duzentos mil eleitores**, conforme disposto nos artigos 28; 29, II e 77 da Constituição Federal. Para estes cargos, o vencedor só será declarado no primeiro turno caso tenha a maioria absoluta dos votos válidos, ou seja, mais votos do que todos os seus adversários somados. De se ressaltar que esta maioria absoluta deve ser aferida somente dos votos válidos, não sendo, portanto, levados em conta os votos em branco, os votos nulos e as abstenções. Caso nenhum candidato consiga maioria absoluta, deverá haver segundo turno entre os dois candidatos mais votados.

> ▸ **Como esse assunto foi cobrado em concurso?**
>
> No concurso para técnico judiciário do TRE-MS, realizado em 2013, foi considerada verdadeira assertiva que dispunha que "somente nos municípios com mais de duzentos mil eleitores existe a possibilidade de eleição de prefeito em segundo turno".

Para cargos executivos, portanto, o sistema majoritário é o mais apropriado, e, de certa forma, o único viável, a não ser que o sistema de governo seja o diretorial, no qual a chefia de governo é exercida concorrentemente por um determinado número de pessoas, quando então seria logicamente possível a adoção do sistema proporcional. Em um Estado que não adota o sistema de governo diretorial, o chefe de governo só pode ser democraticamente eleito pelo sistema majoritário, por não haver possibilidade material para a adoção de outro sistema eleitoral.

2.1.1. *Os votos brancos e nulos e a questão da nulidade das eleições*

Os **votos brancos e os votos nulos**, de acordo com a atual legislação eleitoral, **não têm nenhum valor**. Não procede o mito de que votos brancos e nulos vão para o candidato mais votado. Tais votos proferidos no dia da eleição são desconsiderados, são invalidados, não servindo nem mesmo para anular o pleito, segundo jurisprudência pacificada do TSE.

É de se destacar, neste sentido, que o referido mito surgiu a partir do disposto no **artigo 224 do Código Eleitoral**, o qual dispõe, no seu caput, que "se a nulidade atingir a mais da metade dos votos no país nas eleições presidenciais, do estado nas eleições federais e estaduais ou do município nas eleições municipais, julgar-se-ão prejudicadas as demais votações e o Tribunal marcará dia para nova eleição dentre do prazo de 20 (vinte) a 40 (quarenta) dias".

Ocorre que o Tribunal Superior Eleitoral, interpretando o referido dispositivo legal, firmou a seguinte **jurisprudência**, a partir do julgamento do **Acórdão 665, de 17 de agosto de 2002**:

> **EMENTA**: Agravo regimental. Recurso em mandado de segurança. Acórdão regional. Determinação. Nova eleição.
>
> [...] 2. Para fins do art. 224 do Código Eleitoral, a validade da votação – ou o número de votos válidos – na eleição majoritária não é aferida sobre o total de votos apurados, mas leva em consideração tão somente o percentual de votos dados aos candidatos desse pleito, excluindo-se, portanto, os votos nulos e os brancos, por expressa disposição do art. 77, § 2º, da Constituição Federal. 3. Considerando o que decidido na Consulta nº 1.657 – no sentido de que não se somam aos votos nulos derivados da manifestação apolítica dos eleitores aqueles nulos em decorrência do indeferimento do registro de candidatos, afigura-se recomendável que a validade da votação seja aferida tendo em conta apenas os votos atribuídos efetivamente a candidatos e não sobre o total de votos apurados. (Ac. 665, de 17.8.09, do TSE)

Como se percebe, o TSE, abstendo-se de pronunciar nulidades sem prejuízo, de forma a valorizar a legitimidade da soberania popular, decidiu que o **artigo 224 do Código Eleitoral não se aplica quando**, voluntariamente, mais da metade dos eleitores decidirem anular o voto ou votar em branco, preservando, assim, a validade da eleição.

A **CF/88** estabeleceu que os **votos nulos e em branco não serão computados** para o cálculo da maioria nas eleições de presidente da República e vice-presidente da República, governador e vice-governador, e prefeito e vice-prefeito de municípios com mais de duzentos mil eleitores. A jurisprudência do TSE, por sua vez, tem se firmado no sentido de que os votos nulos ou brancos exarados de forma espontânea pelos eleitores não têm o poder de provocar a nulidade do pleito, mesmo que somem a maioria absoluta dos votos.

▸ **Como esse assunto foi cobrado em concurso?**

No Concurso para Juiz de Direito do Estado de Pernambuco, realizado em 2011, pela FCC, foi considerada verdadeira afirmativa que dispunha que "não é nula a votação quando a maioria dos eleitores opta pelo voto nulo".

2.2. O Sistema eleitoral proporcional

Na contramão do sistema eleitoral majoritário, nos deparamos com o **sistema eleitoral proporcional**, cujo pressuposto é a repartição aritmética das vagas, pretendendo-se, dessa forma, que a representação, em determinado território se distribua em **proporção às correntes ideológicas ou de interesse**, integrada nos partidos políticos concorrentes.

Foi com a **Revolução Francesa, em 1789**, que surgiu o ideal do sistema eleitoral proporcional. Coube a Mirabeau, um dos líderes do Terceiro Estado, defender, na Assembleia Constituinte de Provença, a tese de que "o Parlamento deveria expressar o mais fielmente possível, o perfil do eleitorado" (DIRCEU, José; IANONI, Marcos, *Reforma política:* instituições e democracia no Brasil atual. 1. ed. p. 22).

No século seguinte, o inglês **John Stuart Mill** publica a obra "Considerações sobre o Governo Representativo", na qual consagra a defesa do sistema eleitoral proporcional como o mais democrático e representativo. Segundo Stuart Mill (*Considerações sobre o governo representativo*. p. 89):

> Em qualquer democracia realmente igual, toda ou qualquer seção deve ser representada, não desproporcionalmente, mas proporcionalmente. Maioria de eleitores terá sempre maioria de representantes, mas a minoria dos eleitores deverá ter sempre uma minoria de representantes. Homem por homem, deverá ser representada tão completamente como a maioria. A menos que se dê, não há governo igual, mas governo de desigualdade e de privilégio: uma parte do povo manda na outra; retirar-se-á de certa porção da sociedade a parte justa e igual de influência na representação, contrariamente a todo governo justo, mas acima de tudo, contrariamente ao princípio da democracia, que reconhece a igualdade como o próprio fundamento e raiz.

Finalmente, no ano de 1885, uma conferência internacional sobre reforma eleitoral, ocorrida na Bélgica, vem a fortalecer, definitivamente, a tese do sistema eleitoral proporcional. Consagra-se, neste momento, o modelo de representação proporcional formulado pelo belga **Victor D'Hont**, cuja concepção era a de que os sistemas eleitorais deveriam viabilizar a representação das diversas correntes de opinião presentes na sociedade expressas pelos partidos políticos.

São **duas as técnicas** adotadas mundialmente, na atualidade, para a **representação proporcional**: a do **número uniforme** e a do **quociente eleitoral** (baseada no método D'Hont). Na técnica do número uniforme, utilizada pela primeira vez na Alemanha, nas eleições parlamentares ocorridas em 1920, o número de votos correspondentes ao preenchimento de uma vaga, em cada circunscrição, é previamente estabelecido por lei, fazendo com que, tantas vezes esse montante seja atingido, tantas vagas serão obtidas. Se em uma circunscrição, por exemplo, se estipular o número de 15000 votos por vaga, e um partido obtiver 90876 votos, terá direito a seis vagas, ou seja, o número inteiro inferior à divisão dos votos obtidos, noventa mil oitocentos e setenta e seis, pelo número de votos correspondentes a uma vaga, quinze mil.

A **técnica do quociente eleitoral**, por sua vez, é consistente de operações aritméticas sucessivas, para que haja a representação proporcional, sendo a adotada pelo **Direito Eleitoral brasileiro**, conforme o disposto nos artigos 106 a 113 do Código Eleitoral, nas eleições para deputados e vereadores.

> **▸ Como esse assunto foi cobrado em concurso?**
>
> No Concurso para Analista Judiciário do TRE-PB, realizado em 2007, foram elencados os cargos de presidente da república, vice-presidente da república, governador, vice-governador, senador, deputado federal, deputado estadual, prefeito, vice-prefeito e vereador e perguntado em quais desses cargos é utilizado o sistema eleitoral proporcional. A resposta correta afirmava que o sistema eleitoral proporcional era adotado, tão somente, nas eleições para deputados federais, deputados estaduais e vereadores, dentre todas as opções de cargos oferecidas. Vale ressaltar que também nas eleições para deputados distritais (equivalentes aos deputados estaduais no Distrito Federal) também se adota o sistema proporcional de lista aberta.
>
> Já no concurso para Juiz Estadual do Mato Grosso do Sul, realizado em 2015, foi considerada correta afirmativa que dispunha que "o direito brasileiro adota o sistema eleitoral proporcional, sendo correto afirmar que se determina o quociente eleitoral dividindo-se o número de votos válidos apurados pelo de lugares a preencher em cada circunscrição eleitoral, desprezada a fração se igual ou inferior a meio, equivalente a um, se superior".

No concurso para Analista Judiciário do TRE-PI, realizado em 2016, pelo CESPE, foi considerada correta a seguinte afirmativa: "Nas eleições proporcionais, consideram-se válidos os votos dados a candidatos regularmente inscritos e às legendas partidárias".

Finalmente, em concurso para juiz de direito do Rio de Janeiro, realizado pela VUNESP, em 2016, foi considerada correta afirmativa que dispunha que "O quociente eleitoral é instrumento do sistema pro¬porcional, sendo determinado dividindo-se o número de votos válidos apurados pelo de lugares a preen¬cher em cada circunscrição eleitoral, desprezada a fração se igual ou inferior a meio, equivalente a um, se superior".

O processo para a averiguação do número de vagas cabíveis a cada partido ou coligação não é de tão grande complexidade, como se possa aparentar. A primeira etapa a se cumprir é a de determinar o quociente eleitoral, segundo o que dispõe o artigo 106 do CE: "determina-se o quociente eleitoral dividindo-se o número de votos válidos apurados pelo de lugares a preencher em cada circunscrição eleitoral, desprezada a fração se igual ou inferior a meio, equivalente a um, se superior". De se ressaltar que, neste caso, por votos válidos se entende os votos distribuídos aos candidatos e às legendas, não se computando os votos brancos e nulos.

▸ **Atenção!!!**

Até 1997, os votos brancos eram considerados votos válidos, para fins de cálculos do quociente eleitoral.

A segunda etapa é a determinação do quociente partidário, que se atinge através da divisão do número de votos válidos dados sob a mesma legenda ou coligação de legendas, pelo quociente eleitoral, desprezada a fração, conforme disposto no artigo 107 do Código.

▸ **Como esse assunto foi cobrado em concurso?**

No Concurso para Promotor de Justiça do Espírito Santo, realizado pelo CESPE, em 2010, havia uma afirmativa que dispunha que "o quociente partidário, para cada partido ou coligação, é determinado dividindo-se o número de votos válidos, dados sob a mesma legenda ou coligação de legendas, pelo quociente eleitoral, desprezada a fração, se igual ou inferior a meio, ou considerada um, se superior". A referida alternativa foi considerada falsa, tendo em vista o previsto no artigo 107 do Código Eleitoral.

> ▸ **Atenção!!!**
>
> Quando dois ou mais partidos estiveram coligados para a disputa de uma eleição proporcional (deputados ou vereadores), seus votos serão computados em conjunto para a determinação do quociente partidário, como se fossem um único partido. Somar-se-ão, assim, os votos de todos os candidatos lançados por todos os partidos coligados, além de todos os votos de legenda obtidos pelos mesmos partidos.

Estarão, então, eleitos tantos candidatos registrados por um partido ou coligação quantos o respectivo quociente partidário indicar, na ordem da votação nominal que cada um tenha recebido. Vamos exemplificar, para facilitar a compreensão da questão:

Município Fictício:

- *Total de eleitores habilitados*: 127433 eleitores
- *Abstenções*: 2538
- *Votos nulos*: 5736
- *Votos em branco*: 7471
- *Total de votos válidos*: 127433 (eleitores habilitados) – 2538 (abstenções) – 5736 (votos nulos) – 7471 (votos em branco) = 111688
- *Vagas em disputa*: 13 vagas
- *Quociente eleitoral*: 111688 (votos válidos) ÷ 13 (número de vagas) = 8591,38 (quociente igual a 8591).

VOTAÇÃO DO PARTIDO A		VOTAÇÃO DO PARTIDO B		VOTAÇÃO DO PARTIDO C		VOTAÇÃO DO PARTIDO D		VOTAÇÃO DO PARTIDO E	
CAND.	**VOT.**	**CAND.**	**VOT.**	**CAND.**	**VOT.**	**CAND.**	**VOT.**	**CAND.**	**VOT.**
AA	21438	BA	3249	CA	1301	DA	6127	EA	18046
AB	5102	BB	3211	CB	719	DB	1411	EB	10008
AC	4900	BC	3191	CC	713	DC	514	EC	810
AD	4573	BD	3050	CD	541	DD	253	ED	730
AE	2513	BE	3014	CE	108	DE	94	EE	700
AF	1832	BF	2300	CF	23	DF	78	EF	563
AG	715	BG	1713	CG	15	DG	49	EG	513
AH	546	BH	1504	CH	10	DH	13	EH	419
AI	232	BI	1027	–	–	DI	05	EI	417
AJ	121	BJ	438	–	–	–	–	EJ	384

VOTAÇÃO DO PARTIDO A		VOTAÇÃO DO PARTIDO B		VOTAÇÃO DO PARTIDO C		VOTAÇÃO DO PARTIDO D		VOTAÇÃO DO PARTIDO E	
CAND.	VOT.	CAND.	VOT.	CAND.	VOT.	CAND.	VOT.	CAND.	VOT.
AK	51	BK	256	-	-	-	-	EK	323
AL	40	BL	104	-	-	-	-	EL	305
AM	33	BM	27	-	-	-	-	EM	170
AN	27	BN	17	-	-	-	-	EN	108
				-	-	-	-	EO	85
-	-	-	-	-	-	-	-	EP	69
-	-	-	-	-	-	-	-	EQ	28
-	-	-	-	-	-	-	-	ER	22
-	-	-	-	-	-	-	-	ES	17
-	-	-	-	-	-	-	-	ET	15
-	-	-	-	-	-	-	-	EU	13
-	-	-	-	-	-	-	-	EV	01
TOTAL	42123	TOTAL	23100	TOTAL	4130	TOTAL	8544	TOTAL	33796

Fazendo-se os cálculos, a fim de obter o **quociente partidário** da cada partido, temos os seguintes resultados:

- *PARTIDO A:* 42.123 votos ÷ 8.591 (quociente eleitoral) = 4,90 ou 4 vagas
- *PARTIDO B:* 23.110 votos ÷ 8.591 = 2,69 ou 2 vagas
- *PARTIDO C:* 4.130 votos ÷ 8.591 = 0,48 ou 0 vagas
- *PARTIDO D:* 8.544 votos ÷ 8.591 = 0,99 ou 0 vagas
- *PARTIDO E:* 33.796 votos ÷ 8.591 = 3,93 ou 3 vagas

Somando-se os resultados, 9 das 13 vagas foram preenchidas. Como preencher as 4 restantes?

Até as eleições de 2014, após o cálculo do quociente partidário, era possível se verificar quantas vagas cada partido ou coligação teria direito, inicialmente, conforme o exemplo exposto acima. A estas vagas, conquistadas pelo quociente partidário, contudo, eram somadas outras vagas decorrentes do cálculo de sobras, necessário como consequência de um fenômeno matemático: ao se dividir a votação de cada partido ou coligação pelo quociente eleitoral, para fins de cálculo do quociente partidário e consequente distribuição das cadeiras, é praticamente certo que não cheguemos a um número inteiro, como resultado. Por exemplo: se o partido ou coligação atingiu um total de 35 mil votos e o quociente eleitoral foi de 10 mil votos, o quociente partidário será 3,5, contabilizando-se três cadeiras para o partido, desprezada a fração. O desprezo destas frações, de todos os partidos e coligações envolvidos, necessariamente resultará no não preenchimento imediato de todas as cadeiras, restando, assim, o cálculo das sobras. No exemplo acima, apenas 09 das 13 vagas em disputa foram imediatamente preenchidas. Quatro vagas, portanto, foram disponibilizadas para uma redistribuição, a partir do cálculo das sobras, que, até as eleições de 2014, era disciplinado conforme a antiga redação do artigo 109 do Código Eleitoral, in verbis:

> **Art. 109.** Os lugares não preenchidos com a aplicação dos quocientes partidários serão distribuídos mediante observância das seguintes regras: I – dividir-se-á o número de votos válidos atribuídos a cada partido ou coligação de partidos pelo número de lugares por ele obtidos, mais um, cabendo ao partido ou coligação que apresentar a maior média um dos lugares a preencher; II- repetir-se-á a operação para a distribuição de cada um dos lugares.

Este cálculo de sobras, até as eleições de 2014, portanto, era realizado da seguinte forma: pegava-se a votação obtida por cada partido ou coligação e dividia-se pelo número de cadeiras conquistadas mais um. Aquele partido ou coligação que atingisse o melhor resultado nesta conta, ganhava a primeira cadeira remanescente em disputa no cálculo das sobras. O procedimento, então, era repetido, até que todas as cadeiras viessem a ser preenchidas, sempre se atentando para o fato de que, ao adquirir uma nova cadeira, no cálculo seguinte o divisor deste partido era aumentado em uma unidade.

Uma vez distribuídas todas as cadeiras, os candidatos mais votados de cada partido ou coligação eram declarados eleitos, no limite das vagas conquistadas.

Há, contudo, uma importante ressalva a se fazer, presente no §2º do mesmo artigo, recentemente alterado pela reforma eleitoral de 2017: "só poderão concorrer à distribuição dos lugares os partidos e coligações que tiverem obtido quociente eleitoral". Assim, no município fictício, só concorreriam à distribuição dos lugares restantes os partidos A, B e E, uma vez que os partidos C e D não atingiram o quociente eleitoral.

Seriam procedidas, então, as seguintes operações matemáticas:

- *PARTIDO A*: 42123 ÷ 5 (4 vagas obtidas mais 1) = 8424

- *PARTIDO B*: 23100 ÷ 3 (2 vagas obtidas mais 1) = 7700
- *PARTIDO E*: 33796 ÷ 4 (3 vagas obtidas mais 1) = 8449

A primeira das **vagas remanescentes**, portanto, seria do partido E, que obteve a maior média. Mas ainda restariam 3 vagas em disputa. Repetiríamos o cálculo, mudando-se o denominador da operação referente ao partido E de 4 para 5, por ter este partido obtido mais uma vaga. Assim:

- PARTIDO A: 8424
- PARTIDO B: 7700
- PARTIDO E: 33796 ÷ 5 (4 vagas obtidas mais 1, já somada à primeira vaga remanescente) = 6759

A vaga agora seria do partido A. O processo se repetia, modificando o denominador referente ao partido A de 5 para 6, chegando-se, assim ao seguinte resultado:

- PARTIDO A: 42123 ÷ 6 (5 vagas obtidas mais 1, já somada à segunda vaga remanescente) = 7020
- PARTIDO B: 7700
- PARTIDO E: 6759

A terceira vaga, assim, seria do partido B.

Por fim, a quarta e última vaga remanescente seria destinada ao partido A, de acordo com os cálculos representados abaixo:

- PARTIDO A: 7020
- PARTIDO B: 23.100 ÷ 4 (3 vagas obtidas mais 1, já somada à terceira vaga remanescente apurada) = 5.775
- PARTIDO E: 6759

Assim, após a finalização dos cálculos, seria constatado que o partido A teria direito a eleger 06 vereadores, o partido B 03 vereadores e o partido E 04 vereadores. Os partidos C e D não elegeriam vereador algum.

É de se ressaltar que o resultado da distribuição seria diferente se o parágrafo 2º deste artigo 109 não existisse. O partido D, que não atingiu o coeficiente eleitoral, teria direito à primeira das vagas remanescentes. Senão vejamos:

- *PARTIDO D*: 8544 votos ÷ 1 (0 vagas obtidas mais 1) = 8544

A média de 8544 atingida seria maior que a de todos os outros partidos, fazendo com que a primeira das vagas fosse preenchida pelo partido D, a segunda pelo partido E, a terceira pelo partido A e a quarta pelo partido B.

Com a publicação, em outubro de 2017, da Lei nº. 13.488, o § 2º do artigo 109 do Código Eleitoral sofreu importante alteração, passando a ter a seguinte redação: "Poderão concorrer à distribuição dos lugares todos os partidos e coligações que participaram do pleito". Desta forma, partidos e coligações que não atingirem o quociente eleitoral passarão, em 2018, a ter direito a disputar as cadeiras das sobras, conforme modelo explicado acima, garantindo-se, assim, uma maior proporcionalidade na distribuição das vagas em disputa nas eleições para a Câmara dos Deputados, Câmara Distrital do DF, assembleias legislativas e câmaras de vereadores. Vale ainda destacar que, em decorrência de regra estabelecida pela Emenda Constitucional nº. 97, também publicada em 2017, a partir das eleições de 2020 não serão mais permitidas coligações partidárias nas eleições proporcionais.

> ▸ **Atenção!!!**
> Uma importante consideração acerca do sistema eleitoral proporcional atualmente adotado no Direito Brasileiro há de ser feita, e se refere ao disposto no artigo 111 do Código Eleitoral: "se nenhum partido ou coligação alcançar o quociente eleitoral, considerar-se-ão eleitos, até serem preenchidos todos os lugares, os candidatos mais votados". Dessaforma, o sistema proporcional seria excepcionalmente substituído pelo sistema majoritário de eleição. Votos brancos e os votos nulos, de acordo com a atual legislação eleitoral, não têm nenhum valor.

Feitas as contas, no entanto, ainda restava um importante questionamento em resposta: **quem seriam as pessoas que ocupariam** as seis vagas destinadas ao partido A, as quatro destinadas ao partido E as três destinadas ao partido B? De acordo com a legislação eleitoral em vigor no Brasil, até as eleições de 2014, seriam eleitos deputados e vereadores os **candidatos mais votados de cada partido ou coligação**, no limite das vagas conquistadas. Assim, os seis candidatos mais votados lançados pelo partido A estariam eleitos, assim como os quatro mais votados lançados pelo partido E e os três mais votados do partido B. Tal previsão legal permitia que um candidato menos votado fosse eleito e outro, mais votado perdesse.

No exemplo citado, é possível observar que o candidato DA, lançado pelo partido D, obteve 6.127 votos, mais de trezentos por cento acima do total de votos obtidos pelo candidato AF, do partido A. Ocorre que, apesar da grande votação, o candidato DA não foi eleito, uma vez que o partido D não teve direito a qualquer vaga. O candidato AF, por sua vez, embora com muito menos votos, foi eleito por ter sido o sexto mais votado do partido A (o partido A elegeu seis candidatos, como observado).

> ▸ **Como esse assunto foi cobrado em concurso?**
>
> No Concurso para Promotor de Justiça do Estado de Roraima, realizado em 2008, foi considerada falsa afirmativa que dispunha que o candidato a vereador mais votado em um município estaria eleito, independentemente do desempenho dos demais candidatos da mesma legenda ou coligação.

Ainda no que se refere ao resultado apurado, há de se ressaltar que **eram escolhidos como suplentes dos eleitos** os candidatos mais votados em cada partido, ou coligação, que não foram eleitos. Assim, por exemplo, o sétimo candidato mais votado do partido A, que teve direito a seis vagas, era apontado como o primeiro suplente, o oitavo mais votado o segundo suplente, assim por diante, até o último mais votado do partido, ou coligação, que era considerado o último suplente.

A partir das eleições de 2016, mesmo com a manutenção da essência desta sistemática, mudanças importantes ocorreram na distribuição das cadeiras entre partidos e coligações. Tais mudanças decorrem das novas redações dos artigos 108, 109 e 112, parágrafo único, do Código Eleitoral, determinadas pela Lei nº. 13.165/15, *in verbis*:

> **Art. 108.** Estarão eleitos, entre os candidatos registrados por um partido ou coligação que tenham obtido votos em número igual ou superior a 10% (dez por cento) do quociente eleitoral, tantos quantos o respectivo quociente partidário indicar, na ordem da votação nominal que cada um tenha recebido.
>
> Parágrafo único. Os lugares não preenchidos em razão da exigência de votação nominal mínima a que se refere o caput serão distribuídos de acordo com as regras do art. 109.
>
> **Art. 109.** Os lugares não preenchidos com a aplicação dos quocientes partidários e em razão da exigência de votação nominal mínima a que se refere o art. 108 serão distribuídos de acordo com as seguintes regras:

> I – dividir-se-á o número de votos válidos atribuídos a cada partido ou coligação pelo número de lugares definido para o partido pelo cálculo do quociente partidário do art. 107, mais um, cabendo ao partido ou coligação que apresentar a maior média um dos lugares a preencher, desde que tenha candidato que atenda à exigência de votação nominal mínima;
>
> II – repetir-se-á a operação para cada um dos lugares a preencher;
>
> III – quando não houver mais partidos ou coligações com candidatos que atendam às duas exigências do inciso I, as cadeiras serão distribuídas aos partidos que apresentem as maiores médias.
>
> § 1º O preenchimento dos lugares com que cada partido ou coligação for contemplado far-se-á segundo a ordem de votação recebida por seus candidatos.
>
> § 2º Poderão concorrer à distribuição dos lugares todos os partidos e coligações que participaram do pleito. (parágrafo com redação definida pela Lei 13.488/2017).
>
> **Art. 112.** (...)
>
> Parágrafo único. Na definição dos suplentes da representação partidária, não há exigência de votação nominal mínima prevista pelo art. 108.

As novas redações dos artigos 108 e 109 do Código Eleitoral, determinadas pela Lei nº. 13.165/15, objetivando reduzir o impacto de um fenômeno cada vez mais observado nas eleições proporcionais, a eleição de candidatos pouco votados, em virtude da presença dos chamados "puxadores de voto" em seus partidos ou coligações, reformulou o método de distribuição das cadeiras no sistema eleitoral proporcional, aplicável às eleições de vereadores, deputados estaduais, deputados distritais e deputados federais.

Conforme o novo caput do art. 108, em um primeiro momento, somente serão declarados eleitos, após a distribuição das cadeiras em disputa entre os partidos e coligações, decorrente dos cálculos dos quocientes partidários, os candidatos que obtiverem, no mínimo, votação equivalente a 10% do quociente eleitoral. A partir daí, os lugares não preenchidos em razão da exigência de votação nominal mínima a que se refere o caput serão distribuídos de acordo com as regras do art. 109, que também teve a sua redação reformulada pela Lei nº. 13.165/15.

O novo artigo 109 criou novas regras para o cálculo das sobras decorrentes dos lugares não preenchidos com a aplicação dos quocientes partidários. Doravante, há de se observar, conforme o novo artigo 108, já comentado, o preenchimento das cadeiras em disputa, em um primeiro momento, apenas por aqueles candidatos que tiverem obtido, no mínimo, um quantitativo de votos equivalente a 10% do quociente eleitoral. Assim, candidatos que, na legislação anterior, já seriam declarados eleitos imediatamente após o cálculo dos quocientes partidários, não têm mais asseguradas as suas vitórias, uma vez que, no primeiro momento da distribuição das cadeiras, somente serão declarados eleitos os candidatos que tiverem atingido o referido percentual.

Como consequência desta nova regra, o número de cadeiras não preenchidas a partir do quociente partidário será maior, aumentando, por conseguinte, o quantitativo de cadeiras a serem distribuídas no cálculo das sobras, normatizado pelo presente artigo 109.

A primeira distribuição das cadeiras remanescentes, a partir de agora, privilegiará os candidatos não eleitos pelo quociente partidário que tenham obtido votação igual ou maior que 10% do quociente eleitoral. Apenas quando não houver mais candidatos em tal situação, caso ainda reste alguma vaga não preenchida, é que a regra antiga de distribuição das sobras será aplicada, podendo a cadeira remanescente ser distribuída a candidatos que não obtiveram a votação de 10% do quociente eleitoral.

O parágrafo único do art. 112, incluído pela Lei nº. 13.165/15, tendo em vista as novas regras referentes à distribuição das cadeiras em disputa nas eleições proporcionais, estabeleceu que os suplentes das representações partidárias não precisarão obter a votação mínima equivalente a 10% do quociente eleitoral para serem declarados como tais, regra, de certa forma, óbvia, trazida pela nova legislação.

Voltando ao exemplo acima, após o cálculo do quociente partidário, de acordo com as novas regras, estarão imediatamente eleitos os candidatos, dentro das vagas obtidas por cada partido ou coligação, que tiverem obtido um quantitativo de votos equivalente a, pelo menos, 10% do quociente eleitoral.

Assim, como visto, inicialmente o Partido A tinha conquistado, pelo quociente partidário, 04 cadeiras, o Partido B tinha conquistado 02 cadeiras e o Partido E, por sua vez, havia conquistado 03 cadeiras.

Doravante, estas cadeiras só serão imediatamente preenchidas, antes do cálculo das sobras, caso os candidatos a princípio eleitos dentro dessas vagas tenham obtido votação equivalente a, no mínimo, 10% do quociente eleitoral. Aqueles candidatos que não tiverem obtido este quantitativo mínimo de votos não terão suas vagas asseguradas, passando, assim, a depender do cálculo de sobras.

No exemplo aventado, o quociente eleitoral foi de 8591 votos. Assim, só estarão eleitos de acordo com o quociente partidário, antes do cálculo de sobras, a partir das eleições de 2016, os candidatos que tenham obtido, pelo menos, 860 votos, número igual ou superior a 10% (dez por cento) do quociente eleitoral, no limite das vagas obtidas, conforme o quociente partidário, por cada um dos partidos ou coligações envolvidos na disputa.

Como visto, de acordo com o quociente partidário, o Partido A, a princípio, teria direito a 04 cadeiras. De acordo com a nova legislação, essas quatro cadeiras só serão efetivamente preenchidas, antes do cálculo das sobras, caso os quatro candidatos mais votados do Partido A tenha obtido votação igual ou superior a 10% do quociente eleitoral, ou seja, no mínimo 860 votos, no exemplo citado. Recapitulemos, assim, qual foi a votação obtida por cada um dos candidatos do Partido A:

VOTAÇÃO DO PARTIDO A	
CANDIDATO	**VOTAÇÃO OBTIDA**
AA	21438
AB	5102
AC	4900
AD	4573
AE	2513
AF	1832
AG	715
AH	546
AI	232
AJ	91
AK	51
AL	40
AM	33
AN	27
Votos de legenda	30
TOTAL	**42123**

Como é possível se notar, os quatro candidatos mais votados do partido A obtiveram mais de 860 votos. Todos portanto, estarão eleitos, de acordo com o cálculo do quociente partidário.

No que se refere, contudo, ao Partido E, a situação seria diferente: o Partido E conquistou 03 cadeiras, conforme o quociente partidário obtido. Entretanto, verifica-se que esta conquista deveu-se ao grande número de votos obtidos pelos seus dois principais candidatos. O terceiro candidato mais votado do Partido E, que estaria eleito nas eleições de 2014, obteve, como se observa o quadro abaixo, uma pequena votação, inferior a 10% do quociente eleitoral:

VOTAÇÃO DO PARTIDO E	
CANDIDATO	**VOTAÇÃO OBTIDA**
EA	18046
EB	10008
EC	810
ED	730
EE	700
EF	563
EG	513
EH	419
EI	417
EJ	384
EK	323
EL	305
EM	170
EN	108
EO	85
EP	69
EQ	28
ER	22
ES	17
ET	15
EU	13
EV	01
Votos de legenda	50
TOTAL	**33796**

Assim, conforme as novas regras, estipuladas pela Lei 13.165/15 e válidas a partir das eleições municipais de 2016, o candidato EC, do Partido E, terceiro colocado em sua chapa, não terá mais sua eleição garantida, o que ocorreria caso as regras antigas estivessem valendo. A sua cadeira, portanto, será redistribuída, conforme o cálculo das sobras, disciplinado pelo artigo 109 do Código Eleitoral, que também ganhou nova redação, a partir da publicação da **Lei nº. 13.165/15:**

> **Art. 109.** Os lugares não preenchidos com a aplicação dos quocientes partidários e em razão da exigência de votação nominal mínima a que se refere o art. 108 serão distribuídos de acordo com as seguintes regras:
>
> I – dividir-se-á o número de votos válidos atribuídos a cada partido ou coligação pelo número de lugares definido para o partido pelo cálculo do quociente partidário do art. 107, mais um, cabendo ao partido ou coligação que apresentar a maior média um dos lugares a preencher, desde que tenha candidato que atenda à exigência de votação nominal mínima;
>
> II – repetir-se-á a operação para cada um dos lugares a preencher;
>
> III – quando não houver mais partidos ou coligações com candidatos que atendam às duas exigências do inciso I, as cadeiras serão distribuídas aos partidos que apresentem as maiores médias.
>
> § 1º O preenchimento dos lugares com que cada partido ou coligação for contemplado far-se-á segundo a ordem de votação recebida por seus candidatos.
>
> § 2º Poderão concorrer à distribuição dos lugares todos os partidos e coligações que participaram do pleito (norma com redação determinada pela lei 13.488/2017).

Como se observa, a Fórmula D'Hont, prevista na redação original do Código Eleitoral, foi preservada, na formulação do cálculo de sobras. A novidade, doravante, é que este cálculo será aplicado em duas etapas, **a partir das eleições municipais de 2016**, sendo que, na primeira etapa, as vagas serão distribuídas apenas para os partidos que tenham candidato não eleito pelo quociente partidário que tenham obtido a votação mínima igual ou maior que 10% do quociente eleitoral. Vejamos, assim, novamente, em nosso exemplo, qual foi a votação obtida por cada partido e candidato nesta eleição fictícia:

VOTAÇÃO DO PARTIDO A		VOTAÇÃO DO PARTIDO B		VOTAÇÃO DO PARTIDO C		VOTAÇÃO DO PARTIDO D		VOTAÇÃO DO PARTIDO E	
CAND.	**VOT.**	**CAND.**	**VOT.**	**CAND.**	**VOT.**	**CAND.**	**VOT.**	**CAND.**	**VOT.**
AA	21438	BA	3249	CA	1301	DA	6127	EA	18046
AB	5102	BB	3211	CB	719	DB	1411	EB	10008
AC	4900	BC	3191	CC	713	DC	514	EC	810
AD	4573	BD	3050	CD	541	DD	253	ED	730
AE	2513	BE	3014	CE	108	DE	94	EE	700
AF	1832	BF	2300	CF	23	DF	78	EF	563
AG	715	BG	1713	CG	15	DG	49	EG	513
AH	546	BH	1504	CH	10	DH	13	EH	419
AI	232	BI	1027	–	–	DI	05	EI	417
AJ	121	BJ	438	–	–	–	–	EJ	384
AK	51	BK	256	–	–	–	–	EK	323
AL	40	BL	104	–	–	–	–	EL	305
AM	33	BM	27	–	–	–	–	EM	170
AN	27	BN	17	–	–	–	–	EN	108
				–	–	–	–	EO	85
–	–	–	–	–	–	–	–	EP	69
–	–	–	–	–	–	–	–	EQ	28
–	–	–	–	–	–	–	–	ER	22
–	–	–	–	–	–	–	–	ES	17
–	–	–	–	–	–	–	–	ET	15
–	–	–	–	–	–	–	–	EU	13
–	–	–	–	–	–	–	–	EV	01
Votos de legenda	30	Votos de legenda	38	Votos de legenda	100	Votos de legenda	20	Votos de legenda	50
TOTAL	**42123**	**TOTAL**	**23100**	**TOTAL**	**4130**	**TOTAL**	**8544**	**TOTAL**	**33796**

Como se percebe, mais uma vez, os partidos C e D não disputarão as vagas das sobras, pois não atingiram o quociente eleitoral. Tais vagas estarão disponíveis, a princípio, apenas para os partidos A, B e E.

De acordo com a regra anterior, como já observado em nosso exemplo, as quatro vagas de sobras seriam distribuídas, sucessivamente, aos partidos E, A, B e, novamente, A. Com a nova regra, este panorama muda.

A primeira mudança é no número de cadeiras a serem distribuídas nas sobras: como visto, o Partido E, que pelo quociente partidário teria direito a 03 cadeiras, teve apenas dois candidatos com votação igual ou superior a 10% do quociente eleitoral. Assim, a sua terceira cadeira foi redistribuída para o cálculo das sobras.

Em relação aos partidos A e B não houve mudanças, pois, como se observa, todos os seus candidatos mais votados, dentro do número de cadeiras distribuídas pelo quociente partidário, obtiveram votação igual ou superior a 10% do quociente eleitoral.

Assim, de acordo com o cálculo dos quocientes partidários, antes do cálculo das sobras, portanto, já estarão eleitos os candidatos AA, AB, AC, AD, BA, BB, EA e EB, totalizando oito eleitos. Serão cinco, assim, as vagas em disputa pelo cálculo das sobras (e não mais quatro, como seria se a regra anterior à mudança legislativa promovida pela Lei nº. 13.165/15 ainda estivesse em vigor).

De acordo com as novas regras, na primeira distribuição das vagas remanescentes, só participarão os partidos ou coligações com candidatos não eleitos que obtiveram votação igual ou superior a 10% do quociente eleitoral. Tal realidade, no exemplo proposto, só é verificada em relação aos partidos A, B e D (o partido A com 02 candidatos não eleitos com mais de 860 votos e o partido B com 07 candidatos na mesma situação. Observe-se que o Partido D conta com dois candidatos que obtiveram votos equivalentes ou superiores a 10% do quociente eleitoral. Contudo, como este partido não obteve votação superior ao quociente eleitoral, somados todos os seus candidatos e votos de legenda, até as eleições de 2016 não era possível a sua participação na divisão das vagas remanescentes, regra modificada a partir das eleições 2018, com a nova redação do art. 109, § 2º do Código Eleitoral.

Assim, conforme as novas regras, apenas os partidos A, B e D disputarão as cinco vagas remanescentes. O Partido E não as disputará, por não ter candidato não eleito com votação igual ou superior a 10% do quociente eleitoral (860 votos, no nosso exemplo). Como são cinco as vagas remanescentes em disputa e nove candidatos não eleitos pelo quociente partidário, somados os partidos A, B e D, com votação superior a 860 votos, estas cinco vagas serão distribuídas entre esses candidatos, destes três partidos.

Caso, no entanto, o número de candidatos não eleitos pelo quociente partidário com votação igual ou superior a 10% do quociente eleitoral fosse inferior a cinco, no nosso exemplo, passaríamos a uma nova etapa da distribuição das vagas remanescentes, na qual o Partido E, que obteve votação superior ao quociente eleitoral, sem ter, contudo, candidato não eleito com votação igual ou superior a 10% deste quociente, poderia disputar novas cadeiras. Os partidos C e D, que não atingiram o quociente eleitoral, até as eleições de 2016, continuariam de fora, o que não mais acontecerá a partir de 2018. É o que determina o novo inciso III do artigo 109 do Código Eleitoral, que assim dispõe:

> **Art. 109.** (...)
>
> III – quando não houver mais partidos ou coligações com candidatos que atendam às duas exigências do inciso I, as cadeiras serão distribuídas aos partidos que apresentem as maiores médias.

As novas regras estipuladas pela Lei nº. 13.165/15, portanto, podem, de fato, **evitar que candidatos com baixa votação sejam eleitos**, na "carona" de grandes votações obtidas pelos chamados "puxadores de voto".

Pode-se concluir, dessa forma, que o sistema eleitoral adotado nas eleições para deputados e vereadores no Brasil é o **sistema eleitoral proporcional de lista aberta**, cabendo, tão somente, aos eleitores a definição dos nomes dos candidatos que ocuparão as vagas conquistadas pelos partidos ou coligações partidárias. Se o sistema fosse de **lista fechada**, como vem sendo proposto em muitos projetos de lei integrantes da chamada "reforma política", os eleitores brasileiros votariam apenas nas legendas, ou seja, nos números dos partidos. Neste sistema, os partidos decidem previamente, antes das eleições, a ordem em que os candidatos aparecerão na lista. O eleitor vota somente na legenda, não podendo escolher o seu candidato de preferência, não tendo, assim, a oportunidade de definir livremente os nomes daqueles que ocuparão as cadeiras conquistadas pelo partido ou coligação.

▸ Como esse assunto foi cobrado em concurso?

No Concurso para Promotor de Justiça do Estado de Roraima, realizado em 2008, determinada afirmativa dispunha que "no sistema proporcional de lista aberta, o eleitor, ao votar em um candidato, contribui para a eleição de todos os demais candidatos do mesmo partido". Tal afirmativa, como se pode concluir, é verdadeira, uma vez que, como observado, no cálculo do quociente partidário é levado em conta o somatório dos votos obtidos por todos os candidatos lançados pelo partido político ou coligação partidária, além dos votos dados à legenda. Assim, é verdadeiro afirmar que o voto dado a um candidato é, antes de tudo, um voto dado ao partido ou coligação do qual o mesmo faz parte, contribuindo potencialmente para a eleição de outros candidatos do mesmo partido ou coligação.

▸ **Atenção!!!**

A representação proporcional foi introduzida, de forma pioneira, no Rio Grande do Sul, através da lei estadual nº. 153, de 14 de julho de 1913, elaborada por Borges de Medeiros. Nacionalmente, entretanto, a representação proporcional somente foi introduzida pelo Código Eleitoral de 1932, por meio do artigo 58, sendo mantido até hoje nas eleições para deputados federais, deputados estaduais, deputados distritais e vereadores de todo o país.

▸ **Como esse assunto foi cobrado em concurso?**

No Concurso para Juiz de Direito Substituto do Estado do Acre, realizado em 2007, foi considerada verdadeira afirmativa que dispunha que "o sistema brasileiro, para a eleição aos cargos de vereador e deputado, estadual ou federal, é o proporcional de listas abertas".

Já no 26º Concurso para Procurador da República, realizado em 2011, foi considerada falsa afirmativa que dispunha que "o Presidente e o Vice-Presidente da República são eleitos segundo o sistema majoritário (princípio majoritário), enquanto os membros do Congresso Nacional são eleitos peio sistema proporcional". O erro da questão está na afirmativa segundo a qual os membros do Congresso Nacional seriam eleitos pelo sistema proporcional, uma vez que nem todos são (os senadores, que também são membros do Congresso Nacional, são eleitos pelo sistema majoritário simples).

No concurso para juiz de direito do estado de Santa Catarina, reali-zado pela FCC, em 2017, foi considerada verdadeira assertiva que dispunha que "Nos termos da Constituição Federal, a Câmara dos Deputados compõe-se de representantes do povo, eleitos, pelo sistema proporcional. Tal sistema eleitoral determina, segundo o Código Eleitoral, a eleição dos candidatos que tenham obtido votos em número igual ou superior a 10% (dez por cento) do quociente eleitoral, tantos quantos o respectivo quociente partidário indicar, na ordem da votação nominal que cada um tenha recebido".

2.3. A questão do voto distrital

De forma recorrente, lideranças políticas, juristas e cientistas políticos aventam a possibilidade de substituição do sistema eleitoral proporcional de lista aberta pelo sistema de voto distrital nas eleições para deputados e vereadores no Brasil. O que significa, entretanto, esta propositura, na prática?

Podemos afirmar que a adoção do sistema de voto distrital nas eleições para deputados e vereadores significaria, tão somente, a **substituição do sistema proporcional pelo sistema majoritário**. Assim, por exemplo, o estado da Bahia elege, atualmente, 39 deputados federais pelo sistema eleitoral proporcional de lista aberta. Caso fosse adotado o voto distrital, a Bahia, provavelmente, seria dividida em 39 distritos uninominais, a partir dos quais seriam eleitos deputados federais o candidato mais votado de cada distrito. Outra opção, seria a divisão da Bahia em distritos plurinominais, onde seriam eleitos, pelo sistema majoritário, mais de um candidato.

Indiscutivelmente, a adoção do sistema de voto distrital nas eleições para deputados e vereadores facilitaria a compreensão do processo eleitoral pelos eleitores. Por outro lado, a tão salutar e importante representação das minorias ficaria ameaçada, uma vez que, para eleger representantes, determinado partido precisaria ter o seu candidato como mais votado em determinado distrito. Um partido que tivesse vinte por cento dos votos válidos em todo o estado, por exemplo, poderia não eleger candidato algum, caso nenhum dos seus candidatos obtivesse a primeira colocação em um dos distritos uninominais.

2.4. O sistema eleitoral misto

Feitos os comentários a respeito do sistema eleitoral proporcional e do sistema eleitoral majoritário, passemos a discorrer sobre o **sistema eleitoral misto**, intermediário entre o sistema majoritário e o sistema proporcional, e que **não é adotado no Brasil**.

Duas são as espécies de aplicação do **sistema eleitoral misto** mais difundidas no mundo: uma, de **origem alemã**, mais tendente à proporcionalidade. Outra, de **origem mexicana**, de maior inspiração no sistema majoritário.

O sistema alemão, como bem ressalta José Afonso da Silva (*Curso de Direito Constitucional Positivo*. 15. ed. p. 377), busca combinar os princípios decisórios das eleições majoritárias com o modelo representativo proporcional, dividindo o voto em duas partes, computadas em separado. Elege-se, por este sistema, a metade dos deputados por circunscrições distritais e a outra metade em função de listas de base estadual.

Assim, caso o **sistema eleitoral misto alemão** fosse adotado no Brasil, cada estado seria dividido em um número de distritos equivalentes à metade dos lugares a preencher (no caso da Bahia, por exemplo, que tem 39 deputados federais, seriam 19 ou 20 distritos), com cada partido apresentando um candidato para cada distrito, além de uma lista partidária para todo o estado. O eleitor disporia de dois votos: o primeiro seria atribuído a um dos candidatos do distrito, assinalando um nome, e o outro a uma das listas partidárias, assinalando uma legenda (voto de legenda). Por fim, para se calcular o número de lugares correspondentes aos partidos, se tomaria em consideração a porcentagem de votos obtidos pela legenda, se verificando, então, quantos candidatos teria elegido cada partido, pelos distritos, e quantos teria elegido pelo sistema proporcional, de listas.

O **sistema mexicano** é bastante divergente do sistema alemão, por ter como base predominante o sistema eleitoral majoritário. Para a eleição dos integrantes da Câmara dos Deputados, dois tipos de unidades eleitorais são estabelecidos: são eles os distritos eleitorais uninominais, em número de 300, distribuídos pelos trinta e um estados e o Distrito Federal, observando-se o limite mínimo de dois deputados, ou seja, dois distritos, para cada unidade federativa; e as circunscrições plurinominais, em número de cinco para todo o país, e que constituem a base para a eleição de duzentos deputados pelo princípio da representação proporcional. Dessa forma, a Câmara dos Deputados mexicana é composta por 500 deputados, 300 eleitos pelo sistema de maioria relativa nos distritos e 200 eleitos proporcionalmente, com a ressalva de que nenhum partido pode ter mais de 350 deputados, ainda que a sua votação permita.

Em sua obra "Reforma Política no Brasil", o ex-senador e governador de São Paulo, José Serra (1995, p. 26-27) defende a adoção do sistema distrital misto, com inspiração no sistema alemão, entendendo que o mesmo fortaleceria as estruturas partidárias, ao mesmo tempo em que colheria as vantagens do voto distrital, em especial no que se refere à maior aproximação do eleitor com os seus representantes, superando, no entanto, a sua mais ponderável objeção, que se constitui na desproporcionalidade e na pouca sensibilidade à representação das correntes de opinião com poucos seguidores.

Na mesma linha de José Serra, Fávila Ribeiro, em sua obra "Direito Eleitoral" (1996, p. 85-86), também sugere a aplicação, no Brasil, do sistema misto alemão, com a consequente modificação, por Emenda Constitucional, do artigo 45 da Constituição Federal, permitindo a eleição de metade da representação pelo sistema majoritário, por distrito uninominal, e da outra metade pelo sistema proporcional, através do voto de legenda, "com aproveitamento dos candidatos na ordem de classificação estabelecida nas prévias eleitorais, mediante os sufrágios dos filiados dos respectivos partidos".

3. CONSIDERAÇÕES FINAIS

O tema da **reforma política** é bastante recorrente nos meios acadêmicos, na imprensa e no Congresso Nacional. A necessidade de fortalecimento dos meios de controle do eleitor sobre a atuação dos seus representantes políticos, de forma a melhor afirmar o pacto social é uma preocupação constante na nossa ainda jovem democracia, fato que termina por suscitar defesas veementes a modificações nos sistemas eleitorais adotados no país, com a adoção, por exemplo das listas fechadas nas eleições proporcionais.

Embora muitos sejam os defensores das modificações no sistema eleitoral proporcional brasileiro, supra explicitadas, muitos também são os críticos e as críticas a tais novidades, que podem vir ao lume nas próximas eleições. O **sistema eleitoral proporcional de lista aberta, atualmente vigente**, continua a contar com muitos defensores, que, em regra, apontam para a existência de inevitáveis riscos à estabilidade democrática provenientes da adoção das listas fechadas, pautados, principalmente, na possibilidade de uma maior oligarquização dos partidos políticos e no implemento de dificuldades para a renovação das lideranças políticas.

Para um maior aprofundamento do tema, sugerimos a leitura da obra "Sistemas Eleitorais", de Jairo Marconi Nicolau (5. ed. FGV, 2004), bem como artigo de nossa autoria, intitulado "A adoção do sistema eleitoral proporcional de listas fechadas no Brasil: uma abordagem crítica", publicado na obra "Teses da Faculdade Baiana de Direito - Volume 01", editada em 2009 pela Editora JusPodivm.

▸ Como esse assunto foi cobrado em concurso?

Finalizando este capítulo, vale destacar importante fato ocorrido no concurso para Juiz de Direito Substituto do Estado do Piauí, realizado em 2007. Com base em um pequeno texto introdutório, relacionado ao tema dos sistemas eleitorais, três questões objetivas foram firmadas, denotando a importância do estudo deste assunto para o candidato postulante a um cargo público.

Dizia assim o texto: "Em um município com 245 mil habitantes e 205 mil eleitores, compareceram às eleições municipais 190 mil eleitores. Apurados os votos para prefeito, verificaram-se 15 mil votos nulos e 10 mil em branco. Os votos válidos estavam assim distribuídos: 90 mil para o candidato do partido A; 50 mil para o candidato do partido B; e 25 mil para o candidato do partido C. Nesse município, que conta com 13 vereadores, o número de votos válidos computados, nas eleições, para o cargo de vereador, foi idêntico ao do cargo de prefeito, ou seja, 165.000 votos".

Com base no texto, uma primeira pergunta foi formulada, tendo como resposta correta alternativa que afirmava que não haveria segundo turno nessas eleições, pois o candidato do partido A obteve mais de 50% dos votos válidos.

Ainda de acordo com o texto, uma segunda pergunta foi formulada, questionando-se qual seria o número mínimo de votos que um partido ou coligação deveria somar para eleger um vereador (cálculo do quociente eleitoral). Como o total de votos válidos nas eleições para vereador, excluídos os votos brancos, nulos e as abstenções, foi de 165.000 votos, e havia 13 vagas em disputa, dividindo-se 165.000 por 13 o resultado obtido foi 12.692,30. Assim, a resposta correta considerada foi a da afirmativa que dizia que o número mínimo de votos que um partido ou coligação deveria somar para eleger um vereador seria de 12.692 votos.

Por fim, uma terceira questão foi formulada com o seguinte problema: "Supondo que não tenha havido coligação nas eleições para vereador em que concorrem 4 partidos e que o partido A tenha obtido 80 mil votos para esse cargo; o partido B, 60 mil votos; o partido C, 14 mil e o partido D, 11 mil votos, assinale a opção que apresenta as quantidades de vereadores que os partidos A, B, C e D elegerão, respectivamente, de acordo com os dispositivos do Código Eleitoral sobre quocientes partidário e eleitoral". A resposta correta foi a oferecida pela alternativa que dizia que seriam, respectivamente, 7, 5, 1 e 0 vereadores, totalizando treze vereadores eleitos. O candidato, assim, para acertar a questão, deveria conhecer o método D'Hont de distribuição das vagas residuais, explicado neste capítulo.

Capítulo 3

Os partidos políticos

1. INTRODUÇÃO

"Só a ilusão ou a hipocrisia pode acreditar que a democracia seja possível sem partidos políticos"! "A **democracia**, necessária e inevitavelmente, **requer um Estado de partidos**"! As duas frases citadas, atribuídas ao célebre jusfilósofo austríaco **Hans Kelsen**, denotam a importância essencial que têm os partidos políticos na instrumentalização da moderna democracia.

A partir do momento em que os regimes políticos democráticos foram restabelecidos, com o fim do absolutismo monárquico, fez-se necessário criar meios de realização da soberania popular, uma vez que impossível seria o retorno à democracia direta.

Passou a imperar, então, a ideia de construção de uma democracia representativa, sendo que, inicialmente, devido à ausência de contrastes profundos nos primórdios da sociedade liberal, verificou-se uma tranquila e pacífica alternância no poder entre os diversos grupos e facções.

As **facções e os partidos políticos**, existentes desde o século XV, mesmo que de forma incipiente, **não eram, no entanto, bem vistos**. Jean-Jacques Rousseau (2002, p. 41-42), um dos grandes mentores da moderna democracia, por exemplo, em sua clássica obra "Do Contrato Social", afirmou, ainda no século XVIII, que a vontade geral cede espaço para o triunfo da opinião particular quando as facções são estabelecidas. Vislumbra-se, assim, que a ameaça ao senso de unanimidade almejado pela burguesia dominante, protagonizado pelos partidos políticos e facções, constituía-se no grande argumento contrário à valorização de tais entidades como personagens necessários ao jogo democrático.

Com o tempo, entretanto, o **modelo liberal de democracia foi entrando em declínio**, fazendo **surgir a necessidade de valorização dos partidos políticos** como instrumentos viabilizadores do debate entre as mais diversas correntes filosóficas e doutrinárias existentes no seio social, em uma sociedade que, paulatinamente, abandonava o mito da igualdade, aproximando-se da realidade pluralista intrínseca às relações humanas.

Gradativamente, então, **foi sendo construído o argumento da essencialidade dos partidos políticos**, consagrado, finalmente, com o reconhecimento da incapacidade "do indivíduo formar, pela força isolada de sua razão, uma concepção do bem comum, de tomar, por si, decisões conscientes e coerentes no plano político" (FERREIRA FILHO, Manoel Gonçalves, 1966, P. 12-13). Era o **ocaso do individualismo**, que expunha as chagas da sociedade, fazendo florescer as mais diversas organizações políticas, adversárias no embate pela conquista do poder.

Sedimentava-se, assim, a tese da "democracia pelos partidos", que teve em Kelsen um dos seus maiores expoentes. Os partidos, assim, no decorrer do século XIX, passam a ser concebidos de uma forma mais tolerante, sendo gradativamente reconhecidos como úteis e necessários aos procedimentos eleitorais, verdadeiros "males necessários", segundo a doutrina da época, à democracia.

Na concepção contemporânea, os **partidos políticos**, de forma geral, deixaram de ser vistos como "males necessários" para serem reconhecidos como instrumentos essenciais à democracia. A imperiosa necessidade dos partidos políticos, na contemporaneidade, passou a se constituir num **axioma da vida democrática**.

> ▸ **Atenção!!!**
>
> No Brasil, de acordo com o estabelecido no artigo 17 da Constituição Federal de 1988, os partidos políticos são considerados protagonistas do diálogo democrático, sendo vedadas candidaturas de pessoas que não estejam filiadas a partidos políticos. Considerados pessoas jurídicas de direito privado, os partidos políticos têm suas atuações genericamente disciplinadas na Carta Magna, na Lei nº. 9096/95 (Lei Geral dos Partidos Políticos), além da própria Lei nº. 9.504/97 (Lei das Eleições), que, no seu artigo sexto, disciplina a formação das coligações partidárias.

2. OS PARTIDOS POLÍTICOS NA CONSTITUIÇÃO FEDERAL DE 1988

Seguindo a tendência de consolidação dos partidos políticos como elementos fundamentais do jogo democrático, consagrada principalmente após o término da Segunda Guerra Mundial, a **Constituição**

Federal de 1988 reserva o capítulo V do seu título II à disciplina dos partidos políticos.

Assim, de acordo com o caput do **artigo 17 da Carta Magna**, "é livre a criação, fusão, incorporação e extinção de partidos políticos, resguardados a soberania nacional, o regime democrático, o pluripartidarismo e os direitos fundamentais da pessoa humana". Ainda de acordo com o artigo 17, **deverão ser observados, no funcionamento dos partidos políticos no país**, o caráter nacional; a proibição de recebimento de recursos financeiros de entidade ou governo estrangeiro ou de subordinação a estes; a prestação de contas à Justiça Eleitoral e o funcionamento parlamentar de acordo com a lei.

▸ **Como esse assunto foi cobrado em concurso?**

No 18º Concurso de Procurador da República foi considerada falsa afirmativa que dispunha que "os partidos políticos são livremente criados, observadas **apenas** a liberdade de associação para fins lícitos, sendo-lhes assegurada plena autonomia para definir sua estrutura interna, organização e funcionamento".

No 20ª Concurso para Procurador da República, por sua vez, foi considerada falsa assertiva que afirmava que os partidos políticos "devem ter caráter estadual, vedada a criação de partidos de base apenas municipal". Como observado, os partidos devem ter caráter nacional.

Assegura, ainda, a **Constituição Federal, autonomia aos partidos políticos** para definir sua estrutura e organização interna, liberdade para a adoção dos critérios de escolha e regime de suas coligações eleitorais, bem como direito a recursos do fundo partidário, acesso gratuito ao rádio e à televisão, na forma da lei, e vedação à utilização de organização paramilitar.

Em outubro de 2017, a Emenda Constitucional nº 97 foi promulgada pelo Congresso Nacional, estabelecendo importantes novidades na estruturação do sistema partidário brasileiro.

Em primeiro lugar, a Emenda 97, alterando o texto do artigo 17 da Constituição, estabeleceu o fim das coligações eleitorais nas eleições proporcionais a partir de 2020, Assim, nas eleições municipais de 2020, os partidos políticos não poderão mais formar, de forma coligada, chapas para as eleições para as câmaras de vereadores, regra que também será observada nas eleições para as assembleias legislativas, Câmara Distrital do DF e Câmara dos Deputados a partir de 2022.

Em 2018, contudo, nada mudará e os partidos políticos poderão celebrar coligações proporcionais.

As coligações majoritárias, nas eleições para o Senado, prefeitos, governadores e presidente da república, por outro lado, continuarão a ser permitidas, não tendo sido proibidas, portanto, pela reforma eleitoral de 2017.

Outra importante novidade estabelecida pela Emenda Constitucional nº. 97, a partir das eleições 2018, será a implantação de uma cláusula de desempenho eleitoral.

De acordo com o novo § 3º do art. 17 da Constituição Federal, "Somente terão direito a recursos do fundo partidário e acesso gratuito ao rádio e à televisão, na forma da lei, os partidos políticos que alternativamente: I – obtiverem, nas eleições para a Câmara dos Deputados, no mínimo, 3% (três por cento) dos votos válidos, distribuídos em pelo menos um terço das unidades da Federação, com um mínimo de 2% (dois por cento) dos votos válidos em cada uma delas; ou II – tiverem elegido pelo menos quinze Deputados Federais distribuídos em pelo menos um terço das unidades da Federação".

A nova regra, contudo, será implementada de forma gradual, segundo previsão da Emenda Constitucional 97, consolidando-se apenas no ano de 2030.

Dessa forma, terão acesso aos recursos do fundo partidário e à propaganda gratuita no rádio e na televisão os partidos políticos que: I – na legislatura seguinte às eleições de 2018: a) obtiverem, nas eleições para a Câmara dos Deputados, no mínimo, 1,5% (um e meio por cento) dos votos válidos, distribuídos em pelo menos um terço das unidades da Federação, com um mínimo de 1% (um por cento) dos votos válidos em cada uma delas; ou b) tiverem elegido pelo menos nove Deputados Federais distribuídos em pelo menos um terço das unidades da Federação; II – na legislatura seguinte às eleições de 2022: a) obtiverem, nas eleições para a Câmara dos Deputados, no mínimo, 2% (dois por cento) dos votos válidos, distribuídos em pelo menos um terço das unidades da Federação, com um mínimo de 1% (um por cento) dos votos válidos em cada uma delas; ou b) tiverem elegido pelo menos onze Deputados Federais distribuídos em pelo menos um terço das unidades da Federação; III – na legislatura seguinte às eleições de 2026: a) obtiverem, nas eleições para a Câmara dos Deputados, no mínimo, 2,5% (dois e meio por cento) dos votos válidos, distribuídos em pelo menos um terço das unidades da Federação, com um mínimo de 1,5% (um e meio por cento) dos votos válidos em cada uma delas; ou b) tiverem elegido pelo menos treze Deputados Federais distribuídos em pelo menos um terço das unidades da Federação.

3. OS PARTIDOS POLÍTICOS NA LEI Nº 9.096/95

3.1. Disposições preliminares

Como destacado, em 1995 foi promulgada a lei nº. 9096/95, a Lei Geral dos Partidos Políticos, garantindo autonomia aos partidos, considerados **pessoas jurídicas de direito privado**, e, ao mesmo tempo, regulamentando os limites a esta autonomia, em consonância com a Constituição Federal.

> **▸ Como esse assunto foi cobrado em concurso?**
>
> No 13º Concurso de Procurador da República foi considerada verdadeira, em questão de múltipla escolha, afirmativa que dispunha que os partidos políticos são pessoas jurídicas de direito privado.

Em seus primeiros artigos, correspondentes ao título I **"disposições preliminares"**, a Lei nº. 9.096/95, repetindo, muitas vezes, preceitos constitucionais, estabelece, logo no seu artigo 1º, que **o partido político é pessoa jurídica de direito privado**, destinada a assegurar, "no interesse do regime democrático, a autenticidade do sistema representativo e defender os direitos fundamentais definidos na Constituição Federal". Posteriormente, o Código Civil de 2002, em seu artigo 44, V, consagrou, mais uma vez, a regra segundo a qual os partidos políticos são pessoas jurídicas de direito privado que gozam de autonomia para organização e funcionamento.

> **▸ Atenção!!!**
>
> A Lei Geral dos Partidos Políticos, assim, ao contrário da sua antecessora, a Lei nº. 5682/71, conhecida como LOPP, não deve ser considerada como lei orgânica dos partidos políticos, uma vez que uma lei orgânica, com maior rigidez, impõe critérios de organização e funcionamento de uma instituição, retirando-lhe a autonomia. A lei nº. 9.096/95, de forma diversa à antiga LOPP, garante autonomia aos partidos políticos, classificados, logo no seu artigo 1º, como pessoas jurídicas de direito privado. Com a publicação da Lei nº; 13.488/2017, foi incluído o parágrafo único do art. 1º da Lei nº. 9.096/95, estabelecendo que "o partido político não se equipara às entidades para-estatais".

Ainda no título referente às disposições preliminares, a Lei nº. 9.096/95, em consonância com a Constituição Federal, disciplinou a **vedação constitucional de utilização de organização paramilitar pelos partidos políticos**, estabelecendo, no seu artigo 6º, que é vedado aos partidos políticos "ministrar instrução militar ou paramilitar, utilizar-se de organização da mesma natureza e adotar uniforme para seus membros".

Por fim, no que se refere às disposições preliminares da Lei nº. 9.096/95, vale destacar o disposto no artigo 7º, § 1º, que, ao começar a dispor sobre a forma de **criação e registro dos partidos**, temática destacada no título II da mesma lei, disciplina a obrigatoriedade de **obediência do caráter nacional** do partido político, verificado através do chamado "apoiamento mínimo" para a sua criação. Segundo o referido dispositivo legal, "só e admitido o registro do estatuto de partido político que tenha caráter nacional, considerando-se como tal aquele que comprove o **apoiamento de eleitores** correspondente a, pelo menos, meio por cento dos votos dados na ultima eleição geral para a Câmara dos Deputados, não computados os votos em branco e os nulos, distribuídos por um terço, ou mais, dos Estados, com um mínimo de um décimo por cento do eleitorado que haja votado em cada um deles."

APOIAMENTO MÍNIMO:

0,5% dos votos válidos dados nas últimas eleições para a Câmara dos Deputados. **+** Distribuição dos citados votos em um terço ou mais dos estados, com um mínimo de 0,1% do eleitorado que haja votado em cada um deles. → **Reconhecimento do caráter nacional do partido político**

Vale destacar que, com a publicação da Lei nº. 13.165, em 29 de setembro de 2015, o referido dispositivo legal teve sua redação alterada, com a finalidade de dificultar a criação de novos partidos políticos. Doravante, a colheita de assinatura de eleitores para o apoiamento mínimo necessário para o registro do partido no TSE deverá ocorrer durante o período de dois anos, exigência que não era prevista até então. O processo de criação de um novo partido, assim, será mais moroso do que aquele que era observado até a publicação da nova lei, quando não era exigido tal prazo.

Como complemento a esta nova regra, o artigo 13 da Lei nº. 13.165/15, em regra de transição, deixa de exigir que o prazo mínimo de dois anos para o recolhimento das assinaturas necessárias ao apoiamento mínimo de eleitores para a criação de novos partidos políticos seja aplicado aos processos de criação de partidos já iniciados na data da promulgação dessa lei (29 de setembro de 2015), valendo, nesta hipótese, a legislação anterior.

▸ Qual o entendimento do TSE sobre este tema?

Segundo o TSE, a limitação criada pela art. 2º da Lei 13.107/15, na parte que alterara os artigos 7º e 29 da Lei dos Partidos Políticos, quanto ao apoio para a criação de novos partidos, a qual ficaria restrita aos cidadãos sem filiação partidária, está em conformidade com o regramento constitucional relativo ao sistema representativo. A exigência temporal para se levar a efeito fusões e incorporações entre partidos assegura o atendimento do compromisso do cidadão com a sua opção partidária, o que evita o estelionato eleitoral ou a reviravolta política contra o apoio dos eleitores, então filiados. A norma distingue cidadãos filiados e não filiados para o exclusivo efeito de conferência de legitimidade do apoio oferecido à criação de novos partidos políticos. O objetivo único é a garantia de coesão, coerência e substância ao modelo representativo instrumentalizado pela atuação partidária. A disseminação de práticas antidemocráticas que vão desde a compra e venda de votos ao aluguel de cidadãos e de partidos inteiros devem ser combatidas pelo legislador, sem prejuízo da autonomia partidária. Portanto, as normas objurgadas tendem a enfraquecer essa lógica mercantilista de prática política. Não se demonstrou ingerência estatal na autonomia constitucional dos partidos políticos. *ADI 5311-MC/DF, Rel. Min. Cármen Lúcia, 30.9.15. Pleno. (Info STF 801)*

▸ Como esse assunto foi cobrado em concurso?

No 14º Concurso de Procurador da República foi considerada verdadeira afirmativa que assim dispunha: "de acordo com a Constituição Federal e a lei de regência vigente, os partidos políticos, após adquirirem personalidade jurídica, nos termos da lei civil, devem obter, preenchidos os requisitos legais, o registro no TSE para adquirir capacidade jurídica para funcionamento, devendo, para tanto, comprovar o seu caráter nacional mediante o apoiamento de eleitores correspondentes a, pelo menos, meio por cento dos votos dados na última eleição para a Câmara dos Deputados, não computados os votos em branco e os nulos, distribuídos por um terço, ou mais, dos estados, com um mínimo de um décimo por cento do eleitorado que haja votado em cada um deles".

Já no Concurso para juiz de direito substituto do estado do Mato Grosso do Sul, foi considerada falsa assertiva que afirmava que o partido político "deve ter caráter nacional, considerando-se como tal aquele que comprove o apoiamento de eleitores correspondentes a, pelo menos, um por cento dos votos dados na última eleição geral para a Câmara dos Deputados, distribuídos por um terço, ou mais, dos Estados".

3.2. Da criação e do registro dos partidos políticos

O artigo 8º e seguintes da Lei nº. 9.096/95 disciplinam o procedimento de criação e registro dos partidos políticos.

Como já observado no item anterior, o partido deverá, para obter o seu registro junto ao Tribunal Superior Eleitoral, possuir caráter nacional, em conformidade com o disposto no art. 7º, I da Lei nº. 9096/95), buscando o apoiamento mínimo. Antes disso, no entanto, o partido deverá requerer seu registro no cartório do registro civil de pessoas jurídicas do Distrito Federal, quando adquirirá personalidade jurídica, nos seguintes termos, instruído com os seguintes documentos:

Documentos necessários para o registro de partido político no cartório do registro civil de pessoas jurídicas do DF
I. Requerimento dirigido ao cartório do Registro Civil das Pessoas Jurídicas do DF, subscrito por 101 fundadores, com domicílio em 1/3 dos estados;
II. Cópia autenticada da ata da reunião de fundação do partido;
III. Exemplares do Diário Oficial que publicou, no seu inteiro teor, o programa e estatuto do novo partido;
IV. Relação de todos os fundadores com o nome completo, naturalidade, número do título eleitoral com zona, seção, município e estado, profissão e endereço da residência.
V. Nome e função dos dirigentes provisórios e endereço da sede no DF.

▸ **Como esse assunto foi cobrado em concurso?**

No 13º e no 15º Concursos de Procurador da República, foram consideradas falsas afirmativas que dispunham que os partidos adquirem personalidade jurídica mediante registro no TSE. A personalidade jurídica, como destacado, é adquirida antes, com o registro do partido no cartório de pessoas jurídicas da capital federal.

No mesmo sentido, foi considerada falsa afirmativa prevista no concurso para Consultor Legislativo da Câmara dos Deputados, realizado pelo CESPE, em 2014, que dispunha que "Os partidos políticos deverão se registrar no tribunal regional eleitoral de qualquer uma de suas sedes para adquirirem personalidade jurídica".

Satisfeitas as condições, o partido promove a obtenção do apoiamento mínimo, em conformidade com o disposto no artigo 7º, § 1º da lei nº. 9.096/95. **O TSE não aceita como válidas assinaturas de apoiamento colhidas pela internet**.

Após a obtenção do apoiamento mínimo, deverá ser realizado o registro do estatuto do novo partido no TSE, através de requerimento acompanhado de:

Documentos necessários para o registro de partido político no Tribunal Superior Eleitoral	
I.	Exemplar autenticado do inteiro teor do programa e do estatuto partidários, inscritos no Registro Civil;
II.	Certidão do Registro Civil da Pessoa Jurídica;
III.	Certidões dos cartórios eleitorais que comprovem ter o partido obtido o apoiamento mínimo de eleitores (prova feita por meio de assinaturas dos eleitores, com menção do respectivo título eleitoral, em listas organizadas por cada zona, sendo a veracidade atestada por escrivão eleitoral).

Feita a instrução, o processo é distribuído a relator, no prazo de 48h; é ouvida a procuradoria, no prazo de 10 dias; e, após, é fixado prazo de 10 dias para eventuais diligências. Ao final, verifica-se um último prazo, de 30 dias, para o registro.

▸ **Atenção!!!**

Apenas após o registro no TSE, garante-se ao partido o recebimento de recursos do fundo partidário, o acesso gratuito ao rádio e TV e a exclusividade da sua denominação, sigla e símbolos, bem como a possibilidade de participar de eleições.

▸ **Como esse assunto foi cobrado em concurso?**

No 18º Concurso de Procurador da República, foram consideradas falsas afirmativas que dispunham, respectivamente, que "os partidos políticos, ao adquirirem personalidade jurídica, na forma da lei civil, estão desde logo habilitados a registrar candidaturas e participar de eleições" e que "os partidos têm direito a recursos do fundo partidário e acesso gratuito ao rádio e à televisão, na forma da lei, mesmo se não registrados os seus estatutos no TSE".

Para fins didáticos, é possível, então, sintetizar as diversas etapas do processo de criação e registro dos partidos políticos, conforme **quadro sinótico** a seguir:

Etapas para a formação de um partido político no Direito brasileiro	
1ª Etapa	requerimento do registro de partido político, dirigido ao cartório competente do registro civil das pessoas jurídicas da capital federal, subscrito por, no mínimo, 101 fundadores, com domicílio eleitoral em, no mínimo, 1/3 dos estados, acompanhado de: a) cópia autenticada da ata da reunião de fundação do partido; b) exemplares do Diário Oficial que publicou, no seu inteiro teor, o programa e o estatuto; c) relação de todos os fundadores com o nome completo, naturalidade, número do título eleitoral com a zona, seção, município e estado, profissão e residência; d) nome e função dos dirigentes provisórios e o endereço da sede do partido na capital federal.
2ª Etapa	efetuação, pelo oficial do registro civil, do registro do partido no livro correspondente, com a consequente expedição de certidão de inteiro teor.
3ª Etapa	obtenção do apoiamento mínimo de eleitores, correspondente a, pelo menos, meio por cento dos votos dados na última eleição geral para a Câmara dos Deputados, não computados os votos em branco e os nulos, distribuídos por um terço, ou mais, dos estados, com um mínimo de um décimo por cento do eleitorado que haja votado em cada um deles.
4ª Etapa	promoção do registro do estatuto do partido junto ao TSE, através de requerimento acompanhado de exemplar autenticado de inteiro teor do programa e do estatuto partidários, inscritos no registro civil; certidão do registro civil da pessoa jurídica; certidões dos cartórios eleitorais que comprovem ter o partido obtido o apoiamento mínimo de eleitores. Não havendo eventuais falhas no processo, o TSE registra o estatuto do partido no prazo de trinta dias

▸ **Como esse assunto foi cobrado em concurso?**

Em concurso para promotor de justiça do estado de Sergipe, realizado em 2010, pelo CESPE, foi considerada falsa afirmativa que dispunha que "como entidade de direito privado, para participar das eleições, o partido político deve registrar seus estatutos no registro civil de pessoas jurídicas de qualquer cidade brasileira". Como visto, tal registro deverá ser feito em cartório de registro civil de pessoas jurídicas da capital federal.

Por fim, vale ressaltar que o partido comunica ao Tribunal Superior Eleitoral a constituição e eventuais alterações de seus órgãos de direção nacional e nomes dos respectivos integrantes, e aos tribunais regionais eleitorais quando se tratar de órgãos de direção estaduais, municipais ou zonais.

3.3. Da fusão, incorporação e extinção dos partidos políticos

A **lei 9.906/95** também disciplina, no **capítulo VI do seu título II**, os procedimentos de fusão, incorporação e extinção dos partidos políticos. Neste sentido, o artigo 27 da referida lei dispõe que "fica cancelado, junto ao ofício civil e ao Tribunal Superior Eleitoral, o registro do partido que, na forma de seu estatuto, se dissolva, se incorpore ou venha a se fundir a outro".

Inicialmente, é importante destacar a **diferença** entre os procedimentos de **fusão** e de **incorporação** entre dois partidos políticos. Na fusão, dois partido se juntam, extinguindo-se, para formar um novo partido. Já na incorporação, um partido deixa de existir, passando a fazer parte de outro.

Para ocorrer a **fusão**, é necessário que os órgãos de direção nacional dos partidos envolvidos elaborem projetos comuns de estatuto e programa, os quais deverão ser aprovados em reunião conjunta entre os órgãos de deliberação nacional respectivos. Aprovados o estatuto e programa do novo partido, deverá ser eleito um órgão de direção nacional do mesmo que promoverá o registro do novo partido.

> **Atenção!!!**
>
> Na hipótese de fusão, a existência legal do novo partido tem início com o registro, no ofício civil competente da capital federal, do estatuto e do programa, cujo requerimento deve ser acompanhado das atas das decisões dos órgãos competentes. Assim, o novo partido passa a ser reconhecido, com todas as prerrogativas legais, antes mesmo da averbação do seu estatuto no TSE. Não é necessário, também neste caso, o apoiamento mínimo exigido na criação de novos partidos políticos.

No caso de **incorporação**, por sua vez, caberá ao partido incorporando deliberar, por maioria absoluta de votos, em seu órgão nacional de deliberação, sobre a adoção do estatuto e do programa de outra agremiação. Adotados o estatuto e o programa do partido incorporador, realizar-se-á a eleição do novo órgão de direção nacional, em reunião conjunta dos órgãos nacionais de deliberação. Após, o instrumento formalizador da incorporação deverá ser levado ao ofício civil competente do Distrito Federal para que seja procedido o cancelamento do registro do partido incorporado.

> **▸ Como esse assunto foi cobrado em concurso?**
>
> No 14º Concurso de Procurador da República foi considerada falsa afirmativa que dispunha que os partidos políticos "podem fundir-se ou incorporarem-se livremente, independentemente de qualquer procedimento ou registro perante a Justiça Eleitoral, tendo em vista a liberdade de associação para fins lícitos e sua autonomia constitucional". No mesmo sentido, no 16º Concurso para Procurador da República, foi considerada falsa afirmativa que dispunha que aos partidos políticos, tendo em vista sua autonomia, "é assegurada pela liberdade para sua criação, fusão ou incorporação independentemente de qualquer preceito, em cumprimento ao princípio da liberdade de associação para fins lícitos no regime democrático".

O partido político, ainda, poderá **se dissolver**, na forma do seu estatuto, ou após decisão judicial transitada em julgado no Tribunal Superior Eleitoral, ter o seu registro civil e seu estatuto cancelado. São as seguintes as hipóteses legais ensejadoras do cancelamento do registro e do estatuto do partido político, de acordo com o artigo 28 da Lei nº. 9.096/95:

Hipóteses legais ensejadoras do cancelamento do registro e do estatuto do partido político, de acordo com o artigo 28 da Lei nº. 9.096/95:
I. recebimento de recursos financeiros de procedência estrangeira;
II. subordinação à entidade ou a governo estrangeiro;
III. ausência de prestação de contas à Justiça Eleitoral;
IV. manutenção de organização paramilitar.

O **processo de cancelamento** é iniciado pelo TSE à vista de denúncia de qualquer eleitor, representante de partido ou de representação do Procurador-Geral Eleitoral. O partido político, em nível nacional, não sofrerá a suspensão das cotas do fundo partidário, nem qualquer outra punição, como consequência de atos praticados por órgãos regionais ou municipais.

Por fim, ainda no que se refere a esta temática da fusão e incorporação de partidos políticos, vale destacar a publicação, em 24 de março de 2015, da Lei nº. 13.107/15, a qual promoveu alterações no art. 29 da Lei das Eleições.

Segundo o novo § 7º do art. 29, com redação da Lei nº. 13.107/15, "havendo fusão ou incorporação, devem ser somados exclusivamente os votos dos partidos fundidos ou incorporados obtidos na última eleição geral para a Câmara dos Deputados, para efeito da distribuição dos recursos do Fundo Partidário e do acesso gratuito ao rádio e à televisão".

Este novo dispositivo, contudo, logo foi declarado inconstitucional, tendo em vista o julgamento da ADI 5105, em 01 de outubro de 2015.

Segundo notícia publicada no site do STF (disponível em http://www.stf.jus.br/portal/cms/verNoticiaDetalhe.asp?idConteudo=300922):

> O Plenário do Supremo Tribunal Federal (STF) declarou a inconstitucionalidade de regras que restringem o acesso de novos partidos políticos ao Fundo Partidário e à propaganda eleitoral gratuita no rádio e na televisão. A decisão majoritária foi tomada na sessão desta quinta-feira (1º) no julgamento da Ação Direta de Inconstitucionalidade (ADI) 5105, ajuizada pelo partido Solidariedade (SDD) contra os artigos 1º e 2º da Lei 12.875/2013, que estabelecem limitações a legendas criadas após a realização de eleições para a Câmara dos Deputados.
>
> O partido alegava que os dispositivos afrontam os artigos 1º, inciso V e parágrafo único (regime democrático, representativo e pluripartidário), 5º, *caput*, e 17, *caput* e paragrafo 3º (isonomia liberdade de criação de partidos políticos), todos da Constituição Federal (CF), ao diferenciar as siglas novas daquelas que surgiram de fusão ou incorporação, que têm direito ao Fundo Partidário e à propaganda eleitoral.
>
> Apontava que o artigo 17, parágrafo 3º, da Constituição estabelece que os partidos políticos têm direito a recursos do Fundo Partidário e acesso gratuito ao rádio e à televisão, na forma da lei, mas não faz qualquer distinção entre as legendas criadas originalmente e aquelas resultantes de fusão ou incorporação.
>
> Em abril de 2014, em razão da relevância da matéria, o relator da ADI, ministro Luiz Fux, adotou o rito abreviado previsto no artigo 12 da Lei 9.868/1999 (Lei das ADIs), para que a ação fosse julgada pelo Plenário do STF diretamente no mérito, sem prévia análise do pedido de liminar.

Embora se refira à Lei 12.875/2013, a referida decisão gera, por arrastamento, a inconstitucionalidade do novo § 7º do art. 29 da Lei Geral dos Partidos Políticos, com redação promovida pela Lei 13.107/15.

3.4. O funcionamento parlamentar e a cláusula de barreira

O capítulo II do título II da Lei nº. 9.096/95 estabelece as regras do chamado **"funcionamento parlamentar"**. Assim, conforme o **art. 12**, "o partido político funciona nas casas legislativas por intermédio de uma bancada, que deve constituir suas lideranças de acordo com o estatuto do partido, as disposições regimentais das respectivas casas e as normas desta lei".

O **artigo 13**, por sua vez, dispõe sobre os **critérios para que o partido político possa ter funcionamento parlamentar**, determinando, como requisito para tal fim, que, em cada eleição para a Câmara dos Deputados, o partido político tenha que alcançar, no mínimo, cinco por cento os votos válidos apurados, distribuídos em, pelo menos, um terço dos estados, com o mínimo de 2% do total de votos apurados em cada um deles. **É a chamada cláusula de barreira**, que, historicamente, foi prevista para ser aplicada a partir das eleições gerais de 2006. Assim, os partidos que não obtivessem um número considerável de votos seriam, na prática, "degolados", pois passariam a ter restrições ao funcionamento parlamentar, ao acesso gratuito ao rádio e à TV e ao recebimento de recursos do fundo partidário.

Ocorre que, após as eleições de 2006, duas ações diretas de inconstitucionalidade **(ADI nº. 1351-3 e ADI 1354-8)** foram propostas, sob o argumento que a **cláusula de barreira** seria **inconstitucional** por afrontar o princípio da liberdade partidária. Julgando as duas ações, o **STF derrubou a cláusula de barreira**, não mais aplicada, portanto, permitindo o funcionamento parlamentar dos partidos políticos independentemente do cumprimento dos requisitos previstos no artigo 13 da Lei nº. 9.096/95.

> **▸ Qual o entendimento do STF sobre este assunto?**
>
> O STF julgando as ADINs nºs. 1351-3 e 1.354-8, ajuizadas pelo PC do B e pelo PSC, respectivamente, declarou a inconstitucionalidade do artigo 13 da Lei nº. 9.096/95, derrubando a cláusula de barreira, em 07/12/2006, por decisão unânime.

Com a reforma eleitoral de 2017, contudo, o tema foi reavivado, passando a ser prevista, a partir das eleições de 2018, nova cláusula de desempenho eleitoral para os partidos políticos,

Como já destacado neste livro, a Emenda Constitucional nº. 97 alterou a redação do artigo 17 da Constituição Federal, estabelecendo regras de desempenho eleitoral para as agremiações partidárias. De acordo com o novo § 3º do art. 17 da Constituição Federal, "Somente terão direito a recursos do fundo partidário e acesso gratuito ao rádio e à televisão, na forma da lei, os partidos políticos que alternativamente: I – obtiverem, nas eleições para a Câmara dos Deputados, no mínimo, 3% (três por cento) dos votos válidos, distribuídos em pelo menos um terço das unidades da Federação, com um mínimo de 2% (dois por cento) dos votos válidos em cada uma delas; ou II – tiverem elegido pelo menos quinze Deputados Federais distribuídos em pelo menos um terço das unidades da Federação".

A nova regra, contudo, será implementada de forma gradual, segundo previsão da Emenda Constitucional 97, consolidando-se apenas no ano de 2030.

Dessa forma, terão acesso aos recursos do fundo partidário e à propaganda gratuita no rádio e na televisão os partidos políticos que: I – na legislatura seguinte às eleições de 2018: a) obtiverem, nas eleições para a Câmara dos Deputados, no mínimo, 1,5% (um e meio por cento) dos votos válidos, distribuídos em pelo menos um terço das unidades da Federação, com um mínimo de 1% (um por cento) dos votos válidos em cada uma delas; ou b) tiverem elegido pelo menos nove Deputados Federais distribuídos em pelo menos um terço das unidades da Federação; II – na legislatura seguinte às eleições de 2022: a) obtiverem, nas eleições para a Câmara dos Deputados, no mínimo, 2% (dois por cento) dos votos válidos, distribuídos em pelo menos um terço das unidades da Federação, com um mínimo de 1% (um por cento) dos votos válidos em cada uma delas; ou b) tiverem elegido pelo menos onze Deputados Federais distribuídos em pelo menos um terço das unidades da Federação; III – na legislatura seguinte às eleições de 2026: a) obtiverem, nas eleições para a Câmara dos Deputados, no mínimo, 2,5% (dois e meio por cento) dos votos válidos, distribuídos em pelo menos um terço das unidades da Federação, com um mínimo de 1,5% (um e meio por cento) dos votos válidos em cada uma delas; ou b) tiverem elegido pelo menos treze Deputados Federais distribuídos em pelo menos um terço das unidades da Federação.

▸ Como esse assunto foi cobrado em concurso?

Em concurso para juiz de direito substituto do estado do Acre, realizado em 2007, foi questionado qual seria o percentual de votos necessário para um partido político superar a cláusula de barreira. A resposta correta foi aquela que afirmava que o partido político precisaria alcançar "5% dos votos nas eleições para deputado federal, computados nacionalmente, e 2%, pelo menos, em nove estados diferentes".

3.5. Do programa e do estatuto dos partidos políticos

Como já destacado, os partidos políticos são pessoas jurídicas de direito privado, com autonomia e regidos por seus respectivos estatutos. A Lei Geral dos Partidos Políticos, no entanto, respeitando a liberdade inerente a cada partido para fixar seu programa, objetivos políticos, estrutura interna, organização e funcionamento, impõe algumas **regras de observância obrigatória** às agremiações partidárias, que, necessariamente, deverão ser contempladas **em seus programas e estatutos.**

Assim, **o estatuto do partido deverá conter**, dentre outras, normas sobre seu nome, denominação abreviada, sede na capital federal, filiação e desligamento dos seus membros, direitos e deveres dos seus filiados, modo de organização e administração, fidelidade e disciplina partidárias, condições e formas de escolha de seus candidatos a cargos e funções eletivas, finanças e contabilidade, critérios de distribuição dos recursos do fundo partidário entre os órgãos de nível municipal, estadual e nacional e procedimentos de reforma do programa e do estatuto.

> **▸ Como esse assunto foi cobrado em concurso?**
>
> Em concurso para consultor legislativo do Senado Federal, realizado pelo CESPE, foi considerada falsa afirmativa que dispunha que não existem limites à plena liberdade de organização dos partidos políticos.

3.6. Responsabilidade civil e trabalhista dos órgãos partidários

O **novo artigo 15-A da lei nº. 9.096/95**, incluído pela lei nº. 12.034/09, estabeleceu que cabe **exclusivamente** ao órgão partidário que tiver dado causa a não cumprimento de obrigação civil ou trabalhista, ou qualquer outro ato ilícito, a sua responsabilidade, **excluída a solidariedade** de outros órgãos de direção partidária (nacional, estadual ou municipal). A lei nº. 12.981/13, por sua vez, acrescentou o parágrafo único ao referido artigo, estabelecendo norma processual quanto à competência para demanda judiciais em face de diretório nacional de partido político nas ações cíveis e trabalhistas, Dispõe a nova norma que "o órgão nacional do partido político, quando responsável, somente poderá ser demandado judicialmente na circunscrição especial judiciária da sua sede, inclusive nas ações de natureza cível ou trabalhista".

> ▸ **Como esse assunto foi cobrado em concurso?**
>
> Em concurso para promotor de justiça do estado do Espírito Santo, realizado pelo CESPE, em 2010, foi considerada falsa afirmativa que dispunha que "a responsabilidade, incluindo a civil e a trabalhista, entre qualquer órgão partidário municipal, estadual ou nacional, é solidária ante o caráter nacional dos partidos políticos".

3.7. Disciplina e fidelidade partidárias

Tema de grande relevância, e extremamente polêmico, envolvendo os partidos políticos é o tema da fidelidade e da disciplina partidárias. Afinal, a **Constituição Federal de 1988, em seu artigo 17, § 1º, é muito clara** ao dispor que deverão os partidos políticos, em seus **respectivos estatutos**, dispor sobre normas de **fidelidade e disciplina partidárias**.

> ▸ **Como esse assunto foi cobrado em concurso?**
>
> Em concurso para promotor de justiça do estado de Minas Gerais, foi considerada incorreta afirmativa que dispunha que "segundo a Constituição Federal vigente, fidelidade e disciplina partidárias são matérias que devem ser regulamentadas por lei, cabendo aos partidos adequar seus estatutos às normas legais".

Da mesma forma, a **lei nº. 9.096/95**, em seus **artigos 23 a 26**, dispõe sobre a fidelidade e a disciplina partidárias, estabelecendo que a responsabilidade por violação dos deveres partidários deve ser apurada e punida por cada partido político, na forma do seu estatuto, assegurada a ampla defesa ao filiado. O artigo 26, inclusive, determina que o parlamentar que deixar o partido sob cuja legenda tenha sido eleito perderá, automaticamente, a função ou cargo que exerça na casa legislativa em virtude da proporção partidária.

Ocorre que, desde a promulgação da Constituição de 1988, **tornaram-se muito comuns os casos de troca de partidos por parlamentares**, e também titulares de cargos executivos, após as eleições, no curso do mandato. Como é sabido, a Constituição Federal de 1988 exige que todas as candidaturas a cargos eletivos no Brasil sejam viabilizadas através de partidos políticos, vedando as candidaturas avulsas. Assim, o tradicional troca-troca terminava por distorcer os objetivos do legislador constitucional, enfraquecendo as legendas partidárias e priorizando os interesses subjetivos dos mandatários em detrimento aos interesses do povo, verdadeiro titular da soberania.

Em 2007, no entanto, **decisão histórica do Tribunal Superior Eleitoral**, em resposta à **Consulta nº. 1398**, formulada pelo antigo Partido da Frente Liberal (PFL), mudou o curso da história, ao estabelecer que os **mandatos políticos** conquistados nas eleições proporcionais (eleições de vereador e deputados estaduais, distritais e federais) **pertencem aos partidos políticos**, e não aos candidatos eleitos. Tal entendimento, defendido pelo ministro-relator Cesar Asfor Rocha e acompanhado por outros cinco ministros daquela prestigiada corte, inovou radicalmente a jurisprudência acerca do tema da fidelidade partidária, tão desprestigiado após a promulgação da Constituição de 1988. A partir da citada consulta, finalmente foram distinguidos os conceitos de fidelidade e disciplina partidárias, abrindo-se a possibilidade de cassação de mandatos de parlamentares infiéis aos seus partidos.

Mas, afinal de contas, **qual é a distinção existente entre disciplina e fidelidade partidária**?

Tecnicamente, é possível se afirmar que a **disciplina partidária** é um instituto de direito privado, que relaciona os partidos políticos aos seus filiados. Nos termos do estatuto do partido, o filiado **indisciplinado** deverá ser **advertido, suspenso, ou até mesmo expulso do partido, sem que tal fato, no entanto, acarrete a perda de eventual mandato** que esteja exercendo. O que está em jogo, tão somente, é a relação do filiado com o partido político, e o **respeito a questões *interna corporis* da agremiação partidária.**

Diferente conceito tem o instituto da **fidelidade partidária**. Sua **natureza é de direito público**, relacionando não apenas o mandatário ao seu partido político, mas sim ao próprio eleitor que, ao elegê-lo, escolheu também votar em determinado partido. Um **ato de infidelidade, portanto, é muito mais grave** que um ato de indisciplina, devendo acarretar a **perda do mandato político** titularizado pelo seu praticante. Ocorre que, até a resposta à Consulta nº. 1.398, o Poder Judiciário e o Poder Legislativo brasileiros interpretavam como sinônimos os dois institutos, relativizando a questão da infidelidade partidária, vista como mera questão *interna corporis* dos partidos, o que viabilizava o desmedido troca-troca de agremiações, tão prejudicial à democracia.

• Há de se destacar que o **tema da fidelidade partidária não é recente na história legislativa** do Brasil. A Constituição Federal de 1967, em seu artigo 152 (com redação dada pela Emenda Constitucional nº. 01/69), previu a possibilidade de perda do mandato parlamentar daquele deputado, senador ou vereador que, por suas atitudes ou voto, se opusesse às "diretrizes legitimamente estabelecidas pelos órgãos de direção partidária" ou deixasse o partido sob cuja legenda fosse eleito. A pena da perda do mandato, baseada na infidelidade partidária, era decretada pela Justiça Eleitoral, mediante representação do partido político, assegurado o direito à ampla defesa. A Lei Orgânica dos Partidos Políticos, editada em 1971, era clara quanto à possibilidade da perda do mandato do parlamentar infiel, dispondo sobre o processo a ser observado para a aplicação de tal penalidade.

Em **1984**, entretanto, uma grande celeuma envolveu o instituto da fidelidade partidária: seria tal princípio aplicável aos parlamentares-eleitores do novo Presidente da República, durante a realização das eleições no **Colégio Eleitoral**? Após muita discussão, o TSE decidiu pela **não aplicabilidade do instituto**, tendo feito prevalecer o entendimento que o Colégio Eleitoral era um órgão constitucional de natureza unitária e inconfundível, de feição suprapartidária, do qual derivaria, para os seus integrantes, uma legitimação de competência e de inviolabilidade específicas. Tal decisão, fixada através da **Resolução nº 12.017 do TSE**, abriu caminho para a publicação da **Emenda Constitucional nº 25/85**, que, ao possibilitar uma ampla reforma política no país, aboliu a aplicação da penalidade de perda do mandato eletivo do parlamentar infiel ao seu partido político.

Taxada como instrumento autoritário e antidemocrático do regime militar, a **tese da perda do mandato por infidelidade partidária, não foi, assim, recepcionada de forma expressa pela Constituição Federal de 1988**. Passou, dessa forma, a prevalecer nos tribunais a interpretação gerada a partir da Emenda Constitucional nº 25/85, que, embora não mais em vigor, influenciou durante quase toda a "Nova República" as decisões no sentido da impossibilidade de perda de mandato parlamentar por prática de infidelidade partidária, mesmo diante da previsão constitucional estampada no artigo 17, § 1º, de estabelecimento de regras sobre fidelidade e disciplina partidárias nos estatutos dos partidos políticos.

A prática de atos de infidelidade partidária, diante da **jurisprudência dominante** supracitada, intensificou-se a níveis nunca dantes observados na história política brasileira, a partir de 1988. Mesmo com a adoção do sistema eleitoral proporcional nas eleições parlamentares (excetuada a de Senador da República) e com a vedação às candidaturas avulsas, o troca-troca de partidos se tornou uma constante, ao ponto de gerar fatos até certo ponto "folclóricos", como a troca de partido por sete vezes de um único deputado em uma determinada legislatura, ou a desfiliação e refiliação de um parlamentar a um determinado partido político em um mesmo dia. A busca da maximização das chances de sucesso na carreira política passou a ser a tônica da maioria dos parlamentares brasileiros, enfraquecendo os partidos políticos e distorcendo a vontade popular expressada no exercício do sufrágio.

Diante do referido pronunciamento do TSE, na **resposta à consulta nº. 1.398**, o Supremo Tribunal Federal viu-se instado a julgar **três mandados de segurança**, de números 26.602 (impetrado pelo PPS), 26.603 (ajuizado pelo PSDB) e 26.604 (impetrado pelo DEM), sobre a aplicabilidade do princípio da fidelidade partidária, com a consequente perda do mandato eletivo de 23 deputados federais "infiéis".

Em **polêmica decisão**, o STF, por maioria, decidiu pelo indeferimento dos MS 26.602 e 26.603 e pelo deferimento parcial do MS 26.604, o que significou uma revolução na jurisprudência da mais alta corte do país acerca da matéria, uma vez que, desde então, foi definido que o mandato político pertence, antes de tudo, ao partido político, podendo, portanto, haver a perda do mandato do parlamentar praticante de atos de infidelidade partidária. Formaram a maioria vencedora os ministros Celso de Mello, Carmem Lúcia, Menezes Direito, Gilmar Mendes, Cezar Peluso e Ellen Gracie.

É de se destacar o não deferimento total dos citados mandados de segurança deveu-se ao **caráter salomônico da citada decisão**, que considerou que a perda do mandato do parlamentar infiel só seria possível caso o ato de infidelidade tivesse sido praticado **após o dia 27 de março de 2007**, data do julgamento, pelo TSE, da consulta nº. 1398, formulada pelo extinto Partido da Frente Liberal. Assim, a única deputada que poderia ser atingida pela decisão do STF seria a baiana Jusmari Oliveira, que se desfiliou do DEM após o pronunciamento do Tribunal Superior Eleitoral.

Apesar de bastante aguardada, a inovadora decisão do Supremo Tribunal Federal sobre a questão da fidelidade partidária causou algumas **perplexidades na sociedade**: afinal, as novas regras seriam também aplicáveis a detentores de cargos majoritários, a exemplo de prefeitos, governadores, presidente da república e senadores? Qual seria o procedimento a ser adotado para a cassação do mandato do parlamentar infiel?

▸ **Atenção!!!**

A fim de tentar esclarecer suas dúvidas quanto à possibilidade de perda do mandato de detentores de cargos majoritários por infidelidade partidária, o deputado federal Nilson Mourão (PT-AC) formulou ao TSE a consulta nº. 1407, respondida positivamente pelo Tribunal. No seu voto de 37 páginas, o relator da consulta, Ministro Carlos Ayres, embora admitindo que em eleições majoritárias o prestígio individual do candidato tende a suplantar o prestígio partidário, ressaltou que uma dependência eleitoral menor do partido não pode ser confundida com independência. Assim, em entendimento seguido à unanimidade por seus pares, afirmou o relator que também o titular de mandato eletivo deferido em eleições majoritárias (presidente da república, governadores, prefeitos e senadores) pode perder seu mandato por prática de infidelidade partidária. Em maio de 2015, contudo, o STF, em decisão bastante questionável, no julgamento da ADI 5018, entendeu que o princípio da fidelidade partidária não mais se aplica aos detentores de mandatos eleitos pelo sistema majoritário, sob pena, segundo a Corte Maior "de violação da soberania popular e das escolhas feitas pelo eleitor".

▸ **Como o TSE tem se manifestado sobre este tema?**

A perda do mandato em razão da desfiliação partidária não se aplica aos candidatos eleitos pelo sistema majoritário (Súmula nº. 67 do TSE).

Quanto ao segundo questionamento exposto, referente aos procedimentos a serem adotados para a deflagração da cassação de cargos eletivos por prática de atos de infidelidade partidária, decidiu o Tribunal Superior Eleitoral, no uso do seu poder regulamentar e após o julgamento, pelo STF, dos mandados de segurança números 26.602, 26.603 e 26.604, expedir a **resolução nº. 22.610, disciplinando o processo de perda de cargo eletivo,** bem como de justificação de desfiliação partidária (instrumento de defesa do mandatário para a preservação do seu cargo admitido pelo Supremo Tribunal Federal), gerando muita polêmica. Afinal, estaria o TSE exorbitando de suas atribuições, legislando em matéria constitucional?

Concordando-se ou não com a legitimidade e a constitucionalidade da **resolução nº. 22.610** do TSE, faz-se mister uma apreciação dos seus **principais aspectos,** balizadores dos mais diversos processos judiciais, constituídos após importantes decisões do STF, visando a declaração da perda de mandatos de políticos "infiéis" aos seus partidos. Assim, dispõe o artigo 1º da referida resolução que cabe ao partido político interessado pedir, perante a Justiça Eleitoral, a decretação da perda do mandato eletivo em decorrência de desfiliação partidária sem justa causa, tendo para isso o prazo de trinta dias. Estabelece ainda a resolução que, após o esgotamento deste prazo, quem quer que tenha interesse jurídico e o Ministério Público podem formular o referido pedido, também no prazo de trinta dias.

Mas o que seria uma **justa causa para a desfiliação partidária**? Segundo o parágrafo primeiro do mesmo artigo 1º supracitado, considera-se justa causa a incorporação ou fusão do partido (regra não mais válida, após a publicação da Lei nº. 13.165/15, como será visto adiante), a criação de nova agremiação partidária, a mudança substancial ou o desvio reiterado do programa partidário e a grave discriminação pessoal sofrida pelo mandatário. Ocorrendo tais hipóteses, estaria o detentor de cargo eletivo apto a mudar de partido político, sem riscos de perder o seu mandato.

> **▸ Como esse assunto foi cobrado em concurso?**
>
> Em concurso para juiz de direito do Tribunal de Justiça do Acre, realizado pelo CESPE, em 2012, considerou-se verdadeira afirmativa que dispunha que "a mudança ou o desvio reiterado do estatuto do partido configuram situações de justa causa para desfiliação partidária".

No que se refere à **competência para processar e julgar pedidos de perda de mandato por infidelidade partidária**, estabeleceu a resolução que o Tribunal Superior Eleitoral é competente para apreciar pedidos relativos a mandatos federais, enquanto que, nos demais casos, a **competência** será dos tribunais regionais eleitorais. Tal dispositivo, previsto no artigo 2º da Resolução, é um dos que mais suscitou polêmica, tendo em vista a supressão de competência dos juízes eleitorais para processar e julgar questões relativas à perda de mandatos de prefeitos e vereadores por prática de infidelidade partidária.

Ainda segundo a Resolução nº. 22.610 do TSE, o requerente, expondo os fundamentos do pedido na inicial, deverá juntar prova documental da desfiliação, podendo arrolar testemunhas, até o máximo de 3 (três), e requerer, justificadamente, outras provas, inclusive requisição de documentos em poder de terceiros ou de repartições públicas. O mandatário que se desfiliou e o eventual partido em que esteja inscrito serão citados para responder no prazo de 5 (cinco) dias, contados do ato da citação, sob pena de revelia. Na resposta, o requerido juntará prova documental, podendo arrolar testemunhas, até o máximo de 3 (três), e requerer, justificadamente, outras provas, inclusive requisição de documentos em poder de terceiros ou de repartições públicas.

Decorrido o prazo de resposta, o tribunal ouvirá, em 48 (quarenta e oito) horas, o representante do Ministério Público, quando não seja requerente, e, em seguida, julgará o pedido, em não havendo necessidade de dilação probatória. Havendo necessidade de provas, deferi-las-á o relator, designando o 5º (quinto) dia útil subsequente para, em única assentada, tomar depoimentos pessoais e inquirir testemunhas, as quais serão trazidas pela parte que as arrolou. Declarando encerrada a instrução, o relator intimará as partes e o representante do Ministério Público, para apresentarem, no prazo comum de 48 (quarenta e oito) horas, alegações finais por escrito.

Cabe ao relator, na ocorrência de julgamento, antecipado ou não, preparar o voto e pedir a inclusão do processo na pauta da sessão seguinte do tribunal, observada a antecedência de 48 horas. Aos interessados, é facultada a sustentação oral por um prazo máximo de 15 minutos, durante a sessão de julgamento.

Julgando procedente o pedido, o tribunal decretará a **perda do cargo**, comunicando a decisão ao presidente do órgão legislativo competente para que empossé, conforme o caso, o suplente ou o vice, no prazo de 10 (dez) dias.

A redação original da Resolução TSE nº. 22.610 ainda previa que, do acórdão, seria cabível, no prazo de 48 (quarenta e oito) horas, apenas pedido de reconsideração, sem efeito suspensivo. Tal dispositivo, no entanto, foi alterado por meio da Resolução TSE nº. 22.733/08, que estabeleceu uma nova redação para o artigo 11 da Resolução TSE nº 22.610, que passou a vigorar com a seguinte redação:

> **Art. 11.** São irrecorríveis as decisões interlocutórias do Relator, as quais poderão ser revistas no julgamento final, de cujo acórdão cabe o recurso previsto no art. 121, § 4º, da Constituição da República.

Desde que a Justiça Eleitoral e o Supremo Tribunal Federal modificaram seus entendimentos tradicionais acerca da possibilidade de perda do mandato eletivo por praticantes de atos de infidelidade partidária, **mais de seis mil processos com pedidos de cassação de mandatos foram ajuizados no país.** Muitos dos pedidos foram julgados procedentes, suscitando a perda de mandatos de vereadores e deputados. Coube ao vereador Lourival Pereira de Oliveira, eleito no município de Buritis, em Rondônia, a "honra" de ser o primeiro parlamentar a perder o seu mandato em virtude de prática de atos de infidelidade partidária, em decisão do TRE-RO proferida no dia 18 de dezembro de 2008. O referido parlamentar trocou o PSDB, partido pelo qual havia sido eleito, pelo PV. O governador José Roberto Arruda, do Distrito Federal, por sua vez, foi o primeiro governador a perder o mandato por infidelidade partidária no Brasil.

Várias objeções, entretanto, foram opostas às decisões tomadas pelo Poder Judiciário no que se refere ao **novo entendimento relativo à fidelidade partidária**, principalmente no que se refere à **constitucionalidade da Resolução TSE nº. 22.610/08**, que passou a disciplinar o processo de perda de mandato por infidelidade partidária. Neste sentido, o Tribunal Regional Eleitoral da Bahia considerou, por maioria, inconstitucional o artigo 2º da referida Resolução, que dispõe acerca da competência para processar e julgar processos relacionados à referida matéria. Para o TRE-BA, normas que dispõem sobre competência só poderiam ser estabelecidas por Lei Complementar, em consonância com o disposto no artigo 121 da Constituição Federal. Já o Tribunal Regional Eleitoral de Minas Gerais, em decisão bastante polêmica, por pouco não declarou também a inconstitucionalidade da resolução. Três, dos seus sete juízes, entenderam que não caberia ao Poder Judiciário editar a referida Resolução, no que estaria sendo violado o princípio da separação dos poderes, cláusula pétrea da Constituição Federal de 1988. O Tribunal Superior Eleitoral e o Supremo Tribunal Federal, no entanto, mantiveram seus entendimentos favoráveis à constitucionalidade da citada Resolução nº. 22.610.

Uma crítica relevante relativa às decisões da Justiça Eleitoral e do Supremo Tribunal Federal sobre fidelidade partidária diz respeito à própria **abrangência do instituto**, que, no nosso entendimento, não foi devidamente interpretado. Como já suscitado alhures, a prática de infidelidade partidária não deve se restringir à troca de partido político por parte de mandatário, mas sim deve englobar qualquer ato de oposição ilegítima ao estatuto do partido e às diretrizes legitimamente estabelecidas por este. Muito tem se falado na possibilidade de perda de mandatos políticos de membros dos poderes legislativo e executivo por troca de partido, mas pouco ou nada tem sido abordado, pela doutrina e pela jurisprudência, acerca do verdadeiro conceito de infidelidade partidária, muito mais amplo, como se pôde observar ao longo deste trabalho. **Há de ser feita, pelos tribunais, uma releitura**, portanto, do significado de ato de infidelidade partidária, a fim de que a Constituição Federal não continue a ser violada em seus princípios.

É de se ressaltar, no entanto, que mesmo suscitando críticas, principalmente no que se refere à competência constitucional do Tribunal Superior Eleitoral para estabelecer procedimentos para disciplinar a perda de mandato eletivo de detentores de cargos legislativos e executivos, as decisões e pronunciamentos do TSE e do Supremo Tribunal Federal quanto à questão da fidelidade partidária revestem-se de grande importância para uma salutar mudança da mentalidade vigente relativa ao papel dos partidos políticos na sociedade brasileira.

É fundamental para o fortalecimento da nossa democracia que os partidos políticos sejam respeitados como verdadeiros canais de interlocução da vontade popular e da consagração do pluralismo político. A infidelidade partidária precisa ser combatida, dando-se, assim, aos partidos as condições efetivas para que estes exerçam as responsabilidades que lhes são atribuídas pelo eleitor.

Infelizmente, o Congresso Nacional, ao legislar sobre a matéria, no bojo na reforma eleitoral de setembro de 2015, perdeu uma grande oportunidade de obstaculizar a prática da infidelidade partidária no Brasil de uma forma mais eficaz, condizente com a verdadeira abrangência do instituto. Se por um lado, houve um importante avanço, com a instituição da previsão legal da fidelidade partidária no ordenamento jurídico brasileiro, por outro lado não se valorizou, com a nova legislação, a efetiva importância do instituto.

De acordo com o novo art. 22-A da Lei Geral dos Partidos Políticos, incluído pela Lei nº. 13.165/15:

> **Art. 22-A.** Perderá o mandato o detentor de cargo eletivo que se desfiliar, sem justa causa, do partido pelo qual foi eleito.
>
> Parágrafo único. Consideram-se justa causa para a desfiliação partidária somente as seguintes hipóteses:
>
> I – mudança substancial ou desvio reiterado do programa partidário;
>
> II – grave discriminação política pessoal; e
>
> III – mudança de partido efetuada durante o período de trinta dias que antecede o prazo de filiação exigido em lei para concorrer à eleição, majoritária ou proporcional, ao término do mandato vigente.

Como se observa, com a publicação da Lei nº. 13.165/15, e a criação do art. 22-A da Lei nº. 9.096/95, finalmente foi instituída a disciplina legal do instituto da fidelidade partidária, uma vez que, até então, infraconstitucionalmente, a matéria era disciplinada, tão somente, pela Resolução TSE nº. 22.610/07. Como novidade maior, o inciso III do art. 22-A trouxe a possibilidade de uma janela para a troca de partido por mandatários, durante o período de trinta dias que antecede o prazo de filiação exigido em lei para concorrer à eleição, majoritária ou proporcional, ao término do mandato vigente. As demais hipóteses, previstas nos incisos I e II, já eram previstas como situações autorizadoras da troca de partido, sem perda do mandato político, pela Resolução do TSE. Por outro lado, a hipótese também prevista na resolução de troca de partido para fundar partido novo por parte do mandatário, sem perda do mandato, não foi reproduzida pela lei nº. 13.165/15.

Em 18 de fevereiro de 2016, com a promulgação da Emenda Constitucional nº 91, a dúvida sobre a abrangência da chamada "janela" para troca de partidos foi dirimida: a nova emenda permitiu ao detentor de mandato eletivo, de forma excepcional, desligar-se do partido pelo qual foi eleito nos trinta dias seguintes à promulgação da referida Emenda Constitucional (ou seja, no período de 19 de fevereiro a 19 de março de 2016), sem prejuízo do mandato, não sendo essa desfiliação considerada para fins de distribuição dos recursos do Fundo Partidário e de acesso gratuito ao tempo de rádio e televisão. Uma emenda, portanto, puramente casuística, que afronta o princípio da fidelidade partidária.

Quadro-resumo: disciplina e fidelidade partidárias	
Fidelidade partidária é o instituto de direito público que relaciona não apenas o mandatário ao seu partido político, mas sim ao próprio eleitor que, ao elegê-lo, escolheu também votar em determinado partido. O infiel, assim, deverá perder o mandato eletivo.	***Indisciplina partidária*** é o instituto de direito privado, que relaciona os partidos políticos aos seus filiados. Nos termos do estatuto do partido, o filiado indisciplinado deverá ser advertido, suspenso, ou até mesmo expulso do partido, sem que tal fato, no entanto, acarrete a perda de eventual mandato que esteja exercendo. O que está em jogo, tão somente, é a relação do filiado com o partido político, e o respeito a questões *interna corporis* da agremiação partidária.

Quadro-resumo: disciplina e fidelidade partidárias
- Em resposta à consulta nº. 1398, formulada pelo antigo Partido da Frente Liberal (PFL), o TSE firmou entendimento que os mandatos de deputados e vereadores pertencem aos partidos políticos.
- Posteriormente, foi formulada pelo deputado federal Nilson Mourão (PT-AC), ao TSE, a *consulta nº. 1.407*, em resposta da qual foi estendida aos titulares de mandatos majoritários (presidente da república, vice-presidente, governador, vice-governador, prefeito, vice-prefeito e senador) a possibilidade de perda de mandato eletivo por prática de atos de infidelidade partidária. Com o julgamento da ADI nº. 5018, em maio de 2015, o STF definiu, finalmente, que o princípio da fidelidade partidária não se aplica a mandatos obtidos por meio do sistema eleitoral majoritário.
- Por meio da Resolução nº. 22.610, o TSE disciplinou o procedimento de perda de mandato eletivo por infidelidade partidária. O STF declarou a constitucionalidade da resolução.
- De acordo com a resolução nº. 22.610, são *legitimados* para propor a ação de perda de mandato por infidelidade partidária o partido político, no prazo de 30 dias, e, após, em novo prazo de trinta dias, o Ministério Público e demais interessados jurídicos.
- A *competência* para processar e julgar ações de perda de mandato eletivo de deputados federais, senadores, presidente e vice-presidente da república é do TSE. Já as relativas a mandatos de governador, vice-governador, prefeito, vice-prefeito, deputado estadual e vereador são de competência dos tribunais regionais eleitorais.
- Considera-se *justa causa para a troca de partido*, sem perda de mandato por infidelidade partidária, a grave discriminação pessoal sofrida pelo mandatário e praticada por seu partido, bem como a mudança substancial ou o desvio reiterado do programa partidário, conforme o novo art. 22-A da Lei 9.096/95, incluído pela Lei nº 13.165/15. Além disso, a nova lei estabeleceu uma janela de troca de partido para aqueles que estiverem em fim de mandato, a ser observada um mês antes do termo final para a filiação partidária com vistas às disputas das eleições (ou seja, no mês de março do ano eleitoral). Excepcionalmente, nas eleições de 2016, em virtude da promulgação da Emenda Constitucional nº. 91/2016, possibilitou-se que todo e qualquer mandatário, mesmo sem estar em fim de mandato, viesse a trocar de partido, sem perder o mandato, entre os dias 16 de fevereiro e 16 de março de 2016.t

▸ **Como o TSE tem se manifestado sobre o tema?**

Questão de Ordem na Petição nº 566-18/DF Relatora: Ministra Luciana Lóssio Ementa: ELEIÇÕES 2014. PETIÇÃO. QUESTÃO DE ORDEM. AÇÃO DE PERDA DE CARGO ELETIVO POR DESFILIAÇÃO PARTIDÁRIA. DEPUTADO FEDERAL. SUPLENTE DA COLIGAÇÃO. ILEGITIMIDADE. NÃO CONHECIMENTO. 1. O suplente da coligação – que não seja do partido do infiel – não tem legitimidade para o ajuizamento de ação de perda de cargo eletivo por desfiliação partidária sem justa causa. 2. As coligações partidárias constituem pessoas jurídicas pro tempore, cuja formação e existência estão delimitadas a determinada eleição, desfazendo-se logo que encerrado o pleito. Logo, não há que se falar em representatividade da coligação no Parlamento, pois o que subsiste é tão somente o partido isoladamente considerado (e não uma espécie de superpartido), que, por intermédio de sua bancada dá voz política ao seu componente ideológico. 3. A Justiça Eleitoral, ao restituir o mandato ao partido, não o faz como uma forma de penalizar o infiel, mas, sim, porque à legenda é reconhecido o direito de continuar ocupando o mesmo espaço no Parlamento, até o término da legislatura, momento em que a casa naturalmente se renova. Dita prerrogativa é exclusiva da agremiação e é incomunicável com os demais partidos componentes da coligação, pois não se pode pretender devolver a estes o que, de fato e de direito, nunca tiveram. 4. Questão de ordem acolhida, para reconhecer a ilegitimidade do requerente e extinguir o processo sem resolução de mérito, nos termos do art. 485, VI, do Código de Processo Civil. DJE de 21.9.2016.

3.8. Da filiação partidária

De acordo com o art. 14, § 3º, V da Constituição Federal de 1988, **é condição de elegibilidade a filiação partidária**. Cabe à lei 9.096/95, então, disciplinar esta condição de elegibilidade, estabelecendo as normas relativas à filiação partidária no seu capítulo IV do título II (arts. 16 a 22).

Assim, dispõe o artigo 16 da referida lei que "só pode filiar-se a partido político o eleitor que estiver no pleno gozo de seus direitos políticos". Neste sentido, vele ressaltar entendimento do TSE, manifestado na **resolução nº. 23.117/2009**, segundo o qual **eleitor considerado inelegível pode filiar-se a partido político**.

Ainda segundo o artigo 17 da lei nº. 9.096/95, "considera-se **deferida**, para todos os efeitos, a **filiação partidária**, com o atendimento das regras estatutárias do partido". O artigo 19, por sua vez, estabelece que o partido político, por seus órgãos de direção municipais, regionais ou nacional, deverá, sempre nas segundas semanas dos meses de abril e outubro de cada ano, remeter lista de filiados aos juízes eleitorais, para arquivamento, publicação e cumprimento dos prazos de filiação partidária para efeitos de candidaturas a cargos eletivos.

▸ **Como o TSE tem se manifestado sobre o tema?**

Petição nº 403-04/DF Relator: Ministro Gilmar Mendes ELEIÇÃO 2016. PROTOCOLO. CONVERSÃO EM PETIÇÃO. TUTELA DE URGÊNCIA. FILIAÇÃO PARTIDÁRIA. ESTATUTO PARTIDÁRIO: PRAZO DE FILIAÇÃO DE UM ANO ANTES DAS ELEI

ÇÕES. LEI Nº 13.165/2016: PRAZO DE SEIS MESES ANTES DO PLEITO. PEDIDO DE ALTERAÇÃO A MENOS DE UM ANO DA ELEIÇÃO. REFLEXO NOS PEDIDOS DE REGISTROS DE CANDIDATURA NAS ELEIÇÕES DE 2016. DEFERIDO. 1. O art. 20 da Lei nº 9.096/1995 estabelece que "é facultado ao partido político estabelecer, em seu estatuto, prazos de filiação partidária superiores aos previstos nesta Lei, com vistas a candidatura a cargos eletivos", enquanto o parágrafo único do referido artigo define que "os prazos de filiação partidária, fixados no estatuto do partido, com vistas a candidatura a cargos eletivos, não podem ser alterados no ano da eleição". Com base na compreensão sistemática dessas regras bem como no direito constitucional à elegibilidade, a Lei dos Partidos Políticos veda que no ano das eleições o estatuto seja alterado para aumentar o prazo de filiação partidária fixado em lei, não proibindo a redução do prazo quando a modificação simplesmente busca a compatibilização à novel legislação eleitoral, editada e promulgada em conformidade com o art. 16 da Constituição Federal de 1988. DJE de 30.9.2016.

▸ **Atenção!!!**

O filiado poderá, a qualquer tempo, pedir desligamento do partido, desde que o faça por escrito, em comunicação dirigida ao órgão de direção municipal e ao juiz eleitoral da zona em que estiver inscrito como eleitor. Até a publicação da lei nº. 12.891/13, quem se filiava a outro partido deveria fazer comunicação ao partido e ao juiz de sua respectiva zona eleitoral, para cancelar sua filiação no dia imediato à nova filiação, sob pena de nulidade, para todos os efeitos, de ambas filiações **(duplicidade partidária)**. É de se destacar, contudo que foi acrescentado pela Lei nº. 12.891/13 o inciso V e alterada a redação do parágrafo único do artigo 22 da Lei Geral dos Partidos Políticos, modificando, de forma relevante, a disciplina jurídica do cancelamento de filiação partidária por parte daquele que se filia a outro partido. Segundo o novo inciso V, será imediatamente cancelada a inscrição partidária daquele que se filiar a outro partido, desde que tal fato venha a ser comunicado ao juiz eleitoral da zona respectiva. Assim, abole-se a necessidade, neste caso, de comunicação, por parte do cidadão, de tal fato ao seu partido originário. O novo parágrafo único, por sua vez, estabelece nova disciplina para os casos de duplicidade de filiação. Doravante, a filiação partidária mais recente prevalece sobre as anteriores, ao contrário do que previa a legislação, a qual determinava que na ocorrência de dupla filiação, ambas seriam consideradas nulas para todos os efeitos.

O cancelamento imediato da filiação partidária verifica-se nos casos de morte, perda dos direitos políticos, expulsão ou outras formas previstas no estatuto (neste último caso, deverá ser feita a comunicação obrigatória ao atingido no prazo de 48 horas da decisão). Vale observar que a lei fala em PERDA dos direitos políticos e não em SUSPENSÃO dos mesmos (a diferença entre perda e suspensão será abordada oportunamente, nesta obra).

▸ Como esse assunto foi cobrado em concurso?

Em concurso para juiz de direito do estado de São Paulo, realizado em 2017, pela VUNESP, foi considerada verdadeira afirmativa que dispunha que "Sobre filiação partidária, é incorreto afirmar que se for constatada a coexistência de filiações parti¬dárias, serão todas elas canceladas".

Por fim, vale destacar que a Lei nº. 13.165, de 29 de setembro de 2015, trouxe uma importante novidade, no que se refere ao prazo para a filiação partidária, com vistas à disputa eleitoral.

A filiação a partido político é uma das condições de elegibilidade previstas no artigo 14, § 3º da Constituição Federal de 1988. A escolha do legislador constituinte por esta regra denota a importância dos partidos políticos para o sistema político brasileiro, o qual não admite, portanto, candidaturas avulsas, dando aos partidos políticos, assim, o papel de protagonistas do processo democrático, organizadores do debate público e legítimos representantes do pluralismo político, interpretado como o princípio constitucional fundamental norteador da democratização do poder.

Embora preveja a filiação partidária como condição de elegibilidade, a Constituição de 1988 não prevê expressamente qual seria o prazo mínimo desta filiação, delegando à legislação ordinária esta definição.

É a Lei das Eleições (Lei 9.504/97), em seu artigo 9º, que define qual o prazo geral mínimo de filiação partidária exigível para que alguém possa disputar uma eleição. Vale destacar, neste sentido, que o prazo do referido artigo é o prazo mínimo geral de filiação, podendo cada partido, no exercício da sua respectiva autonomia, exigir prazos maiores de filiação para a promoção de candidaturas dos seus respectivos filiados.

Até a publicação da Lei nº. 13.165, em 29 de setembro de 2015, o artigo 9º da Lei das Eleições previa que para concorrer às eleições, o candidato deveria possuir domicílio eleitoral na respectiva circunscrição e filiação partidária há pelo menos um ano, na data do pleito. Doravante, em regra já válida para as eleições municipais de 2016, o prazo para a filiação partidária dos pretensos candidatos será alargado, podendo ocorrer até seis meses antes do pleito. O prazo para a determinação do domicílio eleitoral, de um ano antes da eleição, contudo, foi preservado nas eleições de 2016. Com a reforma eleitoral de 2017, contudo, o prazo mínimo de domicílio eleitoral passará a ser, a partir das eleições de 2018, também de seis meses antes do pleito.

▸ **Atenção!!!**

Caso um partido passe por processo de fusão ou incorporação a outro partido, seus filiados serão, automaticamente, considerados filiados ao novo partido ou ao partido incorporador, mantidos, para os fins do artigo 9º da Lei nº. 9.504/97,, os prazos de filiação relativos ao antigo partido.

▸ **Como esse assunto foi cobrado em concurso?**

Em concurso para juiz de direito substituto do estado do Pará, realizado em 2007 pela FGV, foi considerada falsa afirmativa que dispunha que "a criação de um novo partido, em face de fusão ou incorporação, implica cancelamento automático das filiações existentes aos partidos fusionados ou incorporados, para fins de aferição da dupla filiação".

3.9. Das finanças e contabilidades dos partidos políticos

O **título III da Lei nº. 9.096/95** dispõe sobre as finanças e contabilidade dos partidos políticos, que deverão, através de seus órgãos nacionais, regionais e municipais, manter escrituração contábil, de forma a permitir o conhecimento da origem de suas receitas e a destinação de suas despesas.

Como pessoas jurídicas de direito privado que são, os partidos políticos têm a possibilidade de arrecadar recursos financeiros, visando ao seu funcionamento e atingimento dos seus objetivos. Devido, contudo, à importância destas instituições para a lisura e legitimidade do processo democrático, restrições constitucionais e legais são impostas a este processo de arrecadação, devendo, também, os partidos políticos prestar contas à Justiça Eleitoral.

Assim, até o dia 30 de abril do ano seguinte, os partidos políticos estão obrigados a enviar, anualmente, à Justiça Eleitoral, **balanços**

contábeis do exercício findo. O balanço contábil do órgão nacional deverá ser enviado ao TSE, os dos órgãos estaduais aos respectivos TREs e o dos órgãos municipais aos juízes eleitorais.

A Lei nº. 13.165, de 29 de setembro de 2015, trouxe uma série de novidades no que se refere ao processo de arrecadação de recursos e prestação de contas pelos partidos políticos.

Assim, por exemplo, ao revogar o § 3º do art. 32 da Lei nº. 9.096/95, a reforma eleitoral de setembro de 2015 acabou com a obrigatoriedade do partido político, em ano eleitoral, enviar balancetes mensais à Justiça Eleitoral, durante os quatro meses anteriores e os dois meses posteriores ao pleito. Importante também destacar que o novo § 5º do referido artigo 32 ressaltou que a desaprovação da prestação de contas do partido não enseja sanção alguma que o impeça de participar do pleito eleitoral, restringindo, portanto, as possibilidades de sanção possíveis de ser impostas aos partidos que não fazem a gerência de suas contas adequadamente.

▸ **Como esse assunto foi cobrado em concurso?**

Em concurso para promotor de justiça de Santa Catarina, realizado em 2016, foi considerada correta afirmativa que dizia que Segundo a Lei dos Partidos Políticos, com redação acrescida pela Lei n. 13.165/15, nos casos de ausência de movimentação de recursos financeiros ou de arrecadação de bens estimáveis em dinheiro, os órgãos partidários municipais ficam desobrigados de prestar contas à Justiça Eleitoral quanto ao respectivo exercício, exigindo-se do responsável partidário, todavia, a apresentação de declaração da ausência de movimentação de recursos nesse período.

O novo caput do art. 34 da Lei Geral dos Partidos Políticos, por sua vez, retirou, da Justiça Eleitoral, o papel de fiscal da escrituração contábil do partido político, preservando, contudo, a fiscalização sobre a prestação de contas do partido e das despesas de campanha eleitoral. Os novos incisos I e V, bem como o novo § 1º do referido artigo, por outro lado, reproduziram previsão expressa em vários dispositivos inovadores trazidos pela lei nº. 13.165/15, extinguindo a figura do comitê partidário nas campanhas eleitorais. Já o inciso II, que previa a responsabilização pessoal dos dirigentes do partido, no âmbito cível e criminal, por quaisquer irregularidades nas contas dos partidos foi revogado.

▸ **Atenção!!!**

Quem analisa as prestações de contas dos partidos políticos é a Justiça Eleitoral e não os Tribunais de Contas. Para efetuar os exames necessários à fiscalização sobre a prestação de contas do partido e das despesas de campanha eleitoral, a Justiça Eleitoral pode requisitar técnicos do Tribunal de Contas da União e dos estados, pelo tempo que for necessário. O artigo 34, § 1º da Lei Geral dos Partidos Políticos ganhou nova redação com a publicação da Lei nº. 13.165/15, passando a explicitamente determinar que a fiscalização sobre a escrituração contábil e a prestação de contas dos partidos e das despesas de campanha eleitoral tem por escopo tão somente identificar a origem das receitas e a destinação das despesas com as atividades partidárias e eleitorais, mediante o exame formal dos documentos e fiscais apresentados pelos partidos políticos, e candidatos, sendo vedada a análise das atividades político-partidárias ou qualquer interferência em sua autonomia.

▸ **Como esse assunto foi cobrado em concurso?**

Em concurso para o cargo de promotor de justiça do estado de Santa Catarina, realizado em 2016, foi considerada verdadeira assertiva que dispunha que "Para o exame acerca da regularidade das contas de campanha a Justiça Eleitoral poderá requisitar o auxílio de técnicos do Tribunal de Contas da União, dos Estados, do Distrito Federal ou dos Municípios. O Ministério Público Eleitoral, todavia, não está vinculado às conclusões dos referidos técnicos, possuindo amplo e irrestrito poder de se posicionar de maneira diversa".

O **Tribunal Superior Eleitoral e os tribunais regionais eleitorais,** à vista de denúncia fundamentada de filiado ou delegado de partido, de representação do Ministério Público Eleitoral ou iniciativa do corregedor, determinarão o exame da escrituração do partido e a apuração de qualquer ato que viole as prescrições legais e estatutárias, podendo, inclusive, determinar a **quebra do sigilo bancário das contas dos partidos** para o esclarecimento ou apuração de fatos vinculados à denúncia.

▸ **Atenção!!!**

De acordo com o artigo 31 da Lei nº. 9.096/95, o partido político não pode receber, sob qualquer forma ou pretexto, contribuição em dinheiro, ou estimável em dinheiro, inclusive através de publicidade de qualquer espécie, procedente de:

I - entidade ou governo estrangeiros;

II - autoridade ou órgãos públicos, ressalvadas as originadas do fundo partidário;

III - autarquias;

IV - empresas públicas;

V - concessionárias de serviços públicos;

VI - sociedades de economia mista

VII - fundações instituídas em virtude de lei e para cujos recursos concorram órgãos ou entidades governamentais.

VIII - entidade de classe ou sindical.

Com o julgamento da ADI nº. 4.650, pelo STF, em 17 de setembro de 2015, foi declarada a inconstitucionalidade parcial sem redução de texto deste dispositivo, na parte em que autoriza, a contrario sensu, a realização de doações por pessoas jurídicas a partidos políticos, com efeitos retroativos. Não é mais permitido, portanto, o financiamento empresarial de partidos políticos.

Com a reforma eleitoral de 2017, o artigo 31 da Lei 9.096/95 teve sua redação alterada nos seus incisos II, III e V. Enquanto o inciso III foi revogado, o inciso II ganhou nova redação, estabelecendo que os partidos políticos não poderão receber doações provenientes de "entes públicos e pessoas jurídicas de qualquer natureza, ressalvadas as dotações referidas no art. 38 desta Lei e as proveniente do Fundo Especial de Financiamento de Campanha".

Já o novo inciso V passou a dispor que os partidos políticos não podem receber recursos oriundos de "pessoas físicas que exer-çam função ou cargo público de livre nomeação e exo-neração, ou cargo ou emprego público temporário, res-salvados os filiados a partido político".

▸ Como esse assunto foi cobrado em concurso?

Em concurso para juiz de direito substituto do estado do Pará, realizado pelo CESPE, foi considerada certa afirmativa que dispunha que "seria inconstitucional lei complementar federal que permitisse a partidos políticos brasileiros o recebimento de doações feitas por organizações internacionais de que a República Federativa do Brasil não faça parte, mesmo que a doação fosse vinculada à realização de atividades compatíveis com os princípios constitucionais vigentes". Como já observado, em seu artigo 17, II, a Constituição Federal de 1988 veda, aos partidos políticos, o recebimento de recursos provenientes de entidades ou governos estrangeiros.

De acordo com o novo *caput* do art. 37, a desaprovação das contas partidárias não acarreta mais a suspensão de novas cotas do

Fundo Partidário, com a responsabilização dos responsáveis, mas, tão somente, a sanção de devolução da importância apontada como irregular, acrescida de multa de até 20% (vinte por cento), sem que haja suspensão de órgãos de direção partidária ou declaração de dívida ou inadimplência dos respectivos responsáveis partidários (conforme o novo § 2º).

Eventuais descontos nos futuros repasses do Fundo partidário, como consequência da sanção prevista no novo caput do art. 37, deverão ocorrer, segundo o novo § 3º, de forma proporcional e razoável, pelo período de um a doze meses, desde que a prestação de contas seja julgada, pelo juízo ou tribunal competente, em até cinco anos de sua apresentação. Tal desconto, contudo, se ocorrer, deverá ser suspenso durante o segundo semestre do ano em que se realizarem as eleições.

▸ Como o TSE tem se manifestado sobre este tema?

O Plenário do Tribunal Superior Eleitoral, por unanimidade, assentou que a penalidade a ser cominada em razão da desaprovação de contas é a prevista na legislação vigente à época da prestação de contas, em atenção ao princípio do *tempus regit actum*. (Prestação de Contas nº 901-76, Brasília/DF, rel. Min. Luciana Lóssio, em 26.4.2016). Informativo TSE – Ano XVIII – nº 4

A orientação do TSE é no sentido de que "nos processos de prestação de contas de candidato, não se aplica a sanção de suspensão de quotas de fundo partidário, se a desaprovação da conta não tem, como causa, irregularidade decorrente de ato do partido. Interpretação do parágrafo único do art. 25 da Lei nº 9.504/97". (REspe nº 5881-33/RJ, Rel. Min. Maria Thereza de Assis Moura, DJe de 27.10.2015).

O partido político poderá, **gratuitamente, utilizar prédios públicos** para a realização de reuniões ou convenções, responsabilizando-se por eventuais danos ao patrimônio público que venham a ocorrer.

▸ Como esse assunto foi cobrado em concurso?

Em concurso para consultor legislativo do Senado Federal, realizado pelo CESPE, foi considerada verdadeira assertiva que dispunha que "é assegurado ao partido político com estatuto registrado no TSE o direito à utilização gratuita de escolas públicas ou casas legislativas para a realização de suas reuniões ou convenções, responsabilizando-se pelos danos porventura causados com a realização do evento".

▸ **Como esse assunto foi cobrado em concurso?**

Em concurso para promotor de justiça do estado do Espírito Santo, realizado pelo CESPE, em 2010, foi considerada falsa afirmativa que dispunha que "a sanção de suspensão do repasse de novas quotas do fundo partidário, devido à desaprovação total ou parcial da prestação de contas de partido, deve ser aplicada necessariamente pelo período de doze meses. Caso a prestação de contas não seja julgada, pelo juízo ou tribunal competente, após cinco anos de sua apresentação, a sanção de suspensão não poderá ser aplicada". Como visto, o fracionamento da penalidade é uma possibilidade, e não uma obrigação, como afirmava a questão.

O § 4º do artigo 37 da Lei nº. 9.096/95 estabelece que o recurso das decisões que desaprovarem contas partidárias será recebido também com **efeito suspensivo**, enquanto que o § 5º possibilita que sejam revistas, para fins **de aplicação proporcional da sanção aplicada**, mediante requerimento ofertado nos autos da prestação de contas, as prestações de contas já desaprovadas pelos TREs e TSE, antes da vigência das novas normas. O § 6º, finalmente, pôs fim, ao ser incluído na legislação pela reforma eleitoral de 2009, a antiga celeuma doutrinária, afirmando que **"o exame da prestação de contas dos órgãos partidários tem caráter jurisdicional"**.

▸ **Como esse assunto foi cobrado em concurso?**

Em concurso para promotor de justiça do estado de Sergipe, realizado pelo CESPE, em 2010, foi considerada verdadeira assertiva que dispunha que "o exame da prestação de contas dos órgãos partidários tem caráter jurisdicional". Na mesma questão, foi considerada falsa assertiva que dispunha que "o recurso do partido contra decisão sobre prestação de contas tem apenas efeito devolutivo". Ambas afirmativas já se encontravam em consonância com a reforma eleitoral promovida pela lei nº. 12.034/09.

No mesmo ano de 2010, em concurso, também promovido pelo CESPE, para o cargo de promotor de justiça do estado do Espírito Santo, foi considerada verdadeira afirmativa que dispunha que "o exame da prestação de contas dos órgãos partidários tem caráter Jurisdicional".

Por fim, é de se destacar duas novidades trazidas pela Lei nº. 13.165/15, referentes à temática em comento. A primeira delas foi a inclusão, na Lei Geral dos Partidos Políticos, do novo artigo 37-A, assim dispondo:

> **Art. 37-A.** A falta de prestação de contas implicará a suspensão de novas cotas do Fundo Partidário enquanto perdurar a inadimplência e sujeitará os responsáveis às penas da lei.

Se antes da lei nº. 13.165/15 a falta de prestação de contas implicava a suspensão de novas cotas do Fundo Partidário e sujeitava os responsáveis às penas da lei, agora tal procedimento implicará, tão somente, a suspensão de novas cotas do Fundo Partidário enquanto perdurar a inadimplência, mantendo-se a sujeição dos responsáveis às penas da lei.

A nova redação do § 3º do art. 39 da Lei Geral dos Partidos Políticos, por sua vez, ao instituir o seu novo inciso III, possibilitou que as doações de recursos financeiros a partidos políticos possam vir a ser realizadas mediante mecanismo disponível em sítio do partido na internet que permita o uso de cartão de crédito ou de débito, o que não era possível, até então. Para que tal forma de doação seja possível, contudo, será necessário que tal mecanismo permita a identificação do doador e emita, obrigatoriamente, recibo eleitoral para cada doação realizada.

3.10. Do fundo partidário

Como forma de colaborar financeiramente para o funcionamento dos partidos políticos, a Lei nº. 9.096/95 estabeleceu, nos artigos 38 e seguintes, o **Fundo Especial de Assistência Financeira aos Partidos Políticos,** também chamado de Fundo Partidário, constituído pelos seguintes recursos:

Recursos constitutivos do fundo partidário
I. multas e penalidades pecuniárias aplicadas nos termos do Código Eleitoral e leis conexas;
II. recursos financeiros que lhe forem destinados por lei, em caráter permanente ou eventual;
III. doações de pessoas físicas ou jurídicas, efetuadas por intermédio de depósitos bancários, diretamente na conta do Fundo Partidário (por cheque cruzado ou depósito bancário na conta do partido);
IV. dotações orçamentárias da União, em valor nunca inferior, cada ano, ao número de eleitores inscritos em 31 de dezembro do ano anterior ao da proposta orçamentária, multiplicados por trinta e cinco centavos de real, em valores de agosto de 1995.

▸ **Como esse assunto foi cobrado em concurso?**

Em concurso para promotor de justiça do estado do Pará, foi considerada falsa afirmativa que dispunha que "o Fundo Especial de Assistência Financeira aos Partidos Políticos é constituído exclusivamente de valores arrecadados com aplicação de multas previstas na legislação eleitoral".

Já no concurso para Procurador da República, realizado em 2015, foi considerada correta afirmativa que dispunha que o Fundo Partidário é composto de recursos públicos, doações privadas, multas e penalidades aplicadas pela Justiça Eleitoral.

De acordo com o previsto no artigo 44 da lei nº. 9.096/95, que sofreu importantes alterações com a publicação da Lei nº 13.165/15, os **recursos oriundos do Fundo Partidário deverão ser aplicados da seguinte forma:**

Forma de aplicação dos recursos oriundos do Fundo Partidário (art. 44 da Lei nº 9.096/95)
I. na manutenção das sedes e serviços do partido, permitido o pagamento de pessoal, a qualquer título, observado, do total recebido, os seguintes limites: a) 50% (cinquenta por cento) para o órgão nacional; b) 60% (sessenta por cento) para cada órgão estadual e municipal;
II. na propaganda doutrinária e política;
III. no alistamento e campanhas eleitorais;
IV. na criação e manutenção de instituto ou fundação de pesquisa e de doutrinação e educação política, sendo esta aplicação de, no mínimo, vinte por cento do total recebido;
V - na criação e manutenção de programas de promoção e difusão da participação política das mulheres, criados e mantidos pela secretaria da mulher do respectivo partido político ou, inexistindo a secretaria, pelo instituto ou fundação de pesquisa e de doutrinação e educação política de que trata o inciso IV, conforme percentual que será fixado pelo órgão nacional de direção partidária, observado o mínimo de 5% (cinco por cento) do total;
VI - no pagamento de mensalidades, anuidades e congêneres devidos a organismos partidários internacionais que se destinem ao apoio à pesquisa, ao estudo e à doutrinação política, aos quais seja o partido político regularmente filiado;
VII - no pagamento de despesas com alimentação, incluindo restaurantes e lanchonetes.

Na **prestação de contas dos órgãos de direção partidária** de qualquer nível, **devem ser discriminadas as despesas realizadas**

com recursos do Fundo Partidário, de modo a permitir o controle da Justiça Eleitoral sobre o cumprimento do disposto nos incisos I e IV do citado artigo, podendo a Justiça Eleitoral, a qualquer tempo, investigar sobre a aplicação de recursos oriundos do Fundo Partidário.

Por fim, relevante é destacar de que forma são **repartidos os recursos do Fundo Partidário** entre os partidos políticos. Até 2007, vigorava, quanto a esta questão, o artigo 41 da lei nº. 9.096/95, que estabelecia que um por cento do total do Fundo partidário seria repartido igualmente entre todos os partidos registrados no TSE, enquanto que os outros 99% seriam distribuídos aos partidos que tivessem superado a cláusula de barreira, prevista no artigo 13 da mesma lei, na proporção dos votos obtidos nas últimas eleições para a Câmara dos Deputados. Ocorre que, como já observado, o citado artigo 13 foi declarado inconstitucional pelo STF, no julgamento das ADI's 1351-3 e 1354-8. Assim, o artigo 41 se tornou inaplicável, sendo substituído pelo artigo 41-A, incluído pela lei nº. 11.459/07 e já parcialmente alterado pelas leis n. 12.875/13 e 13.165/15. Dessa forma, atualmente o Fundo Partidário é assim repartido:

Distribuição dos recursos do Fundo Partidário

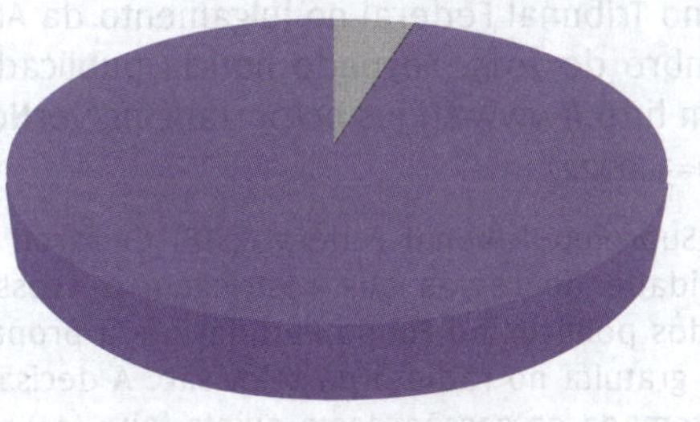

5%, em partes iguais, entre todos os partidos que atendam aos requisitos constitucionais de acesso ao Fundo Partidário

95% de forma proporcional à votação obtida por cada partido na última eleição para a Câmara Federal.

▸ Como esse assunto foi cobrado em concurso?

Em concurso para promotor de justiça do estado do Espírito Santo, realizado pelo CESPE, em 2010, foi considerada falsa afirmativa que dispunha que "do total do fundo partidário, 1% é destinado, em partes iguais, a todos os partidos que tenham seus estatutos registrados no Tribunal Superior Eleitoral e 99% são distribuídos aos partidos na proporção dos votos obtidos na última eleição geral para a Câmara dos Deputados".

Com a publicação da lei nº 12.875/13, a redação do artigo 41-A da lei nº 9.096/95 sofreu pequena alteração, tendo sido o antigo *caput* dividido em dois incisos. Além disso, foi incluído o parágrafo único, estabelecendo que, para a distribuição dos 95% dos recursos do Fundo partidário para distribuição entre todos os partidos com estatutos registrados no TSE, na proporção dos votos obtidos na última eleição para a Câmara Federal, "serão desconsideradas as mudanças de filiação partidária, em quaisquer hipóteses, ressalvado o disposto no § 6º do art. 29", o qual, por sua vez, determina que "havendo fusão ou incorporação, devem ser somados exclusivamente os votos dos partidos fundidos ou incorporados obtidos na última eleição geral para a Câmara dos Deputados, para efeito da distribuição dos recursos do Fundo Partidário e do acesso gratuito ao rádio e à televisão". Buscou-se, dessa forma, evitar-se uma prática muito comum recentemente, vislumbrada principalmente quando da criação de novos partidos políticos e acatada pela JURISPRUDÊNCIA do TSE: a transferência de tempo de propaganda e recursos do Fundo Partidário de partidos já existentes para novos partidos, na proporção das incorporações de perda e ganho respectivo de bancadas na Câmara Federal a partir da criação destas novas legendas. Partidos que perdiam deputados para novas agremiações partidárias estavam perdendo também recursos financeiros e tempo de rádio e TV.

É de destacar, contudo, que a Lei nº. 12.875/2013 foi declarada inconstitucional pelo Supremo Tribunal Federal no julgamento da ADI nº. 5015, ocorrido em setembro de 2015. Segundo notícia publicada no site do STF (disponível em http://www.stf.jus.br/portal/cms/verNoticiaDetalhe.asp?idConteudo=300922):

> O Plenário do Supremo Tribunal Federal (STF) declarou a inconstitucionalidade de regras que restringem o acesso de novos partidos políticos ao Fundo Partidário e à propaganda eleitoral gratuita no rádio e na televisão. A decisão majoritária foi tomada na sessão desta quinta-feira (1º) no julgamento da Ação Direta de Inconstitucionalidade (ADI) 5105, ajuizada pelo partido Solidariedade (SDD) contra os artigos 1º e 2º da Lei 12.875/2013, que estabelecem limitações a legendas criadas após a realização de eleições para a Câmara dos Deputados.
>
> O partido alegava que os dispositivos afrontam os artigos 1º, inciso V e parágrafo único (regime democrático, representativo e pluripartidário), 5º, *caput*, e 17, *caput* e paragrafo 3º (isonomia liberdade de criação de partidos políticos), todos da Constituição Federal (CF), ao diferenciar as siglas novas daquelas que surgiram de fusão ou incorporação, que têm direito ao Fundo Partidário e à propaganda eleitoral.

> Apontava que o artigo 17, parágrafo 3º, da Constituição estabelece que os partidos políticos têm direito a recursos do Fundo Partidário e acesso gratuito ao rádio e à televisão, na forma da lei, mas não faz qualquer distinção entre as legendas criadas originalmente e aquelas resultantes de fusão ou incorporação.
>
> Em abril de 2014, em razão da relevância da matéria, o relator da ADI, ministro Luiz Fux, adotou o rito abreviado previsto no artigo 12 da Lei 9.868/1999 (Lei das ADIs), para que a ação fosse julgada pelo Plenário do STF diretamente no mérito, sem prévia análise do pedido de liminar.

Com a publicação da Lei nº 13.165/15, o inciso I do art. 41-A, em comento, teve, novamente, sua redação modificada. O novo inciso I do art. 41-A da Lei nº. 9.096/95, a exemplo de outros que tiveram suas redações alteradas pela Lei nº. 13.165/15, passou a possibilitar restrições ao recebimento de recursos do Fundo Partidário a partidos políticos que não venham a atender requisitos constitucionais de acesso ao Fundo Partidário. Atualmente, o requisito necessário, conforme previsão do art. 17 da CF/1988, é o registro do partido no TSE.

Em 1º de outubro de 2015, finalmente, o STF, julgando a ADI 5105, reafirmou o entendimento segundo o qual são inconstitucionais as regras que restringem o acesso de novos partidos políticos ao Fundo Partidário e à propaganda eleitoral gratuita no rádio e na televisão, retirando assim, por arrastamento, a eficácia deste novo inciso I do art. 41-A da Lei Geral dos Partidos Políticos.

Por fim, é de se destacar que, em caso de **cancelamento ou caducidade do órgão de direção nacional do partido,** reverterá ao Fundo Partidário a quota que a este caberia. Os depósitos e movimentações dos recursos oriundos do Fundo Partidário serão feitos em estabelecimentos bancários controlados pelo poder público federal, pelo poder público estadual, ou inexistindo estes, no banco escolhido pelo órgão diretivo do partido.

▸ Atenção!!!

As formas de utilização dos recursos do Fundo Partidário são previstas em lei, por se tratar de uso de recursos públicos, ficando os partidos políticos sujeitos à fiscalização da Justiça Eleitoral.

Com a publicação da Lei nº. 13.165/15, algumas importantes novidades foram instituídas, referentes à utilização, pelos partidos políticos, dos recursos oriundos do Fundo Partidário.

Assim, o novo inciso I do art. 41-A da Lei nº. 9.096/95, a exemplo de outros que tiveram suas redações alteradas pela Lei nº. 13.165/15, passou a possibilitar restrições ao recebimento de recursos do Fundo Partidá-rio a partidos políticos que não venham a atender requisitos constitucionais de acesso ao Fundo Partidário. Atualmente, o requisito necessário, conforme previsão do art. 17 da CF/1988, é o registro do partido no TSE. Dispõe o referido dispositivo legal, com redação conferida pela Lei nº. 13.165/15, que, dos valores arrecadados pela União para a manutenção do benefício, "5% (cinco por cento) serão destacados para entrega, em partes iguais, a todos os partidos que atendam aos requisitos constitucionais de acesso aos recursos do Fundo Partidário".

O novo inciso I do art. 44 da Lei Geral dos Partidos Políticos cria, por meio da nova alínea "b", um limite mais amplo, de 60% dos recursos oriundos do Fundo Partidário, para uso dos órgãos estaduais e municipais dos partidos políticos para fins de pagamento de pessoal. Até então, este limite era de 50%.

O novo inciso V do art. 44, por sua vez, prevê a possibilidade dos partidos políticos criarem secretarias da mulher, com a finalidade de gerir programas de promoção e difusão da participação política feminina, mister que poderá ser cumprindo, também, por instituto ou fundação de pesquisa mantidos pelo partido para a doutrinação e educação política. O percentual mínimo de utilização de 5% dos recursos do Fundo Partidário para o incentivo à participação feminina na política, já previsto na legislação anterior, foi preservado.

De se destacar, também, o novo § 5º-A, incluído pela Lei nº. 13.165/15, o qual prevê que os partidos políticos que não aplicarem o percentual de 5% do Fundo Partidário em ações de incentivo à participação feminina na política, conforme o inciso V, deverão transferir o respectivo saldo para conta específica, sendo vedada sua aplicação para finalidade diversa, de modo que o saldo remanescente deverá ser aplicado dentro do exercício financeiro subsequente, sob pena de acréscimo de 12,5% (doze inteiros e cinco décimos por cento) do valor previsto, a ser aplicado na mesma finalidade.

Por fim, o novo § 7º do artigo 44 prevê que o partido político, por meio da sua secretaria da mulher, ou, inexistindo esta, através da fundação de pesquisa e de doutrinação e educação política, poderá acumular os recursos a que se refere o inciso V do caput em diferentes exercícios financeiros, mantidos em contas bancárias específicas, para utilização futura em campanhas eleitorais de candidatas do partido.

3.11. Do acesso gratuito ao rádio e à TV

De acordo com o disposto no artigo 17 da Constituição Federal de 1988, os partidos políticos têm direito a **acesso gratuito ao rádio e a TV**. A Lei 9096/95, desta forma, em seu artigo 45, estabeleceu que o partido com registro no TSE poderá, gratuitamente, entre as 19 horas e 30 minutos e as 22 horas, utilizar espaço no rádio e na TV para difundir os programas partidários, transmitir mensagens aos filiados sobre a execução do programa partidário, dos eventos com este relacionados e das atividades congressuais do partido; bem como divulgar a posição do partido em relação a temas político-comunitários. É a chamada propaganda partidária gratuita, a qual não se confunde com a propaganda eleitoral.

Com a reforma da legislação eleitoral promovida em outubro de 2017, contudo, a propaganda partidária gratuita no rádio e na TV foi extinta, a partir de 01 de janeiro 2018. Desta forma, os arti-gos 45 a 49 da Lei Geral dos Partidos Políticos foram expressamente revogados pela Lei nº. 13.487/2017.

4. AS COLIGAÇÕES PARTIDÁRIAS

De acordo com o disposto no artigo 17, § 1º da Constituição Federal, os partidos políticos têm **autonomia** para "adotar os **critérios de escolha e os regimes de suas coligações eleitorais, sem obrigatoriedade de vinculação** entre as candidaturas em âmbito nacional, estadual, distrital ou municipal". Nasce, a partir desta previsão constitucional, um dos mais polêmicos temas do Direito Eleitoral contemporâneo, objeto de constantes críticas por parte de cientistas políticos, jornalistas, parlamentares e juristas, apontado como um dos vilões do enfraquecimento dos partidos políticos nacionais: a existência de tais coligações partidárias, com finalidade pura e simplesmente eleitoral, constituídas durante as convenções partidárias que ocorrem nos meses de junho e agosto dos anos eleitorais e desfeitas após o período eleitoral.

É a **lei das eleições (Lei nº. 9.504/97), em seu artigo 6º**, e não a Lei Geral dos Partidos Políticos (lei nº. 9.096/95), que estabelece as regras relativas ao funcionamento das coligações partidárias, conceituadas como "acordos entre dois ou mais partidos para apresentação à eleição da mesma ou das mesmas candidaturas".

As coligações, como já observado, têm suas existências confirmadas nas convenções partidárias que ocorrem no mês de junho dos anos eleitorais, e **se extinguem com o fim do processo eleitoral**, possuindo denominação própria e funcionando como um só partido no relacionamento com a Justiça Eleitoral e no trato de interesses interpartidários.

> **Como esse assunto foi cobrado em concurso?**
>
> Em concurso para promotor de justiça do estado do Pará, foi considerada verdadeira assertiva que dispunha que "as coligações têm a mesma natureza de um partido e a ele correspondem nas relações com a Justiça Eleitoral".

Nas **eleições proporcionais**, os **candidatos de uma mesma coligação**, como observado no capítulo desta obra referente aos sistemas eleitorais, **concorrem juntos**, como se fizessem parte de um único partido. Da mesma forma, nas eleições majoritárias, é possível uma chapa ser formada por candidatos de partidos diversos, que estejam coligados (por exemplo, o candidato a prefeito de um partido e o candidato a vice, da mesma chapa, oriundo de outro partido coligado).

As coligações terão denominações próprias, que poderão ser a junção de todas as siglas dos partidos que as integram, sendo a elas atribuídas as prerrogativas e obrigações de partido político no que se refere ao processo eleitoral.

> **Atenção!!!**
>
> A denominação da coligação não poderá coincidir, incluir ou fazer referência a nome ou número de candidato, nem conter pedido de voto para partido político. O objetivo desta norma é o de assegurar a observância do princípio da impessoalidade, bem como com o intuito de evitar um desequilíbrio na coligação em favor de determinado partido (por exemplo, a partir de uma coligação que se chamasse "vote no partido X"). Na propaganda para eleição majoritária, a coligação usará, obrigatoriamente, sob sua denominação, as legendas de todos os partidos que a integram; na propaganda para eleição proporcional, cada partido usará apenas sua legenda sob o nome da coligação.

> **Como esse assunto foi cobrado em concurso?**
>
> Em concurso para técnico judiciário do TRE-ES, promovido pelo CESPE, em 2011, foi considerada falsa afirmativa que dispunha que "A coligação pode, em sua denominação, conter pedido de voto para partido político dela integrante".

Uma vez coligado, o partido político somente possui **legitimidade para atuar de forma isolada no processo eleitoral** quando questionar a validade da própria coligação, durante o período compreendido entre a data da convenção e o termo final do prazo para a impugnação do registro de candidatos, segundo norma expressa no § 4º do artigo 6º da lei nº. 9.504/97, incluído pela lei nº. 12.034/09, **encerrando uma antiga polêmica** acerca das prerrogativas dos partidos políticos coligados, ao dispor que os mesmos somente possuem legitimidade para atuar de forma isolada no processo eleitoral quando questionarem a validade da própria coligação, durante o período compreendido entre a data da convenção e o termo final do prazo para a impugnação do registro de candidatos. Tal disposição, dessa forma, se coaduna com o disposto no § 1º do mesmo artigo, que estabelece que **serão atribuídas à coligação "as prerrogativas e obrigações de partido político** no que se refere ao processo eleitoral", devendo a mesma atuar "como um só partido no relacionamento com a Justiça Eleitoral e no trato dos interesses interpartidários".

Contrariamente a outros dispositivos incluídos na Lei 9.504/97 pela reforma eleitoral de 2009, no entanto, o § 4º do artigo 6º **não seguiu entendimento consolidado do Tribunal Superior Eleitoral**, que nas eleições 2008 expediu a resolução nº. 22.717, que em seu artigo 6º admitia a atuação isolada de partido político na hipótese de dissidência interna, o que dividia a coligação.

Na chapa da coligação, como já destacado, podem inscrever-se candidatos filiados a qualquer partido político dela integrante. O pedido de registro dos candidatos deve ser subscrito pelos presidentes dos partidos coligados, por seus delegados, pela maioria dos membros dos respectivos órgãos executivos de direção ou por representante da coligação. Os partidos integrantes da coligação devem, ainda, designar um representante, que terá atribuições equivalentes às de presidente de partido político, no trato dos interesses e na representação da coligação, no que se refere ao processo eleitoral.

Vale destacar, no que se refere ao tema das coligações eleitorais, a polêmica questão da **verticalização das coligações**, determinada, no passado, pelo TSE, por meio da Resolução nº. 20.993/2002. Segundo a lógica da verticalização, deveria ser mantida uma coerência, uma simetria, entre as coligações firmadas em âmbito nacional e aquelas firmadas em âmbito regional, em uma mesma eleição. A **Emenda Constitucional nº. 52/2006**, que modificou o artigo 17, § 1º da Constituição Federal, no entanto, **terminou por revogar a questão da verticalização**, dando plena autonomia aos partidos políticos para firmar o regime das suas coligações.

▸ **Como esse assunto foi cobrado em concurso?**

Sobre o tema das coligações partidárias, a FGV, em 2011, em concurso para Técnico Judiciário do TRE-PA, apresentou a seguinte questão: "Analise as afirmativas a seguir: I. Podem os partidos políticos, dentro da mesma circunscrição, celebrar coligações para eleição majoritária, proporcional, ou para ambas. II. A coligação terá denominação própria, que poderá ser a junção de todas as siglas dos partidos que a integram ou poderá coincidir, incluir ou fazer referência a nome ou número de candidato. III. O partido político coligado tem assegurada a legitimidade para atuar de forma isolada no processo eleitoral, até o termo final do prazo para a impugnação do registro de candidatos. IV. Na propaganda para eleição majoritária, a coligação poderá usar, sob sua denominação, as legendas de todos os partidos que a integram ou de apenas de um deles que tenha o maior número de filiados. V. Na formação de coligações, podem inscrever-se nas chapas candidatos filiados a qualquer partido político dela integrante. Assinale: a) se apenas as afirmativas I e III estiverem corretas. b) se apenas as afirmativas I e V estiverem corretas. c) se apenas as afirmativas II e III estiverem corretas. d) se apenas as afirmativas II, III e IV estiverem corretas. e) se apenas as afirmativas II, IV e V estiverem corretas". A resposta considerada foi a prevista na assertiva 'b", uma vez que apenas as afirmativas I e V estavam corretas.

Em 2012, por sua vez, em concurso para Promotor de Justiça do Estado de Roraima, foi considerada falsa afirmativa que dispunha que "nas eleições gerais, uma coligação partidária para a eleição do presidente da República impõe coerência nas coligações para a eleição de governador de estado".

Por fim, vale destacar que o concurso para Promotor de Justiça do Mato Grosso do Sul, realizado em 2011, teve como questão aberta a seguinte questão, relativa ao tema das coligações eleitorais: "Os partidos têm ampla liberdade para coligarem-se, por força do disposto no § 1° do art. 17 da CF. Sendo assim: A) O que é coligação? B) A coligação possui personalidade jurídica? Sim? Não? Por quê? C) Determinado partido coligado pode, isoladamente, requerer o registro de candidatura de seus filiados? Sim? Não? Por quê? D)Pode determinado partido coligar-se para disputar a eleição do cargo de governador, e participar de outra coligação para o pleito do Senado Federal? Sim? Não? Por quê? Observação: Será avaliada a capacidade de síntese do candidato".

▸ **Atenção!!!**

Com a publicação da lei nº. 12.891/13, foi acrescentado o §5º ao art. 6º da Lei das Eleições, determinando que "a responsabilidade pelo pagamento de multas decorrentes de propaganda eleitoral é solidária entre os candidatos e os respectivos partidos, não alcançando outros partidos mesmo quando integrantes de uma mesma coligação".

Em outubro de 2017, com a aprovação de uma nova reforma eleitoral, consubstanciada nas publicações da Emenda Constitucional nº. 97 e das Leis ns. 13.487 e 13.488, foram extintas as coligações eleitorais nas eleições proporcionais (vereadores e deputados) a partir de 2020. As coligações eleitorais majoritárias (eleições de senador, prefeito, governador e presidente da república), contudo, foram preservadas.

Vale destacar que, nas eleições de 2018, nada mudará, uma vez que a proibição das coligações proporcionais valerá apenas a partir das eleições municipais de 2020.

5. AS FUNDAÇÕES E INSTITUTOS MANTIDOS PELOS PARTIDOS POLÍTICOS

Deverão os partidos políticos manter fundações ou institutos voltados ao estudo e pesquisa, à doutrinação e à educação política, segundo previsão da Lei Geral dos Partidos Políticos.

De acordo com a nova redação do artigo 53 da referida lei, estabelecida pela Lei nº 13.488/17, a fundação ou instituto de direito privado, criado por partido político, destinado ao estudo e pesquisa, à doutrinação e à educação política, rege-se pelas normas da lei civil e tem autonomia para contratar com instituições públicas e privadas, prestar serviços e manter estabelecimentos de acordo com suas finalidades, podendo, ainda, manter intercâmbio com instituições não nacionais.

O instituto poderá ser criado sob qualquer das formas admitidas pela lei civil. O patrimônio da fundação ou do instituto de direito privado será vertido ao ente que vier a sucedê-lo nos casos de: I – extinção da fundação ou do instituto, quando extinto, fundido ou incorporado o partido político, assim como nas demais hipóteses previstas na legislação; II – conversão ou transformação da fundação em instituto, assim como deste em fundação.

A versão do patrimônio implica a sucessão de todos os direitos, os deveres e as obrigações da fundação ou do instituto extinto, transformado ou convertido. A conversão, a transformação ou, quando for o caso, a extinção da fundação ou do instituto ocorrerá por decisão do órgão de direção nacional do partido político.

Capítulo 4

Justiça Eleitoral

1. NOTAS INTRODUTÓRIAS

Criada em 1932, por meio do decreto nº. 21.076, de 21 de fevereiro daquele ano (Código Eleitoral de 1932), a Justiça Eleitoral **integra o Poder Judiciário Federal**, tendo previsão constitucional no artigo 92, V e 118 a 121 da Constituição Federal de 1988.

À Justiça Eleitoral compete, dentre outras atribuições, **administrar todo o processo de organização das eleições e das consultas populares** (plebiscitos e referendos), bem como **exercer função jurisdicional** no decorrer do mesmo processo, tecnicamente iniciado com o alistamento eleitoral e encerrado com a diplomação dos eleitos (embora também seja da competência da Justiça Eleitoral, como será estudado oportunamente, o julgamento de ações, a exemplo da Ação de Impugnação de Mandato Eletivo, que podem ser propostas após a diplomação).

Neste capítulo, serão destacadas as funções exercidas pela Justiça Eleitoral, com destaque para a função consultiva, peculiar deste ramo especializado do Poder Judiciário Federal; a organização e a competência dos seus órgãos.

2. FUNÇÕES DA JUSTIÇA ELEITORAL

Como é sabido, a Idade Moderna, iniciada no século XV e encerrada com a Revolução Francesa, em 1789, marcou a ascensão política da burguesia e o consequente declínio do absolutismo monárquico. Assim, consagrou-se a concepção de separação do poder político, inicialmente com a doutrina da bipartição de John Locke, observada na Inglaterra após a Revolução Gloriosa de 1688, e, posteriormente, através da consolidação da doutrina da tripartição do poder, proposta por Montesquieu e vislumbrada, na atualidade, com as suas devidas adaptações.

Neste diapasão, comumente se afirma, nos dias atuais, que não existiria, efetivamente, uma divisão de poderes, mas sim uma **divisão de funções do Estado** (funções executiva, legislativa e judiciária), a partir da qual se conclui que os tradicionais três poderes vislumbrados por Montesquieu exercem, na prática, todas as funções políticas, sendo apenas que uma delas será considerada típica e as demais atípicas, de forma a que se efetive o sistema de pesos e contrapesos. Ao Poder Judiciário, assim, segundo a mais contemporânea doutrina, cabe, de forma típica, a função jurisdicional, e de forma atípica, as funções executiva, legislativa e fiscalizatória.

A Justiça Eleitoral, no entanto, nesta lógica afirmada do sistema de pesos e contrapesos no exercício de funções típicas e atípicas, destaca-se em relação aos demais ramos do Poder Judiciário brasileiro, uma vez que exerce, de forma muito mais efetiva, as funções administrativa e legislativa, além de dispor de uma função peculiar: a função consultiva. São **quatro**, portanto, **as funções exercidas pela Justiça Eleitoral**: a função jurisdicional, a função executiva (também chamada de administrativa), a função legislativa e a função consultiva.

2.1. Função jurisdicional da Justiça Eleitoral

A **substituição aos litigantes na resolução de conflitos** é, como se sabe, a **principal função exercida pelo Poder Judiciário**. Como não poderia deixar de ser, é a função jurisdicional, **função típica da Justiça Eleitoral**, ramo especializado do Poder Judiciário Federal brasileiro, verificada desde o momento do alistamento eleitoral até a diplomação dos eleitos, respectivamente a primeira e a última etapas do chamado "processo eleitoral". Neste sentido, válido é destacar o seguinte quadro esquemático relativo às etapas do processo eleitoral, diante das quais se verifica o exercício da função jurisdicional pela Justiça Eleitoral:

Fases do processo eleitoral
1. Alistamento eleitoral; 2. Convenções para a escolha de candidatos; 3. Registro de candidaturas; 4. Propaganda política; 5. Votação e apuração de votos; 6. Proclamação dos eleitos e diplomação dos eleitos.

Em famoso julgado de 1984 (Ac. 7939. Relator – José Guilherme Villela, *DJ* 17.12.1984), o TSE firmou entendimento segundo o qual a

competência da Justiça Eleitoral, para todos os efeitos do processo eleitoral, exaure-se com o trânsito em julgado da diplomação. Ocorre que, com a promulgação da nova Constituição, em 1988, foi firmada a previsão do artigo 14, § 10, segundo a qual "o mandato eletivo poderá ser impugnado ante a Justiça Eleitoral no prazo de quinze dias contados da diplomação". Assim, conclui-se que, **excepcionalmente**, em casos de abuso de poder cometidos por candidatos, **a competência da Justiça Eleitoral será prorrogada** para período posterior à diplomação, casos em que poderão ser propostas, nas formas adequadas a serem estudadas oportunamente, a **Ação de Impugnação de Mandato Eletivo, o Recurso Contra a Diplomação e a Ação Rescisória Eleitoral**, por exemplo.

▸ **Como esse assunto foi cobrado em concurso?**

No 24º Concurso de Procurador da República foi considerada falsa afirmativa que dispunha que a Justiça Eleitoral "tem competência para administrar as eleições, desde o alistamento (inscrição, exclusão e transferência de eleitores) até a apuração eletrônica de votos, podendo requisitar servidores e responder consultas sobre casos concretos através do Tribunal Superior Eleitoral e dos tribunais regionais". Como visto, a competência da Justiça Eleitoral não se encerra com a apuração eletrônica dos votos.

Ainda em relação ao exercício da função jurisdicional pela Justiça Eleitoral, vale destacar que é pacífico o entendimento acerca da competência da referida justiça especializada para a **execução fiscal de multa eleitoral** (Conflito de Competência 1998/0040835-5. Relatora Min. Eliana Calmon. Órgão Julgador – Primeira Seção do STJ. Data de julgamento: 25.08.1999. DJ 08.11.1999, p. 69, RSTJ, vol. 126, p. 17), em conformidade com o disposto no artigo 367, IV do Código Eleitoral, que dispõe que "a cobrança judicial da dívida será feita por ação executiva, na forma prevista para a cobrança da dívida ativa da Fazenda Pública, correndo a ação perante os juízos eleitorais".

Quanto ao **conflito de competência entre a Justiça Eleitoral e a Justiça Comum** para o processamento e julgamento de **atos infracionais equiparados a delitos eleitorais praticados por menores de 18 anos**, por sua vez, já decidiu o Superior Tribunal de Justiça, no julgamento do conflito de competência nº. 2003/0027202-7 (Rel. Min. Felix Fischer, *DJ* 18.08.2003, p. 150), que deve ser dada prevalência ao juízo especializado da infância e juventude, em detrimento do juízo eleitoral. Sendo o menor autor ou réu de qualquer outra ação eleitoral, que não tenha natureza de ato infracional equiparado a delito eleitoral, será a Justiça Eleitoral, e não o juízo da infância e juventude, por sua vez, a instância competente para o processamento e julgamento da questão.

Já no que se refere à **matéria *interna corporis* dos partidos políticos**, a jurisprudência pacificada dos tribunais superiores é no sentido da carência de competência da Justiça Eleitoral. **A competência para tais matérias, assim, será da justiça comum**. Neste sentido, o **STJ firmou posicionamento** segundo o qual "nas causas envolvendo discussão acerca da validade da convenção partidária, a competência da Justiça Eleitoral só se caracteriza quando já iniciado o processo eleitoral" (CC 36.655/CE. Rel. Min. Peçanha Martins, *DJ* 17.12.2004, p. 391, RSTJ vol. 188 p. 139).

Por fim, vale destacar, conforme estudado no capítulo desta obra referente aos partidos políticos, que com o advento da **Resolução TSE nº. 22.610/07**, que disciplinou o processo de **perda de mandato por infidelidade partidária**, determinou-se a **competência da Justiça Eleitoral para o julgamento de tais questões**, mesmo quando o ato de infidelidade vier a ser praticado após a diplomação.

2.2. Função executiva da Justiça Eleitoral

O exercício de função executiva, ou administrativa, pelo Estado é **atribuição típica do Poder Executivo**, segundo a moderna concepção do sistema de pesos e contrapesos vigente. O Poder Judiciário, neste sentido, tradicionalmente exerce a função executiva de forma atípica, residual, sendo este mais um ponto de **destaque a ser dado à Justiça Eleitoral**, uma vez que, neste ramo especializado do nosso Poder Judiciário, a **função executiva é exercida de forma muito mais incisiva**, muito além da forma atípica verificada na justiça comum ou mesmo nas justiças militar e do trabalho.

Tal fato decorre da previsão constitucional inerente à Justiça Eleitoral de **instituição organizadora e administradora das eleições, dos plebiscitos e dos referendos**, condição que faz da função executiva quase que uma função típica deste ramo especializado do Poder Judiciário Federal.

Desde o alistamento dos eleitores, passando pela organização dos locais de votação e pela nomeação de mesários e escrutinadores, **cabe à Justiça Eleitoral preparar e administrar todo o chamado "processo eleitoral"**, desempenhando, assim, função executiva.

Dentre as atividades de natureza administrativa exercidas pela Justiça Eleitoral, destaque há de ser dado ao chamado **"poder de polícia", deferido pela Lei nº. 9.504/97,** no seu **artigo 41,** aos juízes eleitorais, ou outros juízes de direito designados pelos tribunais regionais eleitorais, para o combate à propaganda irregular, restrito "às providências necessárias para inibir práticas ilegais, vedada a censura prévia sobre o teor dos programas a serem exibidos na televisão, no rádio ou na internet" (art. 41, § 2º, da Lei nº. 9.504/97).

Como bem afirma Rafael Pordeus Bezzera Furtado, em importante artigo publicado sobre o tema na Revista Suffragium, editada pelo TRE-CE (2009, p. 65), o **poder de polícia** previsto no artigo 41 da lei das Eleições **dirige-se "à delimitação da liberdade assegurada aos partidos políticos, coligações e candidatos, em realizar a divulgação de suas campanhas eletivas,** visando à captação legítima do sufrágio do eleitor". Visa-se, assim, não só a **manutenção da ordem pública,** mas a própria **preservação da democracia,** consubstanciada no livre exercício do poder de sufrágio e na garantia da normalidade e da legitimidade das eleições. Por isso mesmo, o poder de polícia a ser exercido no âmbito da Justiça Eleitoral **deve ser sempre proporcional e residual,** aplicado de forma excepcional e interpretado restritivamente, sob pena de ameaça à liberdade de expressão.

Neste sentido, vale destacar que dispunha o caput do artigo 41 da Lei nº. 9.504/97, antes da recente reforma eleitoral promovida pela lei nº. 12.034/09, que "a propaganda exercida nos termos da legislação eleitoral não poderá ser objeto de multa nem cerceada sob alegação do poder de polícia". Evidentemente, o objetivo da referida norma era evitar a censura prévia, coadunando-se com o direito fundamental à liberdade de manifestação e de pensamento, consagrada na Constituição Federal.

O **novo caput do artigo 41, com redação promovida pela referida reforma de 2009, intensificou a restrição ao policiamento sobre a liberdade de manifestação e pensamento na propaganda eleitoral** ao dispor que "a propaganda exercida nos termos da legislação eleitoral não poderá ser objeto de multa nem cerceada sob alegação do exercício do poder de polícia ou de violação de postura municipal, casos em que se deve proceder na forma prevista no art. 40". Assim, incluiu-se a expressão "ou de violação de postura municipal", bem como foi estabelecida a criminalização de ato cerceador do referido direito exercido nos termos da lei.

▸ **Atenção!!!**

No exercício do poder de polícia, o juiz deverá se restringir "às providências necessárias para inibir práticas ilegais", não tendo poder, portanto, para impor, imediatamente, multas aos infratores da lei, as quais só poderão ser aplicadas mediante a observância do devido processo legal, a partir de representação proposta por partido político, coligação ou candidato, na forma do artigo 96 da Lei nº. 9.504/97.

▸ **Como esse assunto foi cobrado em concurso?**

No 23º Concurso de Procurador da República foi considerada falsa afirmativa que dispunha que "os juízes eleitorais, no exercício do poder de polícia, podem impor diretamente multas pecuniárias por descumprimento de regras pertinentes à propaganda eleitoral".

Já no concurso para juiz de direito substituto do estado do Pará, realizado em 2005, foi formulada a seguinte questão: "O Juiz Eleitoral, investido do poder de polícia, constatada grave irregularidade em propaganda eleitoral, pode instaurar de ofício procedimento para imposição de multa? a) Sim. O Juiz Eleitoral, no exercício do seu poder de polícia e buscando o equilíbrio do pleito eleitoral, pode instaurar o procedimento para imposição de multa; b) Sim. O Juiz Eleitoral, no exercício do poder de polícia e em cumprimento às normas legais pertinentes, tem o dever de instaurar o procedimento para imposição de multa; c) Não. O Juiz Eleitoral não tem legitimidade para, de ofício, instaurar procedimento com a finalidade de impor multa pela veiculação de propaganda eleitoral em desacordo com a Lei; d) Não. Somente pode ser instaurado o procedimento a requerimento do representante do Ministério Público; e) Sim. O Juiz Eleitoral poderá instaurar o procedimento de ofício para imposição de multa". Em conformidade com o disposto no artigo 96 da Lei nº. 9.504/97, foi considerada correta a afirmativa "c", enquanto que as demais foram consideradas incorretas.

2.3. Função legislativa (normativa) da Justiça Eleitoral

Dentre as muitas peculiaridades inerentes à Justiça Eleitoral, a exemplo da própria configuração dos seus órgãos jurisdicionais, de natureza híbrida e sem quadro próprio de carreira, uma sempre se destacou, por ser alvo de muita polêmica quanto ao seu conteúdo: falamos do **poder regulamentar, instituído pelo Código Eleitoral e reafirmado na Lei nº. 9.504/97**, a partir do qual o legislador concedeu ao próprio Poder Judiciário, e não ao Executivo, como tradicionalmente ocorre, a prerrogativa de densificar o conteúdo das normas gerais e abstratas produzidas pelo Poder Legislativo.

Muito embora as limitações ao poder regulamentar exercido pelo Executivo, em matérias gerais, sejam razoavelmente evidenciadas pela doutrina e pela jurisprudência, no âmbito da matéria eleitoral tais limites sempre foram polemizados, a partir do questionamento, sempre presente, acerca da possibilidade ou não, de criação, pelo Tribunal Superior Eleitoral, de resoluções desvinculadas da lei, geradoras de sanções e restrições de direitos distintas daquelas previstas nas normas jurídicas produzidas pelo Poder Legislativo. Neste diapasão, assim **dispunha o artigo 105 da Lei nº. 9.504/97, até o mês de setembro de 2009**, quando foi publicada a recente reforma eleitoral:

> **Art. 105.** Até o dia 05 de março do ano da eleição, o Tribunal Superior Eleitoral expedirá todas as instruções necessárias à execução desta lei, ouvidos previamente, em audiência pública, os delegados dos partidos participantes do pleito.

Com a **nova redação do citado artigo 105**, estabelecida pela Lei nº. 12.034/09, **buscou o legislador esclarecer** quais seriam, então, os **limites do referido poder normativo da Justiça Eleitoral**, encerrando a antiga polêmica. Dessa forma, dispõe o novo dispositivo legal:

> **Art. 105.** Até o dia 05 de março do ano da eleição, o Tribunal Superior Eleitoral, atendendo ao caráter regulamentar e sem restringir direitos ou estabelecer sanções distintas das previstas nesta Lei, poderá expedir todas as instruções necessárias para sua fiel execução, ouvidos, previamente, em audiência pública, os delegados ou representantes dos partidos políticos.

Como se observa, deixou claro, o legislador, que o **poder regulamentar da Justiça Eleitoral é limitado**, não podendo estabelecer restrições a direitos sem embasamento legal.

> ▸ **Atenção!!!**
>
> Conforme previsto no novo artigo 105 da Lei nº. 9.504/97, com redação dada pela lei nº. 12.034/09, as resoluções do TSE devem se restringir ao caráter regulamentar da lei, não podendo diminuir direitos ou estabelecer sanções distintas das previstas na legislação.

2.4. Função consultiva da Justiça Eleitoral

Em regra, vige no exercício das atribuições dos órgãos constituintes do Poder Judiciário o princípio da inércia, segundo o qual tal poder só deve atuar quando provocado, exercendo, assim, a jurisdição. Assim, não cabe ao Poder Judiciário, de forma geral, responder a questões abstratas, dissociadas de uma lide, papel este a ser exercido pelos doutrinadores.

No âmbito da **Justiça Eleitoral**, no entanto, é possível nos depararmos com **mais uma peculiaridade**, prevista nos artigos 23, XII, e 30, VIII, do Código Eleitoral: a competência do Tribunal Superior Eleitoral e dos TREs para **responder a consultas em tese** formuladas por autoridades públicas ou partidos políticos (as consultas dirigidas ao TSE somente poderão ser feitas por autoridade pública federal e órgão nacional de partido político).

▸ **Atenção!!!**

Como requisitos legais para a formulação da consulta, vale destacar a observância da legitimidade do consulente, bem como a desvinculação da consulta a situações concretas. A consulta deverá sempre ser formulada em tese, em abstrato, acerca de tema eleitoral previsto no Código Eleitoral, na legislação esparsa ou mesmo na Constituição Federal (cf. Res. TSE nº. 22.095/05 e Ac. TSE nº. 22.699, de 12.02.08, DJ de 10.03.08). As consultas respondidas pela Justiça eleitoral não têm efeito vinculante.

▸ **Como esse assunto foi cobrado em concurso?**

No 23º Concurso de Procurador da República foi considerada falsa afirmativa que dispunha que "as consultas respondidas pelo Tribunal Superior Eleitoral, se formuladas por autoridade com jurisdição federal, vinculam as instâncias inferiores".

3. ORGANIZAÇÃO E COMPETÊNCIA DA JUSTIÇA ELEITORAL

De acordo com previsão constitucional (artigo 118 da CF/88), **são órgãos da Justiça Eleitoral** o Tribunal Superior Eleitoral (TSE), os tribunais regionais eleitorais (TREs), os juízes eleitorais e as juntas eleitorais.

Como já observado, a Justiça Eleitoral é dotada de muitas peculiaridades, quando comparada aos demais ramos do Poder Judiciário brasileiro. Talvez a maior destas peculiaridades esteja, justamente, na composição dos seus órgãos jurisdicionais, uma vez que, como será destacado, compõem tais órgãos magistrados oriundos do Supremo Tribunal Federal, do Superior Tribunal de Justiça, dos

Tribunais Regionais Federais, dos Tribunais de Justiça dos estados, juízes federais de primeiro grau, juízes estaduais, advogados e, até mesmo, cidadãos comuns, sem formação jurídica (neste caso, compondo as juntas eleitorais).

Os referidos magistrados eleitorais, por sua vez, por não integrarem uma carreira própria, como será observado, **não gozam da garantia da vitaliciedade**. As garantias, contudo, da irredutibilidade de subsídios e da inamovibilidade são preservadas.

> ▸ **Atenção!!!**
>
> Os juízes dos tribunais eleitorais (inclusive os ministros do TSE), salvo motivo justificado, servirão por dois anos, no mínimo, e nunca por mais de dois biênios consecutivos (se não forem consecutivos, podem ser mais de dois), sendo os substitutos escolhidos na mesma ocasião e pelo mesmo processo, em número igual para cada categoria.

Vejamos, então, como se organizam e quais as competências dos órgãos da Justiça Eleitoral, começando pelo Tribunal Superior Eleitoral.

3.1. O Tribunal Superior Eleitoral

Previsto como **órgão de cúpula da Justiça Eleitoral** pela Constituição Federal de 1988, o Tribunal Superior Eleitoral (TSE), sediado na capital federal, compor-se-á, no mínimo, por sete membros, de acordo com o caput do artigo 119 da Carta Magna.

De acordo com o referido artigo 119 da CF/88, os sete **membros do TSE serão escolhidos** mediante eleição, pelo voto secreto: três deles dentre ministros do Supremo Tribunal Federal, dois dentre ministros do Superior Tribunal de Justiça, além de dois advogados de notável saber jurídico e idoneidade moral, indicados a partir de uma lista sêxtupla elaborada pelo STF e nomeados pelo presidente da república. **Na prática, entretanto**, são elaboradas pelo STF, para cada vaga de advogados, listas tríplices de causídicos, das quais é nomeado um advogado, pelo presidente da república.

▸ **Atenção!!!**

Os integrantes do TSE continuam a exercer suas atividades no STF, STJ e advocacia de forma concomitante ao exercício das suas funções naquela corte. Aos advogados impede-se, tão somente, o exercício da advocacia na Justiça Eleitoral, durante o período dos seus mandatos como magistrados eleitorais.

Quadro sinótico – Composição do TSE (art. 119 da CF/88)
Três ministros oriundos do Supremo Tribunal Federal;
Dois ministros oriundos do Superior Tribunal de Justiça;
Dois advogados, de notável saber jurídico e reputação ilibada, nomeados pelo presidente da república, a partir de lista de seis nomes elaborada pelo STF.

▸ **Atenção!!!**

De acordo com a súmula nº. 72 do Supremo Tribunal Federal, no julgamento de questão constitucional, vinculada a decisão do Tribunal Superior Eleitoral, não estão impedidos os ministros do STF que ali tenham funcionado no mesmo processo ou no processo originário.

Dispõe, ainda, a Constituição Federal, no parágrafo único do seu artigo 119, que o **TSE elegerá seu presidente e seu vice-presidente dentre os ministros do STF, e o corregedor-geral eleitoral dentre os ministros do STJ**.

▸ **Como esse assunto foi cobrado em concurso?**

No Concurso para Analista Judiciário do TRE-PB, havia uma questão de múltipla escolha com o seguinte enunciado: "A respeito do Tribunal Superior Eleitoral, é correto afirmar que: a) elegerá o Corregedor Eleitoral dentre os Ministros do Superior Tribunal de Justiça que o compõem; b) compor-se-á no mínimo de 6 membros escolhidos dentre os Ministros do Supremo Tribunal Federal e do Superior Tribunal de Justiça; c) escolherá o seu Presidente e o Vice-Presidente mediante eleição e pelo voto secreto, dentre quaisquer de seus integrantes; d) compor-se-á de 6 membros, todos escolhidos e nomeados pelo Presidente da República; e) não tem caráter permanente, posto que funciona somente durante o período eleitoral até o julgamento do último recurso". A resposta correta, evidentemente, é aquela prevista na alternativa "a", uma vez que o TSE terá, no mínimo, 07 membros, seu presidente e seu vice serão oriundos da classe de ministros do STF e seu funcionamento é permanente.

> **▸ Atenção!!!**
>
> Os advogados que compõem o TSE (e também os TREs), por sua vez, deverão ter, de acordo com jurisprudência consolidada do TSE (Ac. 2.833, de 18.12.01, DJ de 01.03.02), dez anos de efetiva atividade profissional. Além disso, de acordo com o § 2º do artigo 16 do Código Eleitoral, não poderão ser nomeados advogados que ocupem cargos públicos dos quais sejam demissíveis *ad nutum*, que sejam diretores, proprietários ou sócios de empresas beneficiadas com subvenções, privilégios, isenções ou favores em virtude de contrato com a administração pública, ou que exerçam mandato de caráter político, federal, estadual ou municipal.

Não podem fazer parte do TSE cidadãos que tenham entre si parentesco, ainda que por afinidade, até o quarto grau, excluindo-se, neste caso, o que tiver sido escolhido por último.

Perante o TSE, **qualquer interessado** poderá arguir a **suspeição ou o impedimento** dos seus membros, do procurador-geral ou de funcionários de sua secretaria, nos casos previstos na legislação processual civil ou penal e também por motivo de parcialidade política, sendo ilegítima a suspeição quando o excipiente a provocar ou, depois de manifestada a causa, praticar ato que importe aceitação do arguido.

A **competência do TSE**, por sua vez, está prevista nos **artigos 22 e 23 do Código Eleitoral**. Dentre as principais competências do citado órgão da Justiça Eleitoral podemos destacar o processamento e julgamento originário dos registros e cassação de registros de partidos políticos; os conflitos de jurisdição entre TREs e juízes eleitorais de diferentes estados, os crimes eleitorais e os comuns conexos cometidos por seus próprios juízes e membros dos tribunais regionais eleitorais, a ação rescisória em casos de inelegibilidade, além do habeas corpus e do mandado de segurança, em matéria eleitoral, relativos a atos do presidente da república, dos ministros de estado e dos tribunais regionais eleitorais, além do habeas corpus quando houver perigo de se consumar a violência antes que o juiz competente possa prover sobre a impetração.

> **▸ Como tem o TSE se pronunciado sobre este tema?**
>
> De acordo com a súmula nº. 22 do TSE, não cabe mandado de segurança contra decisão judicial recorrível, salvo situações de teratologia ou manifestamente ilegais.
>
> De acordo com a súmula nº 23 do TSE, não cabe mandado de segurança contra decisão judicial transitada em julgado.

> **Atenção!!!**
>
> O TSE não tem competência penal originária, diferentemente dos TREs, que processam e julgam crimes eleitorais cometidos pelos juízes eleitorais.
>
> É pacífico o entendimento, a partir da interpretação dos artigos 102, I, "c" e 105, I, "a" da Constituição Federal de 1988, segundo o qual os ministros do TSE são julgados pelo STF, pela prática de crimes eleitorais, e os membros dos TREs e os governadores de estado, pela prática dos mesmos crimes, são julgados pelo STJ (neste sentido, cf. Ac. 15.584, de 09.05.00, do TSE, DJ de 30.06.00)

> **Como esse assunto foi cobrado em concurso?**
>
> No 13º Concurso de Procurador da República foi considerada falsa afirmativa que dispunha que "compete ao Tribunal Superior Eleitoral processar e julgar governador de estado-membro, autor de crime eleitoral".

Além disso, cabe ao Tribunal Superior Eleitoral organizar, em todas as suas etapas, as eleições para presidente e vice-presidente da república; aprovar a divisão dos estados em zonas eleitorais ou a criação de novas zonas; expedir instruções e resolução para a execução da legislação eleitoral; fixar o valor das diárias dos servidores e magistrados da Justiça Eleitoral; organizar e divulgar súmulas de sua jurisprudência e responder a consultas que lhe forem feitas em tese por autoridade com jurisdição federal ou órgão nacional de partido político.

Cabe ainda, por fim, ao TSE, processar e julgar recurso especial das decisões dos TREs quando as mesmas forem proferidas contra expressa disposição de lei ou quando ocorrer divergência na interpretação de lei entre dois ou mais tribunais; bem como recurso ordinário das decisões dos tribunais regionais eleitorais que versarem sob expedição de diplomas nas eleições federais e estaduais ou que denegarem *habeas corpus* ou mandado de segurança.

> **Atenção!!!**
>
> São irrecorríveis as decisões do TSE, salvo as denegatórias de habeas corpus ou mandado de segurança, bem como aquelas das quais caiba recurso extraordinário para o STF, nos termos do artigo 102, III da Constituição Federal.

▸ Como o TSE tem se pronunciado sobre este tema?

Não cabe recurso especial eleitoral para simples reexame do conjunto fático-probatório (Súmula nº 24 do TSE).

É indispensável o esgotamento das instâncias ordinárias para a interposição de recurso especial eleitoral (Súmula nº 25 do TSE).

▸ Como esse assunto foi cobrado em concurso?

No 16º Concurso para procurador da república foi considerada verdadeira afirmativa que dispunha que "cabe recurso especial para o TSE nas hipóteses de decisões dos tribunais regionais eleitorais proferidas contra disposição expressa da Constituição ou lei e de dissídio jurisprudencial na interpretação da lei entre dois ou mais tribunais eleitorais, sendo irrecorríveis as decisões daquela Corte Superior, salvo se contrariarem a Constituição e as denegatórias de habeas corpus ou mandado de segurança".

Já no 20º Concurso para procurador da república foi considerada verdadeira afirmativa que dispunha que "das decisões do TSE não cabe recurso para qualquer outro Tribunal, salvo recurso extraordinário para o Supremo Tribunal Federal, nas hipóteses de contrariedade à Constituição da República, e recurso ordinário para aquela Suprema Corte de decisões denegatórias de *habeas corpus* ou mandado de segurança".

3.2. Os tribunais regionais eleitorais

De acordo com o artigo 120 da Constituição Federal, haverá **um Tribunal Regional Eleitoral na capital de cada estado e no Distrito Federal**, composto, também por sete membros, eleitos pelo voto secreto (vale ressaltar, mais uma vez, que Lei Complementar poderá aumentar o número de membros dos TREs, conforme interpretação do artigo 121 da Constituição).

As **composições dos tribunais regionais eleitorais**, entretanto, embora parecidas com a do TSE, têm as suas peculiaridades, previstas nos incisos I, II e III do § 1º do referido artigo 120 da CF/88. Assim, compõem os tribunais regionais eleitorais dois juízes dentre desembargadores do Tribunal de Justiça estadual; dois juízes de direito, também escolhidos pelo Tribunal de Justiça do estado; um juiz federal, escolhido pelo Tribunal Regional Federal respectivo (caso a capital sede do TRE seja também sede de TRF, ao invés de um juiz federal comporá o Tribunal Regional Eleitoral um desembargador federal oriundo do TRF respectivo); além de dois advogados, de notável saber jurídico e idoneidade moral, nomeados pelo presidente da república a partir de lista de seis nomes elaborada pelo Tribunal de Justiça estadual (neste caso, valem os mesmos comentários relativos aos advogados que compõem o TSE).

▸ Como esse assunto foi cobrado em concurso?

No 18º Concurso de Procurador da República foi considerada falsa afirmativa que dispunha que "na composição do Tribunal Regional Eleitoral da Bahia está compreendido um juiz do Tribunal Regional Federal". Tal afirmativa foi considerada falsa porque a Bahia não é sede de Tribunal Regional Federal e, assim, quem integra o TRE-BA é um juiz federal de primeira instância.

Já no concurso para Analista Judiciário do TRE-SP, realizado em 2006, havia uma questão que trazia o seguinte problema: "Tício é Juiz do Tribunal Regional Federal com sede em São Paulo e poderá vir a integrar o: a) Tribunal Superior Eleitoral, se for escolhido pelo Tribunal Superior Eleitoral; b) Tribunal Superior Eleitoral, se for escolhido pelo Tribunal Regional Federal a que pertence. c) Tribunal Superior Eleitoral, se for nomeado pelo Presidente da República; d) Tribunal Regional Eleitoral de São Paulo, se for nomeado pelo Presidente da República; e) Tribunal Regional Eleitoral de São Paulo, se for escolhido pelo Tribunal Regional Federal a que pertence". A resposta correta, como considerada foi a letra "e".

Quadro sinótico – Composição dos Tribunais Regionais Eleitorais (art. 120 da CF/88)
– Dois juízes dentre desembargadores do Tribunal de Justiça;
– Dois juízes dentre juízes de direito escolhidos pelo Tribunal de Justiça;
– Um juiz do Tribunal Regional Federal com sede na capital do estado ou no Distrito Federal, ou, não havendo, de juiz federal, escolhido, em qualquer caso, pelo Tribunal Regional Federal respectivo;
– Dois advogados, de notável saber jurídico e reputação ilibada, nomeados pelo presidente da república, a partir de lista de seis nomes elaborada pelo Tribunal de Justiça.

▸ Como esse assunto foi cobrado em concurso?

No 13º Concurso de Procurador da República foi considerada falsa afirmativa que dispunha que "a lista sêxtupla, enviada ao chefe do Poder Executivo estadual para nomeação de dois juízes dentre advogados, que devem compor os Tribunais Regionais Eleitorais, é elaborada pelo Tribunal de Justiça do respectivo estado-membro". Tal afirmativa é falsa porque quem nomeia os membros dos TREs oriundos da classe de advogados é o presidente da república, e não o governador do estado.

Já no concurso para Analista Judiciário do TRE-MS, realizado em 2013, foi considerada falsa afirmativa que dispunha que "membro do Ministério Público (MP) pode integrar a lista tríplice destinada à composição de tribunal regional eleitoral (TRE)".

Por fim, em concurso também realizado em 2013, pelo CESPE, para juiz do Maranhão, foi considerada correta afirmativa que dispunha que "entre os membros de cada tribunal regional eleitoral inclui-se um juiz federal".

▸ **Atenção!!!**

Os advogados que compõem os TREs são escolhidos a partir de lista elaborada pelo Tribunal de Justiça do estado, enquanto aqueles que compõem o TSE são nomeados a partir de lista elaborada pelo STF. Não há, em nenhum dos casos, lista de advogados elaborada pela Ordem dos Advogados do Brasil.

▸ **Como esse assunto foi cobrado em concurso?**

No concurso para Analista Judiciário do TRE-SP, realizado em 2006, foi considerada falsa afirmativa que dispunha que "integram a composição do Tribunal Superior Eleitoral dois juízes, dentre seis advogados de notável saber jurídico e idoneidade moral, indicados pela Ordem dos Advogados do Brasil e escolhidos, mediante eleição e pelo voto secreto, pelo Supremo Tribunal Federal".

Os **presidentes e os vice-presidentes dos tribunais regionais eleitorais** serão escolhidos, necessariamente, dentre os membros **desembargadores do Tribunal de Justiça** do estado. Já o **corregedor--regional eleitoral poderá ser qualquer um dos membros do TRE.**

▸ **Atenção!!!**

Enquanto que no TSE o corregedor-geral eleitoral será, necessariamente, ministro oriundo do Superior Tribunal de Justiça (STJ), nos TREs o corregedor-regional eleitoral poderá ser qualquer um dos membros da corte.

▸ **Como esse assunto foi cobrado em concurso?**

No concurso para juiz de direito substituto do estado do Mato Grosso do Sul, realizado em 2010, foi considerada falsa afirmativa que dispunha que "A Justiça Eleitoral brasileira tem como corregedor-geral eleitoral um ministro do STF".

Perante o TRE, com possibilidade de recurso voluntário para o TSE, qualquer interessado poderá arguir a suspeição ou o impedimento dos seus membros, do procurador-geral ou de funcionários de sua secretaria, nos casos previstos na legislação processual civil ou penal e também por motivo de parcialidade política, sendo ilegítima a suspeição quando o excipiente a provocar ou, depois de manifestada a causa, praticar ato que importe aceitação do arguido.

As **competências dos tribunais regionais eleitorais**, por sua vez, estão previstas nos artigos 29 e 30 do Código Eleitoral. Dentre as principais, podemos indicar o processamento e o julgamento originário dos pedidos de registro e cancelamento de registros dos diretórios estaduais e municipais de partidos políticos; os conflitos de jurisdição entre juízes eleitorais do respectivo estado; a suspeição ou impedimento dos seus membros, servidores, do procurador regional eleitoral, bem como dos juízes e escrivães eleitorais; os crimes eleitorais cometidos pelos juízes eleitorais; bem como habeas corpus e mandado de segurança, em matéria eleitoral, contra ato de autoridades que respondam perante os tribunais de justiça por crimes de responsabilidade.

Em **grau de recurso**, os TREs ainda são competentes para processar e julgar habeas corpus ou mandado de segurança denegados ou concedidos por juízes eleitorais; bem como outros atos e decisões proferidas pelos juízes e juntas eleitorais.

Cabe ainda aos tribunais regionais eleitorais elaborar seus regimentos internos, organizar suas secretarias e corregedorias regionais; constituir as juntas eleitorais, nos termos da lei, responder a consultas em tese, em matéria eleitoral, formuladas por autoridade pública ou partido político; dividir a respectiva circunscrição em zonas eleitorais, submetendo essa divisão, assim como a criação de novas zonas, à aprovação do TSE; e aplicar penas disciplinares de advertência e de suspensão de até trinta dias aos juízes eleitorais.

▸ Como esse assunto foi cobrado em concurso?

No concurso para Analista Judiciário do TRE-MG, realizado em 2005, havia uma questão que assim dispunha: "Compete privativamente aos Tribunais Regionais Eleitorais: a) constituir as Juntas Eleitorais e designar a respectiva sede e jurisdição; b) expedir títulos eleitorais e conceder transferência de eleitor; c) dividir a Zona em Seções Eleitorais; d) expedir diploma aos eleitos para cargos municipais; e) fixar as diárias do respectivo Corregedor Regional em diligência fora da sede". Como será observado, a expedição de títulos eleitorais e a divisão da zona eleitoral em seções eleitorais cabe ao juiz eleitoral. A expedição de diplomas aos eleitos para cargos municipais, por sua vez, compete às juntas eleitorais. Já a fixação de diárias no âmbito da Justiça Eleitoral, como visto, cabe ao TSE. Assim, a resposta correta considerada foi a letra "a".

Por fim, vale destacar que de acordo com o § 4º o artigo 121 da Constituição Federal, **das decisões dos tribunais regionais eleitorais somente caberá recurso** quando forem proferidas contra disposição expressa da Constituição ou de lei; ocorrer divergência na interpretação da lei entre dois ou mais TREs; versarem sobre inelegibilidade, expedição ou anulação de diplomas nas eleições para deputados federais, senadores, deputados estaduais, governadores e vice-governadores; decretarem perda de mandato de deputados federais, senadores, deputados estaduais, governadores e vice-governadores; ou denegarem habeas corpus, mandado de segurança, habeas data ou mandado de injunção.

▸ **Atenção!!!**

Como observado, decisões de TREs que denegarem habeas data ou mandado de injunção são recorríveis. O mesmo não ocorre quando a denegação do habeas data ou mandado de injunção for promovida pelo TSE, uma vez que, de acordo com a Constituição Federal, somente são recorríveis as decisões do TSE que contrariarem a Constituição e as denegatórias de habeas corpus ou mandado de segurança.

▸ **Como esse assunto foi cobrado em concurso?**

No concurso para Analista Judiciário do TRE-MG, realizado em 2005, foi considerada verdadeira afirmativa que dispunha que "contra as decisões dos tribunais regionais eleitorais somente caberá recurso quando denegarem habeas corpus, mandado de segurança, habeas data e mandado de injunção".

3.3. Os juízes eleitorais e a divisão geográfica da Justiça Eleitoral de primeira instância

Enquanto que a Justiça Comum Estadual é dividida em comarcas, a **Justiça Eleitoral é dividida em zonas eleitorais**, nem sempre coincidentes com o território de um município. **Grandes municípios**, a exemplo de Salvador, São Paulo ou Rio de Janeiro, são divididos em **várias zonas eleitorais**, enquanto que também é muito comum **vários municípios pouco populosos** serem englobados em **uma única zona eleitoral**.

É a zona eleitoral o **espaço territorial sob jurisdição do juiz eleitoral**. Em cada zona eleitoral funcionará um juiz eleitoral que, como já observado, não integra uma carreira própria da magistratura eleitoral. Os juízes eleitorais, assim, serão juízes de direito estaduais em efetivo exercício, que acumularão às suas funções próprias as funções de juiz eleitoral.

Vale destacar que na zona eleitoral onde houver mais de uma vara da justiça comum estadual, o Tribunal Regional Eleitoral designará aquela a que incumbe o serviço eleitoral.

Atualmente, a **Resolução TSE nº. 21.009**, de 05 de março de 2002, é o instrumento normativo que estabelece as regras referentes ao exercício da jurisdição eleitoral em primeiro grau, em complemento ao Código Eleitoral. Assim, de acordo com a citada resolução, **a jurisdição em cada uma das zonas eleitorais em que houver mais de uma vara será exercida, pelo período de dois anos**, por juiz de direito da respectiva comarca, em efetivo exercício. Quando, no entanto, só existir um juiz de direito atuando na zona geográfica correspondente a uma zona eleitoral, este será designado juiz eleitoral, por tempo indeterminado.

> ▸ **Atenção!!!**
>
> Nas comarcas com mais de uma vara, caberá ao TRE designar o juiz de direito que exercerá as funções de juiz eleitoral, observada a antiguidade apurada entre os juízes que não hajam exercido a titularidade de zona eleitoral, salvo impossibilidade. No interesse da administração judiciária ou por conveniência objetiva do serviço eleitoral, o TRE, excepcionalmente, por cinco votos dos seus membros, poderá substituir o critério da antiguidade pelo de merecimento do magistrado. A designação do juiz eleitoral, salvo nas comarcas de uma só vara, dependerá de inscrição do interessado no respectivo TRE.

Não poderá servir como juiz eleitoral o cônjuge, parente consanguíneo ou afim, até o segundo grau, de candidato a cargo eletivo registrado na circunscrição, durante o período entre o registro de candidaturas até a apuração final da eleição. Não se farão alterações na jurisdição eleitoral, prorrogando-se automaticamente o exercício do titular, entre 03 meses antes e 02 meses após as eleições.

▸ **Atenção!!!**

Ainda no que se refere à divisão geográfica da Justiça Eleitoral, vale destacar a diferença entre zona eleitoral, seção eleitoral e circunscrição eleitoral.

Como observado, a zona eleitoral corresponde ao espaço territorial sob jurisdição de um juiz eleitoral, podendo abranger mais de um município ou, em alguns casos, área inferior ao território municipal.

A seção eleitoral, por sua vez, é uma subdivisão da zona eleitoral, correspondendo ao local onde os eleitores comparecem para votar. Em cada seção eleitoral é instalada uma urna, na data da eleição ou consulta popular.

A circunscrição, finalmente, também é considerada uma divisão territorial, variando, contudo, de acordo com o pleito. Nas eleições municipais (prefeitos, vice-prefeitos e vereadores), por exemplo, cada município corresponde a uma circunscrição. Já nas eleições estaduais (governadores, vice-governadores, deputados federais, deputados estaduais e senadores), a circunscrição é todo o estado da federação. Já nas eleições presidenciais (presidente e vice-presidente da república), a circunscrição corresponde a todo o país.

Assim, por exemplo, um candidato a vereador só poderá ser votado no seu respectivo município, um candidato a deputado estadual ou federal no seu respectivo estado e um candidato a presidente da república poderá ser votado em todo o país.

▸ **Como esse assunto foi cobrado em concurso?**

No 24º concurso para procurador da república, foi considerada falsa afirmativa que dispunha que "a Justiça Eleitoral se organiza em zonas eleitorais, as quais correspondem a cada município integrante da Federação, e seções eleitorais com atribuições administrativas".

Já no concurso para delegado da polícia civil da Bahia, realizado pelo CESPE, em 2013, foi considerada falsa afirmativa que dispunha que "o advogado que estiver regularmente inscrito na Ordem dos Advogados do Brasil poderá servir como juiz eleitoral de primeira instância".

Já no concurso para juiz substituto do DF, organizado pelo CESPE, em 2014, foi considerada falsa afirmativa que dispunha que "Conforme o Código Eleitoral, a circunscrição eleitoral nas eleições para o cargo de deputado federal é nacional"

Quanto à **competência dos juízes eleitorais**, a mesma é prevista no artigo 35 do Código Eleitoral. Dentre as principais competências, podemos destacar o processamento e julgamento dos crimes eleitorais e dos comuns que lhe forem conexos, ressalvada a competência originária do TSE e dos tribunais regionais eleitorais; a decisão sobre habeas corpus e mandado de segurança, desde que tal competência não seja atribuída privativamente a instância superior; o alistamento e a expedição dos títulos eleitorais, bem como a concessão de transferências de eleitores; a divisão da zona eleitoral em seções eleitorais e a designação dos seus locais de instalação; a nomeação de mesários; o fornecimento de justificativas de ausência nas eleições, àqueles que não comparecerem à votação; e o exercício do poder de polícia previsto no artigo 41 da Lei nº. 9.504/97, já comentado neste capítulo.

> **▸ Como esse assunto foi cobrado em concurso?**
>
> No concurso para Juiz de Direito Substituto do estado do Acre, realizado em 2007, foi considerada correta afirmativa que dispunha que "o juiz eleitoral é competente para proceder ao registro de candidatos às eleições municipais".
>
> Já no concurso para advogado do Senado Federal, organizado pela Fundação Getúlio Vargas, em 2008, foi considerada verdadeira afirmativa que dispunha que a competência para julgar crimes comuns conexos a crimes eleitorais é da Justiça Eleitoral.
>
> Por fim, no concurso para delegado da polícia civil da Bahia, realizado pelo CESPE, em 2013, foi considerada correta afirmativa que dispunha que "competem ao juiz eleitoral tanto o registro quanto a cassação do registro de candidato a prefeito".

3.4. As juntas eleitorais

Na **primeira instância da Justiça Eleitoral** também funcionarão, de acordo com o Código Eleitoral (arts. 36 a 41), as Juntas Eleitorais, **compostas** por um juiz de direito, que a presidirá, e de 2 (dois) ou 4 (quatro) cidadãos de notória idoneidade. **O juiz de direito que presidirá a junta eleitoral não necessariamente será o juiz eleitoral da zona eleitoral respectiva**, embora haja preferência para este. Vale destacar que, em uma mesma zona eleitoral, **poderá ser organizada mais de uma Junta Eleitoral**, podendo ser organizadas tantas juntas quantas permitir o número de juízes de direito atuantes na área territorial correspondente à zona eleitoral.

> **▸ Como esse assunto foi cobrado em concurso?**
>
> No concurso para juiz de direito substituto do estado do Paraná, realizado em 2010, foi considerada falsa afirmativa que dispunha que "as Juntas Eleitorais são compostas por 2 (dois) Juízes de Direito, sendo

um o Presidente e o outro Vice-Presidente, e de 2 (dois) ou 4 (quatro) cidadãos de notória idoneidade".

Já no concurso para promotor de justiça do estado da Paraíba, também realizado em 2010, foram consideradas falsas afirmativas que dispunham que "as Zonas Eleitorais não são órgãos da Justiça Eleitoral" e que "para cada Zona Eleitoral somente pode haver uma Junta Eleitoral".

No concurso para Técnico Judiciário do TRE-RN, realizado pela FCC, em 2011, por sua vez, foi considerada falsa afirmativa que dispunha que "a Zona Eleitoral corresponde ao menor núcleo de organização da Justiça Eleitoral, contendo, cada uma, um número máximo de 400 (quatrocentos) eleitores". Neste caso, o candidato que errou confundiu zona eleitoral com seção eleitoral.

Os **membros das juntas eleitorais serão nomeados 60 (sessenta) dias antes da eleição**, depois de aprovação do Tribunal Regional Eleitoral, pelo presidente deste. Cabe também ao presidente do TRE designar a sede da Junta Eleitoral. Até dez dias antes da nomeação, os nomes das pessoas indicadas para compor as juntas serão publicados no órgão oficial do estado, podendo qualquer partido, no prazo de três dias, em petição fundamentada, impugnar as indicações.

▸ **Como esse assunto foi cobrado em concurso?**

No concurso para juiz de direito substituto do estado da Paraíba, realizado em 2011, pelo CESPE, foi considerada falsa afirmativa que dispunha que "são da competência dos juízes eleitorais a constituição de juntas eleitorais e a designação da respectiva sede".

Já no concurso para técnico judiciário – área administrativa do TRE-MS, realizado em 2013, foi considerada correta afirmativa que dispunha que "o presidente do tribunal regional eleitoral nomeia os membros das juntas eleitorais somente após a aprovação dos nomes pelo tribunal regional eleitoral".

▸ **Atenção!!!**

Não podem ser nomeados membros das juntas eleitorais os candidatos e seus parentes, ainda que por afinidade, até o segundo grau, assim como o cônjuge; os membros de diretórios de partidos políticos, as autoridades e agentes policiais; funcionários no desempenho de cargos de confiança do Poder Executivo; além de servidores da Justiça Eleitoral. Os membros da junta, entrando em exercício, gozam da garantia da inamovibilidade e demais prerrogativas comuns aos magistrados, no que for aplicável.

Às Juntas Eleitorais compete, de acordo com o artigo 40 do Código Eleitoral, apurar as eleições, resolver as impugnações e demais incidentes verificados durante os trabalhos de contagem e apuração, expedir os boletins de apuração, bem como os **diplomas aos eleitos para cargos municipais** (prefeito, vice-prefeito e vereadores).

Nos municípios onde houver mais de uma junta eleitoral, a expedição dos diplomas do prefeito, vice-prefeito e vereadores eleitos será feita pela junta que for presidida pelo juiz eleitoral mais antigo.

Capítulo 5

Ministério Público Eleitoral

1. NOTAS INTRODUTÓRIAS

De acordo com o **artigo 127 da Constituição Federal**, "O Ministério Público é instituição permanente, essencial à função jurisdicional do Estado, incumbindo-lhe a defesa da ordem jurídica, do regime democrático e dos interesses sociais e individuais indisponíveis".

Exerce, assim, o **Ministério Público**, **funções essenciais à justiça** na defesa dos interesses da sociedade, da consolidação do Estado democrático de direito e da realização da justiça social, devendo, para isso, zelar pela efetivação dos preceitos básicos da Constituição Federal, promovendo ações penais públicas, inquéritos civis e a ação civil pública, para a proteção do patrimônio público e social, do meio ambiente e de outros interesses difusos e coletivos.

Como já observado no capítulo I desta obra, o Direito Eleitoral guarda a sua existência material no Estado Democrático de Direito, visando à legitimidade e à normalidade das eleições e consultas populares, de forma a que a supremacia da vontade popular seja traduzida fielmente, a partir da promoção da igualdade de direitos e da participação efetiva de todos na formação da vontade geral. Assim, como não poderia deixar de ser, **no âmbito do direito eleitoral também atua o Ministério Público, em todas as fases e instâncias do processo eleitoral**, com legitimação para "propor, perante o juízo competente, as ações para declarar ou decretar a nulidade de negócios jurídicos ou atos da administração pública, infringentes de vedações legais destinadas a proteger a normalidade e a legitimidade das eleições, contra a influência do poder econômico ou o abuso do poder político ou administrativo", conforme literal previsão do artigo 72 da lei complementar nº. 75, de 20 de maio de 1993 (Lei Orgânica do Ministério Público da União).

Curiosamente, entretanto, embora dotado de grande relevância para a garantia da normalidade do processo eleitoral, o **Ministério**

Público Eleitoral não tem previsão expressa de existência na Constituição de 1988. Afinal, conforme disposto no artigo 128 da Carta Magna, o Ministério Público abrange o Ministério Público dos estados e o Ministério Público da União, que compreende, por sua vez, o Ministério Público Federal, o Ministério Público do Trabalho, o Ministério Público Militar e o Ministério Público do Distrito Federal e Territórios. Tal fato, entretanto, ao contrário do que possa inicialmente transparecer, não exclui a existência e a importância do Ministério Público Eleitoral, cuja **previsão de funcionamento encontra-se, como já destacado, na Lei Complementar nº. 75/93** e, residualmente, no próprio Código Eleitoral (artigos 18, 24 e 27).

Ocorre que, assim como a Justiça Eleitoral, estudada no capítulo anterior desta obra, o Ministério Público é dotado de peculiaridades, não contando com um quadro próprio de agentes políticos e servidores de carreira. Como será observado, cabe ao Ministério Público Federal, e, residualmente, aos Ministérios Públicos dos estados, o exercício das atribuições de Ministério Público Eleitoral. Doravante, estudaremos os princípios básicos de organização do Ministério Público Eleitoral, bem como desvendaremos as principais polêmicas que envolvem a sua atuação.

> ▸ **Como esse assunto foi cobrado em concurso?**
>
> No concurso para Analista Judiciário do TRE-PE, realizado em 2004, foi considerada falsa afirmativa que dispunha que o Ministério Público Eleitoral tem previsão constitucional, quadro próprio e carreira específica.

2. PRINCÍPIOS INSTITUCIONAIS DO MINISTÉRIO PÚBLICO ELEITORAL

A existência e o funcionamento do Ministério Público Eleitoral se fundamentam, basicamente, em **dois princípios institucionais: o princípio da federalização e o princípio da delegação.** Além destes dois, vale destacar ainda o princípio da excepcionalidade, previsto pelo artigo 78, parágrafo único, da antiga lei 1.341/51, e atualmente revogado, após a promulgação da Lei Complementar nº. 75/1993. Senão vejamos:

2.1. Princípio da federalização

De acordo com o **princípio da federalização** do Ministério Público Eleitoral, **previsto no artigo 37, I c/c art. 72 da LC 75/93**, compete ao **Ministério Público Federal**, a princípio, a **atribuição de oficiar junto à Justiça Eleitoral**, em todas as fases do processo. Nada mais lógico do que esta previsão, uma vez que, como observado no capítulo IV desta obra, a Justiça Eleitoral é um ramo especializado do Poder Judiciário Federal. Assim, inicialmente, deveria caber, de acordo com o princípio da federalização, tão somente aos membros do Ministério Público Federal (procuradores, procuradores regionais, subprocuradores-gerais e o procurador-geral da república) exercer as atribuições inerentes ao Ministério Público Eleitoral, tendo em vista que este não conta com quadro próprio de servidores e agentes políticos.

Ocorre que, como é sabido, a **quantidade de zonas eleitorais no Brasil é muito maior do que a quantidade de membros do Ministério Público Federal**. Dessa forma, é **impossível**, nas condições atuais, o **pleno cumprimento do princípio da federalização**, principalmente naquelas zonas eleitorais mais distantes dos grandes centros, o que permite a ascensão do segundo princípio institucional do Ministério Público Eleitoral, o princípio da delegação.

▸ **Como esse assunto foi cobrado em concurso?**

No 18º concurso para procurador da república, foi considerada falsa afirmativa que dispunha que "O Ministério Público Eleitoral é constituído por membros do Ministério Público Federal, que oficiam perante a Justiça Eleitoral em todo o país, inclusive perante juízes e juntas eleitorais nas comarcas do interior".

2.2. Princípio da delegação

De acordo com o **princípio da delegação**, cuja base legal é o artigo **78 da LC 75/93**, delega-se aos membros dos **Ministérios Públicos dos estados** (promotores de justiça) a **atribuição de oficiar junto aos juízos eleitorais de primeira instância** (juízes eleitorais e juntas eleitorais). É o princípio da delegação, assim, **exceção ao princípio da federalização**, marcante na organização do Ministério Público Eleitoral.

▸ **Como esse assunto foi cobrado em concurso?**

No concurso para Analista Judiciário do TRE-PE, realizado em 2004, foi considerada verdadeira afirmativa que dispunha que "o Ministério Público dos Estados atuam perante os juízes e Juntas Eleitorais pelo princípio da delegação".

No 26º Concurso para Procurador da República, realizado em 2011, por sua vez, foi considerada falsa afirmativa que dispunha que "a função de Promotor Eleitoral em primeiro grau perante os Juízes e Juntas Eleitorais será exercida por Promotor de Justiça, membro do Ministério

Público Estadual ou do Ministério Público do Distrito Federal, exceto nas cidades onde tiver sede a Procuradoria da República, hipótese em que a referida função será exercida por Procurador da República, membro do Ministério Público Federal em primeiro grau". Não há a exceção vislumbrada na questão.

▸ **Atenção!!!**

A atuação de membros dos Ministérios Públicos estaduais no Ministério Público Eleitoral se restringe ao ofício perante os juízes e juntas eleitorais de primeira instância. Em cada zona eleitoral deverá funcionar um membro do Ministério Público Eleitoral, que acumulará suas atribuições com aquelas inerentes ao cargo de origem, de promotor de justiça.

▸ **Como esse assunto foi cobrado em concurso?**

No concurso para Analista Judiciário do TRE-PE, realizado em 2004, foi questionado quais seriam as atribuições do promotor eleitoral na fase de diplomação das eleições gerais (o calendário eleitoral é dividido em eleições municipais e eleições gerais, de dois em dois anos cada. As eleições gerais envolvem os pleitos para presidente e vice-presidente da república, governadores e vice-governadores de estado, senadores, deputados federais e deputados estaduais e distritais). A resposta correta foi a da alternativa que dispunha que o promotor eleitoral não atua nas eleições gerais nesta fase, uma vez que a atuação do mesmo se restringe, na fase de diplomação, às eleições municipais.

2.3. Princípio da excepcionalidade

Até 1993, a revogada lei nº. 1.341/51, **antiga Lei Orgânica do Ministério Público, previa**, no seu artigo 78, parágrafo único, que **membros dos Ministérios Públicos estaduais poderiam oficiar junto aos tribunais regionais eleitorais**, auxiliando os Procuradores Regionais Eleitorais. A atuação, em virtude do princípio da federalização, era excepcional, daí a nomenclatura **"princípio da excepcionalidade"**.

A **Lei Complementar nº. 75/93**, no seu artigo 77, parágrafo único, no entanto, **revogou o princípio da excepcionalidade**, impedindo que promotores dos Ministérios Públicos estaduais possam atuar junto à segunda instância da Justiça Eleitoral. Assim, como já destacado, atualmente, em virtude do princípio da delegação, membros dos MP estaduais atuam, tão somente, na primeira instância da Justiça Eleitoral, oficiando junto aos juízes e juntas eleitorais.

3. ORGANIZAÇÃO E ATRIBUIÇÕES DO MINISTÉRIO PÚBLICO ELEITORAL

Diante do já estudado no item anterior, podemos afirmar então que nas zonas eleitorais, junto aos juízes e juntas eleitorais, oficiam promotores de justiça estaduais, que acumulam às suas atribuições cotidianas aquelas inerentes ao Ministério Público Eleitoral.

Segundo o artigo 79 da LC 75/93, "**O Promotor Eleitoral será o membro do Ministério Público local** que oficie junto ao Juízo incumbido do serviço eleitoral de cada Zona". O parágrafo único do mesmo artigo, por sua vez, dispõe que "na inexistência de Promotor que oficie perante a Zona Eleitoral, ou havendo impedimento ou recusa justificada, o Chefe do Ministério Público local indicará ao Procurador Regional Eleitoral o substituto a ser designado".

Com o intuito de melhor esclarecer e definir os **parâmetros de escolha dos membros dos Ministérios Públicos estaduais que atuarão como promotores eleitorais** junto aos juízes e juntas eleitorais, o Conselho Nacional do Ministério Público (CNMP) baixou a **resolução nº 30**, de 19 de maio de 2008, estabelecendo o seguinte procedimento:

Normas para a escolha dos promotores eleitorais de primeira instância Resolução nº 30 do CNMP	
I.	a designação será feita por ato do Procurador Regional Eleitoral, com base em indicação do Chefe do Ministério Público local;
II.	a indicação feita pelo Procurador-Geral de Justiça do Estado recairá sobre o membro lotado em localidade integrante de zona eleitoral que por último houver exercido a função eleitoral;
III.	nas indicações e designações subsequentes, obedecer-se-á, para efeito de titularidade ou substituição, à ordem decrescente de antiguidade na titularidade da função eleitoral, prevalecendo, em caso de empate, a antiguidade na zona eleitoral;
IV.	a designação será feita pelo prazo ininterrupto de dois anos, nele incluídos os períodos de férias, licenças e afastamentos, admitindo-se a recondução apenas quando houver um membro na circunscrição da zona eleitoral;

Não poderá ser indicado para exercer a função eleitoral o membro do Ministério Público: **I** – lotado em localidade não abrangida pela zona eleitoral perante a qual este deverá oficiar, salvo em caso de ausência, impedimento ou recusa justificada, e quando ali não existir outro membro desimpedido; **II** – que se encontrar afastado do exercício do ofício do qual é titular, inclusive quando estiver exercendo cargo ou função de confiança na administração superior da Instituição; ou III – que estiver respondendo a processo administrativo disciplinar, ou tiver sido punido disciplinarmente, por atraso injustificado no serviço, observado o período de reabilitação de 2 (dois) anos, contados da data em que se der por cumprida a sanção aplicada (hipótese prevista a partir da publicação da Resolução nº. 131 do CNMP, de 22 de setembro de 2015).Em caso de **ausência, impedimento ou recusa justificada**, terá preferência, para efeito de indicação e designação, o membro do Ministério Público que, **sucessivamente**, exercer suas funções na sede da respectiva zona eleitoral; em município que integra a respectiva zona eleitoral; ou em comarca contígua à sede da zona eleitoral.

As **investiduras** em função eleitoral **não ocorrerão** em prazo inferior a noventa dias da data do pleito eleitoral e não cessarão em prazo inferior a noventa dias após a eleição, devendo ser providenciadas pelo Procurador Regional Eleitoral as prorrogações eventualmente necessárias à observância deste preceito, ficando vedada a fruição de férias ou licença voluntária do promotor eleitoral no período de noventa dias que antecedem o pleito até quinze dias após a diplomação dos eleitos, salvo em situações excepcionais autorizadas pelo Chefe do Ministério Público respectivo, instruídos os pedidos, nessa ordem, com os seguintes requisitos: I – demonstração da necessidade e da ausência de prejuízo ao serviço eleitoral; II – indicação e ciência do Promotor substituto; III – anuência expressa do Procurador Regional Eleitoral.

> **▸ Como esse assunto foi cobrado em concurso?**
>
> No concurso para promotor de justiça do Ministério Público do estado do Amapá, realizado em 2006, foi considerada falsa assertiva que dispunha que "compete ao Procurador-Geral de Justiça indicar ao Procurador Regional Eleitoral, Promotor de Justiça para oficiar perante zona eleitoral, pelo prazo mínimo de dois anos, permitida uma recondução".

Junto aos tribunais regionais eleitorais, por sua vez, oficiam os Procuradores Regionais Eleitorais (um para cada TRE), a quem incumbe exercer as funções do Ministério Público nas causas de competência do Tribunal Regional Eleitoral respectivo, além de dirigir, no estado, as atividades do setor.

O Procurador Regional Eleitoral, juntamente com o seu substituto, será designado pelo Procurador-Geral Eleitoral, dentre os Procuradores Regionais da República no Estado e no Distrito Federal, ou, onde não houver, dentre os Procuradores da República vitalícios, para um **mandato de dois anos**, podendo ser reconduzido uma vez e destituído, antes do término do mandato, por iniciativa do Procurador-Geral Eleitoral, anuindo a maioria absoluta do Conselho Superior do Ministério Público Federal.

Junto ao Tribunal Superior Eleitoral, finalmente, atua o **Procurador-Geral Eleitoral**, que será o **próprio Procurador-Geral da República** (chefe do Ministério Público da União), a quem compete exercer as funções do Ministério Público nas causas de competência do Tribunal Superior Eleitoral.

> **▸ Como esse assunto foi cobrado em concurso?**
>
> No concurso para promotor de justiça do Ministério Público do estado de Rondônia, realizado em 2008, foi considerada verdadeira afirmativa que dispunha que "o procurador-geral da República acumula o cargo de procurador-geral eleitoral".

O Procurador-Geral Eleitoral designará, dentre os Subprocuradores-Gerais da República, o Vice-Procurador-Geral Eleitoral, que o substituirá em seus impedimentos e exercerá o cargo em caso de vacância, até o provimento definitivo. Além do Vice-Procurador-Geral Eleitoral, o Procurador-Geral poderá designar, por necessidade de serviço, membros do Ministério Público Federal para oficiarem, com sua aprovação, perante o Tribunal Superior Eleitoral.

Incumbe ao Procurador-Geral Eleitoral designar o Procurador Regional Eleitoral em cada estado e no Distrito Federal; acompanhar os procedimentos do Corregedor-Geral Eleitoral; dirimir conflitos de atribuições; e requisitar servidores da União e de suas autarquias, quando o exigir a necessidade do serviço, sem prejuízo dos direitos e vantagens inerentes ao exercício de seus cargos ou empregos.

As principais atividades desempenhadas pelo Ministério Público Eleitoral são as seguintes:

Principais atividades desempenhadas pelo MP Eleitoral	
Na fase preparatória do pleito:	opinar em todos os processos de pedidos de registro de candidaturas, inclusive promovendo impugnações; fiscalizar o exercício da propaganda política, zelando pelo cumprimento da lei eleitoral; acompanhar o processo de nomeação de mesários e de membros das juntas eleitorais; ajuizar Ação de Investigação Judicial Eleitoral.

Principais atividades desempenhadas pelo MP Eleitoral	
Na fase da eleição (dia do pleito):	impugnar atuação de mesário, fiscal ou delegado de partido político; fiscalizar a entrega das urnas; opinar, oralmente ou por escrito, em todos os casos surgidos nesse dia, em sua esfera de atribuição.
Na fase de apuração:	fiscalizar a instalação da junta eleitoral; acompanhar a apuração dos votos; zelar pela concessão do direito de ampla fiscalização do processo pelos partidos políticos; impugnar votos ou urnas; atuar como *custos iuris* (fiscal do direito).
Na fase da diplomação:	fiscalizar a expedição dos diplomas eleitorais; ajuizar Ação de Impugnação de Mandato Eletivo e Recurso Contra a Diplomação.

▸ **Como esse assunto foi cobrado em concurso?**

No 21º Concurso de Procurador da República, interessante questão abordava o tema das atribuições do Ministério Público Eleitoral. Eis o enunciado da questão: "Ao Ministério Público Eleitoral, nos termos da lei, incumbe: I) a propositura de ação penal pública incondicionada nas hipóteses de prática de crimes eleitorais; II) a fiscalização das eleições, juntamente com os candidatos, os partidos políticos e as coligações; III) oficiar nas causas de competência da Justiça Eleitoral e representar sobre a fiel observância da legislação eleitoral e partidária; IV) promover debates entre candidatos e partidos políticos, visando esclarecer o eleitorado sobre a importância do voto consciente no processo democrático". Foram consideradas corretas as afirmativas I, II e III e incorreta a afirmativa IV.

▸ **Atenção!!!**

Segundo entendimento jurisprudencial dominante, o Ministério Público Eleitoral não é parte legítima para promover execução fiscal de multas eleitorais, atribuição esta dos procuradores da fazenda.

4. O EXERCÍCIO DE ATIVIDADE POLÍTICO-PARTIDÁRIA POR MEMBROS DO MINISTÉRIO PÚBLICO

Tema polêmico de grande relevância no âmbito do estudo do Ministério Público Eleitoral relaciona-se à possibilidade ou não de exercício de atividade político-partidária por parte de membros do MP (atuantes, ou não, no Ministério Público Eleitoral).

Até a promulgação da **Emenda Constitucional nº 45/04**, era pacífico o entendimento segundo o qual **seria possível o exercício de**

atividade político-partidária por membros do Ministério Público, uma vez que não tal mister **não constava no rol das vedações** aos membros do MP, previsto no artigo 128, II da Carta Magna.

Com a **promulgação da referida emenda**, no entanto, passou a ser **expressa a vedação** a tal atividade por membro do MP. Vale destacar, no entanto, a questão do direito adquirido daqueles que já faziam parte da carreira do Ministério Público em período anterior.

Assim, de acordo com o previsto no artigo 29, § 3º, do **Ato das Disposições Constitucionais Transitórias**, assegura-se ao membro do Ministério Público ingressante na carreira antes da promulgação da Constituição de 1988, e optante pelo regime de carreira anteriormente vigente, o direito de exercer atividade político-partidária.

Os **membros do MP**, por sua vez, que ingressaram na carreira **após a Emenda Constitucional nº 45/04** estão **impedidos de exercer tais atividades**. Assim, caso um membro do MP ingressante na carreira após a EC 45/04 deseje se candidatar a cargo eletivo deverá afastar-se definitivamente do cargo, a fim de filiar-se a partido político. Como peculiaridade, neste caso, o membro do MP, mesmo antes da publicação da Lei nº. 13.165/15, não precisava se filiar a partido político um ano antes da eleição, como era regra até as eleições de 2014,, mas tão somente 06 meses antes do pleito eleitoral, regra que permanece inalterada

▸ Como esse assunto foi cobrado em concurso?

No 22º Concurso de Procurador da República foi considerada verdadeira afirmativa que dispunha que "o membro do Ministério Público, para concorrer a cargo eletivo, deve afastar-se definitivamente do cargo e filiar-se a Partido Político até 6 (seis) meses antes da data fixada para o pleito eleitoral, além de observar as exigências previstas na legislação eleitoral, concernentes, dentre outras, ao domicílio eleitoral e aos prazos de desincompatibilização". É de se ressaltar, nesta questão, que a banca examinadora levou em conta a regra geral do membro do MP, ou seja, a regra vigente e aplicável aos membros ingressantes na carreira após a EC 45/04.

Em relação **àqueles que ingressaram na carreira no período compreendido entre a promulgação da Constituição de 1988 e o advento da Emenda Constitucional nº 45/04**, no entanto, grande se tornou a polêmica em torno da possibilidade do exercício de atividades político-partidárias. Buscando dirimir qualquer discussão relativa a este tema, o **Conselho Nacional do Ministério Público editou, então, a resolução nº. 05, de 20 de março de 2006, estabelecendo que apenas os membros do MP que ingressaram na carreira após a EC 45/04 estão impedidos de exercer atividade político-partidária.**

▸ **Atenção!!!**

Diante do exposto, é possível concluir que podem exercer atividade político-partidária todos os membros do MP que ingressaram na carreira até a publicação da Emenda Constitucional nº. 45/04, sendo que aqueles que ingressaram na carreira antes da promulgação da atual Constituição podem, inclusive, exercer cargo eletivo sem a necessidade de afastamento do Ministério Público.

Por fim, vale destacar que a filiação a partido político impede o exercício de funções eleitorais por membro do Ministério Público até dois anos do seu cancelamento.

Capítulo 6

Alistamento eleitoral e aquisição da capacidade política

1. A CAPACIDADE POLÍTICA: CONCEITO E NOÇÕES PRELIMINARES

Como observamos no capítulo I desta obra, a existência material do direito eleitoral está vinculada à efetivação da democracia como regime político. Esta, por sua vez, pressupõe a inclusão de adultos (sufrágio universal) e a participação efetiva do povo na vida política do Estado, dentre outros requisitos. Para que haja democracia, portanto, e para que o direito eleitoral se materialize, é necessário que existam pessoas no gozo de direitos políticos, exercendo o poder de sufrágio, dotadas, portanto, de capacidade política.

A **capacidade política**, conforme lição de Fávila Ribeiro (1996, p. 189), pode ser **definida** como a "aptidão pública reconhecida, pela ordem jurídica, ao indivíduo para integrar o poder de sufrágio nacional, adquirindo a cidadania e ficando habilitado a exercê-la". A aquisição da capacidade política viabiliza o exercício dos direitos políticos.

Direito político, por sua vez, é o direito **de participar da organização e funcionamento do Estado**. É o poder de sufrágio, estudado no capítulo I desta obra.

Aquele que está no **gozo dos direitos políticos**, no Brasil, **habilita-se**, com o alistamento eleitoral (que será estudado neste capítulo), a participar de eleições e consultas populares, promover ação popular, ingressar com projeto de iniciativa popular de lei, ser nomeado para cargos públicos, exercer cargo em entidade sindical e exercer função de diretor ou redator-chefe em periódico.

A **aquisição da capacidade política** para os brasileiros, **firmada a partir do alistamento eleitoral**, por sua vez, é **obrigatória** para os maiores de 18 anos e menores de 70 anos de idade, e **facultativa** para os maiores de 16 e menores de 18 anos, maiores de 70 anos e analfabetos.

▸ **Como esse assunto foi cobrado em concurso?**

No 24º concurso para procurador da república, foi considerada falsa afirmativa que dispunha que "Compreendem o alistamento não obrigatório e ao voto obrigatório, porém o eleitor deve se vincular a uma circunscrição eleitoral havendo relação com o seu domicílio, o qual se confunde com o domicílio civil". Como acabamos de ver, o alistamento eleitoral é obrigatório para os brasileiros, natos e naturalizados, maiores de 18 anos alfabetizados.

Com a aquisição da capacidade política, o indivíduo, tornado **cidadão, no sentido estrito da palavra** (cidadania, em um sentido amplo, significa capacidade de titularizar direitos e obrigações; em um sentido estrito, por sua vez, significa a capacidade para o exercício de direitos políticos), habilita-se, nos termos e condições da lei, ao exercício da capacidade eleitoral ativa (votar) e capacidade eleitoral passiva (ser votado).

Aquisição da capacidade política para os brasileiros	
Obrigatória	**Facultativa**
maiores de 18 anos e menores de 70 anos de idade.	jovens entre 16 e 18 anos de idade, maiores de 70 anos e analfabetos.

▸ **Como esse assunto foi cobrado em concurso?**

No concurso para promotor de justiça do estado de Santa Catarina, realizado em 2005, foi considerada falsa afirmativa que dispunha que "Os analfabetos estão obrigados a promover o alistamento eleitoral, mas o voto é facultativo". Não há obrigação de alistamento eleitoral para analfabetos.

Neste capítulo, estudaremos a questão da aquisição da capacidade eleitoral ativa, destacando os temas da aquisição da nacionalidade brasileira e do alistamento eleitoral. Também serão enfatizados, neste capitulo, temas como domicílio eleitoral, título eleitoral e perda e suspensão dos direitos políticos. Oportunamente, em outro capítulo desta obra, serão estudados os temas relacionados à capacidade eleitoral passiva (condições de elegibilidade e causas de inelegibilidade).

2. A AQUISIÇÃO DA NACIONALIDADE BRASILEIRA

Um dos três elementos fundamentais do Estado, ao lado do território e do poder soberano, é o **povo**, entendido como o grupo de indivíduos que guarda, com o Estado, **vínculos jurídicos e políticos** que vão além das próprias fronteiras estatais. O povo, assim, guarda com o Estado um **vínculo de identidade**, do qual derivam direitos e obrigações relacionadas ao exercício do poder e ao sufrágio, ao direito e ao dever de proteção recíprocos. Um brasileiro, esteja onde estiver no mundo, tem obrigações para com o Brasil, da mesma forma que o Brasil tem a obrigação de zelar pela vida, pela dignidade e pela proteção de todos os brasileiros, mesmo aqueles que vivem no exterior.

O conceito de **povo**, assim, **difere do de população**, uma vez que a população é um mero conceito demográfico, que engloba a **soma de todas as pessoas** que estão no **território de um Estado em determinado momento**, inclusive as estrangeiras, e exclui as nacionais que não estão no território estatal. Um brasileiro que viaja pelo exterior, enquanto estiver fora do país, não integrará a população brasileira, mas continuará a ser considerado povo. Já um estrangeiro que reside no Brasil, sem ter sido naturalizado, será parte integrante da população brasileira, mas não do povo. É o **povo** que tem a **prerrogativa de exercer direitos políticos.** É o povo que tem capacidade política, sendo, por isso mesmo, elemento essencial do Estado.

Através das regras do chamado **"direito de nacionalidade"**, cada Estado define quem é o seu povo. Para isso, são aplicados critérios consagrados no âmbito do Direito Internacional, definidores dos conceitos de nacionalidade primária (também chamada de originária), decorrente do nascimento, e nacionalidade secundária (também chamada de derivada), decorrente de um ato de vontade, a naturalização.

Nacionalidade primária	Nacionalidade secundária
Decorre de um fato natural, o nascimento.	Decorre de um ato de vontade, a naturalização.

No Brasil, as normas referentes ao direito de nacionalidade estão previstas, fundamentalmente, no artigo 12 da Constituição Federal de 1988, e, subsidiariamente, no Estatuto do Estrangeiro (lei nº. 6.815/80).

Assim, de acordo com o inciso I do artigo 12 da CF/88, são considerados **brasileiros natos** (nacionalidade primária), os nascidos no país, ainda que de pais estrangeiros, desde que estes não estejam a serviço do seu país; os nascidos no exterior, de pai ou mãe brasileira, desde que qualquer deles esteja a serviço da República Federativa do Brasil; e os nascidos no exterior, de pai ou mãe brasileira, que sejam registrados em repartição brasileira competente ou venham a residir no Brasil e optem, a qualquer tempo, depois de atingida a maioridade, pela nacionalidade brasileira.

▸ **Como esse assunto foi cobrado em concurso?**

No concurso para promotor de justiça do estado do Rio Grande do Norte, realizado em 2009, foi considerada verdadeira afirmativa que dispunha que "Cidadão brasileiro nascido no exterior e registrado no consulado do Brasil pode ser candidato a presidente da República". Tal assertiva é correta porque tal cidadão, embora nascido no exterior, será considerado brasileiro nato.

Pode-se afirmar, assim, que em relação à **nacionalidade primária**, o Brasil admite tanto o ***jus solis*** como o ***jus sanguinis***. O *jus solis* é o critério do território, que defere nacionalidade aos nascidos no território do Estado. O *jus sanguinis* é o critério do sangue, da família, que defere a nacionalidade primária aos nascidos fora do território com laços familiares a nacionais (filhos de brasileiros nascidos no exterior).

De acordo com o inciso II do citado artigo 12, por sua vez, são considerados **brasileiros naturalizados** (nacionalidade secundária), os que, na forma da lei (art. 112 da Lei nº. 6.815/80), adquiram a nacionalidade brasileira, exigidos aos originários de países de língua portuguesa apenas residência no Brasil por um ano ininterrupto e idoneidade moral (naturalização ordinária); e os estrangeiros de qualquer nacionalidade, residentes no Brasil há mais de 15 anos ininterruptos e sem condenação penal, desde que requeiram a nacionalidade brasileira (naturalização extraordinária, também chamada de quinzenária).

Tanto os brasileiros natos como os brasileiros naturalizados deverão, nos termos da lei, exercer direitos políticos. A **aquisição da capacidade política**, para todos os **brasileiros alfabetizados**, inclusive os **naturalizados**, é **obrigatória**, como já exposto, aos maiores de 18 e menores de 70 anos de idade, conforme previsão do artigo 14 da Constituição Federal de 1988, salvo os conscritos (art. 14, § 2º da

CF/88), durante o período do serviço militar obrigatório (conscrito é aquele indivíduo recrutado para o serviço militar obrigatório).

▸ **Como esse assunto foi cobrado em concurso?**

Em concurso para o cargo de juiz de direito substituto do estado do Mato Grosso do Sul, realizado em 2010, havia uma questão com o seguinte enunciado: "o alistamento eleitoral não é: a) facultativo para os naturalizados; b) facultativo para os analfabetos; c) facultativo para os maiores de setenta anos; d) facultativo para os maiores de dezesseis e menores de dezoito anos; e) obrigatório para os maiores de dezoito anos". A resposta correta foi a letra "a", uma vez que os naturalizados são obrigados a se alistar.

Já em concurso para delegado da polícia civil do estado de São Paulo, foi considerada falsa afirmativa que dispunha que "o alistamento e o voto são obrigatórios para maiores de dezoito anos, alfabetizados ou não". Como visto, o alistamento eleitoral e o voto são facultativos para o analfabeto.

Ainda segundo a Constituição Federal (artigo 12, § 2º), "a lei não poderá estabelecer distinção entre brasileiros natos e naturalizados, salvo nos casos previstos nesta Constituição". São **privativos de brasileiro nato**, contudo, os seguintes cargos, conforme previsão do § 3º do artigo 12 da Carta Magna:

Cargos privativos de brasileiro nato
a) Presidente e vice-presidente da República; b) Presidente da Câmara dos Deputados; c) Presidente do Senado Federal; d) Ministro do Supremo Tribunal Federal; e) Cargos da carreira diplomática; f) Oficial das Forças Armadas; g) Ministro de Estado da Defesa.

▸ **Como esse assunto foi cobrado em concurso?**

No 23º concurso para procurador da república, foi considerada falsa afirmativa que dispunha que "o brasileiro naturalizado pode ser candidato a Deputado Federal, mas não pode ser candidato a Senador". Como visto, os únicos cargos privativos de brasileiro nato são aqueles previstos no artigo 12, § 3º da Constituição Federal.

Curiosa, e bastante relevante, contudo, é a previsão do artigo 12, § 1º da Constituição Federal. Segundo a Carta Magna, "aos portugueses com residência permanente no país, se houver reciprocidade em favor de brasileiros, serão atribuídos os direitos inerentes ao brasileiro, salvo os casos previstos nesta Constituição". É a situação do chamado **"português equiparado a brasileiro naturalizado"**, disciplinada pelo Tratado de Amizade, Cooperação e Consulta, assinado entre Brasil e Portugal em 22 de abril do ano 2000 (data em que se comemorou os 500 anos do descobrimento do Brasil pelos portugueses) e promulgado pelo **decreto nº. 3.927**, de 19 de setembro de 2001.

Segundo o citado tratado, em seu artigo 17, o gozo de direitos políticos por brasileiros em Portugal e por portugueses no Brasil só será reconhecido aos que tiverem três anos de residência habitual e depende de requerimento à autoridade competente. Além disso, dispõe o referido dispositivo normativo que a igualdade quanto aos direitos políticos não abrange as pessoas que, no Estado da nacionalidade, houverem sido privadas de direitos equivalentes.

Por fim, estabelece o tratado que o gozo de direitos políticos no Estado de residência importa na **suspensão do exercício dos mesmos direitos no Estado da nacionalidade**. Assim, o brasileiro que, por ventura, estiver exercendo direitos políticos em Portugal, em virtude do Tratado de Amizade, Cooperação e Consulta, terá seus direitos políticos no Brasil suspensos, enquanto permanecer nesta condição.

▸ Como esse assunto foi cobrado em concurso?

No concurso para promotor de justiça do estado do Rio Grande do Norte, realizado em 2009, foi considerada falsa afirmativa que dispunha que "um cidadão português que goze do estatuto da reciprocidade pode ser candidato a presidente da República". Tal afirmativa é falsa porque o português em tal situação será equiparado a brasileiro naturalizado, e não brasileiro nato, e o cargo de presidente da república é acessível, apenas, a brasileiros natos.

▸ Atenção!!!

É muito comum, nos dias de hoje, pessoas com mais de uma nacionalidade, os chamados "polipátridas". Caso um brasileiro seja, ao mesmo tempo, português, exercerá normalmente, este indivíduo, direitos políticos no Brasil e em Portugal, de forma concomitante. Os direitos políticos do brasileiro somente serão suspensos, nos termos do Tratado de Cooperação, Amizade e Consulta, caso o exercício desses direitos em Portugal decorra do referido documento.

3. O ALISTAMENTO ELEITORAL

O alistamento eleitoral, considerado a **primeira etapa do processo eleitoral**, é o ato pelo qual o indivíduo se habilita, perante a Justiça Eleitoral, como eleitor e sujeito de direitos políticos, conquistando a capacidade eleitoral ativa.

A disciplina jurídica do alistamento eleitoral, atualmente, encontra-se no **Código Eleitoral (arts. 42 a 81)** e, principalmente, na **Resolução TSE nº. 21.538/03**. Vale destacar, neste sentido, que o Código Eleitoral, promulgado em 1965, vinte e três anos, portanto, antes da atual Constituição, encontra-se superado em vários aspectos, que serão destacados neste capítulo.

O alistamento eleitoral, segundo o artigo 42 do Código Eleitoral, se faz mediante a **qualificação e a inscrição do eleitor**. A qualificação é o ato através do qual o indivíduo faz prova que satisfaz as exigências legais para se tornar eleitor. Já a inscrição é o registro da pretensão à condição de eleitor, realizada por servidor da Justiça Eleitoral a partir de postulação do cidadão. É através do preenchimento de formulário específico denominado **RAE (requerimento de alistamento eleitoral)** que se realiza a postulação ao alistamento eleitoral. O RAE serve como documento de entrada de dados e é processado eletronicamente, em todo o território nacional, por servidor da Justiça Eleitoral, na presença do eleitor.

> **▸ Como esse assunto foi cobrado em concurso?**
>
> No concurso para técnico judiciário do TRE-ES, realizado em 2011, pelo CESPE, foi considerada falsa afirmativa que dispunha que "É obrigatório que o requerimento de alistamento eleitoral (RAE) seja preenchido ou digitado na presença do requerente, podendo ser impresso em sua ausência".

Em relação ao cadastro de eleitores, mantido pela Justiça Eleitoral, vale destacar que, segundo a Resolução TSE nº 21.538/2003, alterada pela Resolução TSE nº 23.490/2016, o tratamento das informações pessoais assegurará a preservação da intimidade, da vida privada, da honra e da imagem do cidadão, restringindo-se o acesso a seu conteúdo, excluindo-se de tal restrição os pedidos relativos a procedimento previsto na legislação eleitoral, a ele relacionado ou de cujo atendimento resultem subsídios a sua análise, e o acesso do eleitor a seus dados pessoais; de autoridade judicial, de órgão do Ministério Público e, desde que haja expressa autorização legal para acesso aos dados mantidos pela Justiça Eleitoral, de órgãos e agentes públicos ou outras entidades, vinculada a utilização das informações obtidas às respectivas atividades funcionais, exclusivamente; de órgãos públicos, desde que signatários de convênios com o Tribunal Superior Eleitoral – TSE, cujos objetos estejam alinhados às respectivas missões institucionais, e de Termo de Compromisso e Manutenção de Sigilo – TCMS, na forma prevista pelo art. 18, parágrafo único, do Decreto nº 7.845/2012.

O acesso de outros órgãos ou agentes públicos não indicados acima não incluirá informações pessoais relativas à intimidade, à vida privada, à honra e à imagem, aí considerados ocupação, estado civil, escolaridade, telefone, impressões digitais, fotografia, assinatura digitalizada e endereço. Tal restrição incidirá sobre outras informações cuja obtenção possa comprometer, mesmo que indiretamente, as regras de proteção estabelecidas nesta resolução, sem prejuízo da confirmação da autenticidade e da unicidade do registro de titular de inscrição eleitoral, desde que provido por ferramenta eletrônica ou serviço automatizado, na forma regulamentada por ato normativo próprio.

Os tribunais e juízes eleitorais poderão, no âmbito de suas jurisdições, autorizar o fornecimento a interessados, desde que sem ônus para a Justiça Eleitoral e disponíveis em meio eletrônico, de dados de natureza estatística levantados com base no cadastro eleitoral, relativos ao eleitorado ou ao resultado de pleito.

3.1. Diferença entre alistamento, transferência, revisão e segunda via

De grande relevância é a distinção estabelecida entre alistamento eleitoral, transferência eleitoral, revisão eleitoral e segunda via, prevista nos artigos 4º a 7º da Resolução nº. 21.538/03, conforme a seguinte tabela:

Distinção entre alistamento eleitoral, transferência, revisão e segunda via	
Alistamento	quando o alistando requerer inscrição e em seu nome não for identificada inscrição em nenhuma zona eleitoral do país ou exterior, ou a única inscrição localizada estiver cancelada por determinação de autoridade judiciária.

<table>
<tr><th colspan="3">Distinção entre alistamento eleitoral, transferência, revisão e segunda via</th></tr>
<tr><td>Transferência</td><td colspan="2">ocorre sempre que o eleitor desejar alterar seu domicílio eleitoral. Neste caso, é mantido o número do título de eleitor.</td></tr>
<tr><td>Revisão</td><td>ocorre quando o eleitor necessitar alterar local de votação no mesmo município, ainda que haja mudança de zona eleitoral, retificar dados pessoais ou regularizar situação de inscrição cancelada por falecimento, duplicidade/pluralidade, deixar de votar em três eleições consecutivas e revisão do eleitorado, desde que comprovada a inexistência de outra inscrição regular ou suspensa para o eleitor.</td><td rowspan="2">nos casos de revisão e segunda via, a data de domicílio do eleitor não será alterada.</td></tr>
<tr><td>Segunda via</td><td>ocorre quando o eleitor estiver inscrito e em situação regular na zona por ele procurada e desejar apenas a segunda via do seu título eleitoral, sem nenhuma alteração.</td></tr>
</table>

▸ **Atenção!!!**

O eleitor com título cancelado só será obrigado a novo alistamento, recebendo novo número de título eleitoral, em caso de cancelamento do título por determinação de autoridade judiciária. Quando o título eleitoral vier a ser cancelado por outros motivos, terá direito, o eleitor, à manutenção do número originário do seu título.

3.2. Documentos necessários para o alistamento eleitoral

Para o alistamento, o requerente deverá apresentar um dos seguintes documentos do qual se infira a nacionalidade brasileira, de acordo com previsto no art. 5º, § 2º da Lei nº. 7.444.85:

Documentos necessários para o alistamento eleitoral	
a)	carteira de identidade ou carteira emitida pelos órgãos criados por lei federal, controladores do exercício profissional;
b)	certificado de quitação do serviço militar;
c)	certidão de nascimento ou casamento, extraída do Registro Civil;
d)	instrumento público do qual se infira, por direito, ter o requerente a idade mínima de 16 anos e do qual constem, também, os demais elementos necessários à sua qualificação.

Vale destacar que para eleitores do **sexo masculino**, maiores de 18 anos, **é obrigatória, no alistamento eleitoral** (e não na transferência, revisão ou segunda via) a apresentação do **certificado de quitação do serviço militar**.

> **Como esse assunto foi cobrado em concurso?**
>
> Em concurso para o cargo de Analista Judiciário do TRE-SE, realizado em 2007, foi considerada verdadeira afirmativa que dispunha que "a apresentação de certificado de quitação do serviço militar é obrigatória para maiores de 18 anos, do sexo masculino".

> **Atenção!!!**
>
> É facultado o alistamento, no ano em que se realizarem eleições, de menores com 15 anos de idade, desde que, na data da eleição, já tenham completado 16 anos. O brasileiro nato que não se alistar até os 19 anos ou o naturalizado que não se alistar até um ano depois de adquirida a nacionalidade brasileira incorrerá em multa imposta pelo juiz eleitoral e cobrada no ato da inscrição. Tal multa, entretanto, não será aplicada caso o não-alistado venha a requerer sua inscrição eleitoral até o 151º dia anterior à eleição subsequente à data em que completar 19 anos.

> **Como esse assunto foi cobrado em concurso?**
>
> Em concurso para o cargo de Técnico Judiciário do TRE-ES, promovido pelo CESPE, em 2011, foi considerada verdadeira afirmativa que dispunha que " O brasileiro nato, não alistado, que requerer sua inscrição eleitoral até o centésimo quinquagésimo primeiro dia anterior à eleição subsequente à data em que completar dezenove anos fica isento de multa".

3.3. O alistamento eleitoral no Código Eleitoral: principais informações

Como já destacado, historicamente o Código Eleitoral (Lei nº. 4.737/65), em seus artigos 42 a 81, sempre foi considerado a principal fonte normativa do alistamento eleitoral. Ocorre que, com a promulgação da Constituição Federal de 1988 e, posteriormente, da Lei nº. 9.504/97, **o Código Eleitoral tornou-se obsoleto** em várias questões envolvendo esta temática.

Assim, para evitar erros e confusões, **neste tópico** serão destacadas as **principais questões** envolvendo o tema do alistamento eleitoral **disciplinadas pelo Código Eleitoral**, muitas delas conflitantes com legislações posteriores e, portanto, inaplicáveis.

Logo no seu artigo 44, exige o Código Eleitoral que o requerimento de alistamento seja acompanhado de **três retratos**. Tal exigência, contudo, **não cabe mais**, de acordo com o art. 6º da Lei nº. 6.996/82. O atual título eleitoral, inclusive, não tem mais a foto do eleitor.

Da mesma forma, o artigo 45 do Código Eleitoral dispõe que os dados do eleitor deverão, no processo de alistamento, ser inseridos em um documento chamado **"folha individual de votação"**. Com a informatização do processo de alistamento eleitoral, iniciada com a lei nº. 6.996/82, a citada "folha individual de votação" foi extinta. A mesma foi **substituída**, conforme previsão do artigo 12 da Lei nº. 6.996/82, por **listas de eleitores emitidas por computador**.

Também o **artigo 67 do Código Eleitoral**, que dispõe que "nenhum requerimento de inscrição eleitoral ou de transferência será recebido dentro dos cem dias anteriores à data da eleição", tornou-se ultrapassado. Conforme interpretação do citado dispositivo legal, **permitia-se o alistamento eleitoral até 101 dias antes da eleição**. Hoje, contudo, de acordo com o previsto no artigo 91 da Lei nº. 9.504/97 (Lei das Eleições), o **prazo para alistamento, revisão e transferência de título**, em ano eleitoral, encerra-se **151 dias** antes do pleito. Nos termos da lei, "nenhum requerimento de inscrição eleitoral ou de transferência eleitoral será recebido dentro dos cento e cinquenta dias anteriores à data da eleição".

O **artigo 54** do Código Eleitoral, por sua vez, **é inaplicável desde 1966**, quando a lei nº. 5.143/66 aboliu o imposto do selo. Dispõe o referido dispositivo do CE que "o requerimento da segunda via, em qualquer das hipóteses, deverá ser assinado sobre selos federais, correspondentes a dois por cento do salário mínimo da zona eleitoral de inscrição". Hoje em dia, em decorrência do previsto na lei nº. 9265/96, todos os **documentos necessários** ao alistamento eleitoral serão **fornecidos gratuitamente**. A segunda via do título também será gratuita.

O **artigo 55, III** do Código Eleitoral também se encontra revogado. Dispondo sobre transferência de título eleitoral, o citado dispositivo prevê que a **prova da residência** no novo domicílio deverá ser atestada por autoridade policial ou provada por outros meios convincentes. Hoje, de acordo com o artigo 8º, III da Lei nº. 6.996/82, basta, em regra, **declaração do próprio eleitor** para a comprovação da residência (excepcionalmente, poderá ser exigida prova mais contundente).

▸ **Como esse assunto foi cobrado em concurso?**

No concurso para juiz de direito substituto do estado do Mato Grosso do Sul, realizado em 2008, foi considerada falsa afirmativa que dispunha que "o domicílio eleitoral requer prova, a despeito de declaração escrita do eleitor".

Apesar de contar com vários dispositivos inaplicáveis, o **Código Eleitoral continua a ser importante** na normatização do procedimento do alistamento eleitoral. Exemplo dessa relevância encontra-se na redação do **artigo 49**, que estabelece que os cegos alfabetizados deverão se alistar pelo **sistema Braille**.

▸ **Como esse assunto foi cobrado em concurso?**

No 14º concurso para procurador da república, foi considerada falsa afirmativa que dispunha que "o alistamento e o voto são vedados para os deficientes visuais e admitidos para as pessoas portadoras de deficiência física, mediante laudo por junta médica, nos termos da lei".

Também o **artigo 48** do Código faz referência a uma importante questão, ao dispor que "o empregado, mediante comunicação com 48 horas de antecedência, poderá **deixar de comparecer ao serviço, sem prejuízo do salário** e por tempo não excedente a dois dias, para o fim de se alistar eleitor ou requerer transferência".

▸ **Como esse assunto foi cobrado em concurso?**

No concurso para Analista Judiciário do TRE-PB, realizado em 2007, foi considerada verdadeira afirmativa que dispunha que "o empregado, mediante comunicação de 48 (quarenta e oito) horas de antecedência, poderá deixar de comparecer ao serviço sem prejuízo do salário e por tempo não excedente a 2 (dois) dias, a fim de alistar-se eleitor ou requerer transferência".

Já no concurso para Técnico Judiciário do TRE-MS, realizado em janeiro de 2013, foi considerada verdadeira afirmativa que dispunha que "é assegurada ao empregado a falta justificada ao trabalho para fins de alistamento eleitoral, sem prejuízo de seu salário".

4. O DOMICÍLIO ELEITORAL

De acordo com o **parágrafo único do artigo 42 do Código Eleitoral**, o domicílio eleitoral é "o lugar de residência ou moradia do requerente e, verificado ter o alistando mais de uma, considerar-se-á domicílio qualquer delas".

▸ Qual o entendimento do TSE sobre este assunto?

Segundo **jurisprudência consolidada do TSE** (Ac. 18.124, de 16.11.00, do TSE, RJTSE, v. 12, t. 3), o domicílio eleitoral não se confunde, necessariamente, com o domicílio civil. Assim, o fato de o eleitor residir em determinado município não constitui óbice para que o mesmo se aliste como eleitor de outro, desde que com este outro mantenha vínculos (negócios, propriedades, atividades políticas etc.). É o chamado **"domicílio eleitoral afetivo"**.

De acordo com o art. 65 da Resolução TSE nº. 21.538/03, "a comprovação de domicílio poderá ser feita mediante um ou mais documentos dos quais se infira ser o eleitor residente ou ter vínculo profissional, patrimonial ou comunitário no município a abonar a residência exigida".

O domicílio eleitoral, nos termos da jurisprudência do TSE, vai além do domicílio civil, sendo devida a autorização para a transferência quando estiverem comprovadas relações econômicas, sociais e/ou familiares entre o cidadão e o município para o qual se pretenda a transferência. A análise do domicílio eleitoral, quando não há controvérsia a respeito dos fatos, é questão. (Recurso Especial Eleitoral nº 75-24/RN Ação Cautelar nº 0601438-47/RN Relator: Ministro Henrique Neves da Silva). DJE de 18.10.2016.

▸ Como esse assunto foi cobrado em concurso?

No 22º concurso para procurador da república, foi considerada verdadeira afirmativa que dispunha que "o domicílio eleitoral não se confunde com o domicílio civil, regido pelo direito civil, ficando aquele também caracterizado quando a pessoa, mesmo não residindo no local com ânimo definitivo, com ele mantenha vínculos de natureza meramente afetiva, social, econômica ou política".

▸ Atenção!!!

Vale destacar que o eleitor só poderá candidatar-se na circunscrição eleitoral que abranja o município em que estiver inscrito como eleitor (um eleitor inscrito no município de Salvador/BA, por exemplo, só poderá ser candidato a prefeito ou vice-prefeito de Salvador, vereador de Salvador, deputado estadual, deputado federal ou senador pela Bahia, governador e vice-governador da Bahia e presidente e vice-presidente da república). De acordo com nova regra eleitoral estabelecida pela Lei nº 13.488/2017, a qual alterou a redação do artigo 9º da Lei das Elei-ções, para que seja candidato a um cargo eletivo, o cidadão deverá ter domicílio eleitoral na circunscrição seis meses antes do pleito.

▸ Como esse assunto foi cobrado em concurso?

No 13º concurso para procurador da república, foi considerada verdadeira afirmativa que dispunha que "o domicílio eleitoral, na circunscrição, é condição de elegibilidade".

4.1. Transferência do domicílio eleitoral

Como já destacado, a **transferência** do título eleitoral ocorre sempre que o eleitor desejar **alterar seu domicílio eleitoral**. Neste caso, ele deixará de ser eleitor de determinado município, passando a ser eleitor de outro.

Segundo o **art. 18 da Resolução nº. 21.538/03**, a transferência do eleitor só será admitida se satisfeitas as seguintes exigências: I - recebimento do pedido no cartório eleitoral do novo domicílio no prazo estabelecido pela legislação vigente; II - transcurso de, pelo menos, um ano do alistamento ou da última transferência; III - residência mínima de três meses no novo domicílio, declarada, sob as penas da lei, pelo próprio eleitor (Lei nº. 6.996/82, art. 8º); IV - prova de quitação com a Justiça Eleitoral.

▸ **Como esse assunto foi cobrado em concurso?**

No concurso para juiz substituto do estado do Pará, realizado em 2009, foi considerada falsa afirmativa que dispunha que "são exigências para o deferimento do pedido de transferência do título eleitoral a transcorrência de pelo menos 2 (dois) anos da inscrição primitiva e a prova de residência mínima de 12 meses no novo domicílio".

Já no concurso para técnico judiciário do TRE-MS, realizado em janeiro de 2013, foi considerada verdadeira afirmativa que dispunha que "para a transferência do eleitor, exige-se que ele resida há pelo menos três meses no novo domicílio, fato declarado, sob as penas da lei, pelo próprio eleitor".

O **disposto nos incisos II e III** (transcurso de, pelo menos, um ano do alistamento ou da última transferência e residência mínima de três meses no novo domicílio) **não se aplica** à transferência de título eleitoral de **servidor público civil, militar, autárquico, ou de membro da sua família**, por motivo de **remoção ou transferência** (Lei nº. 6.996/82, art. 8º, parágrafo único).

5. DO TÍTULO ELEITORAL

O título eleitoral é o documento que **comprova o alistamento do eleitor**. Emitido obrigatoriamente por computador, deverá ser preto e verde, com dimensões de 9,5 X 6,0 cm. Dele constarão o nome do eleitor, data de nascimento, unidade da federação, município, zona eleitoral, seção onde vota, número de inscrição eleitoral, data de emissão, assinatura do eleitor ou seu polegar e assinatura do juiz eleitoral, bem como a expressão "segunda via", quando for o caso.

O título eleitoral **prova a quitação do eleitor para com a Justiça Eleitoral** até a data de sua emissão.

6. EXCLUSÃO E CANCELAMENTO DA INSCRIÇÃO ELEITORAL

Eventualmente, poderão ocorrer **irregularidades no processo de alistamento de eleitores**. Sempre que um brasileiro estiver inscrito como eleitor com infração à legislação eleitoral, a Justiça Eleitoral poderá ser acionada para **proceder à exclusão ou ao cancelamento do título irregular**.

Qualquer eleitor (art. 71, § 1º, do CE), assim como o Ministério Público, partidos políticos e, até mesmo, o Juiz Eleitoral, de ofício, poderá provocar a deflagração de procedimento de exclusão de eleitor.

> ▸ **Como esse assunto foi cobrado em concurso?**
>
> Em concurso para promotor de justiça do estado do Rio Grande do Norte, realizado em 2009, foi considerada verdadeira afirmativa que dispunha que "qualquer eleitor tem legitimidade para requerer da justiça eleitoral a exclusão de eleitor que tiver suspensos os direitos políticos".

São **causas de cancelamento do título eleitoral** a infração às regras do domicílio eleitoral; a suspensão ou perda dos direitos políticos (que serão estudadas ainda neste capítulo); a pluralidade de inscrição; o falecimento do eleitor e a falta injustificada em três eleições consecutivas, sem pagamento de multa.

> ▸ **Como esse assunto foi cobrado em concurso?**
>
> Em concurso para Analista Administrativo do TRE-AP, foi apresentada uma questão com o seguinte enunciado: "São causas de cancelamento da condição de eleitor: a) suspensão dos direitos políticos; b) deixar de votar em 2 eleições consecutivas; c) enfermidade grave e incurável; d) mudança de domicílio há dois meses". Foi considerada como verdadeira apenas a assertiva "a".

Quanto à questão da infração às regras do domicílio eleitoral, sempre que ficar comprovada a burla ao artigo 42, parágrafo único, do Código Eleitoral será possível a **instauração de procedimento de cancelamento da inscrição**, para exclusão do eleitor. Instaurado o procedimento, deverá ser publicado edital para contestação em 05 dias, dilação probatória entre 05 e 10 dias e decisão no prazo de mais 05 dias, cabendo recurso em três dias, sem efeito suspensivo. Partidos políticos tanto podem desencadear o processo como também assumir a defesa do eleitor cuja exclusão esteja sendo questionada (art. 27, II da Resolução TSE nº. 21.538/03). O procedimento para a exclusão e cancelamento do título de eleitor irregular poderá ser instaurado a qualquer tempo, sem prazo decadencial ou prescricional.

Uma vez **cessada a causa do cancelamento**, o interessado poderá **requerer nova inscrição**.

> **Como esse assunto foi cobrado em concurso?**
>
> Em concurso para Analista Judiciário do TRE-PI, realizado em 2009, foi considerada falsa a seguinte afirmativa: "caberá recurso interposto por qualquer delegado de partido, no prazo de 15 dias contados da publicação da listagem, do despacho que indeferir o requerimento de inscrição". Como visto, do despacho que indefere o requerimento de inscrição formulado pelo eleitor, cabe recurso no prazo de três dias.
>
> Já no concurso para promotor de justiça do estado do Rio Grande do Norte, realizado em 2009, foi considerada falsa afirmativa que dispunha que "a pluralidade de inscrições eleitorais é resolvida mediante o cancelamento de ofício das inscrições mais antigas". Sempre que houver pluralidade de inscrições eleitorais, deverá ser respeitado o devido processo legal e o direito à ampla defesa para a promoção do cancelamento de uma delas.

> **Atenção!!!**
>
> A falta injustificada em três eleições consecutivas, sem pagamento de multa ou justificativa de ausência, ocasiona o cancelamento do título eleitoral. O eleitor não é apenado quando realiza a justificativa. De acordo com jurisprudência dominante da Justiça Eleitoral (Ac. 649/05 do TSE), considera-se como uma eleição um turno eleitoral, plebiscito ou referendo. Assim, por exemplo, o eleitor que não votou, não justificou sua ausência e não pagou multa no referendo de 2005 e nos dois turnos das eleições 2006, respectivamente, teve o seu título cancelado.

6.1. A correição e a revisão do eleitorado

Anualmente, de forma ordinária, ou extraordinariamente, sempre que entender necessário ou ante a existência de indícios de irregularidade, o **corregedor-regional eleitoral realizará correição do eleitorado**, a fim de **verificar se existem irregularidades** no processo de alistamento eleitoral que comprometam a normalidade e a legitimidade das eleições (excesso de eleitores em determinado município, acima da média populacional, ou inscrição de eleitores falecidos, por exemplo).

Caso, na correição, seja comprovada **irregularidade comprometedora**, será realizada a revisão do eleitorado, procedimento equivalente a um recadastramento, a partir do qual todos os eleitores de determinada zona ou região serão convocados para uma **revisão eleitoral**, sob pena de cancelamento do título.

O procedimento de revisão eleitoral poderá ser provocado mediante **denúncia fundamentada de fraude no alistamento** em zona ou município, dirigida ao TRE. Provada a fraude em proporção comprometedora, TRE determina revisão, comunicando ao TSE.

O **juiz eleitoral da zona submetida à revisão deverá presidir os trabalhos**, que poderão ser fiscalizados pelos partidos políticos, dando início aos procedimentos no prazo máximo de 30 dias da aprovação da revisão pelo tribunal competente. O TRE, através da **corregedoria regional, inspecionará os trabalhos** de revisão, que deverão ter ampla divulgação junto ao eleitorado. Edital deverá ser publicado pelo juiz cinco dias antes do início dos trabalhos, comunicando a população.

O juiz eleitoral prolatará sentença de cancelamento dos títulos não revisados, cabendo recurso, no prazo de 03 dias, ao TRE. Após, o juiz fará relatório e o encaminhará à Corregedoria Regional Eleitoral.

Por fim, o Corregedor Regional Eleitoral, ouvido o Ministério Público, indica eventuais providências a serem tomadas, se verificar irregularidades na realização dos trabalhos, e submete o relatório ao TRE, para homologação, se entender regular os trabalhos revisionais.

▸ **Atenção!!!**

O TSE determinará, de ofício, a revisão sempre que: I – total de transferências de eleitores ocorridas no ano em curso seja dez por cento superior à do ano anterior; II – eleitorado for superior ao dobro da população entre dez e quinze anos, somada à idade superior a 70 anos do território daquele município; III – eleitorado for superior a 65% da população projetada para aquele ano pelo IBGE.

▸ **Como esse assunto foi cobrado em concurso?**

Em concurso para Técnico Judiciário do TRE-TO, realizado pela FCC, em 2011, foi proposta a seguinte questão: "De acordo com a Resolução do TSE nº 21.538/2003, nas zonas eleitorais em que o total de transferência de eleitores ocorridas no ano em curso seja dez por cento superior ao do ano anterior, a determinação, de ofício, da revisão e correição dessas zonas eleitorais cabe ao: a) Juiz Eleitoral; b) Procurador-Geral Eleitoral; c) Procurador Regional Eleitoral; d) Tribunal Superior Eleitoral; e) Tribunal Regional Eleitoral". A resposta correta considerada foi a da letra "d", Tribunal Superior Eleitoral.

Não será realizada revisão do eleitorado em **ano eleitoral**, salvo em situações excepcionais, quando autorizada pelo TSE.

7. PERDA E SUSPENSÃO DOS DIREITOS POLÍTICOS.

De acordo com o artigo 15 da Constituição Federal de 1988, "é **vedada a cassação de direitos políticos**, cuja perda ou suspensão só se dará nos casos de: I- cancelamento da naturalização por sentença transitada em julgado; II – incapacidade civil absoluta; III – condenação criminal transitada em julgado, enquanto durarem seus efeitos; IV – recusa de cumprir obrigação a todos imposta ou prestação alternativa, nos termos do art. 5º, VIII; V- improbidade administrativa, nos termos do art. 37, § 4º".

▸ Como esse assunto foi cobrado em concurso?

Em concurso para juiz de direito substituto do estado de Roraima, realizado em 2008, foi apresentada a seguinte questão: "A recusa de cumprimento de obrigação a todos imposta ou prestação alternativa, acarreta: a) somente a imposição de pena pecuniária; b) a cassação dos direitos políticos; c) a perda dos direitos políticos; d) a suspensão dos direitos políticos; e) somente a aplicação de pena privativa de liberdade". A resposta correta considerada foi a da assertiva "d".

Já no 19º concurso para procurador da república, foi considerada falsa afirmativa que dispunha que "os direitos políticos, segundo a Constituição da República, podem ser cassados nas hipóteses de corrupção e subversão, visando a garantir a lisura nos pleitos e a probidade na administração pública".

Como já observado, o **gozo dos direitos políticos é requisito para o exercício das capacidades políticas ativa e passiva**. Daí a importância do estudo das hipóteses de perda e suspensão dos direitos políticos, tema que suscita muita confusão na doutrina, e na própria legislação, tendo em vista a ocorrência de erros constantes quanto aos conceitos de perda e suspensão. Afinal de contas, qual a diferença entre os dois conceitos?

Podemos afirmar que **a perda dos direitos políticos é definitiva**, enquanto que a **suspensão é temporária**. Diante desta diferenciação, é possível concluir que a **única hipótese de perda de direitos políticos** prevista no ordenamento jurídico brasileiro ocorre quando o indivíduo perde a sua nacionalidade, seja em ação de cancelamento de naturalização, ou seja, voluntariamente. Deixando de ser brasileiro, o indivíduo fica, evidentemente, impedido de exercer direitos políticos no Brasil, de forma definitiva.

> **▸ Como esse assunto foi cobrado em concurso?**
>
> Em concurso para juiz de direito substituto do estado de Alagoas, realizado em 2007, foi apresentada a seguinte questão: "Hanz, alemão naturalizado brasileiro, teve a sua naturalização cancelada por sentença transitada em julgado. Tal fato acarretará a: a) manutenção de seus direitos políticos até eventual expulsão; b) suspensão dos seus direitos políticos; c) cassação dos seus direitos políticos; d) impossibilidade de ser votado, sem prejuízo do direito de votar; e) perda dos seus direitos políticos". A resposta correta considerada foi a da assertiva "e".

À margem da hipótese de perda da nacionalidade brasileira, não restam outras possibilidades de perda de direitos políticos no Brasil. Afinal, a Constituição Federal é muito clara ao vedar a cassação de direitos políticos. Assim, todas as demais hipóteses de impedimento pleno ao exercício de direitos políticos se vinculam a situações de suspensão de direitos políticos, de caráter temporário.

Exemplos, entretanto, não faltam, no que se refere a **erros de conceituação entre perda e suspensão de direitos políticos na legislação brasileira**. Notória era, neste sentido, a **antiga redação do artigo 435 do Código de Processo Penal**, que dispunha que "a recusa ao serviço do júri, motivada por convicção religiosa, filosófica ou política, importará a **perda** dos direitos políticos". Evidentemente, abstraindo-se a própria discussão acerca da constitucionalidade do referido dispositivo, uma vez que, de acordo com a Constituição Federal, existe a possibilidade de prestação alternativa, quando o dispositivo legal referido falava em "perda" de direitos políticos dever-se-ia ler "suspensão" de tais direitos. Afinal, a perda, definitiva, importaria em cassação dos mesmos direitos, vedada constitucionalmente. Admitindo o equívoco, o legislador, por meio da Lei 11.689/08, além de revogar o referido artigo 435, criou um novo, o art. 438, com a seguinte redação: "a recusa ao serviço do júri fundada em convicção religiosa, filosófica ou política importará no dever de prestar serviço alternativo, **sob pena de suspensão** dos direitos políticos, enquanto não prestar o serviço imposto".

7.1. A suspensão dos direitos políticos por incapacidade civil absoluta e o Estatuto da Pessoa com Deficiência (Lei nº. 13.146/15)

Uma das grandes inovações legislativas do ano de 2015, ao lado do Novo Código de Processo Civil e da Lei nº. 13.165/15 (reforma eleitoral), com impactos no direito eleitoral, foi gerada pela publicação, em 06 de julho, do Estatuto da Pessoa com Deficiência (Lei nº. 13.146/15), cuja entrada em vigor foi determinada para janeiro de 2016, após 180 dias de *vacatio legis*.

Com um capítulo específico sobre o direito à participação na vida pública e política, além de outras disposições normativas vinculadas ao processo democrático, com repercussões, inclusive, no âmbito criminal, o Estatuto da Pessoa com Deficiência estabelece, como primeira grande novidade geradora de impactos no direito eleitoral, a alteração dos artigos 3º e 4º do Código Civil, referentes à normatização da capacidade civil.

Dispunha o Código Civil brasileiro, no seu artigo 3º, que eram absolutamente incapazes: os menores de dezesseis anos; os que, por enfermidade ou deficiência mental, não tivessem o necessário discernimento para a prática desses atos; e os que, mesmo por causa transitória, não pudessem exprimir sua vontade.

Já o artigo 4º do Código Civil, antes da vigência do Estatuto da Pessoa com Deficiência, dispunha que seriam relativamente incapazes os maiores de dezesseis e menores de dezoito anos; os ébrios habituais, os viciados em tóxicos, e os que, por deficiência mental, tenham o discernimento reduzido; os excepcionais, sem desenvolvimento mental completo; e os pródigos. Ainda dispunha o parágrafo único do Código que a capacidade dos índios seria regulada por legislação especial.

Doravante, com a publicação do Estatuto da Pessoa com Deficiência, o novo artigo 3º do Código Civil passa a dispor, no seu caput, que "são absolutamente incapazes de exercer pessoalmente os atos da vida civil os menores de 16 (dezesseis) anos". Os incisos que existiam anteriormente, referentes ao citado artigo, foram todos revogados pela nova lei. Assim, só será considerado absolutamente incapaz, no Brasil, o menor de 16 anos.

O artigo 88, § 2º do Estatuto, por sua vez, estabelece que "considera-se pessoa com deficiência aquela que tem impedimento de longo prazo de natureza física, mental, intelectual ou sensorial, o qual, em interação com uma ou mais barreiras, pode obstruir sua participação plena e efetiva na sociedade em igualdade de condições com as demais pessoas", devendo a avaliação da deficiência, quando necessária, ser obtida de forma biopsicossocial, através de trabalho desenvolvido por equipe multidisciplinar, a qual deverá considerar os impedimentos nas funções e nas estruturas do corpo; os fatores socioambientais, psicológicos e pessoais; a limitação no desempenho de atividades; e a restrição de participação do indivíduo.

Estas importantes mudanças, promovidas no texto do Código Civil e/ou previstas no novo Estatuto, serão capazes de gerar importantes consequências no âmbito do Direito Eleitoral, especialmente no que se refere ao exercício da capacidade política, tanto na sua dimensão ativa (que envolve, especialmente, o direito de votar), como na sua dimensão passiva (relativa, em especial, ao direito de ser votado).

De acordo com o artigo 15, II, da Constituição Federal, é hipótese de suspensão dos direitos políticos a incapacidade civil absoluta. Assim, os absolutamente incapazes, de acordo com o texto constitucional, são impedidos de exercer a capacidade política, nas suas duas dimensões, enquanto perdurarem os efeitos da incapacidade.

Antes da publicação do Estatuto da Pessoa com Deficiência, como já destacado, as hipóteses de incapacidade civil absoluta abrangiam não apenas a questão da idade, como também a situação daqueles que, por enfermidade ou deficiência mental, não tivessem o necessário discernimento para a prática desses atos; bem como a daqueles que, mesmo por causa transitória, não pudessem exprimir sua vontade.

Em relação aos menores de 16 anos, nada muda no que se refere ao exercício da capacidade política com o Estatuto da Pessoa com Deficiência: continuarão, estes indivíduos, sendo considerados absolutamente incapazes e, portanto, inaptos ao exercício dos direitos políticos.

As demais hipóteses anteriormente previstas como sendo de incapacidade civil absoluta, contudo, foram revogadas. Assim pessoas que estavam com os seus direitos políticos suspensos, por incapacidade civil absoluta, salvo nos casos decorrentes da pouca idade, passam a estar aptas, a princípio, ao exercício desses direitos, podendo, inclusive, disputar eleições, caso cumpram as condições de elegibilidade e não incorram em inelegibilidades.

Neste sentido, é fundamental destacar o artigo 76 do novo estatuto, que assim dispõe:

> Art. 76. O poder público deve garantir à pessoa com deficiência todos os direitos políticos e a oportunidade de exercê-los em igualdade de condições com as demais pessoas.
>
> § 1º À pessoa com deficiência será assegurado o direito de votar e de ser votada, inclusive por meio das seguintes ações:
>
> I – garantia de que os procedimentos, as instalações, os materiais e os equipamentos para votação sejam apropriados, acessíveis a todas as pessoas e de fácil compreensão e uso, sendo vedada a instalação de seções eleitorais exclusivas para a pessoa com deficiência;
>
> II – incentivo à pessoa com deficiência a candidatar-se e a desempenhar quaisquer funções públicas em todos os níveis de governo, inclusive por meio do uso de novas tecnologias assistivas, quando apropriado;
>
> III – garantia de que os pronunciamentos oficiais, a propaganda eleitoral obrigatória e os debates transmitidos pelas emissoras de televisão possuam, pelo menos, os recursos elencados no art. 67 desta Lei;
>
> IV – garantia do livre exercício do direito ao voto e, para tanto, sempre que necessário e a seu pedido, permissão para que a pessoa com deficiência seja auxiliada na votação por pessoa de sua escolha.
>
> § 2º O poder público promoverá a participação da pessoa com deficiência, inclusive quando institucionalizada, na condução das questões públicas, sem discriminação e em igualdade de oportunidades, observado o seguinte:
>
> I – participação em organizações não governamentais relacionadas à vida pública e à política do País e em atividades e administração de partidos políticos;
>
> II – formação de organizações para representar a pessoa com deficiência em todos os níveis;
>
> III – participação da pessoa com deficiência em organizações que a representem.

Como se observa, a partir da publicação do Estatuto da Pessoa com Deficiência, passa a ser direito fundamental dessas pessoas, de forma inquestionável, a participação na vida política do Estado, inclusive no que se refere ao direito de serem votadas.

No que se refere ao direito de votar, por sua vez, a nova lei estabelece que é dever do Estado, e, por conseguinte, da Justiça Eleitoral, garantir que os procedimentos, as instalações, os materiais e os equipamentos para votação sejam apropriados, acessíveis a todas as pessoas e de fácil compreensão e uso, sendo vedada a instalação de seções eleitorais exclusivas para a pessoa com deficiência, regra prevista para não estigmatizar estas pessoas, inserindo-as de forma completa na sociedade. Esta regra, de certa forma, já vem sendo observada pela Justiça Eleitoral há alguns anos, não se constituindo em verdadeira novidade.

Da mesma forma, o inciso III do artigo 76 citado prevê que, na propaganda política, debates eleitorais e pronunciamentos oficiais da Justiça Eleitoral ou de autoridades, seja observada a acessibilidade das pessoas com deficiência às informações, através da garantia do uso dos seguintes recursos de subtitulação por meio de legenda oculta; janela com intérprete da Linguagem Brasileira de Sinais (LIBRAS); e audiodescrição. Mais uma vez, observa-se que a legislação eleitoral específica já se adiantou, nestas exigências, ao prever o uso da LIBRAS, ou, alternativamente, o uso de legendas, como obrigatório na propaganda partidária e na propaganda eleitoral, já há alguns anos. A nova lei apenas complementa, neste sentido, uma prática já enraizada no processo eleitoral.

Novidade mesmo, capaz de criar situações de impasse na organização das eleições, é a exigência prevista no inciso IV do art. 76 do Estatuto da Pessoa com Deficiência, o qual determina que, sempre que necessário, e a pedido da pessoa com deficiência, deverá ser permitido que esta pessoa seja auxiliada na votação por pessoa de sua escolha.

O grande impasse criado por esta norma revela-se no seu conflito com o artigo 60, § 4º, II da Constituição Federal, que estabelece, como cláusula pétrea, o voto secreto. Inevitavelmente, a possibilidade, prevista no Estatuto da Pessoa com Deficiência, desta pessoa solicitar o acompanhamento e auxílio de outra, na hora de votar, entra em colisão com o caráter secreto do voto, exigindo, assim, um exercício hermenêutico de ponderação de interesses.

Na situação descrita, o sigilo do voto, necessário à preservação da liberdade do eleitor, corolário do Estado Democrático de Direito, colide com a própria possibilidade material de exercício desta liberdade, uma vez que, em muitas situações, a ausência do auxílio referido inviabiliza o próprio exercício do direito.

No caso concreto, portanto, há de ser avaliada, no nosso entendimento, a necessidade real do auxílio, regra determinada na própria lei em comento. Não é, portanto, em qualquer situação, que uma pessoa com deficiência terá o direito de ser acompanhada e auxiliada por outra pessoa no momento de votar. Uma pessoa, por exemplo, que tenha dificuldades de locomoção, mas, ao mesmo tempo, tenha plenas condições, mesmo diante das referidas dificuldades, de agir sozinha, não deve ter o direito de ser auxiliada no momento de votar, desde que verificada a desnecessidade deste auxílio, pelo presidente da mesa receptora dos votos.

Outro requisito indispensável para o deferimento do auxílio, também extraído da redação do artigo 76, IV do Estatuto da Pessoa com Deficiência, é a manifestação da vontade de ser auxiliada no exercício do voto, por esta pessoa. Caso não haja a manifestação inequívoca desta pessoa, no sentido da solicitação do auxílio, o presidente da mesa receptora dos votos não deverá permitir que haja o acompanhamento do eleitor por estranho, no momento do exercício do voto.

É de se destacar que o artigo 88 do Estatuto da Pessoa com Deficiência prevê como crime, sujeito à reclusão de 01 a 03 anos e multa, para quem o cometer, as condutas de praticar, induzir ou incitar discriminação de pessoa em razão de sua deficiência. Diante deste tipo penal, o presidente da mesa receptora poderá ser induzido a permitir, sem qualquer tipo de ponderação, por medo de praticar conduta delituosa, que qualquer pessoa com deficiência, em qualquer situação, seja acompanhada e auxiliada por outra, o momento de votar. Ocorre que o Código Eleitoral, em seu artigo 310, que é crime, com pena de detenção até seis meses e pagamento de multa, "praticar, ou permitir, membro da receptora que seja praticada qualquer irregularidade que determine a anulação da votação". Neste sentido, o artigo 220 do mesmo código prevê, como uma das hipóteses de nulidade da votação, a inobservância de formalidade essencial do sigilo dos sufrágios.

Da mesma forma, o artigo 312 do Código Eleitoral também prevê como criminosa a conduta de "violar ou tentar violar sigilo de voto", cuja pena será de detenção por até dos anos. Admitida a participação do presidente da mesa receptora, como coautor ou partícipe, na execução deste delito, vislumbra-se mais um motivo de preocupação e ponderação a ser observado diante do fato concreto motivador do pedido de auxílio previsto no artigo 76, IV do Estatuto da Pessoa com Deficiência.

Não restam dúvidas que o Estatuto da Pessoa com Deficiência, com vigência a partir de janeiro de 2016, traz importantes avanços no reconhecimento de direitos fundamentais de uma parcela importante da população brasileira, ainda bastante discriminada e desprotegida. Como visto, este reconhecimento abrange também, como não poderia deixar de ser, o exercício dos direitos políticos, os quais, mais do que nunca, devem ser reconhecidos como essenciais à plena garantia da dignidade da pessoa humana.

A suma relevância do reconhecimento pluralista destes direitos fundamentais, objetivada pelo Estatuto da Pessoa com Deficiência, contudo, não pode ser um óbice ao exercício racional da hermenêutica jurídica, uma vez que em muitas situações, como as descritas neste trabalho, é possível se vislumbrar o conflito entre direitos e/ou deveres fundamentais, que, de forma concomitante, devem ser efetivados e ponderados, como mandamentos de otimização, nos casos concretos. Daí a importância de uma responsável reflexão acerca dos efeitos desta nova e importante legislação no âmbito da efetivação não só dos direitos políticos, dentre os quais se enquadram aqueles referentes aos processos eleitorais, como também dos direitos fundamentais, como um todo.

7.2. A suspensão dos direitos políticos em virtude de condenação criminal transitada em julgado

Segundo o inciso III do artigo 15 da Constituição Federal, é causa de suspensão dos direitos políticos a **condenação criminal transitada em julgado enquanto durarem seus efeitos**. Assim, pode-se afirmar que a condenação criminal sem trânsito em julgado não gera suspensão de direitos políticos, embora possa gerar inelegibilidade, conforme previsto na LC 135/10 (Lei da Ficha Limpa), objeto de comentários no capítulo I e no capítulo VIII desta obra.

> **▸ Como esse assunto foi cobrado em concurso?**
>
> No 23º concurso para procurador da república, foi considerada verdadeira afirmativa que dispunha que "enquanto durarem os efeitos de condenação criminal transitada em julgado por crime de peculato, os direitos políticos ficam suspensos". Como visto, a condenação criminal transitada em julgado, pela prática de qualquer crime, enseja a suspensão dos direitos políticos.

Uma antiga discussão, entretanto, no que se refere à expressão "enquanto durarem seus efeitos", vale ser ressaltada: o **não cumpri-**

mento dos efeitos subsidiários da condenação, como, por exemplo, o dever de indenizar a vítima, preserva a suspensão dos direitos políticos mesmo após o cumprimento da pena? Em 1992, o TRE-RS, em decisão paradigmática (Ac. 50/92, Rel. Juiz Armindo José Lima da Rosa) decidiu que enquanto não atendida a obrigação de indenizar, perdurarão os efeitos da condenação e, portanto, a suspensão dos direitos políticos. Posteriormente, entretanto, o Tribunal Superior Eleitoral, através da sua **súmula nº. 09**, firmou entendimento no sentido contrário, esclarecendo que o cumprimento ou extinção da pena faz cessar a suspensão dos direitos políticos imediatamente, independentemente de reabilitação criminal ou prova de reparação de danos.

▸ Qual o entendimento do TSE sobre este assunto?

De acordo com a Súmula nº 09 do TSE, "a suspensão de direitos políticos decorrente de condenação criminal transitada em julgado cessa com o cumprimento ou a extinção da pena, independendo de reabilitação ou de prova de reparação de danos".

▸ Como esse assunto foi cobrado em concurso?

Em concurso para promotor de justiça do estado da Paraíba, realizado em 2010, foi considerada falsa assertiva que dispunha que "a suspensão dos direitos políticos, decorrente de condenação criminal transitada em julgado, cessa com o cumprimento ou a extinção da pena, desde que o condenado se reabilite ou, em sendo o caso, comprove a reparação dos danos causados pelo ilícito penal". Como visto, e acordo com a súmula nº. 09 do TSE, a suspensão dos direitos políticos decorrente de condenação criminal transitada em julgado cessa com o cumprimento ou a extinção da pena, independentemente de reabilitação ou de prova de reparação de danos.

Ainda no que se refere à suspensão dos direitos políticos por condenação criminal transitada em julgado, enquanto durarem seus efeitos, outra polêmica interessante merece ser reacendida: é possível a suspensão dos direitos políticos em virtude de **condenação por contravenção penal**?

Duas correntes se dividem quanto a esta questão: a primeira realiza uma interpretação literal da Constituição, mais restrita, defendendo que somente a condenação definitiva por prática de crime gera a suspensão dos direitos políticos; a segunda, por sua vez, em sentido contrário, realiza uma interpretação teleológica da Constituição, defendendo que o objetivo do legislador constituinte é a defesa da ordem democrática contra a indignidade penal. Assim, para a segunda corrente, a condenação com trânsito em julgado por contravenção penal geraria a suspensão dos direitos políticos, enquanto durarem os efeitos da condenação.

O Tribunal Superior Eleitoral, em julgado de 1996 (Ac. 13.027, Rel. Min. Marco Aurélio, DJ 18/09/1996), **aderiu à segunda corrente**, interpretando que a condenação com trânsito em julgado por contravenção penal gera a suspensão dos direitos políticos do réu.

No que se refere, por sua vez, à hipótese de ***sursis*** **(suspensão condicional da pena)**, entende o TSE que, por continuar a existir condenação criminal com trânsito em julgado, **mantém-se a suspensão** dos direitos políticos do condenado (Ac. 466, de 31.10.06, do TSE, DJ de 27.11.06). Da mesma forma, caso um indivíduo condenado com trânsito em julgado por prática de crime promova a **revisão criminal**, continuará o mesmo com os direitos políticos suspensos, até que o pedido da revisão seja julgado definitivamente procedente.

> ▸ **Como esse assunto foi cobrado em concurso?**
>
> Em concurso para advogado do Senado Federal, realizado em 2008, foi considerada verdadeira afirmativa que dispunha que "determinado aspirante a vereador, com condenação criminal transitada em julgado, porém com pedido de revisão criminal em curso, é inelegível, pois há sentença condenatória que transitou em julgado".

Já na hipótese de **suspensão condicional do processo**, como ainda não houve condenação criminal transitada em julgado, o réu **preserva** seus direitos políticos intactos. O mesmo ocorre na hipótese de **transação penal** imposta nos termos do artigo 76 da Lei nº. 9.099/95 (Lei dos Juizados Especiais), uma vez que não há, neste caso, sentença penal condenatória.

7.3. Suspensão dos direitos políticos por improbidade administrativa

A **improbidade administrativa**, conforme previsão da Lei nº. 8.429/92, **se caracteriza** com a prática de atos que importam em enriquecimento ilícito, que causam prejuízos ao erário e que atentam contra os princípios da administração pública. **Não cabe à Justiça Eleitoral** julgar os casos de improbidade administrativa, e sim à Justiça Comum (Ac. nº. 15.840, TSE, de 17.6.99, rel. Min. Edson Vidigal; e Ac. nº. 56, TSE, de 12.8.98, rel. Min. Fernando Neves).

A suspensão de direitos políticos por improbidade administrativa, ao contrário do que ocorre nas hipóteses de condenação criminal transitada em julgado, **não é efeito imediato da condenação**, devendo expressamente contar da decisão para que ocorra. É o que dispõe o **artigo 20 da lei nº. 8.429/92**, segundo o qual "a perda da função pública e a suspensão dos direitos políticos só se efetivam com o trânsito em julgado da sentença condenatória".

Capítulo 7

Convenções partidárias e registro de candidaturas

1. NOTAS INTRODUTÓRIAS

O período destinado à realização das convenções partidárias é um dos mais importantes dentre aqueles previstos no calendário eleitoral. É durante esta fase do processo eleitoral que os partidos políticos se reúnem para definir seus candidatos e também se irão se coligar ou não a outros partidos no pleito vindouro. É a Lei nº. 9.504/97 (Lei das Eleições), em seus 7º a 16-A, que dispõe sobre as convenções partidárias para a escolha dos candidatos a cargos eletivos, bem como sobre o registro das referidas candidaturas.

Até as eleições gerais de 2014, as convenções partidárias para a definição dos candidatos e formação de coligações ocorria no mês de junho do ano eleitoral. Segundo regra original da Lei 9.504/97, estas convenções deveriam ocorrer entre os dias 10 e 30 de junho, período alterado pela Lei 12.891, de dezembro de 2013, para o prazo compreendido entre os dias 12 e 30 de junho, em regra que não chegou a ser aplicada nas eleições de 2014, em virtude do princípio da anualidade, previsto no art. 16 da Constituição Federal, segundo o qual alterações no processo eleitoral só serão aplicáveis às eleições que ocorram após um ano da publicação da nova lei (as eleições de 2014 foram realizadas em outubro, a menos de um ano, portanto, do início da vigência da Lei nº. 12.891/13).

Com a publicação, em 29 de setembro de 2015, da Lei nº. 13.165, o novo período de realização das convenções partidárias para a escolha de candidatos à eleição e formação de coligações eleitorais será, a partir das eleições municipais de 2016, de 20 de julho a 05 de agosto do ano eleitoral, cerca de quarenta dias, portanto, após o prazo previsto anteriormente. Segundo o novo art. 8º, caput, da Lei nº. 9.504/97, com redação firmada pela Lei 13.165/15:

> **Art. 8º** A escolha dos candidatos pelos partidos e a deliberação sobre coligações deverão ser feitas no período de 20 de julho a 5 de agosto do ano em que se realizarem as eleições, lavrando-se a respectiva ata em livro aberto, rubricado pela Justiça Eleitoral, publicada em vinte e quatro horas em qualquer meio de comunicação.

Esta, sem dúvidas, é uma das mais impactantes novidades promovidas pela reforma eleitoral de setembro de 2015, tendo em vista que, como consequência da nova regra prevista no citado artigo, todo o calendário eleitoral sofrerá importantes mudanças, relativas, por exemplo, ao período de registro de candidaturas e ao prazo autorizado para a realização de propaganda eleitoral, que também foram postergados.

Vale destacar que a data das eleições não foi alterada pela Lei nº. 13.165/15, continuando a ocorrer o primeiro turno eleitoral no primeiro domingo de outubro, e o segundo turno no último domingo do mesmo mês, conforme previsão constitucional, fato que, somado às alterações comentadas no prazo destinado à realização das convenções, gera um grande encurtamento do período eleitoral, com fortes consequências, a partir das eleições municipais de 2016.

> **▸ Como esse assunto foi cobrado em concurso?**
>
> Em concurso para Analista Judiciário do TRE-MT, realizado em 2010, foi considerada falsa assertiva que dispunha que "A escolha dos candidatos pelos partidos e a deliberação sobre coligações devem ser feitas em qualquer mês do ano em que se realizarem as eleições, respeitado o prazo mínimo de antecedência do pleito estabelecido em lei".

2. DAS CONVENÇÕES PARA A ESCOLHA DE CANDIDATOS A CARGOS ELETIVOS

No que se refere às **convenções** para a escolha de candidatos, estabelece primeiramente a **Lei nº. 9.504/97, em seu artigo 7º**, que, tendo em vista a natureza jurídica de direito privado e a autonomia dos partidos políticos, as normas para a escolha e substituição dos candidatos e para a formação de coligações serão estabelecidas no estatuto dos partidos, observadas as disposições legais. No § 1º do mesmo artigo, por sua vez, está previsto que em caso de omissão do estatuto, caberá ao órgão de direção nacional do partido estabelecer as referidas normas, publicando-as no Diário Oficial da União no prazo de até cento e oitenta dias antes das eleições.

▸ **Atenção!!!**

A forma de desenvolvimento das convenções e as normas para a escolha e substituição de candidatos, bem como para a formação de coligações deverão obedecer, principalmente, o estatuto do partido e as disposições legais estabelecidas na Lei das Eleições.

Para a **realização das convenções** de escolhas de candidatos, os partidos políticos poderão **usar gratuitamente prédios públicos**, responsabilizando-se, contudo, por eventuais danos ao patrimônio, conforme já ressaltado no capítulo III desta obra referente aos partidos políticos.

2.1. As espécies de convenções partidárias

A depender da espécie de eleição, teremos, respectivamente, a espécie de convenção partidária. Assim, nas **eleições municipais**, serão escolhidos, por cada partido, os candidatos a vereador, prefeito e vice-prefeito. Além disso, os partidos poderão deliberar sobre coligações partidárias no âmbito municipal (sobre o assunto cf. capítulo III desta obra referente aos partidos políticos). São as chamadas **convenções municipais**.

Já nas eleições para deputados estaduais, deputados federais, deputados distritais, governador e vice-governador de estado, os candidatos deverão ser escolhidos em **convenções regionais**, na quais também deverão os partidos políticos deliberar sobre coligações partidárias no **âmbito da unidade federativa**.

Por fim, nas chamadas **convenções nacionais**, os partidos políticos deliberam sobre a escolha dos candidatos a **presidente e vice-presidente da república**, bem como sobre a formação de coligações para as eleições presidenciais.

2.2. As alterações na disciplina das convenções partidárias promovidas pela Lei nº. 12.034/09

A reforma eleitoral promovida pela lei nº. 12.034/09 **alterou dois parágrafos do referido artigo 7º** da lei nº. 9.504/97 (§§ 2º e 3º), bem como **incluiu um** novo (§ 4º). Assim, válida é a comparação entre as antigas e atuais redações dos parágrafos 2º e 3º, de acordo com o seguinte quadro:

Antiga redação do artigo 7º da Lei nº. 9.504/97	Nova redação do artigo 7º da Lei nº. 9.504/97, promovida pela Lei nº. 12.034/09
§ 2º Se a convenção partidária de nível inferior se opuser, na deliberação sobre coligações, às diretrizes legitimamente estabelecidas pela convenção nacional, os órgãos superiores do partido poderão, nos termos do respectivo estatuto, anular a deliberação e os atos dela decorrentes.	§ 2º Se a convenção partidária de nível inferior se opuser, na deliberação sobre coligações, às diretrizes legitimamente estabelecidas pelo órgão de direção nacional, nos termos do respectivo estatuto, poderá esse órgão anular a deliberação e os atos dela decorrentes.
§ 3º Se, da anulação de que trata o parágrafo anterior, surgir necessidade de registro de novos candidatos, observar-se-ão, para os respectivos requerimentos, os prazos constantes dos §§ 1º e 3º do art. 13.	§ 3º As anulações de deliberações dos atos decorrentes de convenção partidária, na condição acima estabelecida, deverão ser comunicadas à Justiça Eleitoral no prazo de 30 (trinta) dias após a data limite para o registro de candidatos.

O parágrafo segundo do artigo sétimo estabeleceu, como novidade, que as **"diretrizes legítimas"** que funcionam como **sustentáculo teórico para a anulação**, pelo órgão superior do partido, de convenção promovida por órgão inferior, não precisarão mais ser definidas em convenção nacional, mas sim pelo **próprio órgão de direção nacional**, desde que observado o estatuto, o que imprime uma maior flexibilidade na tomada de tais decisões.

O parágrafo 3º, por sua vez, estabeleceu o **prazo de trinta dias** após a data limite para o registro de candidatos para a **anulação de deliberações dos atos decorrentes de convenção partidária**, na condição estabelecida no parágrafo anterior, a fim de determinar uma maior celeridade no processo, uma vez que as decisões finais sobre registros deverão ocorrer até o mês de setembro, segundo o calendário eleitoral.

O antigo parágrafo 3º, neste diapasão, foi substituído pelo novo parágrafo quarto, que dispõe que "se, da anulação, decorrer a necessidade de **escolha de novos candidatos**, o pedido de registro deverá ser apresentado à Justiça Eleitoral nos **10 (dez) dias seguintes à deliberação**, observado o disposto no art. 13". O artigo 13 citado, que dispõe sobre as normas de substituição de candidatos durante a eleição, será melhor estudado durante este capítulo.

2.3. As convenções e a questão dos prazos de filiação partidária e domicílio eleitoral

A filiação a partido político é uma das condições de elegibilidade previstas no artigo 14, § 3º da Constituição Federal de 1988. A escolha do legislador constituinte por esta regra denota a importância dos partidos políticos para o sistema político brasileiro, o qual não admite, portanto, candidaturas avulsas, dando aos partidos políticos, assim, o papel de protagonistas do processo democrático, organizadores do debate público e legítimos representantes do pluralismo político, interpretado como o princípio constitucional fundamental norteador da democratização do poder.

Embora preveja a filiação partidária como condição de elegibilidade, a Constituição de 1988 não prevê expressamente qual seria o prazo mínimo desta filiação, delegando à legislação ordinária esta definição.

É a Lei das Eleições (Lei 9.504/97), em seu artigo 9º, que define qual o prazo geral mínimo de filiação partidária exigível para que alguém possa disputar uma eleição. Vale destacar, neste sentido, que o prazo do referido artigo é o prazo mínimo geral de filiação, podendo cada partido, no exercício da sua respectiva autonomia, exigir prazos maiores de filiação para a promoção de candidaturas dos seus respectivos filiados.

Até a publicação da Lei nº. 13.165, em 29 de setembro de 2015, o artigo 9º da Lei das Eleições previa que para concorrer às eleições, o candidato deveria possuir domicílio eleitoral na respectiva circunscrição e filiação partidária há pelo menos um ano, na data do pleito. Em regra já válida para as eleições municipais de 2016, o prazo para a filiação partidária dos pretensos candidatos foi alargado, podendo ocorrer até seis meses antes do pleito. O prazo para a determinação do domicílio eleitoral, de um ano antes da eleição, contudo, foi inicialmente preservado, realidade alterada, contudo, a partir das eleições de 2018, uma vez que a Lei nº 13.487/17 alterou o artigo 9º da Lei das Eleições, que passou a dispor que "Para concorrer às eleições, o candidato deverá possuir domicílio eleitoral na respectiva cir-cunscrição pelo prazo de seis meses e estar com a filiação deferida pelo partido no mesmo prazo".

Ainda no que se refere ao tema da filiação partidária como condição de elegibilidade, vale destacar que, de acordo com o artigo 142, § 3º, V da Constituição Federal de 1988, "**o militar**, enquanto em serviço ativo, não pode estar filiado a partidos políticos". Podem e devem os militares, no entanto, salvo os conscritos, alistar-se como eleitores, exercendo a capacidade eleitoral ativa.

Quanto, entretanto, ao exercício da capacidade eleitoral passiva, é possível ao militar ser candidato a cargo eletivo, uma vez que não pode o mesmo filiar-se a partido político?

Dispõe o **artigo 14, § 8º, da Constituição Federal** que o militar é elegível, atendidas as seguintes condições: I – se contar menos de dez anos de serviço, deverá afastar-se da atividade; II – se contar mais de dez anos de serviço, será agregado pela autoridade superior e, se eleito, passará automaticamente, no ato da diplomação, para a inatividade. A situação de militar agregado é aquela em que o militar da ativa deixa de ocupar a vaga na escala hierárquica do seu quadro, nela permanecendo sem número.

Como só existe candidatura a cargo eletivo no Brasil mediante partidos políticos, o militar deverá se filiar a partido para concorrer nas eleições. **O prazo de filiação partidária a 6 (seis) meses eleição, contudo, não será exigido**, bastando o pedido de registro de candidatura, após prévia escolha em convenção partidária (Res. TSE nº. 20.993/2002, art. 12, § 2º). Dessa forma, o militar deverá participar da convenção e, se escolhido candidato, vincular-se a partido político, a fim de concorrer.

▸ Como esse assunto foi cobrado em concurso?

Em concurso para o cargo de promotor de justiça do estado do Rio Grande do Norte, realizado em 2009, foi apresentada a seguinte questão: "Pedro, com nove anos de serviço, é militar alistável e teve o seu nome aprovado em convenção partidária para ser candidato a deputado estadual. Nessa situação hipotética, Pedro: a) deve ser afastado do serviço militar; b) deve ser agregado, podendo retornar ao serviço militar após a eleição; c) perderá o cargo apenas se for eleito e empossado; d) deve ser afastado temporariamente, podendo retornar ao cargo após o fim do mandato; e) pode permanecer no serviço militar com todos os direitos". A resposta correta considerada, de acordo com previsão constitucional específica, foi a prevista na letra "a".

Já no concurso para Analista Judiciário do TRE-PI realizado pelo CESPE, em 2016, foi considerada verdadeira assertiva que dispunha que "Para se candidatar a cargo eletivo, o militar que tiver menos de cinco anos de serviço deverá ser excluído do serviço ativo".

Já **os magistrados e membros dos tribunais de contas**, de acordo com a legislação em vigor, deverão se **afastar definitivamente dos seus cargos** nos prazos de desincompatibilização previstos na Lei Complementar nº 64/90, ou seja, **seis meses antes do pleito** (Res. TSE nº. 20.539/99, 20.886/01, 20.993/02, 22.012/05 e 22.095/05). Uma vez promovida a desincompatibilização, magistrados em membros dos tribunais de contas deverão, imediatamente, filiar-se a partidos políticos, a fim de concorrerem a cargos eletivos.

Em relação aos membros do **Ministério Público**, de acordo com o que foi explicado no capítulo V desta obra, caso o mesmo tenha ingressado na carreira **após a Emenda Constitucional nº. 45/04**, seguirá as mesmas condições dos magistrados e membros dos tribunais de contas.

Aqueles, por sua vez, que ingressaram na carreira **entre 05 de outubro de 1988 e a data da publicação da EC 45/04**, poderão se filiar a partidos políticos e candidatar-se a cargos eletivos, conforme previsão da **Resolução nº. 05 do Conselho Nacional do Ministério Público**, Se eleitos, entretanto, deverão deixar o cargo no MP.

Aos que ingressaram na carreira **antes da Constituição de 1988**, por sua vez, é **possível a atividade político-partidária**, a candidatura a cargos eletivos e, até mesmo, o exercício de cargo eletivo sem a necessidade de deixar o Ministério Público.

> **Atenção!!!**
>
> Segundo entendimento consolidado do TSE (Ac. 34.800, de 27.11.08), o prazo mínimo de domicílio eleitoral na circunscrição conta-se do requerimento de transferência do título de eleitor, mesmo que o deferimento ocorra posteriormente.

2.4. A questão da candidatura nata

De acordo com o § 1º do artigo 8º da Lei nº. 9.504/97, "aos detentores de mandato de deputado federal, estadual ou distrital, ou de vereador, e aos que tenham exercido esses cargos em qualquer período da legislatura que estiver em curso, é assegurado o registro de candidatura para o mesmo cargo pelo partido a que estejam filiados". É a chamada "candidatura nata".

Analisando, entretanto, a **ADI 2.530-9**, o Supremo Tribunal Federal considerou o referido dispositivo legal inconstitucional, finalizando a questão. Assim, hoje **não é mais possível a candidatura nata**: todos os filiados de um partido, postulantes a candidaturas, deverão disputar as convenções partidárias, sem privilégios.

> **▸ Como esse assunto foi cobrado em concurso?**
>
> Em concurso para consultor legislativo do Senado Federal, promovido pelo CESPE, foi considerada falsa afirmativa que dispunha que "Augusto é o atual governador do Paraná pelo Partido Branco (PB), exercendo seu primeiro mandato, e pretende concorrer à reeleição. Por ser detentor de cargo eletivo, Augusto tem candidatura nata e, portanto, o PB tem o dever de indicá-lo como candidato à reeleição". Como visto neste tópico, a candidatura nata só é prevista na legislação para candidatos a deputado e vereador e, mesmo assim, foi declarada inconstitucional pelo STF, por meio da ADI nº. 2.530-9.

3. DO REGISTRO DE CANDIDATOS

3.1. A questão do número máximo de candidatos a serem registrados por cada partido político ou coligação partidária

Nas eleições para **presidente da república, vice-presidente da república, governadores, vice-governadores, prefeitos e vice-prefeitos**, cada partido político, ou coligação, só poderá lançar **um candidato para cada cargo**. Tal fato decorre do próprio sistema eleitoral utilizado na eleição para estes cargos (sistema majoritário, conforme já destacado no capítulo II desta obra), e da existência de uma única vaga em disputa, em cada circunscrição eleitoral, para cada um desses cargos, em cada eleição (cada município, por exemplo, só elege, a cada eleição municipal, um candidato a prefeito. O mesmo ocorre nas eleições para governador, vice-governador, presidente e vice-presidente da república).

> **▸ Atenção!!!**
>
> Em uma eleição para presidente da república, governador ou prefeito, em que haja coligação partidária, o candidato a tais cargos podem ser de um partido e os candidatos a vice de outro partido coligado. O mesmo ocorre em relação aos candidatos a senador e seus respectivos suplentes.

Nas eleições para o **Senado Federal**, por sua vez, cada partido ou coligação poderá lançar **um único candidato ou dois candidatos a depender da eleição**. Explicando melhor, o mandato de um senador tem duração de 08 anos e cada unidade federativa (estado e Distrito Federal) tem direito a três senadores no Congresso Nacional. De quatro em quatro anos, então, renova-se um terço ou dois terços das cadeiras do Senado.

Assim, na eleição em que duas cadeiras de senadores vierem a ser renovadas (por exemplo, nas eleições 2010), cada partido ou coligação poderá indicar até dois candidatos a senador, cada um deles acompanhado de dois candidatos a suplente, do mesmo partido ou coligação. O eleitor, neste caso, vota em dois candidatos a senador.

Já na eleição em que apenas um terço das cadeiras do Senado Federal estiver sendo renovado (por exemplo, nas eleições 2006 e 2014), cada partido ou coligação poderá indicar apenas um candidato a senador, acompanhado de dois candidatos a suplente, do mesmo partido ou coligação. O eleitor, neste caso, vota em apenas um candidato a senador, nesta eleição.

> **▸ Atenção!!!**
>
> Os candidatos a vice-presidente da república, vice-governador, vice-prefeito e suplente de senador são eleitos em chapa uma e indivisível juntamente com seus companheiros de chapa, candidatos a titulares dos referidos cargos.

Diferentemente, nas eleições para **deputados federais, deputados estaduais, deputados distritais** (equivalentes aos deputados estaduais do Distrito Federal, que não é estado) e **vereadores** (eleições em que se adota, como estudado no capítulo II desta obra, o sistema eleitoral proporcional de lista aberta) cada partido político ou coligação poderá lançar um **número de candidatos maior** do que o número de vagas em disputa.

A Lei 13.165, publicada em 29 de setembro de 2015, trouxe importantes mudanças na disciplina legal do número máximo de candidatos que partidos políticos e coligações poderão lançar nas eleições proporcionais, a partir das eleições municipais de 2016.

Até as eleições de 2014, cada partido político que concorresse de forma isolada, sem estar coligado, podia lançar candidatos a vereador ou deputado até 150% do número de lugares a preencher (se eram 100 vagas em disputa, por exemplo, o partido podia lançar 150 candidatos). Já as coligações, independentemente do número de partidos que a integrassem, podiam registrar candidatos até o dobro do número de lugares a preencher (seguindo o exemplo citado, havendo 100 vagas em disputa, a coligação poderia lançar 200 candidatos).

Excepcionalmente, conforme o antigo § 2º do artigo 10 da Lei nº. 9.504/97, nas unidades da Federação em que o número de lugares a preencher para a Câmara dos Deputados não excedesse de vinte, cada partido poderia registrar candidatos a Deputado Federal e a Deputado Estadual ou Distrital até o dobro das respectivas vagas; havendo coligação, estes números poderão ser acrescidos de até mais cinquenta por cento (o que, na prática, permitia que em um estado que tivesse 08 deputados federais, uma coligação pudesse lançar até 24 candidatos a este cargo, segundo entendimento dominante nas eleições de 2014).

Doravante, a regra geral a ser observada, por partidos e coligações, é a do limite de 150% do número de lugares a serem preenchidos, podendo este percentual ser de 200% nas eleições para deputados estaduais, federais e distritais nas unidades da federação que contem com até 12 deputados federais. Nos municípios com até cem mil eleitores, as coligações (e apenas estas) também poderão lançar um número de candidatos equivalente a 200% das vagas em disputa. Os partidos políticos que vierem a concorrer isoladamente, nestes municípios, ficarão sujeitos ao limite de 150% de candidatos em relação ao número de cadeiras em disputa na Câmara de Vereadores.

A nova regra, dessa forma, torna mais claros os limites quantitativos de candidatos a serem lançados nas eleições, reduzindo também este número, tendo em vista que as coligações passarão a ter o mesmo limite de candidaturas que os partidos políticos que concorrerem de forma avulsa.

Além disso, até as eleições de 2014, os órgãos de direção dos partidos políticos podiam no caso de as convenções para a escolha de candidatos não indicarem o número máximo de candidatos previsto em lei, preencher as vagas remanescentes até sessenta dias antes do pleito. Este prazo, a partir das eleições de 2016, com a nova redação do § 5º do artigo 10 da Lei das Eleições, encerrar-se-á trinta dias antes do pleito.

Número máximo de candidatos a deputados federais, estaduais e distritais por partido não coligado ou coligação partidária (art. 10, I da Lei nº 9.504/97)	
a) estados com até 12 deputados federais:	**b) estados com 13 ou mais deputados federais:**
dobro do número de vagas em disputa para cada partido político ou coligação eleitoral.	total mais metade de vagas em disputa para cada partido político ou coligação eleitoral.

▸ **Como esse assunto foi cobrado em concurso?**

No 16º concurso de Procurador da República foi considerada falsa afirmativa que dispunha que "no caso de coligação partidária para as eleições proporcionais, independentemente do número de partidos políticos que a integrem, poderão ser registrados candidatos até o triplo do número de lugares a preencher".

▸ **Atenção!!!**

Caso as convenções partidárias para a escolha de candidatos a deputados federais, deputados estaduais, deputados distritais e vereadores não venham a indicar o número máximo de candidatos previstos na legislação, os órgãos de direção dos partidos políticos, na circunscrição eleitoral, poderão preencher as vagas remanescentes até trinta dias antes do pleito, conforme regra estipulada a partir da publicação da Lei nº. 13.165/15.

É de se destacar, ainda, que um partido político só poderá apresentar candidatos caso possua diretório na circunscrição eleitoral respectiva.

▸ **Como esse assunto foi cobrado em concurso?**

Em concurso para juiz de direito substituto do estado do Mato Grosso do Sul, realizado em 2010, foi considerada verdadeira assertiva que dispunha que "somente poderão inscrever candidatos os partidos que possuam diretório devidamente registrado na circunscrição em que se realizar a eleição".

3.2. A questão do preenchimento mínimo de vagas para cada sexo

Dispunha o § 3º do artigo 10 da Lei 9504/97, em sua redação original, que, do número de candidatos possíveis de serem lançados em uma disputa eleitoral, nas eleições proporcionais (deputados e vereadores), cada partido ou coligação deveria "reservar o **mínimo de trinta por cento e o máximo de setenta por cento** para candidaturas de cada sexo".

Decorrente desta antiga redação do citado dispositivo legal, uma discussão, a nosso ver, sem fundamento, foi por muito tempo travada, entre aqueles que entendiam, equivocadamente, que não havendo candidatos em número suficiente para garantir o mínimo de 30% de determinado sexo estaria o partido autorizado a preencher as vagas remanescentes com candidatos do sexo oposto, e aqueles que, no sentido contrário, entendiam que tal preenchimento não seria possível, ficando o partido ou coligação impedido de lançar candidatos de um mesmo sexo em número superior a 70% do total de candidatos possíveis de serem lançados pela coligação ou partidos.

A nova redação do § 3º do art. 10 da Lei das Eleições, estipulada a partir da publicação da Lei nº. 12.034/09, aparentemente buscou encerrar tal polêmica, afirmando que "do número de vagas resultante das regras previstas neste artigo, cada partido ou coligação preencherá o mínimo de 30% (trinta por cento) e o máximo de 70% (setenta por cento) para candidaturas de cada sexo".

Tem prevalecido no âmbito da Justiça Eleitoral, nas últimas eleições, o entendimento segundo o qual estes percentuais são obrigatórios, tendo como base de cálculo o número de candidatos efetivamente lançados por cada partido ou coligação, e não o número de candidatos potencialmente lançáveis. Assim, por exemplo, se um partido poderia lançar 50 candidatos, mas lançou apenas 10, destes 10 no mínimo 03 deverão ser homens e 03 deverão ser mulheres, podendo as outras 04 candidaturas ser de homens ou mulheres, indistintamente.

▸ Como o TSE tem se pronunciado sobre este tema?

O Plenário do Tribunal Superior Eleitoral, por unanimidade, assentou que a ação de investigação judicial eleitoral é instrumento processual hábil para apurar fraude em candidaturas femininas lançadas por partido político tão somente para atender a regra prevista no art. 10, § 3º, da Lei das Eleições. (Recurso Especial Eleitoral nº 243-42, José de Freitas/PI, rel. Min. Henrique Neves da Silva, em 16.8.2016). Informativo TSE – Ano XVIII – nº 8.

▸ Como esse assunto foi cobrado em concurso?

Em concurso para juiz substituto do estado do Rio Grande do Norte, foi considerada verdadeira afirmativa que dispunha que "nas respectivas convenções para a escolha dos candidatos, os partidos deverão reservar 70% (setenta por cento), no máximo, das vagas para candidatos de um sexo e, no mínimo, 30% (trinta por cento) para candidatos de outro".

Já em concurso para técnico judiciário do TRE-ES, organizado pelo CESPE, em 2011, foi considerada correta afirmativa que dispunha que "Considerando-se que o estado de São Paulo tenha setenta das quinhentas e treze cadeiras da Câmara dos Deputados, é correto afirmar que cada coligação que venha a registrar o número máximo de candidatos, em tal circunscrição, terá obrigação de registrar, entre eles, o número mínimo de quarenta e duas mulheres". De fato, como salientado, havendo o registro do número máximo de candidatos por uma coligação, trinta por cento, no mínimo, destes candidatos deverão ser mulheres ou homens.

Assim, tendo em vista que uma coligação pode, em regra, registrar até o dobro de candidatos em relação ao número de vagas em disputa, nas eleições proporcionais, a coligação em questão poderia registrar 140 candidatos, sendo que 42 candidatos, no mínimo (ou seja, trinta por cento), deveriam ser mulheres.

3.3. Documentos necessários para a promoção do registro de candidatura

Até as eleições gerais de 2014, os partidos políticos e coligações partidárias tinham até às 19 horas do dia 05 de julho do ano eleitoral para apresentar, à Justiça Eleitoral, o requerimento do registro de candidaturas dos seus pré-candidatos escolhidos nas convenções partidárias, as quais ocorriam, como já destacado, no mês de junho. A partir das eleições municipais de 2016, em virtude da reforma eleitoral ocorrida em setembro de 2015, as convenções partidárias, com vistas à escolha de candidatos e formação de coligações, serão realizadas entre os dias 20 de julho e 05 de agosto do ano eleitoral, sendo que, conforme o novo artigo 11 da Lei das Eleições, em regra também reproduzida no novo artigo 93 do Código Eleitoral, ambos com redações determinadas pela Lei nº. 13.165/15, o pedido de registro de candidaturas deverá ser formulado até às 19 horas do dia 15 de agosto, a cerca de apenas cinquenta dias, portanto, da data do primeiro turno das eleições, que continuará a ser o primeiro domingo de outubro.

Em se tratando de eleições municipais (prefeitos, vice-prefeitos e vereadores), o pedido deverá ser **dirigido** ao juiz eleitoral da zona eleitoral competente. Nas eleições para governador, vice-governador, deputados federais, deputados estaduais, deputados distritais e senadores, o pedido deverá ser formulado ao Tribunal Regional Eleitoral respectivo. Já nas eleições para presidente e vice-presidente da república, o pedido deverá ser formulado ao Tribunal Superior Eleitoral.

▸ **Como esse assunto foi cobrado em concurso?**

Em concurso para juiz substituto do estado do Rio Grande do Norte, foi formulada a seguinte questão, relativa ao tema da competência para o processamento e julgamento de pedidos de candidatura: "o processamento e o julgamento do registro de candidatura são da competência do: a) Tribunal Regional Eleitoral, em cada estado, em se tratando de eleição de deputados estaduais, federais e de vereadores do município da capital do estado; b) Tribunal Superior Eleitoral, quando se cuidar de candidatos ao Senado Federal e à Câmara dos Deputados; c) Juiz Eleitoral, em se tratando de cargos eletivos estaduais; d) Tribunal

Superior Eleitoral, quando se cuidar de candidatos à presidência, à vice-presidência da república e a deputado federal; e) Tribunal Regional Eleitoral, em cada estado, em se tratando de eleição de deputados federais". A resposta correta, de acordo com o estudado neste tópico, é a prevista na letra "e" da questão.

O pedido de registro de candidatura deverá ser instruído com os seguintes documentos, de acordo com o artigo 11, § 1º da Lei nº. 9.504/97:

Documentos necessários à instrução do pedido de registro de candidatura

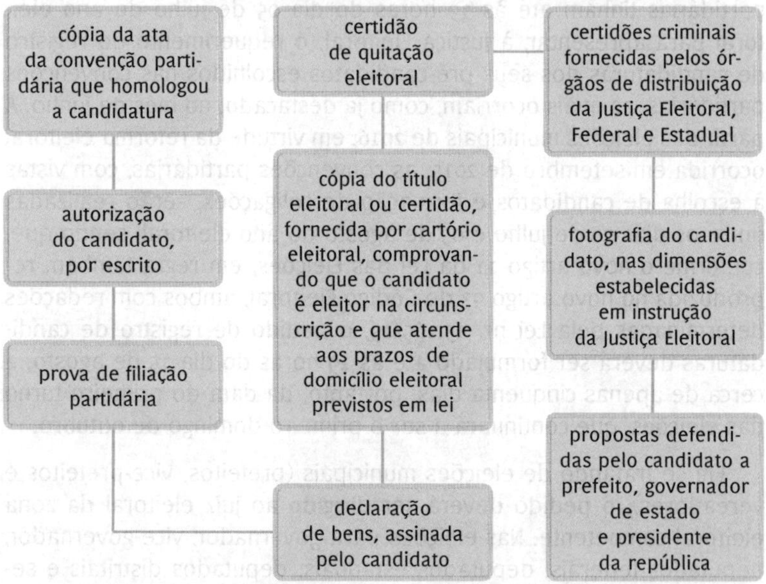

▸ Como esse assunto foi cobrado em concurso?

No concurso para promotor de justiça substituto do estado de Santa Catarina, realizado em 2010, foi considerada verdadeira alternativa que dispunha que "a autorização do candidato por escrito é condição necessária para que o Partido Político proceda ao pedido de seu registro para concorrer às eleições".

▸ Qual o entendimento do TSE sobre este assunto?

De acordo com a Súmula nº. 20 do Tribunal Superior Eleitoral, "a falta do nome do filiado ao partido na lista por este encaminhada à Justiça Eleitoral, nos termos do art. 19 da Lei nº. 9.096, de 19.09.95, pode ser suprida por outros elementos de prova de oportuna filiação". Segundo o artigo de lei supracitado, "na segunda semana dos meses de abril e outubro de cada ano, o partido, por seus órgãos de direção municipais, regionais ou nacional, deverá remeter, aos juízes eleitorais, para arquivamento, publicação e cumprimento dos prazos de filiação partidária para efeito de candidatura a cargos eletivos, a relação dos nomes de todos os seus filiados, da qual constará a data de filiação, o número dos títulos eleitorais e das seções em que são inscritos".

▸ **Como esse assunto foi cobrado em concurso?**

No 16º concurso de Procurador da República foi considerada falsa afirmativa que dispunha que "nas eleições majoritárias, o pedido de registro, por inexistir voto de legenda como nas eleições proporcionais, dispensa a prova da filiação partidária". Embora a súmula nº. 20 do TSE flexibilize, como visto, os meios de prova da filiação partidária, a prova deverá ser realizada, uma vez que necessária para a instrução do pedido de registro de candidatura, conforme o artigo 11, § 1º da Lei das Eleições.

Também como decorrência da publicação da Lei nº. 13.165/15, o novo artigo 16 da Lei das Eleições, em regra também reproduzida pelo novo artigo 93, § 1º do Código Eleitoral, estabelece que, doravante, os processos de pedido de registro de candidatura deverão estar julgados até vinte dias antes da data das eleições pelas instâncias ordinárias, e não mais em todas as instâncias, como anteriormente determinado (foram excluídas desta exigência as instâncias extraordinárias, que, no caso das eleições municipais, compreendem o TSE e o STF). Tais instâncias, portanto, terão cerca de vinte e cinco dias para proceder a tal julgamento, uma vez que o pedido de registro deverá ser formulado até o dia 15 de agosto, para o pleito que ocorrerá no primeiro domingo de outubro seguinte. Os processos de registro de candidaturas terão **prioridade sobre quaisquer outros.**

▸ **Como esse assunto foi cobrado em concurso?**

Em concurso para juiz de direito substituto do estado do Paraná, realizado em 2010, foi considerada verdadeira afirmativa que dispunha que "até 45 (quarenta e cinco) dias antes da data das eleições, todos os pedidos de registro de candidatos, inclusive os impugnados, e os respectivos recursos devem estar julgados em todas as instâncias, e publicadas as decisões a eles relativas". Este era o antigo prazo previsto para a realização de tais julgamentos. A partir das eleições de

2016, os processos de pedido de registro de candidatura deverão estar julgados até vinte dias antes da data das eleições pelas instâncias ordinárias, e não mais em todas as instâncias, como anteriormente determinado (foram excluídas desta exigência as instâncias extraordinárias, que, no caso das eleições municipais, compreendem o TSE e o STF).

3.4. A polêmica em torna do conceito de quitação eleitoral

No que se refere aos documentos listados, vale destacar uma das maiores polêmicas verificadas nas eleições 2010, instituída a partir do disposto no art. 11, § 7º da Lei nº. 9.504/97, incluído pela reforma promovida pela lei nº. 12.034/09, que assim dispõe:

> **Art. 11** (...)
>
> **§ 7º.** A certidão de quitação eleitoral abrangerá exclusivamente a plenitude do gozo dos direitos políticos, o regular exercício do voto, o atendimento a convocações da Justiça Eleitoral para auxiliar os trabalhos relativos ao pleito, a inexistência de multas aplicadas, em caráter definitivo, pela Justiça Eleitoral e não remitidas, e a apresentação de contas da campanha eleitoral.

A grande polêmica deste novo dispositivo legal envolve a **expressão "apresentação de contas da campanha eleitoral"**. Afinal de contas, bastará, tão somente, a apresentação das contas da campanha para que a Justiça Eleitoral esteja autorizada a emitir certidão de quitação eleitoral a postulante a cargo eletivo, **independentemente da aprovação ou rejeição das mesmas contas**? Ao que tudo indica, a intenção do legislador foi, realmente, flexibilizar a legislação referente à prestação de contas eleitorais, de forma a privilegiar candidatos que não teriam condição de candidatar-se, por ausência de aprovação das suas contas de campanhas anteriores, o que, além de imoral, pode também ser considerado inconstitucional, por ferir mortalmente o princípio da legitimidade das eleições, basilar ao direito eleitoral e fundamental ao exercício da democracia moderna.

Não se pode olvidar que a única razão de existência do direito eleitoral é garantir a efetivação material do regime político democrático, abraçado pelo legislador constituinte de 1988 como o eixo central da sociedade brasileira, conforme é possível aferir-se da leitura da carta magna a partir do seu primeiro artigo, que classifica a República Federativa do Brasil como sendo um "Estado democrático de Direito", que tem como fundamentos a soberania, a cidadania, a dignidade da pessoa humana, os valores sociais do trabalho e da livre iniciativa e o pluralismo político. Assim, não é por outra razão que muitos juristas, interpretando o referido art. 11, § 7º da Lei das Eleições, em agosto de 2010, durante o período da análise dos pedidos de registro de candidaturas, defenderam que, ao contrário do que conduz uma interpretação literal da lei, a quitação eleitoral pressupõe a apresentação de contas aprovadas, e não a mera apresentação independente de aprovação.

O **TSE**, entretanto, após muitas idas e vindas, formatadas em concepções contraditórias a respeito da questão, **firmou entendimento no sentido da interpretação literal do dispositivo citado**, determinando, assim, que a **mera apresentação das contas, independentemente de aprovação**, já é fato suficiente para a emissão da certidão de quitação eleitoral prevista no artigo 11, § 1º, VI da Lei nº. 9.504/97 (Ac. TSE, de 28.9.2010, no Respe nº 442.363: a apresentação das contas de campanha é suficiente para a obtenção de quitação eleitoral, sendo desnecessária sua aprovação. Em sentido contrário: Ac.-TSE, de 3.8.2010, no PA nº 59.459).

▸ **Atenção!!!**

Foi acrescentado, pela lei 12.891/13, o inciso III ao § 8º do artigo 11 da Lei das Eleições, estabelecendo que "o parcelamento das multas eleitorais é direito do cidadão, seja ele eleitor ou candidato, e dos partidos políticos, podendo ser parceladas em até 60 (sessenta) meses, desde que não ultrapasse o limite de 10% (dez por cento) de sua renda", norma que, sob um ponto de vista crítico, facilita a prática de atos ilícitos no processo eleitoral, uma vez que ameniza o impacto das penalidades estabelecidas em lei.

Ao mesmo artigo também foi acrescentado pela minirreforma eleitoral ditada pela lei 12.891/13 o § 13, determinando que a dispensa da apresentação, por parte de candidatos, partidos e coligações, de documentos produzidos a partir de informações detidas pela Justiça Eleitoral, quando da formulação de pedido de registro de candidatura, mudança esta que, certamente, tornará ainda mais ardoroso o trabalho dos servidores dessa justiça especializada durante o processo de análise de tais pedidos de registro.

A decisão que julga não prestadas as contas de campanha impede o candidato de obter a certidão de quitação eleitoral durante o curso do mandato ao qual concorreu, persistindo esses efeitos, após esse período, até a efetiva apresentação das contas (Súmula nº 42 do TSE).

O pagamento da multa eleitoral pelo candidato ou a comprovação do cumprimento regular de seu parcelamento após o pedido de registro, mas antes do julgamento respectivo, afasta a ausência de quitação eleitoral (Súmula nº 50 do TSE)

A apresentação das contas de campanha é suficiente para a obtenção da quitação eleitoral, nos termos da nova redação conferida ao art. 11, § 7º, da Lei nº 9.504/97, pela Lei nº 12.034/2009 (Súmula nº 57 do TSE)

3.5. A questão da obrigatoriedade de registro das propostas de candidatos a prefeito, governador e presidente da República

Questão sempre recorrente nos debates populares sobre política refere-se ao fato de que a grande maioria dos políticos, uma vez eleitos, tendem a não cumprir **promessas realizadas em campanha**, as quais, por sua vez, restam olvidadas pela população, que termina por convalidar tais omissões.

Sob o argumento da necessidade de um **maior controle por parte eleitorado** em relação às atitudes dos seus mandatários políticos, foi incluída na lei 9.504/97, por meio da recente lei nº. 12.034/09, o inciso IX do § 1º do art. 11, estabelecendo que os **candidatos a cargos majoritários do poder executivo** (prefeitos, governadores e presidente da república) deverão juntar, aos seus requerimentos de candidaturas, as suas propostas e projetos de campanha. Tal obrigação, ressalte-se, é imputável apenas a candidatos a cargos executivos.

▸ Como esse assunto foi cobrado em concurso?

Em concurso para promotor de justiça do estado do Espírito Santo, realizado em 2010, foi considerada falsa afirmativa que dispunha que "as propostas defendidas pelo candidato não constituem documentação obrigatória à instrução de pedido de registro de candidatura para governador de estado".

Já no concurso para Técnico Judiciário do TRE-AP, realizado pela FCC, em 2011, foi considerada correta afirmativa que dispunha que "não se inclui dentre os documentos que devem instruir o pedido de registro de candidatos propostas defendidas pelo candidato a Deputado Federal". Como visto, apenas os candidatos a cargos majoritários do Poder Executivo estão obrigados a registrar suas propostas de campanha.

Por fim, no concurso para Técnico Judiciário do TRE-MS, realizado em janeiro de 2013, pelo CESPE, foi considerada verdadeira afirmativa que dispunha que "o pedido de registro de um candidato a prefeito deve ser instruído com as propostas por ele defendidas".

Vale destacar, comentando o referido dispositivo legal inovador, que, na prática, o mesmo tem, apenas, **conteúdo moral**, uma vê que **não existe previsão legal de perda de mandato político** de candidato eleito que venha a descumprir promessas formuladas durante a campanha eleitoral no Brasil, uma vez que não há, em nosso país, mandato político imperativo, conforme já explicado no capítulo I desta obra. Sobre o tema, sugerimos a leitura do livro de nossa autoria, intitulado "Fidelidade Partidária", publicado em 2009 pela editora JusPodivm.

3.6. O requerimento individual de candidatura

Uma pequena, mas importante, alteração ocorreu na redação do § 4º do art. 11 da Lei nº. 9.504/97, a partir da reforma eleitoral de 2009, que assim passou a dispor:

> Art. 11 (...)
>
> § 4º Na hipótese de o partido ou coligação não requerer o registro de seus candidatos, estes poderão fazê-lo perante a Justiça Eleitoral, **observado o prazo máximo de quarenta e oito horas seguintes à publicação da lista dos candidatos pela Justiça Eleitoral**. (grifos nossos)

Dispunha a antiga redação deste dispositivo legal que o prazo para o registro individual do candidato se encerrava em quarenta e oito horas após o encerramento do prazo para o pedido de registro de candidaturas. Na prática, assim, a **nova legislação ampliou o prazo** para o requerimento individual.

▸ Como esse assunto foi cobrado em concurso?

Em concurso para promotor de justiça do estado do Espírito Santo, realizado em 2010, foi considerada falsa afirmativa que dispunha que "na hipótese de o partido ou a coligação não requererem o registro de seus candidatos, estes poderão fazê-lo perante a justiça eleitoral nas quarenta e oito horas seguintes ao encerramento do prazo previsto em lei, qual seja, dezenove horas do dia cinco de julho do ano eleitoral". Como visto, o prazo de quarenta e oito horas começa a contar da publicação da lista dos candidatos pela Justiça Eleitoral, o que só ocorre após o dia 15 de agosto, tendo em vista que o prazo final para o pedido de registro de candidatos é às 19 horas do dia 15 de agosto do ano eleitoral, conforme novo calendário eleitoral estipulado pela Lei nº. 13.165/15.

3.7. O momento correto para a aferição das condições de elegibilidade e causas de inelegibilidade

Uma das novidades estabelecidas pela reforma eleitoral ocorrida em 2009, com a publicação da Lei nº. 12.034/09, foi a inclusão do § 10 ao artigo 11 da Lei nº. 9.504/97, que assim passou a dispor:

> Art. 11. (...)
>
> **§ 10.** As condições de elegibilidade e as causas de inelegibilidade devem ser aferidas no momento da formalização do pedido de registro de candidatura, ressalvadas as alterações, fáticas ou jurídicas, que afastem a inelegibilidade.

Como é possível observar-se, o objetivo do legislador foi ampliar a possibilidade de **viabilização de registros de candidaturas**, permitindo que postulantes que não cumpram determinadas condições de elegibilidade ou estejam submetidos a causas de inelegibilidade possam participar do processo eleitoral, desde que ocorram **alterações fáticas ou jurídicas** que retirem, por si só, os óbices ao registro da candidatura verificados no momento da formalização junto à Justiça Eleitoral.

► **Como esse assunto foi cobrado em concurso?**

Em concurso para Analista Judiciário do TRE-MT, realizado em 2010, já de acordo com a reforma eleitoral de 2009, foi considerada falsa assertiva que dispunha que "A aferição das condições de elegibilidade e causas de inelegibilidade deve ser realizada até o dia da eleição".

► **Atenção!!!**

A idade mínima constitucionalmente estabelecida como condição de elegibilidade é verificada tendo por referência a data da posse, conforme disposto no artigo 11, § 2º da Lei nº. 9.504/97.

Com a publicação da Lei nº. 13.165/15, o § 2º do artigo 11 da Lei das Eleições foi alterado, no que se refere ao momento de aferição da idade mínima como condição de elegibilidade do pretendo candidato. A idade mínima de 18 anos, exigível para candidatos a vereador, passou, com a nova lei, a ser exigível na data-limite do pedido de registro de candidatura, e não mais na data da posse, como ocorria até então. Para os demais cargos, contudo, a idade mínima exigível continuará a ser aferida na data da posse.

3.8. O registro sub judice de candidato impugnado e a teoria da "conta e risco"

Abraçando **antiga jurisprudência** consolidada pelo Tribunal Superior Eleitoral, quanto à possibilidade de candidato impugnado concorrer nas eleições, tendo direito a praticar todos os atos de campanha, até o trânsito em julgado da decisão de impugnação do registro de candidatura, a lei nº. 12.034/09 incluiu **o artigo 16-A** na Lei nº. 9.504/97, que assim dispõe:

> **Art. 16-A.** O candidato cujo registro esteja *sub judice* poderá efetuar todos os atos relativos à campanha eleitoral, inclusive utilizar o horário eleitoral gratuito no rádio e na televisão e ter seu nome mantido na urna eletrônica enquanto estiver sob essa condição, ficando a validade dos votos a ele atribuídos condicionada ao deferimento de seu registro por instância superior.
>
> **Parágrafo único.** O cômputo, para o respectivo partido ou coligação, dos votos atribuídos ao candidato cujo registro esteja *sub judice* no dia da eleição fica condicionado ao deferimento do registro do candidato.

Como é possível observar-se, valorizou o legislador o princípio da presunção da inocência, bem como, coerentemente, evitou que o dano irreparável de impedimento a uma candidatura posteriormente declarada lícita pudesse ocorrer. Tal interpretação, como já ressaltado, **coaduna-se com a jurisprudência consolidada pelo TSE** desde a publicação da Resolução nº. 21.051, de 26.03.2002, relatada pelo Ministro Fernando Neves.

Vale destacar, na análise do citado dispositivo legal, o seu parágrafo único que, como já ressaltado, determina que "O cômputo, para o respectivo partido ou coligação, dos votos atribuídos ao candidato cujo registro esteja *sub judice* no dia da eleição fica condicionado ao deferimento do registro do candidato". **Revoga tacitamente, assim, tal disposição normativa, o artigo 175, § 4º, do Código Eleitoral**, que, combinado com o § 3º do mesmo artigo, estabelece que os votos atribuídos ao candidato impugnado sejam contados para o partido pelo qual tenha sido feito o registro, desde que a decisão de inelegibilidade ou de cancelamento de registro seja proferida após a realização da eleição. De acordo com a lei, caso um **candidato com registro *sub judice* na data da eleição** seja definitivamente declarado inelegível, após a eleição, seus **votos não serão mais considerados válidos**, para efeito algum.

Situação diferente, no entanto, dar-se-á quando candidato a eleição proporcional que não esteja com o seu registro *sub judice* na data da eleição tenha, posteriormente à mesma, seu registro cassado, caso em que o voto deverá ser computado para a legenda, em obediência ao princípio *in dúbio pro voto*.

▸ **Atenção!!!**

A lei nº. 12.891/13 incluiu um novo artigo à lei nº. 9.504/97, o artigo 16-B, dirimindo uma importante dúvida relativa ao processo eleitoral. De acordo com o novo dispositivo legal, candidato que ainda não tenha tido seu pedido de registro de candidatura apreciado pela Justiça Eleitoral, desde que o mesmo tenha sido apresentado no prazo legal, terá, indiscutivelmente, direito de realizar campanha, evitando-se, assim, prejuízos a tais candidatos decorrentes de fato alheios às suas vontades.

▸ **Como o TSE tem se pronunciado sobre este tema?**

O Plenário do Tribunal Superior Eleitoral, por unanimidade, assentou que, nos municípios com mais de 200 mil eleitores, os votos dados a candidatos que concorreram sub judice a cargos majoritários no primeiro turno de votação, em razão de indeferimento inicial do registro de candidatura, devem ser computados para efeito de realização do segundo turno de votação, enquanto estiver pendente decisão final acerca da regularidade da candidatura. (Mandado de Segurança nº 0602028-24, Belford Roxo/RJ, rel. Min. Henrique Neves da Silva, em 11.9.2016). Informativo TSE – Ano XVIII – nº 11.

3.9. A situação de candidatos expulsos dos seus partidos políticos após o registro da candidatura

Candidatos que forem **expulsos do partido político** após o registro da candidatura e antes das eleições poderão ficar **sujeitos ao cancelamento dos seus respectivos registros**, em processo no qual deverá ser assegurada a ampla defesa e o contraditório e observadas as normas estatutárias da agremiação partidária. É o que prevê o artigo 14 da Lei nº. 9.504/97.

▸ **Como esse assunto foi cobrado em concurso?**

Em concurso para juiz substituto do estado do Rio Grande do Norte, foi considerada verdadeira assertiva que dispunha que "compete aos Tribunais Regionais Eleitorais promover o registro de candidatos às eleições gerais, podendo, se for o caso, proceder ao cancelamento do referido registro em relação aos candidatos expulsos do respectivo partido até a data das eleições".

3.10. Identificação numérica e variação nominal dos candidatos

De acordo com o artigo 12 da Lei nº 9.504/97, "O candidato às eleições proporcionais indicará, no pedido de registro, além de seu nome completo, as variações nominais com que deseja ser registrado, **até o máximo de três opções**, que poderão ser o prenome, sobrenome, cognome, nome abreviado, apelido ou nome pelo qual é mais conhecido, desde que não se estabeleça dúvida quanto à sua identidade, não atente contra o pudor e não seja ridículo ou irreverente, mencionando em que ordem de preferência deseja registrar-se".

> **▸ Como esse assunto foi cobrado em concurso?**
>
> Em concurso para consultor legislativo do Senado Federal, realizado pelo CESPE, foi considerada verdadeira afirmativa que dispunha que um servidor da Agência nacional de Telecomunicações (ANATEL) poderia registrar-se, como candidato a vereador, com o nome "Carlinhos da ANATEL". Não há, de acordo com o artigo 12 da lei das Eleições, qualquer óbice para que o referido nome seja registrado, uma vez que não estabelece dúvidas quanto à identidade do candidato, não atenta contra o pudor e não é ridículo ou irreverente.

Eventualmente, entretanto, poderá ocorrer homonímia. Neste caso, procederá a Justiça Eleitoral conforme quadro abaixo:

Normas para a resolução de homonímia no registro de candidaturas a cargos eletivos	
I.	havendo dúvida, poderá exigir do candidato prova de que é conhecido por dada opção de nome, indicada no pedido de registro;
II.	ao candidato que, na data máxima prevista para o registro, esteja exercendo mandato eletivo ou o tenha exercido nos últimos quatro anos, ou que nesse mesmo prazo se tenha candidatado com um dos nomes que indicou, será deferido o seu uso no registro, ficando outros candidatos impedidos de fazer propaganda com esse mesmo nome;
III.	ao candidato que, pela sua vida política, social ou profissional, seja identificado por um dado nome que tenha indicado, será deferido o registro com esse nome, observado o disposto na parte final do inciso anterior;
IV.	tratando-se de candidatos cuja homonímia não se resolva pelas regras dos dois incisos anteriores, a Justiça Eleitoral deverá notificá-los para que, em dois dias, cheguem a acordo sobre os respectivos nomes a serem usados;
V.	não havendo acordo no caso do inciso anterior, a Justiça Eleitoral registrará cada candidato com o nome e sobrenome constantes do pedido de registro, observada a ordem de preferência ali definida.

▸ **Qual o entendimento do TSE sobre este assunto?**

De acordo com a súmula nº. 04 do TSE, "Não havendo preferência entre candidatos que pretendam o registro da mesma variação nominal, defere-se o do que primeiro o tenha requerido". No mesmo sentido, vale destacar os Ac. TSE nº. 265/98, 275/98 e 20.228/2002.

A Justiça Eleitoral poderá exigir do candidato prova de que é conhecido por determinada opção de nome por ele indicado, quando seu uso puder confundir o eleitor. Além disso, dispõe o § 3º do artigo 12 da lei das Eleições que a Justiça Eleitoral indeferirá todo pedido de variação de nome coincidente com nome de candidato a eleição majoritária, salvo para candidato que esteja exercendo mandato eletivo ou o tenha exercido nos últimos quatro anos, ou que, nesse mesmo prazo, tenha concorrido em eleição com o nome coincidente.

▸ **Como esse assunto foi cobrado em concurso?**

Em concurso para juiz substituto do estado do Rio Grande do Norte, foi considerada falsa afirmativa que dispunha que "a Justiça Eleitoral, no processo de registro de candidaturas, poderá indeferir todo pedido de variação de nome coincidente com o de candidato de eleição majoritária". Como visto, existem hipóteses em que deverá prevalecer a vontade do candidato à eleição proporcional (candidato que esteja exercendo mandato eletivo ou o tenha exercido nos últimos quatro anos, ou que, nesse mesmo prazo, tenha concorrido em eleição com o nome coincidente).

No que se refere, por sua vez, à **identificação numérica dos candidatos**, os candidatos a presidente da república, governadores de estado e prefeitos deverão concorrer com os números identificadores dos seus respectivos partidos. Já os candidatos ao Senado Federal deverão concorrer com o número de seus partidos a acrescido de mais um algarismo à direita (por exemplo, 999, sendo 99 o número identificador do partido).

Já no que é relativo aos candidatos a deputados e vereadores, dispõe a legislação em vigor que os candidatos a deputado federal deverão concorrer com o número do partido a que são filiados, acrescido de dois algarismos, à direita (por exemplo, 9100, sendo 91 o número identificador do partido). Os candidatos a deputados estaduais, distritais e vereadores, por sua vez, deverão concorrer com o número do partido a que são filiados, acrescido de três algarismos, à direita (por exemplo, 91234, sendo 91 o número identificador do partido).

Aos candidatos à reeleição é assegurada **prioridade na manutenção do número** pelo qual concorreu na eleição anterior, se ainda pertencer ao mesmo partido.

3.11. A substituição de candidatos após o término do prazo de registro de candidaturas

Segundo o artigo 13 da Lei das Eleições, é facultado ao partido ou coligação substituir candidato que for considerado inelegível, renunciar ou falecer após o termo final do prazo do registro ou, ainda, tiver seu registro indeferido ou cancelado. O registro da candidatura do substituto, a ser procedido na **forma do estatuto do partido** a que pertencer o substituído, deverá ser requerido **até 10 (dez) dias contados do fato ou da notificação do partido da decisão judicial** que deu origem à substituição.

▸ **Como esse assunto foi cobrado em concurso?**

No 16º concurso de Procurador da República foi considerada verdadeira afirmativa que dispunha que "no processo de registro de candidatos é facultado ao partido político ou coligação substituir candidato que for considerado inelegível, renunciar ou falecer após o termo final do prazo do registro, ou, ainda, tiver seu registro indeferido ou cancelado".

Nas eleições majoritárias, se o candidato for de coligação, a substituição deverá fazer-se por decisão da maioria absoluta dos órgãos executivos de direção dos partidos coligados, podendo o substituto ser filiado a qualquer partido dela integrante, desde que o partido ao qual pertencia o substituído renuncie ao direito de preferência.

▸ **Como esse assunto foi cobrado em concurso?**

Em concurso para promotor de justiça do estado do Rio Grande do Norte, foi considerada falsa afirmativa que dispunha que "a substituição do candidato, nas eleições majoritárias, deverá ser feita por decisão da maioria absoluta dos órgãos executivos de direção dos partidos coligados, não podendo o substituto ser filiado a partido diverso do candidato substituído". Como visto, o substituto poderá ser oriundo de qualquer um dos partidos coligados, neste caso, respeitado o direito de preferência do partido do candidato substituído.

▸ **Atenção!!!**

Nas **eleições proporcionais**, a substituição, segundo a redação original da Lei das Eleições, só se efetivava se o novo pedido fosse apresentado até **sessenta dias antes do pleito**. Já nas **eleições majoritárias**, a substituição do candidato podia ocorrer até a **véspera do pleito**. Tais regras, geradoras de muitas polêmicas, foram, contudo, alteradas pela minirreforma eleitoral de dezembro de 2013, a qual não se aplicou às eleições de 2014, sendo aplicável, contudo, a partir das eleições de 2016. Como observado, até as eleições de 2014, partidos políticos e coligações podiam mudar seus candidatos nas eleições proporcionais até 60 dias antes do pleito, enquanto que, nas eleições majoritárias, não havia prazo estabelecido. Assim, eram comuns mudanças de candidatos a prefeito, por exemplo, na véspera da eleição, confundindo o eleitor e ocasionando, muitas vezes, fraudes, uma vez que o substituto concorria com a foto e o nome do substituído na urna eletrônica, sem que o eleitor tivesse a devida informação acerca da alteração da chapa concorrente. Com a nova redação do § 3º do artigo 13 da Lei das Eleições, "tanto nas eleições majoritárias como nas proporcionais, a substituição só se efetivará se o novo pedido for apresentado até 20 (vinte) dias antes do pleito, exceto em caso de falecimento de candidato, quando a substituição poderá ser efetivada após esse prazo".

▸ **Como esse assunto foi cobrado em concurso?**

Em concurso para Analista Judiciário do TRE-MS, realizado pelo CESPE, em 2013, foi considerada verdadeira afirmativa que dispunha que "suponha que um candidato a prefeito tenha sido considerado inelegível por decisão transitada em julgado às vésperas da eleição. Nessa situação, o partido político do referido candidato poderá escolher um substituto para participar do pleito no lugar do inelegível".

Por fim, vale destacar importantíssima questão abordada no **artigo 77, § 4º da Constituição Federal**, segundo o qual "se, antes de realizado o segundo turno, ocorrer morte, desistência ou impedimento legal de candidato, convocar-se-á, dentre os remanescentes, o de maior votação". Tal regra, também válida nas eleições para governadores de estado e prefeitos municipais, em decorrência do princípio da simetria, postulado do Estado federal, e também em virtude de previsão expressa no artigo 2º, § 2º da Lei nº. 9.504/97, determina, por exemplo, que um candidato com 49% dos votos válidos no primeiro turno das eleições venha a falecer, por exemplo, entre o primeiro e o segundo turno, sendo substituído, na disputa, não pelo seu vice, mas sim pelo terceiro colocado do primeiro turno.

▸ **Como esse assunto foi cobrado em concurso?**

Em concurso para promotor de justiça do estado de Santa Catarina, realizado em 2010, foi considerada falsa afirmativa que dispunha que "concluído o primeiro turno das eleições para Governador do Estado, vindo a ocorrer a morte de um dos dois candidatos escolhidos para se enfrentarem no segundo turno, o Partido Político respectivo poderá optar em substituir o candidato morto por seu vice inscrito, para prosseguir na disputa".

Já no concurso para Técnico Judiciário do TRE-AP, promovido pela FGV, em 2011, foi formulada a seguinte questão: "Concluído o primeiro turno das eleições para Governador, Mévio e Caio foram os candidatos mais votados, sem que nenhum dos dois tivesse alcançado maioria absoluta dos votos válidos. Contudo, durante as comemorações pelo surpreendente resultado que o levou ao segundo turno, Mévio sofreu um infarto fulminante e veio a falecer. Considerando que Tício foi o terceiro colocado, deverá ocorrer: a) nova eleição, no prazo de 90 dias, em que concorrerão todos os candidatos apresentados no primeiro turno recém-concluso, que deverá ser anulado. b) o segundo turno entre Caio e Tício. c) nova eleição, em turno único, entre todos os candidatos originalmente inscritos, sendo o lugar de Mévio ocupado por seu candidato a vice. d) o empossamento de Caio como Governador. e) o segundo turno entre Caio e o candidato a vice de Mévio". A resposta correta considerada foi a da alternativa "b".

Questão polêmica, acerca deste tema, em virtude da ausência de previsão legal específica, diz respeito à possibilidade de morte, desistência ou impedimento legal de candidato a vice, entre o primeiro e o segundo turno das eleições para presidente da república, governador ou prefeito. Afinal de contas, o **candidato a vice pode ser substituído** por outra pessoa entre o primeiro e o segundo turno, integrante do mesmo partido ou coligação, ou, em virtude do princípio da **unicidade da chapa**, deverá toda a chapa ser substituída (incluindo o candidato a titular do cargo) pela chapa terceira colocada no primeiro turno eleitoral?

Segundo **entendimento reiterado do Tribunal Superior Eleitoral** (Ac. 14.340, de 12.05.1994 e Ac. 20.141, de 26/03/1998), em caso de necessidade de substituição do candidato a vice em chapa para presidente da república, governador de estado e prefeito municipal entre o primeiro e o segundo turno, o substituto deverá ser filiado a partido coligado já no primeiro turno, com preferência para o partido de origem do substituído, o qual poderá, no entanto, abrir mão do direito de preferência. Vale ressaltar, neste sentido, o disposto no artigo 88 do Código Eleitoral, segundo o qual "não é permitido registro de candidato embora para cargos diferentes, por mais de uma circunscrição ou para mais de um cargo na mesma circunscrição". Assim, entendemos que não seria possível a substituição do candidato a vice por outro candidato que, por exemplo, tenha participado do primeiro turno eleitoral como candidato a deputado ou vereador.

▸ **Como esse assunto foi cobrado em concurso?**

Em **sentido contrário ao entendimento reiterado do TSE**, acima exposto, a **banca examinadora** do concurso para Analista Judiciário do TRE-BA, organizado pelo **CESPE, em 2010**, em questão subjetiva, entendeu como correta, na hipótese descrita, a substituição de toda a chapa por aquela que ficara em terceiro lugar no primeiro turno, em virtude do princípio da unicidade da chapa entre o candidato a titular de um cargo majoritário e seu vice. Assim, na visão do CESPE, a morte, renúncia ou impedimento legal de candidato a vice-presidente, vice-governador e vice-prefeito, entre o primeiro e os segundo turnos de uma eleição, importaria na substituição de toda a chapa pela chapa terceira colocada: o candidato titular e todo o seu eleitorado, assim, seria prejudicado.

4. AÇÃO DE IMPUGNAÇÃO DE REGISTRO DE CANDIDATURA (AIRC)

É a Lei Complementar nº. 64/90, em seu artigo 3º, que disciplina o procedimento da Ação de Impugnação de Registro de Candidatura (AIRC), proposta no prazo de 05 dias da publicação, pela Justiça Eleitoral, de edital contendo a relação nominal dos pedidos de registro de candidatura formulados. O estudo mais detalhado desta importante ação eleitoral, entretanto, será realizado, nesta obra, no capítulo específico das ações eleitorais.

Capítulo 8

Condições de elegibilidade e causas de inelegibilidade

1. NOTAS INTRODUTÓRIAS: A DISTINÇÃO ENTRE CONDIÇÕES DE ELEGIBILIDADE E INELEGIBILIDADES

Conforme estudado no capítulo VI desta obra, a **capacidade eleitoral**, decorrente da capacidade para o exercício de direitos políticos, **se divide em capacidade eleitoral ativa e capacidade eleitoral passiva**.

A **capacidade eleitoral ativa**, de acordo com o que foi abordado alhures, refere-se ao direito inerente ao cidadão de participar, como eleitor, de eleições e consultas populares, bem como propor Ação Popular, promover a Iniciativa Popular de Lei, e outras prerrogativas provenientes do exercício do poder de sufrágio.

A **capacidade eleitoral passiva**, por sua vez, vincula-se à capacidade que o cidadão tem de **ser votado, pleiteando mandatos políticos**. Diretamente relacionados ao tema da capacidade eleitoral passiva encontram-se os **conceitos de "condições de elegibilidade" e de "causas de inelegibilidade"**, suscitadores de constantes divergências doutrinárias.

> **Como esse assunto foi cobrado em concurso?**
>
> No 17º Concurso de Procurador da República foi realizada a seguinte questão subjetiva, denotando a importância do tema hora em estudo: "Que são inelegibilidades e condições de elegibilidade? Dê exemplos de inelegibilidades constitucionais e infraconstitucionais, absolutas e relativas. Admite-se a reelegibilidade para o Legislativo e para o Executivo? Em que limites?"
>
> Já no 13º Concurso de Procurador da República, a seguinte questão subjetiva foi apresentada aos candidatos: "Distinga as condições de elegibilidade das causas de inelegibilidade".

Segundo os seguidores da chamada **"Teoria Clássica", doutrina majoritária** no estudo das condições de elegibilidade e das causas de inelegibilidade, tem **elegibilidade** aquele que **reúne as condições fixadas na lei (aspecto positivo)** e **não incorre nas causas de inelegibilidade (aspecto negativo).** Neste sentido, comunga Edson de Resende Castro (2008, p. 146-148), para quem "elegibilidade é a capacidade eleitoral passiva, consistente na possibilidade de o cidadão pleitear determinados mandatos políticos, mediante eleição popular. (...) Condições de elegibilidade são requisitos positivos a serem preenchidos por aquele que pretende concorrer a cargos públicos eletivos".

Na visão de **Adriano Soares da Costa** (2009, p. 61), por sua vez, "as chamadas **condições de elegibilidade** são, no mais estrito rigor terminológico, verdadeiras **condições de registrabilidade**, ou seja, pressupostos ao registro de candidatura. São exigências constitucionais ou legais para a realização do registro, implicando a ausência de uma delas a inexistência do direito a registrar". Assim, na visão do eminente doutrinador alagoano, **não haveria**, efetivamente, uma **distinção** entre as **condições de elegibilidade**, previstas no § 3º do artigo 14 da Constituição Federal de 1988, e as **causas de inelegibilidade**, previstas primordialmente nos §§ 4º a 7º do citado artigo constitucional, sendo ambas as hipóteses **faces de uma mesma moeda.**

▸ **Atenção!!!**

Segundo a concepção teórica defendida por **Adriano Soares da Costa**, a **regra, para os brasileiros, seria a inelegibilidade, e a elegibilidade a exceção.** Já segundo a concepção clássica, ocorreria justamente o contrário: a regra para o brasileiro seria a elegibilidade, e as causas inelegibilidades, impedimentos circunstanciais, gerariam a exceção: a inelegibilidade.

Esclarecendo melhor sua doutrina, assim afirma o ilustre doutrinador citado (*Teoria da Inelegibilidade*, disponível em http://knol.google.com/k/teoria-da-inelegibilidade#, acesso em 11 jan. 2011):

> O registro de candidatura é o fato jurídico que faz surgir a elegibilidade. Antes do registro, todos os nacionais não possuem elegibilidade, não podendo lançar sua candidatura, pleiteando votos em seu próprio nome. Logo, as condições de elegibilidade nada mais são do que pressupostos inafastáveis para a concessão do registro de candidatura, motivo pelo qual são, em verdade, verdadeiras *condições de regis-*

> *trabilidade*. Todos os nacionais que não têm o registro de candidatura não possuem o *ius honorum*, sendo desvestidos de elegibilidade.
>
> Ora, se a elegibilidade é o direito subjetivo de ser votado, praticando atos de campanha, a sua ausência é a impossibilidade de o nacional pleitear um mandato eletivo. Assim, os **nacionais não possuem elegibilidade, apenas adquirindo-a com o registro de sua candidatura pela Justiça Eleitoral.**

De forma geral, entretanto, **prevalece, na doutrina nacional, a concepção clássica** formulada pelo ex-ministro do Supremo Tribunal Federal, José Carlos Moreira Alves, em importante artigo denominado "Pressupostos de Elegibilidade e Inelegibilidades", publicado em meados dos anos setenta do último século, cujo trecho mais relevante é citado por Carlos Eduardo de Oliveira Lula (2010, p. 268), *in verbis*:

> Pressupostos de elegibilidade são requisitos que se devem preencher para que se possa concorrer a eleições. (...) Já as inelegibilidades são impedimentos que, se não afastados por quem preencha os pressupostos de elegibilidade, lhe obstam concorrer a eleições, ou – se supervenientes ao registro ou se de natureza constitucional – servem de fundamento à impugnação de sua diplomação, se eleito. Portanto, para que alguém possa ser eleito precisa preencher pressupostos (requisito positivo) e não incidir em impedimentos (requisito negativo). Quem não reunir essas duas espécies de requisitos – o positivo (preenchimento de pressupostos) e o negativo (não incidência em impedimentos) – não pode concorrer a cargo eletivo.

▸ Como esse assunto foi cobrado em concurso?

No 19º Concurso de Procurador da República foi considerada falsa afirmativa que dispunha que "as inelegibilidades implicam restrições à capacidade eleitoral ativa e passiva, impedindo, como restrições dos direitos políticos, o direito de votar e de ser votado". Como visto, a inelegibilidade só implica restrições à capacidade eleitoral passiva (concorrer a eleições).

Seguindo a Teoria Clássica, supramencionada, encontra-se a grande maioria dos doutrinadores nacionais, a exemplo de José Afonso da Silva e Antonio Carlos Mendes, dentre outros. O **Supremo Tribunal Federal**, da mesma forma, em importantíssimo julgado, de 1994 (ADI nº. 1063, Rel. Min. Celso de Mello, 18. 05.1994), conforme os ditames da **Teoria Clássica**, estabeleceu a distinção entre pressupostos de elegibilidade e hipóteses de inelegibilidade, afirmando que:

> o domicílio eleitoral na circunscrição e a filiação partidária, constituindo condições de elegibilidade (CF, art. 14, § 3º), revelam-se passíveis de válida disciplinação, mediante simples lei ordinária. Os **requisitos de elegibilidade não se confundem**, no plano jurídico-conceitual, com as **hipóteses de inelegibilidade**, cuja definição – além das situações já previstas diretamente pelo próprio texto constitucional (CF, art. 14, §§ 5º a 8º) – só pode derivar de norma inscrita em lei complementar (CF, art. 14, § 9º).

▸ Como esse assunto foi cobrado em concurso?

No 24º Concurso de Procurador da República, foi considerada falsa afirmativa que dispunha que "as condições de elegibilidade confundem-se com as hipóteses de inelegibilidade, envolvendo as mesmas situações jurídicas". Como visto, a banca optou, ao diferenciar condições de elegibilidade e hipóteses de inelegibilidade, pela Teoria Clássica, abraçada pelo STF.

Já no 18º Concurso de Procurador da República foi considerada verdadeira afirmativa que dispunha que a "as inelegibilidades estão previstas na Constituição Federal e em lei Complementar, estabelecendo esta outros casos e prazos de sua cessação". A correção da afirmativa encontra respaldo no disposto no § 9º do artigo 14 da Constituição Federal de 1988.

A **divergência** existente entre a **Teoria Clássica**, seguida pelo TSE e pelo STF, e a **Teoria de Adriano Soares da Costa**, é dotada de **importante efeito prático**, fugindo ao mero academicismo. Abraçada a Teoria Clássica, o artigo 9º da Lei nº. 9.504/97, que dispõe que "Para concorrer às eleições, o candidato deverá possuir domicí-lio eleitoral na respectiva circunscrição pelo prazo de seis meses e estar com a filiação deferida pelo partido no mesmo prazo (redação determinada pela lei 13.488/2017)", embora previsto em lei ordinária, coaduna-se com a Constituição, uma vez que, segundo a referida teoria, trata o citado dispositivo legal de condições de elegibilidade, previstas no artigo 14, § 3º da CF/88, e não de hipóteses de inelegibilidade.

Prevalecendo, contudo, a doutrina de Adriano Soares da Costa, o mesmo dispositivo legal seria inconstitucional, uma vez que estabeleceria a inelegibilidade de quem, por exemplo, somente se filiasse a partido político a menos de um ano do pleito (a Constituição aponta como condição de elegibilidade e filiação partidária, sem indicar o prazo). Tal consequência decorreria da tese defendida pelo doutrinador de Alagoas segundo a qual as condições de elegibilidade previstas no § 3º do artigo 14 da CF/88 e as causas de inelegibilidade previstas nos §§ seguintes do mesmo artigo seriam equivalentes, o que denotaria a necessidade de lei complementar para a regulamentação dos dispositivos no referido § 3º do artigo 14, e não apenas lei ordinária, em conformidade com o previsto no § 9º **do polêmico artigo** constitucional que **dispõe que outros casos de inelegibilidade e os prazos de sua cessação deverão ser estabelecidos, tão somente, por lei complementar.**

> **▸ Como esse assunto foi cobrado em concurso?**
>
> No 16º Concurso de Procurador da República, foi formulada a seguinte questão subjetiva: "Que são inelegibilidades e como se classificam? Confundem-se com perda de direitos políticos ou condições de elegibilidade? Por que?"
>
> Já no 21º Concurso de Procurador da República foi considerada verdadeira afirmativa que dispunha que a "as condições de elegibilidade são pré-requisitos para a candidatura a cargos eletivos, como filiação partidária e domicílio eleitoral, sendo as inelegibilidades restrições à capacidade eleitoral passiva".

2. AS CONDIÇÕES DE ELEGIBILIDADE PREVISTAS NA CONSTITUIÇÃO DE 1988

Seguindo a **Teoria Clássica**, abraçada pelo Supremo Tribunal Federal, podemos apontar as **seguintes condições de elegibilidade**, previstas no **artigo 14, § 3º** da **Constituição Federal de 1988**: a nacionalidade brasileira; o pleno exercício dos direitos políticos; o alistamento eleitoral; o domicílio eleitoral na circunscrição; a filiação partidária; e a idade mínima de 35 anos para presidente, vice-presidente da república e senador, 30 anos para governador e vice-governador de estado e do Distrito Federal, 21 anos para deputado federal, deputado estadual ou distrital, prefeito, vice-prefeito e juiz de paz; e dezoito anos para vereador.

> **▸ Como esse assunto foi cobrado em concurso?**
>
> No 15º Concurso de Procurador da República foi considerada verdadeira afirmativa que dispunha que "são condições de elegibilidade o alistamento eleitoral, a filiação partidária e o domicílio eleitoral na circunscrição". No 17º Concurso para Procurador da República, por sua vez, a mesma afirmativa foi repetida, mais uma vez sendo considerada verdadeira.

Já no 20º Concurso para Procurador da República, foi considerada verdadeira afirmativa que dispunha que "são condições de elegibilidade a nacionalidade brasileira, o pleno exercício dos direitos políticos, o alistamento eleitoral, o domicílio eleitoral na circunscrição, a filiação partidária e a idade mínima para os cargos eletivos, nos termos da Constituição".

No 23º Concurso para Procurador da República, por sua vez, foi considerada falsa afirmativa que dispunha que "entre as condições de elegibilidade inclui-se a prova de que o candidato teve aprovadas suas contas relativas ao exercício de cargo ou função pública". Como visto, não existe esta previsão na Constituição como condição de elegibilidade. Vale destacar, entretanto, que a rejeição de contas por irregularidade insanável ou por decisão irrecorrível do órgão competente é hipótese de inelegibilidade, conforme previsto no art. 1º, I, "g" da LC 64/90.

Idade mínima para o exercício de cargos eletivos (Conforme o art. 14, § 3º da CF/1988)	
Presidente da República, Vice-Presidente e Senador	35 anos
Governador e Vice-Governador de estado ou do Distrito Federal	30 anos
Deputado Federal, Deputado Estadual ou Distrital, Prefeito, Vice-Prefeito e Juiz de Paz	21 anos
Vereador	18 anos

▸ **Atenção!!!**

De acordo com o art. 11, § 2º da Lei nº. 9.504/97 (Lei das Eleições), "a idade mínima constitucionalmente estabelecida como condição de elegibilidade é verificada tendo por referência a data da posse".

Importante novidade legislativa, contudo, surgiu a partir da promulgação da Lei nº 13.165/15, que alterou o referido dispositivo legal para dispor que a idade mínima de 18 anos, exigível para candidatos a vereador, deverá ser aferida, doravante, na data-limite do pedido de registro de candidatura, e não mais na data da posse, como ocorria até então. Para os demais cargos, contudo, a idade mínima exigível continuará a ser aferida na data da posse.

▸ **Como esse assunto foi cobrado em concurso?**

No 11º Concurso para promotor de justiça do estado da Paraíba, foi considerada verdadeira assertiva que dispunha que "são elegíveis para qualquer cargo os maiores de 70 anos". Na mesma questão foi considerada falsa assertiva que dispunha que "são elegíveis para qualquer cargo os maiores com 21 anos". Como visto, só é elegível para qualquer cargo o brasileiro, no gozo dos seus direitos políticos, maior de 35 anos. Evidentemente, os maiores de 70 anos são, também, maiores de 35 anos.

Já no concurso para promotor de justiça da Santa Catarina, realizado em 2010, foi considerada verdadeira afirmativa que dispunha que "a idade mínima constitucionalmente estabelecida como condição de elegibilidade é verificada tendo por referência a data da posse e não quando do pedido de registro da candidatura".

Em relação à **nacionalidade brasileira** como condição de elegibilidade, foi estudado no capítulo VI desta obra que exercem capacidade política os brasileiros natos e os brasileiros naturalizados, na forma da lei. Além disso, de acordo com o artigo 12, § 1º da Constituição, os portugueses residentes no Brasil também podem exercer direitos políticos, desde que amparados pelo Tratado de Amizade, Cooperação e Consulta, assinado entre Brasil e Portugal em 22 de abril do ano 2000 (e promulgado pelo **decreto nº. 3.927**, de 19 de setembro de 2001). Nesta situação, também explicada naquele capítulo, o português, sem se naturalizar brasileiro, poderá também exercer capacidade eleitoral ativa, atendendo às condições de elegibilidades necessárias.

▸ **Atenção!!!**

O fato de brasileiro ser polipátrida (ter mais de uma nacionalidade, a brasileira e mais uma outra, por exemplo) não é impedimento para o exercício das capacidades eleitorais ativa e passiva no Brasil.

▸ **Como esse assunto foi cobrado em concurso?**

No concurso para Analista Judiciário do TRE-BA, organizado pelo CESPE, em 2010, foi considerada falsa afirmativa que dispunha que "Considerando que um cidadão brasileiro tenha dupla cidadania e candidate-se a deputado federal, a Justiça Eleitoral deverá deferir a candidatura apenas se o candidato em apreço renunciar expressamente à cidadania de outro país".

No mesmo concurso, também foi considerada falsa assertiva que dispunha que brasileiro com dupla cidadania não pode assumir a presidência da Câmara dos Deputados. A Constituição Federal de 1988 não veda tal cargo aos polipátridas, ressalvando, apenas, que o indivíduo deverá ser brasileiro nato, independente de possuir outras nacionalidades, primárias ou secundárias.

O **pleno exercício dos direitos políticos** também foi estudado no citado capítulo VI desta obra. Naquela oportunidade, foi feita a **distinção entre perda e suspensão dos direitos políticos**. O brasileiro, ou português equiparado, que não esteja com os seus direitos políticos suspensos, ou que não os tenha perdido, atenderá à condição de elegibilidade prevista no artigo 14, § 3º, II da CF/88 (pleno exercício dos direitos políticos).

O **domicílio eleitoral na circunscrição** e a **filiação partidária** como condições de elegibilidade, por sua vez, também já foram estudados nesta obra, mais precisamente no item 2.3 do capítulo VII.

3. AS CAUSAS DE INELEGIBILIDADE: NOÇÕES CONCEITUAIS E CLASSIFICAÇÃO

Conforme esclarecimento prestado no item 1 deste capítulo, as **causas de inelegibilidade**, segundo a **Teoria Clássica**, se apresentam como **impedimentos que obstam o exercício da capacidade eleitoral passiva pelo cidadão brasileiro**. Como observado, para que um brasileiro nato ou naturalizado, ou um português equiparado nos termos do Tratado de Amizade, Cooperação e Consulta, possa vir a exercer capacidade eleitoral passiva, faz-se necessário que o mesmo cumpra as condições de elegibilidade e não incorra em hipóteses de inelegibilidade, previstas estas na Constituição Federal e também em Lei Complementar, uma vez que, de acordo com o § 9º do artigo 14 da Carta Maior, não é possível a fixação de causas de inelegibilidade por meio de leis ordinárias.

As **inelegibilidades decorrem**, na **maioria das vezes**, da **prática de atos ilícitos**. São as chamadas **inelegibilidades sanção**, denominadas por Adriano Soares da Costa (2009, p. 150-151) de **inelegibilidades cominadas**. De acordo com o ilustre doutrinador alagoano, tais inelegibilidades cominadas podem ainda ser classificadas como **simples**, quando válidas para uma única eleição, sem repercussão em futuros pleitos, ou **potenciadas**, quando tornam inelegível o eleitor para eleições futuras.

Existem **situações**, entretanto, em que a **inelegibilidade não é resultante da prática de tais atos**, mas sim previstas pelo ordenamento jurídico a fim de preservar o equilíbrio nas disputas eleitorais e a moralidade administrativa, de forma a que seja resguardado o equilíbrio nas disputas, a normalidade e a legitimidade das eleições. Situam-se, nesta segunda hipótese, por exemplo, as causas de **inele-**

gibilidade decorrentes de parentesco ou exercício de determinados cargos, em determinados momentos, por parte de pleiteantes a cargos eletivos. Adriano Soares da Costa (2009, p. 151-154), estudando o tema, denomina tais situações de **"inelegibilidades inatas"**, equivalentes, para o doutrinador alagoano, à ausência de elegibilidade.

Classificação das inelegibilidades, segundo Adriano Soares da Costa	
Inelegibilidades inatas	Não resultam da prática de atos ilícitos. Visam a preservar o equilíbrio das disputas eleitorais e a moralidade administrativa e decorrem de incompatibilidades provenientes de parentesco com titulares de cargos eletivos ou mesmo do exercício de determinados cargos, em determinados momentos.
Inelegibilidades cominadas	Decorrem de uma sanção. Dividem-se em cominadas simples, quando aplicáveis a um único pleito, ou cominadas potenciadas, quando tornam inelegível o eleitor para eleições futuras.

A classificação mais difundida, entretanto, no estudo das inelegibilidades, é aquela que diferencia as **inelegibilidades absolutas das inelegibilidades relativas**. As inelegibilidades **absolutas valem para qualquer cargo** (por exemplo, os analfabetos são inelegíveis para qualquer cargo). As inelegibilidades **relativas**, por sua vez, só se referem a **determinados cargos**, podendo ser originadas de motivos funcionais ou mesmo decorrentes de parentesco (por exemplo, o presidente da república é inelegível para um terceiro mandato consecutivo. O filho do governador da Bahia, salvo se já titular de mandato eletivo e candidato à reeleição, também é inelegível para qualquer cargo disputado na Bahia, mas não para cargos em Pernambuco).

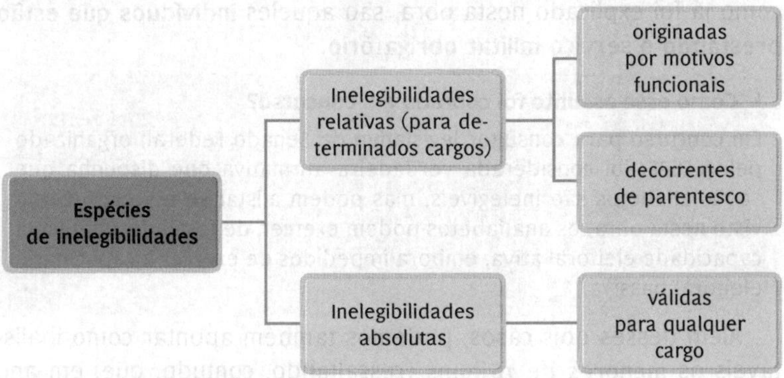

> **Como esse assunto foi cobrado em concurso?**
>
> No 18º Concurso de Procurador da República, foi formulada a seguinte questão subjetiva: "Defina o que são inelegibilidades, indique os seus tipos e ainda o que são condições de elegibilidade".

4. HIPÓTESES DE INELEGIBILIDADES PREVISTAS NA CONSTITUIÇÃO FEDERAL DE 1988

4.1. Os inalistáveis e os analfabetos

Seguindo a **Teoria Clássica**, podemos apontar como **hipóteses constitucionais de inelegibilidade** aquelas previstas nos **§§ 4º a 7º do artigo 14** da Carta Magna.

> **Atenção!!!**
>
> As inelegibilidades constitucionais podem ser arguidas mesmo após o prazo para o ajuizamento da Ação de Impugnação de Registro de Candidatura (AIRC), ao contrário das inelegibilidades infraconstitucionais.

> **Como esse assunto foi cobrado em concurso?**
>
> No 18º Concurso de Procurador da República foi considerada falsa afirmativa que dispunha que "as inelegibilidades, se não arguidas na impugnação do registro de candidatura, podem ser opostas a qualquer momento, mesmo as de natureza infraconstitucional".

Assim, de acordo com o § 4º do supracitado artigo, "são inelegíveis os **inalistáveis e os analfabetos**". Como inalistáveis, podemos apontar os **estrangeiros**, uma vez que estes não possuem capacidade política no Brasil (a exceção dos portugueses beneficiados pelo Tratado de Amizade, Cooperação e Consulta), e os **conscritos**, que, como já foi explicado nesta obra, são aqueles **indivíduos que estão prestando o serviço militar obrigatório**.

> **Como esse assunto foi cobrado em concurso?**
>
> Em concurso para consultor legislativo do Senado Federal, organizado pelo CESPE, foi considerada verdadeira afirmativa que dispunha que "os analfabetos são inelegíveis, mas podem alistar-se e votar". Como visto nesta obra, os analfabetos podem exercer, de forma facultativa, a capacidade eleitoral ativa, embora impedidos de exercer a capacidade eleitoral passiva.

Além desses dois casos, podemos também apontar como inalistáveis os **menores de 16 anos** (ressaltando, contudo, que, em ano eleitoral, menores com 15 anos de idade podem se alistar eleitores, desde que, na data da eleição já tenham completado 16 anos) e aqueles que tiveram seus direitos políticos perdidos ou suspensos (sobre o tema, conferir o item 7 do capítulo VI desta obra).

▸ **Como esse assunto foi cobrado em concurso?**

No 13º Concurso de Procurador da República foi considerada falsa afirmativa que dispunha que "a inelegibilidade acarreta a inalistabilidade". A afirmativa estaria verdadeira se o enunciado fosse inverso, uma vez que a inalistabilidade acarreta a inelegibilidade.

No que se refere aos analfabetos, por sua vez, o entendimento consolidado da Justiça Eleitoral é que o chamado **"analfabeto funcional" encontra-se habilitado a disputar eleições**, não sendo, portanto, inelegível. Famoso, tornou-se o caso envolvendo o deputado federal mais votado nas eleições 2010 em todo o país, o famoso humorista "Tiririca". Francisco Everardo Oliveira Silva, o palhaço Tiririca, foi acusado pelo Ministério Público Eleitoral de São Paulo, de ser analfabeto. Submetido a exames de alfabetização pelo TRE daquele estado, Tiririca demonstrou graves dificuldades para ler e interpretar textos simples, mas, no final das contas, escreveu, embora com muitos erros, um pequeno bilhete, e leu, também sem muita desenvoltura, os títulos e subtítulos de duas reportagens jornalísticas. O TRE-SP, diante dos fatos, considerou Tiririca alfabetizado e apto a ser diplomado deputado federal.

Segundo jurisprudência consolidada do TSE (Ac.-TSE nº. 318/2004, 21.707/2004 e 21.920/2004), havendo dúvida fundada acerca do analfabetismo do candidato, poderá ser realizado **teste de alfabetização**, desde que individualmente, a fim de evitar constrangimentos. Também o TSE, em sede de acórdão proferido em 2004 (Ac. TSE nº. 24.343/2004), entendeu que é ilegítimo o teste de alfabetização quando, apesar de não ser coletivo, traz constrangimentos ao candidato.

▸ **Qual o entendimento do TSE sobre este assunto?**

De acordo com a Súmula nº 15 do TSE, "O exercício de cargo eletivo não é circunstância suficiente para, em recurso especial, determinar-se a reforma de decisão mediante a qual o candidato foi considerado analfabeto". Assim, poderá ser considerado analfabeto, e declarado inelegível, candidato que já exerceu mandatos eletivos anteriormente.

Ainda de acordo com entendimento consolidado do TSE, o chamado "analfabeto funcional" é elegível.

O Plenário do Tribunal Superior Eleitoral, por maioria, entendeu que o teste de alfabetização previsto na legislação eleitoral somente deve ser aplicado quando o candidato não apresentar documento comprobatório de escolaridade com o requerimento de registro de candidatura. (Recurso Especial Eleitoral nº 8941, São Gonçalo do Piauí/PI, redator para o acórdão Min. Herman Benjamin, em 27.9.2016). Informativo TSE - Ano XVIII - nº 10

A Carteira Nacional de Habilitação gera a presunção da escolaridade necessária ao deferimento do registro de candidatura (Súmula nº 55 do TSE).

4.2. A questão da reeleição para cargos executivos

O § 5º do artigo 14 da Constituição Federal de 1988, com redação dada pela **Emenda Constitucional nº. 16/97**, por sua vez, dispõe que "o presidente da república, os governadores de estado e do Distrito Federal, os prefeitos e quem os houver sucedido ou substituído no curso dos mandatos, poderão ser reeleitos por um único período subsequente". É o instituto da **reeleição para cargos executivos**, criado na década de 1990 e consolidado nas últimas sete eleições (a partir de 1998).

▸ **Atenção!!!**

Historicamente, os **membros do Poder Legislativo sempre puderam ser reeleitos**. Existem vários exemplos de vereadores, deputados e senadores que exerceram seus cargos por várias legislaturas consecutivas.

▸ **Como esse assunto foi cobrado em concurso?**

No 21º Concurso de Procurador da República foi considerada falsa afirmativa que dispunha que "são inelegíveis os candidatos à reeleição para o Poder Legislativo, por mais de dois mandatos, seja pelo sistema proporcional ou segundo o princípio majoritário". Como destacado, não existem limites às reeleições de parlamentares (senadores, deputados e vereadores).

No que se refere, entretanto, ao Poder Executivo, o instituto da reeleição somente foi implementado, no Brasil republicano, a partir da citada EC 16/97, à exceção dos cargos de vice, para os quais era possível a reeleição na vigência da Constituição Federal de 1946 (exemplo de reeleição de vice-presidente na história brasileira ocorreu com João Goulart, eleito vice-presidente para dois mandatos consecutivos, em 1955, quando foi eleito vice-presidente de Juscelino

Kubitscheck, e no mandato seguinte, quando foi eleito vice-presidente de Jânio Quadros, a quem terminou sucedendo na presidência da república). Atualmente, entretanto, o entendimento do TSE é consolidado no sentido de que o vice-presidente, o vice-governador e o vice-prefeito não podem exercer tais cargos por três vezes consecutivas (Res. TSE nº. 22.529, de 20.03.07, DJ de 17.04.07).

▸ **Atenção!!!**

Questão muito interessante envolve a possibilidade, ou não, de prefeito reeleito disputar uma terceira eleição municipal consecutiva para prefeito concorrendo, no entanto, na terceira eleição, em outro município (por exemplo, o prefeito do município de Irecê, na Bahia, no exercício do segundo mandato consecutivo, disputando a eleição seguinte para prefeito do município vizinho de João Dourado). Segundo nova jurisprudência do TSE, consolidada a partir do Ac. 32. 539, de 17.12.08, é vedada tal manobra, por se constituir em forma de indevida perpetuação no poder. De acordo com o TSE, "não se pode, mediante a prática de ato formalmente lícito (mudança de domicílio eleitoral) alcançar finalidades incompatíveis com a Constituição: a perpetuação no poder e o apoderamento de unidades federadas para a formação de clãs políticos ou hegemonias familiares (...). Somente é possível eleger-se para o cargo de 'prefeito municipal' por duas vezes consecutivas".

4.3. A necessidade de desincompatibilização do presidente da república, governadores e prefeitos a fim de concorrerem a outros cargos

Prevê o § 6º do artigo 14 da Constituição Federal de 1988 que "para concorrerem a outros cargos, o **presidente da república, os governadores de estado e do Distrito Federal e os prefeitos devem renunciar** aos respectivos mandatos até seis meses antes do pleito". Firma-se, assim, a primeira regra de desincompatibilização das muitas previstas na legislação, em especial na Lei Complementar nº. 64/90, conforme será estudado ainda neste capítulo.

Há de se observar, na leitura no dispositivo constitucional supracitado, que **para concorrer ao mesmo cargo (reeleição) não é necessário** aos titulares de mandatos executivos renunciarem aos seus mandatos respectivos. Seguiu assim, o legislador brasileiro, a fórmula consagrada na grande maioria das democracias que admitem o instituto da reeleição para cargos executivos, fato que, ainda hoje, é alvo de críticas por parte daqueles que entendem que a desnecessidade de desincompatibilização do agente político que pleiteia a reeleição gera desequilíbrio no pleito, em virtude do uso, pelo mandatário-candidato, da máquina pública ao seu favor.

Quando, entretanto, o **titular de mandato executivo** desejar se candidatar a **outro cargo**, deverá o mesmo **renunciar ao seu mandato**, seis meses antes do pleito. Nas eleições 2010, por exemplo, os governadores de Minas Gerais, Aécio Neves, e de São Paulo, José Serra, tiveram que renunciar aos seus cargos para concorrer, respectivamente, ao Senado Federal e à presidência da república. Serra, inclusive, poderia ter optado pela reeleição, uma vez que exercia apenas o primeiro mandato à frente do executivo paulista, mas preferiu concorrer à presidência da república, cargo para o qual terminou derrotado no segundo turno eleitoral frente à sua adversária, Dilma Rousseff, do Partido dos Trabalhadores, eleita presidente. Na mesma eleição, os governadores da Bahia, Jaques Wagner, e do Rio de Janeiro, Sérgio Cabral Filho, dentre outros, se reelegeram, sem a necessidade de desincompatibilização. Vale dizer, quanto a esta questão, que segundo entendimento consolidado do TSE (Res. 21.053, de 02.04.02, "não atende ao disposto no art. 14, § 6º, da Constituição Federal, a circunstância de o chefe do Poder Executivo licenciar-se do seu cargo, seis meses antes do pleito, querendo concorrer a outro cargo, para, após, se for indicado em convenção de seu partido, converter esta licença em renúncia".

É de se ressaltar que o disposto no **§ 6º do artigo 14** da Constituição Federal **aplica-se, tão somente, aos titulares de mandatos** de presidente da república, governadores de estado e do Distrito Federal e prefeitos municipais. Seus respectivos **vices, portanto, não são abrangidos** pela previsão constitucional supracitada, desde que, nos seis meses anteriores ao pleito, não assumam, mesmo em substituição, o cargo de titular. Como exemplo histórico da possibilidade de vice ser candidato a outro cargo sem renunciar ao seu mandato, temos a eleição do vice-presidente da república Marco Maciel para o Senado Federal, pelo Partido da Frente Liberal (PFL) de Pernambuco, nas eleições 2002. Naquela oportunidade, Marco Maciel continuou a exercer o mandato de vice-presidente da república durante o período eleitoral, evitando, entretanto, substituir o titular do cargo, Fernando Henrique Cardoso, no período de seis meses anteriores ao pleito. Passada a eleição, e já eleito senador, Marco Maciel, ainda vice-presidente da república, voltou a estar habilitado a substituir o então presidente FHC, conforme prevê a Constituição Federal.

> **Atenção!!!**
>
> De acordo com a jurisprudência do TSE (Res. 22.129, de 15.12.05, DJ de 13.03.06), o vice que passou a ser chefe do Poder Executivo, em qualquer esfera, somente disputa a reeleição se pleiteia o cargo de titular que ocupa por sucessão (de forma definitiva). Assim, por exemplo, na ocasião histórica da morte do governador de São Paulo, Mário Covas, assumiu o governo, por sucessão, o seu vice, Geraldo Alckmin, que concluiu o mandato. Na eleição seguinte (2002), Alckmin concorreu à reeleição, sendo eleito. Em 2006, por sua vez, Geraldo Alckmin não mais pôde concorrer ao governo paulista, uma vez que não poderia pleitear um terceiro mandato seguido.
>
> Ao contrário, se o ex-governador Covas não tivesse falecido no cargo, e Geraldo Alckmin tivesse, tão somente, o substituído durante o mandato de 1998 a 2002, poderia Alckmin ter concorrido a governador em 2002 e, uma vez eleito, ter disputado a reeleição em 2006.

4.4. A questão da inelegibilidade reflexa prevista no § 7º do artigo 14 da CF/88

De acordo com o previsto no **§ 7º do artigo 14** da Constituição Federal, "são inelegíveis, no território de jurisdição do titular, o **cônjuge e os parentes consanguíneos ou afins, até o segundo grau ou por adoção,** do presidente da república, de governador de estado ou território, do Distrito Federal, de prefeito ou de quem os haja substituído dentro dos seis meses anteriores ao pleito, salvo se já titular de mandato eletivo e candidato à reeleição.". É a chamada **inelegibilidade reflexa,** espécie de inelegibilidade relativa **decorrente de parentesco.**

> **Como esse assunto foi cobrado em concurso?**
>
> No 14º Concurso de Procurador da República foi considerada verdadeira afirmativa que dispunha que a "são inelegíveis, no território de jurisdição do titular, os parentes consanguíneos ou afins, até o segundo grau ou por adoção, do vice-prefeito ou do vice-governador que tenham substituído o chefe do executivo dentro dos seis meses anteriores ao pleito, salvo se já titular de mandato eletivo e candidato à reeleição".
>
> Já no concurso para Promotor de Justiça do Estado da Bahia, realizado em 2015, foi considerada verdadeira afirmativa que assim dispunha: "a dissolução da sociedade ou do vínculo conjugal, no curso do mandato, não afasta a inelegibilidade prevista no § 7° do artigo 14 da Constituição Federal (artigo 14. A soberania popular será exercida pelo sufrágio universal e pelo voto direto e secreto, com valor igual para todos, e,

nos termos da lei, mediante: (...). § 7° São inelegíveis, no território de jurisdição do titular, o cônjuge e os parentes consanguíneos ou afins, até o segundo grau ou por adoção, do Presidente da República, de Governador de Estado ou Território, do Distrito Federal, de Prefeito ou de quem os haja substituído dentro dos seis meses anteriores ao pleito, salvo se já titular de mandato eletivo e candidato à reeleição)".

▸ **Atenção!!!**

A inelegibilidade reflexa só atinge o cônjuge e os parentes até o segundo grau, consanguíneos, por afinidade ou adoção, dos titulares de cargos do Poder Executivo, ou de quem os haja substituído dentro dos seis meses anteriores ao pleito, no âmbito do território de jurisdição (circunscrição) dos mesmos. A Súmula Vinculante nº 18 do STF dispõe que a dissolução da sociedade ou vínculo conjugal, no curso do mandato, não afasta a inelegibilidade reflexa.

▸ **Como esse assunto foi cobrado em concurso?**

No 17º Concurso de Procurador da República foi considerada falsa afirmativa que dispunha que "são inelegíveis o cônjuge e os parentes consanguíneos ou afins, até o segundo grau ou por adoção, dos senadores e deputados". Como visto, apenas parentes e cônjuges de titulares de mandatos executivos (presidente da república, governadores e prefeitos) podem ser atingidos pela inelegibilidade reflexa.

Interpretando o dispositivo constitucional supracitado (art. 14, § 7º), podemos concluir que os filhos, netos, pais, avós, irmãos, cunhados, sogros e o cônjuge de prefeito não pode ser candidato a prefeito ou vereador no mesmo município, salvo se já titular de mandato eletivo e candidato à reeleição. Assim, por exemplo, a esposa do prefeito pode ser candidata à vereadora, no mesmo município, se já for titular do mesmo mandato e estiver concorrendo à reeleição.

▸ **Como esse assunto foi cobrado em concurso?**

No 13º Concurso de Procurador da República foi considerada falsa afirmativa que dispunha que "é inelegível o vereador, filho de prefeito do mesmo município, para o mesmo cargo de vereador". A resposta é falsa porque o filho do prefeito, embora disputando mandato eletivo no âmbito da jurisdição territorial de seu pai, já é titular de mandato eletivo, estando concorrendo à reeleição, ressalva prevista no § 7º do artigo 14 da CF/88.

Pode também, a referida esposa do prefeito, ser candidata à prefeita ou vereadora de outro município brasileiro, onde tenha domicílio eleitoral, uma vez que a inelegibilidade é apenas no território de jurisdição do prefeito (como exemplo desta situação, podemos citar que, em 2008, o ex-deputado federal Sérgio Carneiro, do PT da Bahia, foi candidato a prefeito de Feira de Santana, segundo maior município baiano, enquanto que seu irmão, João Henrique Carneiro, prefeito de Salvador, disputava a reeleição, sem que tal fato tenha gerado a inelegibilidade do ex-deputado).

Parentes do prefeito, entretanto, podem ser candidatos a deputados no mesmo estado, sem que tal fato gere inelegibilidade reflexa, uma vez que o território de jurisdição do prefeito (o município) é menor do que a circunscrição das eleições para deputado estadual ou federal (todo o estado). Assim, por exemplo, o filho do prefeito de um município no interior do Paraná pode ser candidato a deputado estadual, federal, senador ou mesmo governador daquele estado, mesmo que não seja titular de mandato eletivo e esteja concorrendo à reeleição. O mesmo, entretanto, não ocorre se parente até o segundo grau do governador de um estado queira concorrer, no mesmo estado, a vereador ou prefeito de qualquer um dos municípios, ou mesmo deputado estadual, federal ou senador. Como a jurisdição do governador é todo o estado, ficam impedidos seus parentes até o segundo grau, bem como o seu cônjuge, de concorrer a mandatos eletivos no referido estado, salvo se já titulares de mandato eletivo e candidatos à reeleição.

▸ **Atenção!!!**

De acordo com a Súmula nº. 06 do TSE, "é inelegível, para o cargo de prefeito, o cônjuge e os parentes indicados no § 7º do art. 14 da Constituição, do titular do mandato, ainda que este haja renunciado ao cargo há mais de seis meses do pleito". Ainda de acordo com o TSE, o cônjuge e os parentes, até o segundo grau, consanguíneos, por afinidade ou por adoção, do chefe do executivo, são elegíveis para o mesmo cargo do titular, quando este for reelegível e tiver se desincompatibilizado seis meses antes do pleito (Acs. 19.442, de 21.08.01 e 3.043, de 27.11.01. Sobre a questão conferir o caso Rosinha Garotinho, relatado neste tópico).

Da mesma forma, a **única possibilidade** existente, em regra, de parentes até o segundo grau, consanguíneos ou afins, ou por adoção, do presidente da república ser candidato a um cargo eletivo ocorre se o mesmo **já for titular de mandato e estiver concorrendo à reeleição**, uma vez que o território de jurisdição do presidente da república é todo o país.

> **Atenção!!!**
>
> O falecimento ou a renúncia do prefeito, governador ou presidente da república, seis meses antes da eleição, afasta a inelegibilidade reflexa dos seus parentes e cônjuges. A única hipótese de inelegibilidade reflexa, neste caso, ocorre se o parente ou cônjuge desejar disputar o mesmo cargo anteriormente titularizado por seu familiar, caso este já tenha sido ocupado, de forma consecutiva, nos dois últimos mandatos pelo mesmo (familiar tenha sido eleito e reeleito para o cargo). Se o prefeito, governador ou presidente da república, no exercício do primeiro mandato, contudo, renunciar ao cargo seis meses antes da eleição, ou vier a falecer, no mesmo período, seus parentes poderão disputar o referido cargo, sem que haja inelegibilidade reflexa. Foi o que ocorreu com a ex-governadora do Rio de Janeiro, Rosinha Garotinho, que sucedeu, em 2002, seu marido, Anthony Garotinho, que houvera sido eleito governador em 1998, para um primeiro mandato, e renunciado ao cargo seis meses antes das eleições 2002 para concorrer à presidência da república. Se Anthony Garotinho já estivesse, naquela oportunidade, exercendo um segundo mandato consecutivo de governador, sua renúncia seis meses antes da eleição não seria suficiente para afastar a inelegibilidade reflexa de sua esposa, para a disputa do cargo de governador (para outro cargo afastaria). Como o ex-governador só havia exercido um mandato, Rosinha Garotinho pôde se candidatar e se eleger governadora do Rio de Janeiro, em 2002 (Neste sentido, cf. Ac. TSE nº. 19.442, de 21.08.2001)

Ainda no que se refere à inelegibilidade reflexa prevista no § 7º do artigo 14 da Constituição Federal, vale destacar que o TSE já firmou entendimento no sentido de que havendo **separação de fato, ou mesmo divórcio**, durante o curso do mandato, entre titular de cargo de prefeito, governador ou presidente da república, tal fato **não impede a inelegibilidade reflexa** (Res. 21.798, de 03.06.04, DJ de 09.08.04). Assim, os ex-cunhados, ex-sogros e ex-cônjuge de prefeito, governador ou presidente da república continuam inelegíveis, no seu território de jurisdição, até o término do mandato, por inelegibilidade reflexa, caso o divórcio tenha ocorrido no curso do mesmo, salvo as exceções previstas em lei, já abordadas.

> **Atenção!!!**
>
> Segundo jurisprudência pacífica do TSE, a união estável atrai a inelegibilidade reflexa (REspe nº. 23.487), com a ressalva de que o mero namoro não se enquadra nessa hipótese (REspe nº. 24.672). Da mesma forma, segundo o TSE (Respe nº. 24.564, Rel. Min. Gilmar Mendes), a união homoafetiva também atrai a inelegibilidade reflexa.

5. HIPÓTESES DE INELEGIBILIDADE PREVISTAS NA LEI COMPLEMENTAR Nº. 64/90 E A LEI DA FICHA LIMPA

Prevê a Constituição Federal, em seu artigo 14, § 9º, que "lei complementar estabelecerá outros casos de inelegibilidade e os prazos de sua cessação, a fim de proteger a probidade administrativa, a moralidade para o exercício do mandato, considerada a vida pregressa do candidato, e a normalidade e legitimidade das eleições, contra a influência do poder econômico ou o abuso do exercício de função, cargo ou emprego na administração direta ou indireta". A referida lei complementar, neste diapasão, foi promulgada em 1990, a Lei Complementar 64/90, conhecida como "Lei das Inelegibilidades".

> **Como esse assunto foi cobrado em concurso?**
>
> No 14º Concurso de Procurador da República foi considerada verdadeira afirmativa que dispunha que a "são inelegíveis os que incidirem nas hipóteses previstas em lei complementar, visando a proteger a probidade na administração pública, a moralidade no exercício do mandato, considerada a vida pregressa do candidato, e a normalidade das eleições contra o abuso do poder econômico ou de autoridade".

Publicada em junho de 2010, a **Lei da Ficha Limpa** (Lei Complementar nº. 135/10) impôs importantes alterações na Lei das Inelegibilidades, as quais serão estudadas, doravante, neste capítulo, preliminarmente ao estudo das hipóteses de inelegibilidade previstas no artigo 1º da LC 64/90.

5.1. A "Lei da Ficha Limpa" (LC 135/10) e as alterações por ela propiciadas na Lei das Inelegibilidades (LC 64/90)

Conforme já destacado no capítulo I desta obra, em tópico referente ao **princípio da moralidade eleitoral**, durante muito tempo se discutiu acerca da questão da aplicabilidade imediata do disposto no § 9º do artigo 14 da CF/88, que, como observado, prevê que lei complementar estabelecerá outros casos de inelegibilidade, além daqueles já previstos na Constituição, visando a proteger, inclusive, a moralidade para o exercício de mandato eletivo, considerada a vida pregressa do candidato.

No ano de 2010, após mobilização popular patrocinada pelo Movimento de Combate à Corrupção Eleitoral, foi promulgada, no dia 04 de junho, a Lei Complementar nº 135/10, conhecida como "Lei da Ficha Limpa", que, como já destacado, promoveu várias alterações na Lei das Inelegibilidades.

▸ **Atenção!!!**

De forma geral, como já ressaltado no capítulo I desta obra, a LC 135/10 estabeleceu a **substituição de diversas penas de inelegibilidade de três anos, previstas no artigo 1º da Lei Complementar nº. 64/90, por outras de oito anos**, a contar das eleições em que tenham concorrido os condenados. Da mesma forma, como principal inovação, a referida lei possibilitou a **imputação de inelegibilidades a pessoas condenadas, sem trânsito em julgado**, por diversas espécies de crimes, desde que tais condenações sejam proferidas por órgãos colegiados do Poder Judiciário, **flexibilizando o princípio da presunção da inocência**. Foram alterados pela LC 135/10 o artigo 1º, I da LC 64/90 nas suas alíneas "c", "d", "e", "f", "g" e "h", além de incluídas, no mesmo inciso, as alíneas "j", "k", "l", "m", "n", "o", "p" e "q". Ainda no artigo 1º da LC 64/90, foram incluídos §§ 4º e 5º. Os artigos 15 e 22, por sua vez, também sofreram alterações, e foram incluídos os artigos 26-A, 26-B e 26-C.

Tão logo foi publicada, a nova lei passou a ser **objeto de novas polêmicas**: afinal de contas, não estaria a nova lei, ao admitir a inelegibilidade de pessoas condenadas por órgãos colegiados, sem trânsito em julgado da decisão, violando o princípio da presunção da inocência? A nova lei seria aplicável às eleições 2010 ou tão somente a partir das eleições municipais de 2012, tendo em vista o princípio da anualidade eleitoral, previsto no artigo 16 da Constituição? A nova lei atinge situações pretéritas, possibilitando o indeferimento de registro de candidaturas pleiteados por cidadãos condenados por órgãos colegiados do Poder Judiciário antes da sua publicação?

Buscando responder a tais questionamentos, de forma a contribuir para o debate, entendemos ser possível a **flexibilização do princípio da presunção da inocência** em face do princípio da moralidade eleitoral, tendo em vista que a hermenêutica aplicável aos princípios não se baseia em uma lógica do tudo ou nada, mas sim na necessária ponderação de interesses. No conflito existente entre a consagração do princípio da presunção da inocência e a efetivação do princípio da moralidade eleitoral, ambos com previsão constitucional, deve ser efetivada, assim, uma interpretação baseada na equidade e na admissão de uma ponderação de interesses, partindo-se do pressuposto de que nenhum princípio é absoluto. Se, por um lado, é fundamental, como garantia, a existência do princípio da presunção da inocência, evitando-se, assim, arbitrariedades e violações à liberdade e à dignidade humana, por outro lado há de se admitir que a preservação do Estado Democrático de Direito e da própria ordem constitucional carece de uma eficaz proteção aos preceitos basilares da ética, da moralidade e da preservação do interesse público primário, o interesse da sociedade política. Neste diapasão, vale lembrar, corroborando com o argumento da **inexistência de caráter absoluto na interpretação do princípio da presunção da inocência**, a possibilidade de determinação de prisões cautelares e/ou provisórias no âmbito do processo penal, mesmo antes do trânsito em julgado de sentença penal condenatória.

▸ Como esse assunto foi cobrado em concurso?

No concurso para promotor de justiça do estado de Minas Gerais, realizado em 2010, foi considerada verdadeira afirmativa que dispunha que "não obstante a garantia da presunção de não culpabilidade, a norma inscrita no artigo 14, § 9º/CF autoriza restringir o direito fundamental à elegibilidade, em reverência aos postulados da moralidade e da probidade administrativas".

No que se refere à possibilidade de **aplicação da nova lei nas eleições 2010**, em face do **princípio da anualidade**, previsto no artigo 16 da Constituição Federal e estudado no capítulo I desta obra, muitos foram os defensores da ideia de que a aplicação da nova lei, apenas quatro meses após a sua publicação, violaria tal princípio, atingindo a segurança jurídica necessária à garantia da normalidade e da legitimidade das eleições. Terminou por **prevalecer no âmbito do TSE**, entretanto, o entendimento segundo o qual a **aplicação imediata da nova lei não feriria o princípio da anualidade**, uma vez que a mesma não geraria desequilíbrio na disputa nem privilégios desmedidos a quaisquer candidatos, não se constituindo, assim, em fator perturbador do pleito, capaz de introduzir deformações capazes de afetar a normalidade das eleições.

O Supremo Tribunal Federal, ao declarar a inelegibilidade do candidato ao Senado Federal pelo estado do Pará, Jáder Barbalho, enquadrado na Lei da Ficha Limpa, **terminou por, inicialmente, referendar este entendimento**, embora o referido julgamento tenha terminado empatado (cinco votos a favor e cinco votos contra. Somente participaram do julgamento dez ministros, uma vez que o Min. Eros Grau já se encontrava aposentado, sem substituto definido): conforme o regimento interno do STF, em caso de empate prevalece o teor da decisão recorrida, o que fez com que o entendimento firmado pelo TSE quanto à aplicabilidade imediata da lei prevalecesse.

Tudo mudou, no entanto, com a posse do novo ministro da corte, Luiz Fux. **Em 23 de março de 2011**, julgando recurso interposto pelo candidato a deputado estadual pelo estado de Minas Gerais, Leonídio Bouças, o **STF**, já com a sua corte completa, após a posse do Ministro Luiz Fux na vaga deixada pelo Ministro aposentado Eros Grau, **terminou por decidir, por 06 votos a 05, pela inaplicabilidade da lei da Ficha Limpa nas eleições 2010**, com o voto decisivo do novo ministro, para quem "as vozes que pedem a validade imediata da lei não encontram respaldo no ordenamento jurídico".

No seu voto, o Ministro Luiz Fux priorizou a segurança jurídica, defendendo a tese de que o princípio da anualidade não pode ser mitigado. Assim, políticos que haviam sido declarados inelegíveis para as eleições 2010, em virtude da nova lei, ficaram livres da punição, pelo menos até as eleições de 2012.

O julgamento do caso Leonídio Bouças, assim, foi decisivo para a não aplicação da Lei da Ficha Limpa nas eleições 2010, fazendo surgir, entretanto, uma nova celeuma, relativa ao candidato a senador Jáder Barbalho, a quem o STF já tinha impedido de ser empossado, aplicando a referida lei. Afinal de contas, caberia, a partir do novo entendimento, uma revisão dos efeitos da decisão proferida no caso do político paraense? Após muita polêmica, em 28 de dezembro de 2011 foi, finalmente, empossado como senador pelo estado do Pará.

Questão juridicamente muito mais grave do que aquela que envolve o princípio da anualidade, embora menos debatida na mídia, entretanto, diz respeito à **possibilidade de aplicação retroativa da LC nº 135/10**. Afinal de contas, pode a nova lei atingir situações pretéritas, possibilitando o indeferimento de registro de candidaturas pleiteadas por cidadãos condenados por órgãos colegiados do Poder Judiciário antes da sua publicação, ou tal **possibilidade, admitida pelo TSE (e também pelo STF no julgamento do caso Jáder Barbalho)** viola o princípio da irretroatividade (*tempus regit actum*), originado no Direito Penal e também fundamentado na segurança jurídica? Se antes eram previstas penas de três anos de inelegibilidade a praticantes de determinados ilícitos, como é possível, sem o ferimento de diversos princípios constitucionais, prorrogar tais penas para o prazo de oito anos, em situações já consumadas, somente porque a nova lei assim prevê?

Para **alguns respeitáveis doutrinadores**, a aplicação da pena de inelegibilidade de oito anos para situações já julgadas e consolidadas de aplicação de inelegibilidade de três anos, a partir da **aplicação da retroativa** das novas alíneas "d", "h" ou mesmo "c" do inciso

I do artigo 1º da Lei das Inelegibilidades **seria viável**, sob o argumento, frágil no nosso entender, de que **não se trataria, tal consequência jurídica, de uma sanção**, mas sim de "critério de exclusão para pleitos futuros", conceito jurídico que, *data venia*, não encontra respaldo jurídico na teoria geral do direito. Afinal de contas, a sanção é uma consequência para a não observância de uma determinada norma de comportamento estabelecida pelo poder político, exata expressão do previsto nos citados dispositivos legais, que preveem a inelegibilidade daqueles que tenham contra sua pessoa condenações por abuso de poder político ou econômico ou infringências a dispositivos constitucionais ou legais.

Defendendo o entendimento da retroatividade da lei, o qual, repetimos, reputamos contrário à teoria geral do direito e, portanto, frágil, do ponto de vista argumentativo (sem que tal conclusão se constitua em qualquer espécie de ofensa intelectual aos seus defensores, frise-se), citamos, pela sua relevância, o pensamento do eminente magistrado Márlon Jacinto Reis, em instigante artigo intitulado "O princípio constitucional da proteção e a definição legal das inelegibilidades". Segundo o magistrado, presidente da Associação Brasileira dos Magistrados, Procuradores e Promotores Eleitorais (In: *Ficha Limpa*: Lei Complementar nº. 135, de 4 de junho de 2010, interpretada por juristas e responsáveis pela iniciativa popular, 1. ed., p. 52-53, Bauru-SP: Edipro, 2010):

> Para quem duvidasse de que a incidência em prática de abuso do poder constituísse *critério* de exclusão para os pleitos futuros, a simples leitura do citado texto normativo resolveria a polêmica. É inquestionável que o legislador complementar excluiu da disputa eleitoral os que praticaram atos abusivos assim reconhecidos pela Justiça Eleitoral. O texto anterior da Lei das Inelegibilidades definia que essa inelegibilidade se estenderia pelo prazo de 3 anos. A mobilização social insurgiu-se contra essa definição, por considerá-la contrária ao desiderato constitucional. Agora, a norma estipula a exclusão da candidatura pelo prazo de 8 anos. Isso quer dizer que mesmo os condenados por abuso de poder sob a vigência da lei anterior e que já viram fluir o referido prazo de três anos estarão sob a incidência do novo prazo definido pela Lei do Ficha Limpa, retornando com isso à condição de inelegíveis, salvo se a condenação houver ocorrido há mais de 8 anos antes do registro da candidatura. Não houve – frise-se – qualquer aumento de pena, já que de pena não se trata. Houve uma mudança de cri-

tério, com a substituição de normas frouxas e permissivas por diretrizes mais compatíveis com a natureza protetiva das inelegibilidades.

Discordando do doutrinador citado, sem dúvidas uma grande referência do Direito Eleitoral brasileiro, restam algumas perguntas sem resposta: o que é uma pena? **O que é uma sanção?** Se a consequência apontada pela lei para uma decisão transitada em julgado ou proferida por órgão colegiado, em processo de apuração de abuso do poder econômico ou político, geradora de inelegibilidade de 8 anos, não é uma pena ou sanção, do que se trata? **Vale a reflexão!**

Em **16 de fevereiro de 2012**, o STF, mais uma vez, se debruçou sobre a análise da constitucionalidade da Lei da Ficha Limpa, julgando conjuntamente, desta vez, em sede de controle concentrado de constitucionalidade, as Ações Declaratórias de Constitucionalidade de número 29 e 30 **(ADCs 29 e 30)**, ajuizadas, respectivamente, pelo Partido Popular Socialista (PPS) e pelo Conselho Federal da Ordem dos Advogados do Brasil (OAB), e a **Ação Direta de Inconstitucionalidade nº. 4578**, ajuizada pela Confederação Nacional dos Profissionais Liberais (CNPL), entidade que questionava a inconstitucionalidade do dispositivo da nova lei que torna inelegível por oito anos quem for excluído do exercício da profissão, por decisão do órgão profissional competente, em decorrência de infração ético-profissional.

No referido julgamento, o **Ministro Luiz Fux**, relator do processo, votou pela constitucionalidade da lei, referindo-se, principalmente, à possibilidade de flexibilização do princípio da presunção da inocência. Em **voto divergente**, contudo, o Ministro **Dias Toffoli** defendeu a ideia de que somente o cidadão condenado com trânsito em julgado pode ser declarado inelegível, ressaltando, como argumento, o artigo 15, III da Constituição, o qual estabelece que a suspensão de direitos políticos só pode ser determinada por sentença condenatória transitada em julgado. O mesmo magistrado, contudo, vou pela possibilidade de retroatividade da lei, a fim de que seus efeitos possam incidir sobre situações do passado.

Já em seu voto, o Ministro **Gilmar Mendes**, além de não admitir a flexibilização do princípio da presunção da inocência, também afirmou que a **Lei da Ficha Limpa não pode retroagir** para atingir situações do passado, sob pena de violação do princípio da segurança jurídica. O Ministro Celso de Mello, no mesmo sentido, entendeu inconstitucional a referida lei, em especial no que se refere à possibilidade de geração de efeitos retroativos. Também os ministros Cezar Peluso, presidente do STF, e Marco Aurélio votaram pela tese da irretroatividade da Lei da Ficha Limpa.

No final do julgamento, ficou definido que a Lei da Ficha Limpa seria aplicável nas eleições 2012, tendo **prevalecido**, também a tese da sua **retroatividade**. Durante as eleições municipais de 2012, a Justiça Eleitoral teve na interpretação da nova lei o seu maior desafio. De forma geral, foi seguido o entendimento majoritário do STF, motivando a aplicação da retroatividade dos seus efeitos.

Vale destacar que, no ano de 2016, foi reconhecida a repercussão geral do recurso extraordinário com agravo nº 785068 (RE 929.670), interposto contra acórdão do Tribunal Superior Eleitoral (TSE), que entendeu que "o fato de a condenação nos autos de representação por abuso de poder econômico ou político haver transitado em julgado, ou mesmo haver transcorrido o prazo da sanção de três anos, imposta por força de condenação pela Justiça Eleitoral, não afasta a incidência da inelegibilidade constante da alínea 'd' do inciso I do artigo 1º da Lei Complementar 64/1990, cujo prazo passou a ser de oito anos".

Na situação concreta, candidato a prefeito do município de Nova Soure, na Bahia, contesta a possibilidade de aplicação retroativa da Lei da Ficha Limpa a situações ocorridas antes da sua aplicação. Dando uma virada no entendimento jurisprudencial dominante até então, fundado na ideia de que a Lei da Ficha Limpa poderia ter aplicação retroativa, o Ministro Ricardo Lewandowski concedeu liminar em favor do autor, permitindo que o mesmo concorresse nas eleições.

O mérito, da questão (RE 929.670), com repercussão geral, foi finalmente julgado em setembro de 2017, Quando, por seis votos a cinco, o STF decidiu pela possibilidade de aplicação retroativa da Lei da Ficha Limpa a situações pretéritas à sua promulgação, no ano de 2010. Dessa forma foi então firmada a **tese de repercussão geral número 860**, em que foi definida a possibilidade de aplicação do prazo de 8 anos de inelegibilidade por abuso de poder previsto na Lei Complementar 135/2010 às situações anteriores à referida lei em que, por força de decisão transitada em julgado, o prazo de inelegibilidade de 3 anos aplicado com base na redação original do art. 1º, I, "d", da Lei Complementar 64/1990 houver sido integralmente cumprido.

5.2. Situações hipotéticas de inelegibilidades previstas na LC 64/90

Inobstante a discussão teórica em torno da constitucionalidade ou não da aplicação da Lei da Ficha Limpa nas eleições 2010, bem como das consequências jurídicas dos seus efeitos retroativos, necessário se faz discorrer sobre as **hipóteses de inelegibilidades previstas na LC 64/90**, de acordo com as alterações promovidas pela LC 135/10 que, como já observado, foram admitidas pelas cortes superiores do nosso Poder Judiciário.

Logo no seu **artigo 1º, incisos I a VII, a Lei Complementar nº. 64/90 estabelece diversas hipóteses de inelegibilidade**, começando, no inciso I, por dispor acerca das inelegibilidades gerais, para quaisquer cargos. Vale destacar, neste sentido, que **o citado inciso I está dividido em alíneas (da alínea "a" até a alínea "q")**, sendo que, à exceção das alíneas "a", "b" e "i", todas as alíneas ganharam nova redação com a "Lei da Ficha Limpa". Nos artigos seguintes, por sua vez, a LC 64/90 se atém, fundamentalmente, a questões processuais, relativas às principais ações eleitorais, que serão estudadas em capítulo específico desta obra.

> **Atenção!!!**
>
> É a LC 64/90, com suas alterações posteriores, que disciplina, no Brasil, as hipóteses de inelegibilidades infraconstitucionais, as quais, de acordo com o disposto no § 9º do art. 14 da CF/88, somente poderão ser instituídas mediante lei complementar.

5.2.1. *A inelegibilidade dos inalistáveis, dos analfabetos e dos parlamentares com mandatos cassados*

De acordo com o artigo 1º, inciso I, "a", da LC 64/90, são inelegíveis, para qualquer cargo, os **inalistáveis e os analfabetos**, sobre quem já foram tecidos comentários no item 4 deste capítulo.

A alínea "b", do referido inciso I do artigo 1º da LC 64/90, por sua vez, estabelece que:

> **Art. 1º.** São inelegíveis.
>
> I – para qualquer cargo:
>
> (...)
>
> b) os membros do Congresso Nacional, das Assembléias Legislativas, da Câmara Legislativa e das Câmaras Municipais

que hajam perdido os respectivos mandatos por infringência do disposto nos incisos I e II do art. 55 da Constituição Federal, dos dispositivos equivalentes sobre perda de mandato das Constituições Estaduais e Leis Orgânicas dos Municípios e do Distrito Federal, para as eleições que se realizarem durante o período remanescente do mandato para o qual foram eleitos e nos oito anos subsequentes ao término da legislatura.

Dessa forma, de acordo com o dispositivo normativo citado, os **parlamentares cujo procedimento for declarado incompatível com o decoro parlamentar** ficarão inelegíveis pelo tempo equivalente ao **restante do mandato, somado ao tempo de 08 anos** subsequentes ao término da legislatura. A título de exemplo, um parlamentar que tenha perdido o mandato no ano de 2008 ficará inelegível desde a aplicação de tal sanção até 2019, uma vez que o final da legislatura na qual o mesmo perdeu o mandato só ocorreu em fevereiro de 2011, termo inicial para a inelegibilidade de oito anos subsequentes ao término da legislatura, prevista no art. 1º, I, b da LC 64/90.

Na mesma sanção, de acordo com o dispositivo normativo supracitado, incorrem os parlamentares que tenham perdido seus mandatos em virtude da infringência às normas do artigo 54 da CF/88, uma vez que o referido inciso I do artigo 55 da Constituição remete ao artigo anterior da Carta Maior.

Resumidamente, então, **ficarão inelegíveis** para as eleições que se realizarem **durante o período remanescente do mandato** para o qual foram eleitos e nos **oito anos subsequentes ao término da legislatura**, de acordo com a alínea b do inciso I do artigo 1º da Lei Complementar nº 64/90, os parlamentares federais, estaduais e municipais que:

Inelegibilidades decorrentes do art. 1º, I, b da LC 64/90		
Atinge os parlamentares que:		
a) Desde a expedição do diploma venham a:	b) Desde a posse venham a:	c) Tenham procedimento declarado incompatível com o decoro parlamentar.

<table>
<tr><th colspan="3">Inelegibilidades decorrentes do art. 1º, I, b da LC 64/90</th></tr>
<tr><th colspan="3">Atinge os parlamentares que:</th></tr>
<tr><td rowspan="2">a1) firmar ou manter contrato com pessoa jurídica de direito público, autarquia, empresa pública, sociedade de economia mista ou empresa concessionária de serviço público, salvo quando o contrato obedecer a cláusulas uniformes (por exemplo, contrato para fornecimento de luz elétrica ou água na residência do parlamentar);</td><td>b1) ser proprietários, controladores ou diretores de empresa que goze de favor decorrente de contrato com pessoa jurídica de direito público, ou nela exercer função remunerada;</td><td rowspan="4"></td></tr>
<tr><td rowspan="2">b2) ocupar cargo ou função de que sejam demissíveis ad nutum, em pessoas jurídicas de direito público, autarquias, empresas públicas, sociedades de economia mista ou empresas concessionárias de serviço público; ou patrocinar causas em que sejam interessadas qualquer uma destas entidades;</td></tr>
<tr><td rowspan="2">a2) aceitar ou exercer cargo, função ou emprego remunerado, inclusive os que sejam demissíveis ad nutum, nas entidades constantes da alínea anterior.</td></tr>
<tr><td>b3) ser titulares de mais de um cargo ou mandato público eletivo.</td></tr>
<tr><td colspan="3">A inelegibilidade será aplicada pelo período remanescente do mandato para o qual foram eleitos e nos oito anos subsequentes ao término da legislatura.</td></tr>
</table>

5.2.2. *A inelegibilidade de governadores, prefeitos e seus vices por violação a dispositivo de Constituição Estadual, Lei Orgânica do DF ou de município*

No que se refere à **alínea "c" do referido inciso I do artigo 1º**, dispõe a LC 64/90 que o governador e o vice-governador de estado e do Distrito Federal e o prefeito e o vice-prefeito que perderem seus cargos eletivos por infringência a dispositivo da Constituição Estadual, da Lei Orgânica do Distrito Federal ou da Lei Orgânica do Município, ficarão inelegíveis para as eleições que se realizarem durante o período remanescente e nos 8 (oito) anos subsequentes ao término do mandato para o qual tenham sido eleitos. Segue, então, a alínea "c", os **mesmos objetivos da alínea "b"**, supracitada.

É válido observar, quanto à alínea "c" do inciso I do artigo 1º da Lei Complementar nº. 64/90, que a mesma sofreu **pequena, mas importante, alteração**, a partir da publicação da **Lei da Ficha Limpa:**

a sanção de inelegibilidade para os governadores, prefeitos e seus respectivos vices que perderem seus cargos eletivos por infringência a dispositivo da Constituição Estadual, da Lei Orgânica do Distrito Federal ou da Lei Orgânica do Município, **passou a ser de oito anos** a contar do término do mandato para o qual tenham sido eleitos, além do próprio período de exercício do mandato, **ao invés do prazo anterior de três anos**, o qual gerava uma grande sensação de impunidade, tendo em vista que o mandato político de governadores e prefeitos tem duração de quatro anos, o que fazia com que a inelegibilidade já restasse afastada quando da campanha pela reeleição. Benéfica, portanto, a mudança.

▸ Como esse assunto foi cobrado em concurso?

Em concurso para Analista Judiciário do TRE-MT, realizado em 2010, antes da publicação da Lei da Ficha Limpa, foi considerada verdadeira assertiva que dispunha que "São inelegíveis para qualquer cargo o governador e o vice governador de estado e do Distrito Federal (DF), o prefeito e o vice-prefeito que perderem seus cargos eletivos por infringência a dispositivo da constituição estadual, da lei orgânica do DF ou da lei orgânica do município, para as eleições que se realizarem durante o período remanescente e nos três anos subsequentes ao término do mandato para o qual tenham sido eleitos". Hoje, a mesma assertiva seria considerada falsa, uma vez que o prazo pelo qual perdurará a inelegibilidade será de oito anos, e não mais três anos, subsequentes ao término do mandato, de acordo com a nova redação da alínea "c" do inciso I do art. 1º da LC 64/90, com redação dada pela EC 135/10.

▸ Atenção!!!

O disposto na alínea "c" do inciso I do artigo 1º da LC 64/90 não se aplica ao presidente e ao vice-presidente da república, mas, tão somente, aos governadores, aos vice-governadores, aos prefeitos e aos vice-prefeitos.

5.2.3. *A inelegibilidade em virtude de condenação em processo de apuração de abuso do poder econômico ou político*

A alínea "d" do inciso I do artigo 1º da LC 64/90, por sua vez, prevê, de acordo com a nova redação patrocinada pela Lei da Ficha Limpa, que serão inelegíveis, para todos os cargos, "os que tenham contra sua pessoa representação julgada procedente pela Justiça Eleitoral, **em decisão transitada em julgado ou proferida por órgão colegiado, em processo de apuração de abuso do poder econômico ou político,** para a **eleição na qual concorrem ou tenham sido diplomados**, bem como **para as que se realizarem nos 8 (oito) anos seguintes**".

> **Como esse assunto foi cobrado em concurso?**

No 21º Concurso de Procurador da República foi considerada verdadeira afirmativa que dispunha que a "são inelegíveis os candidatos declarados como tais pela Justiça Eleitoral, em decisão transitada em julgado, julgando procedente representação por abuso de poder econômico, de poder de autoridade ou utilização indevida de veículos ou meios de comunicação social". A resposta é verdadeira porque o abuso de autoridade e a utilização indevida de veículos ou meios de comunicação social são considerados abuso de poder político, geradores de inelegibilidade, assim como o abuso de poder econômico, de acordo com a alínea "d" do inciso I do art. 1º da LC 64/90.

Como visto, a sanção de inelegibilidade prevista na citada alínea também foi **ampliada de três para oito anos**, a contar da data da eleição para a qual concorreu o infrator. Da mesma forma, assim como ocorreu com as alíneas "e", "h", "j", "l", "n" e "p" do mesmo inciso I do artigo 1º da LC 64/90, foi admitida a imposição da sanção de inelegibilidade independentemente de condenação transitada em julgado em desfavor do candidato, bastando o proferimento de tal decisão por órgão colegiado, mesmo que a causa ainda esteja pendente de recurso, flexibilizando, assim, o princípio da presunção da inocência.

Muito semelhante à hipótese de inelegibilidade prevista na alínea "d" supracitada é a aquela prevista na alínea "h" do mesmo inciso I do artigo 1º da LC 64/90. Segundo a alínea "h", são inelegíveis, para todos os cargos, "os **detentores de cargo na administração pública direta, indireta ou fundacional**, que beneficiarem a si ou a terceiros, pelo **abuso do poder econômico ou político**, que forem condenados em **decisão transitada em julgado ou proferida por órgão judicial colegiado**, para a **eleição na qual concorrem ou tenham sido diplomados**, bem como para as que **se realizarem nos 8 (oito) anos seguintes**".

> **Como o TSE tem se manifestado sobre este assunto?**

O prazo da causa de inelegibilidade prevista no art. 1º, I, e, da LC nº 64/90 deve ser contado a partir da data em que ocorrida a prescrição da pretensão executória e não do momento da sua declaração judicial (Súmula nº 60 do TSE).

O prazo concernente à hipótese de inelegibilidade prevista no art. 1º, I, e, da LC nº 64/90 projeta-se por oito anos após o cumprimento da pena, seja ela privativa de liberdade, restritiva de direito ou multa (Súmula nº 61 do TSE).

5.2.4. *A inelegibilidade em virtude da prática de crimes (art. 1º, I, "e" da LC 64/90*

A alínea "e" do artigo 1º, I da LC 64/90, no mesmo sentido da alínea anterior, assim, prevê a inelegibilidade desde a condenação por órgão colegiado até o prazo de 08 anos, a contar do término do cumprimento de pena, para os **condenados, mesmo sem trânsito em julgado, pelos seguintes crimes:**

Crimes geradores da inelegibilidade prevista no art. 1º, I, "e" da LC 64/90
1. Crimes contra a economia popular, a fé pública, a administração pública e o patrimônio público;
2. Crimes contra o patrimônio privado, o sistema financeiro, o mercado de capitais e os previstos na lei que regula a falência;
3. Crimes contra o meio ambiente e a saúde pública;
4. Crimes eleitorais, para os quais a lei comine pena privativa de liberdade;
5. Crimes de abuso de autoridade, nos casos em que houver condenação à perda do cargo ou à inabilitação para o exercício de função pública;
6. Crimes de lavagem ou ocultação de bens, direitos e valores;
7. Crimes de tráfico de entorpecentes e drogas afins, racismo, tortura, terrorismo e hediondos;
8. Crimes de redução à condição análoga à de escravo;
9. Crimes contra a vida e a dignidade sexual; e
10. Crimes praticados por organização criminosa, quadrilha ou bando.
OBSERVAÇÃO: a inelegibilidade será aplicada a partir da condenação, em decisão transitada em julgado ou proferida por órgão judicial colegiado, gerando efeitos até 08 anos após o cumprimento da pena. Caso, no entanto, a condenação se dê por outros crimes, não previstos nesta lista, o eleitor terá apenas seus direitos políticos suspensos enquanto durarem os efeitos da condenação, de acordo com o previsto no artigo 15, III da Constituição Federal de 1988.

5.2.5. *A inelegibilidade em virtude de incompatibilidade ou indignidade do oficialato*

Segundo a **alínea "f"** do inciso I do artigo 1º da LC 64/90, que os que forem **declarados indignos do oficialato, ou com ele incompatí-**

veis, serão declarados inelegíveis, para **qualquer cargo**, pelo **prazo de 8 (oito) anos**. Antes da publicação da Lei da Ficha Limpa, o prazo de inelegibilidade previsto para esta situação **era de quatro anos**, e não de oito.

> ▸ **Como esse assunto foi cobrado em concurso?**
>
> No concurso para juiz de direito substituto do estado do Mato Grosso do Sul, realizado em 2010, foi considerada verdadeira assertiva que dispunha que "é correto afirmar que são inelegíveis os que forem declarados indignos do oficialato, ou com ele incompatíveis, pelo prazo de quatro anos". Com a promulgação da Lei da Ficha Limpa, a mesma afirmativa, se repetida em outro concurso, deverá ser considerada falsa.

5.2.6. *A inelegibilidade em virtude de rejeição de contas relativas ao exercício de cargos ou funções públicas por irregularidade insanável e a Súmula nº. 01 do TSE*

De acordo com a redação da **alínea "g"** do inciso I do artigo 1º da LC 64/90, por sua vez, serão declarados inelegíveis, para qualquer cargo, "os que tiverem suas contas relativas ao exercício de cargos ou funções públicas rejeitadas por irregularidade insanável que configure **ato doloso de improbidade administrativa**, e por **decisão irrecorrível do órgão competente**, salvo se esta houver sido suspensa ou anulada pelo Poder Judiciário, para as eleições que se realizarem nos **8 (oito) anos seguintes**, contados **a partir da data da decisão** (...)".

> ▸ **Atenção!!!**
>
> É de se observar, na hipótese prevista na alínea "g', supracitada, que **não bastará**, para a declaração da inelegibilidade, decisão de órgão colegiado, sendo **necessária decisão irrecorrível** do órgão competente para o julgamento das contas.

Encerrou, a nova redação da alínea supracitada, **antiga polêmica** no âmbito do Direito Eleitoral, geradora, inclusive, da **Súmula nº 01 do TSE, agora revogada**. De acordo com a antiga redação da alínea "g", eram declarados inelegíveis, para qualquer cargo, os que tivessem suas contas relativas ao exercício de cargos ou funções públicas rejeitadas por irregularidade insanável e por decisão irrecorrível do órgão competente, **salvo se a questão houvesse sido ou estivesse sendo submetida à apreciação do Poder Judiciário**, para as eleições que se realizassem nos 5 (cinco) anos seguintes, contados a partir da data da decisão. Assim, conforme entendimento sumulado do TSE (Súmula nº. 01), proposta ação para desconstituir a decisão que rejeitara as contas, anteriormente à impugnação, ficava suspensa a inelegibilidade.

Agora, com a **nova redação da alínea "g"** do inciso I do art. 1º da LC 64/90, patrocinada pela LC 135/10, a **decisão de rejeição de contas** por irregularidades insanáveis que configurem ato doloso de improbidade administrativa **deverá ser suspensa ou anulada pelo Poder Judiciário** para que seja evitada a sanção da inelegibilidade, **não bastando, portanto, a mera submissão das contas à apreciação do Poder Judiciário**, independentemente de manifestação deste, **como previa a Súmula nº 01 do TSE.**

▸ **Atenção!!!**

O "órgão competente" que deverá proferir "decisão irrecorrível", previsto na alínea "g" do inciso I do art. 1 º da LC 64/90 poderá variar, a depender do agente político cujas contas estiverem sendo julgadas ou mesmo da origem dos recursos auditados. Assim, é a Câmara Municipal o órgão competente para julgar as contas do prefeito, após emissão de parecer prévio do Tribunal de Contas dos Municípios, onde existir, ou do Tribunal de Contas do Estado (vale destacar que nos municípios de São Paulo e do Rio de Janeiro existem, respectivamente, um Tribunal de Contas Municipal. Ambos são os únicos Tribunais de Contas de um único município existentes no Brasil).

O parecer prévio do Tribunal de Contas, rejeitando as contas do prefeito, só deixará de prevalecer por decisão de 2/3 dos vereadores.

Em se tratando de convênio celebrado entre a União e a Prefeitura Municipal, o órgão competente para decidir sobre as contas do Prefeito relativas à aplicação da verba federal é unicamente o Tribunal de Contas da União.

Por fim, vale destacar que o Supremo Tribunal Federal, julgando, em 10 de agosto de 2016, com repercussão geral, os Recursos Extraordinários nº. 848826 RG/DF e 729744, decidiu acerca da competência para o julgamento de prefeito e consequente aplicação da alínea "g".

No julgamento do RE 848826, prevaleceu a divergência aberta pelo presidente do STF, ministro Ricardo Lewandowski, segundo a qual, por força da Constituição, são os vereadores quem detêm o direito de julgar as contas do chefe do Executivo municipal, na medida em representam os cidadãos. A divergência foi seguida pelos ministros Gilmar Mendes, Edson Fachin, Cármen Lúcia, Marco Aurélio e Celso de Mello. Ficaram vencidos o relator, ministro Luís Roberto Barroso, e mais quatro ministros que o acompanhavam: Teori Zavascki, Rosa Weber, Luiz Fux e Dias Toffoli.

No julgamento do RE 729744, de relatoria do ministro Gilmar Mendes, o Plenário decidiu, também por maioria de votos, vencidos os ministros Luiz Fux e Dias Toffoli, que, em caso de omissão da Câmara Municipal, o parecer emitido pelo Tribunal de Contas não gera a inelegibilidade prevista no artigo 1º, inciso I, alínea "g", da Lei Complementar 64/1990.

▸ **Como o TSE tem se pronunciado sobre este tema?**

O Plenário do Tribunal Superior Eleitoral reafirmou entendimento de que a rejeição de contas de gestor público que autorizou pagamento de remuneração a vereadores acima do limite previsto na Constituição da República, ainda que amparado por lei municipal, configura a inelegibilidade prevista no art. 1º, inciso I, alínea g, da Lei Complementar nº 64/1990. O relator ressaltou que é competência da Justiça Eleitoral verificar se a falha ou a irregularidade constatada pelo órgão de contas caracteriza vício insanável que possa configurar ato doloso de improbidade. Destacou ainda ser suficiente, para enquadramento na alínea g, a identificação do dolo genérico caracterizado pela simples vontade de praticar a conduta que enseja a irregularidade insanável. Esclareceu que eventual devolução integral ou parcial do valor recebido indevidamente não tem o condão de afastar a incidência da inelegibilidade. (Recurso Especial Eleitoral nº 104-03, Itupeva/SP, rel. Min. Henrique Neves da Silva, em 3.11.2016). Informativo TSE – Ano XVIII – nº 13

O Plenário do Tribunal Superior Eleitoral reafirmou o entendimento de que, para configurar a inelegibilidade prevista na alínea l do inciso I do art. 1º da Lei Complementar nº 64/1990, é necessária a condenação por ato doloso de improbidade administrativa que implique, concomitantemente, lesão ao Erário e enriquecimento ilícito. (Recurso Especial Eleitoral nº 49-32, Quatá/SP, rel. Min. Luciana Lóssio, em 18.10.2016). Informativo TSE – Ano XVIII – nº 12

5.2.7. As novas hipóteses de inelegibilidades instituídas pela Lei da Ficha Limpa: as alíneas "j" a "q" do inciso I do art. 1º da LC 64/90

Como já destacado, no que se refere, ainda, às alíneas do inciso I do artigo 1º da LC 64/90, o legislador da "Lei da Ficha-Limpa" inovou ao criar **novas hipóteses geradoras de inelegibilidades**, por meio das alíneas "j", "k", "l", "m", "n", "o", "p" e "q". Assim, tornar-se-ão **inelegíveis pelo prazo de oito anos:**

As novas hipóteses de inelegibilidades instituídas pela Lei da Ficha Limpa: Alíneas "j" a "q" do inciso I do art. 1º da LC 64/90
– Aqueles que forem condenados, em decisão transitada em julgado ou proferida por órgão colegiado da Justiça Eleitoral, por corrupção eleitoral, por captação ilícita de sufrágio, por doação, captação ou gastos ilícitos de recursos de campanha ou por conduta vedada aos agentes públicos em campanhas eleitorais que impliquem cassação do registro ou do diploma. – O Presidente da República, o Governador de Estado e do Distrito Federal, o Prefeito, os membros do Congresso Nacional, das Assembleias Legislativas, da Câmara Legislativa, das Câmaras Municipais, que renunciarem a seus mandatos desde o oferecimento de representação ou petição capaz de autorizar a abertura de processo por infringência a dispositivo da Constituição Federal, da Constituição Estadual, da Lei Orgânica do Distrito Federal ou da Lei Orgânica do Município (prazo de oito anos a contar do término da legislatura, sem afastar a inelegibilidade durante o período restante do mandato). – Os que forem condenados à suspensão dos direitos políticos, em decisão transitada em julgado ou proferida por órgão judicial colegiado, por ato doloso de improbidade administrativa que importe lesão ao patrimônio público e enriquecimento ilícito (desde a condenação até oito anos após o cumprimento da pena). – Os que forem excluídos do exercício da profissão, por decisão sancionatória do órgão profissional competente, em decorrência de infração ético-profissional, salvo se o ato houver sido anulado ou suspenso pelo Poder Judiciário; os que forem condenados, em decisão transitada em julgado ou proferida por órgão judicial colegiado, em razão de terem desfeito ou simulado desfazer vínculo conjugal ou de união estável para evitar caracterização de inelegibilidade (prazo de oito anos a contar da decisão que reconhecer a fraude). – Os que forem demitidos do serviço público em decorrência de processo administrativo ou judicial (prazo de 8 (oito) anos, contado da decisão, salvo se o ato houver sido suspenso ou anulado pelo Poder Judiciário). – A pessoa física e os dirigentes de pessoas jurídicas responsáveis por doações eleitorais tidas por ilegais por decisão transitada em julgado ou proferida por órgão colegiado da Justiça Eleitoral, pelo prazo de 8 (oito) anos após a decisão, observando-se o procedimento previsto no art. 22 da LC 64/90. – Os magistrados e os membros do Ministério Público que forem aposentados compulsoriamente por decisão sancionatória, que tenham perdido o cargo por sentença ou que tenham pedido exoneração ou aposentadoria voluntária na pendência de processo administrativo disciplinar.

As demais alterações patrocinadas na Lei das Inelegibilidades pela Lei da Ficha Limpa (alterações nos artigos 15 e 22 e inclusão dos artigos 26-A, 26-B e 26-C), por sua vez, como já ressaltado, impuseram modificações processuais nos procedimentos de importantes ações eleitorais, como a Ação de Investigação Judicial Eleitoral (AIJE) e a Ação de Impugnação de Mandato Eletivo (AIME). Tais novidades, entretanto, não serão abordadas neste capítulo, mas sim em capítulo específico referente ao processo eleitoral.

▸ Como o TSE tem se manifestado sobre este tema?

Os prazos de inelegibilidade previstos nas alíneas j e h do inciso I do art. 1º da LC nº 64/90 têm termo inicial no dia do primeiro turno da eleição e termo final no dia de igual número no oitavo ano seguinte (Súmula TSE nº 69).

O encerramento do prazo de inelegibilidade antes do dia da eleição constitui fato superveniente que afasta a inelegibilidade, nos termos do art. 11, § 10, da Lei nº 9.504/97 (Súmula nº 70 do TSE).

6. A LC 64/90 E AS PREVISÕES DE PRAZOS DE DESINCOMPATIBILIZAÇÃO DE TITULARES DE DETERMINADOS CARGOS OU FUNÇÕES COMO REQUISITO PARA A DISPUTA DE MANDATOS ELETIVOS

Os incisos II a VII do artigo 1º da LC 64/90 estabelecem, de forma geral, **prazos de desincompatibilização** para titulares de determinados cargos ou funções como requisito para a disputa de mandatos eletivos.

▸ Atenção!!!

A desincompatibilização pode ser definida como o afastamento de cargo, emprego ou função, pública ou privada, exercido por cidadão brasileiro, de forma provisória ou definitiva, com o intuito de disputar mandato eletivo, de forma a afastar a inelegibilidade. Vale ressaltar, ainda, que a desincompatibilização, em alguns casos, é válida a fim de que seja evitada a inelegibilidade reflexa de parentes.

▸ Como esse assunto foi cobrado em concurso?

No 13º Concurso de Procurador da República, foi realizada a seguinte pergunta, em questão subjetiva: "Em matéria de inelegibilidade, desincompatibilização é sinônimo de afastamento temporário?

No 15º Concurso de Procurador da República, por sua vez, foi considerada verdadeira afirmativa que dispunha que "são inelegíveis aqueles que não se tenham afastado de determinados cargos públicos mencionados na lei das inelegibilidades, a que se refere a Constituição Federal, nos prazos legais para desincompatibilização".

Os prazos de desincompatibilização **variam de acordo com as pessoas e os cargos**, podendo, em regra, ser de **três, quatro ou seis meses antes do pleito**. Efetivamente, nestes casos, o cidadão deverá se desincompatibilizar três meses e um dia, quatro meses e um dia ou seis meses e um dia antes da eleição, a depender do prazo. Assim, por exemplo, se o prazo de desincompatibilização consignado em lei é de seis meses, e a eleição está prevista para realizar-se no dia 05 de outubro, tal afastamento deverá ocorrer até o dia 04 de abril. Caso contrário, ocorrerá a incompatibilidade e a inelegibilidade do cidadão.

▸ **Atenção!!!**

Os chefes do Poder Executivo (presidente da república, governadores e prefeitos) deverão renunciar aos seus respectivos cargos seis meses antes do pleito, a fim de concorrerem a outros cargos. Caso estejam, contudo, buscando a reeleição, não será necessária a desincompatibilização (artigo 1º, § 1º da LC 64/90)

O vice-presidente, o vice-governador e o vice-prefeito, por sua vez, como já observado, não precisam se desincompatibilizar para disputar outros cargos (vide caso Marco Maciel, já destacado nesta obra), desde que, no prazo de desincompatibilização, não substituam, de forma temporária ou definitiva, os titulares do mandato. Da mesma forma, casos estes vices assumam, no prazo de desincompatibilização, mesmo de forma temporária, o mandato dos seus titulares, gerarão inelegibilidade reflexa para os seus parentes e cônjuges, na forma da lei. É o que dispõe os §§ 2 e 3ºº do artigo 1º da LC 64/90.

Já os membros do Poder Legislativo não estão obrigados a desincompatibilizar-se dos seus cargos, mesmo que para disputar outros.

▸ **Como esse assunto foi cobrado em concurso?**

No 13º Concurso para Analista Judiciário do TRE-AM, realizado em 2010, foi considerada verdadeira afirmativa que dispunha que "Paulo é Deputado Estadual pelo Estado do Amazonas e deseja candidatar-se a Deputado Federal. Nesse caso, não há necessidade de afastar-se suas funções".

Já no concurso para Consultor Legislativo da Câmara dos Deputados, realizado pelo CESPE, em 2014, foi considerada errada questão onde se afirmava que "Para ter direito a concorrer ao cargo de deputado federal, o governador de estado deverá renunciar ao mandato até seis meses antes do registro de sua candidatura".

6.1. Situações em que o prazo de desincompatibilização exigido é de seis meses antes do pleito

Na **maioria das hipóteses** de desincompatibilização exigidas por lei, o prazo previsto é o de **seis meses antes do pleito** (principalmente no que se refere a **titulares de cargos eletivos**).

São estas as principais hipóteses, de acordo com a LC 64/90, de necessidade de desincompatibilização 06 (seis) meses antes do pleito:

Principais hipóteses, de acordo com a LC 64/90, de necessidade de desincompatibilização 06 (seis) meses antes do pleito
– Presidente da república, governadores de estado e prefeitos, para a disputa de outros cargos – Interventor federal. – Magistrados, membros do Ministério Público, membros dos Tribunais de Contas. – Advogado-Geral da União. – Chefes do Estado-Maior da Marinha, do Exército e da Aeronáutica. – Chefes dos gabinetes civil e militar de governador de estado ou do DF. – Ministro de Estado, secretários de governos estaduais, municipais ou do DF. – Presidente, superintendente ou diretor de autarquias, empresas públicas, sociedades de economia mista e fundações públicas ou mantidas pelo poder público. – Diretor-geral do Departamento de Polícia Federal. – Nomeados, pelo presidente da república, para cargos ou funções cuja nomeação esteja sujeita à aprovação prévia do Senado Federal. – Diretores de órgãos estaduais, sociedades de assistência aos municípios ou bancos estaduais. – Diretor de empresa pública internacional. – Dirigente de entidade de assistência a município que receba contribuição de órgão público. – Dirigente de fundação privada que receba verbas públicas imprescindíveis à sua manutenção. OBS.: À exceção do presidente da república, dos governadores de estado e dos prefeitos municipais, todas as pessoas acima elencadas deverão se desincompatibilizar dos seus cargos apenas 04 meses antes, e não 06 meses, quando pleitearem concorrer aos cargos de prefeito e vice-prefeito (apenas estes dois cargos, de acordo com o art. 1º, IV, "a" da LC 64/90).

▸ Como esse assunto foi cobrado em concurso?

No concurso para Analista Judiciário do TRE-AC, realizado em 2003, foi formulada a seguinte questão: "Mauro e Luiz são Presidentes de Autarquias. Mauro pretende candidatar-se a Deputado Federal e Luiz a Governador do Estado. Mauro e Luiz estão sujeitos ao prazo de desincompatibilização de: a) 6 meses e 4 meses, respectivamente; b) 6 meses; c) 4 meses; d) 3 meses; e) 3 meses e 6 meses, respectivamente". A resposta correta considerada foi a da assertiva B.

6.2. Situações em que o prazo de desincompatibilização exigido é de quatro meses antes do pleito

Os **dirigentes de entidades de classe** mantidas, total ou parcialmente, por contribuições impostas pelo poder público, bem como os **dirigentes sindicais** (Res. TSE nº. 21.041, de 21.03.02), deverão se desincompatibilizar dos seus cargos, para a disputa de mandatos eletivos, **quatro meses** antes das eleições.

> **Atenção!!!**
>
> Além dessas pessoas, todas aquelas que necessitam se desincompatibilizar para a disputa dos cargos de presidente da república, vice-presidente da república, governador de estado ou do DF e vice-governador de estado ou do DF, caso desejem disputar os **cargos de prefeito e vice-prefeito** deverão se desincompatibilizar **quatro meses** antes das eleições. (art. 1º, IV, "a" da LC 64/90).

> **Como esse assunto foi cobrado em concurso?**
>
> No concurso para Analista Judiciário do TRE-PB, realizado em 2007, foi considerada verdadeira assertiva que dispunha que "é de 4 meses o prazo de desincompatibilização, para candidatarem-se ao Senado Federal, dentre outros, dos que estiverem exercendo cargo de direção em entidade representativa de classe mantida parcialmente por contribuições impostas pelo poder público".
>
> No mesmo sentido, no concurso para juiz de direito substituto do estado de Roraima, realizado em 2008, foi considerada verdadeira afirmativa que dispunha que "é de quatro meses o prazo de desincompatibilização, para candidatarem-se a Presidente ou Vice-Presidente da República, para os que estejam ocupando cargo de direção em entidades representativas de classe, mantidas parcialmente por contribuições impostas pelo Poder Público".

6.3. Situações em que o prazo de desincompatibilização exigido é de três meses antes do pleito

Os **servidores públicos** civis, estatutários ou não, dos órgãos ou entidades da administração direta ou indireta da União, dos estados, do Distrito Federal, dos municípios e dos territórios, inclusive das fundações mantidas pelo poder público, deverão se afastar das suas atividades **três meses antes do pleito**, garantido o **direito à percepção dos seus vencimentos integrais**, de acordo com o previsto no artigo 1º, II, "j" da LC 64/90, para concorrer a qualquer cargo, inclusive o de prefeito municipal (Res. TSE nº. 20.623, de 16.05.00, DJ de 02.06.00). Segundo jurisprudência consolidada do TSE (Acs. 16.595/00, 18.019/92, 18.160/92 e 20.128/98), empregados de empresas públicas e sociedades de economia mista também têm garantido o pagamento do salário, durante o período de afastamento.

▸ **Como esse assunto foi cobrado em concurso?**

No concurso para promotor de justiça do estado de Pernambuco, realizado em 2008, foi considerada verdadeira afirmativa que dispunha que "é de 3 meses o prazo para desincompatibilização para candidatarem-se Presidente da República dos servidores públicos, estatutários ou não, dos órgãos ou entidades da administração direta ou indireta da União".

▸ **Atenção!!!**

Os servidores da Justiça Eleitoral deverão se afastar definitivamente do cargo em tempo hábil para cumprir o prazo de filiação partidária (seis meses antes das eleições), conforme entendimento do TSE (Res. 22.088/05).

Já os **membros de Conselhos Tutelares**, de acordo com o TSE (Ac. 16.878/00), também deverão se desincompatibilizar no prazo de três meses antes das eleições.

Os **defensores públicos**, por sua vez, também deverão se desincompatibilizar das suas funções, de forma temporária, garantidos os vencimentos integrais, **três meses antes do pleito, salvo se estiverem concorrendo ao cargo de prefeito ou vice-prefeito**, quando a desincompatibilização deverá ocorrer **quatro meses antes** da eleição, caso estejam em exercício na comarca onde desejem se candidatar.

▸ **Como esse assunto foi cobrado em concurso?**

No concurso para Analista Judiciário do TRE-SP, realizado em 2006, foi formulada a seguinte questão: "Petrus, professor efetivo da rede estadual de ensino, e Paulus, diretor de entidade representativa de classe mantida parcialmente com contribuições impostas pelo Poder Público, pretendem candidatar-se a Deputado Estadual. Tício, Delegado de Polícia pretende candidatar-se a Prefeito do Município onde exerce suas funções. Petrus, Paulus e Tício devem afastar-se de seus cargos, respectivamente, até: a) 3 meses antes das eleições; b) 6 meses, 4 meses e 3 meses antes das eleições; c) 3 meses, 4 meses e 4 meses antes das eleições; d) 3 meses, 3 meses e 4 meses antes das eleições; e) 4 meses, 6 meses e 3 meses antes das eleições". A resposta correta foi a prevista na alternativa C.

Capítulo 9

Arrecadação de recursos e prestação de contas nas campanhas eleitorais

1. NOTAS INTRODUTÓRIAS

Um dos **pontos nevrálgicos que envolvem uma eleição** diz respeito ao processo de **arrecadação de recursos financeiros e prestação de contas** de partidos, coligações e candidatos. É sabido que o Direito Eleitoral existe para garantir a normalidade das eleições e a legitimidade do exercício do poder de sufrágio popular, devendo, para isso, buscar manter o equilíbrio da disputa, combatendo o abuso do poder político e econômico. O controle e fiscalização da arrecadação de recursos e a prestação de contas dos participantes do processo eleitoral, desta forma, reveste-se de uma grande importância, sendo **fator determinante para a lisura das eleições**.

É a **lei nº. 9.504/97** (Lei das Eleições) que estabelece nos seus **artigos 17 a 32** as **normas gerais** acerca da **arrecadação e da aplicação de recursos** nas campanhas eleitorais, bem como aquelas relativas à **prestação de contas**, temas sempre polêmicos.

O atual modelo de financiamento de campanhas eleitorais no Brasil se apresenta como um modelo misto, no qual convergem, para as campanhas, recursos públicos e recursos privados.

Até as eleições de 2014, a maior parte dos recursos arrecadados nas campanhas eleitorais tinham origem privada, a partir das doações realizadas pelas pessoas físicas e jurídicas. Tal realidade, na opinião de muitos analistas, é decisiva para o resultado das eleições, por favorecer, quase que de forma definitiva, os candidatos e partidos com maior potencial de arrecadação de recursos, reduzindo a importância do debate político em detrimento da influência do dinheiro nas campanhas eleitorais, oriundo principalmente das grandes empresas financiadoras.

Como proposta para alterar este panorama de financiamento de campanhas eleitorais, sempre é apontada a hipótese da adoção do sistema de financiamento público exclusivo de campanhas. Como principais argumentos favoráveis ao financiamento público de campanhas, doutrinadores e parlamentares afirmam o combate ao fisiologismo político e ao abuso do poder econômico.

Como principais argumentos favoráveis à manutenção da possibilidade de financiamento privado, afirma-se que o financiamento público não seria capaz de eliminar a pressão do poder econômico, além de violar a liberdade política do cidadão e gerar elevação dos gastos públicos.

A manutenção de um sistema misto, com a anulação da influência das pessoas jurídicas no financiamento das campanhas eleitorais, também se apresenta como uma possibilidade sempre aventada pelos defensores de uma reforma política no Brasil.

Pauta constante, como destacado, no debate da reforma política, o tema da arrecadação de recursos, administração financeira das campanhas eleitorais e prestação de contas é, talvez, o que mais destaque ganhou na elaboração da Lei nº. 13.165/15, muito embora o resultado final desta construção legislativa não tenha agradado à maioria dos críticos.

De forma bastante polêmica, um dos pontos nevrálgicos da nova lei, a disciplina jurídica do financiamento empresarial de campanhas eleitorais, foi totalmente revogado pela presidente Dilma Rousseff, que seguiu entendimento consagrado pelo Supremo Tribunal Federal no julgamento da ADI nº. 4.650, ocorrido dias antes da promulgação da reforma eleitoral de setembro de 2015, na qual a nossa corte maior declarou a inconstitucionalidade desta forma de financiamento eleitoral.

Outro ponto inovador e polêmico suscitado pela Lei nº. 13.165/15 é o estabelecimento de um teto de gastos nas campanhas eleitorais, velha reivindicação daqueles que defendem uma diminuição dos custos destas campanhas, como forma de uma maior garantia de equilíbrio entre candidatos e partidos nas eleições. Com a reforma eleitoral de 2017, foram estabelecidos novos parâmetros de tetos de gastos de campanhas eleitorais, como será observado adiante, estabelecendo o novo artigo 18 da Lei das Eleições que "Os limites de gastos de campanha serão definidos em lei e divulgados pelo Tribunal Superior Eleitoral".

As despesas de campanha eleitoral serão realizadas, de acordo com o art. 17 da Lei das Eleições, sob a responsabilidade dos partidos políticos e de seus candidatos. O **partido que descumprir** as normas referentes à arrecadação e aplicação de recursos fixada na Lei das Eleições **perderá** o direito ao recebimento das **quotas do Fundo Partidário do ano seguinte**. Além disso, os **candidatos** beneficiados **poderão responder** por **abuso de poder econômico**.

Vale destacar que a reforma eleitoral de 2009 (Lei nº. 12.034/09) instituiu, por meio do parágrafo único do artigo 25 da Lei das Eleições, que "a **sanção de suspensão do repasse** de novas quotas do Fundo Partidário, por desaprovação total ou parcial da prestação de contas do candidato, deverá ser **aplicada de forma proporcional** e **razoável**, pelo período de um a doze meses (o que na prática possibilita que a suspensão do repasse se dê por período inferior a um ano), ou por meio de desconto nos futuros valores a serem repassados pelo Fundo ao partido.

Além disso, de acordo com o dispositivo normativo referido, não poderá ser aplicada sanção de suspensão de recursos do Fundo Partidário caso a **prestação de contas** desaprovada não tenha sido **julgada, pelo juízo competente**, em um prazo de **até cinco anos** da sua apresentação.

2. A ADMINISTRAÇÃO FINANCEIRA DAS CAMPANHAS ELEITORAIS

Cabe ao candidato a responsabilidade pela administração financeira da sua campanha, que poderá ser realizada pelo próprio ou por pessoa por ele designada. Caso o candidato designe pessoa para, em seu nome, administrar as finanças de sua campanha, haverá responsabilidade solidária entre o mesmo e a pessoa indicada, devendo ambos assinar a respectiva prestação de contas.

▸ Como esse assunto foi cobrado em concurso?

No concurso para promotor de justiça do estado do Amazonas, realizado em 2007, foi considerada falsa afirmativa que dispunha que "o responsável legal pelas finanças da campanha é o tesoureiro indicado à justiça eleitoral pelo partido ou pela coligação". Como destacado, cabe ao candidato a responsabilidade pela administração financeira da sua campanha, e não a tesoureiro ou outra pessoa. O máximo que pode ocorrer, como destacado, é a responsabilidade solidária entre o candidato e a pessoa indicada para, em seu nome, administrar as finanças da campanha, quando ambos deverão assinar a respectiva prestação de contas.

▸ **Atenção!!!**

É **obrigatória** para os partidos e os candidatos a **abertura de conta bancária específica** para registrar todo o movimento financeiro da campanha, **salvo nos casos** de candidaturas a prefeito em municípios onde não haja agência bancária. Até as eleições de 2014, não era obrigatória a abertura dessa conta bancária específica para candidatos a vereador em municípios com menos de vinte mil eleitores, regra alterada pela Lei nº. 13.165/15. A partir das eleições municipais de 2016, o novo § 2º do artigo 22 da Lei das Eleições, com redação determinada pela Lei nº. 13.165/15, restringe a ausência de obrigação de abertura de conta bancária para movimentação dos recursos de campanha apenas para as situações em que, comprovadamente, não houver agência bancária ou posto de atendimento bancário no município. Desta forma, praticamente em todo o país os candidatos a cargos eletivos, nas eleições municipais, administrarão seus recursos de campanha em conta específica, dissociada das suas contas particulares, uma importante regra estabelecida pela reforma eleitoral de setembro de 2015 com o objetivo de fortalecer os meios de controle da Justiça Eleitoral sobre a movimentação de recursos em campanhas eleitorais.

Os **bancos são obrigados a acatar**, em até três dias, o pedido de abertura de conta de qualquer comitê financeiro ou candidato escolhido em convenção partidária, **sendo-lhes vedado** condicioná-la a depósito mínimo e à cobrança de taxas ou outras despesas de manutenção.

Além disso, conforme regra instituída a partir da publicação da Lei nº. 13.165/15, os bancos também estão obrigados a identificar, nos extratos bancários das contas correntes, o CPF ou CNPJ dos doadores de campanha, bem como encerrar a conta bancária no final do ano da eleição, transferindo a totalidade do saldo existente para a conta bancária do órgão de direção indicado pelo partido, informando à Justiça Eleitoral.

O uso de recursos financeiros para pagamentos de gastos eleitorais que não provenham da conta específica citada implicará a desaprovação da prestação de contas do partido ou candidato, caracterizando abuso de poder econômico.

A **Súmula nº 16** do TSE, **revogada** em 05.11.02, previa que "a falta de abertura de conta bancária específica não é fundamento suficiente para a rejeição de contas de campanha eleitoral, desde que, por outros meios, se possa demonstrar sua regularidade".

Novidade importante estabelecida pela **reforma eleitoral** de 2009 (Lei nº. 12.034/09) foi a **inclusão do artigo 22-A** na Lei das Eleições. O citado artigo **obriga candidatos e comitês** financeiros à **inscrição no Cadastro Nacional da Pessoa Jurídica – CNPJ**, devendo a Justiça Eleitoral fornecer, em até três dias úteis após o recebimento do pedido de registro da candidatura o número do registro de tal cadastro. **A**

partir deste fato, então, ficarão os candidatos **autorizados** a promover a **arrecadação** de recursos financeiros e a realizar **despesas** necessárias à campanha eleitoral.

Com a reforma eleitoral de 2017, o referido artigo 22-A passou a contar com um novo parágrafo, o § 3º, o qual dispõe que "Desde o dia 15 de maio do ano eleitoral, é facultada aos pré-candidatos a arrecadação prévia de recursos na modalidade prevista no inciso IV do § 4º do art. 23 desta Lei, mas a liberação de recursos por parte das entidades arrecadadoras fica condicionada ao registro da candidatura, e a realização de despesas de campanha deverá observar o calendário eleitoral". É o chamado "crowdfunding" (páginas de financiamento coletivo na internet, também conhecidas como "vaquinhas eletrônicas"), muito popular em países como os Estados Unidos e a Espanha.

Uma forte crítica ao *crowdfunding* nas campanhas eleitorais diz respeito ao risco de sua utilização como fonte de arrecadação de recursos paralelos aos oficialmente declarados, fomentando-se, assim, o caixa dois, ou mesmo como instrumento para a realização de doações ocultas, sem identificação dos doadores, prática também vedada. Por estes motivos, o TSE havia proibido tal prática nas eleições de 2014 e 2016.

Defensores da prática entendem que o novo sistema de arrecadação poderá estabelecer uma nova forma de mobilização cívica fomentadora de criação de laços comunitários e de sentimentos de cidadania, contribuindo, assim, para a prática democrática.

De acordo com as regras estabelecidas pela Lei nº 13.488/2017. A arrecadação de recursos através do *crowdfunding* poderão ser iniciadas ainda no mês de maio do ano eleitoral, antes, portanto, das convenções partidárias e do registro das candidaturas. Se não for efetivado, contudo, o registro da candidatura, as entidades arrecadadoras deverão devolver os valores arrecadados aos doadores.

Ainda de acordo com as regras estabelecidas pela reforma eleitoral de 2017, instituições que promovam técnicas e serviços de financiamento coletivo por meio de sítios na internet, aplicativos eletrônicos e outros recursos similares, que deverão atender aos seguintes requisitos: a) cadastro prévio na Justiça Eleitoral, que estabelecerá regulamentação para prestação de contas, fiscalização instantânea das doações, contas intermediárias, se houver, e repasses aos candidatos; b) identificação obrigatória, com o nome completo e o número de inscrição no Cadastro de Pessoas Físicas (CPF) de cada um dos doadores e das quantias doadas; c) disponibilização em sítio eletrônico de lista com identificação dos doadores e das respectivas quantias doadas, a ser atualizada instantaneamente a cada nova doação; d) emissão obrigatória de recibo para o doador, relativo a cada doação realizada, sob a responsabilidade da entidade arrecadadora, com envio imediato para a Justiça Eleitoral e para o candidato de todas as informações relativas à doação; e) ampla ciência a candidatos e eleitores acerca das taxas administrativas a serem cobradas pela realização do serviço; f) não incidência em quaisquer das hipóteses listadas no art. 24 da Lei das Eleições (que estabelece fontes vedadas de financiamento de campanhas); g) observância do calendário eleitoral, especialmente no que diz respeito ao início do período de arrecadação financeira (observadas as peculiaridades do período para realização de *crowdfunding*, já apontadas; h) observância dos dispositivos desta Lei relacionados à propaganda na internet;

Na prestação de contas de recursos eleitorais arrecadados mediante prática de *crowdfunding*, é dispensada a apresentação de recibo eleitoral, e sua comprovação deverá ser realizada por meio de documento bancário que identifique o CPF dos doadores. Todos os recursos arrecadados mediante esta nova prática deverão ser comunicados à Justiça Eleitoral no prazo de 72 horas.

Na hipótese de doações realizadas por meio dessa nova modalidade, fraudes ou erros cometidos pelo doador sem conhecimento dos candidatos, partidos ou coligações não ensejarão a responsabilidade destes nem a rejeição de suas contas eleitorais.

3. AS DOAÇÕES REALIZADAS POR PESSOAS FÍSICAS PARA CAMPANHAS ELEITORAIS

De acordo com o art. 23 da Lei nº. 9.504/97, poderão as **pessoas físicas** fazer **doações** em dinheiro ou estimáveis em dinheiro para campanhas eleitorais. Neste caso, tais doações deverão ser limitadas a **dez por cento dos rendimentos brutos auferidos pelo doador no ano anterior à eleição Doação** de quantia **acima dos limites** fixados nos termos da lei sujeitava o infrator ao pagamento de **multa** no valor de **cinco a dez vezes a quantia em excesso** até a promulgação da lei 13.488/2017. Doravante, conforme a nova redação do § 3º do artigo 23 da Lei das Eleições, "a doação de quantia acima dos limites fixados neste artigo sujeita o infrator ao pagamento de multa no valor de até 100% (cem por cento) da quantia em excesso"..

> ▸ **Atenção!!!**
>
> Toda doação a candidato específico ou a partido deverá ser feita mediante recibo, sempre na conta específica a ser aberta, de forma obrigatória, pelo partido político ou candidato beneficiado para o registro do movimento financeiro da campanha.

Importante novidade, trazida pela reforma eleitoral de 2009, foi a possibilidade de **doação**, por **pessoas físicas**, de valores em dinheiro ou estimáveis em dinheiro, **pela internet**, desde que mediante recibo preenchido em formulário eletrônico, a fim de que seja viabilizada a prestação de contas. A doação, inclusive, poderá ser viabilizada através do **uso de cartão de crédito** (art. 23, § 4º, III), atendidos os requisitos de **identificação do doador** e emissão obrigatória de **recibo eleitoral**. Segundo o § 9º do artigo 23 da Lei das Eleições, com redação determinada pela Lei 13.488/2017, as instituições financeiras e de pagamento não poderão recusar a utilização de cartões de débito e de crédito como meio de doações eleitorais de pessoas físicas.

Vale ressaltar, ainda quanto a esta questão, que o § 6º do art. 23 da lei nº. 9.504/97 estabelece que na hipótese de doações realizadas por meio da internet, incluindo o *crowdfunding*, as fraudes ou erros cometidos pelo doador sem conhecimento dos candidatos, partidos ou coligações não ensejarão a responsabilidade destes nem a rejeição de suas contas eleitorais.

O **§ 7º do artigo 23** da Lei das Eleições, com redação estipulada pela Lei nº. 13.488/2017, por sua vez, dispõe que doadores poderão **ceder bens móveis ou imóveis**, ou prestar serviços próprios no valor de **até R$** 40.000,00 (quarenta mil reais) a candidato, partido ou coligação, **independentemente do limite** de doações anuais de pessoas físicas, previsto no inciso I do § 1º do mesmo artigo.

O **§ 2º do art. 23 da Lei nº.** 9.504/97 teve a **sua redação alterada pela lei nº. 12.891/13**. De acordo com a nova redação, doações estimáveis em dinheiro a candidato específico, comitê ou partido deverão ser feitas mediante recibo, assinado pelo doador, salvo nas hipóteses de cessão de bens móveis, limitada ao valor de R$ 4.000,00 (quatro mil reais) por pessoa cedente e doações estimáveis em dinheiro entre candidatos, partidos ou comitês financeiros, decorrentes do uso comum tanto de sedes quanto de materiais de propaganda eleitoral, cujo gasto deverá ser registrado na prestação de contas do responsável pelo pagamento da despesa, conforme previsão do novo § 6º do art. 28 da mesma lei, também incluído pela reforma de dezembro de 2013.

Até a publicação da lei nº. 12.891/13, o referido § 2º exigia a apresentação de recibo para a comprovação da doação, sem, contudo, a exigência de assinatura do doador.

Como a lei nº. 12.891/13 foi publicada apenas em dezembro de 2013, o TSE decidiu, em virtude do princípio da anualidade, pela sua inaplicabilidade nas eleições de 2014. Para as eleições de 2016, contudo, as novas regras serão aplicáveis.

▸ **Como o TSE tem se manifestado sobre o tema?**

O TSE, na Consulta nº 44-54/DF, relatada pelo Min. Henrique Neves, respondeu afirmativamente à seguinte pergunta: As doações individuais de pessoas físicas para as campanhas eleitorais, desde que observados os limites de que trata o § 1º do art. 23 da Lei nº 9.504, de 1997 (Lei Eleitoral), poderão ultrapassar os tetos (limites de gastos) definidos nos arts. 5º e 6º da Lei nº 13.165, de 29 de setembro de 2015? Segundo o TSE, em tese, é possível que a soma das doações realizadas a vários candidatos represente valor acima daquele estipulado para determinada candidatura; o limite de gastos das campanhas eleitorais, por outro lado, reflete o valor máximo que os candidatos e partidos políticos podem despender em determinada campanha eleitoral. A aferição de tal limite é feita individualmente, de acordo com cada candidatura; desta forma, eventuais valores recebidos que superem o limite de gastos não podem ser utilizados pelos candidatos e devem ser considerados como sobras de campanha, a serem transferidas para o partido político até a data da apresentação da prestação de contas, na forma do art. 46 da Res.-TSE nº 23.463. *DJE* de 19.10.2016.

O TSE, na Consulta nº 44-54/DF, relatada pelo Min. Henrique Neves, respondeu negativamente à seguinte pergunta: A realização de gastos pessoais com a própria campanha, de que trata o § 1º-A do art. 23 da Lei nº 9.504, de 1997 (Lei Eleitoral), impede a pessoa física do candidato, nessa situação, de promover doações a outras candidaturas, nos termos do que dispõe o § 1º do art. 23 da Lei Eleitoral? Segundo o TSE, O candidato, além de poder utilizar recursos próprios para financiar a sua campanha até o respectivo limite máximo de gastos, pode realizar doação para financiar outras campanhas eleitorais, observando-se, em relação a essas doações, o limite de 10% do rendimento bruto auferido pelo doador no ano anterior ao da eleição. *DJE* de 19.10.2016.

Ficam dispensadas de comprovação na prestação de contas a cessão de automóvel de propriedade do candidato, do cônjuge e de seus parentes até o terceiro grau para seu uso pessoal durante a campanha (regra estabelecida pela reforma eleitoral de 2017, Lei 13.488/17). Também são dispensadas da prestação de contas a cessão de bens móveis, limitada ao valor de R$ 4.000,00 (quatro mil reais) por pessoa cedente e doações estimáveis em dinheiro entre candidatos ou partidos, decorrentes do uso comum tanto de sedes quanto de materiais de propaganda eleitoral, cujo gasto deverá ser registrado na prestação de contas do responsável pelo pagamento da despesa.

4. O FIM DAS DOAÇÕES FINANCEIRAS DE PESSOAS JURÍDICAS NAS CAMPANHAS ELEITORAIS E OS NOVOS TETOS DE GASTOS DE CAMPANHAS

O financiamento de campanhas eleitorais é um dos temas mais polêmicos no debate da reforma política, não tendo sido diferente a ênfase nesta temática durante as discussões legislativas que culminaram na promulgação da Lei nº. 13.165/15.

Como produto destes debates, o Congresso Nacional proibiu o financiamento empresarial de candidatos durante as campanhas eleitorais, mas criou, por outro lado, o financiamento empresarial de partidos políticos durante as campanhas, com possibilidade de repasses para os candidatos, medida que, na prática, chancelava a continuidade das campanhas financiadas com dinheiro de pessoas jurídicas, alvo de muitas críticas, principalmente após os recentes escândalos políticos que abalaram a sociedade brasileira.

As novas regras de financiamento empresarial de partidos políticos durante as campanhas eleitorais estavam previstas nos artigos 24-A e 24-B que seriam incluídos no texto da Lei das Eleições e que terminaram sendo vetados pela presidente Dilma Rousseff, em polêmica decisão.

De acordo com a redação proposta para o art. 24-B, em especial, o qual foi integralmente vetado, seriam permitidas doações empresariais aos partidos políticos com finalidade eleitoral, limitadas a 2% (dois por cento) do faturamento bruto do ano anterior à eleição, somadas todas as doações feitas pelo mesmo doador, até o máximo de R$ 20.000.000,00 (vinte milhões de reais); e 0,5% (cinco décimos por cento) do faturamento bruto, somadas todas as doações feitas para um mesmo partido.

O fundamento do veto interposto pela presidente da república ao financiamento de partidos políticos em campanhas eleitorais por parte de pessoas jurídicas fundou-se no julgamento da ADI 4.650, proferido dias antes da publicação da Lei nº. 13.165/15.

Proposta pelo Conselho Federal da Ordem dos Advogados do Brasil, a referida ADI suscitou a inconstitucionalidade das doações financeiras de pessoas jurídicas a campanhas eleitorais, sob o argumento de que estas seriam prejudiciais à democracia, por gerarem uma grande desigualdade entre as campanhas eleitorais, além de supostamente incentivarem a corrupção.

Segundo texto extraído da ementa do julgamento da ADI 4.650:

> O Tribunal, por maioria e nos termos do voto do Ministro Relator, julgou procedente em parte o pedido formulado na ação direta para declarar a inconstitucionalidade dos dispositivos legais que autorizavam as contribuições de pessoas jurídicas às campanhas eleitorais, vencidos, em menor extensão, os Ministros Teori Zavascki, Celso de Mello e Gilmar Mendes, que davam interpretação conforme, nos termos do voto ora reajustado do Ministro Teori Zavascki. O Tribunal rejeitou a modulação dos efeitos da declaração de inconstitucionalidade por não ter alcançado o número de votos exigido pelo art. 27 da Lei 9.868/99, e, consequentemente, a decisão aplica-se às eleições de 2016 e seguintes, a partir da Sessão de Julgamento, independentemente da publicação do acórdão. Com relação às pessoas físicas, as contribuições ficam reguladas pela lei em vigor. Ausentes, justificadamente, o Ministro Dias Toffoli, participando, na qualidade de Presidente do Tribunal Superior Eleitoral, do Encontro do Conselho Ministerial dos Estados Membros e Sessão Comemorativa do 20º Aniversário do Instituto Internacional para a Democracia e a Assistência Eleitoral (IDEA Internacional), na Suécia, e o Ministro Roberto Barroso, participando do *Global Constitutionalism Seminar* na Universidade de Yale, nos Estados Unidos. Presidiu o julgamento o Ministro Ricardo Lewandowski. Plenário, 17.09.2015

Outro tema importante referente à administração financeira das campanhas eleitorais, inovado pela Lei nº. 13.165/15, foi o estabelecimento de novos tetos de gastos de campanha.

Antiga reivindicação daqueles que lutam por uma maior lisura nos processos eleitorais, com o combate ao abuso do poder econômico e um maior equilíbrio econômico das campanhas eleitorais, com a consequente valorização do debate de ideias, a questão do limite de gastos de campanhas eleitorais foi, finalmente, abordada, com a publicação da Lei nº. 13.165/15, muito embora em termos não muito satisfatórios, na nossa opinião.

Até as eleições de 2014, o artigo 17-A da Lei das Eleições, incluído pela lei nº. 11.300/06 e agora revogado pela Lei 13.165/15, indicava que lei específica, a cada eleição, deveria fixar, até o dia 10 de junho de cada ano eleitoral, os limites dos gastos de campanha para os cargos em disputa. Caso, entretanto, a referida lei não viesse a ser publicada no prazo hábil (algo que se tornou recorrente), caberia a cada partido político fixar o limite de gastos, comunicando à Justiça Eleitoral, a quem cabia dar a tais informações ampla publicidade.

No pedido de registro de seus candidatos, os partidos e coligações deveriam comunicar à Justiça Eleitoral os valores máximos a serem gastos por cargo eletivo que viessem a disputar, de acordo com o previsto no artigo 17-A da Lei nº. 9.504/97. Tratando-se de coligação, cada partido dela integrante deveria fixar o valor máximo de despesas com os seus candidatos.

Conforme o novo artigo 18 da Lei das Eleições, com redação definida pela reforma eleitoral de 2015 outubro de 2017, os, limites de gastos de campanha serão definidos em lei e divulgados pelo Tribunal Superior Eleitoral.

De acordo com o art. 5º da Lei nº 13.165/15, nas eleições executivas (Presidente da República, Governador e Prefeito), o limite de gastos seria definido tendo como base de cálculo os gastos declarados, na respectiva circunscrição, na última eleição para os mesmos cargos (eleições municipais de 2012 e eleições gerais de 2014). A alíquota, por sua vez, será, no primeiro turno eleitoral, de 70% (setenta por cento) do maior gasto declarado para o cargo, na circunscrição eleitoral em que houve apenas um turno, na última eleição antes da publicação da lei; e de 50% (cinquenta por cento) do maior gasto declarado para o cargo, na circunscrição eleitoral em que houve dois turnos.

Para o segundo turno, onde houvesse, o limite de gastos será de 30% (trinta por cento) dos gastos permitidos para o primeiro turno na respectiva circunscrição eleitoral.

Nos Municípios de até dez mil eleitores, o limite de gastos seria de, no máximo, R$ 100.000,00 (cem mil reais) para Prefeito e de R$ 10.000,00 (dez mil reais) para Vereador.

Nas eleições legislativas, conforme o art. 6º da Lei nº. 13.165/15, também seria firmado um teto de gastos de campanhas, a partir das eleições municipais de 2016. Este teto seria de 70% (setenta por cento) do maior gasto contratado na circunscrição para o respectivo cargo na eleição imediatamente anterior à publicação da referida lei (eleições de 2012, para os cargos de vereador, e eleições de 2014, para os cargos de Senador, Deputado Estadual, Deputado Distrital e Deputado Federal).

Tendo em vista que, até as eleições de 2014, ainda estavam previstos os comitês financeiros de campanha, a base de cálculo dos limites de gastos mencionados nos artigos 5º e 6º teria como parâmetro a acumulação dos gastos realizados pelos candidatos e por partidos e comitês financeiros nas campanhas de cada um deles.

A base de cálculo para a divulgação do teto de gastos de cada campanha eleitoral seria fundada, como já observado, nas últimas eleições ocorridas antes da publicação da Lei nº. 13.165/15.

Com a reforma eleitoral de 2017 e a publicação da Lei nº. 13.488/17, as regras criadas em 2015 foram alteradas. Assim, de acordo com o artigo 5º da Lei 13.488/17, Nas eleições para Presidente da República em 2018, o limite de gastos de campanha de cada candidato será de R$ 70.000.000,00 (setenta milhões de reais), no primeiro turno, e mais R$ 35.000.000,00 (trinta e cinco milhões de reais) no segundo turno.

O limite de gastos nas campanhas dos candidatos às eleições de Governador e Senador em 2018 será definido de acordo com o número de eleitores de cada unidade da Federação apurado no dia 31 de maio de 2018, nos seguintes termos: nas eleições para Governador, serão os seguintes os limites de gastos de campanha de cada candidato: I – nas unidades da Federação com até um milhão de eleitores: R$ 2.800.000,00 (dois milhões e oitocentos mil reais); II – nas unidades da Federação com mais de um milhão de eleitores e de até dois milhões de eleitores: R$ 4.900.000,00 (quatro milhões e novecentos mil reais); III – nas unidades da Federação com mais de dois milhões de eleitores e de até quatro milhões de eleitores: R$ 5.600.000,00 (cinco milhões e seiscentos mil reais); IV – nas unidades da Federação com mais de quatro milhões de eleitores e de até dez milhões de eleitores: R$ 9.100.000,00 (nove milhões e cem mil reais); V – nas unidades da Federação com mais de dez milhões de eleitores e de até vinte milhões de eleitores: R$ 14.000.000,00 (catorze milhões de reais); VI – nas unidades da Federação com mais de vinte milhões de eleitores: R$ 21.000.000,00 (vinte e um milhões de reais). Nas campanhas para o segundo turno de governador, onde houver, o limite de gastos de cada candidato será de 50% (cinquenta por cento) dos limites fixados para o primeiro turno.

Nas eleições para Senador, em 2018, serão os seguintes os limites de gastos de campanha de cada candidato: I – nas unidades da Federação com até dois milhões de eleitores: R$ 2.500.000,00 (dois milhões e quinhentos mil reais); II – nas unidades da Federação com mais de dois milhões de eleitores e de até quatro milhões de eleitores: R$ 3.000.000,00 (três milhões de reais); III – nas unidades da Federação com mais de quatro milhões de eleitores e de até dez milhões de eleitores: R$ 3.500.000,00 (três milhões e quinhentos mil reais); IV – nas unidades da Federação com mais de dez milhões de eleitores e de até vinte milhões de eleitores: R$ 4.200.000,00 (quatro milhões e duzentos mil reais); V – nas unidades da Federação com mais de vinte milhões de eleitores: R$ 5.600.000,00 (cinco milhões e seiscentos mil reais).

Em 2018, o limite de gastos será de: I – R$ 2.500.000,00 (dois milhões e quinhentos mil reais) para as campanhas dos candidatos às eleições de Deputado Federal; II – R$ 1.000.000,00 (um milhão de reais) para as campanhas dos candidatos às eleições de Deputado Estadual e Deputado Distrital.

Nas eleições de 2018, se as doações de pessoas físicas a candidatos, somadas aos recursos públicos, excederem o limite de gastos permitido para a respectiva campanha, o valor excedente poderá ser transferido para o partido do candidato.

Vale destacar ainda que, conforme o novo art. 18-A da Lei das Eleições, incluído pela Lei nº. 13.165/15, os limites legais de gastos de campanhas deverão ser aferidos levando-se em conta também os gastos efetuados pelos partidos políticos em favor de candidatos, quando esses puderem ser individualizados.

Já de acordo com o novo art. 18-B, também incluído pela reforma eleitoral de 2015, "o descumprimento dos limites de gastos fixados para cada campanha acarretará o pagamento de multa em valor equivalente a 100% (cem por cento) da quantia que ultrapassar o limite estabelecido, sem prejuízo da apuração da ocorrência de abuso do poder econômico".

▸ **Como o TSE tem se manifestado sobre este tema?**

Doações eleitorais e serviços de financiamento coletivo (*crowdfunding*). O Plenário do Tribunal Superior Eleitoral (TSE), por unanimidade, entendeu que as doações eleitorais pela Internet somente podem ser realizadas por meio de mecanismo disponível em sítio do candidato, do partido ou da coligação. Consulta nº 274-96, Brasília/DF, rel. Min. Maria Thereza de Assis Moura, em 1º.7.2016. Informativo TSE - Ano XVIII - nº 7

5. RECEITAS VEDADAS A CANDIDATOS E PARTIDOS POLÍTICOS EM CAMPANHA ELEITORAL

Segundo o artigo 24 da Lei das Eleições, **partidos e candidatos não poderão** receber, direta ou indiretamente, **inclusive por meio de publicidade** de qualquer espécie, doações em dinheiro ou estimáveis e dinheiro das seguintes pessoas:

Não podem fazer doações a candidatos e partidos políticos em campanha
I. entidade ou governo estrangeiro;
II. órgão da administração pública direta e indireta ou fundação mantida com recursos provenientes do poder público;
III. concessionário ou permissionário de serviço público;
IV. entidade de direito privado que receba, na condição de beneficiária, contribuição compulsória em virtude de disposição legal;
V. entidade de utilidade pública;
VI. entidade de classe ou sindical;
VII. pessoa jurídica sem fins lucrativos que receba recursos do exterior;
VIII. entidades beneficentes e religiosas;
IX. entidades esportivas;
X. organizações não-governamentais (ONGs) que recebam recursos públicos;
XI. organizações da sociedade civil de interesse público (OSCIPs).
OBS.: podem fazer doações, limitadas a dois por cento do faturamento bruto no ano anterior, cooperativas cujos cooperados não sejam concessionários ou permissionários de serviços públicos, desde que não estejam sendo beneficiadas com recursos públicos. O partido ou candidato que receber recursos provenientes de fontes vedadas ou de origem não identificada deverá proceder à devolução dos valores recebidos ou, não sendo possível a identificação da fonte, transferi-los para a conta única do Tesouro Nacional.

▸ **Como esse assunto foi cobrado em concurso?**

No concurso para Analista Judiciário do TRE-MS, realizado em 2007, foi considerada falsa afirmativa que dispunha que as doações de pessoa física ou jurídica "quando originárias de entidade de classe ou sindicato, devem ser aprovadas pela respectiva assembléia geral". Como visto, entidades de classe ou sindicais não podem fazer doações a candidatos e partidos políticos em campanha.

Já no 26º Concurso para Procurador da República, realizado em 2011, foi considerada verdadeira afirmativa que dispunha que "é vedado a candidato receber doação para a campanha de entidade esportiva, independentemente dela receber ou não recursos públicos".

6. O FUNDO ESPECIAL DE FINANCIAMENTO DE CAMPANHAS (FEFC)

A principal novidade legislativa estabelecida pela reforma eleitoral de 2017, no que se refere ao financiamento político, foi a criação do Fundo Especial de Financiamento de Campanhas (FEFC), abastecido com recursos públicos que serão canalizados para os partidos políticos com a finalidade de financiar campanhas eleitorais. O FEFC foi aprovado, é de se destacar, como uma espécie de compensação estabelecida a partidos e candidatos em virtude da perda de receita imposta pela vedação à arrecadação de recursos oriundos de pessoas jurídicas, imposta pelo STF no julgamento da ADI 4.650, em 2015.

De acordo com o art. 16-C da Lei das Eleições, instituído pela Lei 13.487/2017, o Fundo Especial de Financiamento de Campanha (FEFC) é constituído por dotações orçamentárias da União em ano eleitoral, em valor ao menos equivalente: I – ao definido pelo Tribunal Superior Eleitoral, a cada eleição, com base nos parâmetros definidos em lei; II – a 30% (trinta por cento) dos recursos da reserva específica de que trata o inciso II do § 30 do art. 12 da Lei no 13.473, de 8 de agosto de 2017 (esta lei trata dos recursos orçamentários destinados a emendas parlamentares, anualmente).

Como parte integrante da constituição do FEFC, recursos economizados pela União com o fim da propaganda partidária no rádio e TV (não confundir com a propaganda eleitoral) também serão utilizados, de acordo com a nova legislação (a União deixava de arrecadar tributos em virtude de isenções fiscais concedidas a emissoras de rádio e TV em virtude da cessão de espaço nas suas programações para a exibição da propaganda partidária gratuita). O valor a ser definido pelo Tribunal Superior Eleitoral, para os fins do disposto no inciso I do caput do art. 16-C da Lei nº 9.504, de 30 de setembro de 1997, será equivalente à somatória da compensação fiscal que as emissoras comerciais de rádio e televisão receberam pela divulgação da propaganda partidária efetuada no ano da publicação desta Lei e no ano imediatamente anterior, atualizada monetariamente, a cada eleição, pelo Índice Nacional de Preços ao Consumidor (INPC), da Fundação Instituto Brasileiro de Geografia e Estatística (IBGE), ou por índice que o substituir.

O Tesouro Nacional depositará os recursos no Banco do Brasil, em conta especial à disposição do Tribunal Superior Eleitoral, até o primeiro dia útil do mês de junho do ano do pleito. Nos quinze dias subsequentes ao depósito, o Tribunal Superior Eleitoral divulgará o montante de recursos disponíveis no Fundo Eleitoral, os quais ficarão disponíveis para cada um dos partidos políticos somente após a definição de critérios para a sua distribuição, os quais, aprovados pela maioria absoluta dos membros do órgão de direção executiva nacional do partido, serão divulgados publicamente.

Os recursos provenientes do Fundo Especial de Financiamento de Campanha que não forem utilizados nas campanhas eleitorais deverão ser devolvidos ao Tesouro Nacional, integralmente, no momento da apresentação da respectiva prestação de contas.

Os recursos do Fundo Especial de Financiamento de Campanha (FEFC), para o primeiro turno das eleições, serão distribuídos entre os partidos políticos, obedecidos os seguintes critérios: **I** – 2% (dois por cento), divididos igualitariamente entre todos os partidos com estatutos registrados no Tribunal Superior Eleitoral; **II** – 35% (trinta e cinco por cento), divididos entre os partidos que tenham pelo menos um representante na Câmara dos Deputados, na proporção do percentual de votos por eles obtidos na última eleição geral para a Câmara dos Deputados; **III** – 48% (quarenta e oito por cento), divididos entre os partidos, na proporção do número de representantes na Câmara dos Deputados, consideradas as legendas dos titulares; **IV** – 15% (quinze por cento), divididos entre os partidos, na proporção do número de representantes no Senado Federal, consideradas as legendas dos titulares.

Para que o candidato tenha acesso aos recursos do Fundo a que se refere este artigo, deverá fazer requerimento por escrito ao órgão partidário respectivo.

7. DA PRESTAÇÃO DE CONTAS NAS CAMPANHAS ELEITORAIS

Visando à preservação da **lisura e da normalidade das eleições**, partidos políticos, coligações e candidatos deverão realizar a **prestação de contas** referentes à campanha eleitoral, nos termos dos **artigos 28 a 32** da Lei das Eleições.

No que se refere, especificamente, à prestação de contas de campanha, os artigos 28 e 29 da Lei das Eleições sofrearam relevantes alterações com a publicação da Lei nº. 13.165/15.

O novo § 1º do art. 28 da Lei das Eleições imputa aos candidatos às eleições majoritárias a responsabilidade por suas prestações de contas de campanha. Da mesma forma, o novo § 2º elimina a figura do comitê financeiro de campanhas das eleições proporcionais.

Assim, as prestações de contas dos candidatos às eleições majoritárias serão feitas pelo próprio candidato, devendo ser acompanhadas dos extratos das contas bancárias referentes à movimentação dos recursos financeiros usados na campanha e da relação dos cheques recebidos, com a indicação dos respectivos números, valores e emitentes. As prestações de contas dos candidatos às eleições proporcionais serão feitas pelo próprio candidato.

A partir das eleições municipais de 2016, os partidos políticos, as coligações e os candidatos serão obrigados, durante as campanhas eleitorais, a divulgar em sítio criado pela Justiça Eleitoral para esse fim, na internet, os recursos em dinheiro recebidos para financiamento de sua campanha eleitoral, em até 72 (setenta e duas) horas de seu recebimento, sendo obrigados, ainda, a apresentar, no dia 15 de setembro, relatório discriminando as transferências do Fundo Partidário, os recursos em dinheiro e os estimáveis em dinheiro recebidos, bem como os gastos realizados. Esta nova regra, certamente, proporcionará uma maior transparência nas eleições, permitindo aos eleitores acompanhar a evolução da arrecadação de valores percebidos por todos os candidatos quase que instantaneamente, durante todo o processo eleitoral. É o que determina, doravante, o § 4º do artigo 28 da Lei das Eleições, com redação determinada pela Lei nº. 13.165/15.

Os candidatos deverão encaminhar as **prestações de contas finais até o 30º dia posterior à realização das eleições**. Havendo **segundo turno**, os candidatos que venham a disputa-lo deverão encaminhar as suas respectivas prestações de contas, relativas aos dois turnos de campanha, **até o 20º dia posterior à sua realização**. Observe-se que as prestações de contas dos demais candidatos, que não disputam o segundo turno, deverão ser apresentadas até o 30º posterior ao primeiro turno das eleições. A **inobservância dos prazos** para o encaminhamento das prestações finais de contas **impede a diplomação dos eleitos**, enquanto perdurar.

▸ **Como esse assunto foi cobrado em concurso?**

No concurso para Analista Administrativo do TRE-RN, realizado em 2005, foi considerada verdadeira alternativa que dispunha que "a inobservância do prazo legal para o encaminhamento das prestações de contas à Justiça Eleitoral impede a diplomação dos eleitos, enquanto perdurar".

▸ **Qual o entendimento do TSE sobre este assunto?**

Segundo jurisprudência consolidada do TSE, candidato que renuncia, desiste ou, de qualquer forma, é impedido de prosseguir na sua campanha, deverá também prestar contas, no prazo de 30 dias após a realização da eleição, sob pena da não-obtenção da quitação eleitoral (Neste sentido, Ac. TSE nº. 29.329, de 16.09.08).

▸ **Como esse assunto foi cobrado em concurso?**

No concurso para promotor de justiça do estado da Paraíba, realizado em 2010, foi considerada falsa afirmativa que dispunha que "Na hipótese em que não houver realizado campanha, fica desobrigado da prestação de contas à Justiça Eleitoral o candidato que renunciar à candidatura, dela desistir, for substituído ou tiver seu registro indeferido".

▸ **Atenção!!!**

Inovação legislativa proporcionada pela reforma eleitoral de 2009 (Lei nº. 12.034/09) incluiu os §§ 3º e 4º do artigo 29 da Lei das Eleições, determinando que eventuais débitos de campanha não quitados pelo candidato até a data de apresentação da prestação de contas poderão ser assumidos pelo partido político, por decisão de seu órgão nacional de direção partidária, hipótese em que o órgão partidário da respectiva circunscrição eleitoral passará a responder solidariamente, com o candidato, por todas as suas dívidas de campanha. Ocorrendo tal fato, eventual existência de débito não mais poderá ser considerada como causa para a rejeição de contas.

Com a promulgação da Lei nº. 12.891/13, foi incluído o § 6º ao art. 28 da Lei das Eleições, dispondo que ficam dispensadas de comprovação na prestação de contas a cessão de bens móveis, limitada ao valor de R$ 4.000,00 (quatro mil reais) por pessoa cedente; bem como doações estimáveis em dinheiro entre candidatos ou partidos, decorrentes do uso comum tanto de sedes quanto de materiais de propaganda eleitoral, cujo gasto deverá ser registrado na prestação de contas do responsável pelo pagamento da despesa.

Com a promulgação da Lei nº. 13.165/15, por sua vez, o referido artigo 28 ganhou os novos §§ 7º a 12.

Segundo o § 7º, informações sobre os recursos recebidos a que se refere o § 4º do art. 28 da Lei das Eleições, já comentado, deverão ser divulgadas com a indicação dos nomes, do CPF ou CNPJ dos doadores e dos respectivos valores doados.

Já os novos §§ 8º e seguintes do art. 28 da Lei das Eleições passaram a disciplinar o sistema simplificado de prestação de contas para candidatos que apresentarem movimentação financeira correspondente a, no máximo, R$ 20.000,00 (vinte mil reais), atualizados monetariamente, a cada eleição, pelo Índice Nacional de Preços ao Consumidor – INPC da Fundação Instituto Brasileiro de Geografia e Estatística – IBGE ou por índice que o substituir. Tal sistema deverá ser obrigatório nas eleições de municípios com até cinquenta mil eleitores.

O novo § 12 do art. 28 da Lei das Eleições, por sua vez, estabelece que "os valores transferidos pelos partidos políticos oriundos de doações serão registrados na prestação de contas dos candidatos como transferência dos partidos e, na prestação de contas dos partidos, como transferência aos candidatos, sem individualização dos doadores", fato que corrobora para o aumento da ocorrência de doações ocultas de campanha, contrariando a transparência necessária ao processo eleitoral.

Tendo em vista este retrocesso legislativo, o STF, em 12 de novembro de 2015, concedeu, em decisão unânime, liminar na ADI nº 5394 para suspender a eficácia do § 12 do art. 28 da Lei nº. 9.504/97, incluído pela Lei nº. 13.165/15, especificamente no que se refere à expressão "sem individualização dos doadores", que impediria a identificação, nas prestações de contas, do vínculo entre doadores e candidatos. No seu voto condutor, o relator, Min. Teori Zavascki afirmou que a doação oculta viola a transparência do processo eleitoral, no que foi seguido pelo Min. Dias Toffoli, que citou precedente do TSE nas eleições 2014, cristalizado na Resolução nº. 23.406, que determinou a identificação do doador originário nas prestações de contas, bem como destacou a Lei de Acesso à Informação como um dos fundamentos para a necessária transparência das doações eleitorais.

São considerados gastos eleitorais, sujeitos a registro e aos limites fixados: I – confecção de material impresso de qualquer natureza e tamanho; II – propaganda e publicidade direta ou indireta, por qualquer meio de divulgação, destinada a conquistar votos; III – aluguel de locais para a promoção de atos de campanha eleitoral; IV – despesas com transporte ou deslocamento de candidato e de pessoal a serviço das candidaturas, observadas as exceções previstas em lei; V – correspondência e despesas postais; VI – despesas de instalação, organização e funcionamento de Comitês e serviços necessários às eleições; VII – remuneração ou gratificação de qualquer espécie a pessoal que preste serviços às candidaturas ou aos comitês eleitorais; VIII – montagem e operação de carros de som, de propaganda e assemelhados; IX – a realização de comícios ou eventos destinados à promoção de candidatura; X – produção de programas de rádio, televisão ou vídeo, inclusive os destinados à propaganda gratuita; XI – realização de pesquisas ou testes pré-eleitorais; XII – custos com a criação e inclusão de sítios na internet e com o impulsionamento de conteúdos contratados diretamente com provedor da aplicação de internet com sede e foro no País (inclui-se entre as formas de impulsionamento de conteúdo a priorização paga de conteúdos resultantes de aplicações de busca na internet).

São estabelecidos , ainda, os seguintes limites com relação ao total do gasto da campanha: I – alimentação do pessoal que presta serviços às candidaturas ou aos comitês eleitorais: 10% (dez por cento); II – aluguel de veículos automotores: 20% (vinte por cento).

Não são consideradas gastos eleitorais nem se sujeitam a prestação de contas as seguintes despesas de natureza pessoal do candidato: a) combustível e manutenção de veículo automotor usado pelo candidato na campanha; b) remuneração, alimentação e hospedagem do condutor do veículo usadop pelo candidato em campanhac) alimentação e hospedagem própria; d) uso de linhas telefônicas registradas em seu nome como pessoa física, até o limite de três linhas.

Qualquer eleitor poderá realizar gastos, em apoio a candidato de sua preferência, até a quantia equivalente a um mil UFIR, não sujeitos a contabilização, desde que não reembolsados.

Ficam também dispensadas de comprovação na prestação de contas: I – a cessão de bens móveis, limitada ao valor de R$ 4.000,00 (quatro mil reais) por pessoa cedente; II – doações estimáveis em dinheiro entre candidatos ou partidos, decorrentes do uso comum tanto de sedes quanto de materiais de propaganda eleitoral, cujo gasto deverá ser registrado na prestação de contas do responsável pelo pagamento da despesa; III – a cessão de automóvel de propriedade do candidato, do cônjuge e de seus parentes até o terceiro grau para seu uso pessoal durante a campanha.

Os partidos políticos, as coligações e os candidatos são obrigados, durante as campanhas eleitorais, a divulgar em sítio criado pela Justiça Eleitoral para esse fim na rede mundial de computadores (internet): I – os recursos em dinheiro recebidos para financiamento de sua campanha eleitoral, em até 72 (setenta e duas) horas de seu recebimento; II – no dia 15 de setembro, relatório discriminando as transferências do Fundo Partidário, os recursos em dinheiro e os estimáveis em dinheiro recebidos, bem como os gastos realizados.

7.1. A verificação da regularidade das contas pela Justiça Eleitoral

De acordo com o **art. 30 da Lei nº. 9.504/97**, a Justiça Eleitoral verificará a regularidade das contas de campanha, decidindo:

Pela aprovação das contas	Quando as contas estiverem regulares.
Pela aprovação das contas com ressalvas	Quando verificadas falhas que não comprometam a regularidade.
Pela desaprovação das contas	Quando verificadas falhas que lhes comprometam a regularidade.
Pela não prestação das contas	Quando não apresentadas as contas após notificação emitida pela Justiça Eleitoral, na qual constará a obrigação expressa de prestar as contas no prazo de 72 horas.

Havendo **indício de irregularidade** na prestação de contas, a **Justiça Eleitoral** poderá **requisitar** diretamente do candidato as **informações adicionais necessárias**, bem como **determinar diligências** para a complementação dos dados ou o saneamento das falhas.

> **Atenção!!!**
>
> Erros formais e materiais corrigidos ou irrelevantes no conjunto da prestação de contas não comprometem o seu resultado, não autorizando, dessa forma, a rejeição das contas, tampouco a cominação de sanções a candidatos ou partidos políticos.

▸ **Como esse assunto foi cobrado em concurso?**

No concurso para Analista Administrativo do TRE-RN, realizado em 2005, foi considerada falsa a alternativa que dispunha que "erros formais e materiais, ainda que corrigidos, autorizam a rejeição das contas e a cominação de sanção a candidato ou partido".

Já no concurso para Procurador da República, realizado em 2015, foi considerada correta afirmativa que dispunha que rejeitadas as contas de candidato majoritário por irregularidades graves, não haverá aplicação de qualquer medida ou sanção, exceto eventual proposição de representação do artigo 30-A da Lei 9.504/1997.

A **decisão** que julgar as contas dos **candidatos eleitos** será publicada em sessão até 03 (três) **dias antes da diplomação, regra válida a partir das eleições municipais de 2016, em virtude de alteração legislativa promovida pela Lei nº. 13.165/15. Até as eleições de 2014, este prazo era de até 08 dias antes da diplomação**. Da decisão que julgar as contas prestadas pelos candidatos caberá recurso no prazo de 03 dias, ao órgão superior da Justiça Eleitoral, a contar da publicação no Diário Oficial, mesmo prazo previsto para a interposição de eventual recurso especial para o TSE, de acordo com o previsto nos incisos I e II do § 4º do artigo 121 da CF/88.

7.2. A representação do artigo 30-A da Lei nº. 9.504/97

A ocorrência de **irregularidades na arrecadação e gastos de recursos de campanha** poderá ser objeto da propositura da chamada **Ação por Captação e Gastos Ilícitos de Recursos**, prevista no **artigo 30-A** da Lei nº. 9.504/97 (artigo incluído pela Lei nº. 11.300/06), cujo procedimento a ser adotado será o mesmo previsto para a Ação de Investigação Judicial Eleitoral (AIJE) previsto no artigo 22 da LC 64/90 (e que será objeto de estudo em capítulo específico sobre as ações e os recursos eleitorais, nesta obra).

Qualquer partido político ou coligação poderá representar à Justiça Eleitoral, no **prazo de 15 (quinze) dias da diplomação** (prazo decadencial instituído pela Lei nº. 12.034/09), relatando fatos e indicando provas, e pedir a abertura de investigação judicial para apurar condutas em desacordo com as normas da Lei das Eleições, relativas à arrecadação e gastos de recursos.

▸ **Qual o entendimento do TSE sobre este tema?**

Promoção de evento festivo às vésperas das eleições, cabimento de prova por gravação ambiental e abuso de poder econômico. O Plenário do Tribunal Superior Eleitoral, por unanimidade, reiterou entendimento de considerar lícita gravação ambiental produzida em local aberto ao público, sem controle de acesso. (Recurso Especial Eleitoral nº 85-47, Jerumenha/PI, rel. Min. Herman Benjamin, em 8.11.2016). Informativo TSE – Ano XVIII – nº 13

O Plenário do Tribunal Superior Eleitoral, por unanimidade, asseverou que constitui flagrante preparado a infiltração de policial com a finalidade de instigar candidato à prática de conduta vedada pelo Código Eleitoral, ocasionando a nulidade das provas dela decorrentes. (Recurso Especial Eleitoral nº 9529, Porto Velho/RO, rel. Min. Luciana Lóssio, em 7.6.2016). Informativo TSE – Ano XVIII – nº 6

Comprovados captação ou gastos ilícitos de recursos, para fins eleitorais, será **negado diploma ao candidato, ou cassado**, se já houver sido outorgado.

▸ **Atenção!!!**

De acordo com a jurisprudência do TSE (Ac. 1.453, de 25.02.10), para a incidência do artigo 30-A da Lei nº. 9.504/97 é necessária a prova da relevância jurídica do ilícito praticado pelo candidato, e não, simplesmente, a potencialidade do dano em relação ao pleito eleitoral. Se o ato ilícito praticado for considerado grave, mesmo que não interfira no resultado das eleições, o candidato deverá ser condenado.

7.3. As sobras de campanhas eleitorais

Em conformidade com o artigo 31 da lei nº. 9.504/97, caso, ao término da campanha, venham a ocorrer **sobras de recursos** arrecadados, tais sobras deverão ser declaradas na prestação final de contas e, após julgados todos os recursos, **transferidas ao órgão do partido político na circunscrição do pleito** ou à coligação, neste caso para divisão entre os partidos que a compõem.

▸ **Atenção!!!**

Até 180 (cento e oitenta) dias após a diplomação, candidatos e partidos deverão conservar a documentação atinente às suas contas. Caso, no entanto, ainda estejam tais contas pendentes de julgamento, após este prazo, a documentação pertinente deverá ser conservada até a decisão final.

O artigo 31 da Lei nº. 9.504/97, o qual dispõe sobre a sobra de campanhas, teve sua **redação totalmente modificada pela lei nº. 12.891/13**. De acordo com a redação original, a sobra de recursos financeiros deveria ser declarada na prestação de contas e, após julgados todos os recursos, transferida ao órgão do partido na circunscrição do pleito ou à coligação, para divisão entre os partidos componentes. Dispunha ainda o parágrafo único do referido artigo que as sobras de recursos financeiros de campanha seriam utilizadas pelos partidos políticos, devendo tais valores ser declarados em suas prestações de contas perante a Justiça Eleitoral, com a identificação dos candidatos.

Conforme a **nova redação**, na ocorrência de sobra de campanha, a mesma deverá ser declarada na prestação de contas e, após julgados todos os recursos, transferida ao partido (a norma não se refere mais à coligação), a partir dos seguintes critérios: I – no caso de candidato a Prefeito, Vice-Prefeito e Vereador, esses recursos deverão ser transferidos para o órgão diretivo municipal do partido na cidade onde ocorreu a eleição, o qual será responsável exclusivo pela identificação desses recursos, sua utilização, contabilização e respectiva prestação de contas perante o juízo eleitoral correspondente; II – no caso de candidato a Governador, Vice-Governador, Senador, Deputado Federal e Deputado Estadual ou Distrital, esses recursos deverão ser transferidos para o órgão diretivo regional do partido no Estado onde ocorreu a eleição ou no Distrito Federal, se for o caso, o qual será responsável exclusivo pela identificação desses recursos, sua utilização, contabilização e respectiva prestação de contas perante o Tribunal Regional Eleitoral correspondente; III – no caso de candidato a Presidente e Vice-Presidente da República, esses recursos deverão ser transferidos para o órgão diretivo nacional do partido, o qual será responsável exclusivo pela identificação desses recursos, sua utilização, contabilização e respectiva prestação de contas perante o Tribunal Superior Eleitoral.

Por fim, estabelece o novo artigo 31, em seu inciso IV, que "o órgão diretivo nacional do partido não poderá ser responsabilizado nem penalizado pelo descumprimento do disposto neste artigo por parte dos órgãos diretivos municipais e regionais". Em virtude do princípio da anualidade eleitoral, tais alterações não foram aplicadas nas eleições de 2014, tendo sido aplicadas, contudo, a partir das eleições municipais de 2016.

Capítulo 10

Pesquisas eleitorais e propaganda política

1. NOTAS INTRODUTÓRIAS

Dois dos temas mais difundidos, senão os mais discutidos e polêmicos, durante um processo eleitoral são, indiscutivelmente, os temas das **pesquisas eleitorais** e da **propaganda política.**

Diretamente vinculados a uma das mais instigantes questões vivenciadas no regime político democrático, os limites da liberdade da expressão nas campanhas eleitorais, tendo em vista a imperiosa necessidade de promoção da legitimidade e da normalidade das eleições, de forma a que seja preservada a própria essência da democracia, os **temas das pesquisas eleitorais** e sua normatização, prevista na **Lei das Eleições e em resoluções próprias do TSE**; bem como da **propaganda política** nas suas **três espécies**, propaganda partidária, propaganda intrapartidária e propaganda eleitoral, **disciplinado nas leis** 9.096/95 (lei geral dos partidos políticos) **e** 9.504/97, serão o objeto deste capítulo.

2. AS PESQUISAS ELEITORAIS

Previstas nos artigos 33 e seguintes da Lei nº. 9.504/97, as **pesquisas eleitorais** têm se tornado, nas últimas eleições, **alvo de constantes críticas** em virtude dos diversos erros de previsões cometidos pelos mais diversos institutos. Exemplos de erros grosseiros de previsão não faltam, como o ocorrido na Bahia, em 2006, quando os institutos de pesquisa previam, quase à unanimidade, uma vitória, ainda no primeiro turno, do então governador Paulo Souto, candidato à reeleição, sobre seu oponente, Jacques Wagner, do PT. Apurados os resultados das urnas, Wagner derrotou Souto ainda no primeiro turno. Historicamente conhecido também é o fato ocorrido na eleição para prefeito de São Paulo, em 1985, disputada entre os ex-presidentes da república Jânio Quadros e Fernando Henrique Cardoso, quando FHC, crente na vitória dada como certa pelos institutos de pesquisa, pousou para fotos na cadeira de prefeito, antes do pleito, sendo, contudo, surpreendentemente derrotado por Jânio no dia das eleições.

Em diversas **outras ocasiões**, no entanto, as **pesquisas apontaram, com correção**, os vencedores das eleições, servindo também como **bússola do processo eleitoral**, tanto para candidatos, como para publicitários, jornalistas e eleitores, fatos que, por si só, não encerram a discussão acerca da legitimidade das mesmas no jogo democrático (para um maior aprofundamento do tema, recomendamos a leitura da obra "As pesquisas de opinião pública no processo eleitoral brasileiro", de autoria de Lauro Barretto).

Benéficas ou maléficas para a democracia, o certo é que as **pesquisas eleitorais estão previstas na Lei das Eleições** (Lei nº. 9.504/97), que estabelece, no seu artigo 33, para as entidades e empresas de opinião pública, a **obrigatoriedade do registro** das mesmas junto à Justiça Eleitoral, **até cinco dias antes da divulgação**. Segundo o referido art. 33, as seguintes informações deverão ser registradas no **órgão da Justiça Eleitoral competente para fazer o registro dos candidatos**, no prazo referido, pela entidade ou empresa de opinião pública realizadora de pesquisa relativa às eleições ou aos candidatos:

Informações obrigatórias no ato do registro da pesquisa de opinião pública na Justiça Eleitoral (art. 33 da Lei nº. 9.504/97)	
I.	identificação de quem contratou a pesquisa;
II.	valor e origem dos recursos despendidos no trabalho;
III.	metodologia e período de realização da pesquisa;
IV.	plano amostral e ponderação quanto a sexo, idade, grau de instrução, nível econômico e área física de realização do trabalho a ser executado, intervalo de confiança e margem de erro;
V.	sistema interno de controle e verificação, conferência e fiscalização da coleta de dados e do trabalho em campo;
VI.	questionário completo aplicado ou a ser aplicado;
VII.	nome de quem pagou pela realização do trabalho e cópia da respectiva nota fiscal.

▸ Como esse assunto foi cobrado em concurso?

No concurso para Analista Judiciário do TRE-BA realizado em 2003, foi formulada a seguinte questão referente às pesquisas eleitorais: "as entidades e empresas que realizarem pesquisas de opinião pública relativas às eleições ou aos candidatos, para conhecimento público, são obrigadas, para cada pesquisa, a registrar, junto à Justiça Eleitoral, até cinco dias antes da divulgação, certas informações, sem obrigação de mencionar: a) o questionário completo aplicado ou a ser aplicado; b) quem contratou a pesquisa; c) o valor e a origem dos recursos despendidos no trabalho; d) o nome de quem pagou pela realização do trabalho; e) a identificação dos entrevistadores". A resposta considerada correta da questão foi aquela prevista na letra "e".

A **divulgação de pesquisa sem prévio registro** das informações obrigatórias na Justiça Eleitoral **sujeita o responsável à multa**, em valor definido em resolução específica do TSE, para cada eleição (o § 3º do artigo 33 da lei das Eleições fala em multa de cinquenta mil a cem mil UFIR, unidade fiscal extinta pela Lei nº. 10.522/02).

A **divulgação de pesquisa fraudulenta**, por sua vez, constitui **crime**, gerando, para o responsável, além de pagamento de **multa**, pena de **detenção de seis meses a um ano** (podem ser incriminados de acordo com o tipo penal supracitado os representantes legais da empresa ou entidade de pesquisa, bem como do órgão veiculador).

Em relação às pesquisas eleitorais, vale ainda destacar o disposto no **artigo 35-A** da Lei das Eleições, incluído pela Lei nº. 11.300/06, segundo o qual "é vedada a divulgação de pesquisas eleitorais por qualquer meio de comunicação, a partir do 15º dia anterior até as 18 horas do dia do pleito". O objetivo do citado dispositivo, evidentemente, foi o de evitar influências maléficas das pesquisas eleitorais na formação da opinião dos eleitores, o que, para muitos, facilitaria a manipulação das mesmas. O Supremo Tribunal Federal, entretanto, julgando as **ADI's 3.741-2, 3.742-1 e 3743-9**, declarou a **inconstitucionalidade do referido art. 35-A** da Lei das Eleições, o qual, portanto, se tornou inaplicável.

▸ Atenção!!!

Não se confundem as pesquisas eleitorais com as enquetes, sem caráter científico, desde que, na divulgação da enquete, seja feita a ressalva de que a mesma não tem caráter de pesquisa, mas sim de mera enquete. A veiculação de enquete sem o devido esclarecimento de que não se trata de pesquisa eleitoral enseja a aplicação de multa ao responsável (Ac. TSE nº. 11.019, de 18.12.09). O § 5º do art. 33 da Lei nº. 9.504/97, incluído pela minirreforma eleitoral de dezembro de 2013, passou a proibir a realização de enquetes (sem obediência aos ditames legais relativos às pesquisas) relacionadas ao processo eleitoral durante o período de campanha.

Além disso, o novo inciso VII do art. 33, com redação dada pela Lei nº. 12.891/13, passou a exigir a apresentação de nota fiscal pelo serviço de pesquisa prestado.

3. A PROPAGANDA POLÍTICA

Por propaganda, podemos compreender, nas **palavras de Fávila Ribeiro** (1996, p. 379), um "conjunto de técnicas empregadas para sugestionar pessoas na tomada de decisão". Na preciosa lição de Olivar Coneglian (2008, p. 19), por sua vez, é possível a compreensão da propaganda como:

> espécie dentro do gênero publicidade. A publicidade é o meio utilizado para dar conhecimento público a qualquer elemento do conhecimento humano. Enquanto a publicidade tem como objetivo levar o fato ao conhecimento de todos, a propaganda busca fazer com que o destinatário dela aceite o bem divulgado.

Inexoravelmente, no âmbito das campanhas eleitorais, a utilização de **técnicas de propaganda** tem se constituído em **fator decisivo para o deslinde dos pleitos**, realidade observada não apenas no Brasil, mas **em todo o mundo democrático**, já há muito tempo.

Antes mesmo da consolidação da democracia moderna, a utilização de técnicas de sugestionamento da opinião pública, por meio da **propaganda política**, já era **bastante utilizada**. Exemplo histórico desta realidade vincula-se à figura do **rei francês Luís XIV**, mais conhecido como "O Rei Sol", que tinha como costume vincular a sua imagem a de heróis da mitologia grega, a exemplo de Zeus, o maior de todos os deuses, em esculturas e pinturas, de forma a manipular a opinião pública, construindo a imagem de um monarca divino e invencível. Já na contemporaneidade, vale destacar a emblemática figura histórica de **Joseph Goebbels, segundo homem da hierarquia nazista**, abaixo apenas de Adolf Hitler, a quem se atribui a fundação dos **parâmetros da moderna propaganda política**: objetividade, através da restrição da propaganda a poucos pontos a serem valorizados; direção da mesma às massas, e não aos intelectuais; e a necessidade da repetição, uma vez que para Hitler "toda publicidade tem seu êxito assegurado na constância e na continuidade de sua aplicação".

No Brasil, a introdução da **propaganda eleitoral gratuita na legislação** se deu no ano de **1962**. **Antes disso**, entretanto, famosos se tornaram **jingles** de campanha veiculados por **Getúlio Vargas** e **Jânio Quadros**, respectivamente em 1950 e 1960, nas suas vitoriosas campanhas presidenciais, já denotando a **importância do marketing político** nas disputas eleitorais.

Desde a popularização da propaganda política no país, **várias foram as regulamentações acerca do tema**, dentre as quais se destaca a Lei Falcão, que no regime militar restringiu a propaganda política no país. **Atualmente**, está em vigor, no que se refere à propaganda política, seja ela paga ou gratuita, as **leis nº. 9096/95 (propaganda partidária) e 9.504/97 (propaganda eleitoral)**. Nos últimos tempos, o tema da propaganda política, em especial a propaganda eleitoral, vem sendo objeto de muitas discussões no país, traduzidas em restrições impostas pela Lei nº. 11.300/06, que proibiu, por exemplo, os showmícios e os outdoors, ou mesmo em novas liberdades, como aquelas estabelecidas no que se refere ao uso da internet como meio de propaganda, disciplinado a partir da Lei nº. 12.034/09.

> ▸ **Como esse assunto foi cobrado em concurso?**
>
> No 23º Concurso de Procurador da República foi formulada a seguinte questão subjetiva: "Indique e comente, utilizando entre quinze e vinte linhas, os meios pelos quais se pode fazer propaganda eleitoral e as recentes proibições introduzidas na legislação".

3.1. Princípios da propaganda política

Conforme lição de Joel José Cândido (1996, p. 142), a propaganda política é regida por seis princípios. São eles:

Princípios da propaganda política	
Princípio da legalidade	A lei federal regula a propaganda, estabelecendo normas de ordem pública, cogentes.
Princípio da liberdade	É livre o direito de propaganda, nos limites da lei.

Princípios da propaganda política	
Princípio da responsabilidade	Toda propaganda é de responsabilidade dos partidos políticos e coligações, solidários com os candidatos e correligionários, sendo todos responsáveis pelos abusos e excessos que vierem a cometer.
Princípio da igualdade	Todos têm direito ao acesso à propaganda.
Princípio da disponibilidade	Partidos políticos, coligações e candidatos podem dispor da propaganda política lícita, sendo punível com sanções penais e/ou administrativas as propagandas ilícitas.
Princípio do controle judicial da propaganda	A Justiça Eleitoral tem a incumbência de aplicar as normas jurídicas referentes à propaganda política, exercendo, inclusive, o poder de polícia.

3.2. As espécies de propaganda política

Três são as espécies de propaganda política existentes no Brasil: a propaganda partidária, a propaganda intrapartidária e a propaganda eleitoral.

A **propaganda partidária**, como já destacado no capítulo III desta obra, no item referente ao acesso gratuito ao radia e à TV pelos partidos políticos, estava **disciplinada na Lei nº. 9.096/95** (Lei Geral dos Partidos Políticos) e **tinha como objetivo** promover a difusão dos programas partidários; a transmissão de mensagens, por parte das agremiações partidárias, dirigidas aos filiados, bem como a divulgação da posição dos partidos em relação a temas político-comunitários. Era a **propaganda partidária sempre realizada, de forma gratuita**, no rádio e na TV, nos **semestres não eleitorais.** A reforma eleitoral de 2017, contudo, extinguiu a propaganda partidária gratuita no rádio e na TV.

A **propaganda intrapartidária**, por sua vez, é aquela **prevista no § 1º do artigo 36 da Lei das Eleições** (Lei nº. 9.504/97), segundo o qual "ao **postulante a candidatura** a cargo eletivo é permitida a realização, na **quinzena anterior à escolha pelo partido**, de propaganda intrapartidária com vista à indicação de seu nome, vedado o uso de rádio, televisão e outdoor".

> ▸ **Como esse assunto foi cobrado em concurso?**
>
> No 22º Concurso de Procurador da República foi considerada falsa afirmativa que dispunha que "Ao postulante a candidatura a cargo eletivo, não podendo veicular propaganda eleitoral, é permitido, entretanto,

na quinzena anterior à escolha pelo Partido Político, realizar propaganda intrapartidária com vista à indicação de seu nome, sendo-lhe vedado, para tanto, o uso do rádio e da televisão, mas admitida a utilização de outdoors, desde que apenas nas cercanias do local da realização da convenção partidária".

A **propaganda eleitoral**, por sua vez, é a **espécie mais importante de propaganda política, dirigida à conquista do voto do eleitor,** sendo permitida **somente após o dia 15 de agosto do ano eleitoral (ou seja, a partir do dia 16), conforme regra estabelecida pela Lei nº. 13.165/15, que alterou o calendário eleitoral. Até as eleições de 2014, a propaganda eleitoral era autorizada a partir do dia 06 de julho do ano eleitoral.** Estão previstas as normas referentes à propaganda eleitoral nos **artigos 36 a 59-A da Lei das Eleições**, os quais, inicialmente, tratam da "propaganda eleitoral em geral".

▸ Atenção!!!

A reforma eleitoral de 2015 trouxe, no seu bojo, importantes novidades relativas à propaganda eleitoral, completando uma nova disciplina relativa ao tema iniciada pela publicação da Lei nº. 12.891/13, a qual também foi aplicada de forma inédita nas eleições municipais de 2016.

A primeira grande novidade trazida pela Lei nº. 13.165/15 diz respeito à alteração do período de realização da propaganda eleitoral, prevista para iniciar-se, a partir de 2016, apenas depois do dia 15 de agosto do ano eleitoral, mais de quarenta dias após o prazo anteriormente estabelecido, portanto (até as eleições de 2014, a propaganda eleitoral se iniciava após o dia 05 de julho).

Esta nova disciplina legal da propaganda eleitoral, relativa ao seu termo inicial, está expressamente prevista no art. 240 do Código Eleitoral, bem como no art. 36 da Lei das Eleições.

▸ Como esse assunto foi cobrado em concurso?

No 24º Concurso de Procurador da República foi considerada falsa afirmativa que dispunha que "é permitida a propaganda em todo o ano das eleições para os partidos políticos, os quais podem usar do espaço partidário no rádio e televisão para divulgar seus pré-candidatos, porém, os candidatos só podem fazer propaganda após aprovação em convenção partidária". Como visto, a propaganda partidária tem objetivos diferentes da propaganda eleitoral, a qual, só é permitida, após o dia 15 de agosto do ano da eleição, conforme regra estabelecida pela Lei nº. 13.165/15, que alterou a Lei das Eleições e o Código Eleitoral, neste aspecto.

É fato que, ao longo dos tempos, muitas vezes pré-candidatos, mesmo **antes** de terem seus nomes confirmados em **convenções partidárias**, empenham-se na **caça aos votos** muito antes do mês de julho do ano eleitoral, gerando, muitas vezes, **desequilíbrio na disputa**. É a chamada **"propaganda antecipada", e, portanto, irregular**, promotora de muita polêmica, na história recente da democracia brasileira, envolvendo a sua configuração: afinal de contas, o que caracterizaria a propaganda antecipada irregular? Visando a estabelecer **parâmetros mais objetivos** para o Poder Judiciário no momento de **classificar** determinados **atos como propaganda antecipada ilícita ou não**, assim dispôs o legislador, por meio de dispositivo legal **(art. 36-A) incluído na Lei das Eleições pela reforma eleitoral de 2009 (Lei nº. 12.034/09)**. Tal artigo, contudo, foi totalmente alterado pela reforma eleitoral de setembro de 2015, conforme quadro comparativo a seguir.

> **▸ Como esse assunto foi cobrado em concurso?**
>
> No concurso para promotor de justiça do estado de Sergipe, realizado em 2010, pelo CESPE, foi formulada a seguinte questão objetiva: "A legislação eleitoral brasileira permite a propaganda eleitoral a partir de determinada data e proíbe a propaganda eleitoral antecipada.
>
> Conforme tais normas, constitui propaganda antecipada, ainda que não exista pedido formal de voto: a) a participação do pré-candidato em entrevistas e debates no rádio e na televisão para expor seu projeto político; b) a realização, pelo partido político, de seminário em local fechado para tratar de plano de governo; c) a divulgação das prévias partidárias pelos instrumentos de comunicação do partido; d) a divulgação de debate legislativo de que tome parte um pré-candidato; e) a divulgação do nome de pessoa vinculado a cargo em disputa". A resposta correta, segundo o gabarito, foi a prevista na alternativa "e".

Redação anterior à Lei nº. 13.165/15	Nova redação
Art. 36-A. Não serão consideradas propaganda antecipada e poderão ter cobertura dos meios de comunicação social, inclusive via internet: (...) III – a realização de prévias partidárias e sua divulgação pelos instrumentos de comunicação intrapartidária e pelas redes sociais; (...)	**Art. 36-A.** Não configuram propaganda eleitoral antecipada, desde que não envolvam pedido explícito de voto, a menção à pretensa candidatura, a exaltação das qualidades pessoais dos pré-candidatos e os seguintes atos, que poderão ter cobertura dos meios de comunicação social, inclusive via internet: (...)

Redação anterior à Lei nº. 13.165/15	Nova redação
V – a manifestação e o posicionamento pessoal sobre questões políticas nas redes sociais. Parágrafo único. É vedada a transmissão ao vivo por emissoras de rádio e de televisão das prévias partidárias.	III – a realização de prévias partidárias e a respectiva distribuição de material informativo, a divulgação dos nomes dos filiados que participarão da disputa e a realização de debates entre os pré-candidatos; (...) V – a divulgação de posicionamento pessoal sobre questões políticas, inclusive nas redes sociais; VI – a realização, a expensas de partido político, de reuniões de iniciativa da sociedade civil, de veículo ou meio de comunicação ou do próprio partido, em qualquer localidade, para divulgar ideias, objetivos e propostas partidárias. § 1º É vedada a transmissão ao vivo por emissoras de rádio e de televisão das prévias partidárias, sem prejuízo da cobertura dos meios de comunicação social. § 2º Nas hipóteses dos incisos I a VI do caput, são permitidos o pedido de apoio político e a divulgação da pré-candidatura, das ações políticas desenvolvidas e das que se pretende desenvolver. § 3º O disposto no § 2º não se aplica aos profissionais de comunicação social no exercício da profissão.

O novo artigo 36-A, com redação da Lei nº. 13.165/15, como se observa, torna ainda mais liberais os atos preparatórios às campanhas eleitorais, praticamente vinculando a caracterização da propaganda eleitoral extemporânea ao pedido explícito de voto. Curiosamente, as novas regras não deverão se aplicar totalmente aos profissionais de comunicação social no exercício da profissão, como forma de combate ao abuso de poder através do uso dos meios de comunicação. Pessoas, contudo, que se utilizem dos meios de comunicação social de forma não profissional não estão abrangidas por tais restrições.

É de se ressaltar, também como novidade para as eleições municipais de 2016, o **novo inciso II do art. 36-A**, com redação determinada pela Lei nº. 12.891/13, o qual ressalta que a realização de encontros, seminários ou congressos, em ambiente fechado e às expensas dos partidos políticos, para tratar da organização dos processos eleitorais, discussão de políticas públicas, planos de governo ou alianças partidárias visando às eleições, poderão ser divulgadas pelos instrumentos de comunicação intrapartidária.

O inciso I do artigo 36-A também sofreu importante alteração, com a publicação da Lei nº. 12.891/13, aplicável, de forma inédita, nas eleições municipais de 2016, uma vez que a sua nova redação não mais veda o pedido de voto formulado por pré-candidato em entrevistas, programas, encontros ou debates no rádio, na televisão e na internet. Emissoras de rádio e TV, contudo, continuam com a obrigação de promover tratamento isonômico entre os pré-candidatos.

Já o **novo inciso IV, também com redação definida pela Lei nº. 12.891/13, por sua vez,** não mais proíbe que o pré-candidato mencione possível candidatura ou faça pedido de apoio eleitoral quando da divulgação de atos parlamentares e debates legislativos. Doravante, a única vedação, neste caso, é para o pedido explícito de voto.

Ainda dispondo sobre a coibição à chamada "propaganda eleitoral antecipada", a **minirreforma eleitoral de dezembro de 2013 criou o artigo 36-B** da Lei nº. 9.504/97, dispondo, no seu caput, que "será considerada propaganda eleitoral antecipada a convocação, por parte do Presidente tda República, dos Presidentes da Câmara dos Deputados, do Senado Federal e do Supremo Tribunal Federal, de redes de radiodifusão para divulgação de atos que denotem propaganda política ou ataques a partidos políticos e seus filiados ou instituições". Ainda de acordo com o novo artigo, em seu parágrafo único, nos casos permitidos de convocação das redes de radiodifusão, fica vedada a utilização de símbolos ou imagens, salvo aquelas previstas no artigo 13, § 1º da Constituição Federal (bandeira, hino, armas e selo nacionais).

Finalmente, a reforma eleitoral de 2017, ao criar a modalidade de arrecadação de recursos conhecida como crowdfunding estabeleceu que não configura propaganda eleitoral antecipada vedada a realização de campanha de arrecadação prévia de recursos nessa nova modalidade.

▸ **Atenção!!!**

A **violação às regras** de propaganda política (eleitoral, partidária ou intrapartidária) sujeita o responsável pela divulgação da propaganda e, quando comprovado o seu prévio conhecimento, o beneficiário da mesma, à **multa** no valor de R$ 5.000,00 (cinco mil reais) a R$ 25.000,00 (vinte e cinco mil reais), ou ao equivalente ao custo da propaganda, se este for maior. Com **a publicação da Lei nº. 12.891/13**, foi determinado que "a responsabilidade pelo pagamento de multas decorrentes de propaganda eleitoral é solidária entre os candidatos e os respectivos partidos, não alcançando outros partidos mesmo quando integrantes de uma mesma coligação" (art. 6º, § 5º da Lei nº. 9,504/97).

A realização de qualquer ato de propaganda partidária ou eleitoral, em recinto aberto ou fechado, **independe de licença da polícia**, cabendo, tão somente, ao candidato, partido ou coligação promotora do ato fazer a **devida comunicação à autoridade policial** com, no **mínimo 24 horas** de antecedência, a fim de que esta possa tomar as providências necessárias à garantia da realização do ato e ao funcionamento do tráfego e dos serviços públicos que o evento possa afetar.

▸ Como o TSE tem se manifestado sobre este tema?

O TSE assentou que a propaganda eleitoral antecipada – por meio de manifestações dos partidos políticos ou de possíveis futuros candidatos na internet –, somente resta caracterizada quando há propaganda ostensiva, com pedido de voto e referência expressa à futura candidatura, ao contrário do que ocorre em relação aos outros meios de comunicação social nos quais o contexto é considerado. (Agravo Regimental no Recurso Especial Eleitoral nº 273-54/RJ –Rel. Min. Luciana Lóssio. DJE 18.03.2015)

O Plenário do Tribunal Superior Eleitoral, por unanimidade, assentou que não configura propaganda eleitoral antecipada a divulgação gratuita de mensagens em rede social com menção a possível candidatura e enaltecimento de opção política antes do período previsto no art. 36 da Lei nº 9.504/1997, alterado pela Lei nº 13.165/2015. O relator, Min. Luiz Fux, pontuou que a ampla divulgação de ideias fora do período eleitoral propriamente dito compõe direito conferido ao eleitor de acompanhar, de forma abrangente, as convicções, opiniões e plataformas políticas dos potenciais candidatos acerca dos mais variados temas debatidos na sociedade, de forma a orientar a formação de um juízo mais consciente e responsável, por ocasião do exercício do *ius suffragii*. De outro lado, destacou que na seara político-eleitoral o direito constitucional à liberdade de expressão deve ser devidamente observado a fim de evitar que os cidadãos sejam privados de informações importantes. (Recurso Especial Eleitoral nº 51-24, Brumadinho/MG, rel. Min. Luiz Fux, em 18.10.2016). Informativo TSE – Ano XVIII – nº 12.

O Plenário do Tribunal Superior Eleitoral, por maioria, entendeu que não constitui propaganda eleitoral antecipada a conduta de elogiar determinado membro do partido, pré-candidato a cargo eletivo, em propaganda partidária. (Recurso Especial Eleitoral nº 330994, Salvador/BA, redator para o acórdão Min. Henrique Neves, em 31.5.2016).

O TSE, julgando os RE 06011043-73 e 060116194, em que se questionavam supostas propagandas antecipadas irregulares patrocinadas pelos pré-candidatos à presidência da república, Luís Inácio Lula da Silva e Jair Bolsonaro, adotou jurisprudência no sentido de que não há de se falar em propaganda eleitoral antecipada irregular quando não houver pedido explícito de voto.

▸ **Como esse assunto foi cobrado em concurso?**

No 22º Concurso de Procurador da República foi considerada verdadeira afirmativa que dispunha que "de acordo com o entendimento mais recente do Tribunal Superior Eleitoral, julgada procedente representação em face da realização de propaganda em prol de pretenso candidato a cargo eletivo em programa de propaganda partidária gratuita, além da pena de cassação do direito de transmissão a que faria jus, no semestre seguinte, o Partido Político, é de ser aplicada, também, a pena de multa prevista na legislação eleitoral em razão da propaganda eleitoral extemporânea realizada".

Espécies de propaganda política:	
Propaganda partidária	Ocorria de forma gratuita, no rádio e na TV, nos semestres não eleitorais, e tem como finalidades a difusão dos programas partidários; a transmissão de mensagens dirigidas aos filiados; bem como a divulgação da posição dos partidos em relação a temas político-comunitários. Era disciplinada na Lei nº 9.096/95 e foi extinta pela reforma eleitoral de 2017.
Propaganda intrapartidária	Prevista no § 1º do art. 36 da Lei nº 9.504/97, é permitida ao postulante a candidatura a cargo eletivo na quinzena anterior à convenção partidária para a escolha de candidatos, vedado o uso de rádio, televisão e outdoor.
Propaganda eleitoral	Principal espécie de propaganda política, somente é permitida após o dia 15 de agosto do ano eleitoral. Tem como objetivo a conquista do voto do eleitor e é disciplinada, nas suas diversas formas, na Lei 9.504/97 (arts. 36 a 59-A).

4. DA PROPAGANDA ELEITORAL EM GERAL

4.1. O importante art. 37 da Lei das Eleições

A **propaganda eleitoral em geral** tem previsão legislativa na Lei das Eleições a partir do **artigo 36 até o art. 41**. Neste diapasão, **destaca-se o artigo 37**, o qual sofreu diversas e importantes alterações, decorrentes das reformas eleitorais de 2009 (lei nº. 12.034/09), 2013 (lei nº. 12.891/13), 2015 (lei nº. 13.165/15) e 2017 (lei 13.488/17).

Neste diapasão, é válido, então destacar, na íntegra, a redação atual do artigo 37, consolidada após as referidas alterações legislativas:

> Art. 37. Nos bens cujo uso dependa de cessão ou permissão do poder público, ou que a ele pertençam, e nos bens de uso comum, inclusive postes de iluminação pública, sinalização de tráfego, viadutos, passarelas, pontes, paradas de ônibus e outros equipamentos urbanos, é vedada a veiculação de propaganda de qualquer natureza, inclusive pichação, inscrição a tinta e exposição de placas, estandartes, faixas, cavaletes, bonecos e assemelhados. (Redação dada pela Lei nº 13.165, de 2015)
>
> § 1º A veiculação de propaganda em desacordo com o disposto no **caput** deste artigo sujeita o responsável, após a notificação e comprovação, à restauração do bem e, caso não cumprida no prazo, a multa no valor de R$ 2.000,00 (dois mil reais) a R$ 8.000,00 (oito mil reais). (Redação dada pela Lei nº 11.300, de 2006)
>
> § 2º Não é permitida a veiculação de material de propaganda eleitoral em bens públicos ou particulares, exceto de: (Redação dada pela Lei nº 13.488, de 2017)
>
> I – bandeiras ao longo de vias públicas, desde que móveis e que não dificultem o bom andamento do trânsito de pessoas e veículos; (Incluído dada pela Lei nº 13.488, de 2017)
>
> II – adesivo plástico em automóveis, caminhões, bi-cicletas, motocicletas e janelas residenciais, desde que não exceda a 0,5 m² (meio metro quadrado). (Incluído dada pela Lei nº 13.488, de 2017)
>
> § 3º Nas dependências do Poder Legislativo, a veiculação de propaganda eleitoral fica a critério da Mesa Diretora.
>
> § 4º Bens de uso comum, para fins eleitorais, são os assim definidos pela Lei nº 10.406, de 10 de janeiro de 2002 – Código Civil e também aqueles a que a população em geral tem acesso, tais como cinemas, clubes, lojas, centros comerciais, templos, ginásios, estádios, ainda que de propriedade privada. (Incluído pela Lei nº 12.034, de 2009)
>
> § 5º Nas árvores e nos jardins localizados em áreas públicas, bem como em muros, cercas e tapumes divisórios, não é

> permitida a colocação de propaganda eleitoral de qualquer natureza, mesmo que não lhes cause dano. (Incluído pela Lei nº 12.034, de 2009)
>
> § 6º É permitida a colocação de mesas para distribuição de material de campanha e a utilização de bandeiras ao longo das vias públicas, desde que móveis e que não dificultem o bom andamento do trânsito de pessoas e veículos. (Redação dada pela Lei nº 12.891, de 2013)
>
> § 7º A mobilidade referida no § 6º estará caracterizada com a colocação e a retirada dos meios de propaganda entre as seis horas e as vinte e duas horas. (Incluído pela Lei nº 12.034, de 2009)
>
> § 8º A veiculação de propaganda eleitoral em bens particulares deve ser espontânea e gratuita, sendo vedado qualquer tipo de pagamento em troca de espaço para esta finalidade.

Como se observa, o caput do art. 37 aparentemente restringe a propaganda política nos bens públicos, proibindo a exposição, e não apenas a fixação de placas, estandartes, faixas, cavaletes, bonecos e assemelhados, como ocorria até as eleições de 2014. Contudo, os §§ 6º e 7º do mesmo artigo continuam a permitir a colocação de mesas para distribuição de material de campanha e a utilização de bandeiras ao longo das vias públicas, desde que móveis e que não dificultem o bom andamento do trânsito de pessoas e veículos. Neste aspecto, vislumbra-se uma clara antinomia entre os referidos parágrafos 6º e 7º e o novo § 2º do artigo 37, a qual deverá ser resolvida pela jurisprudência.

Estabelece o novo **§ 2º do referido art. 37, com redação definida pela Lei nº. 13.488/17, limites à propaganda eleitoral veiculada em bens particulares e públicos**, limitando-a a 0,5 metros quadrados, desde que seja feita em adesivo plástico não contrarie a legislação eleitoral, evitando-se, assim, por analogia, a configuração ilícita de propaganda por meio de outdoor, vedada desde a promulgação da lei nº. 11.300/06 e ao uso de bandeiras ao longo de vias públicas, desde que móveis e que não dificultem o bom andamento do trânsito de pessoas e veículos

▸ **Como esse assunto foi cobrado em concurso?**

No concurso para técnico judiciário do TRE-AP, promovido em 2011 pela FCC, foi considerada falsa afirmativa que dispunha que "é permitida a propaganda eleitoral por meio de placas instaladas em centro comercial de propriedade privada". Tal alternativa foi considerada falsa tendo em vista que tal tipo de localidade pode ser considerado bem de uso comum, conforme disposto no art. 37, caput e § 4º da Lei nº. 9.504/97.

Ainda demonstrando um aparente enrijecimento da lei, visando ao combate do abuso de poder econômico na propaganda eleitoral, o **§ 5º do art. 37**, incluído pela reforma de 2009, **proíbe** a propaganda eleitoral de qualquer espécie em "**árvores** e nos **jardins** localizados em **áreas públicas**, bem como em **muros, cercas e tapumes divisórios**". Prática muito comum em períodos eleitorais, e ainda bastante verificada mesmo após a edição da nova lei, portanto, está proibida pela atual legislação: a propaganda em muros, cercas e tapumes, sejam eles **públicos ou privados** (embora, de forma geral, os **tribunais regionais eleitorais** tenham **aceitado**, nas últimas eleições, a **propaganda em muros particulares**, sob o errôneo argumento de que a lei seria aplicável apenas a muros, cercas e tapumes públicos). A lei é bastante clara ao dispor sobre esta questão, visando ao **combate ao abuso do poder econômico** na propaganda eleitoral e à **busca do equilíbrio de oportunidades entre os candidatos**, objetivos já explicitados quando da publicação da lei nº. 11.300/06, que proibiu o showmício e, principalmente, a propaganda eleitoral por meio de outdoors. Destaque-se, contudo, mais uma vez, que o entendimento seguido pelos tribunais eleitorais é no sentido de que é possível a propaganda eleitoral em muros, cercas e tapumes divisórios, desde que gratuita, autorizada pelo proprietário e limitada a 0,5m², tamanho limite para propagandas eleitorais em bens particulares, conforme definido no § 2º do art. 37 da Lei das Eleições. De se destacar ainda, neste sentido, que, mantido o entendimento acerca da possibilidade de propaganda eleitoral em muros privados, esta propaganda, seguindo a nova regra do § 2º do art. 37 citado, somente será possível se realizada em adesivo, vedada a utilização, portanto, de pintura.

Não obstante um aparente recrudescimento do combate à propaganda eleitoral irregular ou abusiva, promovido pelas recentes reformas eleitorais, o que se observa, na prática, da análise das **normas**, é uma **grande flexibilização da legislação**, incongruente com o objetivo maior do direito eleitoral que é garantir a igualdade de oportunidades e forças entre os pleiteantes a cargos eletivos, de forma a preservar a normalidade das eleições e a legitimidade da soberania popular. O principal argumento para que cheguemos a esta conclusão, bastante desanimadora, fundamenta-se na leitura do **§ 1º do artigo 37 da Lei das Eleições**, que estabelece que "a **veiculação de propaganda em desacordo** com o disposto no *caput* deste artigo **sujeita o responsável, após a notificação e comprovação**, à **restauração do bem** e, **caso não cumprida** no prazo, a **multa** no valor de R$ 2.000,00 (dois mil reais) a R$ 8.000,00 (oito mil reais)". Como é possível observar, a pena aplicável àquele que não cumprir a legislação eleitoral passou a ser, tão somente, a obrigação de restauração do bem, após a notificação e comprovação, em prazo a ser estabelecido, findo o qual, caso não observado o cumprimento da sanção imposta, exsurge uma nova penalidade, qual seja, o pagamento de multa no valor de R$ 2.000,00 (dois mil reais) a R$ 8.000,00 (oito mil reais). Vale ressaltar que a mesma **norma, incentivadora da impunidade**, é aplicável também às condutas previstas no § 2º do citado artigo 37, já analisado.

A flexibilização das práticas de propaganda eleitoral, em contradição a uma aparente busca de moralização, verifica-se também da leitura do **§ 3º**, que **permite a propaganda no interior das casas legislativas**, a depender de decisão a ser tomada pela mesa diretora da casa.

> **▸ Como esse assunto foi cobrado em concurso?**
>
> No 22º Concurso de Procurador da República foi considerada falsa afirmativa que dispunha que "nas dependências do Poder Legislativo é expressamente vedada a realização de propaganda eleitoral, ficando sujeito o seu autor à pena de multa, prevista na lei eleitoral, e o beneficiário, se comprovado o seu prévio conhecimento, à cassação do registro".

Da mesma forma, o **conceito de mobilidade**, estampado no **§ 7º do art. 37**, em combinação com o disposto no § 1º, já comentado, **chega a ser risível**, tamanha a sua **ineficácia** no combate à propaganda irregular. Se o caput proíbe a fixação de placas, cartazes e faixas em bens públicos, basta ao candidato colocar, entre as 06 da manhã e às 22 horas, um cavalete, cartaz, boneco, ou outro meio de propaganda semelhante em via pública, com o cuidado de não atrapalhar o trânsito de veículos e pedestres, para que a propaganda vedada inicialmente possa ser realizada, por via transversa. A **desobediência**

aos limites temporais estabelecidos no dispositivo normativo citado, **na prática, não enseja punições**: afinal, só caberia punição após a notificação do infrator para a retirada da propaganda irregular, que pode ser novamente divulgada, após o cumprimento da sanção, no horário estabelecido.

Por fim, de **forma salutar, o § 8º do artigo 37** também foi inserido pela reforma eleitoral de 2009, na intenção de evitar-se o abuso do poder econômico. Segundo o citado dispositivo legal, "a veiculação de propaganda eleitoral em bens particulares deve ser espontânea e gratuita, sendo vedado qualquer tipo de pagamento em troca de espaço para esta finalidade".

4.2. A propaganda eleitoral dos candidatos a vice e a suplentes de senador

Novidade instituída pela reforma eleitoral de 2009, a **inclusão do § 4º ao artigo 36** da lei nº. 9.504/97 obriga que das propagandas de candidatos a cargos majoritários (presidente da república, governadores, prefeitos e senadores) conste o **nome dos seus respectivos vices e suplentes** de forma clara e legível, em **tamanho não inferior a 10%** (dez por cento) do nome do titular. Agiu, assim, de forma salutar o legislador, uma vez que, para estes cargos, vige o princípio da unicidade da chapa (votando no candidato a titular do cargo, o eleitor também vota no seu respectivo vice ou suplente).

Vale destacar que este artigo foi alterado pela reforma eleitoral de 2015, a fim de torna-lo mais eficaz. De acordo com a nova redação do dispositivo, "na propaganda dos candidatos a cargo majoritário deverão constar, também, os nomes dos candidatos a vice ou a suplentes de senador, de modo claro e legível, em tamanho não inferior a 30% (trinta por cento) do nome do titular". Antes, o limite mínimo estabelecido, como visto, era de 10% do nome do titular.

4.3. A distribuição de folhetos, volantes e outros impressos na campanha eleitoral

O **artigo 38 da Lei nº. 9.504/97**, que trata da distribuição de folhetos, volantes e outros impressos durante a campanha eleitoral, também sofreu **importantes mudanças** decorrentes da reforma eleitoral de 2009, a partir da inclusão dos novos parágrafos 1º e 2º. Assim passou a dispor lei:

Art. 38. Independe da obtenção de licença municipal e de autorização da Justiça Eleitoral a veiculação de propaganda eleitoral pela distribuição de folhetos, volantes e outros impressos, os quais devem ser editados sob a responsabilidade do partido, coligação ou candidato.

§ 1º Todo material impresso de campanha eleitoral deverá conter o número de inscrição no Cadastro Nacional da Pessoa Jurídica – CNPJ ou o número de inscrição no Cadastro de Pessoas Físicas – CPF do responsável pela confecção, bem como de quem a contratou, e a respectiva tiragem.

§ 2º Quando o material impresso veicular propaganda conjunta de diversos candidatos, os gastos relativos a cada um deles deverão constar na respectiva prestação de contas, ou apenas naquela relativa ao que houver arcado com os custos.

▸ **Atenção!!!**

Como se observa, a partir das eleições gerais de 2010, do material impresso de campanha deverá constar a identificação do responsável pela confecção e pela contratação, bem como a tiragem.

No caso de material impresso que venha a veicular **propaganda conjunta de candidatos**, os gastos relativos a cada um deles deverão constar na respectiva prestação de contas, ou apenas naquela relativa ao que houver arcado com os custos. O grande **objetivo da norma**, assim, é dar uma maior **transparência** ao processo de contratação de tais materiais de campanha, possibilitando, ao eleitor, uma maior percepção acerca dos investimentos realizados pelos candidatos em campanha e, à Justiça Eleitoral, **maiores subsídios para a fiscalização** das prestações de contas dos candidatos.

Por fim, é de se destacar que o **artigo 38 da lei nº. 9.504/97 também sofreu uma pequena alteração no seu caput**, decorrente da publicação da **lei nº. 12.891/13**, a fim de incluir expressamente (uma vez que entendemos que já era algo implícito) a possibilidade de distribuição de adesivos editados sob responsabilidade de partidos, coligações ou candidatos. Foi ainda incluído, pela minirreforma de dezembro de 2013, o § 3º do referido artigo, dispondo que os referidos **adesivos** deverão ter dimensão máxima de 50 centímetros por 40 centímetros. As novas regras valerão a partir das eleições de 2016, conforme decisão do TSE.

4.4. A realização de comícios e showmícios e a utilização de alto-falantes, amplificadores de som e trios elétricos nas campanhas eleitorais

Segundo o **§ 3º do art. 39** da Lei das Eleições, é **permitido**, entre as **08 e as 22 horas**, o uso de **alto-falantes e amplificadores de som móveis** nas campanhas eleitorais, desde que em distância mínima de 200 metros das sedes dos poderes públicos municipal, estadual, do DF e dos municípios (poderes executivo, legislativo e judiciário), dos estabelecimentos militares, dos hospitais e casas de saúde, das escolas, bibliotecas públicas, igrejas e teatros, quando em funcionamento.

A realização de comícios e a utilização de **aparelhagem de sonorização fixa**, por sua vez, são **permitidas das 08 às 24 horas**, sendo **vedada**, de acordo com o § 7º do artigo 39, a **realização dos chamados showmícios**, ou seja, a utilização de shows artísticos, **mesmo que de forma gratuita**, em eventos de campanha eleitoral.

Como novidade, a **reforma eleitoral de 2009** também **proibiu**, com a inclusão do § 10 do artigo 39 da Lei das Eleições, o **uso de trios elétricos** em campanhas eleitorais, **exceto para a sonorização de comícios.** Na prática, entretanto, pouco inovou o legislador reformador, nesse sentido, uma vez que, como se sabe, o trio elétrico, criação dos músicos baianos Dodô e Osmar no carnaval de 1950 que, nos últimos anos, se popularizou em micaretas e carnavais fora de época por todo o Brasil, tem como finalidade precípua servir de palco ambulante para shows musicais, os quais já eram proibidos em campanhas eleitorais. Quando o trio elétrico não é utilizado para a sua finalidade primordial, não passa, o mesmo, de um carro de som gigante, ou mesmo de, pura e simplesmente, um caminhão. O objetivo da norma, assim, foi, mais uma vez, vedar o showmício, viabilizando o uso do trio elétrico apenas como mero carro de som, permitido pela legislação eleitoral para a divulgação de propaganda.

> ▸ **Como esse assunto foi cobrado em concurso?**
>
> No concurso para promotor de justiça do estado do Espírito Santo, realizado em 2010, pelo CESPE, foi considerada falsa afirmativa que dispunha que "é vedada a utilização de trios elétricos para a sonorização de comícios eleitorais". Como visto, a utilização de trios elétricos em comícios eleitorais é vedada, exceto para a sonorização de comícios.

O **artigo 39** da Lei das Eleições teve **dois dos seus parágrafos alterados e acrescentados o §§ 11 e 12 pela Lei nº. 12.891/13.** De acordo com o novo § 4º do referido artigo, os **comícios de encerramento de campanha** (e apenas eles) poderão se estender até às duas da madrugada do dia seguinte àquele previsto por lei como o último dia para a realização de tais eventos. O novo § 8º, por sua vez, passou a expressamente **vedar a utilização de outdoors eletrônicos nas campanhas eleitorais**, artifício que vem sendo utilizado desde 2006, quando a lei 11.300/06 proibiu o uso de outdoors em campanhas eleitorais.

Finalmente, os novos §§ 11 e 12 passaram a **regulamentar o uso de carros de som nas campanhas eleitorais**, estabelecendo, de forma salutar, **limites para o uso da pressão sonora**, tendo o § 11 ganhado nova redação com e reforma eleitoral de 2017 (Lei 13.488/17).

Conforme o novo § 11, "É permitida a circulação de carros de som e minitrios como meio de propaganda eleitoral, desde que observado o limite de oitenta decibéis de nível de pressão sonora, medido a sete metros de distância do veículo, e respeitadas as vedações previstas no § 30 deste artigo, **apenas em carreatas, caminhadas e passeatas ou durante reuniões e comícios**".

Já o § 12 definiu, em 2013, os conceitos jurídicos de carro de som) veículo automotor que usa equipamento de som com potência nominal de amplificação de, no máximo, 10.000 (dez mil) watts), mini trio (veículo automotor que usa equipamento de som com potência nominal de amplificação maior que 10.000 (dez mil) watts e até 20.000 (vinte mil) watts) e trio elétrico (veículo automotor que usa equipamento de som com potência nominal de amplificação maior que 20.000 (vinte mil) watts).

O artigo 39 da Lei das Eleições também ganhou uma outra pequena alteração com a reforma eleitoral de setembro de 2015. Foi incluído, ao artigo referido, o § 9º-A, o qual amplia o conceito de carro de som, a fim de incluir veículos tracionados por animais ou não motorizados.

4.5. As vedações à boca-de-urna e a questão da manifestação individual e silenciosa do eleitor no dia da eleição

A lei nº. 11.300/06, intensificando o combate ao abuso de poder econômico e político nas eleições, estabeleceu diversas regras restritivas à propaganda eleitoral, desde a sua promulgação. Assim, o § 5º do art. 39 da Lei nº. 9.504/97, incluído pela referida reforma de 2006 e alterado pela lei 13.488 (que incluiu o inciso IV), passou a dispor:

Art. 39. (...)

§ 5º. Constituem crimes, no dia da eleição, puníveis com detenção, de seis meses a um ano, com a alternativa de prestação de serviços à comunidade pelo mesmo período, e multa no valor de cinco mil a quinze mil UFIR:

I – o uso de alto-falantes e amplificadores de som ou a promoção de comício ou carreata;

II – a arregimentação de eleitor ou a propaganda de boca de urna;

III – a divulgação de qualquer espécie de propaganda de partidos políticos ou de seus candidatos.

IV – a publicação de novos conteúdos ou o impulsionamento de conteúdos nas aplicações de internet de que trata o art. 57-B desta Lei, podendo ser mantidos em funcionamento as aplicações e os conteúdos publicados anteriormente.

A prática de **boca-de-urna**, muito comum na história do processo eleitoral brasileiro, e, até certo ponto, tolerada, passou, dessa forma, a ser **criminalizada**. Uma dúvida, entretanto, pairou sobre os estudiosos e aplicadores do direito eleitoral: e a **manifestação individual e silenciosa** do eleitor no dia da eleição? Seria a mesma permitida? Afinal de contas, a Constituição Federal de 1988 garante a liberdade de expressão como direito fundamental, protegido, inclusive, por cláusula pétrea.

Disciplinando a questão, o Tribunal Superior Eleitoral, nas **eleições 2008**, permitiu, por meio do **artigo 70 da Resolução nº. 22.718/08**, a manifestação individual e silenciosa do eleitor, no dia da eleição, por meio de broches, bonés, camisas, bandeiras e adesivos.

Consolidando o entendimento da mais alta corte eleitoral, a lei nº. 12.034/09 incluiu, na lei nº. 9.504/97, o **artigo 39-A**, que assim dispõe:

Art. 39-A. É permitida, no dia das eleições, a manifestação individual e silenciosa da preferência do eleitor por partido político, coligação ou candidato, revelada exclusivamente pelo uso de bandeiras, broches, dísticos e adesivos.

§ 1º É vedada, no dia do pleito, até o término do horário de votação, a aglomeração de pessoas portando vestuário padronizado, bem como os instrumentos de propaganda referidos no *caput*, de modo a caracterizar manifestação coletiva, com ou sem utilização de veículos.

> § 2º No recinto das seções eleitorais e juntas apuradoras, é proibido aos servidores da Justiça Eleitoral, aos mesários e aos escrutinadores o uso de vestuário ou objeto que contenha qualquer propaganda de partido político, de coligação ou de candidato.
>
> § 3º Aos fiscais partidários, nos trabalhos de votação, só é permitido que, em seus crachás, constem o nome e a sigla do partido político ou coligação a que sirvam, vedada a padronização do vestuário.
>
> § 4º No dia do pleito, serão afixadas cópias deste artigo em lugares visíveis nas partes interna e externa das seções eleitorais.

▸ **Atenção!!!**

Como se vê, a legislação permite que o eleitor, no dia da eleição, manifeste a sua preferência por determinado partido, coligação ou candidato, desde que tal manifestação não seja ostensiva e se dê de forma individualizada. O contrário caracteriza o crime de boca-de-urna, previsto no artigo 39 da Lei das Eleições.

A reforma eleitoral de 2017 estabeleceu um novo tipo penal, com a inclusão do inciso IV ao artigo 39, § 5º da Lei das Eleições. Passou a ser crime a publicação de novos conteúdos ou o impulsionamento de conteúdos nas aplicações de internet no dia do pleito, podendo ser manti-dos em funcionamento as aplicações e os conteúdos publicados anteriormente.

▸ **Como esse assunto foi cobrado em concurso?**

No concurso para promotor de justiça do estado do Paraná, realizado em 2012, foi considerada verdadeira afirmativa que dispunha que "no dia da eleição, a denominada *propaganda de boca de urna* e a utilização de alto-falantes e amplificadores de som, constituem crimes, puníveis com detenção e multa".

4.6. A vedação ao uso, na propaganda eleitoral, de símbolos, frases ou imagens associadas ou semelhantes às empregadas por órgãos de governo, empresas públicas ou sociedades de economia mista

De acordo com o previsto no **artigo 40 da Lei das Eleições**, é **vedado o uso** na propaganda eleitoral, de símbolos, frases ou imagens associadas ou semelhantes às empregadas por órgãos de governo, empresas públicas ou sociedades de economia mista. Tal prática, caso verificada, constitui **crime**, punível com **detenção de 06 meses a um ano**, com a alternativa de prestação de serviços à comunidade, além de pagamento de **multa**.

> ▸ **Como esse assunto foi cobrado em concurso?**
>
> No concurso para Analista Judiciário do TRE-MT, promovido pelo CESPE, em 2005, foi considerada verdadeira assertiva que dispunha que "o uso de símbolos ou imagens semelhantes aos utilizados pelo governo constitui crime punível com pena de detenção ou prestação alternativa e multa".

4.7. O artigo 41 da Lei nº. 9.504/97 e o exercício do poder de polícia na propaganda eleitoral

Dispunha o *caput* do artigo 41 da Lei nº. 9.504/97, antes da recente reforma eleitoral, que "a propaganda exercida nos termos da legislação eleitoral não poderá ser objeto de multa nem cerceada sob alegação do poder de polícia". Evidentemente, o objetivo da referida norma era evitar a censura prévia, coadunando-se com o direito fundamental à liberdade de manifestação e de pensamento, consagrada na Constituição Federal.

O ***caput* do artigo 41**, com redação promovida pela Lei nº. 12.034/09, **intensificou a restrição ao policiamento** sobre a **liberdade de manifestação e pensamento** na propaganda eleitoral ao dispor que "a propaganda exercida nos termos da legislação eleitoral não poderá ser objeto de multa nem cerceada sob alegação do exercício do poder de polícia ou de violação de postura municipal, casos em que se deve proceder na forma prevista no art. 40". Assim, incluiu-se a expressão "ou de violação de postura municipal", bem como foi estabelecida a criminalização de ato cerceador do referido direito exercido nos termos da lei (pena de detenção de seis meses a um ano, com alternativa de prestação de serviços à comunidade, acrescida de multa).

> ▸ **Como esse assunto foi cobrado em concurso?**
>
> No concurso para Técnico Judiciário do TRE-TO, promovido pela FCC, em 2011, foi considerada verdadeira afirmativa que dispunha que "A propaganda exercida nos termos da legislação eleitoral não poderá ser objeto de multa fundada no exercício do poder de polícia".

Os novos §§ 1º e 2º do referido artigo, incluídos pela reforma eleitoral de 2009, por sua vez, buscaram esclarecer o conteúdo do poder de polícia relacionado à propaganda eleitoral, bem como estabelecer a competência para o exercício do referido poder. Assim, eis a redação dos novos dispositivos normativos:

> Art. 41. (...)
>
> § 1º O poder de polícia sobre a propaganda eleitoral será exercido pelos juízes eleitorais e pelos juízes designados pelos Tribunais Regionais Eleitorais.
>
> § 2º O poder de polícia se restringe às providências necessárias para inibir práticas ilegais, vedada a censura prévia sobre o teor dos programas a serem exibidos na televisão, no rádio ou na internet.

▸ **Como esse assunto foi cobrado em concurso?**

No 24º Concurso de Procurador da República foi considerada verdadeira afirmativa que dispunha que "além da atividade jurisdicional a Justiça Eleitoral exerce o poder de polícia, sendo vedada a censura e desnecessária a prévia autorização para o ato de propaganda".

5. DA PROPAGANDA ELEITORAL MEDIANTE OUTDOORS

Prática muito comum até a realização das eleições 2004 era a utilização, pelos candidatos, de propagandas eleitorais mediante outdoors, de forte apelo publicitário. Visando a combater o abuso do poder econômico, bem como a promover um maior equilíbrio nas disputas eleitorais, o **legislador reformador da Lei nº. 11.300/06 proibiu** tal forma de propaganda eleitoral.

▸ **Como esse assunto foi cobrado em concurso?**

No 21º Concurso de Procurador da República foi considerada falsa afirmativa que dispunha que "a propaganda eleitoral realizada por meio de outdoors, de propriedade de empresas de publicidade, é permitida independentemente de qualquer controle pela Justiça Eleitoral".

6. DA PROPAGANDA ELEITORAL NA IMPRENSA ESCRITA

A propaganda eleitoral na **imprensa escrita**, ao contrário do que ocorre no rádio e na televisão, meios de comunicação sujeitos a concessão pública, **pode ser paga e mais flexível**. Neste sentido, já decidiu o TSE, no que se refere aos limites da liberdade de expressão e da manifestação de preferência da imprensa escrita (Ac. 2.325, de 20.02.01, do TSE, DJ de 20.4.01).

Apesar de ser dotada, contudo, de uma maior flexibilidade em relação à propaganda em outros meios de comunicação, a propaganda na imprensa escrita **também se sujeita a limitações**, a fim de ser garantido o **devido equilíbrio** entre candidatos, partidos e coligações, evitando-se o abuso do poder político e econômico.

▸ **Atenção!!!**

Dessa forma, estabelece o **artigo 43 da Lei das Eleições** que são permitidas, até antevéspera da eleição, a divulgação, em datas diversas, na imprensa escrita, de até dez anúncios de propaganda eleitoral, por candidato em cada veículo, respeitado o espaço máximo, por edição, de 1/8 (um oitavo) de página de jornal padrão e de 1/4 (um quarto) de página de revista ou tabloide. Também, de acordo com o § 1º do mesmo artigo, deverá constar do anúncio, de forma visível, o valor pago pela inserção.

▸ **Como esse assunto foi cobrado em concurso?**

No 21º Concurso de Procurador da República foi considerada verdadeira afirmativa que dispunha que "a propaganda eleitoral pela imprensa escrita é permitida até o dia das eleições, sendo a divulgação paga no espaço máximo, por edição, para cada candidato, partido ou coligação, de um oitavo de página de jornal padrão e um quarto de página de revista ou tabloide". A mesma afirmativa, contudo, em um concurso realizado doravante, será considerada falsa, tenho em vista que com a publicação da lei nº. 12.034/09, que alterou a redação do art. 43 da Lei das Eleições, só será permitida propaganda na imprensa escrita até a antevéspera da eleição.

No 19º Concurso para Procurador da República, por sua vez, foi considerada falsa assertiva que afirmava que "no ano da eleição, somente é permitida após o dia 5 de julho, com exceção da propaganda paga pela imprensa escrita, que pode ser feita desde o início do ano até o dia das eleições, dentro dos espaços fixados em lei para cada candidato, partido ou coligação, considerando a liberdade de informação jornalística e a vedação da censura". Como já ressaltado, qualquer tipo de propaganda eleitoral, de acordo com o art. 36 da Lei das Eleições, só poderá ser realizada o dia 15 de agosto do ano da eleição.

Já no concurso para promotor de justiça do estado do Espírito Santo, realizado em 2010, pelo CESPE, foi considerada verdadeira afirmativa que dispunha que "no anúncio de propaganda eleitoral veiculado na imprensa escrita, deve constar, de forma visível, o valor pago pela inserção".

7. DA PROPAGANDA ELEITORAL NO RÁDIO E NA TELEVISÃO

A **propaganda eleitoral no rádio e na televisão**, disciplinada pelos artigos 44 a 57 da Lei das Eleições, **será sempre gratuita**, vedada a veiculação de propaganda paga, ocorrendo, fundamentalmente, por meio do **horário eleitoral gratuito** e dos **debates eleitorais**.

> **Como esse assunto foi cobrado em concurso?**
>
> No 19º Concurso para Procurador da República foi considerada verdadeira afirmativa que dispunha que "a propaganda eleitoral restringe-se, no rádio e na televisão, ao horário gratuito, definido na lei das eleições, vedada a veiculação de propaganda paga e facultada a realização de debates entre os candidatos, com observância das normas na mesma lei estabelecidas".

> **Atenção!!!**
>
> A propaganda eleitoral gratuita na televisão deverá utilizar a Linguagem Brasileira de Sinais – LIBRAS ou o recurso de legenda, que deverão constar obrigatoriamente do material entregue às emissoras. No horário reservado para a propaganda eleitoral, não se permitirá utilização comercial ou propaganda realizada com a intenção, ainda que disfarçada ou subliminar, de promover marca ou produto.

O **artigo 47** da lei nº. 9.504/97 teve acrescentado o § 8º pela **minirreforma de dezembro de 2013**, estabelecendo que "as mídias com as gravações da propaganda eleitoral no rádio e na televisão serão entregues às emissoras, inclusive nos sábados, domingos e feriados, com a antecedência mínima de 6 (seis) horas do horário previsto para o início da transmissão, no caso dos programas em rede e de 12 (doze) horas do horário previsto para o início da transmissão, no caso das inserções".

7.1. As vedações impostas pela legislação às emissoras de rádio e televisão durante o período eleitoral

O **artigo 45** da lei das Eleições, visando a evitar privilégios desmedidos a candidatos por parte do rádio e da televisão durante as campanhas eleitorais, impõe uma **série de restrições** aos citados **veículos de comunicação** em suas programações normais e noticiários, conforme tabela a seguir:

Restrições legalmente impostas às emissoras de rádio e TV durante o período eleitoral (art. 45 da Lei nº 9.504/97)	
a)	transmitir, ainda que sob a forma de entrevista jornalística, imagens de realização de pesquisa ou qualquer outro tipo de consulta popular de natureza eleitoral em que seja possível identificar o entrevistado ou em que haja manipulação de dados;
b)	usar trucagem, montagem ou outro recurso de áudio, ou vídeo que, de qualquer forma, degradem ou ridicularizem candidato, partido ou coligação, ou produzir ou veicular programa com esse efeito;
c)	veicular propaganda política ou difundir opinião favorável ou contrária a candidato, partido, coligação, a seus órgãos ou representantes;
d)	dar tratamento privilegiado a candidato, partido ou coligação;
e)	veicular ou divulgar filmes, novelas, minisséries ou qualquer outro programa com alusão ou crítica a candidato ou partido político, mesmo que dissimuladamente, exceto programas jornalísticos ou debates políticos;
f)	divulgar nome de programa que se refira a candidato escolhido em convenção, ainda que preexistente, inclusive se coincidente com o nome do candidato ou com a variação nominal por ele adotada. Sendo o nome do programa o mesmo que o do candidato, fica proibida a sua divulgação, sob pena de cancelamento do respectivo registro.

Com a publicação da Lei nº, 13.165/15, as restrições aos meios de comunicação previstas no art. 45 da Lei das Eleições, doravante, passarão a ser observadas, em regra, a partir do dia 05 de agosto, quando se encerra o prazo para a realização das convenções. Além disso, de acordo com o novo § 1º, sob pena de imposição de multa e cancelamento de registro do candidato beneficiado, às emissoras de rádio e TV será vedado, a partir do dia 30 de junho do ano eleitoral, transmitir programa apresentado ou comentado por pré-candidato. Para o programa continuar no ar deverá haver o afastamento do candidato, durante o período eleitoral.

No Brasil, durante a campanha eleitoral de 2010, o tema da liberdade de imprensa, de forma recorrente, suscitou polêmicas. Uma das maiores envolveu a questão da **liberdade dos programas humorísticos** para a realização de sátiras e piadas envolvendo candidatos a cargos eletivos em face das vedações à imprensa decorrentes do artigo 45 da Lei das Eleições.

A referida norma, embora prevista desde 1997, foi, pela primeira vez, efetivamente posta em prática pelo Tribunal Superior Eleitoral, o que gerou protestos das mais diversas ordens, a exemplo de uma grande passeata na praia de Copacabana, no Rio de Janeiro, realizada na manhã do dia 22 de agosto, um domingo. Por fim, analisando a **ADIN 4451 proposta pela ABERT** (Associação Brasileira de Emissoras de Rádio e TV), o **Supremo Tribunal Federal**, por maioria, **suspendeu a eficácia** dos **incisos II e III do artigo 45** da Lei das Eleições, os quais vedavam o uso de trucagem e montagem que viessem a degradar ou ridicularizar partido, candidato ou coligação, bem como a veiculação ou difusão de opinião acerca de candidato, partido, coligação, seus órgãos ou representantes, **liberando, assim, o humor nas eleições** e, ao mesmo tempo, **permitindo uma maior liberdade no exercício da cobertura jornalística** das mesmas por parte de emissoras de rádio e TV.

> **▸ Atenção!!!**
>
> A requerimento de partido, coligação ou candidato, a Justiça Eleitoral poderá determinar a suspensão, por vinte e quatro horas, da programação normal de emissora que deixar de cumprir quaisquer das normas previstas na Lei das Eleições referente à propaganda eleitoral.

7.2. Os debates eleitorais no rádio e na TV

Em conformidade com o disposto no artigo 46 da Lei das Eleições, **é facultada** a **transmissão de debates eleitorais**, relativos às **eleições majoritárias e proporcionais**, por emissoras de rádio e televisão.

> **▸ Atenção!!!**
>
> Até a publicação da Lei nº. 13.165/15 era assegurada a participação, nos debates, de candidatos dos partidos políticos com representação na Câmara dos Deputados. A presença dos demais candidatos não era obrigatória.
>
> O novo *caput* do art. 46 da Lei das Eleições, com redação definida pela reforma eleitoral de setembro de 2015, restringiu a obrigação das emissoras de rádio e TV de convidar candidatos para os debates eleitorais àqueles postulantes representantes de partidos que contem com bancada igual ou superior a nove deputados federais. Debates com a participação de partidos políticos com número menor de deputados federais inferior a nove somente seria possível com a concordância de, pelo menos, dois terços dos candidatos aptos, no caso de eleição majoritária, e de pelo menos dois terços dos partidos ou coligações com candidatos aptos, no caso de eleição proporcional, segundo o novo § 5º, regra que dificultaria ainda mais a participação dos representantes dos partidos menores.
>
> Ocorre que, em 25 de agosto de 2016, o STF julgou a ADI 5487, na qual partidos políticos atacavam as regras que restringiriam a participação das agremiações com menos de 10 parlamentares nos debates eleitorais,

para conferir interpretação conforme a Constituição ao parágrafo 5º, artigo 46, da Lei 9.504/1997. Os ministros, por maioria, decidiram que as emissoras podem convidar candidatos de partidos de representatividade mínima no Congresso, sem que os candidatos aptos possam vetar essa participação.

A partir do referido julgamento, o TSE publicou a Resolução 23.496/16, dispondo que emissora de rádio ou de televisão poderá convidar candidato cuja participação seja facultativa, sendo vedada sua exclusão pela deliberação da maioria dos candidatos aptos.

Vale destacar que será admitida a realização de debate sem a presença de candidato de algum partido com representação na Câmara dos Deputados desde que o veículo de comunicação responsável comprove havê-lo convidado com a antecedência mínima de 72 horas da realização do debate.

Com a reforma eleitoral de 2017 (Lei 13.488/17), o caput do art. 46 da Lei das Eleições foi novamente alterado, estabelecendo-se que "Independentemente da veiculação de propaganda eleitoral gratuita no horário definido nesta Lei, é facultada a transmissão por emissora de rádio ou televisão de deba-tes sobre as eleições majoritária ou proporcional, asse-gurada a participação de candidatos dos partidos com representação no Congresso Nacional, de, no mínimo, cinco parlamentares, e facultada a dos demais".

Nas **eleições proporcionais**, os debates deverão ser organizados de modo a assegurar a **presença de número equivalente de candidatos de todos os partidos e coligações** concorrentes (estando a emissora obrigada a convidar apenas candidatos de partidos que contem com uma bancada de, pelo menos, cinco deputados federais), podendo desdobrar-se em mais de um dia. Neste caso, **é vedada** a presença de um **mesmo candidato** a eleição proporcional em **mais de um debate da mesma emissora.**

Debates	
Nas eleições majoritárias	Podem ser realizados com a presença de todos os candidatos ou, então, em grupos de, no mínimo, três candidatos. As emissoras são obrigadas a convidar todos os candidatos de partidos que contem com pelo menos cinco deputados federais.
Nas eleições proporcionais	Deverão ser organizados de modo a assegurar a presença de número equivalente de candidatos de todos os partidos e coligações concorrentes (estando a emissora obrigada a convidar apenas candidatos de partidos que contem com uma bancada de, pelo menos, cinco deputados federais, conforme definido pela Lei 13.488/17), podendo desdobrar-se em mais de um dia. É vedada a presença de um mesmo candidato a eleição proporcional em mais de um debate da mesma emissora.

▸ **Como esse assunto foi cobrado em concurso?**

No concurso para Analista Judiciário do TRE-BA, realizado em 2003, foi considerada verdadeira afirmativa que dispunha que "a presença de um mesmo candidato à eleição proporcional, a mais de um debate da mesma emissora, será vedada".

Já no concurso para Técnico Judiciário do TRE-AP, realizado em 2011, foi proposta a seguinte questão, sobre debates eleitorais: "A respeito dos debates transmitidos por emissora de rádio ou televisão, considere: I. Nas eleições proporcionais, os debates deverão ser organizados de modo que assegurem a presença de número equivalente de candidatos de todos os partidos e coligações a um mesmo cargo eletivo, podendo desdobrar-se em mais de um dia; II. Será admitida a realização de debate sem a presença de candidato de algum partido, desde que o veículo de comunicação responsável comprove havê-lo convidado com a antecedência mínima de setenta e duas horas da realização do debate; III. É permitida a presença de um mesmo candidato a eleição proporcional em mais de um debate da mesma emissora Está correto o que se afirma SOMENTE em: a) I e II; b) I e III; c) II e III; d) I; e) III. A resposta correta considerada foi a alternativa "a", sendo verdadeiras as afirmativas I e II.

▸ **Atenção!!!**

O debate será realizado de acordo com regras previamente acordadas entre os partidos políticos participantes e a entidade promotora do evento. Para os debates que se realizarem no primeiro turno das eleições, serão consideradas aprovadas as regras, inclusive as que definam o número de participantes, que obtiverem a concordância de pelo menos 2/3 (dois terços) dos candidatos aptos, no caso de eleição majoritária, e de pelo menos 2/3 (dois terços) dos partidos ou coligações com candidatos aptos, no caso de eleição proporcional.

▸ **Como o TSE tem se pronunciado sobre este tema?**

Consulta nº 106-94/DF Relator: Ministro Henrique Neves da Silva CONSULTA. DEBATE ELEITORAL. ART. 46 DA LEI Nº 9.504/97. REPRESENTAÇÃO PARLAMENTAR. AFERIÇÃO. MOMENTO. Questão: Nos termos do art. 46 da Lei 9.504/97, o momento de aferição da representatividade (do número superior a nove deputados) do partido ou da coligação, para que o candidato tenha assegurada a sua participação nos debates realizados no rádio e na TV, será a data de início da legislatura ou a data da convenção alusiva à escolha do candidato ou a data do pedido de registro de candidatura ou a data de realização do debate? Resposta: Para aferição da obrigatoriedade de ser convidado o candidato de partido político ou de coligação que possuam mais de nove representantes na Câmara dos Deputados (Lei nº 9.504/97, art. 46), somente devem ser consideradas as mudanças de filiação realizadas com justa causa até a data da convenção de escolha do candidato, não computadas as transferências realizadas com fundamento na EC nº 91/2016.

7.3. O horário eleitoral gratuito

O tradicional **horário eleitoral gratuito**, de grande importância nas campanhas eleitorais, será exibido nas emissoras de rádio, de TV aberta, bem como nas emissoras de televisão por assinatura sob a responsabilidade do Senado Federal, da Câmara dos Deputados, das assembleias legislativas, da Câmara Legislativa do DF ou das câmaras municipais, nos trinta **e cinco dias anteriores à antevéspera das eleições** (primeiro turno). Este período foi definido a partir da reforma eleitoral de setembro de 2015, sendo aplicável a partir das eleições municipais de 2016. Até as eleições de 2014, o tempo de duração do horário eleitoral gratuito, no primeiro turno das eleições, era de 45 dias.

Se houver segundo turno, as emissoras de rádio e televisão reservarão, a partir da sexta-feira seguinte à realização do primeiro turno e até a antevéspera da eleição, horário destinado à divulgação da propaganda eleitoral gratuita, dividida em dois blocos diários de dez minutos para cada eleição, e os blocos terão início às sete e às doze horas, no rádio, e às treze e às vinte horas e trinta minutos, na televisão (regra estabelecida a partir da reforma eleitoral de 2017).

A reforma eleitoral de setembro de 2015 promoveu importantes mudanças do regramento do horário eleitoral gratuito no rádio e na TV. Assim, o novo art. 47 da Lei nº. 9.504/97 diminui os tempos de duração e exibição do horário eleitoral gratuito no rádio e na TV, retirando, inclusive, a participação dos candidatos a vereador dos blocos de exibição do horário eleitoral, restringido as suas propagandas no rádio e TV às inserções durante a programação. Além disso, a distribuição do tempo de propaganda no horário eleitoral foi alterada, reduzindo a participação dos pequenos partidos.

O novo artigo 51 da Lei das Eleições, por sua vez, como compensação à diminuição da apresentação dos blocos de horário eleitoral gratuito, aumentou de 30 para 70 minutos diários as inserções de candidatos, incluindo, nestas inserções, os candidatos a vereador.

Os **horários reservados à propaganda eleitoral**, no primeiro turno, serão **divididos entre todos os partidos e coligações que tenham candidato** de **forma proporcional** à representação de cada um deles na Câmara dos Deputados. A partir das eleições municipais de 2016, como decorrência da publicação da Lei nº. 13.165/15, horários reservados à propaganda de cada eleição, nos termos do parágrafo anterior, serão distribuídos entre todos os partidos e coligações que tenham candidato e representação na Câmara dos Deputados, observados os seguintes critérios:

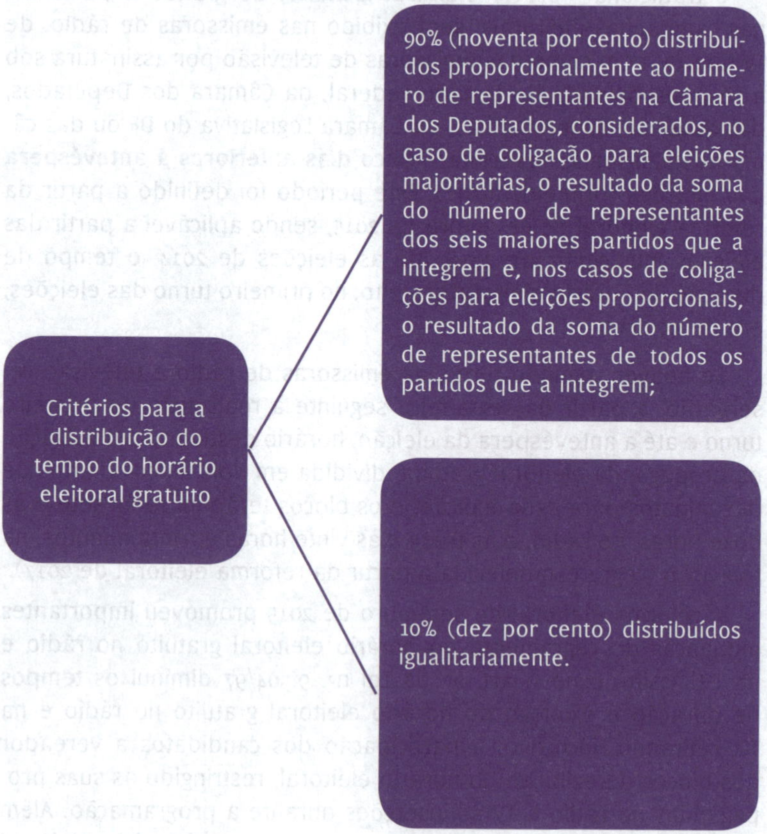

Ocorrendo **segundo turno**, o tempo de cada período diário de propaganda eleitoral gratuita no rádio e TV será **dividido igualitariamente** entre os candidatos.

▸ **Atenção!!!**

Primeiro turno, as emissoras de rádio e televisão e os canais por assinatura mencionados no art. 57 reservarão, ainda, setenta minutos diários para a propaganda eleitoral gratuita, a serem usados em inserções de trinta e sessenta segundos, a critério do respectivo partido ou coligação, assinadas obrigatoriamente pelo partido ou coligação, e distribuídas, ao longo da programação veiculada entre as cinco e as vinte quatro horas, nos termos do § 2º do art. 47. A distribuição levará em conta os blocos de audiência entre as cinco e as onze horas, as onze e as dezoito horas, e as dezoito e as vinte e quatro horas.

Onde houver segundo turno, as emissoras de rádio e televisão e os canais de televisão por assinatura men-cionados no art. 57 desta Lei reservarão, por cada cargo em disputa, vinte e cinco minutos para serem usados em inserções de trinta e de sessenta segundos (regra estabelecida pela lei 13.488/17).

Do horário eleitoral gratuito, bem como das inserções referidas no quadro acima, **poderá participar**, apoiando candidatos, **qualquer cidadão não filiado a partido político**, bem como qualquer indivíduo filiado ao partido do candidato ou partido coligado, sendo vedada a participação de pessoa filiada a partido não coligado formalmente, mesmo que este não esteja disputando a eleição. O ***caput* do artigo 53-A** da lei nº. 9.504/97 sofreu pequena alteração a partir da **minirreforma eleitoral de dezembro de 2013**. De acordo com sua nova redação, fica expressamente autorizada a menção ao nome e ao número de qualquer candidato do partido ou da coligação durante o horário eleitoral, mesmo que tal candidato seja o candidato majoritário, durante o horário reservado às eleições proporcionais, ou vice-versa. Seguiu assim, a reforma, tendência consolidada nos tribunais eleitorais.

No segundo turno das eleições, por sua vez, não será permitida, nos programas eleitorais, a participação de filiado a partido que tenha formalizado apoio a outro candidato.

▸ **Atenção!!!**

Até as eleições de 2014, era vedada, de acordo com o artigo 54 da Lei das Eleições, a participação, mediante remuneração, de qualquer pessoa em horário eleitoral gratuito. Este artigo, contudo, foi alterado pela Lei nº. 13.165/15, sendo suprimida tal vedação, na nova redação do dispositivo.

Por fim, vale destacar que o **inciso IV do artigo 51** da lei nº. 9.504/97 sofreu **importante modificação decorrente da publicação**

da lei nº. 12.891/13. Até a publicação desta, era vedada, na veiculação de inserções, durante a propaganda eleitoral, a utilização de gravações externas, montagens ou trucagens, computação gráfica, desenhos animados e efeitos especiais, bem como a veiculação de mensagens que pudessem degradar ou ridicularizar candidato, partido ou coligação. Com a nova redação do referido dispositivo, **apenas as mensagens ofensivas estão vedadas**, não fazendo mais a lei menção à utilização de gravações externas, montagens ou trucagens, computação gráfica, desenhos animados e efeitos especiais.

Ainda como decorrência da minirreforma eleitoral de dezembro de 2013, foi **criado o parágrafo único do artigo 51** da Lei nº. 9.504/07, **vedando a veiculação de inserções idênticas no mesmo intervalo de programação,** exceto se o número de inserções de que dispuser o partido exceder os intervalos disponíveis, passando a ser também vedada a transmissão em sequência para o mesmo partido político, em regra idêntica àquela criada para a propaganda partidária pela mesma reforma, a qual também alterou a Lei Geral dos Partidos Políticos (Lei nº. 9.096/95). Também o parágrafo único do artigo 55 da lei nº 9.504/97 sofreu pequena alteração com a publicação, em dezembro de 2013, da lei nº. 12.891/13. De acordo com a nova disposição normativa, o tempo correspondente à punição sofrida por partido ou coligação decorrente de decisão da Justiça Eleitoral que retira tempo de propaganda eleitoral deverá ser cumprido após o programa dos demais candidatos com a informação de que a não veiculação do programa resulta de infração da lei eleitoral. Anteriormente, a punição ocorria no meio do programa, durante o horário reservado ao partido ou coligação punidos. Doravante, a punição ocorrerá ao fim do programa eleitoral.

A nova redação do artigo 54 da Lei nº. 9.504/97, determinada pela Lei nº. 13.165/15, por sua vez, estabelece que nos programas e inserções de rádio e televisão destinados à propaganda eleitoral gratuita de cada partido ou coligação só poderão aparecer, em gravações internas e externas, candidatos, caracteres com propostas, fotos, jingles, clipes com música ou vinhetas, inclusive de passagem, com indicação do número do candidato ou do partido, bem como seus apoiadores, inclusive os candidatos de que trata o § 1º do art. 53-A (candidatos a eleições proporcionais no horário da propaganda das candidaturas majoritárias e vice-versa, registrados sob o mesmo partido ou coligação), que poderão dispor de até 25% (vinte e cinco por cento) do tempo de cada programa ou inserção, sendo vedadas montagens, trucagens, computação gráfica, desenhos animados e efeitos especiais.

Ainda conforme a reforma eleitoral de setembro de 2015, na propaganda eleitoral gratuita no rádio e TV será permitida a veiculação de entrevistas com o candidato e de cenas externas nas quais ele, pessoalmente, exponha realizações de governo ou da administração pública; falhas administrativas e deficiências verificadas em obras e serviços públicos em geral; bem como atos parlamentares e debates legislativos

8. DA PROPAGANDA ELEITORAL NA INTERNET

Até a reforma eleitoral de 2009, muitas dúvidas pairavam sobre o uso da internet na propaganda eleitoral: afinal, seriam aplicáveis, no âmbito virtual, as regras previstas para a propaganda eleitoral em geral? Como coibir o uso de e-mails, blogs e redes sociais difusoras da propaganda eleitoral?

Após muita polêmica e discussões, o **legislador**, por meio da **lei nº. 12.034/09**, resolveu **disciplinar a questão da propaganda eleitoral na internet**, fazendo incluir, na Lei das Eleições, nove novos artigos (57-A; 57-B; 57-C; 57-D; 57-E; 57-F; 57-G; 57-H; e 57-I).

De acordo com o **artigo 57-A**, alterado pela Lei nº. 13.165/15, é **permitida a propaganda eleitoral na internet**, após o dia 15 de agosto do ano da eleição. Segue, o citado dispositivo, a regra geral sobre a propaganda eleitoral, estabelecendo que só será lícita a propaganda eleitoral na internet a partir do dia 16 de agosto do ano eleitoral, termo inicial para a propaganda eleitoral em geral, a partir das eleições municipais de 2016, conforme definido pela reforma eleitoral de setembro de 2015.

> ▸ **Atenção!!!**
>
> De acordo com o art. 57-C da Lei nº. 9.504/97, com redação estabelecida pela Lei 13.488/17,. É vedada a veiculação de qualquer tipo de propaganda eleitoral paga na internet, excetuado o impulsionamento de conteúdos, desde que identificado de forma inequívoca como tal e contratado exclusivamente por partidos, coligações e candidatos e seus representantes. O impulsionamento deverá ser contratado diretamente com provedor da aplicação de internet com sede e foro no País, ou de sua filial, sucursal, escritório, estabelecimento ou representante legalmente estabelecido no País e apenas com o fim de promover ou beneficiar candidatos ou suas agremiações.

Também de acordo com o citado dispositivo normativo, é também vedada, mesmo que de forma gratuita, a veiculação de propaganda eleitoral em sites de pessoas jurídicas e em sites oficiais ou hospedados por órgãos ou entidades da administração pública direta ou indireta da União, estados, DF e municípios.

A violação do disposto no artigo 57-C sujeita o responsável pela divulgação da propaganda ou pelo impulsionamento de conteúdos e, quando comprovado seu prévio conhecimento, o beneficiário, à multa no valor de R$ 5.000,00 (cinco mil reais) a R$ 30.000,00 (trinta mil reais) ou em valor equivalente ao dobro da quantia despendida, se esse cálculo superar o limite máximo da multa.

O artigo 57-B, por sua vez, estabelece as **formas de realização da propaganda eleitoral na internet**: propaganda eleitoral em site do candidato, ou em site do partido ou coligação, com endereço eletrônico comunicado à Justiça Eleitoral e hospedado, direta ou indiretamente, em provedor de serviço de internet instalado no país; propaganda eleitoral por meio de mensagem eletrônica (e-mail) para endereços cadastrados gratuitamente pelo candidato, partido ou coligação; e propaganda eleitoral por meio de blogs, redes sociais, sítios de mensagens instantâneas e assemelhados, cujo conteúdo seja gerado ou editado por candidatos, partidos ou coligações ou de iniciativa de qualquer pessoa natural.

Formas de realização da propaganda eleitoral na internet (art. 57-B da Lei das Eleições)
Propaganda eleitoral em site do candidato.
Propaganda eleitoral em site do partido ou coligação.
Propaganda eleitoral por meio de mensagens eletrônicas (e-mails)
Propaganda eleitoral por meio de blogs, redes sociais, sítios de mensagens eletrônicas e assemelhados.

▸ **Atenção!!!**

O inciso III do art. 57-B da Lei das Eleições, que prevê a **propaganda através do envio de mensagem eletrônica (e-mail)** para endereços cadastrados gratuitamente, deve ser interpretado em consonância com o disposto no § 1º do artigo 57-E, que proíbe a venda de cadastro de endereços eletrônicos, sujeitando o infrator, e também o beneficiário, quando comprovada a sua culpa, a pena de R$ 5.000,00 (cinco mil reais) a 30.000,00 (trinta mil reais).

Da mesma forma, a aplicação do citado dispositivo normativo deverá ser feita em conjunto com o novo artigo 57-G, o qual estabelece, em seu caput, que "as **mensagens eletrônicas** enviadas por candidato, partido ou coligação, por qualquer meio, deverão dispor de **mecanismo que permita seu descadastramento pelo destinatário**, obrigado o remetente a providenciá-lo no prazo de quarenta e oito horas". Ainda segundo o parágrafo único do referido art. 57-G, "mensagens eletrônicas enviadas após o término do prazo previsto no caput sujeitam os responsáveis ao **pagamento de multa no valor de R$ 100,00 (cem reais), por mensagem**".

Com a reforma eleitoral de 2017 (Lei nº 13.488/17), uma importante novidade foi estabelecida nos artigos 57-B e 57-C da Lei das Eleições: passou a ser permitido o impulsionamento pago de propaganda eleitoral na internet, desde que financiado pelos candidatos, partidos políticos e/ou coligações. O impulsionamento deverá ser contratado diretamente com provedor da aplicação de internet com sede e foro no País, ou de sua filial, sucursal, escritório, estabelecimento ou representante legalmente estabelecido no País e apenas com o fim de promover ou beneficiar candidatos ou suas agremiações.

Segundo novas regras estabelecidas pela Lei nº 13.488/17, que incluiu os §§ 1º a 5º no texto do artigo 57-B, Os endereços eletrônicos das aplicações de que trata o artigo, salvo aqueles de iniciativa de pessoa natural, deverão ser comunicados à Justiça Eleitoral, podendo ser mantidos durante todo o pleito eleitoral os mesmos endereços eletrônicos em uso antes do início da propaganda eleitoral.

Não é admitida a veiculação de conteúdos de cunho eleitoral mediante cadastro de usuário de aplicação de internet com a intenção de falsear identidade.

É vedada a utilização de impulsionamento de conteúdos e ferramentas digitais não disponibilizadas pelo provedor da aplicação de internet, ainda que gratuitas, para alterar o teor ou a repercussão de propaganda eleitoral, tanto próprios quanto de terceiros. O provedor de aplicação de internet que possibilite o impulsionamento pago de conteúdos deverá contar com canal de comunicação com seus usuários e somente poderá ser responsabilizado por danos decorrentes do conteúdo impulsionado se, após ordem judicial específica, não tomar as providências para, no âmbito e nos limites técnicos do seu serviço e dentro do prazo assinalado, tornar indisponível o conteúdo apontado como infringente pela Justiça Eleitoral.

A violação do disposto no artigo 57-B sujeita o usuário responsável pelo conteúdo e, quando comprovado seu prévio conhecimento, o beneficiário, à multa no valor de R$ 5.000,00 (cinco mil reais) a R$ 30.000,00 (trinta mil reais) ou em valor equivalente ao dobro da quantia despendida, se esse cálculo superar o limite máximo da multa.

Já o artigo 57-D assegura a **livre manifestação de pensamento, vedado o anonimato**, durante a campanha eleitoral na internet, assegurado o direito de resposta (cuja normatização ainda será comentada adiante), sob pena de imposição, ao responsável pela divulgação da propaganda e, quando comprovado seu prévio conhecimento, ao beneficiário, de multa no valor de R$ 5.000,00 (cinco mil reais) a R$ 30.000,00 (trinta mil reais). Foi incluído, pela reforma eleitoral de dezembro de 2013, o § 3º do art. 57-D, dispondo que "sem prejuízo das sanções civis e criminais aplicáveis ao responsável, a Justiça Eleitoral poderá determinar, por solicitação do ofendido, a retirada de publicações que contenham agressões ou ataques a candidatos em sítios da internet, inclusive redes sociais". Até a publicação da lei nº. 12.891/13, havia uma omissão legislativa a respeito desta possibilidade aventada pelo novo dispositivo de lei.

Ainda neste sentido, o **artigo 57-H** estabelece que "sem prejuízo das demais sanções legais cabíveis, será punido, com multa de R$ 5.000,00 (cinco mil reais) a R$ 30.000,00 (trinta mil reais), quem realizar propaganda eleitoral na internet, atribuindo indevidamente sua autoria a terceiro, inclusive a candidato, partido ou coligação". A **minirreforma eleitoral de dezembro de 2013** criou **dois novos tipos penais eleitorais**, previstos nos §§ 1º e 2º do artigo 57-H da Lei das Eleições. De acordo com o § 1º, "constitui crime a contratação direta ou indireta de grupo de pessoas com a finalidade específica de emitir mensagens ou comentários na internet para ofender a honra ou denegrir a imagem de candidato, partido ou coligação, punível com detenção de 2 (dois) a 4 (quatro) anos e multa de R$ 15.000,00 (quinze mil reais) a R$ 50.000,00 (cinquenta mil reais)" O § 2º por sua vez, prevê que "igualmente incorrem em crime, punível com detenção de 6 (seis) meses a 1 (um) ano, com alternativa de prestação de serviços à comunidade pelo mesmo período, e multa de R$ 5.000,00 (cinco mil reais) a R$ 30.000,00 (trinta mil reais), as pessoas contratadas na forma do § 1º". Buscou, assim, o legislador, **recrudescer o combate a uma prática cada vez mais comum nas campanhas eleitorais, a profissionalização dos ataques à honra ou imagem de candidatos**. Evidentemente, ambos os tipos exigem a contratação de pessoas com a finalidade da propagação das ofensas, contratação esta que, na nossa opinião, poderá se dar a título oneroso ou gratuito.

▸ **Atenção!!!**

O novo artigo 57-F dispõe sobre a **possibilidade de solidariedade** entre o provedor de conteúdo e de serviços multimídia que hospeda a divulgação da propaganda eleitoral de candidato, partido ou coligação, no que tange à imputação de penalidades previstas na lei, se, no prazo determinado pela Justiça Eleitoral, contado a partir da notificação da decisão sobre a existência de propaganda irregular, não tomar as providências para a cessação da irregularidade. O parágrafo único do referido dispositivo legal, entretanto, dispõe que "o provedor de conteúdo ou de serviços multimídia só será considerado responsável pela divulgação da propaganda se a publicação do material for comprovadamente de seu prévio conhecimento".

Dispunha, por sua vez, **o artigo 57-I** que, a requerimento de candidato, partido político ou coligação, a Justiça Eleitoral poderá determinar, observado o rito do artigo 96 da lei das Eleições (o qual será estudado oportunamente), a **suspensão, por 24 horas, do acesso a todo o conteúdo informativo dos sites da internet que deixarem de cumprir as normas relativas à propaganda eleitoral na internet.** Ainda segundo o referido artigo (§ 1º), a cada reiteração de conduta seria duplicado o período da suspensão, durante o qual a empresa punida deverá informar a todos os usuários que se encontra temporariamente inoperante em virtude de descumprimento da legislação eleitoral em vigor.

Com a reforma eleitoral de 2017, o artigo 57-I da Lei das Eleições ganhou nova redação, passando a dispor que: "a requerimento de candidato, partido ou coligação, observado o rito previsto no art. 96 desta Lei, a Justiça Eleitoral poderá determinar, no âmbito e nos limites técnicos de cada aplicação de internet, a suspensão do acesso a todo conteúdo veiculado que deixar de cumprir as disposições desta Lei, devendo o número de horas de suspensão ser definida proporcionalmente à gravidade da infração cometida em cada caso, observado o limite máximo de vinte e quatro horas".

Finalmente, a reforma eleitoral de 2017 também criou o artigo 57-J da Lei das Eleições, dispondo que "O Tribunal Superior Eleitoral regulamentará o disposto nos arts. 57-A a 57-I desta Lei de acordo com o cenário e as ferramentas tecnológicas existentes em cada momento eleitoral e promoverá, para os veículos, partidos e demais entidades interessadas, a formulação e a ampla divulgação de regras de boas práticas relativas a campanhas eleitorais na internet.".

9. DO DIREITO DE RESPOSTA

Prevê o **artigo 58 da Lei nº. 9.504/97** que "a partir da escolha de candidatos em convenção, é assegurado o direito de resposta a candidato, partido ou coligação atingidos, ainda que de forma indireta, por conceito, imagem ou afirmação caluniosa, difamatória, injuriosa ou sabidamente inverídica, difundidos por qualquer veículo de comunicação social", nos seguintes prazos, contados a partir da veiculação da ofensa (art. 58, § 1º):

Prazos para requerimento do direito de resposta à Justiça Eleitoral (contados a partir da veiculação da ofensa)		
24 horas	**48 horas**	**72 horas**
Quando se tratar de horário eleitoral gratuito.	Quando se tratar de programação normal das emissoras de rádio e TV.	Quando se tratar de órgão da imprensa escrita.

▸ **Como esse assunto foi cobrado em concurso?**

No concurso para juiz substituto do estado do Pará, realizado pela FGV em 2005, foi formulada a seguinte questão: "O direito de resposta assegurado a candidato, partido ou coligação atingidos por conceito, imagem ou afirmação caluniosa, difamatória, injuriosa ou sabidamente inverídica, difundidos por qualquer veículo de comunicação social, é cabível: a) no prazo de 48 horas a contar da divulgação da propaganda; b) no prazo de 48 horas a contar do conhecimento da propaganda pelo candidato, partido ou coligação; c) no prazo de cinco dias a contar da veiculação da matéria jornalística; d) no prazo de trinta dias a contar do conhecimento da ofensa; e)no prazo de 24 horas, quando se tratar de horário eleitoral gratuito; 48 horas, quando se tratar da programação normal das emissoras de rádio e televisão; e 72 horas, quando se tratar de órgão de imprensa escrita". A resposta considerada correta foi a exposta na alternativa "e".

O **procedimento** a ser adotado no direito de resposta **varia de acordo com o meio de comunicação** por meio do qual a ofensa foi praticada, conforme tabela a seguir:

Regras a serem observadas no caso de pedido de resposta (art. 58, § 3º da Lei das Eleições)
I – Ofensa veiculada em órgão da imprensa escrita:
a) o pedido deverá ser instruído com um exemplar da publicação e o texto para resposta;

Regras a serem observadas no caso de pedido de resposta (art. 58, § 3º da Lei das Eleições)
b) deferido o pedido, a divulgação da resposta dar-se-á no mesmo veículo, espaço, local, página, tamanho, caracteres e outros elementos de realce usados na ofensa, em até quarenta e oito horas após a decisão ou, tratando-se de veículo com periodicidade de circulação maior que quarenta e oito horas, na primeira vez em que circular;
c) por solicitação do ofendido, a divulgação da resposta será feita no mesmo dia da semana em que a ofensa foi divulgada, ainda que fora do prazo de quarenta e oito horas;
d) se a ofensa for produzida em dia e hora que inviabilizem sua reparação dentro dos prazos estabelecidos nas alíneas anteriores, a Justiça Eleitoral determinará a imediata divulgação da resposta;
e) o ofensor deverá comprovar nos autos o cumprimento da decisão, mediante dados sobre a regular distribuição dos exemplares, a quantidade impressa e o raio de abrangência na distribuição;
II – Ofensa veiculada em programação normal das emissoras de rádio e de televisão:
a) a Justiça Eleitoral, à vista do pedido, deverá notificar imediatamente o responsável pela emissora que realizou o programa para que entregue em vinte e quatro horas;
b) o responsável pela emissora, ao ser notificado pela Justiça Eleitoral ou informado pelo reclamante ou representante, por cópia protocolada do pedido de resposta, preservará a gravação até a decisão final do processo
c) deferido o pedido, a resposta será dada em até quarenta e oito horas após a decisão, em tempo igual ao da ofensa, porém nunca inferior a um minuto;
III – Ofensa veiculada no horário eleitoral gratuito:
a) o ofendido usará, para a resposta, tempo igual ao da ofensa, nunca inferior, porém, a um minuto;
b) a resposta será veiculada no horário destinado ao partido ou coligação responsável pela ofensa, devendo necessariamente dirigir-se aos fatos nela veiculados;
c) se o tempo reservado ao partido ou coligação responsável pela ofensa for inferior a um minuto, a resposta será levada ao ar tantas vezes quantas sejam necessárias para a sua complementação;
d) deferido o pedido para resposta, a emissora geradora e o partido ou coligação atingidos deverão ser notificados imediatamente da decisão, na qual deverão estar indicados quais os períodos, diurno ou noturno, para a veiculação da resposta, que deverá ter lugar no início do programa do partido ou coligação;

Regras a serem observadas no caso de pedido de resposta (art. 58, § 3º da Lei das Eleições)
e) o meio magnético com a resposta deverá ser entregue à emissora geradora, até trinta e seis horas após a ciência da decisão, para veiculação no programa subsequente do partido ou coligação em cujo horário se praticou a ofensa;
f) se o ofendido for candidato, partido ou coligação que tenha usado o tempo concedido sem responder aos fatos veiculados na ofensa, terá subtraído tempo idêntico do respectivo programa eleitoral; tratando-se de terceiros, ficarão sujeitos à suspensão de igual tempo em eventuais novos pedidos de resposta e à multa no valor de duas mil a cinco mil UFIR.

▸ Como esse assunto foi cobrado em concurso?

No concurso para Analista Judiciário do TRE-RN, realizado em 2005, foi considerada verdadeira afirmativa que dispunha que, no exercício do direito de resposta, "se o ofendido for candidato, partido ou coligação que tenha usado o tempo concedido sem responder aos fatos veiculados na ofensa, terá subtraído tempo idêntico do respectivo programa eleitoral".

Já no concurso para Analista Judiciário do TRE-PE, realizado em 2004, foi considerada falsa afirmativa que dispunha que "Na propaganda eleitoral gratuita no rádio e na televisão, a Justiça Eleitoral poderá deferir direito de resposta a candidato ofendido por tempo igual ao da ofensa, mas nunca inferior a 2 minutos". Como visto, o tempo mínimo de direito de resposta, tanto em virtude de ofensas proferidas no horário eleitoral gratuito, como também na programação normal de rádio e TV, será de um minuto.

No mesmo concurso para Analista Judiciário do TRE-PE, por sua vez, também foi realizada uma outra questão interessante, com o seguinte enunciado: "Durante o horário de propaganda eleitoral gratuita, há 30 dias do pleito, candidato do Partido Alfa ofendeu a honra de candidato do Partido Beta. O Partido Alfa dispõe de 20 segundos no horário de propaganda eleitoral gratuita. Foi deferido o direito de resposta pelo tempo mínimo de 1 minuto. Como o tempo do Partido Alfa é de apenas 20 segundos: a) será o tempo do Partido Alfa prorrogado para 1 minuto para possibilitar o exercício do direito de resposta do candidato ofendido; b) será o tempo do candidato ofendido para exercer o direito de resposta reduzido para 20 segundos; c) serão utilizados pelo candidato do Partido Beta para exercer o direito de resposta três programas sucessivos do Partido Alfa; d) será o tempo mínimo de exercício do direito de resposta reduzido para duas vezes o tempo do Partido Alfa; e) o candidato ofendido exercerá o direito de resposta em horário especial fixado pela Justiça Eleitoral". Foi considerada correta a resposta prevista na alternativa "c".

9.1. Direito de resposta em virtude de ofensa promovida na internet

Com a reforma eleitoral de 2009 (Lei nº 12.034/09) foi incluído o inciso IV, e respectivas alíneas "a", "b" e "c", no texto do § 3º do artigo 58 da Lei das Eleições, dispondo sobre os procedimentos relativos ao direito de resposta em virtude de ofensa veiculada em propaganda eleitoral na internet. Neste diapasão, prevê o inciso IV do § 3º do artigo 58 da Lei das Eleições:

> **Art. 58.** (...)
>
> § 3º. Observar-se-ão, ainda, as seguintes regras no caso de pedido de resposta relativo à ofensa veiculada:
>
> IV – em propaganda eleitoral na internet:
>
> a) deferido o pedido, o usuário ofensor deverá divulgar a resposta do ofendido em até quarenta e oito horas após sua entrega em mídia física, e deverá empregar nessa divulgação o mesmo impulsionamento de conteúdo eventualmente contratado nos termos referidos no art. 57-C desta Lei e o mesmo veículo, espaço, local, horário, página eletrônica, tamanho, caracteres e outros elementos de realce usados na ofensa (redação alterada pela Lei 13.488/17);
>
> b) a resposta ficará disponível para acesso pelos usuários do serviço de internet por tempo não inferior ao dobro em que esteve disponível a mensagem considerada ofensiva;
>
> c) os custos de veiculação da resposta correrão por conta do responsável pela propaganda original.

Estabeleceu, assim, o legislador, os **parâmetros para a aplicação do direito de resposta para ofensas ocorridas durante a propaganda eleitoral na internet**, determinando que a resposta ocorrerá, de **forma proporcional à ofensa**, no mesmo veículo, espaço, local, horário, página eletrônica, tamanho, caracteres e outros elementos de realce, em até quarenta e oito horas após a entrega da resposta pelo ofendido, em mídia física, sendo que a resposta **deverá ficar disponível por tempo não inferior ao dobro daquele em que ficou exposta a ofensa**, correndo os custos da veiculação da resposta por conta do ofensor.

A lei nº. 13.165/15, complementando a disciplina jurídica do direito de resposta a ofensa praticada na internet, durante a propaganda eleitoral, dispôs que o ofendido, ou seu representante legal, poderá pedir o exercício do direito de resposta à Justiça Eleitoral, a qualquer tempo, quando se tratar de conteúdo que esteja sendo divulgado na internet, ou em 72 (setenta e duas) horas, após a sua retirada.

> **Como esse assunto foi cobrado em concurso?**
>
> No concurso para promotor de justiça do estado do Espírito Santo, realizado em 2010, pelo CESPE, foi considerada falsa afirmativa que dispunha que "o direito de resposta a propagandas eleitorais veiculadas por meio de comunicação interpessoal mediante mensagem eletrônica não é legalmente assegurado". Como visto, o inciso IV do § 3º do art. 58 da Lei das Eleições assegura este direito.

9.2. Considerações finais sobre o direito de resposta

Dispõe o **§ 4º do artigo 58** da Lei das Eleições que caso a **ofensa** venha a ocorrer em **momento que inviabilize sua reparação** nos prazos previstos em lei, a resposta será divulgada em horários a serem determinados pela Justiça Eleitoral, ainda que nas 48 horas anteriores ao pleito.

> **Como esse assunto foi cobrado em concurso?**
>
> No concurso para Analista Judiciário do TRE-RN, realizado em 2005, foi considerada falsa afirmativa que dispunha que "sendo vedada desde 48 horas antes da eleição qualquer propaganda política mediante radiodifusão e televisão, nesse prazo não poderá ser exercido o direito de resposta".

Vale destacar, ainda, que **deverá a Justiça Eleitoral proferir suas decisões**, em sede de pedido de direito de resposta, no **prazo máximo de 24 horas**, das quais caberá recurso às instâncias superiores no mesmo prazo, contado da data da publicação da decisão recorrida (prazo idêntico também deverá ser deferido ao recorrido para o oferecimento de contrarrazões).

> **Atenção!!!**
>
> Os pedidos de direito de resposta e as representações por propaganda eleitoral irregular em rádio, TV e internet tramitarão preferencialmente em relação aos demais processos em curso na Justiça Eleitoral. A fim de garantir a celeridade necessária no julgamento dos pedidos de direito de resposta, a minirreforma eleitoral de dezembro de 2013 criou o § 9º do art. 58 da lei nº. 9.504/97, estabelecendo a possibilidade de convocação de juiz auxiliar para o julgamento de tais pedidos. Tal possibilidade poderá ocorrer, conforme se pode aferir da leitura do novo dispositivo, em quaisquer das instâncias da Justiça Eleitoral.

10. A REPRESENTAÇÃO POR PROPAGANDA ELEITORAL IRREGULAR (ART. 96 DA LEI Nº. 9.504/97)

Reclamações ou representações decorrentes do **descumprimento das normas referentes à propaganda eleitoral** deverão ser firmadas em conformidade com o disposto no **artigo 96 da Lei das Eleições** (também aplicável no combate a outras formas de descumprimento da citada lei, salvo disposições específicas em contrário).

O estudo mais detalhado do procedimento previsto no artigo 96 da lei nº. 9.504/97, contudo, será realizado no capítulo desta obra referente às ações e recursos eleitorais.

11. QUADRO-RESUMO: O QUE PODE E O QUE NÃO PODE NA PROPAGANDA ELEITORAL

Para facilitar o estudo, apresentamos o seguinte quadro-resumo relativo às principais condutas permitidas e vedadas na propaganda eleitoral:

Conduta	Previsão legal
Propaganda eleitoral nos bens cujo uso dependa de cessão ou permissão do poder público, ou que a ele pertençam, e nos de uso comum, inclusive postes de iluminação pública e sinalização de tráfego, viadutos, passarelas, pontes, paradas de ônibus e outros equipamentos urbanos.	é vedada a veiculação de propaganda de qualquer natureza, inclusive pichação, inscrição a tinta e exposição de placas, estandartes, faixas, cavaletes, bonecos e assemelhados (art. 37, caput, da Lei das Eleições).
Propaganda em cinemas, clubes, lojas, centros comerciais, templos, igrejas, estádios, ainda que de propriedade privada.	Aplica-se a vedação do art. 37, caput, da Lei das Eleições, tendo em vista que os referidos bens são considerados de uso comum, para fins eleitorais.
Propaganda eleitoral em bens públicos e particulares.	Não é permitida a veiculação de material de propaganda eleitoral em bens públicos ou particulares, exceto de: I – bandeiras ao longo de vias públicas, desde que móveis e que não dificultem o bom andamento do trânsito de pessoas e veículos; II – adesivo plástico em automóveis, cami-nhões, bicicletas, motocicletas e janelas residenciais, desde que não exceda a 0,5 m² (meio metro quadrado).

Conduta	Previsão legal
Propaganda eleitoral nas dependências do Poder Legislativo.	Permitida, a critério da Mesa Diretora da Casa (art. 37, § 3º da Lei nº. 9.504/97).
Propaganda eleitoral em árvores e jardins localizados em áreas públicas.	Proibida, de acordo com o § 5º do art. 37 da Lei das Eleições.
Propaganda eleitoral em árvores e jardins localizados em áreas privadas.	Proibida, a partir da nova redação do § 2º do artigo 37 da Lei das Eleições, estabelecida pela reforma eleitoral de 2017.
Propaganda eleitoral em muros, cercas e tapumes divisórios.	Não é permitida a colocação de propaganda de qualquer natureza (art. 37, § 5º da Lei das Eleições). A Justiça Eleitoral, contudo, interpretando o referido dispositivo, tem admitido, de forma geral, a propaganda eleitoral em muros, cercas e tapumes divisórios privados.
Utilização de outdoors	É vedada a propaganda eleitoral mediante outdoors, inclusive eletrônicos, sujeitando-se a empresa responsável, os partidos, as coligações e os candidatos à imediata retirada da propaganda irregular e ao pagamento de multa no valor de R$ 5.000,00 (cinco mil reais) a R$ 15.000,00 (quinze mil reais).
Colocação de mesas para a distribuição de material de campanha e bandeiras ao longo das vias públicas.	Permitida, desde que móveis e que não dificultem o bom andamento do trânsito de veículos e pessoas. A mobilidade estará caracterizada com a retirada dos meios de propaganda após as 22 horas até as 06 horas da manhã (art. 37, §§ 6º e 7º da Lei das Eleições).
Distribuição de folhetos, volantes e outros impressos editados sob a responsabilidade do partido, coligação ou candidato.	Independe de obtenção de licença municipal e de autorização da Justiça Eleitoral. Todo o material impresso de campanha eleitoral deverá conter o número do CNPJ ou CPF do responsável pela confecção, bem como de quem a contratou, e respectiva tiragem. Adesivos distribuídos poderão ter a dimensão máxima de 50 (cinquenta) centímetros por 40 (quarenta) centímetros.
Plotagem de veículos	Prática vedada, a partir das eleições de 2016. É proibido colar propaganda eleitoral em veículos, exceto adesivos microperfurados até a extensão total do para-brisa traseiro e, em outras posições, adesivos até a dimensão máxima de 50 (cinquenta) centímetros por 40 (quarenta) centímetros, segundo prevê o § 4º

Conduta	Previsão legal
	do artigo 38 da Lei das Eleições. De forma contraditória, a reforma eleitoral de 2017 criou uma antinomia lógica, ao prever, no novo § 2º do artigo 37, que "Não é permitida a veiculação de material de propaganda eleitoral em bens públicos ou particulares, exceto de. adesivo plástico em automóveis, caminhões, bicicletas, motocicletas e janelas residenciais, desde que não exceda a 0,5 m² (meio metro quadrado)". Pelos critérios clássicos de hermenêutica jurídica, havendo conflito aparente de normas de mesma hierarquia, prevalece a mais recente. Assim, entendemos que, doravante, a regra válida é a que estabelece propagandas em bens particulares de no máximo 0,5 metro quadrado.
Realização de ato de propaganda em recinto aberto ou fechado.	Não depende de licença da polícia. Deverá ser feita, entretanto, comunicação à autoridade policial com, no mínimo, 24 horas de antecedência (art. 39 da lei das Eleições).
Utilização de carros de som	Permitida até às 22 horas do dia que antecede às eleições. Considera-se carro de som o veículo automotor que usa equipamento de som com potência nominal de amplificação de, no máximo, 10.000 (dez mil) watts. É o carro de som qualquer veículo, motorizado ou não, ou ainda tracionado por animais, que transite divulgando jingles ou mensagens de candidatos. Com a reforma eleitoral de 2017, passou a ser permitida a circulação de carros de som e minitrios como meio de propaganda eleitoral, desde que observado o limite de oitenta decibéis de nível de pressão sonora, medido a sete metros de distância do veículo, apenas em carreatas, caminhadas e passeatas ou durante reuniões e comícios.
Funcionamento de alto-falantes ou amplificadores de som.	Permitido entre as 08 e as 22 horas, vedada a instalação a menos de 200 metros das sedes dos poderes executivo e legislativo da união, estados, DF e municípios; tribunais judiciais; quartéis e outros estabelecimentos militares; hospitais e casas de saúde; escolas; bibliotecas públicas; igrejas; teatros em funcionamento.

Conduta	Previsão legal
Utilização de aparelhagem de sonorização fixa em comícios.	Permitida no horário compreendido entre as 08 e as 24 horas.
Uso de alto-falantes, amplificadores de som, ou promoção de comícios ou carreatas no dia da eleição.	Vedada, constituindo crime punível com detenção de 06 meses a um ano, com alternativa de prestação de serviços à comunidade, e multa (art. 39, § 5º da Lei das Eleições).
Prática de boca-de-urna no dia da eleição.	Vedada, constituindo crime punível com detenção de 06 meses a um ano, com alternativa de prestação de serviços à comunidade, e multa (art. 39, § 5º da Lei das Eleições).
Realização de showmício ou evento assemelhado para promoção de candidatos, mesmo que o artista não venha a ser remunerado.	Prática vedada pelo § 7º do art. 39 da Lei das Eleições.
Utilização de trios elétricos em campanhas eleitorais.	Vedada, exceto para a sonorização dos comícios (art. 39, § 10 da Lei das Eleições).
Confecção, utilização, distribuição por comitê, candidato, ou com a sua autorização, de camisetas, chaveiros, bonés, canetas, brindes, cestas básicas ou quaisquer outros bens ou materiais que possam proporcionar vantagem ao eleitor.	Prática vedada pelo § 6º do art. 39 da Lei das Eleições.
Manifestação de preferência do eleitor por partido político, coligação ou candidato no dia da eleição.	Permitida, desde que revelada exclusivamente pelo uso de bandeiras, broches, dísticos e adesivos, de forma individual e silenciosa.
Uso de vestuário ou objeto que contenha propaganda de partido político, coligação ou de candidato, no recinto das seções eleitorais e juntas apuradoras.	Permitido, salvo para servidores da Justiça Eleitoral, mesários e escrutinadores. Aos fiscais partidários, nos trabalhos de votação, só é permitido que, em seus crachás, constem o nome e a sigla do partido político ou coligação a que sirvam, vedada a padronização do vestuário.
Uso de símbolos, frases ou imagens, associadas ou semelhantes às empregadas por órgão de governo, empresa pública ou sociedade de economia mista.	Prática vedada, constituindo crime, punível com detenção de 06 meses a 01 ano, com a alternativa de prestação de serviços à comunidade pelo mesmo período, e multa (art. 40 da Lei das Eleições).

Conduta	Previsão legal
Propaganda eleitoral na imprensa escrita.	São permitidas, até a antevéspera das eleições, a divulgação, na imprensa escrita, e a reprodução na internet do jornal impresso, de até 10 anúncios de propaganda eleitoral, por veículo, em datas diversas, para cada candidato, no espaço máximo, por edição, de 1/8 de página de jornal padrão e ¼ de página de revista ou tabloide.
Propaganda eleitoral no rádio e na TV	Restrita ao horário eleitoral gratuito e aos debates eleitorais, vedada a propaganda paga.
Propaganda eleitoral na internet.	Permitida após o dia 15 de agosto do ano da eleição, sempre de forma gratuita, em sítio de candidato, partido ou coligação, com endereço eletrônico comunicado à Justiça Eleitoral, em provedor de serviço de internet estabelecido no Brasil. Também é permitida a propaganda eleitoral por meio de blogs, redes sociais, sitos de mensagens instantâneas e assemelhados, bem como propaganda eleitoral através de e-mail. Veda-se, na propaganda eleitoral na internet, o anonimato e a veiculação de propaganda em sítios de pessoas jurídicas, com ou sem fins lucrativos, ou sítios oficiais ou hospedados por órgãos ou entidades da administração pública direta ou indireta da União, estados, DF e municípios. A partir da reforma eleitoral de 2017, passou a ser permitido o impulsionamento pago de propaganda eleitoral na internet, exceto no dia da eleição, desde que financiado por partido, coligação ou candidato.

Capítulo 11

Organização das eleições, garantias eleitorais e diplomação dos eleitos

1. NOTAS INTRODUTÓRIAS

Como já destacado nos capítulos anteriores desta obra, o processo eleitoral e as atribuições da Justiça Eleitoral se iniciam muito antes do pleito, já com o alistamento dos eleitores, encerrando-se também em momento posterior ao escrutínio, com a diplomação dos eleitos. Assim, além da tradicional função jurisdicional, a Justiça Eleitoral exerce importante função executiva, na organização das eleições.

Neste capítulo, serão abordadas as diversas etapas da organização das eleições ainda não estudadas nos capítulos anteriores, a exemplo da organização das seções eleitorais e lugares de votação, da nomeação das mesas receptoras, do processo de votação e apuração dos votos, além da proclamação dos eleitos e da diplomação. Para isso, teremos como parâmetro, principalmente, o estudo do Código Eleitoral e da Lei das Eleições (Lei nº. 9.504/97).

2. A ORGANIZAÇÃO DAS SEÇÕES ELEITORAIS E DAS MESAS RECEPTORAS DE VOTOS

2.1. A organização das seções eleitorais

Como já destacado no capítulo IV desta obra, a divisão geográfica da Justiça Eleitoral de primeira instância se dá através da constituição das zonas eleitorais, correspondentes ao espaço territorial sob a jurisdição de um juiz eleitoral, podendo abranger mais de um município ou, em certas ocasiões, área inferior a de um território municipal. Grandes municípios, geralmente, comportam várias zonas eleitorais, enquanto que pequenos municípios costumam ser agrupados sob a égide de uma mesma zona eleitoral.

As zonas eleitorais, por sua vez, deverão ser divididas em seções eleitorais, correspondentes ao local onde os eleitores comparecem para votar. Em cada seção eleitoral é instalada uma urna, na eleição ou consulta popular. Em cada seção eleitoral, na data do pleito, funcionará uma mesa receptora de votos, composta por uma equipe de mesários nomeada pelo juiz eleitoral da zona eleitoral da qual a seção fizer parte.

> **Atenção!!!**
>
> De acordo com o previsto no art. 117 do Código Eleitoral, as seções eleitorais deverão ter, em regra, pelo menos, 50 eleitores, e, no máximo, 400 eleitores nas capitais e 300 eleitores nas demais localidades.
>
> O parágrafo único do art. 84 da lei nº 9.504/97, no entanto, estabelece que cabe à Justiça Eleitoral fixar o número de eleitores por seção, a fim de garantir o pleno exercício do direito do voto.
>
> Assim, admite-se, hoje, a existência de seções eleitorais com mais de 400 eleitores, conforme juízo de conveniência e oportunidade da Justiça Eleitoral.

As seções eleitorais funcionarão preferencialmente em edifícios públicos, podendo, entretanto, ser utilizados, em caso de necessidade, edifícios particulares. Os locais de funcionamento das seções eleitorais são conhecidos como "locais de votação".

Até 60 dias antes da eleição, o juiz eleitoral designará os locais de votação onde irão funcionar as mesas receptoras, sendo vedada a escolha de locais pertencentes a candidatos, membros de diretórios ou delegados de partidos políticos ou de coligação, autoridade judicial ou cônjuges e parentes, consanguíneos, por adoção ou afins, até o 2º grau, de candidato. A localização de seções eleitorais em propriedades rurais privadas também é proibida.

Uma vez divulgados os locais de votação, inicia-se prazo de 03 dias para impugnação, contados da publicação, sendo legitimados, para este fim, os partidos políticos, de acordo com o art. 137, § 7º do Código Eleitoral. Vale destacar, no entanto, que, como já ressaltado anteriormente, o § 1º do art. 6º da Lei das Eleições (lei nº. 9.504/97) defere às coligações todas as prerrogativas e obrigações de partido político, durante o processo eleitoral. Da mesma forma o art. 72 da LC 75/93 defere ao Ministério Público Eleitoral a prerrogativa de atuar em todas as fases do processo eleitoral, na defesa da normalidade e da legitimidade das eleições e, por conseguinte, do próprio interesse público. Assim, embora o Código Eleitoral destaque apenas os partidos políticos como legitimados para impugnar os locais de votação, podemos também afirmar que as coligações e o Ministério Público Eleitoral também gozam da mesma prerrogativa.

▸ **Como esse assunto foi cobrado em concurso?**

No concurso para juiz de direito substituto do estado do Pará, organizado em 2007 pela FGV, foi formulada a seguinte questão: "São legitimados para impugnação de locais escolhidos para votação: a) o candidato que se sentir prejudicado e o promotor eleitoral; b) o partido político e o promotor eleitoral; c) o candidato que se sentir prejudicado, o promotor e o partido político; d) a coligação partidária à qual pertencer o candidato que se sentir prejudicado; e) apenas o promotor eleitoral". Foi considerada correta a resposta da letra "b", embora o Código Eleitoral dê legitimidade apenas aos partidos políticos, como já destacado. Entendemos que a letra "d", referente à legitimidade das coligações, também deveria ter sido considerada correta, mas a banca considerou correta apenas a letra "b".

O eleitor, no momento do seu alistamento eleitoral, poderá escolher o seu local de votação preferido, a partir de lista dos locais de votação disponíveis na sua respectiva zona eleitoral.

▸ **Atenção!!!**

A Justiça Eleitoral deverá organizar seções especiais para pessoas portadoras de deficiência, as quais, no entanto, deverão se alistar, se assim desejarem, como eleitoras destas seções. O número de eleitores das seções especiais poderá ser completado por outros eleitores que não estejam na condição referida.

2.2. A organização das mesas receptoras de votos

Como destacado, em cada seção eleitoral, na data do pleito, funcionará uma mesa receptora de votos, constituída de mesários nomeados pelo juiz eleitoral da zona a que pertença a respectiva seção.

Segundo o artigo 120 do Código Eleitoral, cada mesa receptora de votos deverá ser constituída por seis membros: um presidente, um primeiro e um segundo mesário, dois secretários e um suplente, nomeados pelo juiz eleitoral sessenta dias antes da eleição. Nas eleições 2010, no entanto, o TSE, por meio da Resolução nº. 23.218, de 02.03.2010, facultou aos TREs a dispensa do segundo secretário e do suplente.

Não podem ser nomeados para compor mesas receptoras, de acordo com o art. 120 do Código Eleitoral c/c art. 63, § 2º da Lei nº 9.504/97
– Candidatos, seus cônjuges e parentes, ainda que por afinidade, até o 2º grau.
– Membros de diretórios de partidos políticos que exerçam função executiva.
– Autoridades e agentes policiais, bem como funcionários no desempenho de cargos de confiança no poder executivo.
– Servidores da Justiça Eleitoral.
– Eleitores menores de 18 anos de idade.

▸ **Atenção!!!**

Servidores da Justiça Eleitoral podem compor mesas exclusivamente constituídas para a recepção de justificativas de ausência de eleitores ao pleito (art. 10, § 3º da Res. TSE nº. 23.218/10).

Qualquer partido pode reclamar ao juiz eleitoral, no prazo de cinco dias, da nomeação da mesa receptora, devendo a decisão ser proferida em 48 horas. Da decisão caberá recurso ao TRE no prazo de 03 dias (art. 63 da Lei nº. 9.504/97).

É vedada a participação de parentes em qualquer grau ou servidores da mesma repartição pública ou empresa privada na mesma mesa receptora (art. 64 da Lei das Eleições).

Os nomeados que não declararem a existência de qualquer dos impedimentos relacionados incorre em crime eleitoral, com pena de detenção de até seis meses ou pagamento de multa (art. 310 do Código Eleitoral).

▸ **Como esse assunto foi cobrado em concurso?**

No concurso para juiz de direito substituto do estado do Paraná, organizado pela PUC-PR, em 2010, foi considerada falsa afirmativa que dispunha que "qualquer partido pode reclamar ao Juiz Eleitoral, no prazo de 5 (cinco) dias, da nomeação da Mesa Receptora, devendo a decisão ser proferida em 72 (setenta e duas) horas e desta caberá recurso para o Tribunal Regional, interposto dentro de 3 (três) dias, devendo ser resolvido em igual prazo". Como visto no quadro de atenção acima, a decisão deve ser proferida em 48 horas, em não em 72 horas.

O presidente da mesa exercerá, durante o período de votação, o poder de polícia na sua respectiva seção, podendo, para isso requisitar a presença de força policial, se necessário. É o presidente da mesa, assim, durante os trabalhos, a autoridade superior, devendo zelar pela ordem do pleito, com poderes, inclusive para retirar do recinto quem não guardar a devida compostura ou estiver praticando ato atentatório à liberdade eleitoral.

Nenhuma autoridade estranha à mesa poderá intervir na mesma, sob pretexto algum, salvo o juiz eleitoral. A força Armanda conservar-se-á a cem metros da seção eleitoral e não poderá aproximar-se do local de votação, ou nela penetrar, sem ordem do presidente da mesa.

▸ Como esse assunto foi cobrado em concurso?

No concurso para técnico judiciário do TRE-SE, realizado em 2007, foi formulada a seguinte questão: "Durante ato eleitoral, a Força Pública: a) circulará pela seção eleitoral à paisana, procurando preservar a ordem pública, e a segurança dos eleitores e a liberdade de voto; b) permanecerá nas proximidades da seção eleitoral e poderá aproximar-se do lugar da votação e nele penetrar em caso de solicitação de qualquer eleitor. c) permanecerá nas proximidades da seção eleitoral e poderá aproximar-se do lugar da votação e nele penetrar em caso de solicitação de fiscais de Partido Político ou Coligações Partidárias; d) conservar-se-á a 100 metros da seção eleitoral e não poderá aproximar-se do lugar da votação, ou nele penetrar, sem ordem do Presidente da Mesa; e) fará o policiamento ostensivo, mantendo plantão dentro de cada seção eleitoral, com a finalidade de evitar "boca de urna" e zelar pela liberdade de escolha do eleitor". A resposta correta foi a prevista na alternativa "d".

3. DO SISTEMA ELETRÔNICO DE VOTAÇÃO E DA TOTALIZAÇÃO DOS VOTOS

Com a adoção da urna eletrônica, o antigo sistema de votação por cédulas, previsto no Código Eleitoral, foi substituído pelo sistema eletrônico de votação e totalização dos votos, previsto no artigo 59 e seguintes da lei nº. 9.504/97. Assim, somente em caráter excepcional poderá a Justiça Eleitoral autorizar o sistema de votação convencional.

Na votação eletrônica, deverá o eleitor digitar o número do seu candidato ou legenda partidária (no caso das eleições proporcionais). A urna eletrônica, primeiramente, exibirá para o eleitor os painéis de votação referentes às eleições proporcionais para, posteriormente, exibir os relativos às eleições majoritárias.

▸ **Atenção!!!**

Na votação para as eleições proporcionais, serão computados para a legenda partidária os votos em que não seja possível a identificação do candidato, desde que o número identificador do partido seja digitado de forma correta.

▸ **Como esse assunto foi cobrado em concurso?**

No 16º Concurso para Procurador da República, foi considerada verdadeira afirmativa que dispunha que "a votação e a totalização serão feitas, nas eleições proporcionais, pelo sistema eletrônico, computando-se para a legenda partidária os votos em que não seja possível a identificação do candidato, desde que o número identificador do partido político seja digitado de forma correta".

A urna eletrônica contabilizará cada voto, assegurando-lhe o sigilo e inviolabilidade, garantida a ampla fiscalização do processo aos candidatos, partidos políticos e coligações.

Mediante assinatura digital, a urna eletrônica disporá de recursos aptos ao registro digital de cada voto e a identificação da urna em que foi registrado, resguardado o anonimato do eleitor.

▸ **Como esse assunto foi cobrado em concurso?**

No concurso para Analista Judiciário do TRE-PA, organizado pelo CESPE, em 2007, foi considerada verdadeira afirmativa que dispunha que "a urna eletrônica disporá de recursos que, mediante assinatura digital, permitam o registro digital de cada voto e a identificação da urna em que foi registrado".

▸ **Atenção!!!**

Ao final da eleição, a urna eletrônica procederá à assinatura digital do arquivo de votos, com aplicação do registro de horário e do arquivo do boletim de urna, de maneira a impedir a substituição de votos e a alteração dos registros dos termos de início e término da votação.

3.1. O início e o encerramento da votação

A votação deverá ser iniciada às 08 horas da manhã, encerrando-se às 17 horas. Caso, às 17 horas, o presidente da mesa constate a presença de eleitores na fila, deverá o mesmo distribuir senhas a todos os presentes, solicitando aos mesmos a entrega de seus documentos de identificação, a fim de que possam ser admitidos a votar.

▸ Atenção!!!

Os candidatos têm prioridade para votar. Em seguida, terão preferência os juízes eleitorais, servidores da Justiça Eleitoral e pessoas a serviço da Justiça Eleitoral, promotores eleitorais, policiais militares em serviço, fiscais e delegados de partidos e coligações, idosos, enfermos, gestantes, lactantes e pessoas portadoras de necessidades especiais.

Antes do início da votação, deverá ser emitida a zerésima, documento que comprova a ausência de votos depositados previamente na urna eletrônica. Já ao final da mesma, deverá ser preenchida a ata e emitidos os boletins de urna e de justificativas. Dos boletins de urna (BUs) deverão constar as seguintes informações:

Dados constantes dos boletins de urna
a) Data da eleição;
b) identificação da zona eleitoral, município e seção eleitoral;
c) data e horário de encerramento da votação;
d) código de identificação da urna;
e) número de eleitores habilitados a votar;
f) número de eleitores votantes no pleito;
g) votação conferida para cada candidato e cada legenda;
h) quantidade de votos nulos e de votos brancos;
i) soma geral dos votos computados.

3.2. Documentos necessários à identificação do eleitor

Até a publicação da Lei nº. 12.034/09, o título eleitoral era considerado documento idôneo apto a identificar, por si só, o eleitor no momento da votação. Apenas em situações excepcionais, quando houvesse fundada suspeita de tentativa de fraude, o eleitor era obrigado a exibir outro documento oficial com foto, que junto com o título, o identificasse. Da mesma forma, era prática comum nas eleições, autorizada pela Justiça Eleitoral, a substituição do título eleitoral por outro documento oficial com foto, no momento da votação. O mais importante era que o eleitor fosse identificado.

O fato de ser o título eleitoral um documento sem foto, que facilita a fraude na sua utilização, motivou o legislador, na busca do combate a tal prática, ainda comum no Brasil, a incluir, através da reforma eleitoral de 2009, o artigo 91-A da Lei das Eleições, que assim dispõe:

> **Art. 91-A.** No momento da votação, além da exibição do respectivo título, o eleitor deverá apresentar documento de identificação com fotografia.
>
> **Parágrafo único.** Fica vedado portar aparelho de telefonia celular, máquinas fotográficas e filmadoras, dentro da cabina de votação.

Como se percebe, estabeleceu o legislador a obrigação de apresentação, no dia da eleição, por parte do eleitor, de dois documentos: o título eleitoral e um outro documento oficial de identificação com foto. Obviamente, a partir de uma interpretação teleológica do caput do novo dispositivo legal, o objetivo do legislador não foi burocratizar o processo eleitoral, obrigando que o eleitor vote com dois documentos em mãos, mas sim permitir a identificação do eleitor, para evitar fraudes, como aquelas verificadas quando um eleitor voto com o título eleitoral de outro, aproveitando-se do fato de ser o título de eleitor um documento sem foto.

Assim, às vésperas do primeiro turno das eleições 2010, decidiu o Supremo Tribunal Federal, em polêmica decisão, que não mais é preciso, ao eleitor, apresentar seu título eleitoral no momento da votação, interpretando teleologicamente o artigo 91-A citado. Desta forma, deverá o eleitor, tão somente, apresentar documento oficial com foto que comprove a sua identidade (RG, carteira de trabalho ou carteira de motorista, por exemplo), sendo facultativa a apresentação do título eleitoral.

> ▸ **Atenção!!!**
>
> É vedado ao eleitor, no momento da votação, portar aparelho de telefonia celular, máquinas fotográficas e filmadoras, dentro da cabina de votação, a fim de preservar o sigilo do voto, conforme regra estampada no parágrafo único do novo art. 91-A da Lei das Eleições, incluído pela reforma eleitoral de 2009.

3.3. O voto em separado e sua previsão no Código Eleitoral

O Código Eleitoral, em seu artigo 147, § 3º, prevê a possibilidade de voto em separado do eleitor sobre o qual paire dúvidas acerca da sua identidade, impugnada pelos membros da mesa, fiscais, delegados, candidatos ou qualquer eleitor, antes do mesmo ser admitido a votar. Ocorre que, segundo jurisprudência consolidada do TSE (Res. 20.686/2000), com o sistema eletrônico de votação não é mais possível a adoção do referido procedimento.

Assim, havendo impugnação à identidade do eleitor, o presidente da mesa receptora poderá exigir do mesmo a apresentação de outros documentos que o identifique, além daqueles já previstos na legislação, bem como interrogá-lo acerca dos dados constantes do título eleitoral.

Persistindo a dúvida, o presidente da mesa receptora poderá confrontar a assinatura do título com assinatura firmada pelo eleitor na sua presença. Mantida, no entanto, a impugnação, sem que seja dirimido o conflito, o presidente da mesa receptora deverá solicitar a presença do juiz eleitoral, a quem incumbirá decidir a questão.

3.4. A questão da impossibilidade de conclusão do procedimento de votação pelo eleitor

Ocorrendo a hipótese do eleitor se recusar, por qualquer motivo, a votar ou concluir o procedimento de votação (ou mesmo ser impedido por fato alheio a sua vontade, como, por exemplo, o acometimento de um ataque cardíaco durante a votação), deverá o presidente da mesa suspender a votação do eleitor na urna eletrônica, digitando comando próprio para isso. Deverá, ainda, o presidente da mesa receptora, reter o comprovante de votação do eleitor e consignar o fato em ata, assegurando ao eleitor o exercício do direito de voto até o encerramento da votação, caso o mesmo ainda seja possível.

3.5. A questão do voto em trânsito para presidente da república

Com a adoção do sistema eletrônico de votação, tornou-se vedada a possibilidade de voto em trânsito, prevista no Código Eleitoral. Dessa forma, o eleitor passou a ser obrigado a votar, apenas, na seção eleitoral em que esteja alistado (art. 62 da Lei das Eleições).

▸ **Como esse assunto foi cobrado em concurso?**

No concurso para técnico judiciário do TRE-SE, realizado em 2007, pela FCC, foi formulada a seguinte questão: "A respeito do ato de votar, é correto afirmar que: a) poderão votar fora das respectivas seções os candidatos a Prefeitos, em qualquer seção do Município, desde que dele sejam eleitores; b) poderá votar fora da respectiva seção o Presidente da República, que, nas eleições presidenciais, poderá votar em qualquer Seção Eleitoral do País; c) poderão votar fora das respectivas seções os Governadores, em qualquer seção do Estado, nas eleições de âmbito nacional e estadual; d) nas seções em que for adotada a urna eletrônica, somente poderão votar eleitores cujos nomes estiverem nas respectivas folhas de votação; e) poderão votar fora das respectivas seções os candidatos a Vereador, em qualquer seção do Município, desde que dele sejam eleitores". Foi considerada como correta a resposta prevista na alternativa "d", conforme previsão do art. 63 da Lei das Eleições, citado.

Com a reforma eleitoral promovida pela Lei nº. 12.034/09, entretanto, foi incluído no Código Eleitoral o art. 233-A, dispondo que "aos eleitores em trânsito no território nacional é igualmente assegurado o direito de voto nas eleições para presidente e vice-presidente da república, em urnas especialmente instaladas nas capitais dos estados e na forma regulamentada pelo TSE".

Dessa forma, criou-se o instituto do "voto em trânsito nas eleições presidenciais", disciplinado, nas eleições 2010, pela Resolução TSE nº. 23.215, de 02 de março de 2010.

Previu a citada resolução, no seu artigo 2º, que para votar em trânsito nas eleições presidenciais o eleitor deveria se habilitar em qualquer cartório eleitoral do país, entre 15 de julho e 15 de agosto de 2010, informando a capital de estado brasileiro em que estaria presente no dia da eleição, não sendo admitida a habilitação por procurador. Dessa forma, o eleitor faria uma "transferência provisória" do seu título para as citadas seções especiais, mantendo, no entanto, o domicílio eleitoral.

O eleitor que não pudesse, por qualquer motivo, comparecer à seção indicada para votar em trânsito deveria justificar a sua ausência, inclusive no seu domicílio eleitoral de origem, só não podendo fazer tal justificativa, no dia da eleição, na capital indicada para o exercício do voto em trânsito (assim, por exemplo, um eleitor de Salvador poderia votar no Rio de Janeiro, apenas para presidente da república, ficando, entretanto, quite com as suas obrigações eleitorais, se habilitado no prazo previsto na resolução, mantendo seu domicílio eleitoral em Salvador, contudo. Se eventualmente, entretanto, esse eleitor não estivesse no Rio de Janeiro, na data da eleição, teria o mesmo que justificar sua ausência, inclusive em Salvador. Se o eleitor, contudo, estivesse no Rio de Janeiro no dia da eleição, não poderia o mesmo justificar ausência do pleito, nesse município, neste mesmo dia).

Com a publicação da Lei nº. 13.165/15, em 29 de setembro de 2015, a regra do artigo 233-A do Código Eleitoral, criada pela Lei nº. 12.034/09, foi ampliada, permitindo, doravante, o voto em trânsito de eleitores não apenas para as eleições presidenciais, mas também nos pleitos de circunscrição estadual e/ou distrital (govenadores, deputados e senadores).

Além disso, o eleitor poderá, com as novas regras, a partir de 2018, votar em trânsito se estiver em qualquer município do estado (no caso das eleições com circunscrição estadual) ou do país (no caso das eleições presidenciais) que tenham mais de cem mil eleitores, fato que amplia a possibilidade de utilização do instituto.

Para votar em trânsito, o eleitor deverá habilitar-se perante a Justiça Eleitoral no período de até quarenta e cinco dias da data marcada para a eleição, indicando o local em que pretende votar.

Também como novidade, a Lei 13. 165/15 criou os novos §§ 2º, 3º e 4º do art. 233-A do Código Eleitoral, in verbis:

> **Art. 233-A.**
>
> (...)
>
> § 2º Os membros das Forças Armadas, os integrantes dos órgãos de segurança pública a que se refere o art. 144 da Constituição Federal, bem como os integrantes das guardas municipais mencionados no § 8º do mesmo art. 144, poderão votar em trânsito se estiverem em serviço por ocasião das eleições.
>
> § 3º As chefias ou comandos dos órgãos a que estiverem subordinados os eleitores mencionados no § 2º enviarão obrigatoriamente à Justiça Eleitoral, em até quarenta e cinco dias da data das eleições, a listagem dos que estarão em serviço no dia da eleição com indicação das seções eleitorais de origem e destino.
>
> § 4º Os eleitores mencionados no § 2º, uma vez habilitados na forma do § 3º, serão cadastrados e votarão nas seções eleitorais indicadas nas listagens mencionadas no § 3º independentemente do número de eleitores do Município.

Como se observa, os novos dispositivos criam uma polêmica regra, ao garantir o exercício do voto em trânsito dos membros das Forças Armadas, órgãos de segurança pública e integrantes de guardas municipais que estiverem em serviço, por ocasião das eleições.

O problema da nova regra, aparentemente louvável, reside na redação dos §§ 3º e 4º, também incluídos pela reforma, que não restringem tal direito àqueles que estiverem em serviço fora dos seus estados de origem. Pergunta-se: um integrante das Forças Armadas que esteja fora do seu estado de origem, a serviço, na data do pleito, poderá votar para governador, deputados e senadores? Como será a logística desta votação, no que se refere, principalmente, à preparação das urnas? Teremos até as eleições de 2018 para responder a estes questionamentos.

3.6. A votação por cédulas

Regra no passado, a votação por cédulas de papel é fenômeno raro nos dias de hoje, embora ainda previsto na legislação, em caso de necessidades extremas (defeito irrecuperável de urna eletrônica e impossibilidade e sua substituição).

▸ **Como esse assunto foi cobrado em concurso?**

No 16º concurso para procurador da república, foi considerada falsa afirmativa que dispunha que "a partir das eleições de 1996, a votação e a totalização dos votos somente põem ser feitas pelo sistema eletrônico".

Havendo necessidade de votação com cédulas, deverá o juiz eleitoral mandar entregar ao presidente da mesa receptora de votos uma urna de lona lacrada, lacre para fenda da urna, a ser colocado após a votação, além de cédulas oficiais de cor amarela, para as eleições majoritárias, e brancas, para as eleições proporcionais.

Durante a votação, os eleitores, após devidamente identificados, deverão receber cédulas abertas, que deverão, de forma secreta, ser preenchidas pelos mesmos e, após, depositadas na urna de lona.

Encerrado o ato da votação, o eleitor receberá de volta, dos mesários, os seus documentos de identificação, além do comprovante de votação.

> **Atenção!!!**
>
> O eleitor, na votação por cédulas, poderá escrever o número ou nome de seu candidato de preferência, ou apenas o número da legenda, no caso das eleições proporcionais.

3.7. As recentes reformas eleitorais e a adoção do voto impresso nas eleições

O sigilo e a confiabilidade da urna eletrônica, constantemente, são objetos de acaloradas discussões. Recentemente, em mais uma tentativa de reforço na confiabilidade na urna e, por conseguinte, em todo o processo eleitoral, a lei nº. 12.034/09, em seu artigo 5º, criou, para as eleições 2014 e seguintes, a figura do voto impresso conferido pelo eleitor, garantido o sigilo do voto.

Dessa forma, a partir das eleições 2014, quando o eleitor votasse, a urna exibiria o voto completo para conferência visual do eleitor e confirmação final do voto. Após tal confirmação, o voto seria depositado de forma automática, sem contato manual do eleitor, em local previamente lacrado.

Após a votação, em audiência pública, a Justiça Eleitoral sortearia 2% das urnas para uma auditoria, na qual os votos de papel deverão ser contados e comparados com os resultados apresentados nos respectivos boletins de urna.

Em 19/10/2011, no entanto, o STF, em decisão cautelar na **ADI nº. 4543**, ajuizada pela Procuradoria-Geral da República, **suspendeu a eficácia do referido artigo**, sob o argumento de que a adoção do voto impresso ameaça a garantia constitucional do sigilo do voto.

A urna eletrônica, instituída nos anos 1990, representou um grande avanço na busca da garantia da normalidade das eleições brasileiras, reduzindo, substancialmente, as possibilidades de fraudes nas eleições, muito comuns na época da urna de lona e das cédulas de papel.

Apesar do sucesso desta nova forma de votação, que permitiu, dentre outros avanços, uma grande celeridade no processo de apuração dos resultados, muitos são aqueles que desconfiam da urna, acreditando que a mesma pode ser violada por hackers ou manipulada para desviar os votos de um candidato para outro, alterando os resultados dos pleitos.

Contra estas dúvidas, a Justiça Eleitoral, desde a implementação do sistema eletrônico de votação, tem disponibilizado diversos meios de aferição da segurança das urnas, acessíveis ao Ministério Público, partidos políticos, candidatos e sociedade civil. Dentre estes instrumentos, podemos destacar a votação paralela, forma de auditoria realizada no dia das eleições que almeja comprovar a impossibilidade de manipulação das urnas com o objetivo de desviar votos de um candidato para outro.

De acordo com as regras da votação paralela, na véspera da eleição, urnas já preparadas e lacradas, direcionadas às seções eleitorais, são aleatoriamente sorteadas e levadas para as sedes dos tribunais regionais eleitorais, onde são auditadas no dia do pleito.

Esta auditoria consiste em uma votação simulada realizada das 08 da manhã às 17 horas do domingo da eleição, em que votos são digitados nas urnas sorteadas como se fosse uma eleição de verdade, perante testemunhas e documentação por filmagem. Encerrada a votação, apuram-se as urnas, a fim de que seja comparado o resultado apurado com aquele cantado no momento da votação simulada. Em todos os anos em que tal procedimento foi realizado, em nenhuma oportunidade, em qualquer TRE do país, houve divergência entre o resultado apurado e os votos sufragados na votação simulada, fato que comprova, estatisticamente, a confiabilidade da urna.

Uma outra suspeita sempre levantada diz respeito à possibilidade de invasão da urna eletrônica por hackers. Afinal, como muito se diz, se até os computadores do FBI, nos Estados Unidos, já foram invadidos por hackers, por que não a urna eletrônica?

Quem levanta esta suspeita, contudo, não conhece, efetivamente, o funcionamento de uma votação e de uma apuração de resultados em uma eleição brasileira, com o uso do sistema eletrônico. É impossível a invasão da urna por hackers, ameaçando a lisura dos resultados apurados, por um simples motivo: a urna eletrônica, durante todo o processo de votação, até a expedição do Boletim de Urna, não fica conectada em rede, inviabilizando, portanto, qualquer possibilidade de invasão.

Antes mesmo de ser iniciada a votação, os mesários, em cada sessão eleitoral, têm a obrigação de emitir um documento chamado de Zerésima, através do qual se demonstra que nenhum voto foi depositado, até aquele momento, na urna. Com a impressão da Zerésima, a urna fica pronta para receber os votos dos eleitores, o que começa a ocorrer às oito da manhã do dia da votação, em processo que se encerra às dezessete horas, ou até que todos os eleitores que se encontrem na fila de votação, neste horário, votem.

Encerrada a votação, os mesários emitem, através da urna, um novo documento, chamado Boletim de Urna, a partir do qual o resultado daquela urna é apurado. Cópias desse boletim são, então, distribuídas aos fiscais de partido, além de publicadas no local de votação e na sede da Justiça Eleitoral. Todo este procedimento é realizado sem que a urna esteja em rede, impossibilitando, portanto, a ação de hackers.

Somente após a emissão dos boletins de urna (BUs) é que os resultados são transmitidos, por rede, para fins de totalização junto aos TREs e TSE. Teoricamente, neste momento poderia haver invasão de hackers, mas, por outro lado, a totalização revela apenas a soma dos votos de cada urna eletrônica, já apurados através da emissão dos BUs. Qualquer mudança, portanto, seria facilmente contestada com a apresentação de cópias desses documentos, os quais, como já afirmado, são distribuídos para todos os partidos e Ministério Público, além de publicados no local de votação e na sede do órgão da Justiça Eleitoral.

Como se observa, os principais argumentos suscitados para levantar suspeitas sobre a confiabilidade das urnas eletrônicas são facilmente refutáveis. Apesar disso, o Congresso Nacional brasileiro resolveu, por meio da Lei nº. 13.165/15, instituir, a partir das eleições gerais de 2018, o voto impresso no país, alegando a necessidade de uma maior transparência na apuração das eleições.

Com o apoio de muitos setores da sociedade, o Congresso Nacional incluiu o artigo 59-A à Lei das Eleições, assim dispondo:

> **Art. 59-A.** No processo de votação eletrônica, a urna imprimirá o registro de cada voto, que será depositado, de forma automática e sem contato manual do eleitor, em local previamente lacrado.
>
> Parágrafo único. O processo de votação não será concluído até que o eleitor confirme a correspondência entre o teor de seu voto e o registro impresso e exibido pela urna eletrônica.'

Além disso, o artigo 12 da própria Lei 13.165/15, também dispondo sobre a impressão do voto, assim dispôs:

> **Art. 12.** Até a primeira eleição geral subsequente à aprovação desta Lei, será implantado o processo de votação eletrônica com impressão do registro do voto a que se refere o art. 59-A da Lei nº 9.504, de 30 de setembro de 1997.

Alegando, contudo, o alto custo que seria gerado pela necessidade de adaptação das urnas eletrônicas de todo o país para o atendimento das novas regras de impressão dos votos, previsto em algo em torno de dois bilhões de reais, a presidente Dilma Rousseff achou por bem vetar os dois artigos citados, pondo fim, momentaneamente, ao projeto de impressão dos votos nas eleições.

Em 18 de novembro de 2015, contudo, em sessão conjunta do Congresso Nacional, o veto presidencial terminou sendo derrubado por ampla maioria, fazendo com que a regra da impressão do voto passasse a valer, a partir das eleições gerais de 2018. Em 25 de novembro de 2015, foi publicada no Diário Oficial da União a promulgação dos novos artigos de lei pela presidente da república, em conformidade com o art. 66, § 5º da Constituição Federal de 1988.

Aparentemente inofensiva, ou até mesmo louvada como um avanço democrático, a nova regra referente à impressão dos votos representa, contudo, muito mais um retrocesso do que uma evolução. Como já observado, já existem, atualmente, diversos meios de comprovação da segurança das urnas eletrônicas, os quais refutam, quase que por completo, as críticas comumente apresentadas ao sistema eletrônico de votação.

Muitos poderiam argumentar que a existência de mais um meio de comprovação desta segurança em nada prejudicaria a democracia, contribuindo, ao contrário, para a lisura do processo eleitoral. Ocorre, contudo, que a impressão dos votos traz novos problemas, que vão muito além dos altos custos da sua implantação.

O principal problema que vislumbramos com o novo procedimento de votação diz respeito à impossibilidade de comprovação, pelos mesários, fiscais de partido, ou mesmo pelos juízes eleitorais, de eventuais distorções eventualmente alegadas por eleitores durante as votações. Hipoteticamente, nada impede que um grupo de quatro ou cinco eleitores, usando da má-fé, aleguem que o voto dado a um candidato não corresponde àquele que foi impresso pela urna, levantando a suspeita de fraude na votação. Pergunta-se: como saber se os referidos eleitores estão falando a verdade? O voto continuará secreto, respeitando a cláusula pétrea prevista no artigo 60 da Constituição Federal, não sendo possível a ninguém, além do próprio eleitor, verificar se o voto computado foi exatamente conferido ao candidato que consta do voto impresso pela urna. Se quatro ou cinco eleitores de uma mesma sessão eleitoral alegarem, seguidamente, erros na urna eletrônica, muito provavelmente haverá um tumulto que impedirá o prosseguimento do processo de votação, o qual poderá culminar até mesmo em pedidos de nulidade da urna, com impactos no resultado final do pleito. Como evitar esta possibilidade fática?

Além disso, na década de 1990, quando a urna eletrônica ainda era novidade, foi realizada uma experiência com voto impresso nada satisfatória. Várias urnas quebraram, atrasando a votação e a apuração dos resultados. Esta possibilidade, cada vez mais rara, poderá se tornar novamente comum, prejudicando o bom andamento dos trabalhos eleitorais.

Acreditamos, assim, que a impressão dos votos, válida a partir das eleições gerais de 2018, nada acrescenta ao objetivo do direito eleitoral de promover a normalidade do exercício do poder de sufrágio popular. Ao contrário, a nova regra legal poderá, potencialmente, criar perigosas situações de anormalidade, capazes de desestabilizar as eleições vindouras, com graves prejuízos ao Estado Democrático de Direito.

3.8. Nulidades na votação

Tema de grande relevância no estudo das eleições refere-se à possibilidade de nulidades na votação, previstas no Código Eleitoral nos seus artigos 219 a 224.

Como já destacado no capítulo I desta obra, em item dedicado ao princípio *in dubio pro voto*, "na aplicação da lei eleitoral, o juiz atenderá sempre aos fins e resultados a que ela se dirige, abstendo-se de pronunciar nulidades sem demonstração de prejuízo" (art. 219 do Código Eleitoral).

Dispõe o artigo 220 do Código Eleitoral que é nula a votação: I – quando feita perante mesa não nomeada pelo juiz eleitoral, ou constituída com ofensa à letra da lei; II – quando efetuada em folhas de votação falsas; III – quando realizada em dia, hora, ou local diferentes do designado ou encerrada antes das 17 horas; IV – quando preterida formalidade essencial do sigilo dos sufrágios; V – quando a seção eleitoral tiver sido localizada em local proibido pela legislação (neste sentido, conferir item 2.1 deste capítulo).

Já o art. 221 estabelece que é anulável a eleição: I – quando houver extravio de documento reputado essencial; II – quando for negado ou sofrer restrição o direito de fiscalizar, e o fato constar da ata ou de protesto interposto, por escrito, no momento; III – quando votar eleitor excluído por sentença não cumprida por ocasião da remessa das folhas individuais de votação à mesa, desde que haja oportuna reclamação de partido; IV – eleitor de outra seção ou alguém com falsa identidade em lugar do eleitor chamado.

> ▸ **Como esse assunto foi cobrado em concurso?**
>
> No concurso para analista judiciário do TRE-CE, organizado pela FCC em 2002, foi considerada falsa afirmativa que dispunha que "Na aplicação da lei eleitoral, a declaração de nulidade da votação ficará superada por força de acordo entre os candidatos concorrentes, considerando que não se devem pronunciar nulidades sem demonstração de prejuízo". A afirmativa é falsa porque se trata de ato nulo e não ato anulável. Apenas nas causas de anulabilidade é que se permite suprir o vício, dispondo as partes do poder de convencionar pela anulação ou não apenas do ato anulável.

Conforme previsão do art. 223 do Código, a nulidade do ato deverá ser arguida imediatamente, sob pena de preclusão, sempre que possível, salvo quando se tratar de motivo de ordem constitucional.

Ainda no que se refere à questão das nulidades eleitorais, vale destacar a questão da possibilidade (ou impossibilidade) de nulidade da votação em virtude da ocorrência de maioria absoluta de votos nulos.

Os votos brancos e os votos nulos, de acordo com a atual legislação eleitoral, não têm nenhum valor. Não procede o mito de que votos brancos e nulos vão para o candidato mais votado. Tais votos proferidos no dia da eleição são desconsiderados, são invalidados, não servindo nem mesmo para anular o pleito, segundo jurisprudência pacificada do TSE.

É de se destacar, neste sentido, que o referido mito surgiu a partir do disposto no artigo 224 do Código Eleitoral, o qual dispõe, no seu caput, que "se a nulidade atingir a mais da metade dos votos no país nas eleições presidenciais, do estado nas eleições federais e estaduais ou do município nas eleições municipais, julgar-se-ão prejudicadas as demais votações e o Tribunal marcará dia para nova eleição dentre do prazo de 20 (vinte) a 40 (quarenta) dias".

Ocorre que o Tribunal Superior Eleitoral, interpretando o referido dispositivo legal, firmou a seguinte jurisprudência, a partir do julgamento do Acórdão 665, de 17 de agosto de 2002:

> **EMENTA**: Agravo regimental. Recurso em mandado de segurança. Acórdão regional. Determinação. Nova eleição.
>
> [...] 2. Para fins do art. 224 do Código Eleitoral, a validade da votação – ou o número de votos válidos – na eleição majoritária não é aferida sobre o total de votos apurados, mas leva em consideração tão somente o percentual de votos dados aos candidatos desse pleito, excluindo-se, portanto, os votos nulos e os brancos, por expressa disposição do art. 77, § 2º, da Constituição Federal. 3. Considerando o que decidido na Consulta nº 1.657 – no sentido de que não se somam aos votos nulos derivados da manifestação apolítica dos eleitores aqueles nulos em decorrência do indeferimento do registro de candidatos, afigura-se recomendável que a validade da votação seja aferida tendo em conta apenas os votos atribuídos efetivamente a candidatos e não sobre o total de votos apurados. (Ac. 665, de 17.8.09, do TSE)

Como se percebe, o TSE, abstendo-se de pronunciar nulidades sem prejuízo, de forma a valorizar a legitimidade da soberania popular, decidiu que o artigo 224 do Código Eleitoral não se aplica quando, voluntariamente, mais da metade dos eleitores decidirem anular o voto ou votar em branco, preservando, assim, a validade da eleição. A única forma prevista, assim, para a declaração de nulidade de uma eleição, a partir da aplicação do artigo 224 citado, de acordo com o TSE, ocorre quando a nulidade dos votos do candidato mais votado, com maioria absoluta dos votos, ocorrer após o pleito. Empossar o segundo colocado, nesta hipótese, seria privilegiar a vontade da minoria, em detrimento da maioria.

A Constituição Federal de 1988 estabeleceu que os votos nulos e em branco não serão computados para o cálculo da maioria nas eleições de presidente da República e vice-presidente da República, governador e vice-governador, e prefeito e vice-prefeito de municípios com mais de duzentos mil eleitores. A jurisprudência do TSE, por sua vez, tem se firmado no sentido de que os votos nulos ou brancos exarados de forma espontânea pelos eleitores não têm o poder de provocar a nulidade do pleito, mesmo que somem a maioria absoluta dos votos.

Diante desta situação, uma grande polêmica cercou as eleições nos últimos anos, especialmente as eleições municipais: quem assumiria a prefeitura de um município, ou o governo de um estado, em que o candidato mais votado no pleito, com maioria absoluta dos votos, viesse a ter o seu registro de candidatura impugnado, de forma definitiva, após o pleito? Seria empossado o segundo colocado ou teríamos novas eleições?

De acordo com previsão do artigo 16-A da lei nº. 9.504/97, seria possível entender que, na situação referida, o segundo colocado, independentemente da quantidade de votos do primeiro, cuja candidatura foi indeferida judicialmente após o pleito, embora impugnada antes do mesmo, deve ser empossado. Afinal, afirma o citado dispositivo legal que "o candidato cujo registro esteja *sub judice* poderá efetuar todos os atos relativos à campanha eleitoral, inclusive utilizar o horário eleitoral gratuito no rádio e na televisão e ter seu nome mantido na urna eletrônica enquanto estiver sob essa condição, <u>ficando a validade dos votos a ele atribuídos condicionada ao deferimento de seu registro por instância superior</u>" (grifos nossos). Como se percebe, é possível se defender a tese de que o eleitor assumiu o risco de votar em um candidato com o registro sub judice, sujeitando seu voto à possibilidade de nulidade, situação, portanto, diferente daquela em que o eleitor vota em um candidato sem qualquer impugnação ao seu registro de candidatura no dia do pleito mas que, após eleito, tem seu diploma cassado pela Justiça Eleitoral. Nesta segunda situação, não seria legítimo, de fato, dar posse ao segundo colocado quando o vencedor afastado vence o pleito com maioria absoluta dos votos. Na primeira situação, contudo, caberia a defesa da tese segundo a qual o eleitor não foi surpreendido, assumindo, assim, o risco de ter o seu voto anulado.

Diante desta polêmica, a Justiça Eleitoral se dividiu, fazendo com que em alguns municípios brasileiros o segundo colocado fosse empossado, mesmo com uma votação pequena, enquanto que em outros (a grande maioria) foi determinada uma nova eleição, seguindo-se a tese clássica de que a anulação da maioria dos votos, após o pleito, anula a eleição.

Buscando tentar resolver esta celeuma, os novos §§ 3º e 4º do art. 224 do Código Eleitoral, incluídos pela minirreforma eleitoral de setembro de 2015, assim passaram a dispor:

> Art. 224. (...)
>
> § 3º A decisão da Justiça Eleitoral que importe o indeferimento do registro, a cassação do diploma ou a perda do mandato de candidato eleito em pleito majoritário acarreta, após o trânsito em julgado, a realização de novas eleições, independentemente do número de votos anulados.
>
> § 4º A eleição a que se refere o § 3º correrá a expensas da Justiça Eleitoral e será:
>
> I – indireta, se a vacância do cargo ocorrer a menos de seis meses do final do mandato;
>
> II – direta, nos demais casos.

Doravante, conforme se afere da leitura do dispositivo citado, independentemente do número de votos anulados, caso o vencedor do pleito tenha sua vitória anulada pela Justiça, nova eleição deverá ser realizada.

Em 2017, o TSE determinou, por cinco votos a dois, a cassação dos mandatos do governador e do vice-governador do Amazonas eleitos em 2014 (RO 224661). Nesse julgamento, o tribunal ordenou o imediato afastamento dos mandatários cassados e a realização de eleições suplementares diretas, realizadas ainda em 2017, fixando, desta forma, novas diretrizes para situações semelhantes, em interpretação às novas regras estabelecidas pela reforma eleitoral de 2015.

4. JUSTIFICATIVA DE NÃO COMPARECIMENTO À ELEIÇÃO

Como já destacado nos capítulos I e VI desta obra, o exercício do voto, no Brasil, é obrigatório para os brasileiros natos e naturalizados, alfabetizados, maiores de 18 e menores de 70 anos de idade.

Para esses cidadãos, o não comparecimento à votação, seja em eleição ou consulta popular, enseja a não quitação das suas obrigações eleitorais, fato que, de acordo com o art. 7º, § 1º do Código Eleitoral, gera as seguintes sanções, além do pagamento de multa imposta pelo juiz eleitoral:

Sanções aplicáveis a eleitores descumpridores das suas obrigações eleitorais (art. 7º, § 1º do Código Eleitoral)
I. vedação a inscrição em concurso ou prova para cargo ou função pública, bem como a investidura e posse nos mesmos;

Sanções aplicáveis a eleitores descumpridores das suas obrigações eleitorais (art. 7º, § 1º do Código Eleitoral)
II. proibição de recebimento de vencimentos, remuneração, salário ou proventos de função ou emprego público, autárquico ou paraestatal, bem como fundações governamentais, empresas, institutos e sociedades de qualquer natureza, mantidas ou subvencionadas pelo governo ou que exerçam serviço público delegado, correspondentes ao segundo mês subsequente ao da eleição;
III. vedação à participação em concorrência pública ou administrativa da União, estados, territórios, DF ou municípios, ou das suas respectivas autarquias;
IV. proibição de obtenção de empréstimos nas autarquias, sociedades de economia mista, caixas econômicas federais ou estaduais, institutos e caixas de previdência social, bem como em qualquer estabelecimento de crédito mantido pelo governo, ou de cuja administração este participe, e com essas entidades celebrar contratos;
V. vedação para a obtenção de passaporte ou carteira de identidade;
VI. proibição de renovação de matrícula em estabelecimento de ensino oficial ou fiscalizado pelo governo;
VII. vedação à prática de qualquer ato para o qual se exija quitação do serviço militar ou imposto de renda.

Caso o eleitor justifique sua ausência ao pleito, nos termos da lei, entretanto, o mesmo estará quite com as suas obrigações eleitorais.

Estando o eleitor no Brasil, o mesmo poderá justificar sua ausência ao pleito no dia da realização do mesmo ou, se preferir, até 60 dias após, em cartório eleitoral. Para o eleitor que, na data do pleito, se encontrar ausente do país, por sua vez, o prazo para apresentação de justificativa de ausência será de 30 dias, contados do seu retorno ao país.

▸ **Atenção!!!**

O pedido de justificação será sempre dirigido ao juiz eleitoral da zona da inscrição do eleitor, podendo ser formulado em qualquer zona eleitoral, a qual providenciará sua remessa ao juízo competente.

▸ **Como esse assunto foi cobrado em concurso?**

No concurso para técnico judiciário do TRE-MA, organizado em 2009 pelo CESPE, foi considerada falsa afirmativa que dispunha que "o pedido de justificação de ausência a eleição é feita perante o TRE". Como visto, a justificativa se faz perante o juiz da zona eleitoral e não perante o TRE.

5. A FISCALIZAÇÃO DAS ELEIÇÕES

Em todo o processo eleitoral, desde o alistamento dos eleitores até a diplomação, é assegurado o direito de fiscalização aos partidos políticos, coligações, candidatos, membros do Ministério Público e da própria Justiça Eleitoral.

Assim, cabe aos diversos órgãos da Justiça Eleitoral a fiscalização dos pleitos de suas respectivas competências. Além disso, como já estudado, os juízes eleitorais detém o poder de polícia no combate à propaganda ilícita.

Os partidos políticos, por sua vez, exercem a fiscalização das eleições, em todas as suas fases, por meio de fiscais e delegados credenciados junto à Justiça Eleitoral. Enquanto o fiscal eleitoral, designado por partidos ou coligações, atua junto às mesas receptoras de votos, no dia da eleição, fiscalizando a votação e mesmo a apuração, apresentando, inclusive, impugnações; os delegados de partido, com atuação mais ampla, representam a agremiação partidária junto à Justiça Eleitoral na defesa dos mais diversos interesses, durante todo o pleito, podendo também atuar no dia da eleição, inclusive apresentando impugnações perante as juntas eleitorais, durante o processo de apuração. De acordo com o art. 11 da Lei nº. 9.096/95 (Lei Geral dos Partidos Políticos), o partido com registro no TSE pode credenciar delegados para atuar junto à Justiça Eleitoral. Os delegados credenciados pelo órgão de direção nacional representam o partido perante quaisquer tribunais ou juízes eleitorais; os credenciados pelos órgãos estaduais somente perante o Tribunal Regional Eleitoral e os juízes eleitoras do respectivo estado, do DF ou território federal; e os credenciados pelo órgão municipal, perante o juiz eleitoral da respectiva jurisdição.

Por fim, vale destacar que o artigo 65 da Lei das Eleições passou a contar com um novo parágrafo, o § 4º, a partir da minirreforma eleitoral de dezembro de 2013. De acordo com o novo dispositivo legal, cada partido ou coligação poderá credenciar no máximo dois fiscais por seção eleitoral, a fim de realizar o acompanhamento da votação.

> ▸ **Como esse assunto foi cobrado em concurso?**
>
> No concurso para juiz de direito substituto do estado do Pará, organizado em 2009 pela FGV, foi considerada verdadeira afirmativa que dispunha que "à medida em que os votos forem sendo apurados, impugnações poderão ser apresentadas pelos fiscais, delegados dos partidos e candidatos".

Já no concurso para técnico judiciário do TRE-SE, realizado em 2007, foi considerada falsa assertiva que dispunha que candidatos, fiscais e delegados de partidos podem permanecer na cabina de votação, fiscalizando as eleições. Evidentemente, somente o eleitor deverá permanecer na cabina de votação durante o tempo necessário para o exercício do voto, preservando o sigilo deste.

6. A QUESTÃO DA CONTRATAÇÃO DE CABOS ELEITORAIS DURANTE A CAMPANHA

O **artigo 100-A da Lei das Eleições** foi criado pela **minirreforma eleitoral de dezembro de 2013, através da lei nº. 12.891/13**, a fim de regulamentar uma prática muito comum e até então ignorada pela legislação eleitoral: a **contratação dos chamados "cabos eleitorais"**, pessoas que trabalham, de forma gratuita ou onerosa, em campanhas eleitorais de candidatos, coligações ou partidos.

As novas normas determinam, primeiramente, **limites ao número de cabos eleitorais em campanhas**: para candidatos a prefeito, um por cento do eleitorado por candidato em municípios com até trinta mil eleitorais e 0,1%, também por candidato, em municípios com maior número de eleitores, bem como no Distrito Federal.

Além disso, o novo artigo de lei estabelece limites ao número de contratados nas eleições para presidente da república e senadores (em cada estado, o número estabelecido para o município com o maior número de eleitores); governador de estado ou do DF (dobro do limite estabelecido para o Município com o maior número de eleitores, e, no Distrito Federal, até 0,2% do eleitorado); deputado federal (na circunscrição, 70% do limite estabelecido para o Município com o maior número de eleitores, e, no Distrito Federal, esse mesmo percentual aplicado sobre o limite calculado sob a base de 0,1% do eleitorado, considerado o eleitorado da maior região administrativa); deputado estadual ou distrital (na circunscrição, 50% do limite estabelecido para Deputados Federais); e vereadores (50% do número de contratados pelos candidatos a prefeito, observado o limite de 80% do número máximo permitido para contratação de cabos eleitorais de candidatos e deputado estadual). Os candidatos aos cargos de vice ou suplente seguem os limites dos titulares, tendo em vista a unicidade das candidaturas.

São excluídos dos limites fixados pela lei a militância não remunerada, pessoal contratado para apoio administrativo e operacional, fiscais e delegados credenciados para trabalhar nas eleições e os advogados dos candidatos ou dos partidos e coligações. **O descumprimento das normas do artigo 100-A configura crime** sujeito às penas previstas no artigo 299 do Código Eleitoral (corrupção eleitoral).

7. GARANTIAS ELEITORAIS

Visando à preservação da liberdade do voto, impedindo que atos arbitrários sejam praticados com o intuito de dificultar o livre exercício do poder de sufrágio, de forma a ameaçar a estabilidade do Estado Democrático de Direito, o Código Eleitoral estabeleceu capítulo sobre as garantias eleitorais.

Assim, no artigo 235 do CE, está previsto que "o Juiz Eleitoral, ou o Presidente da Mesa Receptora, pode expedir salvo-conduto com a cominação de prisão por desobediência até 5 (cinco) dias, em favor do eleitor que sofrer violência, moral ou física, na sua liberdade de votar, ou pelo fato de haver votado". Tal medida será válida para o período compreendido entre 72 (setenta e duas) horas antes até 48 (quarenta e oito) horas depois do pleito.

O artigo 236, por sua vez, estabelece um conjunto polêmico de normas, ao restringir a possibilidade de prisão de eleitores no período próximo à votação. Assim, dispõe o caput do citado dispositivo legal que "nenhuma autoridade poderá, desde 5 (cinco) dias antes e até 48 (quarenta e oito) horas depois do encerramento da eleição, prender ou deter qualquer eleitor, salvo em flagrante delito ou em virtude de sentença criminal condenatória por crime inafiançável, ou, ainda, por desrespeito a salvo-conduto". Ainda segundo o citado artigo, membros das Mesas Receptoras e os Fiscais de partido, durante o exercício de suas funções, não poderão ser, detidos ou presos, salvo o caso de flagrante delito; da mesma garantia gozarão os candidatos desde 15 (quinze) dias antes da eleição. Ocorrendo, contudo, qualquer prisão, o preso será imediatamente conduzido à presença do Juiz competente que, se verificar a ilegalidade da detenção, a relaxará e promoverá a responsabilidade do coator.

Por fim, estabelece o Código Eleitoral, em seus artigos 141 e 238, que a força armada conservar-se-á a cem metros da Seção Eleitoral e não poderá aproximar-se do lugar da votação, ou nele penetrar, sem ordem do Presidente da Mesa.

8. A APURAÇÃO E A PROCLAMAÇÃO DOS RESULTADOS

A apuração das eleições (e também das consultas populares), procedimento por meio do qual se afere o resultado do pleito, deverá ser iniciada tão logo se encerre a votação.

A competência para a apuração das eleições é exclusiva da Justiça Eleitoral, sendo que, nas eleições municipais, tal atribuição será das juntas eleitorais; nas eleições federais (deputado federal e senador), estaduais (governador, vice-governador e deputados estaduais) e distritais (governador e vice-governador do DF e deputados distritais), será dos tribunais regionais eleitorais respectivos; e nas eleições presidenciais (presidente e vice-presidente da república) a atribuição será do TSE.

▸ **Como esse assunto foi cobrado em concurso?**

No concurso para técnico judiciário do TRE-SE, realizado em 2007, foi formulada a seguinte questão: "A apuração das eleições para Senador, Deputado Federal e Deputado Estadual compete: a) ao Tribunal Superior Eleitoral, Tribunais Regionais Eleitorais e Tribunais Regionais Eleitorais, respectivamente; b) ao Tribunal Superior Eleitoral; c) aos Tribunais Regionais Eleitorais; d) aos Tribunais Regionais Eleitorais, Tribunal Superior Eleitoral, e Tribunais Regionais Eleitorais, respectivamente; e) aos Tribunais Regionais Eleitorais, Tribunais Regionais Eleitorais e Tribunal Superior Eleitoral, respectivamente". A resposta correta considerada foi a prevista na alternativa "c".

Preliminarmente, entretanto, mesmo nas eleições federais, estaduais e presidenciais, importante será a atuação das juntas eleitorais, responsáveis pela apuração, como destacado, nas eleições municipais, e pela transmissão dos dados apurados nos disquetes nas demais eleições, uma vez que é nas seções eleitorais, divisões das zonas eleitorais, que ocorre a votação e, por conseguinte, o trabalho de apuração. Assim, eventuais impugnações a urnas deverão ser feitas perante as juntas eleitorais. A impugnação não recebida pela junta eleitoral pode ser apresentada diretamente ao TRE em 48 horas, acompanhada de declaração de duas testemunhas.

▸ **Como esse assunto foi cobrado em concurso?**

No concurso para técnico judiciário do TRE-ES, realizado em 2011, foi considerada falsa afirmativa que dispunha que "Compete ao juiz eleitoral resolver as impugnações e demais incidentes verificados durante os trabalhos de contagem e apuração dos votos". Como observado, eventuais impugnações a urnas deverão ser feitas perante as juntas eleitorais.

Na prática, portanto, os trabalhos de apuração serão coordenados pelas juntas eleitorais, constituídas nas zonas eleitorais e compostas por um juiz de direito, que a presidirá, e por 2 ou 4 cidadãos que atuarão como membros titulares (sobre o tema, conferir capítulo IV desta obra). Ao presidente da Junta Eleitoral é facultado, ainda, nomear cidadãos de notória idoneidade para atuar como escrutinadores e auxiliares no processo de apuração, em número capaz de atender à boa marcha dos trabalhos (escrutinadores podem ser entendidos como cidadãos que atuam nas eleições com a finalidade de apurar votos), bem como, se desejar, dividir a Junta Eleitoral em turmas, durante os trabalhos de apuração.

Compete à Junta Eleitoral apurar a votação realizada nas seções eleitorais sob sua jurisdição; resolver impugnações, dúvidas e demais incidentes verificados durante os trabalhos de apuração; e expedir os boletins de urna, caso não seja possível a emissão dos mesmos já nas seções eleitorais, por meios das urnas eletrônicas. Nas eleições municipais, ainda compete às juntas eleitorais proclamar o resultado e diplomar os eleitos.

Nas eleições de competência dos tribunais regionais eleitorais, os votos apurados por cada Junta Eleitoral serão remetidos aos TREs para totalização. Em cada TRE funcionará uma comissão apuradora, formada por três membros (juízes) e secretariada por um servidor do próprio Tribunal. A Comissão Apuradora apresentará, ao final dos trabalhos, relatório a ser apreciado pelos membros do Tribunal, do qual constará os seguintes dados:

Dados constantes do Relatório Geral de Apuração das comissões apuradoras dos tribunais regionais eleitorais (art. 199, § 5º do Código Eleitoral)	
I.	seções apuradas e número de votos apurados diretamente pelas urnas;
II.	seções apuradas pelo sistema de apuração (quando falhar a apuração direta da urna), os motivos e o respectivo número de votos;
III.	seções anuladas ou não apuradas, os motivos e número de votos anulados ou não apurados;
IV.	seções onde não houve votação e os motivos;
V.	votação de cada partido, coligação e candidato nas eleições majoritárias e proporcionais;
VI.	quociente eleitoral, quociente partidário e distribuição das sobras, referentes às eleições para deputados federais, estaduais e distritais;
VII.	votação dos candidatos a deputado federal, estadual e distrital, incluídos em lista registrada, na ordem da votação recebida;

Dados constantes do Relatório Geral de Apuração das comissões apuradoras dos tribunais regionais eleitorais (art. 199, § 5º do Código Eleitoral)
VIII. votação dos candidatos a presidente da república, governador e senador, na ordem da votação recebida;
IX. impugnações apresentadas às Juntas Eleitorais e como foram resolvidas, assim como os recursos que tenham sido interpostos.

Já nas eleições presidenciais, de competência do TSE, caberá a este tribunal superior a totalização final dos resultados, com base nos resultados verificados em cada estado da federação, no Distrito Federal e no exterior.

Na sessão imediatamente anterior à realização das eleições, o presidente do TSE sorteará, dentre os membros da referida corte, relatores de grupos de estados, para os quais serão distribuídos os respectivos recursos e documentos das eleições. Cada relator, então, após o pleito, terá um prazo de cinco dias para apresentar relatório, contendo as seguintes informações: total de votos válidos, nulos e brancos em cada estado do seu grupo; conclusões acerca de votos apurados pelos TREs que devam ser anulados, bem como de votos anulados pelos tribunais regionais que devam ser validados; votação de cada candidato em cada unidade federativa do seu grupo; resumo das decisões dos TREs sobre dúvidas e impugnações, bem como dos recursos que hajam sido interpostos para o TSE, com as respectivas decisões e indicação das implicações sobre os resultados (art. 137 da REs. TSE nº. 23.218/10).

Os relatórios de todos os grupos, então, serão autuados em conjunto e distribuídos a um relator-geral que apresentará à corte relatório final. Aprovado o relatório final, o TSE proclamará o resultado das eleições.

▸ **Atenção!!!**

Encerradas as apurações, as instâncias competentes da Justiça Eleitoral proclamarão os resultados, marcando a data da diplomação dos eleitos.

8.1. A apuração da votação por meio de cédulas

Fenômeno raro a partir da implementação da urna eletrônica, a apuração da votação por meio de cédulas deverá ser realizada em conformidade com o Código Eleitoral e resoluções específicas expedidas pelo TSE (neste sentido, conferir Res. TSE. Nº. 23.218/10, arts. 110 a 121, aplicada nas eleições 2010).

Em relação ao referido procedimento, algumas informações mais relevantes merecem ser destacadas:

Quadro-resumo da apuração de votação por meio de cédulas	
a)	A apuração das cédulas somente poderá ser iniciada a partir das 17 horas do dia da eleição, devendo ser concluída até 05 dias após o pleito.
b)	Os membros das juntas eleitorais, escrutinadores e auxiliares somente poderão utilizar, no curso dos trabalhos, caneta esferográfica vermelha.
c)	É assegurado aos fiscais e delegados dos partidos políticos e coligações o direito de observar e fiscalizar os trabalhos.
d)	Antes de ser realizada a apuração das cédulas, equipe técnica designada pelo presidente da Junta Eleitoral procederá à geração de mídia com os dados recuperados, contendo os votos colhidos pelo sistema eletrônico até o momento da interrupção havida, sendo os dados contidos na mídia recebidos pelo Sistema de Apuração.
e)	Serão então iniciados os trabalhos de apuração das cédulas, para o qual será utilizada urna eletrônica (denominada de Sistema de Apuração) preparada para este fim. Cada cédula apurada terá seus respectivos votos digitados na referida urna. Antes do início dos trabalhos, será emitida a zerésima do Sistema de Apuração, a fim de que seja comprovada a inexistência de votos registrados no mesmo.
f)	Uma vez preparada a urna eletrônica para o início da apuração (Sistema de Apuração), será inserido o disquete contendo os dados parciais de votação colhidos pela urna eletrônica utilizada no pleito até o momento da sua interrupção; separadas as cédulas amarelas e brancas, as quais serão lidas e rubricadas pelo secretário; e, finalmente, serão digitados os números dos candidatos ou legendas contidos nas cédulas no microterminal referente ao voto do eleitor do Sistema de Apuração.
g)	Após digitados todos os votos, será emitido o boletim de urna e realizada a transmissão dos dados apurados.
h)	Eventuais impugnações em razão de violação de urna só poderão ser apresentadas até a abertura da mesma.

▸ **Como esse assunto foi cobrado em concurso?**

No 37º concurso para promotor de justiça do estado de Minas Gerais, foi considerada verdadeira afirmativa que dispunha que "na apuração de votos das seções eleitorais em que não for utilizado o sistema eletrônico de votação, as impugnações fundadas em violação de urna somente poderão ser apresentadas até a sua abertura".

9. A DIPLOMAÇÃO E A POSSE DOS ELEITOS

A diplomação, última fase do processo eleitoral, pode ser entendida, segundo pensamento da doutrina dominante, como "ato pelo qual a Justiça Eleitoral, por intermédio de seus órgãos, em solenidade própria, concede aos candidatos eleitos o diploma e o direito de assumirem e exercerem o respectivo mandato eletivo para o qual foram eleitos" (Henrique Melo, 2010, p. 317).

O ato da diplomação será realizado em audiência pública, a ser realizado até o dia 19 de dezembro do ano eleitoral, no qual serão diplomados os eleitos e também os respectivos suplentes. É a diplomação ato declaratório praticado pelo Poder Judiciário, não sendo prejudicado o candidato eleito que a ela não comparecer, uma vez que o mesmo poderá, posteriormente, comparecer ao órgão competente da Justiça Eleitoral para receber seu diploma. Ocorrendo alguma das hipóteses previstas no art. 262 do Código Eleitoral será cabível o Recurso Contra a Diplomação, o qual, no entanto, será estudado oportunamente, no capítulo desta obra referente às ações e recursos eleitorais.

▸ **Como esse assunto foi cobrado em concurso?**

No concurso para técnico judiciário do TRE-SE, realizado pela FCC em 2007, foi considerada correta assertiva que dispunha que a "diplomação é ato declaratório, e não constitutivo".

Os diplomas do presidente e vice-presidente da república eleitos serão expedidos pelo TSE. Já os diplomas dos deputados federais, estaduais, distritais, senadores, respectivos suplentes, governadores de estado e vice-governadores eleitos serão expedidos pelos tribunais regionais eleitorais respectivos. Por fim, os diplomas do prefeito, vice-prefeito e vereadores eleitos, bem como dos suplentes desses, serão expedidos pela Junta Eleitoral competente. O presidente de cada um desses órgãos realizará a diplomação, na esfera da sua respectiva circunscrição eleitoral.

Competência para a expedição dos diplomas aos eleitos e suplentes	
Tribunal Superior Eleitoral	Diplomas do presidente e do vice-presidente.
Tribunais regionais eleitorais	Diplomas do governador, vice-governador, deputados federais, estaduais, distritais e senadores eleitos, além dos diplomas dos suplentes de deputados e senadores, da respectiva circunscrição eleitoral
Juntas eleitorais	Diplomas dos prefeitos, vice-prefeitos e vereadores eleitos, além dos diplomas dos suplentes de vereador, da respectiva circunscrição eleitoral.

Do diploma, cujo prazo de validade coincidirá com o período de duração do mandato do diplomado, constarão as seguintes informações:

Nome do Candidato

Indicação da legenda pela qual o candidato concorreu, bem como de eventual coligação eleitoral;

Cargo para o qual o candidato foi eleito, ou sua classificação como suplente, se for o caso.

▸ Atenção!!!

De acordo com a Constituição Federal de 1988, desde a diplomação, deputados e senadores passam a gozar de prerrogativa de foro, não podendo também ser presos, salvo em flagrante de crime inafiançável. Também desde a diplomação, deputados e senadores não poderão firmar ou manter contrato com pessoa jurídica de direito público, autarquia, empresa pública, sociedade de economia mista ou empresa concessionária de serviço público, salvo quando o contrato obedecer a cláusulas uniformes, bem como aceitar ou exercer cargo, função ou emprego remunerado, inclusive os demissíveis *ad nutum*, nas entidades citadas.

Vale ainda destacar que parlamentar eleito e diplomado para outro cargo poderá continuar a exercer o mandato em curso até a posse em novo cargo.

▸ Como esse assunto foi cobrado em concurso?

No concurso para promotor de justiça do estado da Paraíba, realizado em 2010, foi considerada falsa assertiva que dispunha que "desde a diplomação, é vedado ao parlamentar contratar com pessoa jurídica de direito público, autarquia, empresa pública, sociedade de economia mista ou empresa do serviço público, ainda que o contrato estabeleça cláusulas uniformes"

Uma vez diplomado, o candidato eleito estará habilitado para a posse, ato através do qual o eleito é investido no cargo público, passando a exercer prerrogativas e deveres inerentes ao mesmo, que fogem, no entanto, à dimensão material do Direito Eleitoral (como já observado, o processo eleitoral, e a competência da Justiça Eleitoral, se encerra com a diplomação), sendo objeto do Direito Constitucional.

Capítulo 12

Abuso de poder nas eleições e condutas vedadas aos agentes públicos em campanhas eleitorais

1. NOÇÕES INTRODUTÓRIAS

Conforme já ressaltado em várias passagens desta obra, o **grande objetivo do Direito Eleitoral** é a garantia da **normalidade e da legitimidade das eleições e consultas populares**, de forma a que a suprema vontade do povo seja fielmente reproduzida, garantindo-se, assim, a sobrevivência do Estado Democrático de Direito.

Uma das grandes **ameaças a esta busca de normalidade e legitimidade** no exercício do poder de sufrágio popular se materializa em uma série de **práticas condenáveis de abuso de poder político e econômico**, combatidas pela legislação em vigor especialmente através da Lei das Eleições, nos seus artigos 73 a 78 e 96, bem como na Lei das Inelegibilidades (LC 64/90).

Como bem destaca Marco Aurélio Bellizze Oliveira (2005, p. 25), "a própria noção de abuso de poder não é de imediata compreensão, fator que inegavelmente dificulta o próprio controle sobre os desvios e vícios no processo eleitoral". Emerson Garcia (2006, p. 18), por sua vez, em excelente trabalho sobre o tema, **conceitua abuso de poder** como sendo "o uso indevido ou exorbitante da aptidão para a prática de um ato, que pode apresentar-se inicialmente em conformidade ou desde a origem destoar do ordenamento jurídico".

Geralmente, a doutrina aponta como **fatores caracterizadores de abuso de poder nas eleições** o abuso do poder político, o abuso do poder econômico e o abuso na utilização de meios de comunicação, o que, efetivamente, não evidencia de forma clara o problema, uma vez que se constituem em práticas lícitas o exercício moderado dos referidos poderes. Assim, o **abuso de poder nas eleições** (que se inicia, muitas vezes, antes do período destinado à propaganda eleitoral) **verifica-se com a ocorrência de práticas que venham a desestabilizar a normalidade e a legitimidade do processo democrático**, de modo a favorecer interesses de determinados candidatos em desfavor de outros, comprometendo a suprema expressão da vontade popular.

O **abuso do poder político**, neste sentido, é observado quando o detentor do poder, na órbita do Poder Executivo, principalmente, mas também no âmbito do Legislativo, valendo-se de sua condição, age com **abuso de autoridade**, prejudicando a liberdade do voto. Configura abuso de poder político, por exemplo, a prática de atos de improbidade administrativa com potencial para afetar a normalidade de um pleito e o uso indevido de propaganda institucional durante o período eleitoral de forma a violar o princípio da impessoalidade dos atos da administração pública.

▸ **Como o TSE tem se pronunciado sobre este tema?**

O Plenário do Tribunal Superior Eleitoral, por maioria, entendeu que o chefe do Executivo é responsável pela publicidade divulgada em sítio eletrônico oficial do governo, ainda que dela não tenha conhecimento, razão pela qual se sujeita às penalidades previstas na legislação. (Recurso Especial Eleitoral nº 1194-73, Fortaleza/CE, rel. Min. Maria Thereza de Assis Moura, em 1º.8.2016). Informativo TSE – Ano XVIII – nº 8

O **abuso do poder econômico**, por sua vez, verifica-se quando **candidato utiliza-se de recursos financeiros vedados, ou acima dos limites permitidos** pela legislação, de forma a provocar desequilíbrio no pleito. Neste sentido, vale destacar lição de Pedro Henrique Távora Niess (2000, p. 263), segundo a qual "não condena a Constituição a influência do poder econômico no pleito eleitoral. O exercício do poder é lícito, tanto que é regulado. É a má influência, a excessiva intervenção do poder econômico que deve ser coibida: recusa-se a influência na normalidade e legitimidade".

Abuso de poder político	Abuso de poder econômico
É observado quando o detentor do poder, na órbita do Poder Executivo, principalmente, mas também no âmbito do Legislativo, valendo-se de sua condição, age com abuso de autoridade, prejudicando a liberdade do voto.	Verifica-se quando candidato utiliza-se de recursos financeiros vedados, ou acima dos limites permitidos pela legislação, de forma a provocar desequilíbrio no pleito.

Como **formas mais habituais de práticas de abuso de poder econômico,** Emerson Garcia (2006, p. 36) elenca a utilização indevida de transportes nas eleições; o recebimento e utilização de recursos vedados, ou superiores ao permitido por lei; a realização de gastos eleitorais em montante superior ao declarado; e a utilização de numerário e serviços, a exemplo de serviços gráficos, do próprio candidato, sem incluí-los no montante dos gastos eleitorais. A este rol, somamos ainda a captação ilícita de sufrágio, normatizada pelo art. 41-A da Lei das Eleições, prática que será estudada neste capítulo.

▸ **Como esse assunto foi cobrado em concurso?**

No 14º concurso para procurador da república, foi formulada a seguinte questão subjetiva: "explique o que significa abuso de poder econômico em matéria eleitoral de acordo com a ordem jurídica vigente".

Iniciando, entretanto, este estudo, destacaremos o conjunto de condutas vedadas aos agentes públicos em campanhas eleitorais, previsto nos artigos 73 a 78 da Lei das Eleições, tema a ser abordado, doravante.

▸ **Como esse assunto foi cobrado em concurso?**

No 24º concurso para procurador da república, foi formulada a seguinte questão subjetiva: "correlacione (se for o caso) e faça a distinção entre as seguintes figuras do direito material eleitoral: abuso de poder econômico, abuso de poder político, captação ilícita de sufrágio, condutas vedadas aos agentes políticos em campanha e vedação de doações por candidato".

2. CONDUTAS VEDADAS AOS AGENTES PÚBLICOS EM CAMPANHAS ELEITORAIS

2.1. Condutas vedadas previstas nos incisos I a IV do art. 73 da Lei das Eleições

O art. 73, em especial, e os seguintes da Lei das Eleições elencam uma série de condutas vedadas aos agentes públicos em campanhas eleitorais, visando a preservar a normalidade e a legitimidade dos processos eleitorais. **Reputa-se agente público**, para os fins dos referidos artigos, "quem exerce, ainda que transitoriamente ou sem remuneração, por eleição, nomeação, designação, contratação ou qualquer outra forma de investidura ou vínculo, mandato, cargo, emprego ou função nos órgãos ou entidades da administração pública direta, indireta, ou fundacional" (art. 73, § 1º da Lei nº. 9.504/97).

▸ Como esse assunto foi cobrado em concurso?

No 20º concurso para procurador da república, foi formulada a seguinte questão subjetiva: "que exigências são feitas aos agentes públicos nas campanhas eleitorais; qual a sua finalidade e que sanções são aplicáveis em casos de descumprimento?"

▸ Qual o entendimento do TSE sobre este assunto?

O TSE é pacífico no entendimento segundo o qual a ocorrência de conduta vedada só se materializa quando é caracterizado benefício a determinado ou determinados candidatos, provocando desequilíbrio na disputa. Se uma determinada conduta vedada é praticada, na mesma intensidade, por todos os candidatos, deixa a mesma conduta de ser considerada capaz de afetar a igualdade de oportunidades, fato que afasta a incidência dos artigos 73 a 78 da Lei das Eleições (Neste sentido, Ac. TSE nº. 16.122, de 04.11.1999, DJ de 11.02.2000).

Assim, de acordo com o **inciso I do referido art. 73**, é conduta vedada em campanhas eleitorais a **cessão ou o uso** em benefício de candidato, partido político ou coligação, **de bens móveis ou imóveis pertencentes à administração direta ou indireta** da União, dos estados, do Distrito Federal, dos territórios e dos municípios, ressalvada a realização de convenção partidária.

Vale destacar que **não se enquadra na vedação do citado inciso I** o uso, em campanha, de **transporte oficial pelo presidente da república**; nem o **uso de residências oficiais, pelos candidatos à reeleição** para os cargos de presidente e vice-presidente da república, governador e vice-governador dos estados e DF ou prefeito e vice-prefeito, para a realização de reuniões ou contatos pertinentes à campanha, desde que não tenham caráter de ato público.

▸ Atenção!!!

De acordo com o disposto no art. 76 da Lei das Eleições, o ressarcimento das despesas com o uso de transporte oficial pelo presidente da república e sua comitiva em campanha eleitoral será de responsabilidade do partido político ou coligação a que o mesmo esteja vinculado, tendo como base o tipo de transporte usado e a respectiva tarifa de mercado cobrada no trecho correspondente, ressalvado o uso do avião presidencial, cujo ressarcimento corresponderá ao aluguel de uma aeronave de propulsão a jato do tipo táxi aéreo.

Infração a esta regra gera multa correspondente ao dobro das despesas, duplicada a cada reiteração.

> **Como esse assunto foi cobrado em concurso?**
>
> No concurso para promotor de justiça do estado de Rondônia, realizado em 2008, foi considerada verdadeira afirmativa que dispunha que "o uso de avião oficial pelo presidente candidato a eleição presidencial é permitido, inclusive em campanha eleitoral, condicionado a ressarcimento".

O **inciso II** do mesmo artigo, por sua vez, veda **o uso de materiais ou serviços, custeados pelos governos ou casas legislativas**, que excedam as prerrogativas consignadas nos regimentos e normas dos órgãos que integram. Vale destacar que, **de acordo com a jurisprudência do TSE**, é possível o fornecimento por deputados, em ano eleitoral, de trabalhos gráficos desde que relativos à atividade parlamentar e com obediência às normas estabelecidas em ato da mesa, vedada sempre qualquer mensagem que tenha conotação de propaganda eleitoral. (Res. 20.217, 2.6.98, do TSE, DJ de 26.6.98).. No mesmo sentido, já declarou o TSE que "configura abuso de autoridade a utilização, por parlamentar, para fins de campanha eleitoral, de correspondência postada, ainda que nos limites da cota autorizada por ato de Assembléia Legislativa, mas cujo conteúdo extrapola o exercício das prerrogativas parlamentares" (Ac. TSE nº. 16.067, de 25.04.2000, DJ de 14.08.2000).

> **Como esse assunto foi cobrado em concurso?**
>
> No concurso para promotor de justiça do estado de Sergipe, realizado pelo CESPE, em 2010, foi considerada falsa afirmativa que dispunha que "constitui conduta vedada o parlamentar divulgar o mandato usando recursos da Casa Legislativa, seguindo a disciplina do respectivo regimento interno".

Já o **polêmico inciso III** do citado artigo estabelece que é vedado a agente público em campanha eleitoral "**ceder servidor público ou empregado da administração direta ou indireta** federal, estadual ou municipal do **Poder Executivo**, ou **usar de seus serviços**, para comitês de campanha eleitoral de candidato, partido político ou coligação, **durante o horário de expediente normal**, salvo se o servidor ou empregado estiver licenciado". O maior ponto de discussão doutrinária em torno deste dispositivo normativo reside na expressão "do Poder Executivo", o que, a princípio, exclui servidores de outros poderes da citada vedação, embora um número considerável de doutrinadores defenda entendimento contrário (neste sentido, Lauro Barretto, 2006, p. 68). É se ressaltar ainda, em relação ao **citado dispositivo legal**, que o mesmo **não veda** que servidor público, mesmo do Poder Executivo, trabalhe para candidato fora do horário do seu expediente.

▸ **Como esse assunto foi cobrado em concurso?**

No 24º concurso para procurador da república, foi considerada falsa afirmativa que dispunha que "servidor público não pode participar de campanha eleitoral, mesmo estando de licença ou de férias". Como visto, o servidor público pode, fora do expediente, participar de campanha eleitoral.

Ainda no que se refere às condutas vedadas aos agentes públicos em campanha eleitoral, o **inciso IV do artigo 73** veda o "uso promocional em favor de candidato, partido político ou coligação, de distribuição gratuita de bens e serviços de caráter social custeados ou subvencionados pelo poder público". Vale destacar, neste sentido, que o **TSE tem firmado jurisprudência** no sentido de que a legislação eleitoral não proíbe a prestação de serviço social custeado ou subvencionado pelo poder público durante o período eleitoral (três meses que antecedem a eleição), mas sim o seu uso para fins promocionais de candidato, partido ou coligação (Ac. 5.283, de 9.11.04, do TSE, DJ de 17.12.04).

▸ **Como esse assunto foi cobrado em concurso?**

No concurso para juiz de direito de Santa Catarina realizado em 2017, pela FCC, foi considerada verdadeira afirmativa que dis-punha que "No ano em que se realizar eleição, fica proibida a distribuição gratuita de bens, valores ou benefícios por parte da Administração pública, EXCETO em casos de calamidade pública, de estado de emergência ou de programas sociais autorizados em lei e já em execução orçamentária no exercício anterior, vedada, no entanto, a execução de tais programas por entidade nominalmente vinculada a candidato ou por esse mantida".

Em consonância do citado inciso IV do artigo 73, é válido destacar o disposto nos **§§ 10 e 11 do mesmo artigo**, os quais, **respectivamente, estabelecem** que "no ano em que se realizar eleição, fica proibida a distribuição gratuita de bens, valores ou benefícios por parte da Administração Pública, exceto nos casos de calamidade pública, de estado de emergência ou de programas sociais autorizados em lei e já em execução orçamentária no exercício anterior, casos em que o

Ministério Público poderá promover o acompanhamento de sua execução financeira e administrativa" e que "nos anos eleitorais, os programas sociais de que trata o § 10 não poderão ser executados por entidade nominalmente vinculada a candidato ou por esse mantida". A **restrição**, portanto, ao **uso promocional de distribuição gratuita de bens e serviços de caráter social** por candidato, partido ou coligação, previsto no inciso IV, dessa forma, **se elastece, no ano eleitoral,** para impedir **qualquer forma** de distribuição gratuita de bens, valores ou benefícios por parte da administração pública, **exceto nos casos** de calamidade pública, estado de emergência ou continuidade de programas sociais autorizados por lei e em execução, evitando-se, assim, o uso da máquina administrativa nas campanhas eleitorais.

2.2. As condutas vedadas aos agentes públicos em campanha e o inciso V do art. 73 da Lei das Eleições

Um dos mais importantes dispositivos legais utilizados no combate ao abuso de poder político nas eleições é aquele previsto no **inciso V, e respectivas alíneas, do art. 73 da Lei das Eleições,** que assim dispõe:

> **Art. 73.** São proibidas aos agentes públicos, servidores ou não, as seguintes condutas tendentes a afetar a igualdade de oportunidades entre candidatos nos pleitos eleitorais:
>
> (...)
>
> V – nomear, contratar ou de qualquer forma admitir, demitir sem justa causa, suprimir ou readaptar vantagens ou por outros meios dificultar ou impedir o exercício funcional e, ainda, *ex officio*, remover, transferir ou exonerar servidor público, na circunscrição do pleito, nos três meses que o antecedem e até a posse dos eleitos, sob pena de nulidade de pleno direito, ressalvados:
>
> a) a nomeação ou exoneração de cargos em comissão e designação ou dispensa de funções de confiança;
>
> b) a nomeação para cargos do Poder Judiciário, do Ministério Público, dos tribunais ou conselhos de contas e dos órgãos da Presidência da República;
>
> c) a nomeação dos aprovados em concursos públicos homologados até o início daquele prazo;
>
> d) a nomeação ou contratação necessária à instalação ou ao funcionamento inadiável de serviços públicos essenciais, com prévia e expressa autorização do chefe do Poder Executivo;

e) a transferência ou remoção *ex officio* de militares, policiais civis e de agentes penitenciários;

> **Como esse assunto foi cobrado em concurso?**
>
> No concurso para analista judiciário do TRE-SE, realizado em 2007, foi considerada falsa afirmativa que dispunha que "Inclui-se dentre as condutas vedadas aos agentes públicos em campanhas eleitorais transferir ou remover ex officio militares, policiais civis ou agentes penitenciários".

Como se observa, **não existem óbices à nomeação de pessoas para cargos do Poder Judiciário, do Ministério Público, dos tribunais ou conselhos de contas e dos órgãos da Presidência da República durante o período eleitoral.** O mesmo não ocorre, contudo, com a nomeação de pessoas para cargos do Poder Legislativo ou mesmo do Poder Executivo (salvo no caso de órgãos da Presidência da República).

> **Como esse assunto foi cobrado em concurso?**
>
> No 19º concurso para procurador da república, foi considerada falsa afirmativa que dispunha que "é vedado aos agentes públicos em campanha eleitoral nomear para cargos do Poder Judiciário, do Ministério Público, dos Tribunais ou Conselhos de Contas e dos órgãos da Presidência da República, nos três meses que antecedem o pleito e até a posse dos eleitos, sob pena de nulidade de pleno direito".
>
> Já no concurso para promotor de justiça do estado do Paraná, realizado em 2011, foi considerada correta afirmativa que dispunha que "a nomeação para cargos de membros do Poder Judiciário e do Ministério Público não sofre restrições em quaisquer períodos do processo eleitoral".

É válido ainda destacar, no que se refere ao citado inciso V, que é **válida a nomeação de servidores públicos aprovados em concursos que tenham sido homologados até três meses antes das eleições,** em qualquer esfera do Poder. Da mesma forma, é **lícita a nomeação ou exoneração de cargos em comissão** e designação ou dispensa de funções de confiança, mesmo no âmbito dos poderes Executivo e Legislativo.

> **Como esse assunto foi cobrado em concurso?**
>
> No concurso para analista judiciário do TRE-AP, realizado em 2006, foi considerada falsa afirmativa que dispunha que "aos agentes públicos, servidores ou não, nos três meses que antecedem o pleito até a posse dos eleitos, dentre outros casos, proíbe-se a nomeação dos aprovados em concursos públicos homologados até o início desse prazo".

Por fim, admite a lei a nomeação ou contratação necessária à instalação ou ao funcionamento inadiável de serviços públicos essenciais, desde que com a prévia e expressa autorização do chefe do Poder Executivo. Neste sentido, já entendeu o TSE que a autorização referida deve ser específica para a contratação pretendida e devidamente justificada, sendo sempre necessária a anuência do chefe do Executivo.

2.3. Condutas vedadas aos agentes públicos nos três meses anteriores ao pleito (art. 73, VI da Lei das Eleições)

O **inciso VI do artigo 73** da lei nº. 9.504/97 estabelece um **rol vedações de condutas aos agentes públicos nos três meses anteriores ao pleito**, sendo a primeira dessas a proibição de repasse de recursos da União aos estados e municípios, e dos estados aos municípios, sob pena de nulidade de pleno direito. Vale destacar, neste sentido, que tal vedação não se aplica ao repasse de recursos destinados a cumprir obrigação formal preexistente para execução de obra ou serviço em andamento e com cronograma prefixado; bem como àqueles destinados a atender situações de emergência e de calamidade pública.

> **Qual o entendimento do TSE sobre este assunto?**
>
> No julgamento do Ac. 266, de 9.12.04, DJ de 4.3.05, o TSE, em decisão polêmica, decidiu que transferência de recursos do governo estadual a comunidades carentes de diversos municípios não caracteriza violação ao art. 73, VI, a, da Lei 9.504/97, quando os destinatários forem associações, pessoas jurídicas de direito privado, uma vez que, segundo o colendo Tribunal, "a regra restritiva do art. 73, VI, a, da Lei nº 9.504/97 não pode sofrer alargamento por meio de interpretação extensiva de seu texto".
>
> Já no julgamento do Agravo Regimental no REspe nº 1421-84, Curitiba/PR, rel. Min. João Otávio de Noronha, em 9.6.2015, o Plenário do Tribunal Superior Eleitoral, por maioria, assentou que a propaganda institucional realizada nos três meses antecedentes ao pleito, por meio de conta de cadastro gratuito, como o Twitter, configura o ilícito previsto no art. 73, VI, *b*, da Lei n° 9.504/1997. No caso vertente, o governo do Estado do Paraná publicou em sua conta no Twitter feitos da administração candidata à reeleição, em período vedado pela legislação eleitoral, que esta estabelece (art. 73, VI, *b*, da Lei n° 9.504/1997)

A segunda conduta vedada aos agentes públicos nos três meses anteriores ao pleito, por sua vez, de acordo com a alínea "b" do inciso VI do artigo 73 da Lei das Eleições, diz respeito à proibição de

veiculação de propaganda institucional por parte de órgãos públicos ligados à administração direta ou indireta dos diversos entes federativos. Assim, dispõe o citado dispositivo normativo que é vedado aos agentes públicos, nos três meses anteriores ao pleito, "com exceção da propaganda de produtos e serviços que tenham concorrência no mercado, autorizar publicidade institucional dos atos, programas, obras, serviços e campanhas dos órgãos públicos federais, estaduais ou municipais, ou das respectivas entidades da administração indireta, salvo em caso de grave e urgente necessidade pública, assim reconhecida pela Justiça Eleitoral".

Sobre o tema, **é válido destacar entendimento do TSE** segundo o qual no trimestre anterior ao pleito, é vedada, em obras públicas, a manutenção de placas que possuam expressões ou símbolos identificadores da administração de candidato a cargo eletivo, independentemente do momento do início da veiculação ou da autorização para a mesma. O que importa, para a caracterização da conduta vedada, é a veiculação da publicidade há menos de três meses do pleito (Ac. TSE nº. 9.877, de 01.12.2009).

> **▸ Como esse assunto foi cobrado em concurso?**
>
> No 21º concurso para procurador da república, foi considerada verdadeira afirmativa que dispunha que "é vedado aos agentes públicos nas campanhas eleitorais autorizar, nos três meses anteriores ao pleito, publicidade institucional dos atos, programas, obras, serviços e campanhas dos órgãos públicos federais, estaduais ou municipais, ou das respectivas entidades da administração indireta, salvo em caso de grave e urgente necessidade pública, assim reconhecida pela Justiça Eleitoral, e com exceção da propaganda de produtos e serviços que tenham concorrência no mercado".
>
> Já no 19º concurso para procurador da república, foi formulada a seguinte questão subjetiva: "A publicidade institucional é vedada em ano eleitoral?"

Por fim, prevê a alínea "c" do inciso VI que é proibido ao agente público "fazer **pronunciamento em cadeia de rádio e televisão, fora do horário eleitoral gratuito**, salvo quando, a critério da Justiça Eleitoral, tratar-se de matéria urgente, relevante e característica das funções de governo".

> **▸ Atenção!!!**
>
> De acordo com o § 3º do art. 73 da lei nº. 9.504/97, as vedações do inciso VI do caput, alíneas b e c, aplicam-se apenas aos agentes públicos das esferas administrativas cujos cargos estejam em disputa na eleição.

▸ **Como esse assunto foi cobrado em concurso?**

No 24º concurso para procurador da república, foi considerada falsa afirmativa que dispunha que "durante os três meses que antecedem o pleito não pode haver inauguração de obras públicas e publicidade institucional de órgãos públicos, salvo quando autorizadas pela Justiça Eleitoral". Não existe a vedação à inauguração de obras públicas, tampouco vedação total à publicidade institucional. Como destacado, pode haver propaganda institucional de produtos e serviços que tenham concorrência no mercado, bem de outros atos, programas, obras, serviços e campanhas dos órgãos públicos federais, neste caso quando houver grave e urgente necessidade pública, assim reconhecida pela Justiça Eleitoral.

2.4. Vedação à realização de despesas com publicidade que excedam a média de gastos

Estabelece **o inciso VII do art. 73 da Lei das Eleições, com redação estipulada pela Lei nº. 13.165/15**, vedação à realização, no primeiro semestre do ano de eleição, de **despesas com publicidade dos órgãos públicos** federais, estaduais ou municipais, ou das respectivas entidades da administração indireta, **que excedam a média dos gastos no primeiro semestre dos três últimos anos que antecedem o pleito.** O novo inciso VII do art. 73 modifica a regra de limitação de despesas com publicidade no ano eleitoral, a qual, doravante, só será aplicada no primeiro semestre do ano eleitoral, ao contrário do que ocorria até as eleições de 2014, quando tal vedação atingia todo o ano da eleição.

2.5. A questão da revisão geral da remuneração de servidores públicos em ano eleitoral

De acordo com o **inciso VIII do art. 73** da Lei das Eleições, é vedada a realização, na circunscrição do pleito, de **revisão geral da remuneração dos servidores públicos** que exceda a recomposição da perda de seu poder aquisitivo ao longo do ano da eleição, a partir do início do período de convenções partidárias (20 de julho do ano eleitoral) até a posse dos eleitos.

Considera-se revisão geral da remuneração dos servidores o aumento concedido em razão do poder aquisitivo da moeda e que não tem por objetivo corrigir situações de injustiça ou de necessidade de revalorização profissional de carreiras específica (Res. 21.296, de 12.11.02, do TSE, RJTSE v. 14, t. 1).

> **Qual o entendimento do TSE sobre este assunto?**
>
> O Tribunal Superior Eleitoral, através da Resolução nº. 21.054/02, entendeu que a aprovação, pela via legislativa, de proposta de reestruturação de carreira de servidores não se confunde com revisão geral de remuneração e, portanto, não encontra obstáculo na proibição contida no art. 73, inciso VIII, da Lei nº 9.504, de 1997. (Res. 21.054, de 2.4.02, do TSE, RJTSE v. 13, t. 3).

2.6. Consequências advindas do descumprimento das normas do artigo 73 da Lei das Eleições

O **descumprimento do disposto no art. 73, caput e seus respectivos incisos** da lei nº. 9504/97 **sempre acarretou a suspensão imediata da conduta vedada**, além da **sujeição dos responsáveis à multa**, no valor de cinco a cem mil UFIR, de acordo com o § 4º do referido artigo legal. Recentemente, no entanto, a **reforma eleitoral** de 2009 (lei nº. 12.034/09) **ampliou o rol de sanções** à prática das condutas vedadas analisadas, indicando que, sem prejuízo da aplicação da suspensão imediata da conduta e da multa cabíveis, o responsável pela conduta indevida ficará sujeito à **cassação do registro ou do diploma**.

Alargou, assim, o legislador de 2009, as hipóteses ensejadoras de cassação de registro ou diploma de candidato praticante de condutas vedadas, abarcando novos situações outrora não geradoras de tal consequência. Até a publicação da lei nº. 12.034/09, o § 5º do artigo 73 limitava as hipóteses de cassação do registro ou diploma aos praticantes das condutas previstas nos incisos I, II, III, IV e VI do caput do artigo 73, excluindo da incidência de tal consequência a prática de condutas previstas nos demais incisos do caput e no § 10 do referido artigo de lei, este também recém incluído pela recente reforma eleitoral e já estudado no item 2.1 desta obra.

> **Atenção!!!**
>
> Conforme disposição do art. 78 da Lei das Eleições, a aplicação das sanções cominadas no art. 73, §§ 4º e 5º dar-se-á sem prejuízo de outras de caráter constitucional, administrativo ou disciplinar fixadas pelas demais leis vigentes.

2.7. O artigo 74 da Lei das Eleições e a possibilidade de cassação de diploma de candidato violador do artigo 37, § 1º da Constituição Federal

O artigo 37, § 1º da Constituição Federal combate o uso de publicidade institucional em favor de servidores públicos ou autoridades, visando a preservar o princípio da impessoalidade da administração pública, ao dispor que "a publicidade dos atos, programas, obras, serviços e campanhas dos órgãos públicos deverá ter caráter educativo, informativo ou de orientação social, dela não podendo constar nomes, símbolos ou imagens que caracterizem promoção pessoal de autoridades ou servidores públicos".

O artigo 74, antes da reforma de setembro de 2009, dispunha que "configura abuso de autoridade, para os fins do disposto no art. 22 da Lei Complementar nº. 64, de 18 de maio de 1990, a infringência do disposto no §1º do art. 37 da Constituição Federal, ficando o responsável, se candidato, sujeito ao cancelamento do registro de sua candidatura". Agora, **após a publicação da Lei nº. 12.034/09**, a pena prevista para tal prática passou a abranger não apenas o cancelamento do registro de candidatura, como também a possibilidade de perda do diploma, caso o julgamento ocorra após a diplomação, o que, indiscutivelmente, ajuda a moralizar o combate às práticas nefastas vedadas pela Constituição, no seu dispositivo supracitado, dando uma maior eficácia à atuação da Justiça Eleitoral na busca da garantia da normalidade das eleições e da legitimidade do poder de sufrágio popular.

2.8. A questão da vedação de contratação de shows artísticos pagos com recursos públicos nos três meses que antecederem às eleições

De acordo com o **art. 75 da Lei das Eleições** (caput e parágrafo único), é **vedada**, nos três meses que antecederem as eleições, a **contratação de shows artísticos**, pagos com recursos públicos, para **animar inaugurações realizadas nos três meses anteriores à eleição**. O descumprimento desta norma acarreta a suspensão imediata da conduta, além da cassação do registro ou diploma do candidato beneficiado.

2.9. A questão da presença de candidatos em inaugurações públicas

Até a publicação da Lei nº. 12.034/09, candidatos a cargos do Poder Executivo estavam proibidos de participar de inaugurações de obras públicas nos três meses anteriores à eleição, como forma de evitar-se o abuso do poder político, sob pena de cassação do registro da candidatura, punição, até certo ponto, ineficaz, tendo em vista que a demora no julgamento do processo tornava, muitas vezes, inócua a decisão, que não alcançava, equivocadamente, a possibilidade de perda do diploma pelo candidato eleito. Desde a publicação da referida lei, a regra passou a ser outra: o parágrafo único do atual artigo 77 prevê a **possibilidade de cassação do diploma de candidato eleito que tenha participado de inauguração de obra pública no período eleitoral** (nos três meses que antecedem o pleito). Além disso, destaca o novo caput do citado artigo que **qualquer candidato, agora, está proibido de participar de inaugurações de obras públicas** no período referido, seja ele candidato a cargo executivo ou legislativo. Assim, combate-se o abuso do poder político, passível de desequilibrar a disputa eleitoral, praticado não apenas por candidatos a prefeito, vice-prefeito, governador, vice-governador, presidente e vice-presidente da república, mas também por candidatos a vereador e deputado federal, estadual ou distrital. Assim dispõe o reformado dispositivo legal:

> **Art. 77.** É proibido a qualquer candidato comparecer, nos 3 (três) meses que precedem o pleito, a inaugurações de obras públicas.
>
> **Parágrafo único.** A inobservância do disposto neste artigo sujeita o infrator à cassação do registro ou do diploma.

▸ Qual o entendimento do TSE sobre este assunto?

O TSE, tradicionalmente, tem observado a aplicação de uma interpretação restritiva acerca do conceito de inauguração de obra pública, para fins de aplicação do art. 77 da Lei das Eleições. Assim, por exemplo, em julgado de 2005, relatado pelo Min. Caputo Bastos (Ac. 5.291, de 10.02.2005),

Entendeu o TSE que "o descerramento de placa de novo nome de praça já existente não configura inauguração de obra pública a que se refere o art. 77 da lei nº. 9.504/97, sendo tal conduta inerente às atribuições do cargo do administrador público". Da mesma forma, em julgado de 2004, relatado pelo Min, Gilmar Mendes (Ac. 24.790, de 02.12.2004), o TSE entendeu que "solenidade de sorteio de casas populares não se enquadra no conceito de inauguração de obra pública, desde que não descambe para o pleno abuso de poder político".

▸ **Como esse assunto foi cobrado em concurso?**

No 21º concurso para procurador da república, foi formulada a seguinte questão subjetiva: "É conduta vedada aos agentes públicos nas campanhas eleitorais comparecer, às expensas do erário, nos três meses que antecedem o pleito, a inauguração de obra pública para manifestar apoio político a candidato ou candidata a cargo do Poder Executivo? O candidato ou candidata pode comparecer à inauguração? Há sanções legais. Por que?"

Já no concurso para promotor de justiça do Paraná, realizado em 2012, foi considerada falsa afirmativa que dispunha que "nos 3 (três) meses que antecedem o pleito, o comparecimento a inaugurações de obras públicas é vedado somente a candidatos detentores de cargos públicos". Como visto, nenhum candidato pode participar de inaugurações de obras públicas no referido período.

2.10. A representação por prática de conduta vedada prevista no art. 96 da Lei nº. 9.504/97

Assim como nos casos de propaganda eleitoral irregular, caberá, no caso de prática de condutas vedadas pelo art. 73 e seguintes da Lei das Eleições, **representação prevista no artigo 96** da mesma lei. Maiores detalhes, no entanto, sobre a referida representação serão observados em capítulo específico desta obra, referente às ações e recursos eleitorais.

3. A CAPTAÇÃO ILÍCITA DE SUFRÁGIO (ART. 41-A DA LEI DAS ELEIÇÕES)

A ação por captação ilícita de sufrágio **se fundamenta no artigo 41-A da Lei 9.504/97**, surgido a partir de um movimento popular liderado pelo Movimento de Combate à Corrupção Eleitoral que originou a lei federal nº. 9840, de 28 de setembro de 1999. A partir de pesquisa encomendada pela Comissão Brasileira de Justiça e Paz (CBJP), após a Campanha da Fraternidade da Conferência Nacional dos Bispos do Brasil, de 1996, que teve como tema "fraternidade e política", foi constatado que um dos elementos que mais contribuem para a distorção da democracia brasileira é a compra de votos. Assim, com base nesta constatação, **nasceu um movimento popular** a partir do qual foi encaminhado, inicialmente, **projeto de iniciativa popular de lei**, posteriormente **convertido em projeto de lei comum**, subscrito por deputados de todos os partidos com representação na Câmara dos Deputados, propondo alterações na Lei das Eleições, de forma a combater mais efetivamente a referida prática danosa.

Em 28.09.1999, foi então sancionada a **lei nº. 9.840**, que fez incluir na Lei das Eleições o art. 41-A. A partir deste novo dispositivo legal, **buscou-se combater a compra de voto** e, por conseguinte, o abuso do poder político e econômico nas eleições, preservando-se a **liberdade do voto.**

▸ **Atenção!!!**

Ao contrário do que se verifica na Ação de Investigação Judicial Eleitoral, ou mesmo na Ação de Impugnação de Mandato Eletivo, para a propositura da ação por captação ilícita de sufrágio **não é necessária a chamada "potencialidade lesiva"**, capaz de alterar, significativamente, o resultado das eleições. **Basta a comprovação da compra de um único voto** para que a captação ilícita de sufrágio esteja caracterizada, sendo pacífico o entendimento do TSE neste sentido (Ac. 26.118, de 1º.3.07, do TSE, DJ de 28.3.07).

Constantemente, os diversos concursos públicos têm questionado acerca da questão da necessidade ou não de potencialidade lesiva da conduta de captação ilícita de sufrágio.

▸ **Como esse assunto foi cobrado em concurso?**

No 23º concurso para procurador da república, foram consideradas falsas afirmativas que dispunham que para se caracterizar a captação ilícita de sufrágio é necessária a potencialidade da conduta.

No 22º concurso para procurador da república, por sua vez, foi considerada falsa afirmativa que dispunha que "Para a configuração do ilícito previsto no artigo 41-A da Lei das Eleições é necessária a aferição de que o ato de comprar votos se apresente, pelo menos, com potencialidade para provocar desequilíbrio na disputa eleitoral".

A fim de que se faça uma melhor análise do seu conteúdo, é válida a transcrição do importante art. 41-A da Lei das Eleições, *in verbis*:

> Art. 41-A. Ressalvado o disposto no art. 26 e seus incisos, constitui captação de sufrágio, vedada por esta Lei, o candidato doar, oferecer, prometer, ou entregar, ao eleitor, com o fim de obter-lhe o voto, bem ou vantagem pessoal de qualquer natureza, inclusive emprego ou função pública, desde o registro da candidatura até o dia da eleição, inclusive, sob pena de multa de mil a cinquenta mil UFIR, e cassação do registro ou do diploma, observado o procedimento previsto no art. 22 da Lei Complementar nº 64, de 18 de maio de 1990.
>
> § 1º Para a caracterização da conduta ilícita, é desnecessário o pedido explícito de votos, bastando a evidência do dolo, consistente no especial fim de agir.

> § 2º As sanções previstas no *caput* aplicam-se contra quem praticar atos de violência ou grave ameaça a pessoa, com o fim de obter-lhe o voto.
>
> § 3º A representação contra as condutas vedadas no *caput* poderá ser ajuizada até a data da diplomação.
>
> § 4º O prazo de recurso contra decisões proferidas com base neste artigo será de 3 (três) dias, a contar da data da publicação do julgamento no Diário Oficial.

▸ Qual o entendimento do TSE sobre este assunto?

O Plenário do Tribunal Superior Eleitoral, por maioria, entendeu que a doação de camisas e outros artefatos a diversos eleitores durante o período de campanha eleitoral, demonstrada por meio de prova testemunhal e documental, configura propaganda eleitoral irregular, captação ilícita de sufrágio e abuso do poder econômico. (*Recurso Especial Eleitoral nº 383-32, Macarani/BA, rel. Min. Henrique Neves da Silva, em 26.5.2015*).

▸ Como esse assunto foi cobrado em concurso?

No 24º concurso para procurador da república, foi considerada falsa afirmativa que dispunha que "a captação ilícita de sufrágio é a corrupção do eleitor mediante a doação ou promessa de bens para obtenção do voto e leva a aplicação de multa e a cassação do registro ou diploma, além da inelegibilidade". Como visto, de acordo com o art. 41-A, as sanções aplicáveis ao praticante de captação ilícita de sufrágio envolvem a cassação do registro ou diploma do candidato beneficiado e multa, não englobando a inelegibilidade do mesmo.

Como se pode observar, a **lei eleitoral pune aquele candidato que busca aliciar o eleitor, desde o registro da candidatura até o dia da eleição,** oferecendo-lhe vantagem indevida em troca do voto. Neste sentido, a mera insinuação do eleitor, sem a complacência do candidato, de busca de vantagem indevida não caracteriza a captação ilícita de sufrágio. É necessário que o candidato sucumba à insinuação do eleitor ou tome, por si só, a iniciativa de aliciá-lo.

▸ Atenção!!!

Vale ressaltar, ainda, no que se refere à caracterização da captação ilícita de sufrágio, que a vantagem pode ser de qualquer tipo, não apenas, portanto, financeira. O oferecimento de um emprego, ou mesmo prestígio político, já pode ser suficiente para a caracterização do ilícito. Por outro lado, a vantagem oferecida deve ser pessoal. Promessas genéricas, sem destinatário objetivamente conhecido não caracterizam a prática de captação ilícita de sufrágio.

Ainda de acordo com a jurisprudência dominante do TSE, a prática de captação ilícita de sufrágio pode ser verificada quando realizada por interposta pessoa, a serviço do candidato beneficiário (Ac. 21.792, de 15.9.05, do TSE, DJ de 21.10.05).

▸ **Como esse assunto foi cobrado em concurso?**

No 23º concurso para procurador da república, foi considerada correta afirmativa que dispunha que "para caracterização da captação ilícita de sufrágio descrita no art. 41-A da Lei das Eleições é necessário aferir se o fato ocorreu entre o período de registro e o dia das eleições e a participação do candidato". Vale destacar que a participação do candidato não precisa ser direta, podendo ser verificada quando realizada por interposta pessoa.

No 21º Concurso para procurador da república, por sua vez, foi considerada falsa afirmativa que dispunha que é vedado ao candidato, por constituir captação ilícita de sufrágio, "a captação do voto do eleitor mediante promessas eleitoreiras e demagógicas durante a campanha". Como visto, promessas genéricas, sem destinatário objetivamente conhecido, não caracterizam a prática de captação ilícita de sufrágio.

Como **novidades relacionadas ao combate à captação ilícita de sufrágio, definidas pela referida reforma eleitoral**, podemos destacar a **inclusão dos §§ 1º, 2º, 3º e 4º do artigo 41-A**, supracitados, a partir dos quais o legislador acolheu, em parte, a jurisprudência que já vinha sendo praticada nos tribunais. O § 1º, por exemplo, destaca que "para a caracterização da conduta ilícita, é **desnecessário o pedido explícito de votos**, bastando a evidência do dolo, consistente no especial fim de agir". Neste mesmo sentido, já vinha entendendo a Justiça Eleitoral (Ac. 2.373, de 8.10.09, do TSE).

O § 3º, que estabelece que "A **representação** contra as condutas vedadas no *caput* **poderá ser ajuizada até a data da diplomação**", da mesma forma, reflete jurisprudência consolidada pela Justiça Eleitoral (Ac. 25.269, de 31.10.06, do TSE, DJ de 20.11.06).

O § 2º, por sua vez, expõe uma importante alteração na disciplina da captação ilícita de sufrágio, incluindo como prática concretizadora do ilícito o **ato de grave ameaça à pessoa do eleitor, bem como a prática de atos de violência contra o mesmo.**

Por fim, o **§ 4º encerra uma antiga polêmica** acerca do prazo recursal contra decisões proferidas com base no artigo 41-A. Até a referida reforma eleitoral, havia uma forte tendência na Justiça Eleitoral de entender que tal prazo seria de apenas 24 horas, aplicando-se a regra do artigo 96 da Lei das Eleições. De acordo com a nova regulamentação, extirpa-se qualquer dúvida, tendo em vista que o citado § 4º estabelece que "o prazo de recurso contra decisões proferidas com base neste artigo será de 3 (três) dias, a contar da data da publicação do julgamento no Diário Oficial".

No capítulo desta obra referente às ações e recursos eleitorais, serão abordadas, de forma mais detalhada, as questões processuais referentes à captação ilícita de sufrágio.

> **Como esse assunto foi cobrado em concurso?**
>
> No 21º concurso para procurador da república, foi formulada a seguinte questão subjetiva: "O que significa captação de sufrágio, vedada por lei? Quais as sanções aplicáveis nas hipóteses de sua prática por candidatos nos pleitos eleitorais?"

4. A QUESTÃO DO FORNECIMENTO GRATUITO DE TRANSPORTE E ALIMENTAÇÃO EM DIAS DE ELEIÇÃO

4.1. O transporte dos eleitores no dia da eleição

Como já destacado nesta obra, o **oferecimento indevido de transportes** no dia da eleição configura **abuso de poder econômico**. É a **lei nº. 6.091**, de 15 de agosto de 1974, que regulamenta esta questão.

Assim, de acordo com o art. 5º da referida lei, **nenhum veículo ou embarcação poderá fazer transporte de eleitores** desde o dia anterior até o posterior à eleição, **salvo aqueles** a serviço da Justiça Eleitoral, os veículos coletivos de linhas regulares e não fretados, os de uso individual do proprietário, para o exercício do próprio voto e dos membros de sua família, bem como os veículos de aluguel de serviço normal, sem finalidade eleitoral (carro alugado por eleitor para o seu próprio transporte e de seus familiares, serviços de táxi, mototáxi etc.).

Apenas a Justiça Eleitoral poderá fornecer transporte gratuito a eleitores, mesmo assim apenas àqueles **residentes nas zonas rurais**. O transporte de eleitores somente será feito dentro dos limites territoriais do respectivo município e quando das zonas rurais para as mesas receptoras distar pelo menos dois quilômetros.

Quinze dias antes do pleito, a Justiça Eleitoral divulgará, pelo órgão competente, o **quadro geral de percursos e horários** programados para o transporte de eleitores, dele fornecendo cópias aos partidos políticos. Os partidos políticos, candidatos ou eleitores, em número de vinte, poderão oferecer reclamações em três dias contados da divulgação do quadro, as quais serão apreciadas nos três dias subsequentes, delas cabendo recurso sem efeito suspensivo.

Decididas as reclamações, a Justiça Eleitoral divulgará, pelos meios disponíveis, o quadro definitivo.

▸ **Atenção!!!**

A indisponibilidade ou as deficiências de transporte, no dia das eleições, não exime o eleitor do dever de votar.

▸ **Como esse assunto foi cobrado em concurso?**

No concurso para promotor de justiça do estado de Sergipe, realizado em 2010, pelo CESPE, foi formulada a seguinte questão: "a legislação eleitoral brasileira regula o transporte e a alimentação dos eleitores residentes nas áreas rurais, visando coibir o abuso do poder econômico ou administrativo no dia da eleição. A esse respeito, assinale a opção correta quanto à disciplina legal da matéria: a) veículos e embarcações militares devem ser usados com prioridade no transporte gratuito dos eleitores das áreas rurais; b) cessão de veículo de particulares à justiça eleitoral é relevante serviço público, sem necessidade de ressarcimento; c) os partidos políticos devem fornecer refeições aos eleitores, como entes privados em colaboração com a justiça eleitoral; d) as deficiências do transporte coletivo constituem justificativa bastante para o não comparecimento do eleitor à seção eleitoral; e) o transporte dos eleitores deve ser feito no âmbito do território do município". A resposta correta considerada foi a prevista na assertiva "e".

Já no concurso para Técnico Judiciário do TRE-TO, realizado em 2011, pela FCC, também foi formulada a seguinte questão sobre o tema: "A respeito do transporte de eleitores no dia da eleição, considere: I. Verificada a inexistência de veículos de transporte coletivos de linhas regulares, os partidos políticos poderão transportar eleitores até os locais de votação. II. É vedado aos candidatos ou órgãos partidários, ou a qualquer pessoa, o fornecimento de refeições aos eleitores da zona rural. III. Verificada a deficiência de veículos de transporte coletivos de linhas regulares, os partidos políticos poderão transportar eleitores até os locais de votação. Está correto o que se afirma APENAS em: a) I. b) I e III. c) I e II. d) II. e) II e III". A resposta correta era a prevista na alternativa "d".

4.2. O oferecimento de refeições a eleitores no dia da eleição

De acordo com o art. 8º da lei nº. 6.091/74, **"somente a Justiça Eleitoral** poderá, quando imprescindível, em face da **absoluta carência de recursos de eleitores da zona rural**, fornecer-lhes refeições, correndo, nesta hipótese, as despesas por conta do Fundo Partidário".

É de se destacar, ainda quanto a este tema, que a Justiça Eleitoral poderá oferecer vales-refeições ou mesmo ajuda em dinheiro para a alimentação dos cidadãos que forem convocados para trabalhar nas eleições, sem que tal atitude configure qualquer irregularidade.

Capítulo 13

Ações e recursos eleitorais

1. NOTAS INTRODUTÓRIAS

Neste capítulo, serão estudados **alguns dos temas mais importantes** do Direito Eleitoral, **sempre exigidos em concursos públicos**: as ações e os recursos eleitorais.

Inicialmente, serão abordadas as **principais ações eleitorais**, para então, em seguida, ser procedido um estudo sobre a **teoria geral dos recursos eleitorais**, bem com acerca dos **recursos eleitorais em espécie** e suas respectivas peculiaridades.

2. AÇÃO DE IMPUGNAÇÃO DE REGISTRO DE CANDIDATURA (AIRC)

A **Ação de Impugnação de Registro de Candidaturas (AIRC)** é instrumento hábil a impedir que candidato escolhido em convenção partidária seja registrado, em virtude do não atendimento de algum requisito legal ou constitucional, a exemplo da ausência de uma ou mais condições de elegibilidade, a presença de uma causa de inelegibilidade ou mesmo a não apresentação de algum documento indispensável ao pedido de registro de candidatura previsto no art. 11, § 1º da lei nº. 9.504/97 (as chamadas "condições de procedibilidade do registro"). Encontra a AIRC **previsão legal nos artigos 3º a 17 da LC 64/90**.

2.1. Legitimidade ativa para a AIRC

Poderá a **autoridade judicial** competente para o registro de candidatura **indeferir o pedido de registro ex *officio***, em caso de **ausência de uma condição de procedibilidade** do registro. Não havendo tal espécie de indeferimento, qualquer candidato, partido político, coligação ou o Ministério Público Eleitoral terá **legitimidade ativa** para a propositura da AIRC.

> **Atenção!!!**
>
> De acordo com o § 2º do art. 3º da LC 64/90, "não poderá impugnar o registro de candidato o representante do Ministério Público que, nos quatro anos anteriores, tenha disputado cargo eletivo, integrado diretório de partido ou exercido atividade político-partidária". Ocorre que o artigo 80 da LC 75/93, posterior, portanto, dispõe que "a filiação a partido político impede o exercício de funções eleitorais por membro do Ministério Público até dois anos do seu cancelamento", gerando uma visível contradição à norma prevista na LC 64/90.
>
> Diante de tal polêmica, o TSE, através da Resolução nº. 23.221/2010, decidiu que "não poderá impugnar o registro de candidato o representante do MP que, nos 02 anos anteriores, tenha disputado cargo eletivo, integrado diretório de partido político ou exercido atividade político-partidária".
>
> Nos processos de registro de candidatura, o Juiz Eleitoral pode conhecer de ofício da existência de causas de inelegibilidade ou da ausência de condição de elegibilidade, desde que resguardados o contraditório e a ampla defesa (Súmula nº 45 do TSE).

Vale destacar, ainda quanto à legitimidade ativa para a AIRC, que **quando a lei fala em candidato, na verdade se refere a pré-candidato**, uma vez que, efetivamente, só existe candidato após o deferimento do pedido de registro. Para que este pré-candidato tenha legitimidade para propor a AIRC, segundo lição de Francisco Dirceu Barros (Direito Processual Eleitoral, 2010, p. 223), deverá o mesmo ter sido escolhido em convenção partidária e ter requerido o registro de candidatura para concorrer à eleição na mesma circunscrição do candidato impugnado.

Legitimados ativos para a AIRC
Pré-candidato escolhido em convenção partidária
Coligação partidária
Ministério Público Eleitoral
Partido político

> **Como esse assunto foi cobrado em concurso?**
>
> No 21º concurso para procurador da república, foi considerada verdadeira afirmativa que dispunha que a AIRC pode ser feita em petição fundamentada, por candidato, partido político, coligação ou Ministério Público.

Já no concurso para promotor de justiça do estado do Rio Grande do Sul, realizado em 2016, foi considerada falsa afirmativa que dispunha que "Cabe a qualquer eleitor, candidato, partido político, coligação, ou ao Ministério Público Eleitoral, no prazo de 5 (cinco) dias, contados da publicação do registro de candidato, impugná-lo em petição fundamentada".

▸ **Qual o entendimento do TSE sobre este assunto?**

Ainda no que se refere à legitimidade ativa para a AIRC, o TSE, através da Resolução nº. 23.221/2010, determinou que qualquer eleitor poderá, no prazo de 05 dias contados da publicação do edital relativo ao pedido de registro, dar notícia de inelegibilidade ao juiz eleitoral, mediante petição fundamentada em duas vias.

Também o TSE, na mesma resolução citada, reafirmou jurisprudência consolidada da corte (REsp's nºs 21.902 e 23.070) no sentido de que "a ausência de impugnação não impede que o juiz aprecie a inelegibilidade de ofício".

Nas ações que visem à cassação de registro, diploma ou mandato, há litisconsórcio passivo necessário entre o titular e o respectivo vice da chapa majoritária (Súmula nº 38 do TSE).

Não há formação de litisconsórcio necessário em processos de registro de candidatura (Súmula nº 39 do TSE).

▸ **Como esse assunto foi cobrado em concurso?**

No concurso para promotor de justiça do estado do Paraná, realizado em 2011, foi considerada falsa afirmativa que dispunha que "qualquer eleitor possui legitimidade ativa para ingressar em juízo com ação de impugnação de registro de candidatura, desde que esteja em situação regular perante a justiça eleitoral". Como visto, o eleitor não tem, efetivamente, tal legitimidade, se limitando, assim, à possibilidade de noticiar ao juiz eleitoral a ocorrência de inelegibilidade que impeça o registro de candidatura, conforme previsto na Resolução TSE nº. 23.221/2010.

Já no concurso para Promotor de Justiça do Estado de Santa Catarina, realizado em 2014, foi considerada falsa afirmativa que dispunha que "Em tendo um partido político, por advogado devidamente constituído, ingressado com ação de impugnação de registro de candidatura, consequentemente, fica o Ministério Público impedido de ingressar com demanda judicial no mesmo sentido".

2.2. Legitimidade passiva para a AIRC

Os legitimados passivos para a AIRC são pré-candidatos que tenham incorrido em uma das causas de inelegibilidade ou que não tenham cumprido as condições de elegibilidade e as condições de procedibilidade do registro.

> **▸ Qual o entendimento do TSE sobre este assunto?**
>
> O TSE entende que não há litisconsórcio passivo necessário, em sede de AIRC, entre o candidato e o seu partido (Ac. 2.158, de 17.10.2000, Rel. Min. Garcia Vieira), e nem entre o candidato e seu vice, nas eleições majoritárias (TSE - RO nº. 1.912, de 21.10.2008, Rel. Min. Arnaldo Versiani).

2.3. Prazo para a interposição da AIRC

O prazo para a interposição da AIRC, decadencial e improrrogável, é de 05 dias, contados da publicação do registro do candidato. Vale destacar, neste sentido, que há preclusão da matéria não impugnada em tempo hábil, em sede de AIRC, salvo se cuidar de **matéria constitucional**, quando a inelegibilidade **poderá ser arguida posteriormente**, inclusive em sede de Recurso Contra a Diplomação (RCD).

> **▸ Como esse assunto foi cobrado em concurso?**
>
> No 26º Concurso para Procurador da República, realizado em 2011, foi considerada falsa afirmativa que dispunha que a AIRC "pode ser ajuizada desde a publicação do registro da candidatura do candidato até o dia da eleição".

2.4. Competência para o processamento e julgamento da AIRC

A competência para o processamento e julgamento da AIRC é determinada pelo **cargo pleiteado** pelo pré-candidato com pedido de registro de candidatura impugnado, nos seguintes termos:

<table>
<tr><th></th><th colspan="3">Órgãos da Justiça Eleitoral competentes originariamente para o processamento e julgamento da AIRC</th></tr>
<tr><th></th><th>Juízes eleitorais</th><th>Tribunais regionais eleitorais</th><th>Tribunal Superior Eleitoral</th></tr>
<tr><td rowspan="3">Impugnação de pedido de registro de candidatos a</td><td rowspan="2">prefeito e vice-prefeito</td><td>governador e vice-governador de estados e do DF</td><td rowspan="3">presidente e vice-presidente da República.</td></tr>
<tr><td>senadores e suplentes de senadores</td></tr>
<tr><td>vereador</td><td>deputados federais, estaduais e distritais, (não existe candidato a suplente de deputado, como já observado no capítulo II desta obra, referente aos sistemas eleitorais).</td></tr>
</table>

2.5. Procedimento da AIRC

Interposta a AIRC pelos legitimados ativos, os quais deverão especificar, desde logo, os **meios de prova** com que pretende demonstrar a veracidade do alegado, arrolando inclusive **testemunhas, em número máximo de seis**, inicia-se prazo de **07 dias para a contestação**, da qual também deverão constar os documentos e provas da defesa.

▸ **Como esse assunto foi cobrado em concurso?**

No concurso para analista judiciário do TRE-RN, realizado pela FCC em 2005, foi considerada verdadeira afirmativa que dispunha que "a partir da data em que terminar o prazo para impugnação, passará a correr, após a devida notificação, o prazo de 07 dias para que o candidato, partido ou coligação possa contestá-lo".

Decorrido o prazo para contestação, se não se tratar apenas de matéria de direito e a prova protestada for relevante, serão designados os quatro dias seguintes para inquirição das testemunhas do impugnante e do impugnado, as quais comparecerão por iniciativa das partes que as tiverem arrolado, com notificação judicial. A oitiva de todas as testemunhas, da acusação e defesa, deverá ser feita em uma única assentada.

Ouvidas as testemunhas, o juiz, ou o relator, procederá, nos **cinco dias subsequentes**, a todas as **diligências** que determinar, de ofício ou a requerimento das partes, podendo, no mesmo prazo, ouvir terceiros, referidos pelas partes, ou testemunhas, como conhecedores dos fatos e circunstâncias que possam influir na decisão da causa.

Quando qualquer **documento** necessário à formação da prova se achar **em poder de terceiro**, o juiz, ou o relator, poderá ainda, no mesmo prazo de cinco dias após a oitiva das testemunhas, ordenar o respectivo depósito. Se o terceiro, sem justa causa, não exibir o documento, ou não comparecer a juízo, poderá o juiz contra ele expedir mandado de prisão e instaurar processo por crime de desobediência.

Encerrado o prazo da dilação probatória, será aberto um novo prazo de cinco dias, comum a todas as partes, inclusive ao Ministério Público, para a apresentação das **alegações finais**.

Encerrado o prazo para alegações, os **autos serão conclusos ao juiz**, ou ao relator, no dia imediato, para sentença ou julgamento pelo Tribunal. Em se tratando de **eleição municipal**, o juiz eleitoral terá, então, o **prazo de três dias para proferir a sentença**. Quando a **competência** para processar e julgar a AIRC for **dos tribunais regionais eleitorais ou do TSE**, por sua vez, recebidos os autos na Secretaria do Tribunal Eleitoral, estes serão autuados e apresentados no mesmo dia ao presidente, que, também na mesma data, os distribuirá a um relator e mandará abrir vistas ao procurador regional ou procurador geral, se for o caso, pelo prazo de dois dias. Findo o prazo, com ou sem parecer, os autos serão enviados ao relator, que os apresentará em mesa para julgamento em três dias, independentemente de publicação em pauta.

Da **decisão** do juiz ou tribunal acerca da AIRC caberá **recurso, no prazo de três dias**. Também no prazo de três dias, subsequentes, será aberto prazo para contrarrazões, caso haja recurso interposto.

Transitada em julgado a decisão que declarar a inelegibilidade do candidato, ser-lhe-á **negado registro, ou cancelado**, se já tiver sido feito, ou **declarado nulo o diploma**, se já expedido (neste sentido, vale destacar que a **reforma eleitoral** promovida pela Lei nº. 13.165/15 **alterou a redação do § 1º ao art. 16 da Lei das Eleições**, estabelecendo que até 20 dias antes da eleição todos os pedidos de registro de candidatura, inclusive os impugnados e seus recursos, deverão estar julgados pelas instâncias ordinárias). Antes do trânsito em julgado da decisão, entretanto, o candidato poderá continuar participando do processo eleitoral, por sua conta e risco (art. 16-A da Lei nº. 9.504/97). O disposto no art. 16-A quanto ao direito de participar da campanha eleitoral, inclusive utilizar o horário eleitoral gratuito, aplica-se igualmente ao candidato cujo pedido de registro tenha sido protocolado no prazo legal e ainda não tenha sido apreciado pela Justiça Eleitoral.

> **Atenção!!!**
>
> De acordo com previsão expressa no artigo 16 da LC 64/90, os prazos da AIRC são peremptórios e contínuos, correndo em cartório ou secretaria, não se suspendendo aos sábados, domingos e feriados, a partir da data do encerramento do prazo legal para pedido de registro de candidatos (dia 15 de agosto do ano eleitoral).

3. AÇÃO DE INVESTIGAÇÃO JUDICIAL ELEITORAL (AIJE)

A **Ação de Investigação Judicial Eleitoral (AIJE)** tem a sua **previsão legal no art. 22 da Lei Complementar nº. 64/90**, que assim dispõe, no seu *caput*:

> Art. 22. Qualquer partido político, coligação, candidato ou Ministério Público Eleitoral poderá representar à Justiça Eleitoral, diretamente ao Corregedor-Geral ou Regional, relatando fatos e indicando provas, indícios e circunstâncias e pedir abertura de investigação judicial para apurar uso indevido, desvio ou abuso do poder econômico ou do poder de autoridade, ou utilização indevida de veículos ou meios de comunicação social, em benefício de candidato ou de partido político, obedecido o seguinte rito:
>
> (...)

Como se observa, a AIJE tem por **finalidade a apuração de abuso de poder político ou econômico** (neste sentido, conferir capítulo XII desta obra) cuja gravidade influa na normalidade e legitimidade do exercício do poder de sufrágio popular, bem como para a apuração de condutas em desacordo com as normas da lei nº. 9.504/97 relativas à arrecadação e gastos de recursos (art. 30-A) e a doações de pessoas físicas ou jurídicas acima dos limites legais (art. 81).

> **Atenção!!!**
>
> Vale destacar, quanto ao objeto da AIJE, que até meados de 2010, quando foi promulgada a LC 135/10 (Lei da Ficha Limpa), a qual alterou, em diversos pontos, a Lei das Inelegibilidades, era prevalente o entendimento segundo o qual o ato praticado caracterizador de abuso de poder econômico ou político, objeto da investigação eleitoral, teria que ter potencialidade para alterar o resultado da eleição. Com a promulgação da LC 135/10, foi acrescido ao art. 22 da LC 64/90 o inciso XVI,

dispondo que "para a configuração do ato abusivo, não será considerada a potencialidade de o fato alterar o resultado da eleição, mas apenas a gravidade das circunstâncias que o caracterizam".

3.1. Legitimidade ativa e passiva para a AIJE

Os mesmos **legitimados ativos** para a AIRC têm legitimidade para a propositura da AIJE. Vale lembrar mais uma vez, neste sentido, que **partido político coligado não tem interesse de agir** para a propositura de ações eleitorais enquanto perdurar a coligação, salvo quando estiver contestando a própria validade da mesma (Ac.-TSE nºs 25.015/2005 e 24.982/2005).

Os **legitimados para figurar no polo passivo da AIJE**, por sua vez, são o candidato (ou pré-candidato que requereu o registro de sua candidatura) e o cidadão que não é candidato, mas que tenha concorrido para a prática do abuso do poder econômico ou político. Já as **pessoas jurídicas não figuram no polo passivo da AIJE**, conforme entendimento reiterado pelo TSE (Ac.-TSE nºs 717/2003, 782/2004 e 373/2005).

> **▸ Qual o entendimento do TSE sobre este assunto?**
>
> O Plenário do Tribunal Superior Eleitoral, por unanimidade, alterando a jurisprudência desta Corte, entendeu pela possibilidade de formação de litisconsórcio passivo necessário, em ação de investigação judicial eleitoral por abuso do poder político, entre o agente público autor da conduta e o candidato beneficiado. (Recurso Especial Eleitoral nº 843-56, Jampruca/MG, rel. Min. João Otávio de Noronha, em 21.6.2016). Informativo TSE – Ano XVIII – nº 7

3.2. Prazo para a interposição da AIJE

Não estabeleceu a legislação **prazo inicial e final para a propositura da AIJE**. Assim sendo, divergências doutrinárias importantes foram estabelecidas quanto a esta questão, sendo que a doutrina majoritária, representada, por exemplo, por Adriano Soares da Costa e Carlos Eduardo de Oliveira Lula (2010, p. 744), entende que o termo inicial referido inicia-se após o registro das candidaturas.

> **▸ Qual o entendimento do TSE sobre este assunto?**
>
> O Tribunal Superior Eleitoral tem firmado entendimento no sentido de que é possível o ajuizamento de AIJE mesmo antes de iniciado o período

eleitoral (Ac.-TSE, de 17.4.2008, no RO nº 1.530). Quanto ao termo final para a propositura da AIJE, o TSE, por sua vez, tem entendido reiteradamente que o mesmo se dá com o ato de diplomação dos eleitos, operando a decadência, após este prazo (TSE, REsp's nºs 15.263 e 12.531 e Ac. nº. 15.099).

▸ **Como esse assunto foi cobrado em concurso?**

No 22º concurso para procurador da república, foi considerada falsa afirmativa que dispunha que "O termo final para o ajuizamento da investigação judicial eleitoral (AIJE) é o da data da eleição, inclusive".

Independentemente, no entanto, da divergência doutrinária existente quanto aos termos inicial e final para a propositura da AIJE, **é pacífico**, tanto na doutrina como na jurisprudência, que a **referida ação pode ter como objeto fatos ocorridos antes do início do período eleitoral** que, por sua gravidade, caracterizem abuso de poder político ou econômico capaz de influir negativamente na legitimidade das eleições.

3.3. Competência para o processamento e julgamento da AIJE

Como se afere a partir da leitura do caput do **artigo 22 da LC 64/90**, o oferecimento da AIJE deverá ser feito junto ao Corregedor-Geral Eleitoral, quando se tratar de eleição para presidente e vice-presidente da república; e junto ao Corregedor-Regional Eleitoral, quando se tratar de eleição para governador e vice-governador dos estados ou DF; senadores e suplentes; deputados federais, estaduais e distritais. Nas eleições municipais, de acordo com previsão expressa no art. 24 da LC 64/90, o juiz eleitoral será competente para processar e julgar a AIJE, cabendo ao mesmo as funções atribuídas aos corregedores geral e regional previstas nos incisos I a XV do art. 22.

▸ **Como esse assunto foi cobrado em concurso?**

No concurso para juiz de direito substituto do estado do Pará, organizado pela FGV, 2005, foi considerada verdadeira afirmativa que dispunha que "A competência para conhecer e processar as transgressões pertinentes ao abuso do poder econômico ou político nas eleições municipais é do Juiz Eleitoral. Nas demais eleições, compete ao Corregedor Geral e Corregedores Regionais apurar, mediante investigações jurisdicionais, o abuso do poder econômico ou político".

3.4. Procedimento da AIJE

O **procedimento da AIJE** está previsto nos **incisos I a XIII do art. 22** da LC 64/90, conforme quadro a seguir:

Procedimento adotado na AIJE (Art. 22 da LC 64/90)
Art. 22. Qualquer partido político, coligação, candidato ou Ministério Público Eleitoral poderá representar à Justiça Eleitoral, diretamente ao Corregedor-Geral ou Regional, relatando fatos e indicando provas, indícios e circunstâncias e pedir abertura de investigação judicial para apurar uso indevido, desvio ou abuso do poder econômico ou do poder de autoridade, ou utilização indevida de veículos ou meios de comunicação social, em benefício de candidato ou de partido político, obedecido o seguinte rito:
I. o Corregedor, que terá as mesmas atribuições do Relator em processos judiciais, ao despachar a inicial, adotará as seguintes providências:
a) ordenará que se notifique o representado do conteúdo da petição, entregando-se-lhe a segunda via apresentada pelo representante com as cópias dos documentos, a fim de que, no prazo de 5 (cinco) dias, ofereça ampla defesa, juntada de documentos e rol de testemunhas, se cabível;
b) determinará que se suspenda o ato que deu motivo à representação, quando for relevante o fundamento e do ato impugnado puder resultar a ineficiência da medida, caso seja julgada procedente;
c) indeferirá desde logo a inicial, quando não for caso de representação ou lhe faltar algum requisito desta Lei Complementar;
II. no caso do Corregedor indeferir a reclamação ou representação, ou retardar-lhe a solução, poderá o interessado renová-la perante o Tribunal, que resolverá dentro de 24 (vinte e quatro) horas;
IV. feita a notificação, a Secretaria do Tribunal juntará aos autos cópia autêntica do ofício endereçado ao representado, bem como a prova da entrega ou da sua recusa em aceitá-la ou dar recibo;
V. findo o prazo da notificação, com ou sem defesa, abrir-se-á prazo de 5 (cinco) dias para inquirição, em uma só assentada, de testemunhas arroladas pelo representante e pelo representado, até o máximo de 6 (seis) para cada um, as quais comparecerão independentemente de intimação;
VI. nos 3 (três) dias subsequentes, o Corregedor procederá a todas as diligências que determinar, *ex officio* ou a requerimento das partes;
VII. no prazo da alínea anterior, o Corregedor poderá ouvir terceiros, referidos pelas partes, ou testemunhas, como conhecedores dos fatos e circunstâncias que possam influir na decisão do feito;
VIII. quando qualquer documento necessário à formação da prova se achar em poder de terceiro, inclusive estabelecimento de crédito, oficial ou privado, o Corregedor poderá, ainda, no mesmo prazo, ordenar o respectivo depósito ou requisitar cópias;

Procedimento adotado na AIJE (Art. 22 da LC 64/90)
IX. se o terceiro, sem justa causa, não exibir o documento, ou não comparecer a Juízo, o Juiz poderá expedir contra ele mandado de prisão e instaurar processo por crime de desobediência;
X. encerrado o prazo da dilação probatória, as partes, inclusive o Ministério Público, poderão apresentar alegações no prazo comum de 2 (dois) dias;
XI. terminado o prazo para alegações, os autos serão conclusos ao Corregedor, no dia imediato, para apresentação de relatório conclusivo sobre o que houver sido apurado;
XII. o relatório do Corregedor, que será assentado em 3 (três) dias, e os autos da representação serão encaminhados ao Tribunal competente, no dia imediato, com pedido de inclusão incontinenti do feito em pauta, para julgamento na primeira sessão subsequente;
XIII. no Tribunal, o Procurador-Geral ou Regional Eleitoral terá vista dos autos por 48 (quarenta e oito) horas, para se pronunciar sobre as imputações e conclusões do relatório.

▸ Como esse assunto foi cobrado em concurso?

No 24º concurso para procurador da república, foi considerada falsa afirmativa que dispunha que "a Ação de Investigação Judicial Eleitoral tem o mesmo procedimento da ação de impugnação ao pedido de registro de candidatura e pode ser proposta pelo Ministério Público eleitoral, por candidato ou por partido político". Como visto, o procedimento da AIRC é definido nos artigos 3º a 17 da LC 64/90, enquanto que o da AIJE é previsto no art. 22 da mesma lei.

3.5. Efeitos da procedência da AIJE

Os **efeitos da procedência da AIJE** estão previstos no inciso XIV do art. 22 da LC 64/90, com redação alterada pela Lei da Ficha Limpa (LC 135/10). Assim dispõe o referido dispositivo normativo:

> Art. 22.
>
> (...)
>
> XIV – julgada procedente a representação, ainda que após a proclamação dos eleitos, o Tribunal declarará a inelegibilidade do representado e de quantos hajam contribuído para a prática do ato, cominando-lhes sanção de inelegibilidade para as eleições a se realizarem nos 8 (oito) anos subsequentes à eleição em que se verificou, além da cassação do registro ou diploma do candidato diretamente beneficia-

> do pela interferência do poder econômico ou pelo desvio ou abuso do poder de autoridade ou dos meios de comunicação, determinando a remessa dos autos ao Ministério Público Eleitoral, para instauração de processo disciplinar, se for o caso, e de ação penal, ordenando quaisquer outras providências que a espécie comportar.

Como se observa, todos aqueles que tenham contribuído para a prática do ato abusivo que vierem a ser condenados em sede de AIJE terão para si cominada a sanção de **08 anos de inelegibilidade** a contar da eleição em que se verificou o ilícito. Além disso, o candidato beneficiado pela interferência do poder econômico ou político terá o seu registro ou diploma cassado, podendo ainda responder a ação penal, se for o caso.

▸ **Qual o entendimento do TSE sobre este assunto?**

Até a publicação da Lei da Ficha Limpa, a sanção de inelegibilidade perdurava pelo prazo de 03 anos, e não de 08 anos. O TSE então, através da súmula nº. 19, firmou entendimento no sentido de que "o prazo de inelegibilidade de três anos, por abuso de poder econômico ou político, é contado a partir da data da eleição em que se verificou". Por analogia, podemos entender que a súmula nº. 19 citada continua válida, apenas sendo alterado o prazo de inelegibilidade de três para oito anos, conforme nova previsão normativa.

Uma **grande inovação, trazida pela Lei da Ficha Limpa,** foi estabelecida pela **nova redação do inciso XIV do art. 22,** citada: a possibilidade de cassação do diploma de candidato eleito em sede de AIJE. Até a **publicação da LC 135/10,** prevalecia o entendimento, derivado da antiga redação do referido dispositivo legal, segundo o qual não seria possível a perda do diploma de candidato condenado por AIJE após a diplomação, o que tornava a referida ação ineficaz, quanto a esta questão. Para a cassação do diploma, era necessária a utilização de outra via processual, a exemplo da Ação de Impugnação de Mandato Eletivo ou mesmo o Recurso Contra a Diplomação. Agora, a própria AIJE já serve a esta finalidade.

4. AÇÃO DE IMPUGNAÇÃO DE MANDATO ELETIVO (AIME)

4.1. Objeto e previsão constitucional da AIME

Segundo lição de Emerson Garcia (2006, p. 181), a **AIME** "representa importante conquista da democracia, tornando possível a recomposição da legitimidade das eleições mediante a invalidação do diploma do candidato que tenha praticado abuso do poder econômico, corrupção ou fraude durante o procedimento eletivo". A **garantia da normalidade e da legitimidade do exercício do poder sufrágio popular** é o grande **objetivo** desta ação.

> **▸ Como esse assunto foi cobrado em concurso?**
>
> No 20º concurso para procurador da república, foi formulada a seguinte questão subjetiva: "O que é ação de impugnação de mandato eletivo e em que condições pode ser proposta?"

No que se refere à possibilidade de abuso de poder econômico ensejador da propositura de AIME, **entende o TSE** que tal conceito não engloba o abuso de poder político ou de autoridade, a não ser que tais práticas tenham conexão com o abuso do poder econômico (neste sentido, conferir o Ac. TSE nº. 28.581, Rel. Min. Felix Fischer, j. 21.08.2008, DJ 23.09.2009, p. 15).

A **corrupção** que afete a lisura do pleito ensejadora de AIME, por sua vez, relaciona-se às práticas de "dar, oferecer, prometer, solicitar ou receber, para si ou para outrem, dinheiro, dádiva, ou qualquer outra vantagem, para obter ou dar voto e para conseguir ou prometer abstenção, ainda que a oferta não seja aceita", conduta tipificada como crime eleitoral de acordo com o **art. 299 do CE**, a ser estudado no capítulo XIV desta obra.

Quanto à **fraude motivadora do ajuizamento de AIME**, segundo lição de Carlos Eduardo Oliveira Lula (2010, p. 757), "nos termos da jurisprudência do TSE, fraude relaciona-se na AIME indiscutivelmente à votação, com comprometimento da lisura e da legitimidade do pleito. Portanto, fraude deve ser entendida em situações como votar mais de uma vez, alteração dos dados da urna eletrônica, preenchimento pelo mesário do voto dos eleitores ausentes, dentre outras condutas. Em síntese, é a burla, o engano, o artifício para favorecer um candidato em detrimento de outros".

> **▸ Qual o entendimento do TSE sobre este assunto?**
>
> No julgamento do agravo de instrumento nº. 4.661, relatado pelo ministro Fernando Neves, o TSE afirmou que "a fraude eleitoral a ser apurada na AIME não se deve restringir àquela sucedida no exato momento da votação ou da apuração dos votos, podendo-se configurar, também, por qualquer artifício ou ardil que induza o eleitor a erro, com possibilidade de influenciar sua vontade no momento do voto, favorecendo candidato ou prejudicando seu adversário".

A AIME tem previsão constitucional (art. 14, §§ 10 e 11 da CF/88), e sua propositura deverá ocorrer até 15 dias após a diplomação. Antes da diplomação não pode ser proposta a AIME.

▸ **Qual o entendimento do TSE sobre este assunto?**

Embora considerado decadencial o prazo para a propositura da AIME, já entendeu o TSE que o mesmo pode ser prorrogado caso o termo final se verifique em data sem expediente forense (Ac. 15.248, Rel. Min. Eduardo Alckmin, j. em 01.12.1998, Ementário TSE, Decisões de 1998, p. 22).

▸ **Como esse assunto foi cobrado em concurso?**

No 21º concurso para procurador da república, foi formulada a seguinte questão: "A AIME: a) somente pode ocorrer até a diplomação, mediante representação por abuso do poder econômico junto à Justiça Eleitoral; b) pode ser feita a qualquer tempo desde que se trate de abuso de poder político, econômico, corrupção ou fraude, incidindo a hipótese de recall; c) pode ser feita ante a Justiça Eleitoral, no prazo de quinze dias contados da diplomação, instruída a ação com provas de abuso do poder econômico, corrupção ou fraude; d) poderá ocorrer somente se houver antes recurso contra a expedição do diploma, afastando a preclusão, nos casos de abuso do poder econômico, corrupção ou fraude". A resposta considerada correta foi a prevista na alternativa "c".

4.2. Competência para o processamento de julgamento da AIME

A **competência para o processamento e julgamento da AIME** é aquela fixada de acordo com a regra do artigo 2º da LC 64/90. Assim, nas eleições municipais, será competente para processar e julgar a AIME os juízes eleitorais. Nas eleições para governador e vice-governador do DF, deputados das mais diversas esferas e senadores, será competente para processar e julgar a AIME os tribunais regionais eleitorais. Já nas eleições presidenciais, a referida competência será do TSE.

4.3. Legitimidade ativa e passiva para a AIME

Têm **legitimidade ativa** para a propositura de AIME o Ministério Público Eleitoral, partido político, coligação e candidato. **Eleitor isoladamente não tem legitimidade** para a propositura da AIME, segundo **entendimento do TSE** (Neste sentido, Ac. TSE nº. 11.835, Rel. Min. Torquato Jardim, DJ 26.05.1995).

Ainda de acordo com o TSE (Acs. nº. 19.759 e nº. 20.977), o partido político que disputou coligado a eleição isoladamente poderá propor a AIME, uma vez que a coligação se desfaz com a ocorrência do pleito e o termo inicial para a propositura da AIME é justamente o fim do pleito.

No **polo passivo da AIME**, por sua vez, figurarão diplomados infratores de abuso de poder econômico ou político ou que cometeram fraude ou corrupção eleitoral. Não há litisconsórcio passivo necessário entre o diplomado e o seu respectivo partido político, segundo o TSE (Ação Cautelar nº. 3256-PR, Rel. Min. Arnaldo Versiani, em 20.05.2009).

4.4. Procedimento adotado na AIME

A AIME tramitará em **segredo de justiça**, mas o seu **julgamento deverá ser público** (Ac. TSE nº. 4.318). Prevalecerá, para a AIME, a gratuidade, salvo comprovada litigância de má-fé.

O procedimento a ser adotado no processamento e julgamento da AIME, durante muito tempo, foi objeto de grandes divergências doutrinárias e jurisprudenciais entre aqueles que defendiam a aplicação do rito comum ordinário, previsto no Código de Processo Civil, e aqueles que pugnavam pela utilização do rito mais célere preconizado pela LC 64/90.

Em 2004, o TSE finalmente pôs fim à polêmica, determinando, através da Resolução nº. 21.634, que o rito aplicável à AIME é o previsto na LC 64/90, referente à AIRC (neste sentido, conferir item 2.5. deste capítulo).

> ▸ **Atenção!!!**
>
> Ao contrário do que ocorre com a AIJE, para a propositura da AIME é necessária a instrução com provas do abuso de poder econômico, corrupção ou fraude (prova pré-constituída).

4.5. A questão da possibilidade de litispendência entre AIJE, AIME e RCD

O Tribunal Superior Eleitoral já firmou entendimento de que **não existe litispendência entre AIJE, AIME e Recurso Contra a Diplomação**, uma vez que os objetivos seriam distintos para cada um dos referidos institutos (Neste sentido, Acs. TSE nºs 4.203, 21.218 e 35.923).

> ▸ **Atenção!!!**
>
> Até a publicação da LC 135/10, em junho de 2010, era necessária a propositura de AIME para a cassação de diploma de candidato eleito quando o julgamento de investigação judicial eleitoral precedente ocorria apenas após o pleito. Divergências doutrinárias, neste sentido,

eram constantes, entre aqueles que defendiam, em nome do combate à corrupção eleitoral, a abertura de novo prazo de 15 dias para propositura de AIME, a contar da data em que o MP viesse a receber cópias dos autos da AIJE, e aqueles que defendiam a decadência para a propositura da nova ação, quando ultrapassado o prazo de 15 dias após a diplomação, previsto na Constituição Federal.

Com a publicação da LC 135/10, passou a existir a possibilidade de cassação de diploma de candidato eleito por meio de AIJE, esvaziando, assim, a discussão referida.

Vale destacar que a Lei nº. 13.165/15 criou, na Lei das Eleições, o art. 96-B, que, no seu § 3º, impede o conhecimento de ação nova que verse sobre o mesmo fato apreciado em outra ação, transitada em julgado, mesmo que a ação seja de natureza diversa, tendo em vista a ausência de qualquer exceção desta espécie, no novo texto normativo, fato que pode gerar grandes polêmicas.

5. A REPRESENTAÇÃO DO ART. 96 DA LEI Nº. 9.504/97

Estabelece o artigo 96 da Lei das Eleições o rito processual das reclamações relativas ao descumprimento da referida lei, em especial no que tange ao desrespeito às normas previstas para a propaganda eleitoral.

▸ **Atenção!!!**

Até o advento da reforma eleitoral de 2009, prevalecia na doutrina o entendimento segundo o qual a representação do art. 96 da Lei das Eleições era o instrumento cabível para o combate às condutas vedadas do art. 73 a 78 da Lei das Eleições, quando as mesmas não tivessem potencial lesivo capaz de desequilibrar o pleito. A lei 12.034/09, entretanto, estabeleceu, a partir da inclusão do § 12 ao art. 73 da Lei das Eleições, que o rito aplicável para qualquer representação formulada com base em prática de condutas vedadas a agentes públicos nas eleições é o previsto no art. 22 da LC 64/90. Da mesma forma, deverá seguir o procedimento previsto no art. 22 da LC 64/90 representações fundadas no arts. 30-A e 81 da Lei nº. 9.504/97.

De acordo com o caput do artigo 96 referido, salvo disposições específicas em contrário, as **reclamações ou representações** relativas ao descumprimento da Lei das Eleições **podem ser feitas por qualquer partido político, coligação ou candidato.** Inobstante a não previsão de legitimidade ativa do MP, no referido dispositivo legal, para a propositura da referida reclamação, é pacífico o entendimento do TSE quanto a esta possibilidade, algo mais que natural, tendo em vista o papel institucional exercido pelo *parquet*. Acolhendo este entendimento, o Congresso Nacional, ao aprovar a Lei nº. 13.165/15, criou o novo artigo 96-B, que, em seu § 1º, estabelece que Ministério Público tem legitimidade para ajuizar ação eleitoral independentemente do seu ajuizamento por candidato ou partido político.

▸ **Como esse assunto foi cobrado em concurso?**

No 23º concurso para procurador da república, foi considerada falsa afirmativa que dispunha que "o Ministério Público Eleitoral não tem legitimidade para propor a representação prevista no artigo 96 da lei 9504, de 1997".

Seguindo a lógica de outras importantes ações eleitorais (AIRC, AIJE e AIME), a **competência** para o processamento da reclamação do art. 96 será dos juízes eleitorais, em se tratando de eleições municipais; dos tribunais regionais eleitorais, em se tratando de eleições para os cargos de governador e vice-governador de estado ou do DF, deputados federais, estaduais e distritais, além de senadores; e do TSE, quando se tratar de eleição para presidente e vice-presidente da república. Nas eleições municipais, quando a circunscrição abranger mais de uma Zona Eleitoral, o Tribunal Regional designará um juiz para apreciar as reclamações ou representações.

▸ **Atenção!!!**

Ao § 3º do art. 96 da Lei das Eleições prevê que "os Tribunais Eleitorais designarão três Juízes auxiliares para a apreciação das reclamações ou representações que lhes forem dirigidas", cujas decisões, conforme previsão do § 4º do mesmo artigo, deverão ser julgadas pelo plenário do Tribunal. Na visão de muitos, tal previsão seria inconstitucional, por criar norma de competência no âmbito da Justiça Eleitoral, matéria reservada a lei complementar, conforme previsão do art. 121 da Constituição Federal.

5.1. Rito processual da representação prevista no art. 96 da Lei das Eleições

Recebida a reclamação ou representação, a Justiça Eleitoral notificará imediatamente o reclamado ou representado para, querendo, apresentar defesa em quarenta e oito horas. Transcorrido este prazo, apresentada ou não a defesa, será proferida a decisão, a qual será publicada em até 24 horas, abrindo-se, em seguida, prazo também de 24 horas para recurso, contado da publicação da decisão em cartório ou sessão, oferecido ao recorrido igual prazo para oferecimento de contrarrazões, a contar da sua notificação.

> **Qual o entendimento do TSE sobre este assunto?**
>
> Decidiu o TSE, no julgamento do Respe nº. 28.215, em 14.08.2007, que a sentença publicada após o prazo de 24 horas previsto no art. 96, §§ 5º e 7º, da lei nº. 9.504/97 tem como termo inicial para recurso a intimação do representado, no que é aplicado subsidiariamente o CPC.

Os Tribunais julgarão o recurso no prazo de quarenta e oito horas. Não sendo o feito julgado nos prazos fixados, o pedido pode ser dirigido ao órgão superior, devendo a decisão ocorrer de acordo com o rito definido no próprio artigo 96.

6. REPRESENTAÇÃO POR CAPTAÇÃO ILÍCITA DE SUFRÁGIO

Como já destacado no capítulo XII desta obra, a captação ilícita de sufrágio é prevista no art. 41-A da Lei das Eleições, ensejando multa e cassação do registro ou diploma, sendo observado, no seu processamento, o rito previsto no art. 22 da LC 64/90.

O objetivo da norma é combater práticas tendentes a violar a liberdade do voto, a compra de voto, tendo sido o referido artigo incluído no ordenamento jurídico a partir de forte manifestação popular, consubstanciada em apresentação de projeto de iniciativa popular de lei, viabilizado através do Movimento de Combate à Corrupção Eleitoral.

> **Como esse assunto foi cobrado em concurso?**
>
> No 22º concurso para procurador da república, foi formulada a seguinte questão subjetiva: "Discorra, sucintamente, sobre a investigação judicial eleitoral (AIJE) e a captação vedada de sufrágio, estabelecendo as suas hipóteses de cabimento e as eventuais distinções quanto aos seguintes aspectos: a) bem jurídico protegido; b) necessidade ou não de nexo de causalidade entre o fato e o resultado do pleito; c) instrumento processual e termos inicial e final para o ajuizamento; d) rito e foro competente; e) sanção; recursos cabíveis e seus efeitos".

A representação por captação ilícita de sufrágio prescreve, como conduta objetiva, as ações de dar, oferecer, prometer ou entregar qualquer bem ou vantagem de cunho pessoal, inclusive emprego ou função pública, a eleitor. Também a ameaça ao eleitor, com o intuito da conquista do seu voto, caracteriza a captação ilícita de sufrágio, conforme alteração legislativa patrocinada pela lei nº. 12.034/09, conforme já comentado no capítulo XII desta obra. Promessas genéricas de campanha, por sua vez, não caracterizam a promessa de vantagem de cunho pessoal ensejadora da aplicação do art. 41-A (neste sentido Ac. TSE nº. 5.498, Rel. Min. Gilmar Mendes).

▸ Qual o entendimento do TSE sobre este assunto?

O TSE é pacífico quanto ao entendimento segundo o qual o advento do art. 41-A não aboliu o crime de corrupção eleitoral previsto no art. 299 do Código Eleitoral, uma vez que o dispositivo da Lei das Eleições tem consequências eleitorais, enquanto que o tipo previsto no Código Eleitoral tem implicações criminais.

Qualquer partido político, coligação, candidato e o Ministério Público têm legitimidade para a propositura da Representação por Captação Ilícita de Sufrágio. Vale lembrar que só terá legitimidade para ingressar com a referida representação partido que esteja concorrendo isoladamente no pleito. Partido coligado, por sua vez, tem suspensa a sua legitimidade para atuar no polo ativo da referida representação, enquanto perdurar a coligação.

No polo passivo da representação, por sua vez, atuam candidatos ou pré-candidatos com requerimento de registro de candidatura formalizado. Além disso, com a reforma eleitoral patrocinada pela lei nº. 12.034/09, foi incluído no texto do art. 41-A da Lei das Eleições o § 2º, determinando que "as sanções previstas no *caput* aplicam-se contra quem praticar atos de violência ou grave ameaça a pessoa, com o fim de obter-lhe o voto". Assim, abriu-se a possibilidade de outras pessoas figurarem no polo passivo da representação por captação ilícita de sufrágio, submetendo-se, entretanto, apenas à sanção de multa.

Para que candidato ou pré-candidatos com requerimentos de registro de candidatura formalizados figurem no polo passivo, não é necessário que o ato tenha sido diretamente praticado pelos mesmos, sendo suficiente a participação no mesmo ou até mesmo o mero consentimento (Neste sentido, Acs.-TSE nºs 19.566/2001, 1.229/2002, 696/2003, 21.264/2004, 21.792/2005 e 787/2005).

Os atos condenados pelo artigo 41-A da Lei das Eleições, caracterizadores da chamada captação ilícita de sufrágio, deverão ser praticados desde o registro de candidaturas até o dia da eleição, com o intuito de violar a liberdade do voto. Vale destacar, neste sentido, que o TSE firmou entendimento (Ac. 19.229, Rel. Min. Fernando Neves da Silva, RJTSE 12/373) segundo o qual "o termo inicial do período de incidência da regra do art. 41-A da Lei nº. 9.504/97 é a data em que o registro da candidatura é requerido, e não a do seu deferimento".

> **Atenção!!!**
>
> Para a caracterização da captação ilícita de sufrágio ensejadora da representação prevista no art. 41-A da Lei das Eleições, não é necessária a potencialidade lesiva. A violação da liberdade de voto de um único eleitor já caracteriza o ilícito, não sendo necessária, portanto, potencialidade capaz de gerar desequilíbrio nas eleições.

O procedimento adotado na tramitação da representação ora estudada, como já destacado, é o previsto no art. 22 da LC 64/90, previsto para a AIJE. A competência para o processamento e julgamento da referida representação, por sua vez, será dos juízes eleitorais, nas eleições municipais (candidatos a prefeitos, inclusive os que tentam a reeleição, e vereadores); dos tribunais regionais eleitorais, nas eleições para governador e vice-governador de estado ou do DF, deputados e senadores; e do TSE, nas eleições presidenciais. É de se ressaltar que de acordo com o art. 20 da Resolução nº. 23.193/2010, "as representações que visarem à apuração das hipóteses previstas nos arts. 30-A, 41-A, 73 e 81 da Lei nº. 9.504/97 observarão o rito estabelecido no art. 22 da Lei Complementar nº. 64/90, sem prejuízo da competência regular do Corregedor Eleitoral".

> **Como esse assunto foi cobrado em concurso?**
>
> No 24º concurso para procurador da república, foi considerada verdadeira afirmativa que dispunha que "A captação ilícita de sufrágio é examinada por ação com procedimento da investigação judicial eleitoral, atingindo o candidato, mesmo não sendo ele o responsável pelo ato de corrupção, bastando a mera anuência, e leva à perda do diploma, sem necessidade de aferição de potencialidade".

> **Atenção!!!**
>
> O novo § 4º do artigo 41-A em estudo, incluído pela reforma eleitoral de 2009, estabeleceu que o prazo recursal contra decisões proferidas com base no referido artigo da Lei das Eleições será de três dias, a contar da data da publicação do julgamento no Diário Oficial, sepultando, assim, antiga doutrina dominante, que entendia que tal prazo seria de 24 horas. O recurso interposto terá apenas efeito devolutivo (neste sentido, Ac. TSE nº. 25.902, de 04.04.2006, Rel. Min. Gerardo Grossi).

7. REPRESENTAÇÃO PARA A APURAÇÃO DE ARRECADAÇÃO E GASTOS ILÍCITOS (CAPTAÇÃO ILÍCITA DE RECURSOS: ART. 30-A DA LEI DAS ELEIÇÕES)

Dispõe o art. 30-A da lei nº. 9.504/97 que "qualquer partido político ou coligação poderá representar à Justiça Eleitoral, no prazo de 15 (quinze) dias da diplomação, relatando fatos e indicando provas, e pedir a abertura de investigação judicial para apurar condutas em desacordo com as normas desta Lei, relativas à arrecadação e gastos de recursos".

Como se observa, a lei exclui o Ministério Público e os candidatos do rol de legitimados ativos para a propositura da referida representação. O TSE, no entanto, tem entendido que o MP tem sim legitimidade ativa para tal mister (Ac. TSE, de 12.2.2009, no RO nº 1.596). Aos candidatos, entretanto, o TSE não tem deferido a mesma prerrogativa (Ac.-TSE, de 19.3.2009, no RO nº 1.498). Como já destacado, o Congresso Nacional, ao aprovar a Lei nº. 13.165/15, criou o novo artigo 96-B, que, em seu § 1º, estabelece que Ministério Público tem legitimidade para ajuizar ação eleitoral independentemente do seu ajuizamento por candidato ou partido político.

O procedimento a ser aplicado na presente representação, conforme previsão do § 1º do art. 30-A da Lei nº. 9.504/97, é o previsto no art. 22 da LC 64/90, sendo que no entendimento do TSE (Ac.-TSE, de 19.3.2009, no REspe nº 28.357) haverá competência dos juízes auxiliares para processamento e julgamento das ações propostas com base neste dispositivo, durante o período eleitoral.

Comprovados captação ou gastos ilícitos de recursos, para fins eleitorais, será negado diploma ao candidato, ou cassado, se já houver sido outorgado. Não é necessária a análise da potencialidade lesiva da conduta, bastando a prova da relevância jurídica do ilícito praticado para a incidência destas sanções (Neste sentido, Ac. TSE nº. 1.504, de 28.04.2009).

O prazo de recurso contra decisões proferidas em representações propostas com base no art. 30-A da Lei das Eleições será de 03 dias, a contar da data da publicação do julgamento no *Diário Oficial*. O recurso será recebido apenas com efeito devolutivo, sendo imediata a execução da decisão (Ac.-TSE, de 4.12.2007, no MS nº 3.567).

8. RECURSO CONTRA A DIPLOMAÇÃO (RCD)

O Recurso Contra a Diplomação, também chamado por alguns doutrinadores (a exemplo de Francisco Dirceu Barros, *Direito Proces-*

sual Eleitoral, p. 290) de Ação de Impugnação da Diplomação (AIDI), é um meio jurídico previsto no art. 262 do Código Eleitoral que tem como objetivo a decretação da inelegibilidade ou incompatibilidade de candidato diplomado quando, depois do deferimento do registro e antes da diplomação aparecer uma inelegibilidade superveniente; ou quando, também depois do registro e antes da diplomação, for percebida a existência de uma inelegibilidade prevista na Constituição Federal e não arguida em sede de AIRC. Não há, nestes casos, preclusão, uma vez que, no primeiro caso, o fato é superveniente ao registro do candidato e, no segundo, mesmo o fato sendo anterior ao registro, a matéria é de ordem constitucional, podendo ser arguida após o fim do prazo estipulado para a propositura da AIRC, como já estudado.

▸ **Qual o entendimento do TSE sobre este assunto?**

Até a publicação da Lei nº. 12.891/13, persistia, no TSE, uma discussão acerca da possibilidade ou não de cabimento do RCD frente a discussões acerca de condições de elegibilidade ou, tão somente, frente às hipóteses de inelegibilidade, excluindo aquelas outras (ou seja, existe uma corrente que entende que a expressão "inelegibilidade" deve ser interpretada de forma restritiva, excluindo as condições de elegibilidade, e outra corrente que defende o contrário). Percebia-se uma tendência, ainda tímida, de aceitação de um objeto mais amplo da RCD, que abarcasse também a análise das condições de elegibilidade, e não apenas das causas de inelegibilidade (neste sentido, Ac. TSE nº. 14.992/MA, Rel. Min. Nilson Naves, DJ de 21.11.1997). Com a publicação da lei nº. 12.891/13, esta tendência foi confirmada.

Por outro lado, o TSE já firmou entendimento no sentido de que não cabe RCD para o combate às condutas vedadas nos arts. 73 a 77 e 30-A da Lei das Eleições, uma vez que para tal mister existem ações próprias previstas na legislação e estudadas neste capítulo XIII desta obra.

A inelegibilidade superveniente que autoriza a interposição de recurso contra expedição de diploma, fundado no art. 262 do Código Eleitoral, é aquela de índole constitucional ou, se infraconstitucional, superveniente ao registro de candidatura, e que surge até a data do pleito (Súmula nº 47 do TSE).

Até a publicação da LEI Nº. 12.891/13, também era cabível o RCD frente a situações de errônea interpretação da lei quanto à aplicação de sistema de representação proporcional; bem como erro de direito ou de fato na apuração final quanto à determinação do quociente eleitoral ou partidário, contagem de votos e classificação de candidato, ou a sua contemplação sob determinada legenda; ou mesmo concessão ou denegação de diploma em manifesta contradição com a prova dos autos, nas hipóteses do art. 222 do Código Eleitoral e do art. 41-A da Lei nº. 9.504/97 (dispõe ao art. 222 do CE referido que "é também anulável a votação quando viciada de falsidade, fraude, coação, usos de meios de que trata o art. 237, ou emprego de processo de propaganda ou captação de sufrágios vedado por lei". O art. 237 referido trata da interferência do poder econômico e o desvio ou abuso do poder de autoridade, em desfavor da liberdade do voto).

O artigo 262 do Código Eleitoral, o qual disciplina juridicamente o Recurso Contra a Diplomação, porém, foi totalmente modificado pela Lei nº. 12.891/13, passando a contar com nova redação do seu caput, bem como com a revogação dos seus quatro incisos.

Com a nova redação, o referido artigo passou a dispor que o RCD é, doravante, cabível somente nos casos de inelegibilidade superveniente ou de natureza constitucional e de falta de condição de elegibilidade, não sendo mais apropriado, portanto, para a correção de erro de direito ou de fato na apuração final, errônea interpretação da lei quanto à aplicação do sistema proporcional ou mesmo concessão ou denegação de diploma em manifesta contradição com a prova nos autos, nas hipóteses do art. 222 do Código Eleitoral e do artigo 41-A da Lei das Eleições.

A nova redação também abraçou uma tendência jurisprudencial do TSE quanto à possibilidade jurídica de utilização do RCD na análise das condições de elegibilidade, e não apenas nas causas de inelegibilidade, como ocorria tradicionalmente.

Hipóteses de cabimento do RCD
Inelegibilidade superveniente ou de natureza constitucional.
Falta de condição de elegibilidade.

▸ **Como o TSE tem se pronunciado sobre este tema?**

Compete originariamente ao Tribunal Superior Eleitoral processar e julgar recurso contra expedição de diploma envolvendo eleições federais ou estaduais (Súmula nº 37 do TSE).

As alterações fáticas ou jurídicas supervenientes ao registro que beneficiem o candidato, nos termos da parte final do art. 11, § 10, da Lei nº 9.504/97, também devem ser admitidas para as condições de elegibilidade (Súmula nº 43 do TSE).

▸ **Como esse assunto foi cobrado em concurso?**

No concurso para promotor de justiça do estado de Roraima, realizado em 2012, foi considerada verdadeira afirmativa que dispunha que "cabe recurso contra a expedição do diploma no caso de erro de fato quanto à determinação do quociente eleitoral". Com a nova redação do artigo 262 do Código Eleitoral, esta questão, doravante, seria considerada falsa.

▸ **Atenção!!!**

Existe uma antiga discussão doutrinária acerca da natureza jurídica RCD: seria a mesma espécie de recurso ou de ação? Tem prevalecido na doutrina o entendimento segundo o qual o RCD é uma ação eleitoral, uma vez que inexiste uma ação anterior a impulsionar o duplo grau de jurisdição (o RCD é autônomo). Não é por outro motivo que doutrinadores como Francisco Dirceu Barros, citado, prefiram chamar o RCD de Ação de Impugnação da Diplomação. O Código Eleitoral, no seu artigo 262, entretanto, refere-se ao "Recurso Contra a Diplomação", no capítulo referente aos recursos eleitorais.

8.1. A legitimidade ativa e passiva para o RCD

São legitimados ativamente para a propositura do Recurso Contra a Diplomação os partidos políticos o os candidatos que tenham concorrido ao pleito. Vale destacar, neste sentido, que o TSE tem defendido que somente candidato que possa ser diretamente beneficiado pelo provimento do RCD tem legitimidade para a propositura do mesmo (Ac. TSE nº. 592/1999).

No que se refere às coligações partidárias, persiste também uma discussão doutrinária acerca da legitimidade ativa das mesmas para a propositura do RCD, uma vez que o prazo para a sua interposição, como será destacado, começa a contar da diplomação, última fase do processo eleitoral, após a qual a coligação perde a sua existência jurídica. O TSE, entretanto, tem entendido que "a coligação partidária tem legitimidade concorrente com os partidos políticos e candidatos para a interposição de recurso contra expedição de diploma" (Neste sentido, Acs. TSE nºs 643/2004, 647/2004 e 652/2004).

Além disso, o Ministério Público Eleitoral, indiscutivelmente, tem legitimidade ativa para a propositura do RCD, segundo entendimento consolidado do TSE.

Os legitimados para figurar no polo passivo do RCD, por sua vez, são os candidatos eleitos e seus suplentes, desde que diplomados.

> ▸ **Atenção!!!**
>
> É possível ao juiz eleitoral ou tribunal eleitoral competente o indeferimento ex *officio* de candidato sujeito a inelegibilidade superveniente ao seu registro de candidatura, que venha a obstar a expedição do diploma, segundo entendimento do TSE (Ac. 13.294).

8.2. Algumas questões processuais referentes ao RCD

Diferentemente do que ocorre em outras ações eleitorais, no RCD a competência para processar e julgar a ação será dos tribunais regionais eleitorais, em se tratando de eleições municipais, a qual, no entanto, será interposta perante e conhecida pelo juiz eleitoral; enquanto que nas eleições para governador e vice-governador de estado ou do DF, deputados federais, estaduais e distritais e senadores, o RCD será interposto perante TRE, a quem caberá conhecer a ação, e julgado pelo Tribunal Superior Eleitoral. Não cabe RCD nas eleições presidenciais, tampouco juízo de retratação do órgão da Justiça Eleitoral que o conheceu.

A eficácia do julgamento do RCD só ocorre após o trânsito em julgado da decisão, momento anterior ao qual o diplomado poderá exercer o mandato em toda a sua plenitude, não havendo assim, portanto, possibilidade de antecipação da tutela em sede de RCD.

O prazo para a interposição do RCD, por sua vez, será de 03 dias, contados da diplomação do candidato eleito ou suplente diplomado.

> ▸ **Como esse assunto foi cobrado em concurso?**
>
> No 23º concurso para procurador da república foi formulada a seguinte questão subjetiva: "Indique e comente, em até quinze linhas, rito processual do recurso contra expedição de diploma de prefeito municipal".
>
> Já no concurso para Técnico Judiciário do TRE-RN, realizado pela FCC, em 2011, foi considerada falsa afirmativa que dispunha que "existindo recurso contrário à diplomação, esta será sobrestada enquanto não julgado o recurso". Como visto, o RCD só pode ser interposto após a diplomação, fato que inviabiliza a correção dessa afirmativa.

9. AÇÃO RESCISÓRIA ELEITORAL

A Ação Rescisória Eleitoral foi instituída através da LC 86/96, que acrescentou a alínea "j" ao art. 22, I, do Código Eleitoral. Assim, de acordo com o citado dispositivo normativo, compete ao TSE processar e julgar originariamente ação rescisória "nos casos de inelegibilidade, desde que intentada dentro do prazo de cento e vinte dias de decisão irrecorrível, possibilitando-se o exercício do mandato eletivo até o seu trânsito em julgado".

> **Qual o entendimento do STF sobre este assunto?**
>
> O Supremo Tribunal Federal declarou, em 17/03/1999, a inconstitucionalidade da expressão "possibilitando-se o exercício do mandato eletivo até o seu trânsito em julgado", em sede do julgamento da ADIN nº. 1.459-5 - DF, que teve como relator o Min. Sydney Sanches.

Vale destacar, ainda quanto à Ação Rescisória no âmbito do Direito Eleitoral, que segundo entendimento pacífico do TSE (Acs. 106/2000, 89/2001) a referida ação só é cabível em face de decisões proferidas pelo TSE, não havendo competência de TRE para o processamento e julgamento de Ação Rescisória.

9.1. Pressupostos da Ação Rescisória Eleitoral

São pressupostos da Ação Rescisória Eleitoral a existência de decisão transitada em julgado versando sobre matéria de inelegibilidade, a observância do prazo decadencial de 120 dias para a sua propositura e o enquadramento em uma das seguintes hipóteses previstas no art. 966 do Novo Código de Processo Civil (Lei nº. 13.105/15), *in verbis*:

> Art. 966. A decisão de mérito, transitada em julgado, pode ser rescindida quando:
>
> I - se verificar que foi proferida por força de prevaricação, concussão ou corrupção do juiz;
>
> II - for proferida por juiz impedido ou por juízo absolutamente incompetente;
>
> III - resultar de dolo ou coação da parte vencedora em detrimento da parte vencida ou, ainda, de simulação ou colusão entre as partes, a fim de fraudar a lei;
>
> IV - ofender a coisa julgada;
>
> V - violar manifestamente norma jurídica;

> VI – for fundada em prova cuja falsidade tenha sido apurada em processo criminal ou venha a ser demonstrada na própria ação rescisória;
>
> VII – obtiver o autor, posteriormente ao trânsito em julgado, prova nova cuja existência ignorava ou de que não pôde fazer uso, capaz, por si só, de lhe assegurar pronunciamento favorável;
>
> VIII – for fundada em erro de fato verificável do exame dos autos.
>
> § 1º Há erro de fato quando a decisão rescindenda admitir fato inexistente ou quando considerar inexistente fato efetivamente ocorrido, sendo indispensável, em ambos os casos, que o fato não represente ponto controvertido sobre o qual o juiz deveria ter se pronunciado.
>
> § 2º Nas hipóteses previstas nos incisos do caput, será rescindível a decisão transitada em julgado que, embora não seja de mérito, impeça:
>
> I – nova propositura da demanda; ou
>
> II – admissibilidade do recurso correspondente.

É de se destacar que, conforme o artigo 15 do Novo CPC, "na ausência de normas que regulem processos eleitorais, trabalhistas ou administrativos, as disposições deste Código lhes serão aplicadas supletiva e subsidiariamente". Assim, é aplicável, na Ação Rescisória Eleitoral, de forma supletiva, o disposto no artigo 967 do novo estatuto processual, que assim dispõe sobre a legitimidade para a propositura da ação rescisória:

> Art. 967. Têm legitimidade para propor a ação rescisória:
>
> I – quem foi parte no processo ou o seu sucessor a título universal ou singular;
>
> II – o terceiro juridicamente interessado;
>
> III – o Ministério Público:
>
> a) se não foi ouvido no processo em que lhe era obrigatória a intervenção;
>
> b) quando a decisão rescindenda é o efeito de simulação ou de colusão das partes, a fim de fraudar a lei;
>
> c) em outros casos em que se imponha sua atuação;
>
> IV – aquele que não foi ouvido no processo em que lhe era obrigatória a intervenção.

9.2. A questão da possibilidade de concessão de tutela antecipada em sede de ação rescisória eleitoral

Não é admissível a concessão de tutela antecipada em ação rescisória eleitoral, segundo entendimento consolidado do TSE (Ac. 60/2000), salvo na presença de situações teratológicas, que venham a causar dano grave e evidente, de difícil reparação, ou em situações que possam vir a comprometer o processo eleitoral como um todo.

10. TEORIA GERAL DOS RECURSOS ELEITORAIS

Segundo lição de Tito Costa (2010, p. 57), recurso é "manifestação de inconformismo da parte vencida no pleito judicial que, por intermédio dele, postula o reexame da decisão que lhe tenha sido desfavorável". É o recurso, assim, medida de que se vale o interessado depois de praticado um ato ou tomada uma decisão, a qual pode ser apresentada, no processo eleitoral, por escrito ou oralmente, sendo que, nesta hipótese, deverá o mesmo ser posteriormente confirmado, através de petição escrita fundamentada.

O recurso diferencia-se da impugnação, ato de oposição, de contradição, de refutação comum no âmbito do Direito Eleitoral e nas mais diversas fases do processo eleitoral. De forma geral a impugnação, que poderá ser verbal ou escrita, serve como pressuposto para evitar-se a preclusão. A impugnação serve, muitas vezes, como ato preparatório para um recurso (exemplo, impugnação de identidade do eleitor que ainda vai votar, no ato da votação). Recurso contra apuração, neste diapasão, só é admitido se tiver ocorrido prévia impugnação perante a junta apuradora. Do julgamento da impugnação cabe recurso quanto ao seu resultado.

Algumas generalidades acerca dos recursos eleitorais merecem ser destacadas, conforme tabela abaixo:

Questões gerais de relevância quanto aos recursos eleitorais
a) **Os recursos, em regra, não têm efeito suspensivo**, conforme regra prevista no artigo 257 do CE. Regra não abrange o RCD (que tem natureza jurídica de ação, como visto) conforme previsão do art. 216 do CE. Também a decretação de inelegibilidade, conforme previsão do art. 15 da LC 64/90, só produz efeitos após o trânsito em julgado de sentença, o que, dessa forma, determina o efeito suspensivo dos recursos interpostos contra decisões que acarretem tal sanção (vale ressaltar, neste sentido, que ações outras que não visam à decretação da inelegibilidade, mas, tão somente, a cassação do registro ou diploma do candidato, a exemplo da Ação por Captação Ilícita

Questões gerais de relevância quanto aos recursos eleitorais	
	de Sufrágio, não admitem efeito suspensivo das decisões proferidas, em sede recursal). Vale destacar que o artigo 257 do Código Eleitoral, relativo aos recursos eleitorais e seus efeitos, também sofreu importante alteração. O novo § 2º do referido artigo de lei, incluído pela reforma de setembro de 2015, inverteu a regra dos efeitos recursais no âmbito eleitoral, em matéria relativa à cassação de registro de candidatura, afastamento de titular de mandato ou perda do mandato eletivo. Doravante, o recurso ordinário interposto contra decisão proferida por juiz eleitoral ou por Tribunal Regional Eleitoral que resulte em cassação de registro, afastamento do titular ou perda de mandato eletivo será recebido pelo Tribunal competente com efeito suspensivo, e não apenas o efeito devolutivo, como ocorria até então. Desta forma, buscar-se-á evitar uma realidade muito observada na prática eleitoral, o troca-troca intenso de exercício da titularidade de mandatos, especialmente os executivos, no curso de processos eleitorais que tenham o condão de afastar o mandatário do seu posto, realidade, muitas vezes, prejudicial ao interesse público, por gerar descontinuidades administrativas.
b)	Os prazos para a interposição de recursos eleitorais, em regra, são de três dias, contados da data da publicação do acórdão, sentença, ato, resolução ou despacho, salvo disposição em contrário. Vale destacar, neste sentido, que de acordo com o TSE, em se tratando de representação fundada no art. 96 da lei nº. 9.504/97, os prazos processuais serão contínuos e ininterruptos, desde o fim do prazo de solicitação de registro de candidaturas (15 de agosto do ano eleitoral, conforme disposto pela Lei nº. 13.165/15) até a data da diplomação dos eleitos, incluindo-se fins de semana e feriados na contabilidade dos dias úteis. (Ac. TSE nº. 4.856, de 24.11.2005, Rel. Min. Humberto Gomes de Bastos). Ainda sobre os prazos no processo eleitoral, é de se ressaltar que a nova regra geral de contagem dos prazos, estabelecida pelo CPC/2015 estabelece que a tal contagem deverá ocorrer nos dias úteis, como regra geral. Tal regra, contudo, não foi recepcionada pelo processo eleitoral, conforme entendimento do TSE exarado na Resolução nº. 23.478/2016, a qual disciplinou a aplicação do novo CPC no processo eleitoral.
c)	Nas decisões finais em processo de apuração de crime eleitoral de que resulte condenação ou absolvição (art. 362 do CE), o prazo recursal será de 10 dias (conferir, neste sentido, art. XIV desta obra).
d)	Prevalece a irrecorribilidade das decisões que emanam do TSE, ressalvadas as que contrariarem a CF, denegatórias de HC ou MS, das quais caberá recurso ordinário para o STF, interposto em três dias (art. 281 do CE).
e)	Os prazos para interposição de recursos são preclusivos, salvo quando nestes se discuta matéria constitucional. O recurso em que se discutir matéria constitucional não poderá ser interposto fora do prazo. Perdido o prazo na fase própria, só em outra poderá ser interposto (CE, art. 259 e parag. Único).
f)	As partes deverão ser sempre representadas por advogados, sob pena de defeito de representação (Res. TSE 16.724). É possível a sustentação oral nos Tribunais.

Questões gerais de relevância quanto aos recursos eleitorais
g) De forma geral, são irrecorríveis em separado as decisões interlocutórias, as quais deverão ser atacadas quando do recurso contra a decisão final. Exceções, entretanto, existem, a exemplo da prevista no art. 279 do Código Eleitoral, o qual prevê a interposição de agravo de instrumento quando não conhecido o recurso especial pelo TRE.
h) Os recursos eleitorais são gratuitos, não existindo preparo (neste sentido, Ac. TSE nº. 2.721, de 08.05.2001, relatado pelo Ministro Walter Costa Porto).

Ainda no que se refere à teoria geral dos recursos eleitorais, vale ser destaca polêmica acerca da prevenção para julgamento dos recursos. Neste sentido, de acordo com o art. 260 do Código Eleitoral, "a distribuição do primeiro recurso que chegar ao Tribunal Regional ou Tribunal Superior prevenirá a competência do Relator para todos os demais casos do mesmo Município ou Estado". Ocorre que, de acordo com jurisprudência consolidada do TSE, o presente dispositivo é aplicável, tão somente, aos chamados recursos parciais, oponíveis às juntas eleitorais quando as mesmas decidirem sobre impugnações a urnas, cédulas e votos (neste sentido, Acs. TSE nºs 7.571/83, 13.854/93 e 21.380/2004).

▸ Como o TSE tem se manifestado sobre este tema?

O Plenário do Tribunal Superior Eleitoral, por unanimidade, alterou jurisprudência desta Corte e decidiu aplicar o art. 260 do Código Eleitoral aos processos de registro de candidatura julgados após o pleito eleitoral. Na espécie, trata-se de recurso especial eleitoral interposto de acórdão que manteve o indeferimento do registro de candidatura ao cargo de prefeito, por incidência de causa de inelegibilidade descrita no art. 1º, inciso I, alínea c, da Lei Complementar nº 64/1990. O Ministro Henrique Neves (relator), ao suscitar questão de ordem, esclareceu que a jurisprudência do Tribunal Superior Eleitoral se firmou em que a regra de prevenção contida no art. 260 do Código Eleitoral não se aplica aos registros de candidatura, mas somente nos casos em que houvesse discussão relacionada à eleição. Afirmou que esse entendimento se justificava pelo fato de a maioria dos processos relativos ao registro de candidatura ser examinada antes do dia da eleição. O art. 260 do Código Eleitoral assim dispõe: A distribuição do primeiro recurso que chegar ao Tribunal Regional ou Tribunal Superior prevenirá a competência do relator para todos os demais casos do mesmo município ou estado. O relator esclareceu que a Lei nº 13.165/2015 postergou o prazo final do registro de candidatura para 15 de agosto do ano da eleição, alteração que causou impacto na tramitação desses processos. Asseverou que, diante do novo quadro normativo e da nova realidade da tramitação dos feitos eleitorais, a diferenciação adotada pela jurisprudência desta Casa na aplicação do mencionado artigo somente permanece até o dia da eleição, pois, a partir dessa data, os pedidos de registro de candidatura podem influenciar no resultado do pleito. Dessa forma, entendeu que a jurisprudência do Tribunal Superior Eleitoral deve ser revista para assentar que, após a apuração dos votos, os recursos em registro de candidaturas oriundos de um mesmo município devem ser distribuídos ao mesmo relator, na forma do art. 260 do Código Eleitoral, em razão dos possíveis reflexos na eleição no município. O Tribunal, por unanimidade, resolveu questão de ordem a favor da manutenção da distribuição e julgou prejudicado o recurso especial eleitoral, nos termos do voto do relator. (Recurso Especial Eleitoral nº 136-46, Itaiópolis/SC, rel. Min. Henrique Neves da Silva, em 6.10.2016). Informativo TSE – Ano XVIII – nº 11.

É inadmissível o recurso que deixa de impugnar especificamente fundamento da decisão recorrida que é, por si só, suficiente para a manutenção desta (Súmula nº 26 do TSE)

É inadmissível recurso cuja deficiência de fundamentação impossibilite a compreensão da controvérsia (Súmula nº 27 do TSE).

▸ Atenção!!!

Outra questão importante referente aos recursos eleitorais diz respeito à existência dos "prejulgados" prevista no art. 263 do CE.

Dispõe o artigo 263 do Código Eleitoral que "no julgamento de um mesmo pleito eleitoral, as decisões anteriores sobre questões de direito constituem prejulgados para os demais casos, salvo se contra a tese votarem dois terços dos membros do Tribunal", criando uma espécie de "súmula vinculante" aplicável às cortes eleitorais. Ocorre que o TSE, em Acórdão de 1992 (Ac. 12.501/92) afirmou a inconstitucionalidade do referido dispositivo legal, referindo-se, inclusive, ao fato de tal inconstitucionalidade subsistir desde a Constituição Federal de 1946, antes mesmo da publicação do Código Eleitoral.

Com o advento do CPC/2015, esta matéria terá que ser rediscutida, uma vez que os artigos 926, 927 e 928 do novo código preveem a consagração de um sistema de precedentes no Brasil, aplicável também ao processo eleitoral.

11. OS RECURSOS ELEITORAIS EM ESPÉCIE

11.1. Recursos contra decisões de Junta Eleitoral

Das decisões das juntas eleitorais cabe o chamado recurso parcial, interposto diante do julgamento de eventuais impugnações às urnas, cédulas e votos durante o processo de apuração das eleições. Tais impugnações, apresentadas por fiscais e delegados de partidos, além de candidatos, deverão ser decididas de plano pela Junta, de acordo com o disposto no artigo 169 do Código Eleitoral.

É das decisões referentes a essas impugnações que caberá o recurso parcial de forma imediata, interposto de forma escrita ou verbal, o qual deverá ser fundamentado no prazo de 48 horas, para que seja dado seguimento.

Além do recurso parcial, prevê o artigo 265 do Código Eleitoral que "dos atos, resoluções ou despachos dos Juízes ou Juntas Eleitorais caberá recurso para o Tribunal Regional". É o conhecido "recurso inominado", processado da mesma forma que o recurso parcial.

11.2. Recursos contra decisões de juiz eleitoral

De decisão de juiz eleitoral caberá também recurso inominado, contra sentença proferida em todas em ações processuais de primeira instância, nos termos previstos nos artigos 266 e 267 do Código Eleitoral, através de petição fundamentada.

Recebida a petição, mandará o Juiz intimar o recorrido para ciência do recurso, abrindo-se vista dos autos a fim de, em prazo igual ao estabelecido para a sua interposição, oferecer razões, acompanhadas ou não de novos documentos. A intimação se fará pela publicação da notícia da vista no jornal que publicar o expediente da Justiça Eleitoral, onde houver, e nos demais lugares, pessoalmente pelo *Escrivão*, independente de iniciativa do recorrente.

Onde houver jornal oficial, se a publicação não ocorrer no prazo de 3 (três) dias, a intimação se fará pessoalmente ou na forma prevista no parágrafo seguinte. Nas Zonas em que se fizer intimação pessoal, se não for encontrado o recorrido dentro de 48 (quarenta e oito) horas, a intimação se fará por edital afixado no foro, no local de costume.

Se o recorrido juntar novos documentos, terá o recorrente vista dos autos por 48 (quarenta e oito) horas para falar sobre os mesmos.

Findos os prazos, o Juiz Eleitoral fará, dentro de quarenta e oito horas, subir os autos ao Tribunal Regional com a sua resposta e os documentos em que se fundar, sujeito à multa de dez por cento do *salário mínimo* regional por dia de retardamento, salvo se entender de reformar a sua decisão.

Se o Juiz reformar a decisão recorrida (juízo de retratação), poderá o recorrido, dentro de 3 (três) dias, requerer a subida do recurso como se por ele interposto.

Ainda no que se refere aos recursos interpostos de decisões de juízes eleitorais, prevê o artigo 362 do Código Eleitoral a doutrinariamente chamada "apelação criminal", em sede de crimes eleitorais, cujo prazo de ajuizamento e oferecimento de razões é de 10 dias a contar da publicação da decisão. Esse recurso possui efeito suspensivo.

Também em matéria processual penal eleitoral, tem-se admitido a possibilidade de interposição de recurso em sentido estrito, no prazo de cinco dias da publicação de decisão, na hipótese, por exemplo, em que o juiz rejeita a denúncia oferecida pelo promotor eleitoral, a partir de aplicação subsidiária do artigo 586 do Código de Processo Penal.

11.3. Recursos contra decisões de tribunal regional eleitoral

São seis as espécies de recursos cabíveis contra decisões proferidas pelos tribunais regionais eleitorais: o recurso parcial; embargos de declaração; recurso ordinário; recurso especial eleitoral; agravo de instrumento eleitoral; e agravo regimental.

O recurso parcial é cabível das decisões de impugnações proferidas pelo Tribunal Regional Eleitoral em eleição cuja apuração for de sua competência (eleição estadual ou federal). O procedimento adotado é o mesmo referente ao recurso parcial frente às decisões das juntas eleitorais.

Os embargos de declaração, por sua vez, serão cabíveis das decisões dos tribunais regionais eleitorais, nos termos do art. 275 do Código Eleitoral, cuja redação foi expressamente alterada pelo Novo Código de Processo Civil.

De acordo com o novo artigo 275 do Código Eleitoral, são admissíveis embargos de declaração nas hipóteses previstas no Código de Processo Civil (art. 1022), ou seja, contra qualquer decisão judicial para: I – esclarecer obscuridade ou eliminar contradição; II – suprir omissão de ponto ou questão sobre o qual devia se pronunciar o juiz de ofício ou a requerimento; III – corrigir erro material.

Ainda segundo o novo art. 275 do Código Eleitoral, com redação determinada pelo novo CPC, os embargos de declaração, que não estarão sujeitos a preparo, serão opostos no prazo de 3 (três) dias, contado da data de publicação da decisão embargada, em petição dirigida ao juiz ou relator, com a indicação do ponto que lhes deu causa. O juiz julgará os embargos em 5 (cinco) dias.

Nos tribunais, o relator apresentará os embargos em mesa na sessão subsequente, proferindo voto. Não havendo julgamento na sessão referida, será o recurso incluído em pauta. Vencido o relator, outro será designado para lavrar o acórdão.

Os embargos de declaração interrompem o prazo para a interposição de recurso. Quando manifestamente protelatórios os embargos de declaração, o juiz ou o tribunal, em decisão fundamentada, condenará o embargante a pagar ao embargado multa não excedente a 2 (dois) salários-mínimos. Na reiteração de embargos de declaração manifestamente protelatórios, a multa será elevada a até 10 (dez) salários-mínimos.

Já o recurso ordinário será cabível para o TSE das seguintes decisões dos tribunais regionais eleitorais:

Hipóteses de cabimento de recurso ordinário das decisões dos TREs (art. 276, II do Código Eleitoral)
Decisões que versarem sobre inelegibilidades ou expedição de diplomas nas eleições federais ou estaduais.
Anulação de diploma ou decretação de perda de mandatos eletivos federais ou estaduais;
Decisões denegatórias de *habeas corpus*, mandado de segurança, *habeas data* ou mandado de injunção.

▸ **Atenção!!!**

O recurso ordinário contra a expedição de diplomas nas eleições federais ou estaduais equivale ao Recurso Contra a Diplomação, já estudado neste capítulo.

De acordo com a Súmula nº 36 do TSE, cabe recurso ordinário de acórdão de Tribunal Regional Eleitoral que decida sobre inelegibilidade, expedição ou anulação de diploma ou perda de mandato eletivo nas eleições federais ou estaduais (art. 121, § 4º, incisos III e IV, da Constituição Federal).

O prazo para a interposição do recurso ordinário das decisões dos tribunais regionais eleitorais será de 03 dias, a contar da publicação da decisão denegatória de *habeas corpus*, *habeas data*, mandado de injunção ou mandado de segurança, ou declaratória de perda mandato eletivo; ou da seção de diplomação, quando a matéria versar sobre expedição de diplomas nas eleições estaduais ou federais.

O recurso especial de decisões de TREs, por outro lado, tem previsão no inciso I do artigo 276, e poderá ser interposto diante de decisões proferidas contra expressa disposição legal ou quando ocorrer divergência na interpretação de lei entre dois ou mais Tribunais Eleitorais. O prazo para a sua interposição também será de 03 dias, a contar da publicação da decisão, salvo quando se tratar de recurso especial contra decisão do juiz auxiliar em pedido de direito de resposta, quando o prazo será então de 24 horas (Ac. TSE nº. 27.839, de 06.03.2007).

Caberá agravo de instrumento eleitoral, dirigido ao TSE no prazo de três dias, quando não for recebido o recurso especial, objetivando a sua subida. Do recurso deverá constar a exposição dos fatos e do direito; as razões do pedido de reforma da decisão, bem como a indicação das peças a serem trasladadas, sendo peças obrigatórias para o traslado a decisão recorrida e a certidão da sua intimação. O recorrido, por sua vez, deverá ser intimado a, também no prazo de três dias, apresentar suas contrarrazões e indicar peças a serem trasladadas para a formação do instrumento. Decorrido tal prazo, o instrumento deverá ser encaminhado ao TSE. O presidente do TRE não poderá negar seguimento ao agravo, ainda que interposto fora do prazo legal (art. 279, § 5º do Código Eleitoral).

▸ Como o TSE tem se manifestado sobre este tema?

Não cabe recurso especial eleitoral para simples reexame do conjunto fático-probatório (Súmula nº 24 do TSE).

É indispensável o esgotamento das instâncias ordinárias para a interposição de recurso especial eleitoral (Súmula nº 25 do TSE).

A divergência jurisprudencial que fundamenta o recurso especial interposto com base na alínea b do inciso I do art. 276 do Código Eleitoral somente estará demonstrada mediante a realização de cotejo analítico e a existência de similitude fática entre os acórdãos paradigma e o aresto recorrido (Súmula nº 28 do TSE).

A divergência entre julgados do mesmo Tribunal não se presta a configurar dissídio jurisprudencial apto a fundamentar recurso especial eleitoral (Súmula nº 29 do TSE).

Não se conhece de recurso especial eleitoral por dissídio jurisprudencial, quando a decisão recorrida estiver em conformidade com a jurisprudência do Tribunal Superior Eleitoral (Súmula nº 30 do TSE).

Não cabe recurso especial eleitoral contra acórdão que decide sobre pedido de medida liminar (Súmula nº 31 do TSE).

É inadmissível recurso especial eleitoral por violação à legislação municipal ou estadual, ao Regimento Interno dos Tribunais Eleitorais ou às normas partidárias (Súmula nº 32 do TSE).

Na hipótese de negativa de seguimento ao recurso especial e da consequente interposição de agravo, a parte deverá apresentar contrarrazões tanto ao agravo quanto ao recurso especial, dentro do mesmo tríduo legal (Súmula nº 71 do TSE).

Por fim, caberá agravo regimental, na forma do art. 264 do Código Eleitoral, no prazo de três dias, de atos, resoluções ou despachos proferidos por presidente de TRE para o pleno do tribunal.

▸ **Como esse assunto foi cobrado em concurso?**

No 19º concurso para procurador da república, foi considerada correta afirmativa que dispunha que "das decisões dos tribunais regionais eleitorais somente caberá recurso quando forem proferidas contra disposição expressa de lei ou da Constituição Federal, derem interpretação de lei divergente da adotada por outros Tribunais Eleitorais, versarem sobre inelegibilidade ou expedição de diplomas nas eleições federais ou estaduais, anularem diplomas ou decretarem a perda de mandatos eletivos federais ou estaduais e denegarem habeas corpus, mandado de segurança, habeas data ou mandado de injunção".

11.4. Recursos contra decisões do Tribunal Superior Eleitoral

De acordo com previsão expressa no art. 281 do Código Eleitoral, "são irrecorríveis as decisões do Tribunal Superior, salvo as que declararem a invalidade de lei ou ato contrário à Constituição Federal e as denegatórias de *habeas corpus* ou mandado de segurança, *das quais caberá recurso ordinário* para o Supremo Tribunal Federal, interposto no prazo de 3 (três) dias".

Além disso, em conformidade com o disposto no artigo 121, § 3º da Constituição Federal de 1988, caberá recurso extraordinário de decisão do TSE que contrariar a Constituição.

Em ambos os casos, juntada a petição nas 48 horas seguintes à decisão, os autos serão conclusos ao Presidente do Tribunal, que, no mesmo prazo, proferirá despacho fundamentado, admitindo ou não o recurso.

Admitido o recurso, será aberta vista dos autos ao recorrido para que, dentro de 3 (três) dias, apresente as suas razões. Caso, no entanto, o recurso venha a ser denegado, caberá agravo de instrumento, também no prazo de três dias, nos moldes aplicáveis a este recurso em face de decisão de tribunal regional eleitoral (conferir item anterior, desta obra).

Findo os prazos referidos, os autos serão remetidos ao Supremo Tribunal Federal se for o caso.

Por fim, vale destacar que são cabíveis das decisões proferidas no âmbito do TSE, agravo regimental das decisões tomadas pelo seu presidente, na forma do regimento interno (art. 264 do CE), a ser julgado pelo plenário da corte; e embargos de declaração, conforme procedimento já estudado, previsto no artigo 275 do CE.

> ▸ **Como esse assunto foi cobrado em concurso?**
>
> No 20º concurso para procurador da república, foi considerada correta afirmativa que dispunha que "das decisões do TSE não cabe recurso para qualquer outro Tribunal, salvo recurso extraordinário para o Supremo Tribunal Federal, nas hipóteses de contrariedade à Constituição da República, e recurso ordinário para aquela Suprema Corte de decisões denegatórias de habeas corpus ou mandado de segurança".

12. A LEI 13.165/15 E AS ALTERAÇÕES PROMOVIDAS NA MATÉRIA PROCESSUAL ELEITORAL

As novidades trazidas pela Lei nº. 13.165/15 não se resumiram ao campo do direito eleitoral material, atingindo, também, mesmo que sutilmente, o direito processual eleitoral.

Neste sentido, podemos destacar as novas regras trazidas pela Lei das Eleições nos seus artigos. 94 e 96-B, bem como no Código Eleitoral, a partir da análise dos artigos 14, 28, 257 e 368-A.

No âmbito da Lei nº. 9.504/97 (Lei das Eleições), o novo artigo 94, em seu § 5º, incluído pela Lei nº. 13.165/15, dispõe que "nos Tribunais Eleitorais, os advogados dos candidatos ou dos partidos e coligações serão intimados para os feitos que não versem sobre a cassação do registro ou do diploma de que trata esta Lei por meio da publicação de edital eletrônico publicado na página do respectivo Tribunal na internet, iniciando-se a contagem do prazo no dia seguinte ao da divulgação".

O art. 96-B, por sua vez, também criado pela Lei nº. 13.165/15, determina importantes regras processuais eleitorais, estabelecendo a prevenção do juiz ou relator para a distribuição de quaisquer ações eleitorais propostas por partes diversas relativas a um mesmo fato. Além disso, o §1º do referido artigo destaca que o Ministério Público tem legitimidade para ajuizar ação eleitoral independentemente do seu ajuizamento por candidato ou partido político. Por fim, vale destacar o § 3º do art. 96-B, que impede o conhecimento de ação nova que verse sobre o mesmo fato apreciado em outra ação, transitada em julgado, mesmo que a ação seja de natureza diversa, tendo em vista a ausência de qualquer exceção desta espécie, no novo texto normativo, fato que pode gerar grandes polêmicas.

No âmbito do Código Eleitoral, quatro artigos foram influenciados diretamente pela Lei nº. 13.165/15: os artigos 14, § 3º; 28; 257 e 368-A.

Segundo o novo artigo 14, § 3º, o lapso temporal de impedimento de atuação, na magistratura eleitoral, de cônjuge ou parente até o segundo grau de candidato será ampliado. Doravante, o impedimento persistirá até a diplomação, e não mais, como outrora, até a apuração final da eleição. Além disso, a nova redação, atualizando a lei eleitoral aos ditames constitucionais, extirpou a diferença entre parentes consanguíneos legítimos e ilegítimos, não mais prevista na legislação civil.

Os novos §§ 4º e 5º do art. 28 do Código Eleitoral, incluídos pela reforma de setembro de 2015, por outro lado, estabeleceram que, doravante, decisões de TREs que importem cassação de registro de candidatos, anulação geral das eleições ou perda de diplomas somente poderão ser tomadas com a presença dos sete membros da corte. Quando isso não for possível, no caso, por exemplo, de impedimento de algum juiz, o suplente deverá ser convocado. Tal regra, que, certamente, criará dificuldades a alguns tribunais, principalmente porque se tornou comum, nos TREs, julgamentos sem a presença de todos os membros das cortes, já era prevista, no parágrafo único do art. 19 do Código, para o Tribunal Superior Eleitoral.

O artigo 257 do Código Eleitoral, relativo aos recursos eleitorais e seus efeitos, também sofreu importante alteração. O novo §2º do referido artigo de lei, incluído pela reforma de setembro de 2015, inverteu a regra dos efeitos recursais no âmbito eleitoral, em matéria relativa à cassação de registro de candidatura, afastamento de titular de mandato ou perda do mandato eletivo. Doravante, o recurso ordinário interposto contra decisão proferida por juiz eleitoral ou por Tribunal Regional Eleitoral que resulte em cassação de registro, afastamento do titular ou perda de mandato eletivo será recebido pelo Tribunal competente com efeito suspensivo, e não apenas o efeito devolutivo, como ocorria até então. Desta forma, buscar-se-á evitar uma realidade muito observada na prática eleitoral, o troca-troca intenso de exercício da titularidade de mandatos, especialmente os executivos, no curso de processos eleitorais que tenham o condão de afastar o mandatário do seu posto, realidade, muitas vezes, prejudicial ao interesse público, por gerar descontinuidades administrativas.

Por fim, em termos de matéria processual eleitoral, a reforma de 2015 incluiu no Código Eleitoral o artigo 368-A, segundo o qual "a prova testemunhal singular, quando exclusiva, não será aceita nos processos que possam levar à perda do mandato". Este novo dispositivo tem como objetivo evitar a aplicação de sanções de perdas de mandato pautadas em provas frágeis, que possam vir a atingir a normalidade e a legitimidade da vontade popular. Assim, não será mais possível a condenação do réu acusado em processo que possa levar à perda de mandato quando a prova se resumir a uma única testemunha. Observe-se que a lei fala em "testemunha singular exclusiva", fato que, portanto, não afasta o uso da prova testemunhal acompanhada de outra prova, mesmo que esta outra prova seja outra prova testemunhal.

13. BREVES CONSIDERAÇÕES SOBRE A APLICAÇÃO DO CPC/2015 AO PROCESSO ELEITORAL

Consubstanciado em uma nova principiologia, que privilegia a boa fé objetiva; a cooperação entre os diversos atores do processo, com maior valorização da autonomia dos sujeitos envolvidos; a duração razoável do processo; o efetivo respeito ao contraditório; a valorização da solução consensual de conflitos; a fundamentação das decisões e a valorização das decisões de mérito, o CPC/2015 tem aplicação no processo eleitoral, conforme previsão do seu art. 15, que assim dispõe:

> **Art. 15.** Na ausência de normas que regulem processos eleitorais, trabalhistas ou administrativos, as disposições deste Código lhes serão aplicadas supletiva e subsidiariamente.

Até junho de 2016, quando o TSE publicou a Resolução nº. 23.478/16, muitas eram as dúvidas acerca da real amplitude dos impactos efetivamente gerados pelo novo CPC no processo eleitoral.

Na 6ª edição desta obra, publicada anteriormente à resolução TSE nº. 23.478/2016, analisávamos, dentre as muitas novidades trazidas pelo novo código de processo civil brasileiro, aquelas que poderiam vir a influenciar o processo eleitoral. Destacávamos, naquela oportunidade, em breve síntese, a possibilidade, que acreditávamos factível, de realização de negócios jurídicos processuais atípicos, prevista no artigo 190; de aplicação da nova contagem de prazos processuais em dias úteis; e da valorização da aplicação de precedentes no exercício da jurisdição, capazes potencialmente de proporcionar uma verdadeira revolução de costumes no âmbito da Justiça Eleitoral, pouca afeita historicamente a garantir a estabilidade, integridade e coerência da sua jurisprudência.

O artigo 190 do CPC/2015, por exemplo, prevê que "versando o processo sobre direitos que admitam autocomposição, é lícito às partes plenamente capazes estipular mudanças no procedimento para ajustá-lo às especificidades da causa e convencionar sobre os seus ônus, poderes, faculdades e deveres processuais, antes ou durante o processo". Muito embora no processo eleitoral prevaleçam direitos e obrigações que não admitem autocomposição, ante o evidente interesse público existente nos conflitos ocorridos em uma eleição, seria possível se vislumbrar, na sua visão, a aplicação do art. 190 do novo código no processo eleitoral, como, por exemplo, nas situações que envolvem direito de resposta. Em outras situações, com a presença de todos os candidatos envolvidos e do Ministério Público, seria possível se imaginar a possibilidade de realização de negócios jurídicos processuais atípicos no processo eleitoral, desde que mantida a normalidade e legitimidade do processo democrático.

O artigo 219 do novo CPC, da mesma forma, na nossa visão, teria potencial para gerar importantes consequências no processo eleitoral brasileiro. Estabelece o referido dispositivo que na contagem de prazos processuais em dias, estabelecido por lei ou pelo juiz, computar-se-ão somente os dias úteis. Esta regra, com as devidas adaptações, entendíamos, na edição 2016 desta obra, que o artigo 219 do novo CPC seria plenamente aplicável ao processo eleitoral, salvo no período compreendido entre o fim do prazo de solicitação de registro de candidaturas (15 de agosto do ano eleitoral, conforme disposto pela Lei nº. 13.165/15) até a data da diplomação dos eleitos, quando, por expressa previsão legal, os prazos eleitorais são contínuos, incluindo-se fins de semana e feriados na contabilidade dos dias úteis. (Ac. TSE nº. 4.856, de 24.11.2005, Rel. Min. Humberto Gomes de Bastos).

Também acreditávamos o artigo 489, § 1º, um dos mais polêmicos do CPC/2015, ser plenamente aplicável ao processo eleitoral. Segundo o referido artigo:

> Art. 489. São elementos essenciais da sentença:
>
> I – o relatório, que conterá os nomes das partes, a identificação do caso, com a suma do pedido e da contestação, e o registro das principais ocorrências havidas no andamento do processo;
>
> II – os fundamentos, em que o juiz analisará as questões de fato e de direito;
>
> III – o dispositivo, em que o juiz resolverá as questões principais que as partes lhe submeterem.
>
> § 1º Não se considera fundamentada qualquer decisão judicial, seja ela interlocutória, sentença ou acórdão, que:
>
> I – se limitar à indicação, à reprodução ou à paráfrase de ato normativo, sem explicar sua relação com a causa ou a questão decidida;
>
> II – empregar conceitos jurídicos indeterminados, sem explicar o motivo concreto de sua incidência no caso;
>
> III – invocar motivos que se prestariam a justificar qualquer outra decisão;
>
> IV – não enfrentar todos os argumentos deduzidos no processo capazes de, em tese, infirmar a conclusão adotada pelo julgador;
>
> V – se limitar a invocar precedente ou enunciado de súmula, sem identificar seus fundamentos determinantes nem demonstrar que o caso sob julgamento se ajusta àqueles fundamentos;
>
> VI – deixar de seguir enunciado de súmula, jurisprudência ou precedente invocado pela parte, sem demonstrar a existência de distinção no caso em julgamento ou a superação do entendimento.
>
> § 2º No caso de colisão entre normas, o juiz deve justificar o objeto e os critérios gerais da ponderação efetua-

> da, enunciando as razões que autorizam a interferência na norma afastada e as premissas fáticas que fundamentam a conclusão.
>
> § 3º A decisão judicial deve ser interpretada a partir da conjugação de todos os seus elementos e em conformidade com o princípio da boa-fé.

Como se observa, o novo CPC, de forma bastante objetiva, impõe que todas as decisões judiciais sejam fundamentadas, algo que, a princípio, parece óbvio, mas nem sempre é observado na prática. A exigência de fundamentação da decisão, de acordo com o § 1º do art. 489 do CPC/2015, repele a prática da mera reprodução ou paráfrase de ato normativo, sem a realização da devida explicação da conexão ao caso concreto em julgamento, bem como o emprego, sem qualquer demonstração da incidência no caso concreto e consequente densificação, de conceitos jurídicos indeterminados, ou mesmo a invocação de motivos que se prestariam a justificar qualquer outra decisão, como fundamento da sentença, acórdão ou decisão interlocutória.

Além disso, dentro do dever de fundamentação das decisões judiciais imposto aos magistrados pelo novo CPC, destaca-se que todos os argumentos deduzidos no processo capazes de, em tese, infirmar a conclusão adotada pelo julgador, deverão ser enfrentados.

Também de acordo com os incisos V e VI do § 1º do art. 489 do CPC/2015, não serão consideradas fundamentadas as decisões judiciais que se limitarem a invocar precedente ou enunciado de súmula, sem identificar seus fundamentos determinantes nem demonstrar que o caso sob julgamento se ajusta àqueles fundamentos; bem como as que deixarem de seguir enunciado de súmula, jurisprudência ou precedente invocado pela parte, sem demonstrar a existência de distinção no caso em julgamento ou a superação do entendimento.

Em relação a este último aspecto destacado, vislumbrávamos que os artigos 926, 927 e 928, que impõem a aplicação de um sistema de precedentes no exercício da jurisdição no país, também se aplicariam plenamente ao processo eleitoral por serem, inclusive, de fundamental importância para a consagração do princípio democrático, ao buscar a preservação da segurança jurídica. De acordo com os referidos dispositivos de lei:

> **Art. 926.** Os tribunais devem uniformizar sua jurisprudência e mantê-la estável, íntegra e coerente.

§ 1º Na forma estabelecida e segundo os pressupostos fixados no regimento interno, os tribunais editarão enunciados de súmula correspondentes a sua jurisprudência dominante.

§ 2º Ao editar enunciados de súmula, os tribunais devem ater-se às circunstâncias fáticas dos precedentes que motivaram sua criação.

Art. 927. Os juízes e os tribunais observarão:

I – as decisões do Supremo Tribunal Federal em controle concentrado de constitucionalidade;

II – os enunciados de súmula vinculante;

III – os acórdãos em incidente de assunção de competência ou de resolução de demandas repetitivas e em julgamento de recursos extraordinário e especial repetitivos;

IV – os enunciados das súmulas do Supremo Tribunal Federal em matéria constitucional e do Superior Tribunal de Justiça em matéria infraconstitucional;

V – a orientação do plenário ou do órgão especial aos quais estiverem vinculados.

§ 1º Os juízes e os tribunais observarão o disposto no art. 10 e no art. 489, § 1º, quando decidirem com fundamento neste artigo.

§ 2º A alteração de tese jurídica adotada em enunciado de súmula ou em julgamento de casos repetitivos poderá ser precedida de audiências públicas e da participação de pessoas, órgãos ou entidades que possam contribuir para a rediscussão da tese.

§ 3º Na hipótese de alteração de jurisprudência dominante do Supremo Tribunal Federal e dos tribunais superiores ou daquela oriunda de julgamento de casos repetitivos, pode haver modulação dos efeitos da alteração no interesse social e no da segurança jurídica.

§ 4º A modificação de enunciado de súmula, de jurisprudência pacificada ou de tese adotada em julgamento de casos repetitivos observará a necessidade de fundamentação adequada e específica, considerando os princípios da segurança jurídica, da proteção da confiança e da isonomia.

§ 5º Os tribunais darão publicidade a seus precedentes, organizando-os por questão jurídica decidida e divulgando-os, preferencialmente, na rede mundial de computadores.

> **Art. 928.** Para os fins deste Código, considera-se julgamento de casos repetitivos a decisão proferida em:
>
> I – incidente de resolução de demandas repetitivas;
>
> II – recursos especial e extraordinário repetitivos.
>
> Parágrafo único. O julgamento de casos repetitivos tem por objeto questão de direito material ou processual.

Não faz parte da cultura institucional da Justiça Eleitoral o respeito a precedentes, fato que, historicamente, tem gerado uma grande insegurança jurídica e política.

Exemplos estudados nesta obra, como o da mudança de entendimento do TSE, no decorrer de uma mesma eleição, acerca do conceito de quitação eleitoral, são demonstrativos da grande instabilidade das decisões da Justiça Eleitoral, denotativas de uma fragilidade democrática.

É de se destacar que o Código Eleitoral, em seu artigo 263, prevê, com o intuito de assegurar uma maior segurança jurídica e política nos processos eleitorais, o instituto do prejulgado. De acordo com o referido artigo, "no julgamento de um mesmo pleito eleitoral, as decisões anteriores sobre questões de direito constituem prejulgados para os demais casos, salvo se contra a tese votarem dois terços dos membros do Tribunal". Ocorre que o TSE, em acórdão de 1992 (Ac. 12.501/92) afirmou a inconstitucionalidade do referido dispositivo legal, referindo-se, inclusive, ao fato de tal inconstitucionalidade subsistir desde a Constituição de 1946, antes mesmo da publicação do Código Eleitoral, datado de 1965.

A implantação de uma cultura de respeito aos precedentes se revelaria, no nosso entender, como de suma importância para o engrandecimento do direito eleitoral brasileiro, como verdadeiro instrumento viabilizador da normalidade e da legitimidade do exercício do poder de sufrágio popular.

Em 16 de junho de 2016, contudo, o Tribunal Superior Eleitoral publicou a **Resolução nº 23.478/2016**, disciplinando a **aplicação do novo CPC no processo eleitoral** e pondo fim, assim, às especulações em torno do tema.

De acordo com o TSE, em razão da especialidade da matéria, as ações, os procedimentos e os recursos eleitorais permanecem regidos pelas normas específicas previstas na legislação eleitoral e nas instruções do Tribunal Superior Eleitoral. A aplicação das regras do Novo Código de Processo Civil tem caráter supletivo e subsidiário em relação aos feitos que tramitam na Justiça Eleitoral, desde que haja compatibilidade sistêmica.

Dispõe o artigo 3º da referida resolução TSE nº 23.478/16 que aplica-se aos processos eleitorais o contido nos arts. 9º e 10 do Novo Código de Processo Civil, os quais determinam que não se proferirá decisão contra uma das partes sem que ela seja previamente ouvida, salvo nas hipóteses de tutela provisória de urgência, tutela de evidência e de decisão prevista no artigo 701 do novo estatuto processual civil [Sendo evidente o direito do autor, o juiz deferirá a expedição de mandado de pagamento, de entrega de coisa ou para execução de obrigação de fazer ou de não fazer, concedendo ao réu prazo de 15 (quinze) dias para o cumprimento e o pagamento de honorários advocatícios de cinco por cento do valor atribuído à causa].

Apesar do novo CPC, dispõe a referida resolução, os feitos eleitorais continuam gratuitos, não incidindo custas, preparo ou honorários.

Não se aplica aos feitos eleitorais o instituto do amicus curiae de que trata o art. 138 da Lei nº 13.105, de 2015, segundo o disposto no artigo 5º da Resolução TSE nº 23.478/16.

Também o artigo 6º da resolução prevê que não se aplicam aos feitos eleitorais as regras relativas à conciliação ou mediação previstas nos arts. 165 e seguintes do Novo Código de Processo Civil.

A contagem de prazos em dias úteis, prevista no artigo 219 do novo CPC, também não se aplica ao processo eleitoral, conforme disposto no artigo 7º da Resolução 23.478/16. Além disso, sempre que a lei eleitoral não fixar prazo especial, o recurso deverá ser interposto no prazo de 3 (três) dias, a teor do art. 258 do Código Eleitoral, não se aplicando os prazos previstos no Novo Código de Processo Civil.

▸ Como o TSE tem se pronunciado sobre este tema?

O Plenário do Tribunal Superior Eleitoral, por unanimidade, assentou que a sistemática de contagem de prazo prevista no art. 219 do novo Código de Processo Civil não é aplicável aos processos eleitorais. Asseverou haver incompatibilidade entre os princípios informadores do direito processual eleitoral, como a celeridade, consectária da garantia constitucional da razoável duração do processo, e a metodologia adotada pelo diploma processual civil em vigor. (Recurso Especial Eleitoral nº 533-80, Belo Horizonte/MG, rel. Min. Maria Thereza de Assis Moura, em 2.6.2016). Informativo TSE - Ano XVIII - nº 5

O prazo de 30 (trinta) dias de que trata o art. 178 do Novo Código de Processo Civil (o qual dispõe que o Ministério Público será intimado para, no prazo de 30 (trinta) dias, intervir como fiscal da ordem jurídica nas hipóteses previstas em lei ou na Constituição Federal e nos processos que envolvam interesse público ou social; interesse de incapaz; ou litígios coletivos pela posse de terra rural ou urbana) também não se aplica na Justiça Eleitoral, conforme previsão do art. 8º da Resolução TSE nº 23.478/16.

Durante o período previsto no calendário eleitoral (Lei Complementar nº 64/90) não se aplica o prazo previsto no art. 234, § 2º, do Novo Código de Processo Civil (três dias), podendo a autoridade judiciária determinar a imediata busca e apreensão dos autos se, intimado, o advogado não os devolver.

O artigo 10 da resolução, por sua vez, prevê que a suspensão dos prazos processuais entre os dias 20 de dezembro e 20 de janeiro de que trata o art. 220 do Novo Código de Processo Civil aplica-se no âmbito dos cartórios eleitorais e dos tribunais regionais eleitorais.

O artigo 11 da resolução, por sua vez, dispôs que na Justiça Eleitoral não é admitida a autocomposição, não sendo aplicáveis as regras dos arts. 190 e 191 do Novo Código de Processo Civil.

Os pedidos autônomos de tutela provisória serão autuados em classe própria. Os pedidos apresentados de forma incidental em relação a feitos em tramitação serão encaminhados à autoridade judiciária competente, que determinará a sua juntada aos autos principais ou adotará as providências que entender cabíveis.

Durante o período definido no calendário eleitoral, a carga dos autos para obtenção de cópias no curso de prazo comum às partes, prevista no art. 107, § 3º, do Novo Código de Processo Civil, será automaticamente permitida pela serventia pelo prazo de 2 (duas) horas, cabendo à autoridade judiciária decidir sobre eventual pedido de extensão até o limite de 6 (seis) horas.

Nos Tribunais Eleitorais, o prazo para sustentação oral dos advogados das partes e do representante do Ministério Público será de 15 (quinze) minutos nos feitos originários (art. 937 do Novo Código de

Processo Civil); 10 (dez) minutos, nos recursos eleitorais (art. 272 do Código Eleitoral); e 20 (vinte) minutos no recurso contra expedição de diploma, (art. 272, parágrafo único, do Código Eleitoral).

De acordo com o art. 18 da Resolução, os julgamentos das ações originárias e dos recursos nos Tribunais Eleitorais, inclusive os agravos e embargos de declaração na hipótese do art. 1.024, § 1º, do Novo Código de Processo Civil, somente poderão ser realizados 24 horas após a publicação da pauta, exceto nos casos de julgamento de habeas corpus; recurso em habeas corpus; tutela provisória; liminar em mandado de segurança; e, arguição de impedimento ou suspeição. Tal regra também não se aplica durante o período eleitoral, aos processos atinentes ao respectivo pleito; às questões de ordem; à continuidade de julgamento de processos decorrentes da devolução tempestiva de pedido de vista; aos feitos não apreciados cujo julgamento tiver sido expressamente adiado para a primeira sessão seguinte; aos embargos de declaração, quando julgados na sessão subsequente à respectiva oposição ou, se for o caso, à apresentação da manifestação do embargado; aos feitos administrativos, com exceção do pedido de registro de partido político; e às outras hipóteses previstas em lei ou nas resoluções do Tribunal Superior Eleitoral.

O artigo 19 da Resolução, por sua vez, dispõe que decisões interlocutórias ou sem caráter definitivo proferidas nos feitos eleitorais são irrecorríveis de imediato por não estarem sujeitas à preclusão, ficando os eventuais inconformismos para posterior manifestação em recurso contra a decisão definitiva de mérito. O Juiz ou Tribunal conhecerá da matéria versada na decisão interlocutória como preliminar à decisão de mérito se as partes assim requererem em suas manifestações. O agravo contra decisão que inadmitir o recurso especial interposto contra decisão interlocutória será processado em autos suplementares, prosseguindo o curso da demanda nos autos principais.

Finalmente, dispõe o artigo 20 da Resolução que a sistemática dos recursos repetitivos prevista nos arts. 1.036 a 1.042 do Novo Código de Processo Civil não se aplica aos feitos que versem ou possam ter reflexo sobre inelegibilidade, registro de candidatura, diplomação e resultado ou anulação de eleições.

Capítulo 14

Crimes eleitorais e processo penal eleitoral

1. NOTAS INTRODUTÓRIAS

Chegando ao último capítulo desta obra, estudaremos as normas referentes aos crimes eleitorais e ao processo penal eleitoral.

Os crimes eleitorais se constituem, conforme entendimento da doutrina dominante, em espécies de crimes políticos. Crimes político, assim, é gênero, do qual derivam as espécies crimes contra a segurança nacional e a ordem política e social e crimes eleitorais.

De acordo com a Constituição Federal, em seu artigo 108, IV, compete aos juízes federais processar e julgar "os crimes políticos e as infrações penais praticadas em detrimento de bens, serviços ou interesse da União ou de suas entidades autárquicas ou empresas públicas, excluídas as contravenções e ressalvadas a competência da Justiça Militar e da Justiça Eleitoral". Assim, embora a doutrina afirme, majoritariamente, que os crimes eleitorais são espécies de crimes políticos, a competência para o processamento e julgamento daqueles não é dos juízes federais, mas sim da Justiça Eleitoral.

Cabe aos juízes e tribunais eleitorais, dessa forma, como será observado neste capítulo, o processamento e julgamento dos crimes eleitorais e os conexos, assim como MS, HC, HD e MI, em matéria eleitoral.

▸ Qual o entendimento do STF sobre este assunto?

Vale destacar, ainda, nestas notas introdutórias, que na técnica constitucional, crime eleitoral é qualificado como crime comum e não crime de responsabilidade. Decidiu o STF que para efeito de competência por prerrogativa de função, compreendem-se na expressão crimes comuns todos os delitos que não estiverem definidos na legislação ordinária como sendo de responsabilidade (RTJ 32/614). Esta questão é de fundamental importância, como será destacado, na análise da questão do chamado "foro privilegiado" em matéria de crime eleitoral.

2. O PROCESSO PENAL ELEITORAL

2.1. A instauração do processo penal eleitoral e o inquérito policial eleitoral

Os **crimes eleitorais**, de acordo com o art. 355 do Código Eleitoral, **são de ação pública**. Qualquer cidadão que tiver conhecimento de infração penal deste Código deverá comunicá-la ao juiz eleitoral da zona onde a mesma se verificou, por escrito ou verbalmente.

> **▸ Como esse assunto foi cobrado em concurso?**
>
> No concurso Promotor de Justiça do Paraná, realizado em 2011, foi considerada correta afirmativa que dispunha que "os crimes previstos na Lei 4.737/65 (Código Eleitoral) e na Lei 9.504/97 (Lei das Eleições) são todos de ação penal pública incondicionada".

Em **17 de dezembro de 2013**, o TSE, valendo-se do seu poder regulamentar, expediu a **Resolução nº. 23.396/13**, disciplinando a apuração dos crimes eleitorais e a instauração do inquérito policial eleitoral.

Assim, segundo o capítulo I da referida Resolução, a **Polícia Federal exercerá, com prioridade sobre as suas atribuições regulares, a função de polícia judiciária em matéria eleitoral**, limitada às instruções e requisições do TSE, TREs, Juízes Eleitorais e Ministério Público Eleitoral. Quando no local da infração não existirem órgãos da Polícia Federal, a **Polícia Civil do respectivo estado terá atuação supletiva** (neste sentido, já tinha se manifestado o TSE, por meio da Res. nº. 11.494, de 08.10.1982 e do Habeas Corpus nº. 439, de maio de 2003).

No seu capítulo II, a Resolução nº. 23.396/13 dispõe sobre a **notícia-crime eleitoral**, destacando, no artigo 3º, que qualquer pessoa que tiver conhecimento da existência de infração penal eleitoral deverá, **verbalmente ou por escrito**, comunicá-la ao Juiz Eleitoral. Recebida a notícia-crime eleitoral, então, o Juiz Eleitoral a encaminhará ao Ministério Público Eleitoral ou, quando necessário, à polícia, com requisição para a instauração do inquérito policial eleitoral. Verificada a sua incompetência, o Juízo Eleitoral determinará a remessa dos autos ao Juízo competente.

A **autoridade policial**, quando tiver conhecimento de prática de infração penal eleitoral, **deverá informar imediatamente o Juiz Eleitoral**. Se necessário, poderá também a autoridade policial adotar as medidas acautelatórias previstas no artigo 6º do Código de Processo

Penal (segundo este artigo, logo que tiver conhecimento da prática da infração penal, a autoridade policial deverá: I – dirigir-se ao local, providenciando para que não se alterem o estado e conservação das coisas, até a chegada dos peritos criminais; II – apreender os objetos que tiverem relação com o fato, após liberados pelos peritos criminais; III – colher todas as provas que servirem para o esclarecimento do fato e suas circunstâncias; IV – ouvir o ofendido; V – ouvir o indiciado, devendo o respectivo termo ser assinado por duas testemunhas que lhe tenham ouvido a leitura; VI – proceder a reconhecimento de pessoas e coisas e a acareações; VII – determinar, se for caso, que se proceda a exame de corpo de delito e a quaisquer outras perícias; VIII – ordenar a identificação do indiciado pelo processo datiloscópico, se possível, e fazer juntar aos autos sua folha de antecedentes; IX – averiguar a vida pregressa do indiciado, sob o ponto de vista individual, familiar e social, sua condição econômica, sua atitude e estado de ânimo antes e depois do crime e durante ele, e quaisquer outros elementos que contribuírem para a apreciação do seu temperamento e caráter).

As autoridades policiais deverão prender quem for encontrado em **flagrante delito** pela prática de infração eleitoral, comunicando imediatamente o fato ao Juiz Eleitoral, ao Ministério Público Eleitoral e à família do preso ou a pessoa por ele indicada (Código de Processo Penal, art. 306). Em até 24 horas após a realização da prisão, será encaminhado ao Juiz Eleitoral o auto de prisão em flagrante e, caso o autuado não informe o nome de seu advogado, cópia integral para a Defensoria Pública (Código de Processo Penal, art. 306, § 1º).

No mesmo prazo de até 24 horas após a realização da prisão, será entregue ao preso, mediante recibo, a nota de culpa, assinada pela autoridade policial, com o motivo da prisão, o nome do condutor e os das testemunhas (Código de Processo Penal, art. 306, § 2º).

A **apresentação do preso ao Juiz Eleitoral**, bem como os atos subsequentes, observará o disposto no art. 304 do Código de Processo Penal, o qual estabelece que "apresentado o preso à autoridade competente, ouvirá esta o condutor e colherá, desde logo, sua assinatura, entregando a este cópia do termo e recibo de entrega do preso. Em seguida, procederá à oitiva das testemunhas que o acompanharem e ao interrogatório do acusado sobre a imputação que lhe é feita, colhendo, após cada oitiva suas respectivas assinaturas, lavrando, a autoridade, afinal, o auto".

Ao receber o **auto de prisão em flagrante**, o Juiz Eleitoral deverá fundamentadamente: I – relaxar a prisão ilegal; ou II – converter a prisão em flagrante em preventiva, quando presentes os requisitos constantes do art. 312 do Código de Processo Penal, e se revelarem inadequadas ou insuficientes as medidas cautelares diversas da prisão; ou III – conceder liberdade provisória, com ou sem fiança (Código de Processo Penal, art. 310).

Se o juiz verificar, pelo auto de prisão em flagrante, que o agente praticou o fato em estado de necessidade, legítima defesa, em estrito cumprimento de dever legal ou no exercício regular de direito poderá, fundamentadamente, conceder ao acusado liberdade provisória, mediante termo de comparecimento a todos os atos processuais, sob pena de revogação (Código de Processo Penal, art. 310, parágrafo único).

Ausentes os requisitos que autorizam a decretação da **prisão preventiva**, o Juiz Eleitoral deverá conceder liberdade provisória, impondo, se for o caso, as medidas cautelares previstas na legislação processual penal em vigor.

Quando a infração for de **menor potencial ofensivo**, a autoridade policial elaborará termo circunstanciado de ocorrência e providenciará o encaminhamento ao Juiz Eleitoral.

Por fim, no seu capítulo III, a Resolução nº. 23.396/13 dispõe sobre o **inquérito policial eleitoral**, o qual somente poderá ser instaurado mediante determinação da Justiça Eleitoral, salvo a hipótese de prisão em flagrante. Neste ponto, reside a maior polêmica envolvendo a nova resolução que, ao contrário da Resolução nº 23.363/11, a qual dispunha sobre o tema anteriormente, afastou a possibilidade de requisição do Ministério Público para a instauração do inquérito policial eleitoral. Por maioria, o pleno do TSE, vencido o presidente, Ministro Marco Aurélio, entendeu que somente a Justiça Eleitoral, como detentora do poder de polícia nas eleições, teria legitimidade para pedir a instauração do inquérito policial eleitoral, fato que gerou muita polêmica, por reduzir do MPE o poder de investigação da prática de tais crimes. Em 21 de maio de 2014, o STF, em decisão cautelar na ADI nº. 5104, suspendeu a eficácia do art. 8º da Res. TSE nº. 23.396/13, restabelecendo a prerrogativa do Ministério Público que havia sido usurpada.

Segundo o artigo 9º da referida Resolução, se o **indiciado tiver sido preso** em flagrante ou preventivamente, o inquérito policial eleitoral será concluído em até **10 dias**, contado o prazo a partir do dia em que se executar a ordem de prisão. Se o **indiciado estiver solto**, o inquérito policial eleitoral será concluído em até **30 dias**, mediante fiança ou sem ela.

A autoridade policial fará minucioso relatório do que tiver sido apurado e enviará os autos ao Juiz Eleitoral. No relatório, poderá a autoridade policial indicar testemunhas que não tiverem sido inquiridas, mencionando o lugar onde possam ser encontradas (Código de Processo Penal, art. 10, § 2º).

Quando o fato for de difícil elucidação e o indiciado estiver solto, a autoridade policial poderá requerer ao Juiz Eleitoral a devolução dos autos, para ulteriores diligências, que serão realizadas no prazo marcado pelo Juiz Eleitoral. O Ministério Público Eleitoral poderá requerer novas diligências, desde que necessárias à elucidação dos fatos, valendo destacar que o MPE, caso considere necessários maiores esclarecimentos e documentos complementares ou outros elementos de convicção, deverá requisitá-los diretamente de quaisquer autoridades ou funcionários que possam fornecê-los.

Quando o **inquérito for arquivado** por falta de base para o oferecimento da denúncia, a autoridade policial poderá proceder à **nova investigação** se de outras provas tiver notícia, desde que haja nova requisição.

2.2. A fase de conhecimento do processo penal eleitoral

Verificada a infração penal, o Ministério Público oferecerá a denúncia dentro do prazo de dez dias, ou requererá o arquivamento da comunicação. Se o órgão do Ministério Público requerer o arquivamento da comunicação, o juiz, no caso de considerar improcedentes as razões invocadas, fará remessa da comunicação ao procurador regional, e este oferecerá a denúncia, designará outro promotor para oferecê-la, ou insistirá no pedido de arquivamento, ao qual só então estará o juiz obrigado a atender.

A denúncia conterá a exposição do fato criminoso com todas as suas circunstâncias, a qualificação do acusado ou esclarecimentos pelos quais se possa identificá-lo, a classificação do crime e, quando necessário, o rol das testemunhas.

Se o órgão do Ministério Público não oferecer a denúncia no prazo legal, representará contra ele a autoridade judiciária, sem prejuízo da apuração da responsabilidade penal. Além disso, deverá o juiz solicitar ao procurador regional a designação de outro promotor, que, no mesmo prazo, oferecerá a denúncia.

Recebida a denúncia, o juiz designará dia e hora para o depoimento pessoal do acusado, ordenando a citação deste e a notificação do Ministério Público. O réu ou seu defensor terá o prazo de dez dias para oferecer alegações escritas e arrolar testemunhas.

Ouvidas as testemunhas da acusação e da defesa e praticadas as diligências requeridas pelo Ministério Público e deferidas ou ordenadas pelo juiz, abrir-se-á o prazo de cinco dias a cada uma das partes – acusação e defesa – para alegações finais. Decorrido esse prazo, e conclusos os autos ao juiz dentro de quarenta e oito horas, terá o mesmo dez dias para proferir a sentença.

Das decisões finais de condenação ou absolvição cabe recurso para o Tribunal Regional, a ser interposto no prazo de dez dias. Se a decisão do Tribunal Regional for condenatória, baixarão imediatamente os autos à instância inferior para a execução da sentença, que será feita no prazo de cinco dias, contados da data da vista ao Ministério Público.

Se o órgão do Ministério Público deixar de promover a execução da sentença, também caberá representação contra o mesmo, por parte da autoridade judiciária, devendo o juiz solicitar ao procurador regional a designação de outro promotor, a quem incumbirá, então, a referida obrigação.

▸ **Atenção!!!**

Existem situações em que a denúncia formulada pelo Ministério Público poderá ser rejeitada. Tal fato ocorrerá quando o fato narrado evidentemente não constituir crime; já estiver extinta a punibilidade, pela prescrição ou outra causa; for manifesta a ilegitimidade da parte; ou faltar condição exigida pela lei para o exercício da ação penal. Nestas duas últimas hipóteses, a rejeição da denúncia não obstará ao exercício da ação penal, desde que promovida por parte legítima ou satisfeita a condição.

2.3. Competência para o processamento e o julgamento dos crimes eleitorais

São cinco os fatores determinantes, de acordo com o Código de Processo Penal (aplicável de forma subsidiária ou supletiva ao processo penal eleitoral conforme previsão expressa no art. 364 do Código Eleitoral), para a definição da competência para o processamento e o julgamento dos crimes eleitorais: o lugar da ocorrência do delito; o domicílio ou residência do réu; a matéria; a pessoa; e a existência de conexão ou continência.

2.3.1. *A competência em razão do lugar*

De acordo com o artigo 70 do Código de Processo Penal, a competência será, de regra, determinada pelo lugar em que se consumar a infração, ou, no caso de tentativa, pelo lugar em que for praticado o último ato de execução.

2.3.2. *A competência em razão do domicílio ou residência do réu*

Não sendo conhecido o lugar da infração, a competência será determinada pelo domicílio ou residência do réu. Tendo o réu mais de um domicílio, a competência será firmada por prevenção. Caso o réu, no entanto, não tenha residência certa, ou for ignorado o seu paradeiro, será competente o juiz eleitoral que primeiro tomar conhecimento do fato, formalmente.

2.3.3. *A competência em razão da matéria*

Como já destacado, os crimes eleitorais, bem como os conexos, são, em regra, da competência da Justiça Eleitoral, salvo quando praticados por pessoas com foro privilegiado no STF ou no STJ. Como visto, o entendimento pacífico do STF é no sentido de que os crimes eleitorais são crimes comuns, o que acarreta a aplicação dos artigos 102, I, "b" e "c" e 105, I, "a" da Constituição Federal para o processamento e julgamento de crimes eleitorais praticados pelas pessoas referidas (neste sentido, conferir item a seguir).

▸ Qual o entendimento do TSE e do STF sobre este assunto?

O TSE, julgando o processo nº. 15.584-Manaus (DJU, 30.06.2000, p. 159) ratificou entendimento pacífico daquela corte no sentido de que "a competência para processar e julgar, originariamente, os feitos relativos a crimes eleitorais praticados por governador de estado é do Superior Tribunal de Justiça".

Em 1991, quando do julgamento do conflito de competência nº. 6971-DF, o STF já havia decidido, por unanimidade, que os crimes eleitorais devem ser considerados crimes comuns, em contraposição aos crimes de responsabilidade, fazendo com que a competência para o processamento e julgamento de crimes eleitorais praticados por governadores de estado seja atraída para o STJ (STF, Tribunal Pleno, CJ nº. 6971 – DF, Rel. Min. Paulo Brossard, j. em 30.10.1991, DJ 21.02.1992, p. 01693).

2.3.4. *A competência em razão da pessoa*

Como destacado no item anterior, existem pessoas que, de acordo com a Constituição Federal, gozam do chamado "privilégio de foro". Assim, algumas pessoas, em virtude de prerrogativa de função, são julgadas originariamente por crimes eleitorais em tribunais que não fazem parte da estrutura da Justiça Eleitoral, a exemplo do Superior Tribunal de Justiça e do Supremo Tribunal Federal.

> ▸ **Atenção!!!**
>
> Menor que venha a praticar ato infracional equiparado a crime eleitoral deverá ser processado e julgado pela Vara Especializada da Infância e Juventude da Justiça Comum, mesmo que tal prática seja conexa a crime eleitoral praticado por maior, quando então haverá o desmembramento do processo e o julgamento em separado dos autores das práticas ilícitas.

Outras pessoas, por sua vez, são julgadas originariamente pela prática de crimes eleitorais nos tribunais regionais eleitorais, também em virtude de prerrogativa de função. A regra geral, entretanto, é a da competência originária dos juízes eleitorais para o processamento e julgamento dos crimes eleitorais.

Assim, no Supremo Tribunal Federal, são processadas e julgadas originariamente, pela prática de crimes eleitorais, as seguintes pessoas, enumeradas pelo art. 102, I, "b" e "c" da Constituição Federal de 1988:

Pessoas julgadas originariamente pelo STF pela prática de crimes eleitorais (art. 102, I, "b" e "c" da CF/1988)
I – Presidente e vice-presidente da república.
II – Membros do Congresso Nacional.
III – Ministros de Estado.
IV – Procurador-Geral da República.
V – Comandantes da Marina, Exército e Aeronáutica.
VI – Membros dos tribunais superiores.
VII – Membros do Tribunal de Contas da União.
VIII – Chefes de missão diplomática de caráter permanente.

No Superior Tribunal de Justiça, por sua vez, são processadas e julgadas originariamente pela prática de crimes eleitorais as seguintes pessoas, elencadas no artigo 105, I, "a" da Constituição de 1988:

Pessoas julgadas originariamente pelo STJ pela prática de crimes eleitorais (art. 105, I, "a" da CF/1988)
I – Governadores e vice-governadores de estados e do DF.
II – Membros dos tribunais de contas dos estados e do DF.
III – Membros dos tribunais regionais federais, tribunais regionais eleitorais e tribunais regionais do trabalho.
IV – Membros dos tribunais de contas dos municípios
V – Membros do Ministério Público da União que oficiem perante tribunais.
VI – Desembargadores dos tribunais de justiça estaduais.

Nos tribunais regionais eleitorais, por sua vez, são processados e julgados originariamente os crimes eleitorais praticados por todas as pessoas com privilégio de foro nos tribunais de justiça estaduais, conforme previsão específica de cada Constituição Estadual ou da Lei Orgânica do Distrito Federal. Além disso, prefeitos municipais, promotores de justiça e deputados estaduais deverão ser julgados originariamente pelos TREs, pela prática de crimes eleitorais.

> ▸ **Qual o entendimento do TSE sobre este assunto?**
>
> O TSE, julgando recurso especial, proferiu o acórdão nº. 12.748, de 14.05.98 (DJ de 07.04.00) afirmando que "a competência para o recebimento de denúncia contra prefeito municipal é do TRE", em se tratando de crime eleitoral.

Por fim, a competência para o processamento e julgamento originário pela prática de crimes eleitorais praticados por pessoas sem privilégio de foro é dos juízes eleitorais. Inclui-se nesta competência o processamento e julgamento de crimes eleitorais praticados por vereadores e vice-prefeitos.

> ▸ **Atenção!!!**
>
> Se o crime eleitoral for praticado por candidato durante a campanha, a competência para julgá-lo será do juiz eleitoral, salvo se o candidato tiver foro privilegiado. Vencendo as eleições, entretanto, o candidato poderá passar a gozar do privilégio de foro, a depender do cargo para o qual foi eleito, a partir da diplomação, transferindo, assim, a competência para o processamento e julgamento do crime praticado.
>
> Por outro lado, segundo entendimento majoritário do TSE (Ac. nº. 520/2005), cessa a prerrogativa de foro com a extinção do mandato.

2.3.5. *As hipóteses de existência de conexão e continência*

Ocorre conexão quando há dependência recíproca entre duas ou mais infrações penais. Neste sentido, dispõe o artigo 76 do Código de Processo Penal:

> Art. 76. A competência será determinada pela conexão:
>
> I - se, ocorrendo duas ou mais infrações, houverem sido praticadas, ao mesmo tempo, por várias pessoas reunidas, ou por várias pessoas em concurso, embora diverso o tempo e o lugar, ou por várias pessoas, umas contra as outras.
>
> II - se, no mesmo caso, houverem sido umas praticadas para facilitar ou ocultar as outras, ou para conseguir impunidade ou vantagem em relação a qualquer delas;
>
> III - quando a prova de uma infração ou de qualquer de suas circunstâncias elementares influir na prova de outra infração.

Conforme lição de Francisco Dirceu Barros (*Direito Processual Eleitoral*, 2010, p. 120-121), existem três possibilidades de conexão eleitoral, a saber:

Possibilidades de conexão eleitoral

CONEXÃO ELEITORAL INTERSUBJETIVA	Ocorre quando duas ou mais infrações tiverem sido praticadas, ao mesmo tempo, por várias pessoas reunidas, ou por várias pessoas em concurso, embora diverso o tempo e o lugar, ou por várias pessoas, uma contra as outras.
CONEXÃO ELEITORAL OBJETIVA	Também chamada de teleológica, ocorre quando infrações são praticadas para facilitar ou ocultar outras.
CONEXÃO ELEITORAL PROBATÓRIA	Também chamada de instrumental, ocorre quando a prova de uma infração ou de qualquer de suas circunstâncias elementares influir na prova de outra infração.

No caso de continência, vislumbra-se o fato de uma causa estar contida em outra, inviabilizando a cisão. A continência pode ser concursal, também chamada de subjetiva, quando duas ou mais pessoas forem acusadas pela mesma infração (concurso de pessoas); ou objetiva, quando a infração for cometida em concurso formal, ou seja, quando o agente, mediante uma só ação ou omissão, pratica dois crimes idênticos (concurso homogêneo) ou crimes de espécies distintas (concurso heterogêneo).

A principal consequência da conexão e da continência é a unificação de processos, com vistas a uma unidade de julgamento. A regra fundamental relativa à competência para o processamento de crimes conexos ou em continência com crimes eleitorais é a da "competência eleitoral prevalente", segundo a qual a Justiça Eleitoral atrai para a sua competência o crime eleitoral e o não eleitoral.

▸ **Como esse assunto foi cobrado em concurso?**

No 26º Concurso para Procurador da República, realizado em 2011, foi considerada falsa afirmativa que dispunha que "verificada a conexão entre crime comum e crime eleitoral, a competência para processar e julgar ambos os delitos é da Justiça Comum".

Em 2014, em concurso organizado pelo CESPE para a magistratura do Distrito Federal, foi considerada correta afirmativa que dispunha que "É da justiça eleitoral a competência para o julgamento de crime comum conexo a crime eleitoral".

Existem situações, no entanto, em que a solução não é tão simples, ensejando polêmicas. Uma dessas situações envolve a questão do crime doloso contra a vida conexo a crime eleitoral, suscitadora de relevantes divergências doutrinárias. Francisco Dirceu Barros (*Direito Processual Eleitoral*, 2010, p. 123), por exemplo, entende que havendo conexão entre um crime eleitoral e um crime doloso contra a vida deve haver desmembramento, fazendo com que a Justiça Eleitoral julgue o crime eleitoral e o Tribunal do Júri julgue o crime contra a vida conexo. No mesmo sentido, manifesta-se Fávila Ribeiro (1996, p. 613), citando Xavier de Albuquerque. Suzana de Camargo Gomes (2008, p. 61-66), por sua vez, defende entendimento oposto, afirmando que, nesta situação, cabe à Justiça Eleitoral julgar ambos os crimes, o crime eleitoral e o crime doloso contra a vida conexo. Não há, na jurisprudência, um entendimento claro sobre o assunto, que ainda permanece no campo dos embates doutrinários. Na doutrina, o entendimento majoritário é no sentido do desmembramento do processo, sendo julgado o crime eleitoral pela Justiça Eleitoral e o crime doloso contra a vida pelo Tribunal do Júri.

▸ **Atenção!!!**

Uma outra questão polêmica relacionada à conexão e continência entre crimes eleitorais diz respeito à coautoria de crimes eleitorais entre pessoas com e sem prerrogativa de foro. De acordo com a súmula nº. 704 do STF, "Não viola as garantias do juiz natural, da ampla defesa e do devido processo legal a atração por continência ou conexão do processo do co-réu ao foro por prerrogativa de função de um dos denunciados". Assim sendo, podemos entender que, em caso de conexão entre crimes eleitorais praticados, respectivamente, por pessoa com prerrogativa de função e por pessoa sem esta prerrogativa, deverá ocorrer a atração da competência para o processamento e julgamento de ambos os crimes, por conexão, para o foro privilegiado.

2.4. A revisão criminal eleitoral

Em virtude da possibilidade de aplicação subsidiária do Código de Processo Penal ao processo penal eleitoral, prevista no art. 364 do Código Eleitoral, é possível o cabimento de revisão criminal eleitoral, por analogia a previsão do artigo 621 do CPP.

Caberá a revisão criminal eleitoral nos processos com trânsito em julgado de decisão penal condenatória na ocorrência das seguintes situações, a saber:

Hipóteses de cabimento de revisão criminal eleitoral
Existência de sentença penal condenatória contrária à expressa disposição legal ou à evidência dos fatos.
Existência de sentença penal condenatória fundada em documentos, exames ou depoimentos comprovadamente falsos.
Descoberta de novas provas de inocência do condenado ou de circunstância que determine ou autorize a diminuição especial da pena, após o trânsito em julgado de sentença penal condenatória.

Poderá a revisão criminal ser requerida a qualquer tempo, mesmo após a extinção da pena, pelo próprio réu ou procurador habilitado, ou mesmo por cônjuge, irmão, ascendente ou descendente de réu morto.

A reiteração do pedido, no entanto, só será admitida se fundada em novas provas.

3. OS CRIMES ELEITORAIS

Os crimes eleitorais estão previstos no Código Eleitoral (arts. 289 a 354), na LC 64/90 (art. 25), bem como na Lei nº. 6.091/74 (art. 11) e na Lei nº. 9.504/97 (Lei das Eleições), podendo ser divididos, segundo lição de Suzana de Camargo Gomes (Crimes Eleitorais, 3. ed., 2008) em oito grandes grupos, a saber: os crimes eleitorais concernentes à formação do corpo eleitoral; os crimes relativos à formação e funcionamento dos partidos políticos; os crimes em matéria de inelegibilidade; os crimes eleitorais concernentes à propaganda eleitoral; os crimes relativos à votação; os crimes eleitorais pertinentes à garantia do resultado legítimo das eleições; os crimes concernentes à organização e funcionamento dos serviços eleitorais e os crimes contra a fé pública eleitoral.

É o Código Eleitoral, nos seus artigos 283 a 288, no entanto, que estabelece as disposições preliminares aplicáveis de forma geral aos crimes eleitorais. Assim, prevê o artigo 283 do CE, para efeitos penais, são considerados membros e funcionários da Justiça Eleitoral os magistrados a serviço da Justiça Eleitoral; cidadãos que integrem temporariamente órgãos da Justiça Eleitoral (a exemplo dos membros das juntas eleitorais) ou que tenham sido nomeados para atuar em mesas receptoras ou apuradoras de votos; e os funcionários públicos requisitados pela Justiça Eleitoral, além, evidentemente, dos servidores do quadro efetivo, juízes e membros dos tribunais eleitorais. Vale destacar ainda, quanto a esta questão, disposição geral do Código Penal, refletida nos §§ 1º e 2º do art. 283 do Código Eleitoral, segundo a qual se equipara a servidores públicos, para efeitos penais, quem, embora transitoriamente ou sem remuneração, exerce cargo, emprego ou função pública, além de quem exerce cargo, emprego ou função em entidade paraestatal ou em sociedade de economia mista.

▸ **Atenção!!!**

O Código Eleitoral brasileiro não prevê sanções penais a título de culpa, resumindo-se a estabelecer tipos penais puníveis na modalidade dolosa.

Em muitos casos, não prevê o Código Eleitoral pena mínima para os crimes tipificados.

Quando isto ocorre, deve ser considerada a pena mínima de 15 dias para a detenção e 01 ano para a reclusão, de acordo com o artigo 284 do referido estatuto.

Ainda em relação às disposições penais preliminares elencadas no Código Eleitoral, estabelece o art. 285 que quando a lei determinar a agravação ou atenuação da pena sem mencionar o "quantum", deverá o juiz fixá-lo entre um quinto e um terço, guardados os limites da pena cominada ao crime.

O artigo 286, por sua vez, dispõe que as penas de multa em dinheiro deverão ter como base, na sua aplicação, o conceito de dia-multa. O montante de dias-multa imputáveis ao réu (no mínimo de um e no máximo de trezentos) deverá ser fixado segundo o prudente arbítrio do juiz, devendo este ter em conta as condições pessoais e econômicas do condenado, não podendo ser inferior ao salário-mínimo diário da região, nem superior ao valor de um salário-mínimo mensal. O § 2º do citado artigo 286, entretanto, estabelece que a multa poderá ser aumentada até o triplo, considerada, pelo juiz, a situação econômica do condenado e a necessidade de combate à ineficácia da pena.

Doravante, serão feitas abordagens relativas a cada um dos oito grupos de crimes eleitorais (assim divididos pela doutrina de Suzana de Camargo Gomes) previstos no Código Eleitoral e nas leis extravagantes, começando pelos crimes concernentes à formação do corpo eleitoral. Breves comentários sobre cada um dos tipos penais elencados em cada um dos grupos serão realizados, a fim de auxiliar no entendimento dos mesmos, uma vez que alguns concursos, principalmente, costumam cobrar, de forma mais específica, o conhecimento relativo aos crimes eleitorais previstos na legislação.

3.1. Dos crimes concernentes à formação do corpo eleitoral

Os crimes eleitorais concernentes à formação do corpo eleitoral são aqueles que, em seu conjunto, atentam contra o processo de alistamento eleitoral, primeira fase do processo eleitoral, na qual é formado o corpo de eleitores. Estão estes crimes dispostos nos artigos 289 a 295 do Código Eleitoral, conforme tabela a seguir:

Conduta típica	Comentários
Art. 289. Inscrever-se fraudulentamente eleitor. Pena – reclusão até 05 anos e pagamento de multa de 05 a 15 dias-multa.	Crime praticado por pessoa maior de 18 anos. Menor pratica ato infracional. Tem como sujeito passivo o Estado. Depende da produção de resultado. Admite a forma tentada.
Art. 290. Induzir alguém a se inscrever eleitor com infração de qualquer dispositivo deste Código.	Crime praticável por qualquer pessoa, tem como sujeito passivo imediato qualquer pessoa e sujeito passivo mediato o Estado.

Conduta típica	Comentários
Pena – reclusão até 2 anos e pagamento de 15 a 30 dias-multa.	Consumação se dá com o ato de induzir a pessoa à realização da inscrição ilícita, independentemente do efetivo deferimento desta. Não admite tentativa.
Art. 291. Efetuar o juiz, fraudulentamente, a inscrição de alistando. **Pena** – reclusão de até 05 anos e pagamento de 05 a 15 dias-multa.	Sujeito ativo é o juiz eleitoral e passivo qualquer pessoa com idade para o alistamento. Depende, para a sua consumação, da emissão do título eleitoral. Admite a tentativa.
Art. 292. Negar ou retardar a autoridade judiciária, sem fundamento legal, a inscrição requerida. **Pena** – pagamento de 30 a 60 dias-multa.	Sujeito ativo é o juiz eleitoral e passivo qualquer pessoa com idade para o alistamento. Consuma-se com a atitude deliberada de negativa ou retardo, por parte da autoridade judiciária, da inscrição requerida, sem respaldo legal.
Art. 293. Perturbar ou impedir de qualquer forma o alistamento. **Pena** – detenção de 15 dias a 06 meses ou pagamento de 30 a 60 dias-multa.	Tem como sujeito ativo qualquer pessoa e sujeito passivo alistando ou mesmo servidor da Justiça Eleitoral. Consuma-se com a prática de qualquer ato que perturbe ou impeça o alistamento. Admite a tentativa.
Art. 294. Revogado pela lei nº. 8.868/94.	
Art. 295. Reter título eleitoral contra a vontade do eleitor. **Pena** – detenção até 02 meses ou pagamento de 30 a 60 dias-multa.	Necessita de finalidade eleitoral para a sua consumação. Tem como sujeitos ativo e passivo qualquer pessoa. Admite a tentativa.

▸ **Como esse assunto foi cobrado em concurso?**

No Concurso para Juiz de Direito do Estado de Pernambuco, realizado pela FCC, em 2011, foi considerada verdadeira afirmativa que dispunha que "É crime eleitoral apenado com reclusão induzir alguém a se inscrever eleitor com infração de qualquer dispositivo do Código Eleitoral". Como visto, tal ilícito está previsto no artigo 290 do Código Eleitoral.

3.2. Crimes eleitorais relativos à formação e funcionamento dos partidos políticos

Como já estudado no capítulo III desta obra, os partidos políticos se constituem em importantíssimos personagens do jogo eleitoral, exercendo relevante papel na democracia. Os crimes eleitorais relativos à formação e funcionamento dos partidos políticos, dessa forma, visam a garantir o efetivo exercício das atribuições exercidas por estes entes, preservando a lisura e a legitimidade do processo político.

Merecem destaque os seguintes tipos delituosos relativos à formação e funcionamento dos partidos políticos, previstos no Código Eleitoral:

Conduta típica	Comentários
Art. 319. Subscrever o eleitor mais de uma ficha de registro de um ou mais partidos. **Pena** – detenção até 01 mês ou pagamento de 10 a 30 dias-multa.	O presente tipo penal busca impedir, conforme lição de Fávila Ribeiro (1996, p. 561-562), que um mesmo eleitor contribua, com a sua assinatura, para o apoiamento mínimo necessário à constituição de mais um partido, ao mesmo tempo. Segundo Ribeiro, "emprestando viciosamente a sua assinatura a mais de uma legenda partidária, estará o eleitor concorrendo pessoalmente para burlar o postulado legal, que objetiva verificar da efetiva ressonância da organização registranda no seio do eleitorado". O sujeito ativo é qualquer cidadão no gozo dos seus direitos políticos e os passivos são os partidos políticos e o Estado. Admite-se a forma tentada.
Art. 320. Inscrever-se o eleitor, simultaneamente, em dois ou mais partidos. **Pena** – pagamento de 10 a 20 dias-multa.	O presente tipo penal se tornou crime impossível, uma vez que a dupla filiação não á mais viável, conforme estudamos no capítulo III desta obra. Quando o cidadão filiado a um partido político se filia a outro, automaticamente há o cancelamento da filiação anterior
Art. 321. Colher a assinatura do eleitor em mais de uma ficha de registro de partido. **Pena** – detenção até dois meses ou pagamento de 20 a 40 dias-multa.	Conforme lição de Edson Brozoza (2010, p. 280), "o artigo 321 busca incriminar não a conduta ilícita do eleitor que subscreve mais de uma ficha para dar número à formação (criação) de um ou mais partidos políticos (art. 319 do CE), mas sim do terceiro agenciador que promove a colheita reiterada da assinatura para tal fim".
Art. 338. Não assegurar o funcionário postal a prioridade prevista no art. 239. **Pena** – pagamento de 30 a 60 dias-multa.	Dispõe o artigo 239 do CE mencionado que "aos partidos políticos é assegurada a prioridade postal durante os sessenta dias anteriores à realização das eleições, para a remessa de material de propaganda de seus candidatos registrados". A não concessão dessa priorida-

Conduta típica	Comentários
	de pelo funcionário postal, sujeito ativo do crime previsto no art. 338, caracteriza a conduta típica, que se consuma mediante a ação omissiva, inadmitindo-se a tentativa.
Art. 346. Violar o disposto no art. 377. **Pena** – detenção até seis meses e pagamento de 30 a 60 dias-multa.	Dispõe o art. 377 do CE mencionado que "o serviço de qualquer repartição, federal, estadual, municipal, autarquia, fundação do Estado, sociedade de economia mista, entidade mantida ou subvencionada pelo poder público, ou que realiza contrato com esta, inclusive o respectivo prédio e suas dependências, não poderá ser utilizado para beneficiar partido ou organização de caráter político". A violação do disposto no referido artigo é conduta delituosa típica, para a qual se exige, segundo lição de Suzana de Camargo Gomes (2008, p. 153), dolo específico, "posto que necessário o fim especial de agir, expresso na vontade livre e consciente de favorecer, beneficiar partido político ou organização de caráter político".

3.3. Os crimes eleitorais em matéria de inelegibilidade

Como já destacado em várias passagens desta obra, a matéria referente às inelegibilidades está disciplinada na Constituição Federal e na Lei Complementar 64/90 e suas posteriores alterações.

Assim, no presente item referente aos crimes eleitorais em matéria de inelegibilidade, destacamos, tão somente o tipo penal previsto no artigo 25 da Lei das Inelegibilidades, que assim dispõe:

> **Art. 25.** Constitui crime eleitoral a arguição de inelegibilidade, ou a impugnação de registro de candidato feito por interferência do poder econômico, desvio ou abuso do poder e autoridade, deduzida de forma temerária ou de manifesta má-fé.
>
> **Pena:** detenção de 6 (seis) meses a 2 (dois) anos e multa de 20 (vinte) a 50 (cinquenta) vezes o valor do Bônus do Tesouro Nacional (BTN) e, no caso de sua extinção, de título público que o substitua.

Como bem destacam Vinícius Cordeiro e Anderson Claudino da Silva (2006, p. 225), "obviamente, a figura penal tem por fundamento a inelegibilidade maldosamente impugnada, no processo de registro de candidatura, sob a alegação de interferência do poder econômico, desvio ou abuso do poder de autoridade".

Seguindo a lógica dos crimes eleitorais previstos no Código Eleitoral, o referido tipo penal exige o dolo para a sua consumação, podendo esse ser o dolo direto ou mesmo o dolo eventual, não admitindo a modalidade culposa.

3.4. Os crimes eleitorais concernentes à propaganda eleitoral

Os crimes eleitorais concernentes à propaganda eleitoral estão previstos tanto no Código Eleitoral como também na Lei das Eleições (lei nº. 9.504/97). Como já destacado nesta obra, a propaganda eleitoral, iniciada oficialmente no dia 16 de agosto dos anos eleitorais, constitui-se em decisivo instrumento na luta pelo voto, sendo também, em virtude disso, alvo de maus usos e manipulações, abaladoras da democracia. A preservação da veracidade e da autenticidade da propaganda eleitoral como importante vetor de condução dos ideais democráticos é, assim, o objeto jurídico de proteção dos tipos penais a serem estudados neste tópico.

São os seguintes os crimes eleitorais previstos no Código Eleitoral:

Conduta típica	Comentários
Art. 323. Divulgar, na propaganda, fatos que sabe inverídicos, em relação a partidos ou candidatos e capazes de exercerem influência perante o eleitorado. **Pena** – detenção de dois meses a um ano, ou pagamento de 120 a 150 dias-multa. **Parágrafo único.** A pena é agravada se o crime é cometido pela imprensa, rádio ou televisão.	O presente tipo penal é considerado crime comum, praticável por qualquer pessoa. Como sujeitos passivos imediatos, temos o partido político atingido, bem como os candidatos alvo das mentiras proferidas. A mera divulgação dos fatos sabidamente inverídicos já se constitui em motivo para a consumação do crime, para o qual é admitida a forma tentada.
Art. 324. Caluniar alguém, na propaganda eleitoral, ou visando fins de propaganda, imputando-lhe falsamente fato definido como crime. **Pena** – detenção de 06 meses a 02 anos e pagamento de 10 a 40 dias-multa. § 1º Nas mesmas penas incorre quem, sabendo falsa a imputação, a propala ou divulga.	O presente tipo penal tem como objeto jurídico a proteção à honra dos participantes do processo eleitoral. A finalidade tem que ser eleitoral, com a intenção do agente de que a calúnia produza consequências no processo eleitoral em desfavor do caluniado. O sujeito ativo é qualquer pessoa, enquanto que no polo passivo teremos, tão somente, candidato.

Conduta típica	Comentários
§ 2º A prova da verdade do fato imputado exclui o crime, mas não é admitida: I – se, constituindo o fato imputado crime de ação privada, o ofendido não foi condenado por sentença irrecorrível; II – se o fato é imputado ao Presidente da República ou chefe de governo estrangeiro; III – se do crime imputado, embora de ação pública, o ofendido foi absolvido por sentença irrecorrível.	O crime é formal, não sendo necessário que tenha efetivamente ocorrido prejuízos para a vítima, se consumando quando o fato propagado chega ao conhecimento de terceiros.
Art. 325. Difamar alguém, na propaganda eleitoral, ou visando a fins de propaganda, imputando-lhe fato ofensivo a sua reputação. **Pena** – detenção de 03 meses a 01 ano e pagamento de 05 a 30 dias-multa. **Parágrafo único.** A exceção da verdade somente se admite se ofendido é funcionário público e a ofensa é relativa ao exercício de suas funções.	Da mesma forma que o tipo penal anterior, o objeto jurídico do presente dispositivo é a proteção da honra dos participantes do processo eleitoral. A conduta típica refere-se à prática de difamação, ou seja, de imputação de fato ofensivo à reputação da vítima que não constitui crime. Qualquer pessoa pode figurar no polo ativo do delito, enquanto que, no polo passivo, somente figurará candidatos a cargos eletivos. O crime é formal, não sendo necessário que tenha efetivamente ocorrido prejuízos para a vítima, se consumando quando o fato propagado chega ao conhecimento de terceiros.
Art. 326. Injuriar alguém, na propaganda eleitoral, ou visando a fins de propaganda, ofendendo-lhe a dignidade ou o decoro: **Pena** – detenção até seis meses, ou pagamento de 30 a 60 dias-multa. § 1º O juiz pode deixar de aplicar a pena:	A injúria consiste em um ataque ultrajante desferido à honra da vítima. Conforme lição de Edson Brozoza (2010, p. 37), "o crime de injúria descrito no art. 326 ultraja a honra subjetiva do indivíduo, ou seja, atinge a dignidade da pessoa, correspondente ao sentimento que esta guarda a respeito de si mesma, mediante a atribuição de qualidade negativa".
I – se o ofendido, de forma reprovável, provocou diretamente a injúria; II – no caso de retorsão imediata, que consista em outra injúria. § 2º Se a injúria consiste em violência ou vias de fato, que, por sua natureza	Da mesma forma que os tipos penais previstos nos artigos 324 e 325, estudados, qualquer pessoa poderá figurar no polo ativo, enquanto que o sujeito passivo da conduta delituosa será sempre candidato a cargo eletivo.

Conduta típica	Comentários
ou meio empregado, se considerem aviltantes: **Pena** – detenção de três meses a um ano e pagamento de 5 a 20 dias-multa, além das penas correspondentes à violência prevista no Código Penal.	O crime é formal, não sendo necessário que tenha efetivamente ocorrido prejuízos para a vítima, se consumando quando o fato propagado chega ao conhecimento de terceiros.
Art. 331. Inutilizar, alterar ou perturbar meio de propaganda devidamente empregado. **Pena** – detenção até seis meses ou pagamento de 90 a 120 dias-multa.	O presente tipo penal busca resguardar, como objeto jurídico, o livre exercício da propaganda. Qualquer pessoa pode praticar este crime, que terá como vítima candidato a cargo eletivo e partido político titular da propaganda. O crime consuma-se com a ocorrência da perturbação indevida, alteração ou inutilização do meio de propaganda, admitindo-se a forma tentada.
Art. 332. Impedir o exercício de propaganda. **Pena** – detenção até seis meses e pagamento de 30 a 60 dias-multa.	O presente tipo penal, a exemplo do anterior, busca resguardar o livre exercício da propaganda eleitoral. Segundo lição de Joel Cândido (2006, p. 321), "o impedimento deve inviabilizar, no todo ou em parte, o exercício da propaganda lícita, com prejuízo à vítima, lesando o princípio da liberdade de propaganda política, para não configurar a perturbação do art. 331". O sujeito ativo do crime poderá ser qualquer pessoa, enquanto que como sujeitos passivos podemos destacar o partido político e o candidato atingido pela conduta, além da própria sociedade. A finalidade deve ser eleitoral, admitindo-se a tentativa.
Art. 334. Utilizar organização comercial de vendas, distribuição de mercadorias, prêmios e sorteios para propaganda ou aliciamento de eleitores. **Pena** – detenção de 06 meses a 01 ano e cassação do registro se o responsável for candidato.	O bem jurídico a que o art. 334 do CE busca proteger é o livre exercício do sufrágio. Qualquer pessoa natural pode figurar como sujeito ativo do crime, em especial candidato. O crime é formal, consumando-se, portanto, com a realização de quaisquer das condutas delituosas descritas no tipo penal, independentemente do alcance de resultados efetivos.
Art. 335. Fazer propaganda, qualquer que seja a sua forma, em língua estrangeira.	Qualquer espécie de propaganda política, seja ela eleitoral, partidária ou intrapartidária, deverá ser realizada

Conduta típica	Comentários
Pena – detenção de três a seis meses e pagamento de 30 a 60 dias-multa. **Parágrafo único.** Além da pena cominada, a infração ao presente artigo importa na apreensão e perda do material utilizado na propaganda.	em língua portuguesa, sob pena de caracterização do tipo penal descrito no artigo 335 do CE. Segundo Joel Cândido (2006, p. 330), o art. 335 do Código Eleitoral "protege a ordem jurídica eleitoral e a soberania nacional, preservando-as da influência de interesses estrangeiros". Fávila Ribeiro (1996, p. 607), por sua vez, leciona que "na incriminação decorrente da pregação política em língua estrangeira, procura-se impedir que possa haver exploração demagógica de comunidades étnicas, contribuindo, assim, para fomentar inadmissíveis divisões internas no território brasileiro". Qualquer pessoa pode ser sujeito ativo deste crime. O sujeito passivo, por sua vez, é o Estado. A consumação do crime é atingida a partir da mera veiculação da propaganda.
Art. 337. Participar, o estrangeiro ou brasileiro que não estiver no gozo dos seus direitos políticos, de atividades partidárias, inclusive comícios e atos de propaganda em recintos fechados ou abertos: Pena – detenção até seis meses e pagamento de 90 a 120 dias-multa. Parágrafo único. Na mesma pena incorrerá o responsável pelas emissoras de rádio ou televisão que autorizar transmissões de que participem os mencionados neste artigo, bem como o diretor de jornal que lhes divulgar os pronunciamentos.	Segundo lição de Edson Brozoza (2010, p. 47-48), "com este dispositivo penal eleitoral, o legislador pátrio buscou reprimir a conduta do estrangeiro ou brasileiro impedido do exercício de seus direitos políticos que venha a participar de atividades partidárias, inclusive comícios e atos de propaganda em recintos fechados ou abertos. Corporifica medida tencionada a resguardar o livre exercício da propaganda eleitoral e do voto e, notadamente, proteger a soberania nacional". O sujeito ativo será qualquer brasileiro que não esteja no gozo dos seus direitos políticos, bem como estrangeiro. O sujeito passivo é o Estado. De acordo com a jurisprudência do TSE (Res. nº. 21.831/2004), o estrangeiro, exceto o asilado político, poderá efetuar no Brasil campanha eleitoral de candidatos do país de origem, não se aplicando as normas sobre propaganda eleitoral previstas na Lei nº 9.504/97 e nas instruções que regulam as eleições brasileiras, neste caso.

Os artigos 328, 329, 330 e 333 do Código Eleitoral foram revogados com a publicação da lei nº. 9.504/97. Já o artigo 327 remete-se aos artigos 324, 325 e 326, estudados, dispondo que as penas cominadas aos tipos penais previstos nos referidos artigos aumentam-se de um terço, quando cometidos contra o presidente da república ou chefe de governo estrangeiro; em face de funcionário público, em razão de suas funções; ou na presença de várias pessoas, ou por meio que facilite a divulgação da ofensa.

Na Lei das Eleições (lei nº. 9.504/97), por sua vez, estão previstos os seguintes crimes concernentes à propaganda eleitoral:

Conduta típica	Comentários
Art. 39. (...) § 5º. Constituem crimes, no dia da eleição, puníveis com detenção, de 06 meses a 01 ano, com a alternativa de prestação de serviços à comunidade pelo mesmo período, e multa no valor de 5 mil a 15 mil UFIR: I – o uso de alto-falantes e amplificadores de som ou a promoção de comício ou carreata; II – a arregimentação de eleitor ou a propaganda de boca de urna; III – a divulgação de qualquer espécie de propaganda de partidos políticos ou seus candidatos. IV – a publicação de novos conteúdos ou o impulsio-namento de conteúdos nas aplicações de internet de que trata o art. 57-B desta Lei, podendo ser mantidos em funciona-mento as aplicações e os conteúdos publicados anteriormente.	O presente tipo penal visa a resguardar a liberdade do voto, coibindo a chamada "boca-de-urna" (sobre o tema, conferir o capítulo X desta obra). Qualquer pessoa pode ser sujeito ativa deste crime. Os sujeitos passivos, por sua vez, serão a sociedade como um todo e os serviços da Justiça Eleitoral. Vale destacar que, com a reforma eleitoral de 2017, foi incluído no texto do art. 39, § 5º o onvo inciso IV, estabelecendo como tipo penal a publicação de novos conteúdos ou o impulsionamento de conteúdos nas aplicações de internet de que trata o art. 57-B desta Lei, podendo ser mantidos em funcionamento as aplicações e os conteúdos publicados anteriormente.
Art. 40. O uso, na propaganda eleitoral, de símbolos, frases ou imagens, associadas ou semelhantes às empregadas por órgão de governo, empresa pública ou sociedade de economia mista constitui crime, punível com detenção, de 06 meses a 01 ano, com a alternativa de prestação de serviços à comunidade pelo mesmo período, e multa no valor de 10 mil a 20 mil UFIR:	Segundo lição de Suzana de Camargo Gomes (2008, p. 214), "as pessoas jurídicas de direito público, bem como as empresas públicas e de economia mista, não podem ser utilizadas de nenhuma forma, nas campanhas eleitorais, nem mesmo na propaganda pode ocorrer o aproveitamento de símbolos, frases ou imagens ligadas a tais entidades ou órgãos públicos, posto que representaria um desvirtuamento da função precípua que desempenham na administração pública. A utilização indevida

Conduta típica	Comentários
	leva à caracterização do crime em comento, que, para sua consumação, depende da convergência do elemento subjetivo, expresso no dolo". De acordo com entendimento do TSE (Ac. 21.290, de 19.08.03, DJ de 19.09.03), "para configurar o tipo penal do art. 40 da lei nº. 9.504/97 é imprescindível que o ato praticado seja tipicamente de propaganda eleitoral. A utilização de atos de governo, nos quais seria lícito o uso de símbolos da prefeitura, com finalidade eleitoral, pode, em tese, configurar abuso do poder político, a ser apurado em processo específico".
Art. 33. (...) § 4º. A divulgação de pesquisa fraudulenta constitui crime, punível com detenção de 06 meses a 01 ano e multa no valor de 50 mil a 100 mil UFIR.	Como já destacado no capítulo X desta obra, as pesquisas eleitorais se constituem, muitas vezes, em fator decisivo para os rumos de uma eleição, sendo necessária, por isso, a existência de normas eficazes para a sua disciplina. Neste contexto, o § 4º do art. 33 da Lei das Eleições prevê o tipo penal relativo à divulgação de pesquisa fraudulenta, que se consuma no momento em que é dado o conhecimento do seu conteúdo a terceiros. Como bem destacado Suzana de Camargo Gomes (2008, p. 227), "trata-se, na hipótese, de crime de dano, sendo punida a conduta pelo simples potencial lesivo que contém, em si mesma".
Art. 34. (...) § 2º. O não-cumprimento do disposto neste artigo ou qualquer ato que vise a retardar, impedir ou dificultar a ação fiscalizadora dos partidos constitui crime, punível com detenção, de seis meses a um ano, com a alternativa de prestação de serviços à comunidade pelo mesmo prazo, e multa no valor de dez mil a vinte mil *UFIR*.	O *caput* do art. 34 referido foi vetado, não sendo aplicável, assim, a parte inicial da descrição típica. Pune-se, então, o ato de retardar, impedir ou dificultar a ação fiscalizadora dos partidos frente aos dados relativos a pesquisas eleitorais. Como bem afirma Suzana de Camargo Gomes (2008, p. 228), "se de qualquer forma não for permitido aos partidos o acesso a esses dados, ou então se restarem caracterizadas as ações de retardar, impedir ou dificultar a ação fiscalizatória dos partidos no que concerne às pesquisas eleitorais, restará configurado o crime".

Conduta típica	Comentários
Art. 34. (...) § 3º. A comprovação de irregularidades nos dados publicados sujeita os responsáveis às penas mencionadas no parágrafo anterior, sem prejuízo da obrigatoriedade da veiculação dos dados corretos no mesmo espaço, local, horário, página, caracteres e outros elementos de destaque, de acordo com o veículo usado.	O presente dispositivo normativo complementa os anteriores (art. 33, § 4º e art. 34, § 2º), apenando também aquele que promove irregularidades nos dados de pesquisa eleitoral publicados. O art. 35, por sua vez, estabelece que "pelos crimes definidos nos arts. 33, § 4º e 34, §§ 2º e 3º, podem ser responsabilizados penalmente os representantes legais da empresa ou entidade de pesquisa e do órgão veiculador".

▸ **Como esse assunto foi cobrado em concurso?**

No concurso para juiz de direito substituto do Tribunal de Justiça da Paraíba, organizado pelo CESPE, foi considerada correta afirmativa que dispunha que "Qualquer ato que vise retardar, impedir ou dificultar a ação fiscalizadora dos partidos no tocante às pesquisas eleitorais constitui crime punível com detenção, com a alternativa de prestação de serviços à comunidade". Como observado, tal regra está prevista no artigo 34, § 2º da Lei nº. 9.504/97.

É de se destacar que a **minirreforma eleitoral de dezembro de 2013 criou dois novos tipos penais eleitorais**, previstos nos **§§ 1º e 2º do artigo 57-H da Lei das Eleições.** De acordo com o § 1º, "constitui crime a contratação direta ou indireta de grupo de pessoas com a finalidade específica de emitir mensagens ou comentários na internet para ofender a honra ou denegrir a imagem de candidato, partido ou coligação, punível com detenção de 2 (dois) a 4 (quatro) anos e multa de R$ 15.000,00 (quinze mil reais) a R$ 50.000,00 (cinquenta mil reais)" O § 2º por sua vez, prevê que "igualmente incorrem em crime, punível com detenção de 6 (seis) meses a 1 (um) ano, com alternativa de prestação de serviços à comunidade pelo mesmo período, e multa de R$ 5.000,00 (cinco mil reais) a R$ 30.000,00 (trinta mil reais), as pessoas contratadas na forma do § 1º". Buscou, assim, o legislador, recrudescer o combate a uma prática cada vez mais comum nas campanhas eleitorais, a profissionalização dos ataques à honra ou imagem de candidatos. Evidentemente, ambos os tipos exigem a contratação de pessoas com a finalidade da propagação das ofensas, contratação esta que, na nossa opinião, poderá se dar a título oneroso ou gratuito.

Além disso, o novo art. 100-A da Lei das Eleições, também incluído pela Lei nº. 12.891/13, passou a dispor sobre vários critérios para a contratação dos chamados "cabos eleitorais". O descumprimento de quaisquer das normas do novo artigo, segundo a redação do mesmo, configura crime eleitoral, sujeito às penas previstas no artigo 299 do Código Eleitoral.

3.5. Os crimes relativos à votação

Os crimes relativos à votação, assim classificados por Suzana de Camargo Gomes, são aqueles previstos nos artigos 296 a 312 e 316 do Código Eleitoral. Muitos destes crimes têm pouca utilidade prática nos dias de hoje, por se referirem ao processo de votação manual, muito pouco utilizado. Outros, por sua vez, são dotados de grande relevância, ainda hoje, na busca da garantia da liberdade para o exercício do poder de sufrágio, a liberdade de escolha do eleitor.

São os seguintes os crimes relativos à votação previstos no Código Eleitoral:

Conduta típica	Comentários
Art. 296. Promover desordem que prejudique os trabalhos eleitorais. **Pena** – detenção até 02 meses e pagamento de 60 a 90 dias-multa.	Qualquer pessoa pode praticar este delito, que se consuma com a prática de atos que resultem em ameaça à tranquilidade dos trabalhos eleitorais. O sujeito passivo é o Estado. Admite-se a forma tentada.
Art. 297. Impedir ou embaraçar o exercício do sufrágio. **Pena** – detenção até 06 meses e pagamento de 60 a 100 dias-multa.	A conduta típica consuma-se com a realização de qualquer ato que impeça ou dificulte o exercício do sufrágio, podendo ser praticado por qualquer pessoa e tendo como sujeito passivo imediato o eleitor e mediato a sociedade como um todo. Admite a tentativa.
Art. 298. Prender ou deter eleitor, membro de mesa receptora, fiscal, delegado de partido ou candidato, com violação do disposto no art. 236. **Pena** – reclusão até 04 anos.	Estabelece o artigo 236 do CE referido que eleitores, desde 05 dias antes da eleição até 48 horas depois do seu encerramento, não poderão ser presos ou detidos, salvo em flagrante delito ou em virtude de sentença penal condenatória por crime inafiançável, ou, ainda, por desrespeito a salvo-conduto. Os membros das mesas receptoras e os fiscais de partidos, por sua vez, não poderão

Conduta típica	Comentários
	ser detidos ou presos, salvo no caso de flagrante delito, durante o exercício das suas funções, garantia estendida aos candidatos desde quinze dias antes da eleição. O art. 298 do CE visa a resguardar a liberdade do voto, apenando quem desobedecer às normas do artigo 236 do CE com reclusão de até 04 anos, uma das maiores penas previstas para os crimes eleitorais.
Art. 299. Dar, oferecer, prometer, solicitar ou receber, para si ou para outrem, dinheiro, dádiva, ou qualquer vantagem, para obter ou dar voto e para conseguir ou prometer abstenção, ainda que a oferta não seja aceita. **Pena** – reclusão até 04 anos e pagamento de 05 a 15 dias-multa.	O art. 299 do CE caracteriza o crime de corrupção eleitoral, nas suas modalidades ativa e passiva. Na modalidade ativa, qualquer pessoa poderá ser sujeito ativo do crime. Já na modalidade passiva, a prática será exclusiva de eleitor. Vale destacar que a conduta de corrupção eleitoral poderá, ao mesmo tempo, caracterizar a captação ilícita de sufrágio, prevista no art. 41-A da Lei das Eleições e já estudada nesta obra nos capítulos XII e XIII.
Art. 300. Valer-se o servidor público da sua autoridade para coagir alguém a votar ou não votar em determinado candidato ou partido. **Pena** – detenção até 06 meses e pagamento de 60 a 100 dias-multa. **Parágrafo único.** Se o agente é membro ou funcionário da Justiça Eleitoral e comete o crime prevalecendo-se do cargo a pena é agravada.	O art. 300 do CE tipifica conduta muito comum em repartições públicas, relacionadas, principalmente, ao abuso do poder hierárquico e ao assédio moral. O sujeito ativo será sempre servidor público. A consumação, por sua vez, independe da produção de resultado naturalístico, bastando, portanto, a coação. Admite-se a forma tentada.
Art. 301. Usar de violência ou grave ameaça para coagir alguém a votar, ou não votar, em determinado candidato ou partido, ainda que os fins visados não sejam conseguidos. **Pena** – reclusão até 04 anos e pagamento de 05 a 15 dias-multa.	O presente tipo penal guarda fortes semelhanças com a anterior, tendo, no entanto, algumas peculiaridades relevantes, como o necessário emprego de violência ou grave ameaça. Além disso, o sujeito ativo poderá ser qualquer pessoa, e não apenas servidor público.
Art. 302. Promover, no dia da eleição, com o fim e impedir, embaraçar ou fraudar o exercício do voto, a concentração de eleitores, sob	A presente conduta típica, conforme lição de Edson Brozoza (2010, p. 60), "atinge o seu estado consumativo com a ocorrência da reunião de eleitores, visando aos fins

Conduta típica	Comentários
qualquer forma, inclusive o fornecimento gratuito de alimento e transporte coletivo. **Pena** – reclusão de 04 a 06 anos e pagamento de 200 a 300 dias-multa.	mencionados no artigo, no dia das eleições. Possui natureza formal, visto que imprescinde do efetivo impedimento, embaraço ou estorvo ao exercício do voto para sua consumação". Não se confunde, portanto, o crime previsto no art. 302 do CE com aquele tipificado no art. 11, III da lei nº. 6.091/74, o qual ainda será estudado neste capítulo, que visa a impedir o transporte ilegal de eleitores.
Art. 303. Majorar os preços de utilidades e serviços necessários à realização de eleições, tais como transporte e alimentação de eleitores, impressão, publicidade e divulgação de matéria eleitoral. **Pena** – pagamento de 250 a 300 dias-multa.	O presente tipo penal, como bem destaca Fávila Ribeiro (1996, p. 586-586), "reprime a exploração econômica sobre utilidade e serviços necessários ao processamento das eleições". A garantia do regular andamento das eleições é o objetivo jurídico a ser protegido neste tipo penal, cujo sujeito ativo poderá ser, principalmente, pessoa que exerce atividade comercial relacionada aos referidos produtos e serviços. A sociedade, como um todo, figura como sujeito passivo deste delito.
Art. 304. Ocultar, sonegar, açambarcar ou recusar no dia da eleição o fornecimento, normalmente a todos, de utilidades, alimentação e meios de transporte, ou conceder exclusividade dos mesmos a determinado partido ou candidato. **Pena** – pagamento de 250 a 300 dias-multa.	Os mesmos sujeitos ativo e passivo do tipo penal anterior atuam neste delito, cujo bem jurídico tutelado é a segurança do regular andamento das eleições, uma vez que o objetivo da norma é garantir que não faltem, no dia das eleições, as necessidades essenciais do eleitor para que o mesmo exerça o seu poder de sufrágio.
Art. 305. Intervir autoridade estranha à mesa receptora, salvo o juiz eleitoral, no seu funcionamento sob qualquer pretexto. **Pena** – detenção até 06 meses e pagamento de 60 a 90 dias-multa.	O presente tipo penal busca resguardar a normalidade do pleito, garantindo a regular administração do processo de votação por aquele que, legalmente, tem este poder, o presidente da mesa receptora. Como já destacado, é o presidente da mesa que detém o poder de polícia durante a votação, sendo a autoridade máxima da seção eleitoral, devendo obediência, nos termos da lei, apenas ao juiz eleitoral. A consumação deste crime é alcançada com a mera intervenção de autoridade não integrante da mesa receptora com o intuito de influir no seu funcionamento. Admite-se a tentativa.

Conduta típica	Comentários
Art. 306. Não observar a ordem em que os eleitores devem ser chamados a votar. **Pena** – pagamento de 15 a 30 dias-multa.	Trata-se de crime próprio, cujos sujeitos ativos se resumem aos mesários. O eleitor é o sujeito passivo imediato e o livre exercício do voto é o bem jurídico tutelado.
Art. 307. Fornecer ao eleitor cédula oficial já assinalada ou por qualquer forma marcada.	O sigilo do voto é o bem jurídico tutelado neste tipo penal, cujos sujeitos ativos são apenas os integrantes da mesa receptora.
Pena – reclusão até 05 anos e pagamento de 05 a 15 dias-multa.	Com o advento do voto eletrônico, tal espécie de crime praticamente foi extinto.
Art. 308. Rubricar e fornecer a cédula oficial em outra oportunidade que não a de entrega da mesma ao eleitor. **Pena** – reclusão até 05 anos e pagamento de 60 a 90 dias-multa.	Valem os mesmos comentários feitos em relação ao art. 307.
Art. 309. Votar ou tentar votar mais de uma vez, ou em lugar de outrem. **Pena** – reclusão até 03 anos.	O sujeito ativo deste crime, que viola o livre exercício do voto e o princípio democrático da igualdade entre os eleitores (um homem, um voto) será qualquer eleitor, no que se refere ao voto ou à tentativa de voto dúplice, ou qualquer pessoa que vota em lugar de outra. Sobre a questão da tentativa neste crime, válida é a lição de Edson Brozoza (2010, p. 70), segundo a qual "o crime integra a classe dos delitos de atentado", na qual a mera tentativa recebe sanção idêntica à modalidade dolosa, sem qualquer redução. Inconcebível, pois, a tentativa, nos moldes do art. 14, parágrafo único, do Código Penal (com redução da pena em um a dois terços)".
Art. 310. Praticar, ou permitir membro da mesa receptora que seja praticada qualquer irregularidade que determine a anulação da votação, salvo no caso do art. 311. **Pena** – detenção até 06 meses e pagamento de 90 a 120 dias-multa.	O artigo 220 e seguintes do Código Eleitoral, já estudados nesta obra, destacam quais são as causas ensejadoras de nulidades e anulabilidades nas eleições. Membro da mesa receptora que pratique ato que tenha como consequência a anulação da votação na sua seção eleitoral cometirá o presente crime, para o qual só se admite o dolo.
Art. 311. Votar em seção eleitoral em que não está inscrito, salvo nos casos expressamente previstos, e permitir, o presidente da mesa receptora, que o voto seja admitido. **Pena** – detenção até 01 mês ou pagamento de 05 a 15 dias-multa para o eleitor e de 20 a 30 dias-multa para o presidente da mesa.	Com a adoção do sistema eletrônico de votação, o presente tipo penal, cujo objeto jurídico é a proteção à ordem dos serviços eleitorais, tornou-se inaplicável, já que, atualmente, como já estudado, não existe possibilidade, para o eleitor, de votação em mais de uma seção eleitoral.

Conduta típica	Comentários
Art. 312. Violar ou tentar violar o sigilo de voto. **Pena** – detenção até dois anos.	O presente tipo penal, que tem como sujeito ativo qualquer pessoa, atua de forma residual aos demais deste capítulo, buscando resguardar a liberdade para o exercício do sufrágio. Admite-se a tentativa.

▸ Como este assunto foi cobrado em concurso?

No concurso para procurador da república, de 2015, foi apresentada a seguinte questão:

(MPF – Procurador da República/2015) PROFESSOR QUE CONCORREU A VEREADOR NO ANO DE 2012, NO MÊS DE MAIO DA ELEIÇÃO, REALIZA REUNIÃO COM SEUS ALUNOS DO ÚLTIMO ANO DO ENSINO MÉDIO E LHES PROMETE FINANCIAR A FORMATURA, DESDE QUE LHE DEEM O VOTO. A CONDUTA DO PROFESSOR CARACTERIZA:

a) ( ) Crime de corrupção eleitoral e captação ilícita de sufrágio;

b) ( ) Captação ilícita de sufrágio, sem prejuízo de configurar abuso de poder econômico;

c) ( ) Crime de corrupção eleitoral;

d) ( ) Captação ilícita de sufrágio.

A alternativa correta é afirmativa "c". Esta questão é uma verdadeira "pegadinha" de concurso, uma vez que a conduta referida caracteriza, a princípio, tanto a captação ilícita de sufrágio, consistente na tentativa de compra de voto, como também o crime de corrupção eleitoral, previsto no art. 299 do Código Eleitoral. Ocorre que a captação ilícita de sufrágio, prevista no art. 41-A da Lei nº 9.504/97, somente ocorre, conforme a lei, após a formulação do pedido de registro de candidatura, que ocorre em agosto, conforme previsão da Lei nº 13.165/15. Assim, não há de se falar em captação ilícita de sufrágio se o fato ocorreu no mês de maio, anterior, portanto, ao período eleitoral.

Além dos crimes acima estudados, podemos afirmar que mais seis tipos penais, previstos na lei nº. 6.091/74, a qual dispõe sobre o Fornecimento Gratuito de Transporte, em Dias de Eleição, a Eleitores Residentes nas Zonas Rurais, e dá outras Providências, se enquadram na classificação dos crimes eleitorais relativos à votação. Neste sentido, prevê o artigo 11 da referida lei:

> **Art. 11** – Constitui crime eleitoral:
>
> I – descumprir, o responsável por órgão, repartição ou unidade do serviço público, o dever imposto no Art. 3, ou prestar informação inexata que vise a elidir, total ou parcialmente, a contribuição de que ele trata:

Pena – detenção de quinze dias a seis meses e pagamento de 60 a 100 dias-multa;

II – desatender à requisição de que trata o Art. 2:

Pena – pagamento de 200 a 300 dias-multa, além da apreensão do veículo para o fim previsto;

III – descumprir a proibição dos artigos 5, 8 e 10:

Pena – reclusão de quatro a seis anos e pagamento de 200 a 300 dias multa (Art. 302 do Código Eleitoral);

IV – obstar, por qualquer forma, a prestação dos serviços previstos nos artigos 4 e 8 desta Lei, atribuídos à Justiça Eleitoral:

Pena – reclusão de 2 (dois) a 4 (quatro) anos;

V – utilizar em campanha eleitoral, no decurso dos 90 (noventa) dias que antecedem o pleito, veículos e embarcações pertencentes à União, Estados, Territórios, Municípios e respectivas autarquias e sociedades de economia mista:

Pena – cancelamento do registro do candidato ou de seu diploma, se já houver sido proclamado eleito.

Parágrafo único. O responsável, pela guarda do veículo ou da embarcação, será punido com a pena de detenção, de 15 (quinze) dias a 6 (seis) meses, e pagamento de 60 (sessenta) a 100 (cem) dias-multa.

Em relação ao primeiro destes tipos penais, prevê como crime o inciso I do art. 11 o descumprimento do dever imposto aos responsáveis por todas as repartições públicas de informar à Justiça Eleitoral, até 50 dias antes do pleito, acerca do número, da espécie e da lotação dos veículos e embarcações pertencentes à repartição respectiva. Vale destacar que o art. 1º da lei nº. 6.091/74 estabelece que "os veículos e embarcações, devidamente abastecidos e tripulados, pertencentes à União, Estados, Territórios e Municípios e suas respectivas autarquias e sociedades de economia mista, excluídos os de uso militar, ficarão à disposição da Justiça Eleitoral para o transporte gratuito de eleitores em zonas rurais, em dias de eleição", à exceção daqueles indispensáveis ao funcionamento de serviço público insusceptível de interrupção.

O sujeito ativo do crime previsto no inciso I do artigo 11 da lei nº. 6.091/74 será funcionário público responsável por repartição que não cumpra as determinações legais referidas.

O segundo dos crimes previstos no art. 11 referido, por sua vez, traça como conduta típica o desatendimento de requisição prevista no art. 2º da lei nº. 6.091/74, que, por sua vez, dispõe que em caso de insuficiência numérica de veículos e embarcações públicos para o atendimento do transporte dos eleitores disciplinado no referido instituto normativo, a Justiça Eleitoral requisitará veículos e embarcações a particulares, de preferência os de aluguel. A conduta tipificada refere-se à recusa de proprietário de veículo ou embarcação em atender à citada requisição da Justiça Eleitoral.

Já o terceiro dos crimes previstos no art. 11 refere-se ao descumprimento das proibições previstas nos arts. 05, 08 e 10, da mesma lei. De forma geral, estes três artigos vedam o oferecimento de transporte e refeições a eleitores do dia anterior ao posterior às eleições, estabelecendo que tal mister é exclusivo da Justiça Eleitoral. Aquele que descumpre estas normas pratica o crime previsto no inciso III do art. 11, citado.

O quarto dos crimes previstos na lei nº. 6.091/74 (art. 11, IV) tipifica a conduta de obstar, por qualquer forma, a prestação dos serviços previstos nos artigos 4 e 8 desta Lei, atribuídos à Justiça Eleitoral (fornecimento de transporte e refeições a eleitores da zona rural). A pena é de reclusão de 02 a 04 anos.

Por fim, o inciso V do artigo 11 criminaliza o uso, em campanha eleitoral, de veículos pertencentes ao Estado, fato que também caracteriza abuso de poder nas eleições. O responsável pela guarda do veículo utilizado na campanha também comete crime, conforme previsto no parágrafo único do inciso V do art. 11 da lei nº. 6.091/74.

3.6. Crimes eleitorais pertinentes à garantia do resultado legítimo das eleições

Os crimes eleitorais pertinentes à garantia do resultado legítimo das eleições referem-se, fundamentalmente, ao processo de apuração, momento de fundamental importância para a garantia da lisura do pleito, no qual a vontade soberana do povo manifestada nas urnas é apurada. Neste tópico, estudaremos os tipos penais atinentes a este grupo de crimes eleitorais, previstos, substancialmente, no Código Eleitoral (arts. 313 a 318) e também na Lei das Eleições (arts. 68 e 72). Comecemos, então, a análise dos tipos previstos no Código Eleitoral:

Conduta típica	Comentários
Art. 313. Deixar o Juiz e os membros da Junta de recolher as cédulas apuradas na respectiva urna, fechá-la e lacrá-la, assim que terminar a apuração de cada Seção	É sujeito ativo do crime referido juiz ou membro de junta eleitoral responsáveis pela apuração, vedando a lei o "atropelo" no processo de apuração que gere confusão quanto aos resultados apurados,
e antes de passar à subsequente, sob qualquer pretexto e ainda que dispensada a providência pelos Fiscais, Delegados ou candidatos presentes. Pena – 90 a 120 dias-multa.	possibilitando a fraude. Vale ressaltar, no entanto, que com o advento do sistema eletrônica de votação e apuração o presente tipo penal perdeu muito da sua relevância.
Art. 314. Omissão no recolhimento das cédulas apuradas, no fechamento e lacração das urnas. Pena – detenção até 02 meses ou pagamento de 90 a 120 dias-multa.	O presente tipo penal, que busca resguardar o legítimo resultado das eleições, é outro de pouco utilidade prática atualmente, com o advento do sistema eletrônico de votação, uma vez que incompatível com o mesmo. Trata-se, a exemplo do crime anterior, de crime próprio, praticado, tão somente, pelas pessoas responsáveis pela apuração.
Art. 315. Alterar nos mapas ou nos boletins de apuração a votação obtida por qualquer candidato ou lançar nesses documentos votação que não corresponda às cédulas apuradas. Pena – reclusão até 05 anos e pagamento de 05 a 15 dias-multa.	O presente tipo penal é outro típico da época da urna de lona e da cédula de papel, com o mesmo objeto jurídico dos anteriores, encontrando o seu correspondente, no sistema eletrônico de votação, no art. 72 da lei nº. 9.504/97, que será analisado neste tópico. Além de crime violador da garantia do resultado legítimo das eleições, o presente tipo penal também pode ser qualificado como crime contra a fé-pública eleitoral.
Art. 316. Não receber ou não mencionar nas atas da eleição ou da apuração os protestos devidamente formulados ou deixar de remetê-los à instância superior. Pena – reclusão até 05 anos e pagamento de 05 a 15 dias-multa.	Conforme lição de Pedro Roberto Decomain e Péricles Prade (2004, p. 402), trata-se o presente de "crime omissivo, constituído de seis possíveis condutas típicas: 1) não receber protesto devidamente formulado quando da votação; 2) não registrar na ata protesto devidamente formulado durante a votação; 3) não remeter à superior instância, sendo caso, protesto devidamente formulado durante a votação; 4) não receber protesto devidamente formulado durante a apuração; 5) não registrar na ata da eleição protesto devidamente

Conduta típica	Comentários
	formulado durante a apuração; 6) não remeter à instância superior, sendo caso, protesto devidamente formulado durante a apuração". Os sujeitos ativos deste crime são aqueles que participam do processo de apuração, como também os integrantes das mesas receptoras de votos. Viola, a conduta, o princípio do devido processo legal, além, evidentemente, da legitimidade e da normalidade do pleito.
Art. 317. Violar ou tentar violar o sigilo da urna ou dos invólucros. **Pena** – reclusão de 03 a 05 anos.	Qualquer pessoa pode praticar este crime, originariamente vinculado ao sistema de votação por cédulas, mas também possível no sistema eletrônico de votação. Constitui-se e um dos mais graves crimes eleitorais, com pena mínima de reclusão de 03 anos e máxima de 05 anos.
Art. 318. Efetuar a mesa receptora a contagem dos votos da urna quando qualquer eleitor houver votado sob impugnação (art. 190). **Pena** – detenção até 01 ano ou pagamento de 30 a 60 dias-multa.	Excepcionalmente, durante o processo de votação por cédulas, a própria mesa receptora poderá apurar a urna, desde que autorizada pela autoridade judiciária. O presente crime, assim, terá como sujeitos ativos mesários, admitindo-se, entretanto, a participação de terceiros.

Como destacado, muitos dos crimes elencados no Código Eleitoral referem-se a condutas passíveis de serem praticadas ante ao sistema tradicional de votação por cédulas. Atualizando alguns destes tipos penais, adaptando-os à nova realidade do sistema eletrônico de votação e apuração, a Lei nº. 9.504/97, especificamente quanto ao conjunto de crimes pertinentes à garantia do resultado legítimo das eleições, prevê os tipos penais descritos nos seus artigos 68 e 72.

De acordo com o art. 68, constitui crime punível com detenção de 01 a 03 meses, com a alternativa de prestação de serviço à comunidade pelo mesmo período, e multa no valor de mil a cinco mil UFIR, a omissão de entrega de cópia do boletim de urna aos partidos e coligações concorrentes ao pleito cujos representantes o requeiram até uma hora após a expedição do mesmo. O sujeito ativo deste crime, conforme previsto no § 1º do referido artigo, será o presidente da mesa receptora de votos. Como já destacado nesta obra, assim que é encerrada a votação, caberá ao presidente da mesa receptora efetuar comando na urna eletrônica a fim de que seja expedido o boletim de urna com o resultado apurado na respectiva seção eleitoral.

O art. 72, por sua vez, busca resguardar a apuração dos resultados do sistema eletrônico de votação, estabelecendo três modalidades delituosas, nos seus incisos I, II e III, a saber:

> **Art. 72.** Constituem crimes, puníveis com reclusão, de cinco a dez anos:
>
> I – obter acesso a sistema de tratamento automático de dados usado pelo serviço eleitoral, a fim de alterar a apuração ou a contagem de votos;
>
> II – desenvolver ou introduzir comando, instrução, ou programa de computador capaz de destruir, apagar, eliminar, alterar, gravar ou transmitir dado, instrução ou programa ou provocar qualquer outro resultado diverso do esperado em sistema de tratamento automático de dados usados pelo serviço eleitoral;
>
> III – causar, propositadamente, dano físico ao equipamento usado na votação ou na totalização de votos ou a suas partes.

Como se percebe, as condutas delituosas previstas no art. 72 da Lei das Eleições praticamente substituem aquelas previstas nos artigos 314 e 315 do Código Eleitoral, aplicáveis apenas ao obsoleto e pouco utilizado sistema de votação por cédulas, há muito superado. Busca resguardar, o art. 72 citado, a exemplo dos demais tipos penais estudados neste capítulo, o resultado legítimo das urnas e, por conseguinte, a normalidade do pleito. Qualquer pessoa pode ser sujeito ativo dos crimes previstos nesse artigo da lei nº. 9.504/97.

3.7. Crimes concernentes à organização e funcionamento dos serviços eleitorais

De forma geral, a grande maioria dos crimes eleitorais, senão a sua totalidade, afetam a organização e o funcionamento dos serviços eleitorais. Os crimes a serem analisados neste tópico, seguindo classificação sugerida por Suzana de Camargo Gomes, são aqueles que, por suas características, não se restringem a uma única fase do processo eleitoral, podendo, portanto, ser visualizados no decorrer do exercício das mais diversas atividades desenvolvidas pela Justiça Eleitoral.

Enquadram-se neste grupo de crimes, segundo a referida doutrinadora, os crimes previstos nos artigos 296, 339, 340, 341, 342, 343, 344, 345 e 347, a saber:

Conduta típica	Comentários
Art. 296. Promover desordem que prejudique os trabalhos eleitorais. **Pena** – detenção até dois meses e pagamento de 60 a 100 dias-multa.	Como se percebe, a conduta típica descrita é bastante genérica, tanto no que se refere ao conceito de "desordem" como na própria abrangência da expressão "trabalhos eleitorais". Pode-se afirmar que toda conduta que efetivamente, e de forma dolosa, prejudique o bom andamento do processo eleitoral pode ser enquadrado neste tipo penal, residual a outros tipos mais específicos. No que se refere à expressão "trabalhos eleitorais", por sua vez, lecionam Pedro Roberto Decomain e Péricles Prade (2004, p. 379) que "em suma, trabalhos eleitorais, para os fins do art. 296 do Código, serão todas as atividades da Justiça Eleitoral voltadas diretamente para a realização das eleições, exceto alistamento e votação, em face das quais a perturbação ou impedimento configuram crimes específicos (arts. 293 e 297 do Código)". Qualquer pessoa poderá ser sujeito ativo deste crime.
Art. 339. Destruir, suprimir ou ocultar urna contendo votos, ou documentos relativos à eleição: Pena – reclusão de dois a seis anos e pagamento de 5 a 15 dias-multa. Parágrafo único. Se o agente é membro ou funcionário da Justiça Eleitoral e comete o crime prevalecendo-se do cargo, a pena é agravada.	O presente crime poderá ser praticado por qualquer pessoa, sendo agravado, de um quinto a um terço, guardados os limites da pena cominada ao crime, quando praticado por servidor da Justiça Eleitoral (cf. art. 285 do CE). Busca-se preservar o sigilo das urnas eleitorais e o resultado legítimo das eleições. Não é necessária a intenção de favorecer ou prejudicar candidato específico para a configuração do delito.
Art. 340. Fabricar, mandar fabricar, adquirir, fornecer, ainda que gratuitamente, subtrair ou guardar urnas, objetos, mapas, cédulas ou papéis de uso exclusivo da Justiça Eleitoral: Pena – reclusão até três anos e pagamento de 3 a 15 dias-multa. Parágrafo único. Se o agente é membro ou funcionário da Justiça Eleitoral e comete o crime prevalecendo-se do cargo, a pena é agravada.	A presente conduta típica criminaliza várias espécies de ações tendentes a afetar o patrimônio da Justiça Eleitoral utilizado na busca da garantia da legitimidade das eleições. A prática de uma das condutas descritas ameaça a lisura do processo eleitoral a partir do momento em que o material subtraído, adquirido ou fabricado poderá vir a ser utilizado com o intuito de induzir a erro o eleitor, de forma a ameaçar a liberdade do voto, ou mesmo fraudar o processo de votação ou apuração dos resultados do pleito.

Conduta típica	Comentários
Art. 341. Retardar a publicação ou não publicar, o diretor ou qualquer outro funcionário de órgão oficial federal, estadual, ou municipal, as decisões, citações ou intimações da Justiça Eleitoral:	A conduta descrita no tipo penal do art. 341 do CE prejudica, sem dúvidas, a celeridade do processo eleitoral, princípio inerente ao Direito Eleitoral estudado no capítulo I desta obra.
Pena – detenção até um mês ou pagamento de 30 a 60 dias-multa.	O crime é próprio, somente podendo ser praticado por aqueles que detêm o dever de realizar publicações na imprensa oficial.
Art. 342. Não apresentar o órgão do Ministério Público, no prazo legal, denúncia ou deixar de promover a execução de sentença condenatória: Pena – detenção até dois meses ou pagamento de 60 a 90 dias-multa.	Trata-se de crime próprio, praticado apenas por membro do Ministério Público, que tem como objeto jurídico a preservação da efetividade da ordem jurídica, prejudicada quando ocorre a omissão de órgão do Ministério Público face a atos que representam ameaças à democracia, caracterizados como crimes eleitorais. Evidentemente, só poderá ser apenado por este crime o membro do MP com atribuição legal para agir.
Art. 343. Não cumprir o Juiz o disposto no § 3º do art. 357: Pena – detenção até dois meses ou pagamento de 60 a 90 dias-multa.	Prevê o referido artigo 357, § 3º a obrigação da autoridade judiciária representar contra o órgão do Ministério Público que não oferecer denúncia no prazo legal. Evidentemente, deverá ser observada a possibilidade legítima de pedido de arquivamento da denúncia, prerrogativa do membro do Ministério Público relacionada à sua independência funcional. Pune-se, por meio deste crime, a omissão do juiz ante a omissão injustificada do membro do MP no cumprimento do seu mister.
Art. 344. Recusar ou abandonar o serviço eleitoral sem justa causa: Pena – detenção até dois meses ou pagamento de 90 a 120 dias-multa.	O presente crime, aparentemente, tem como sujeito ativo qualquer pessoa que esteja convocada, pelos mais diversos motivos, a servir à Justiça Eleitoral e que, sem motivos justificáveis, abandone ou recuse o serviço, incluindo o cidadão nomeado para atuar nos pleitos. Ocorre que há jurisprudência do TSE no sentido de que o não comparecimento de mesário aos trabalhos eleitorais não configura o presente tipo

Conduta típica	Comentários
	(Ac. TSE nº. 21/98). O TRE-SP, por sua vez, reconheceu o crime no comparecimento tardio de eleitor à mesa receptora (TRE-SP - RC 107.826). O bem jurídico tutelado é a administração pública eleitoral, sendo o crime classificado como comissivo por omissão.
Art. 345. Não cumprir a autoridade judiciária, ou qualquer funcionário dos órgãos da Justiça Eleitoral, nos prazos legais, os deveres impostos por este Código, se a infração não estiver sujeita a outra penalidade. Pena – pagamento de 30 a 90 dias-multa.	Qualquer pessoa que atue na Justiça Eleitoral, mesmo que temporariamente, poderá praticar a conduta tipificada no artigo de lei citado, sendo a conduta típica descrita subsidiária a outros crimes eleitorais. Para a consumação do crime deve haver omissão que acarrete danos ao bom andamento dos serviços eleitorais.
Art. 347. Recusar alguém cumprimento ou obediência a diligências, ordens ou instruções da Justiça Eleitoral ou opor embaraços à sua execução. Pena – detenção de 03 meses a 01 ano e pagamento de 10 a 20 dias-multa.	A presente conduta típica visa a resguardar a efetividade da prestação jurisdicional da Justiça Eleitoral, sendo sujeito ativo qualquer pessoa que, dolosamente, venha a praticar a conduta omissiva descrita. Não se admite a tentativa.

▸ Como esse assunto foi cobrado em concurso?

No concurso para promotor de justiça do estado de Rondônia, realizado pelo CESPE, em 2010, foi considerada incorreta questão que dispunha que "o fato de o órgão do MP não apresentar, no prazo legal, denúncia de crime eleitoral configura crime apenado com detenção de até um mês e multa". Tal conduta típica corresponde ao art. 342 do Código Eleitoral, que estabelece a pena de detenção até dois meses ou pagamento de 60 a 90 dias-multa.

3.8. Crimes contra a fé pública eleitoral

Nas relações travadas entre cidadãos e a qualquer órgão ou instituição pública, necessária se faz a preservação da confiança e da verdade. Como já destacado, o Direito Eleitoral tem como principal objetivo a busca da garantia da normalidade e da legitimidade do exercício do poder de sufrágio popular, sendo que, neste diapasão, a Justiça Eleitoral deverá sempre atuar com lisura, correspondendo à confiança dos cidadãos.

O grupo de crimes contra a fé pública eleitoral tem como **objetividade jurídica a preservação da confiança nos trabalhos eleitorais**, pressuposto para a efetivação do regime político democrático. Aqueles que ofendem a fé pública eleitoral, atentando contra os atos e documentos eleitorais, incorrem nas condutas tipificadas neste grupo de delitos.

Vale destacar, quanto ao **conceito de "documento"** aplicável a estes crimes, lição de Suzana de Camargo Gomes (2008, p. 332), segundo a qual:

> na órbita eleitoral, o documento é considerado em sua acepção ampla, envolvendo aqueles elaborados segundo as formalidades legais, tais como certidões, escrituras, declarações de pública forma, traslados, fotocópias autenticadas, bem como aqueles confeccionados privatisticamente, que contêm descrição de fatos ou declarações de vontade de particulares e, ainda, aqueles que são equiparados aos documentos.

No sentido da lição referida, o artigo 351 do CE dispõe que "**equipara-se a documento** (348, 349 e 350) para os efeitos penais, a fotografia, o filem cinematográfico, o disco fonográfico ou fita de ditafone a que se incorpore declaração ou imagem destinada à prova de fato juridicamente relevante". Entendemos que o rol de equiparações deste artigo é meramente exemplificativo, ante a evolução científica e tecnológica.

Vejamos, então, os tipos penais formadores deste grupo de delitos, previstos nos artigos 348 a 350 e 352 a 354 do Código Eleitoral:

Conduta típica	Comentários
Art. 348. Falsificar, no todo ou em parte, documento público, ou alterar documento público verdadeiro, para fins eleitorais. Pena – reclusão de 02 a 06 anos e pagamento de 15 a 30 dias-multa.	Qualquer pessoa pode ser sujeito ativo do presente delito, que exige, para a sua configuração, fins eleitorais. A tentativa é possível, desde que apta a enganar o homem médio, sendo a falsificação ou alteração grosseira
§ 1º Se o agente é funcionário público e comente o crime prevalecendo-se do cargo, a pena é agravada. § 2º Para os efeitos penais, equipara-se a documento público o emanado de entidade paraestatal, inclusive Fundação do Estado.	configuradora do chamado "crime impossível".

Conduta típica	Comentários
Art. 349. Falsificar, no todo ou em parte, documento particular ou alterar documento particular verdadeiro, para fins eleitorais. **Pena** – reclusão até 05 anos e pagamento de 03 a 10 dias-multa.	O presente tipo tem muita semelhança com o anterior, diferenciando-se pela natureza do documento, que deverá ser particular, e não público, sendo válidos os demais comentários exarados na análise do art. 348.
Art. 350. Omitir, em documento público ou particular, declaração que dele devia constar, ou nele inserir ou fazer inserir declaração falsa ou diversa da que devia ser escrita, para fins eleitorais. **Pena** – reclusão até 05 anos e pagamento de 05 a 15 dias-multa, se o documento é público, e reclusão até 03 anos e pagamento de 03 a 10 dias-multa se o documento é particular. **Parágrafo único.** Se o agente da falsidade documental é funcionário público e comete o crime prevalecendo-se do cargo ou se a falsidade ou alteração é de assentamentos do registro civil, a pena é agravada.	Sobre o presente tipo penal, válida é a lição de Paulo Fernando dos Santos (2008, p. 159), segundo a qual "já não se cuida aqui da falsidade material, como nos artigos anteriores, mas de falsidade ideológica, atingida a essência, a ideia do documento, que, quanto à sua confecção, é perfeito e idôneo. *Omitir* quer dizer esconder, ocultar, não fazer referência a determinada declaração que deveria constar do documento público ou particular; *inserir* representa incluir, acrescentar, ao passo que *fazer inserir* demonstra a atitude de acrescer declaração ao documento através de interposta pessoa".
Art. 352. Reconhecer, como verdadeira, no exercício da função pública, firma ou letra que não o seja, para fins eleitorais. **Pena** – reclusão até 05 anos e pagamento de 05 a 15 dias-multa se o documento é público, e reclusão até 03 anos e pagamento de 03 a 10 dias-multa se o documento é particular.	Trata-se de crime próprio, cometido apenas por pessoa no exercício de função pública. Exige-se o dolo na sua consumação (fins eleitorais).
Art. 353. Fazer uso de qualquer dos documentos falsificados ou alterados, a que se referem os artigos 348 a 353. **Pena** – a cominada à falsificação ou à alteração.	Aquele que usa documento falsificado ou alterado, para fins eleitorais, incorre nas mesmas penas impostas ao falsificador ou adulterador do documento. Haverá conexão desta conduta com a praticada no ato da falsificação ou alteração do documento, inclusive para efeito de cominação da pena.
Art. 354. Obter, para uso próprio ou de outrem, documento público ou particular, material ou ideologicamente falso para fins eleitorais.	O presente tipo penal busca punir quem adquire documento falso para fins eleitorais, ao contrário do crime previsto no art. 353, que tipifica o uso

Conduta típica	Comentários
Pena – a cominada à falsificação ou alteração.	do documento. A prática desta conduta, para uso próprio do documento falso, torna a conduta tipificada no artigo anterior mero exaurimento, quando se tratar do mesmo documento.
Art. 354-A. Apropriar-se o candidato, o administrador financeiro da campanha, ou quem de fato exerça essa função, de bens, recursos ou valores destinados ao financiamento eleitoral, em proveito próprio ou alheio: Pena – reclusão, de dois a seis anos, e multa.	Novo tipo penal criado pela Lei nº 13.488/17, busca preservar a finalidade dos recursos doados às campanhas eleitorais, de origem pública ou privada, evitando o enriquecimento ilícito de candidatos e administradores financeiros de campanha. Vale destacar que, recentemente, alguns políticos investigados pela operação Lava Jato buscaram fundamentar a origem de recursos financeiros obtidos ilicitamente como sendo provenientes de apropriação de sobras de campanhas.

▸ Como esse assunto foi cobrado em concurso?

No 22º concurso para procurador da república, foi formulada a seguinte questão: "a pena mínima aplicável ao crime de uso de documento particular falsificado ou alterado para fins eleitorais é: a) de 02 meses de reclusão; b) de 06 meses de reclusão; c) de 01 ano de reclusão; d) a mesma pena mínima cominada para o crime de falsificação de documento público, para fins eleitorais". A resposta correta é a prevista na letra "c". O candidato, para acertar a resposta, teria que conhecer os artigos 353 e 349 do Código Eleitoral, acima analisados, além de saber que, na ausência de previsão de pena mínima para a reclusão, tal pena será de 01 ano.

Anexo 1

Quadros comparativos

INOVAÇÕES DA LEI Nº 13.165/2015

1. ALTERAÇÕES PROMOVIDAS NA LEI DAS ELEIÇÕES (LEI Nº 9.504/97)

Redação antiga	Nova redação	Comentários
Art. 8º A escolha dos candidatos pelos partidos e a deliberação sobre coligações deverão ser feitas no período de 12 a 30 de junho do ano em que se realizarem as eleições, lavrando-se a respectiva ata em livro aberto, rubricado pela Justiça Eleitoral, publicada em 24 (vinte e quatro) horas em qualquer meio de comunicação.	**Art. 8º** A escolha dos candidatos pelos partidos e a deliberação sobre coligações deverão ser feitas no período de 20 de julho a 5 de agosto do ano em que se realizarem as eleições, lavrando-se a respectiva ata em livro aberto, rubricado pela Justiça Eleitoral, publicada em vinte e quatro horas em qualquer meio de comunicação.	A Lei nº 13.165/15 estabeleceu importantes alterações no calendário eleitoral, determinando, a partir das eleições de 2016, que as convenções partidárias para a escolha de candidatos e formação de coligações ocorrerão entre os dias 20 de julho e 05 de agosto do ano eleitoral, e não mais no mês de junho, como ocorria até a eleição presidencial de 2014. Assim, o período autorizado para a campanha eleitoral também foi reduzido, iniciando-se após o dia 16 de agosto, tendo em vista que o prazo final para o registro de candidaturas passou a ser 15 de agosto e não mais 05 de julho, como previsto até então.
Art. 9º Para concorrer às eleições, o candidato deverá possuir domicílio eleitoral na respectiva circunscrição pelo prazo de, pelo menos, um ano	**Art. 9º** Para concorrer às eleições, o candidato deverá possuir domicílio eleitoral na respectiva circunscrição pelo prazo de, pelo menos, um ano	A partir das eleições municipais de 2016, o prazo para a filiação partidária dos pretensos candidatos será alargado, podendo ocorrer até seis

Redação antiga	Nova redação	Comentários
antes do pleito e estar com a filiação deferida pelo partido no mesmo prazo.	antes do pleito, e estar com a filiação deferida pelo partido no mínimo seis meses antes da data da eleição.	meses antes do pleito. O prazo para a determinação do domicílio eleitoral, de um ano antes da eleição, contudo, foi preservado. Com a reforma eleitoral de 2017, contudo, o prazo de domicílio eleitoral a ser exigido, a partir das eleições 2018, também será de seis meses antes do pleito.
Art. 10. Cada partido poderá registrar candidatos para a Câmara dos Deputados, Câmara Legislativa, Assembléias Legislativas e Câmaras Municipais, até cento e cinqüenta por cento do número de lugares a preencher. § 1º No caso de coligação para as eleições proporcionais, independentemente do número de partidos que a integrem, poderão ser registrados candidatos até o dobro do número de lugares a preencher. § 2º Nas unidades da Federação em que o número de lugares a preencher para a Câmara dos Deputados não exceder de vinte, cada partido poderá registrar candidatos a Deputado Federal e a Deputado Estadual ou Distrital até o dobro das respectivas vagas; havendo coligação, estes números poderão ser acrescidos de até mais cinquenta por cento. (...)	**Art. 10.** Cada partido ou coligação poderá registrar candidatos para a Câmara dos Deputados, a Câmara Legislativa, as Assembleias Legislativas e as Câmaras Municipais no total de até 150% (cento e cinquenta por cento) do número de lugares a preencher, salvo: I – nas unidades da Federação em que o número de lugares a preencher para a Câmara dos Deputados não exceder a doze, nas quais cada partido ou coligação poderá registrar candidatos a Deputado Federal e a Deputado Estadual ou Distrital no total de até 200% (duzentos por cento) das respectivas vagas; II – nos Municípios de até cem mil eleitores, nos quais cada coligação poderá registrar candidatos no total de até 200% (duzentos por cento) do número de lugares a preencher. § 1º (Revogado). § 2º (Revogado). (...)	A Lei nº 13.165/15, alterando a redação do art. 10, caput e §§ 1º, 2º e 5º da Lei das Eleições, estabeleceu novos limites ao número de candidatos que partidos e coligações poderão lançar nas eleições parlamentares para câmaras de vereadores, assembleias legislativas, Câmara Legislativa do Distrito Federal e Câmara dos Deputados. Doravante, a regra geral a ser observada, por partidos e coligações, é a do limite de 150% do número de lugares a serem preenchidos, podendo este percentual ser de 200% nas eleições para deputados estaduais, federais e distritais nas unidades da federação que contem com até 12 deputados federais e nos municípios com até cem mil eleitores. A nova regra, dessa forma, torna mais claros os limites quantitativos de candidatos a serem lançados nas eleições, reduzindo também este número, tendo em vista

Redação antiga	Nova redação	Comentários
§ 5º No caso de as convenções para a escolha de candidatos não indicarem o número máximo de candidatos previsto no *caput* e nos §§ 1º e 2º deste artigo, os órgãos de direção dos partidos respectivos poderão preencher as vagas remanescentes até sessenta dias antes do pleito.	§ 5º No caso de as convenções para a escolha de candidatos não indicarem o número máximo de candidatos previsto no caput, os órgãos de direção dos partidos respectivos poderão preencher as vagas remanescentes até trinta dias antes do pleito.	que as coligações passarão a ter o mesmo limite de candidaturas que os partidos políticos que concorrerem de forma avulsa.
Art. 11. Os partidos e coligações solicitarão à Justiça Eleitoral o registro de seus candidatos até as dezenove horas do dia 5 de julho do ano em que se realizarem as eleições. (...) § 2º A idade mínima constitucionalmente estabelecida como condição de elegibilidade é verificada tendo por referência a data da posse.	**Art. 11.** Os partidos e coligações solicitarão à Justiça Eleitoral o registro de seus candidatos até as dezenove horas do dia 15 de agosto do ano em que se realizarem as eleições. (...) § 2º A idade mínima constitucionalmente estabelecida como condição de elegibilidade é verificada tendo por referência a data da posse, salvo quando fixada em dezoito anos, hipótese em que será aferida na data-limite para o pedido de registro.	Com o novo calendário eleitoral estabelecido pela Lei nº 13.165/15, os partidos e coligações deverão requerer o registro dos seus respectivos candidatos até às 19 horas do dia 15 de agosto, e não mais até às 19 horas do dia 05 de julho, como ocorria até as eleições de 2014. Também a idade mínima de 18 anos exigível para candidatos a vereador, passou, com a nova lei, a ser exigível na data-limite do pedido de registro de candidatura, e não mais na data da posse, como ocorria até então. Para os demais cargos, contudo, a idade mínima exigível continuará a ser aferida na data da posse.
Art. 16. Até quarenta e cinco dias antes da data das eleições, os Tribunais Regionais Eleitorais enviarão ao Tribunal Superior Eleitoral, para fins de centralização e divulgação de dados, a relação dos candidatos às eleições majoritárias e proporcionais, da qual constará obrigatoriamente a referência ao	**Art. 16.** Até vinte dias antes da data das eleições, os Tribunais Regionais Eleitorais enviarão ao Tribunal Superior Eleitoral, para fins de centralização e divulgação de dados, a relação dos candidatos às eleições majoritárias e proporcionais, da qual constará obrigatoriamente a referência ao	Com a mudança do calendário eleitoral estabelecida pela Lei nº 13.165/15, o prazo para julgamentos dos processos de pedido de registro de candidatura deverão estar julgados até vinte dias antes da data das eleições pelas instâncias ordinárias, e não mais em todas as instâncias, como ante-

Redação antiga	Nova redação	Comentários
sexo e ao cargo a que concorrem. § 1º Até a data prevista no caput, todos os pedidos de registro de candidatos, inclusive os impugnados, e os respectivos recursos, devem estar julgados em todas as instâncias, e publicadas as decisões a eles relativas.	sexo e ao cargo a que concorrem. § 1º Até a data prevista no caput, todos os pedidos de registro de candidatos, inclusive os impugnados e os respectivos recursos, devem estar julgados pelas instâncias ordinárias, e publicadas as decisões a eles relativas.	riormente determinado. Tais instâncias, portanto, terão cerca de vinte e cinco dias para proceder a tal julgamento, uma vez que o pedido de registro deverá ser formulado até o dia 15 de agosto, para o pleito que ocorrerá no primeiro domingo de outubro seguinte.
Art. 17-A. A cada eleição caberá à lei, observadas as peculiaridades locais, fixar até o dia 10 de junho de cada ano eleitoral o limite dos gastos de campanha para os cargos em disputa; não sendo editada lei até a data estabelecida, caberá a cada partido político fixar o limite de gastos, comunicando à Justiça Eleitoral, que dará a essas informações ampla publicidade.	Artigo revogado.	
Art. 18. No pedido de registro de seus candidatos, os partidos e coligações comunicarão aos respectivos Tribunais Eleitorais os valores máximos de gastos que farão por cargo eletivo em cada eleição a que concorrerem, observados os limites estabelecidos, nos termos do art. 17-A desta Lei. § 1º Tratando-se de coligação, cada partido que a integra fixará o valor máximo de gastos de que trata este artigo.	**Art. 18.** Os limites de gastos de campanha, em cada eleição, são os definidos pelo Tribunal Superior Eleitoral com base nos parâmetros definidos em lei. § 1º (Revogado). § 2º (Revogado).	A partir das eleições municipais de 2016, caberá ao TSE definir o teto de gastos permitido para partidos políticos, coligações e candidatos em campanha eleitoral, tendo como base as regras estabelecidas pela lei nº 13.165/15, em seus artigos 5º e 6º

Redação antiga	Nova redação	Comentários
§ 2º Gastar recursos além dos valores declarados nos termos deste artigo sujeita o responsável ao pagamento de multa no valor de cinco a dez vezes a quantia em excesso.		
Dispositivo incluído pela Lei nº 13.165/15.	**Art.18-A.** Serão contabilizadas nos limites de gastos de cada campanha as despesas efetuadas pelos candidatos e as efetuadas pelos partidos que puderem ser individualizadas.	Este novo dispositivo legal, incluído pela lei nº 13.165/15, indica critérios objetivos para o aferimento dos gastos promovidos pelos candidatos em campanha, salientando que os limites legais deverão ser aferidos levando-se em conta também os gastos efetuados pelos partidos políticos em favor de candidatos, quando esses puderem ser individualizados.
Dispositivo incluído pela Lei nº 13.165/15.	**Art.18-B.** O descumprimento dos limites de gastos fixados para cada campanha acarretará o pagamento de multa em valor equivalente a 100% (cem por cento) da quantia que ultrapassar o limite estabelecido, sem prejuízo da apuração da ocorrência de abuso do poder econômico.	Este novo dispositivo legal traz objetividade ao valor da multa a ser imputado a candidato que gaste, em campanha, valores acima do limite estabelecido pelo TSE, ressaltando que, além da multa, poderá também o candidato responder por abuso de poder econômico.
Art. 19. Até dez dias úteis após a escolha de seus candidatos em convenção, o partido constituirá comitês financeiros, com a finalidade de arrecadar recursos e aplicá-los nas campanhas eleitorais.	Artigo revogado.	

Redação antiga	Nova redação	Comentários
§ 1º Os comitês devem ser constituídos para cada uma das eleições para as quais o partido apresente candidato próprio, podendo haver reunião, num único comitê, das atribuições relativas às eleições de uma dada circunscrição. § 2º Na eleição presidencial é obrigatória a criação de comitê nacional e facultativa a de comitês nos Estados e no Distrito Federal. § 3º Os comitês financeiros serão registrados, até cinco dias após sua constituição, nos órgãos da Justiça Eleitoral aos quais compete fazer o registro dos candidatos.		
Art. 20. O candidato a cargo eletivo fará, diretamente ou por intermédio de pessoa por ele designada, a administração financeira de sua campanha, usando recursos repassados pelo comitê, inclusive os relativos à cota do Fundo Partidário, recursos próprios ou doações de pessoas físicas ou jurídicas, na forma estabelecida nesta Lei.	**Art. 20.** O candidato a cargo eletivo fará, diretamente ou por intermédio de pessoa por ele designada, a administração financeira de sua campanha usando recursos repassados pelo partido, inclusive os relativos à cota do Fundo Partidário, recursos próprios ou doações de pessoas físicas, na forma estabelecida nesta Lei.	A nova redação do artigo 20 da Lei das Eleições exclui a possibilidade de candidato a cargo eletivo receber recursos de campanha provenientes de comitê financeiro de campanha, devendo tais recursos serem provenientes diretamente do partido político ao qual é filiado, de recursos próprios ou de doações, proibida, doravante, a doação de pessoas jurídicas a candidatos a cargos eletivos.
Art. 22. (...) § 1º Os bancos são obrigados a acatar, em até 3 (três) dias, o pedido de abertura de conta de qualquer comitê financeiro ou candidato	**Art. 22.** (...) § 1º Os bancos são obrigados a: I – acatar, em até três dias, o pedido de abertura de conta de qualquer candidato es-	O novo § 1º, I do art. 22 da Lei das Eleições exclui a obrigação dos bancos de acatar pedido de abertura de contas de comitê financeiro de campanha, estabelecen-

Redação antiga	Nova redação	Comentários
escolhido em convenção, sendo-lhes vedado condicioná-la à depósito mínimo e à cobrança de taxas e/ou outras despesas de manutenção. (...) § 2º O disposto neste artigo não se aplica aos casos de candidatura para Prefeito e Vereador em Municípios onde não haja agência bancária, bem como aos casos de candidatura para Vereador em Municípios com menos de vinte mil eleitores.	colhido em convenção, sendo-lhes vedado condicioná-la a depósito mínimo e à cobrança de taxas ou de outras despesas de manutenção; (...) III – encerrar a conta bancária no final do ano da eleição, transferindo a totalidade do saldo existente para a conta bancária do órgão de direção indicado pelo partido, na forma prevista no art. 31, e informar o fato à Justiça Eleitoral. § 2º O disposto neste artigo não se aplica aos casos de candidatura para Prefeito e Vereador em Municípios onde não haja agência bancária ou posto de atendimento bancário.	do também, no seu inciso II, que é obrigação do banco encerrar a conta bancária no final do ano da eleição, transferindo a totalidade do saldo existente para a conta bancária do órgão de direção indicado pelo partido. Além disso, o novo § 2º restringe a ausência de obrigação de abertura de conta bancária para movimentação dos recursos de campanha apenas para as situações em que, comprovadamente, não houver agência bancária ou posto de atendimento bancário no município.
Art. 22-A. Candidatos e Comitês Financeiros estão obrigados à inscrição no Cadastro Nacional da Pessoa Jurídica – CNPJ. (...) § 2º Cumprido o disposto no § 1º deste artigo e no § 1º do art. 22, ficam os candidatos e comitês financeiros autorizados a promover a arrecadação de recursos financeiros e a realizar as despesas necessárias à campanha eleitoral.	**Art. 22-A.** Os candidatos estão obrigados à inscrição no Cadastro Nacional da Pessoa Jurídica – CNPJ. (...) § 2º Cumprido o disposto no § 1º deste artigo e no § 1º do art. 22, ficam os candidatos autorizados a promover a arrecadação de recursos financeiros e a realizar as despesas necessárias à campanha eleitoral.	Mais uma vez, a nova lei exclui os comitês financeiros do processo de administração financeira das contas de campanha eleitorais.
Art. 23. (...) § 1º As doações e contribuições de que trata este artigo ficam limitadas:	**Art. 23.** (...) § 1º As doações e contribuições de que trata este artigo ficam limitadas	O presente artigo sofreu vetos presidenciais quanto à possibilidade de doação de pessoas jurídicas a campanhas

Redação antiga	Nova redação	Comentários
I – no caso de pessoa física, a dez por cento dos rendimentos brutos auferidos no ano anterior à eleição; II – no caso em que o candidato utilize recursos próprios, ao valor máximo de gastos estabelecido pelo seu partido, na forma desta Lei. (...) § 7º O limite previsto no inciso I do § 1º não se aplica a doações estimáveis em dinheiro relativas à utilização de bens móveis ou imóveis de propriedade do doador, desde que o valor da doação não ultrapasse R$ 50.000,00 (cinquenta mil reais).	a 10% (dez por cento) dos rendimentos brutos auferidos pelo doador no ano anterior à eleição. I – (revogado); II – (revogado). § 1º-A O candidato poderá usar recursos próprios em sua campanha até o limite de gastos estabelecido nesta Lei para o cargo ao qual concorre. (...) § 7º O limite previsto no § 1º não se aplica a doações estimáveis em dinheiro relativas à utilização de bens móveis ou imóveis de propriedade do doador, desde que o valor estimado não ultrapasse R$ 80.000,00 (oitenta mil reais).	eleitorais, motivado pelo julgamento da ADI nº 4650, ocorrido uma semana antes da publicação da Lei nº 13.165/15. O novo § 1º-A do art. 23 da Lei das Eleições, por sua vez, passou a estabelecer que os candidatos poderão utilizar recursos próprios em suas campanhas até o limite estabelecido legalmente para o cargo ao qual concorrem. Além disso, em tal limite, segundo o § 7º do artigo 23, não se aplicam as doações estimáveis em dinheiro relativas à utilização de bens móveis ou imóveis de propriedade do doador, desde que o valor estimado não ultrapasse R$ 80.000,00 (oitenta mil reais).
Art. 24. (...) Parágrafo único. Não se incluem nas vedações de que trata este artigo as cooperativas cujos cooperados não sejam concessionários ou permissionários de serviços públicos, desde que não estejam sendo beneficiadas com recursos públicos, observado o disposto no art. 81.	**Art. 24.** (...) XII – (VETADO). § 1º Não se incluem nas vedações de que trata este artigo as cooperativas cujos cooperados não sejam concessionários ou permissionários de serviços públicos, desde que não estejam sendo beneficiadas com recursos públicos, observado o disposto no art. 81. § 2º (VETADO). § 3º (VETADO). § 4º O partido ou candidato que receber recursos provenientes de fontes vedadas ou de	O presente artigo sofreu vetos presidenciais quanto à possibilidade de doação de pessoas jurídicas a campanhas eleitorais, motivado pelo julgamento da ADI nº 4650, ocorrido uma semana antes da publicação da Lei nº 13.165/15. Além disso, o novo § 4º obriga que partidos e candidatos que venham a receber recursos provenientes de fontes vedadas ou de origem não identificada procedam à devolução dos valores recebidos ou, não sendo possível a identificação da fonte, os transferiam

Redação antiga	Nova redação	Comentários
	origem não identificada deverá proceder à devolução dos valores recebidos ou, não sendo possível a identificação da fonte, transferi-los para a conta única do Tesouro Nacional.	para a conta única do Tesouro Nacional.
Dispositivo incluído pela Lei nº 13.165/15.	**Art. 24-A.** (VETADO)	O presente artigo, vetado pela presidente da república, previa que seria vedado ao candidato receber doação em dinheiro ou estimável em dinheiro, inclusive por meio de publicidade de qualquer espécie, procedente de pessoa jurídica, não se considerando doações, para os fins do artigo, as transferências ou repasses de recursos de partidos ou comitês para os candidatos.
Dispositivo incluído pela Lei nº 13.165/15.	**Art. 24-B.** (VETADO)	Este artigo, vetado pela presidente da república, disciplinava a doação empresarial a partidos políticos em campanha.
Dispositivos incluídos pela Lei nº 13.165/15.	**Art. 24-C.** O limite de doação previsto no § 1º do art. 23 será apurado anualmente pelo Tribunal Superior Eleitoral e pela Secretaria da Receita Federal do Brasil. § 1º O Tribunal Superior Eleitoral deverá consolidar as informações sobre as doações registradas até 31 de dezembro do exercício financeiro a ser apurado, considerando:	O presente artigo disciplina o procedimento de aferição dos limites de doação a campanhas eleitorais permitido por lei, com o objetivo de municiar a Justiça Eleitoral, em parceria com a Receita Federal, no combate às doações fraudulentas nas campanhas eleitorais.

Redação antiga	Nova redação	Comentários
	I – as prestações de contas anuais dos partidos políticos, entregues à Justiça Eleitoral até 30 de abril do ano subsequente ao da apuração, nos termos do art. 32 da Lei nº 9.096, de 19 de setembro de 1995; II – as prestações de contas dos candidatos às eleições ordinárias ou suplementares que tenham ocorrido no exercício financeiro a ser apurado. § 2º O Tribunal Superior Eleitoral, após a consolidação das informações sobre os valores doados e apurados, encaminhá-las-á à Secretaria da Receita Federal do Brasil até 30 de maio do ano seguinte ao da apuração. § 3º A Secretaria da Receita Federal do Brasil fará o cruzamento dos valores doados com os rendimentos da pessoa física e, apurando indício de excesso, comunicará o fato, até 30 de julho do ano seguinte ao da apuração, ao Ministério Público Eleitoral, que poderá, até o final do exercício financeiro, apresentar representação com vistas à aplicação da penalidade prevista no art. 23 e de outras sanções que julgar cabíveis.	
Art. 28. (...) § 1º As prestações de contas dos candidatos	**Art. 28.** (...) § 1º As prestações de contas dos candidatos	O novo § 1º do art. 28 da Lei das Eleições imputa aos candidatos às eleições majoritárias a res-

Redação antiga	Nova redação	Comentários
às eleições majoritárias serão feitas por intermédio do comitê financeiro, devendo ser acompanhadas dos extratos das contas bancárias referentes à movimentação dos recursos financeiros usados na campanha e da relação dos cheques recebidos, com a indicação dos respectivos números, valores e emitentes. § 2º As prestações de contas dos candidatos às eleições proporcionais serão feitas pelo comitê financeiro ou pelo próprio candidato. (...) § 4º Os partidos políticos, as coligações e os candidatos são obrigados, durante a campanha eleitoral, a divulgar, pela rede mundial de computadores (internet), nos dias 8 de agosto e 8 de setembro, relatório discriminando os recursos em dinheiro ou estimáveis em dinheiro que tenham recebido para financiamento da campanha eleitoral e os gastos que realizarem, em sítio criado pela Justiça Eleitoral para esse fim, exigindo-se a indicação dos nomes dos doadores e os respectivos valores doados somente na prestação de contas final de que tratam os incisos III e IV do art. 29 desta Lei. (...)	às eleições majoritárias serão feitas pelo próprio candidato, devendo ser acompanhadas dos extratos das contas bancárias referentes à movimentação dos recursos financeiros usados na campanha e da relação dos cheques recebidos, com a indicação dos respectivos números, valores e emitentes. § 2º As prestações de contas dos candidatos às eleições proporcionais serão feitas pelo próprio candidato. (...) § 4º Os partidos políticos, as coligações e os candidatos são obrigados, durante as campanhas eleitorais, a divulgar em sítio criado pela Justiça Eleitoral para esse fim na rede mundial de computadores (internet): I – os recursos em dinheiro recebidos para financiamento de sua campanha eleitoral, em até 72 (setenta e duas) horas de seu recebimento; II – no dia 15 de setembro, relatório discriminando as transferências do Fundo Partidário, os recursos em dinheiro e os estimáveis em dinheiro recebidos, bem como os gastos realizados. (...) § 6º (...)	ponsabilidade por suas prestações de contas de campanha. Da mesma forma, o novo § 2º elimina a figura do comitê financeiro de campanhas das eleições proporcionais. O § 4º, por sua vez, traz importante alteração legislativa no que se refere à prestação das contas de campanha. Doravante, os partidos políticos, as coligações e os candidatos serão obrigados, durante as campanhas eleitorais, a divulgar em sítio criado pela Justiça Eleitoral para esse fim, na internet, os recursos em dinheiro recebidos para financiamento de sua campanha eleitoral, em até 72 (setenta e duas) horas de seu recebimento, sendo obrigados, ainda, a apresentar, no dia 15 de setembro, relatório discriminando as transferências do Fundo Partidário, os recursos em dinheiro e os estimáveis em dinheiro recebidos, bem como os gastos realizados. Já os novos §§ 8º e seguintes do art. 28 da Lei das Eleições passaram a disciplinar o sistema simplificado de prestação de contas para candidatos que apresentarem movimentação financeira correspondente a, no máximo, R$ 20.000,00 (vinte mil reais), atualizados monetariamente,

Redação antiga	Nova redação	Comentários
§ 6º (...) II – doações estimáveis em dinheiro entre candidatos, partidos ou comitês financeiros, decorrentes do uso comum tanto de sedes quanto de materiais de propaganda eleitoral, cujo gasto deverá ser registrado na prestação de contas do responsável pelo pagamento da despesa.	II – doações estimáveis em dinheiro entre candidatos ou partidos, decorrentes do uso comum tanto de sedes quanto de materiais de propaganda eleitoral, cujo gasto deverá ser registrado na prestação de contas do responsável pelo pagamento da despesa. § 7º As informações sobre os recursos recebidos a que se refere o § 4º deverão ser divulgadas com a indicação dos nomes, do CPF ou CNPJ dos doadores e dos respectivos valores doados. § 8º Os gastos com passagens aéreas efetuados nas campanhas eleitorais serão comprovados mediante a apresentação de fatura ou duplicata emitida por agência de viagem, quando for o caso, desde que informados os beneficiários, as datas e os itinerários, vedada a exigência de apresentação de qualquer outro documento para esse fim. § 9º A Justiça Eleitoral adotará sistema simplificado de prestação de contas para candidatos que apresentarem movimentação financeira correspondente a, no máximo, R$ 20.000,00 (vinte mil reais), atualizados monetariamente, a cada eleição, pelo Índice Nacional de Preços	a cada eleição, pelo Índice Nacional de Preços ao Consumidor – INPC da Fundação Instituto Brasileiro de Geografia e Estatística – IBGE ou por índice que o substituir. Tal sistema deverá ser obrigatório nas eleições de municípios com até cinquenta mil eleitores. Por fim, estabelece o novo § 12 do art. 28 da Lei das Eleições que "os valores transferidos pelos partidos políticos oriundos de doações serão registrados na prestação de contas dos candidatos como transferência dos partidos e, na prestação de contas dos partidos, como transferência aos candidatos, sem individualização dos doadores", fato que corrobora para o aumento da ocorrência de doações ocultas de campanha, contrariando a transparência necessária ao processo eleitoral. Tendo em vista este retrocesso legislativo, o STF, em 12 de novembro de 2015, concedeu, em decisão unânime, liminar na ADI nº 5394 para suspender a eficácia do § 12 do art. 28 da lei nº 9.504/97, incluído pela Lei nº 13.165/15, especificamente no que se refere à expressão "sem individualização dos doadores", que impediria a identificação, nas

Redação antiga	Nova redação	Comentários
	ao Consumidor – INPC da Fundação Instituto Brasileiro de Geografia e Estatística – IBGE ou por índice que o substituir. § 10. O sistema simplificado referido no § 9º deverá conter, pelo menos: I – identificação das doações recebidas, com os nomes, o CPF ou CNPJ dos doadores e os respectivos valores recebidos; II – identificação das despesas realizadas, com os nomes e o CPF ou CNPJ dos fornecedores de material e dos prestadores dos serviços realizados; III – registro das eventuais sobras ou dívidas de campanha. § 11. Nas eleições para Prefeito e Vereador de Municípios com menos de cinquenta mil eleitores, a prestação de contas será feita sempre pelo sistema simplificado a que se referem os §§ 9º e 10. § 12. Os valores transferidos pelos partidos políticos oriundos de doações serão registrados na prestação de contas dos candidatos como transferência dos partidos e, na prestação de contas dos partidos, como transferência aos candidatos, sem individualização dos doadores.	prestações de contas, do vínculo entre doadores e candidatos. No seu voto condutor, o relator, Min. Teori Zavascki afirmou que a doação oculta viola a transparência do processo eleitoral, no que foi seguido pelo Min. Dias Toffoli, que citou precedente do TSE nas eleições 2014, cristalizado na Resolução nº 23.406, que determinou a identificação do doador originário nas prestações de contas, bem como destacou a Lei de Acesso à Informação como um dos fundamentos para a necessária transparência das doações eleitorais.

Redação antiga	Nova redação	Comentários
Art. 29. (...) I – verificar se os valores declarados pelo candidato à eleição majoritária como tendo sido recebidos por intermédio do comitê conferem com seus próprios registros financeiros e contábeis; II – resumir as informações contidas nas prestações de contas, de forma a apresentar demonstrativo consolidado das campanhas dos candidatos; (...) IV – havendo segundo turno, encaminhar a prestação de contas dos candidatos que o disputem, referente aos dois turnos, até o trigésimo dia posterior a sua realização. § 1º Os candidatos às eleições proporcionais que optarem pela prestação de contas diretamente à Justiça Eleitoral observarão o mesmo prazo do inciso III do *caput*.	**Art. 29.** (...) I -(revogado); II – resumir as informações contidas na prestação de contas, de forma a apresentar demonstrativo consolidado das campanhas; (...) IV – havendo segundo turno, encaminhar a prestação de contas, referente aos 2 (dois) turnos, até o vigésimo dia posterior à sua realização. § 1º (Revogado).	O novo inciso IV do art. 29 da Lei das Eleições diminui o prazo para o encaminhamento da prestação de contas dos candidatos às eleições majoritárias que tenham disputado o segundo turno eleitoral, do trigésimo para o vigésimo dia posterior à realização do pleito.
Art. 30. (...) § 1º A decisão que julgar as contas dos candidatos eleitos será publicada em sessão até 8 (oito) dias antes da diplomação. (...) § 4º Havendo indício de irregularidade na prestação de contas, a	**Art. 30.** (...) § 1º A decisão que julgar as contas dos candidatos eleitos será publicada em sessão até três dias antes da diplomação. (...) § 4º Havendo indício de irregularidade na prestação de contas, a	A nova redação do art. 30 da Lei das Eleições ampliou o prazo da Justiça Eleitoral para proferir decisão no julgamento de contas dos candidatos eleitos, a qual deverá, doravante, ser publicada em sessão até três dias antes da diplomação, e não mais oito dias antes. Além

Redação antiga	Nova redação	Comentários
Justiça Eleitoral poderá requisitar diretamente do candidato ou do comitê financeiro as informações adicionais necessárias, bem como determinar diligências para a complementação dos dados ou o saneamento das falhas. § 5º Da decisão que julgar as contas prestadas pelos candidatos e comitês financeiros caberá recurso ao órgão superior da Justiça Eleitoral, no prazo de 3 (três) dias, a contar da publicação no Diário Oficial.	Justiça Eleitoral poderá requisitar do candidato as informações adicionais necessárias, bem como determinar diligências para a complementação dos dados ou o saneamento das falhas. § 5º Da decisão que julgar as contas prestadas pelos candidatos caberá recurso ao órgão superior da Justiça Eleitoral, no prazo de 3 (três) dias, a contar da publicação no Diário Oficial.	disso, o novo artigo 30 destacou, mais uma vez, a exclusão dos comitês financeiros de campanha do processo de arrecadação de recursos eleitorais e prestação de contas.
Art. 36. A propaganda eleitoral somente é permitida após o dia 5 de julho do ano da eleição. (...) § 4º Na propaganda dos candidatos a cargo majoritário, deverão constar, também, o nome dos candidatos a vice ou a suplentes de Senador, de modo claro e legível, em tamanho não inferior a 10% (dez por cento) do nome do titular.	**Art. 36.** A propaganda eleitoral somente é permitida após o dia 15 de agosto do ano da eleição. (...) § 4º Na propaganda dos candidatos a cargo majoritário deverão constar, também, os nomes dos candidatos a vice ou a suplentes de senador, de modo claro e legível, em tamanho não inferior a 30% (trinta por cento) do nome do titular.	Como reflexo das alterações promovidas no calendário eleitoral relativas às convenções partidárias e ao requerimento de registro de candidaturas, a propaganda eleitoral, que começava, até as eleições gerais de 2014, em 06 de julho, começará, doravante, no dia 16 de agosto do ano eleitoral. Além disso, de acordo com o novo § 4º do art. 36 da Lei das Eleições, "na propaganda dos candidatos a cargo majoritário deverão constar, também, os nomes dos candidatos a vice ou a suplentes de senador, de modo claro e legível, em tamanho não inferior a 30% (trinta por cento) do nome do titular". Antes, o limite mínimo estabelecido era de 10% do nome do titular.

Redação antiga	Nova redação	Comentários
Art. 36-A. Não serão consideradas propaganda antecipada e poderão ter cobertura dos meios de comunicação social, inclusive via internet: (...) III – a realização de prévias partidárias e sua divulgação pelos instrumentos de comunicação intrapartidária e pelas redes sociais; (...) V – a manifestação e o posicionamento pessoal sobre questões políticas nas redes sociais. Parágrafo único. É vedada a transmissão ao vivo por emissoras de rádio e de televisão das prévias partidárias.	**Art. 36-A.** Não configuram propaganda eleitoral antecipada, desde que não envolvam pedido explícito de voto, a menção à pretensa candidatura, a exaltação das qualidades pessoais dos pré-candidatos e os seguintes atos, que poderão ter cobertura dos meios de comunicação social, inclusive via internet: (...) III – a realização de prévias partidárias e a respectiva distribuição de material informativo, a divulgação dos nomes dos filiados que participarão da disputa e a realização de debates entre os pré-candidatos; (...) V – a divulgação de posicionamento pessoal sobre questões políticas, inclusive nas redes sociais; VI – a realização, a expensas de partido político, de reuniões de iniciativa da sociedade civil, de veículo ou meio de comunicação ou do próprio partido, em qualquer localidade, para divulgar ideias, objetivos e propostas partidárias. § 1º É vedada a transmissão ao vivo por emissoras de rádio e de televisão das prévias partidárias, sem prejuízo da cobertura dos meios de comunicação social. § 2º Nas hipóteses dos incisos I a VI do caput,	O novo artigo 36-A, com redação da Lei nº 13.165/15, torna ainda mais liberais os atos preparatórios às campanhas eleitorais, praticamente vinculando a caracterização da propaganda eleitoral extemporânea ao pedido explícito de voto. Curiosamente, as novas regras não deverão se aplicar totalmente aos profissionais de comunicação social no exercício da profissão, como forma de combate ao abuso de poder através do uso dos meios de comunicação. Pessoas, contudo, que se utilizem dos meios de comunicação social de forma não profissional não estão abrangidas por tais restrições.

Redação antiga	Nova redação	Comentários
	são permitidos o pedido de apoio político e a divulgação da pré-candidatura, das ações políticas desenvolvidas e das que se pretende desenvolver. § 3º O disposto no § 2º não se aplica aos profissionais de comunicação social no exercício da profissão.	
Art. 37. Nos bens cujo uso dependa de cessão ou permissão do Poder Público, ou que a ele pertençam, e nos de uso comum, inclusive postes de iluminação pública e sinalização de tráfego, viadutos, passarelas, pontes, paradas de ônibus e outros equipamentos urbanos, é vedada a veiculação de propaganda de qualquer natureza, inclusive pichação, inscrição a tinta, fixação de placas, estandartes, faixas, cavaletes e assemelhados. (...) § 2º Em bens particulares, independe de obtenção de licença municipal e de autorização da Justiça Eleitoral a veiculação de propaganda eleitoral por meio da fixação de faixas, placas, cartazes, pinturas ou inscrições, desde que não excedam a 4m² (quatro metros quadrados) e que não contrariem a legislação eleitoral, sujeitando-se o infrator às penalidades previstas no § 1º	**Art. 37.** Nos bens cujo uso dependa de cessão ou permissão do poder público, ou que a ele pertençam, e nos bens de uso comum, inclusive postes de iluminação pública, sinalização de tráfego, viadutos, passarelas, pontes, paradas de ônibus e outros equipamentos urbanos, é vedada a veiculação de propaganda de qualquer natureza, inclusive pichação, inscrição a tinta e exposição de placas, estandartes, faixas, cavaletes, bonecos e assemelhados. (...) § 2º Em bens particulares, independe de obtenção de licença municipal e de autorização da Justiça Eleitoral a veiculação de propaganda eleitoral, desde que seja feita em adesivo ou papel, não exceda a 0,5 m² (meio metro quadrado) e não contrarie a legislação eleitoral, sujeitando-se o infrator às penalidades previstas no § 1º.	O novo caput do art. 37 da Lei das Eleições aparentemente restringe a propaganda política nos bens públicos, proibindo a exposição, e não apenas a fixação de placas, estandartes, faixas, cavaletes, bonecos e assemelhados. Contudo, os §§ 6º e 7º do mesmo artigo continuam a permitir a colocação de mesas para distribuição de material de campanha e a utilização de bandeiras ao longo das vias públicas, desde que móveis e que não dificultem o bom andamento do trânsito de pessoas e veículos. O novo § 2º, por sua vez, estabelece que o tamanho máximo das propagandas eleitorais veiculadas em bens particulares será de 0,5m², e não mais de 4m², como anteriormente previsto.

Redação antiga	Nova redação	Comentários
Dispositivo incluído pela Lei nº 13.165/15.	**Art. 39.** (...) § 9º-A. Considera-se carro de som, além do previsto no § 12, qualquer veículo, motorizado ou não, ou ainda tracionado por animais, que transite divulgando **jingles** ou mensagens de candidatos.	O presente dispositivo amplia o conceito de carro de som, a fim de incluir veículos tracionados por animais ou não motorizados.
Art. 45. A partir de 1º de julho do ano da eleição, é vedado às emissoras de rádio e televisão, em sua programação normal e noticiário: (...) § 1º A partir do resultado da convenção, é vedado, ainda, às emissoras transmitir programa apresentado ou comentado por candidato escolhido em convenção.	**Art. 45.** Encerrado o prazo para a realização das convenções no ano das eleições, é vedado às emissoras de rádio e televisão, em sua programação normal e em seu noticiário: (...) § 1º A partir de 30 de junho do ano da eleição, é vedado, ainda, às emissoras transmitir programa apresentado ou comentado por pré-candidato, sob pena, no caso de sua escolha na convenção partidária, de imposição da multa prevista no § 2º e de cancelamento do registro da candidatura do beneficiário.	As restrições aos meios de comunicação previstas no art. 45 da Lei das Eleições, doravante, passarão a ser observadas, em regra, a partir do dia 05 de agosto, quando se encerra o prazo para a realização das convenções. Além disso, de acordo com o novo § 1º, sob pena de imposição de multa e cancelamento de registro do candidato beneficiado, às emissoras de rádio e TV será vedado, a partir do dia 30 de julho do ano eleitoral, transmitir programa apresentado ou comentado por pré-candidato.
Art. 46. Independentemente da veiculação de propaganda eleitoral gratuita no horário definido nesta Lei, é facultada a transmissão, por emissora de rádio ou televisão, de debates sobre as eleições majoritária ou proporcional, sendo assegurada a participação de candidatos dos partidos com repre-	**Art. 46.** Independentemente da veiculação de propaganda eleitoral gratuita no horário definido nesta Lei, é facultada a transmissão por emissora de rádio ou televisão de debates sobre as eleições majoritária ou proporcional, sendo assegurada a participação de candidatos dos partidos com	O novo caput do art. 46 da Lei das Eleições restringe a obrigação das emissoras de rádio e TV de convidar candidatos para os debates eleitorais àqueles postulantes representantes de partidos que contem com bancada igual ou superior a nove deputados federais. Debates com a participação de partidos

Redação antiga	Nova redação	Comentários
sentação na Câmara dos Deputados, e facultada a dos demais, observado o seguinte: (...) § 5º Para os debates que se realizarem no primeiro turno das eleições, serão consideradas aprovadas as regras que obtiverem a concordância de pelo menos 2/3 (dois terços) dos candidatos aptos no caso de eleição majoritária, e de pelo menos 2/3 (dois terços) dos partidos ou coligações com candidatos aptos, no caso de eleição proporcional.	representação superior a nove Deputados, e facultada a dos demais, observado o seguinte: (...) § 5º Para os debates que se realizarem no primeiro turno das eleições, serão consideradas aprovadas as regras, inclusive as que definam o número de participantes, que obtiverem a concordância de pelo menos 2/3 (dois terços) dos candidatos aptos, no caso de eleição majoritária, e de pelo menos 2/3 (dois terços) dos partidos ou coligações com candidatos aptos, no caso de eleição proporcional.	políticos com número menor de deputados federais inferior a nove somente será possível com a concordância de, pelo menos, dois terços dos candidatos aptos, no caso de eleição majoritária, e de pelo menos dois terços dos partidos ou coligações com candidatos aptos, no caso de eleição proporcional, segundo o novo § 5º, regra que dificulta ainda mais a participação dos representantes dos partidos menores.
Art. 47. As emissoras de rádio e de televisão e os canais de televisão por assinatura mencionados no art. 57 reservarão, nos quarenta e cinco dias anteriores à antevéspera das eleições, horário destinado à divulgação, em rede, da propaganda eleitoral gratuita, na forma estabelecida neste artigo. § 1º A propaganda será feita: I – na eleição para Presidente da República, às terças e quintas-feiras e aos sábados: a) das sete horas às sete horas e vinte e cinco minutos e das doze horas às doze horas e vinte e cinco minutos, no rádio;	**Art. 47.** As emissoras de rádio e de televisão e os canais de televisão por assinatura mencionados no art. 57 reservarão, nos trinta e cinco dias anteriores à antevéspera das eleições, horário destinado à divulgação, em rede, da propaganda eleitoral gratuita, na forma estabelecida neste artigo. § 1º (...) I (...) a) das sete horas às sete horas e doze minutos e trinta segundos e das doze horas às doze horas e doze minutos e trinta segundos, no rádio; b) das treze horas às treze horas e doze minutos e trinta segundos	O novo art. 47 da Lei nº 9.504/97 diminui os tempos de duração e exibição do horário eleitoral gratuito no rádio e na TV, retirando, inclusive, a participação dos candidatos a vereador dos blocos de exibição do horário eleitoral, restringido as suas propagandas no rádio e TV às inserções durante a programação. Além disso, a distribuição do tempo de propaganda no horário eleitoral foi alterada, reduzindo a participação dos pequenos partidos.

Redação antiga	Nova redação	Comentários
b) das treze horas às treze horas e vinte e cinco minutos e das vinte horas e trinta minutos às vinte horas e cinqüenta e cinco minutos, na televisão; II – nas eleições para Deputado Federal, às terças e quintas-feiras e aos sábados: a) das sete horas e vinte e cinco minutos às sete horas e cinqüenta minutos e das doze horas e vinte e cinco minutos às doze horas e cinqüenta minutos, no rádio; b) das treze horas e vinte e cinco minutos às treze horas e cinqüenta minutos e das vinte horas e cinqüenta e cinco minutos às vinte e uma horas e vinte minutos, na televisão; III – nas eleições para Governador de Estado e do Distrito Federal, às segundas, quartas e sextas-feiras: a) das sete horas às sete horas e vinte minutos e das doze horas às doze horas e vinte minutos, no rádio, nos anos em que a renovação do Senado Federal se der por 1/3 (um terço); b) das treze horas às treze horas e vinte minutos e das vinte horas e trinta minutos às vinte horas e cinquenta minutos, na televisão, nos anos em que a renovação do Senado Federal se der por 1/3 (um terço);	e das vinte horas e trinta minutos às vinte horas e quarenta e dois minutos e trinta segundos, na televisão; II – (...) a) das sete horas e doze minutos e trinta segundos às sete horas e vinte e cinco minutos e das doze horas e doze minutos e trinta segundos às doze horas e vinte e cinco minutos, no rádio; b) das treze horas e doze minutos e trinta segundos às treze horas e vinte e cinco minutos e das vinte horas e quarenta e dois minutos e trinta segundos às vinte horas e cinquenta e cinco minutos, na televisão; III – nas eleições para Senador, às segundas, quartas e sextas-feiras: a) das sete horas às sete horas e cinco minutos e das doze horas às doze horas e cinco minutos, no rádio, nos anos em que a renovação do Senado Federal se der por um terço; b) das treze horas às treze horas e cinco minutos e das vinte horas e trinta minutos às vinte horas e trinta e cinco minutos, na televisão, nos anos em que a renovação do Senado Federal se der por um terço; c) das sete horas às sete horas e sete minutos e das doze horas às doze horas e sete minutos, no rádio, nos anos em que a renovação do Senado	

Redação antiga	Nova redação	Comentários
c) das sete horas às sete horas e dezoito minutos e das doze horas às doze horas e dezoito minutos, no rádio, nos anos em que a renovação do Senado Federal se der por 2/3 (dois terços); d) das treze horas às treze horas e dezoito minutos e das vinte horas e trinta minutos às vinte horas e quarenta e oito minutos, na televisão, nos anos em que a renovação do Senado Federal se der por 2/3 (dois terços); IV – nas eleições para Deputado Estadual e Deputado Distrital, às segundas, quartas e sextas-feiras: a) das sete horas e vinte minutos às sete horas e quarenta minutos e das doze horas e vinte minutos às doze horas e quarenta minutos, no rádio, nos anos em que a renovação do Senado Federal se der por 1/3 (um terço); b) das treze horas e vinte minutos às treze horas e quarenta minutos e das vinte horas e cinquenta minutos às vinte e uma horas e dez minutos, na televisão, nos anos em que a renovação do Senado Federal se der por 1/3 (um terço); c) das sete horas e dezoito minutos às sete horas e trinta e cinco minutos e das doze ho-	Federal se der por dois terços; d) das treze horas às treze horas e sete minutos e das vinte horas e trinta minutos às vinte horas e trinta e sete minutos, na televisão, nos anos em que a renovação do Senado Federal se der por dois terços; IV – (...) a) das sete horas e cinco minutos às sete horas e quinze minutos e das doze horas e cinco minutos às doze horas e quinze minutos, no rádio, nos anos em que a renovação do Senado Federal se der por um terço; b) das treze horas e cinco minutos às treze horas e quinze minutos e das vinte horas e trinta e cinco minutos às vinte horas e quarenta e cinco minutos, na televisão, nos anos em que a renovação do Senado Federal se der por um terço; c) das sete horas e sete minutos às sete horas e dezesseis minutos e das doze horas e sete minutos às doze horas e dezesseis minutos, no rádio, nos anos em que a renovação do Senado Federal se der por dois terços; d) das treze horas e sete minutos às treze horas e dezesseis minutos e das vinte horas e trinta e sete minutos às vinte horas e quarenta	

Redação antiga	Nova redação	Comentários
ras e dezoito minutos às doze horas e trinta e cinco minutos, no rádio, nos anos em que a renovação do Senado Federal se der por 2/3 (dois terços); d) das treze horas e dezoito minutos às treze horas e trinta e cinco minutos e das vinte horas e quarenta e oito minutos às vinte e uma horas e cinco minutos, na televisão, nos anos em que a renovação do Senado Federal se der por 2/3 (dois terços); V – na eleição para Senador, às segundas, quartas e sextas-feiras: a) das sete horas e quarenta minutos às sete horas e cinquenta minutos e das doze horas e quarenta minutos às doze horas e cinquenta minutos, no rádio, nos anos em que a renovação do Senado Federal se der por 1/3 (um terço); b) das treze horas e quarenta minutos às treze horas e cinquenta minutos e das vinte e uma horas e dez minutos às vinte e uma horas e vinte minutos, na televisão, nos anos em que a renovação do Senado Federal se der por 1/3 (um terço); c) das sete horas e trinta e cinco minutos às sete horas e cinquenta minutos e das doze horas e trinta e cinco mi-	e seis minutos, na televisão, nos anos em que a renovação do Senado Federal se der por dois terços; V – na eleição para Governador de Estado e do Distrito Federal, às segundas, quartas e sextas-feiras: a) das sete horas e quinze minutos às sete horas e vinte e cinco minutos e das doze horas e quinze minutos às doze horas e vinte e cinco minutos, no rádio, nos anos em que a renovação do Senado Federal se der por um terço; b) das treze horas e quinze minutos às treze horas e vinte e cinco minutos e das vinte horas e quarenta e cinco minutos às vinte horas e cinquenta e cinco minutos, na televisão, nos anos em que a renovação do Senado Federal se der por um terço; c) das sete horas e dezesseis minutos às sete horas e vinte e cinco minutos e das doze horas e dezesseis minutos às doze horas e vinte e cinco minutos, no rádio, nos anos em que a renovação do Senado Federal se der por dois terços; d) das treze horas e dezesseis minutos às treze horas e vinte e cinco minutos e das vinte horas e quarenta e seis minutos às vinte horas e cin-	

Redação antiga	Nova redação	Comentários
nutos às doze horas e cinquenta minutos, no rádio, nos anos em que a renovação do Senado Federal se der por 2/3 (dois terços); d) das treze horas e trinta e cinco minutos às treze horas e cinquenta minutos e das vinte e uma horas e cinco minutos às vinte e uma horas e vinte minutos, na televisão, nos anos em que a renovação do Senado Federal se der por 2/3 (dois terços VI – nas eleições para Prefeito e Vice-Prefeito, às segundas, quartas e sextas-feiras: a) das sete horas às sete horas e trinta minutos e das doze horas às doze horas e trinta minutos, no rádio; b) das treze horas às treze horas e trinta minutos e das vinte horas e trinta minutos às vinte e uma horas, na televisão; VII – nas eleições para Vereador, às terças e quintas-feiras e aos sábados, nos mesmos horários previstos no inciso anterior. (...) § 2º Os horários reservados à propaganda de cada eleição, nos termos do parágrafo anterior, serão distribuídos entre todos os partidos e coligações que tenham candidato e representação na Câmara dos De-	quenta e cinco minutos, na televisão, nos anos em que a renovação do Senado Federal se der por dois terços; VI – nas eleições para Prefeito, de segunda a sábado: a) das sete horas às sete horas e dez minutos e das doze horas às doze horas e dez minutos, no rádio; b) das treze horas às treze horas e dez minutos e das vinte horas e trinta minutos às vinte horas e quarenta minutos, na televisão; VII – ainda nas eleições para Prefeito, e também nas de Vereador, mediante inserções de trinta e sessenta segundos, no rádio e na televisão, totalizando setenta minutos diários, de segunda-feira a domingo, distribuídas ao longo da programação veiculada entre as cinco e as vinte e quatro horas, na proporção de 60% (sessenta por cento) para Prefeito e 40% (quarenta por cento) para Vereador. § 1º-A Somente serão exibidas as inserções de televisão a que se refere o inciso VII do § 1º nos Municípios em que houver estação geradora de serviços de radiodifusão de sons e imagens. § 2º (...) I – 90% (noventa por cento) distribuídos proporcionalmente ao nú-	

Redação antiga	Nova redação	Comentários
putados, observados os seguintes critérios: I – 2/3 (dois terços) distribuídos proporcionalmente ao número de representantes na Câmara dos Deputados, considerado, no caso de coligação, o resultado da soma do número de representantes de todos os partidos que a integram; II – do restante, 1/3 (um terço) distribuído igualitariamente e 2/3 (dois terços) proporcionalmente ao número de representantes eleitos no pleito imediatamente anterior para a Câmara dos Deputados, considerado, no caso de coligação, o resultado da soma do número de representantes de todos os partidos que a integram. (...)	mero de representantes na Câmara dos Deputados, considerados, no caso de coligação para eleições majoritárias, o resultado da soma do número de representantes dos seis maiores partidos que a integrem e, nos casos de coligações para eleições proporcionais, o resultado da soma do número de representantes de todos os partidos que a integrem; II – 10% (dez por cento) distribuídos igualitariamente. (...) § 9º As emissoras de rádio sob responsabilidade do Senado Federal e da Câmara dos Deputados instaladas em localidades fora do Distrito Federal são dispensadas da veiculação da propaganda eleitoral gratuita dos pleitos referidos nos incisos II a VI do § 1º."	
Art. 48. (...) § 1º A Justiça Eleitoral regulamentará o disposto neste artigo, de forma que o número máximo de Municípios a serem atendidos seja igual ao de emissoras geradoras disponíveis. § 2º O disposto neste artigo aplica-se às emissoras de rádio, nas mesmas condições.	Os §§ 1º e 2º foram revogados pela Lei nº 13.165/15.	

Redação antiga	Nova redação	Comentários
Art. 51. Durante os períodos previstos nos arts. 47 e 49, as emissoras de rádio e televisão e os canais por assinatura mencionados no art. 57 reservarão, ainda, trinta minutos diários para a propaganda eleitoral gratuita, a serem usados em inserções de até sessenta segundos, a critério do respectivo partido ou coligação, assinadas obrigatoriamente pelo partido ou coligação, e distribuídas, ao longo da programação veiculada entre as oito e as vinte e quatro horas, nos termos do § 2º do art. 47, obedecido o seguinte: (...) II – destinação exclusiva do tempo para a campanha dos candidatos a Prefeito e Vice-Prefeito, no caso de eleições municipais; III – a distribuição levará em conta os blocos de audiência entre as oito e as doze horas, as doze e as dezoito horas, as dezoito e as vinte e uma horas, as vinte e uma e as vinte e quatro horas;	**Art. 51.** Durante os períodos previstos nos arts. 47 e 49, as emissoras de rádio e televisão e os canais por assinatura mencionados no art. 57 reservarão, ainda, setenta minutos diários para a propaganda eleitoral gratuita, a serem usados em inserções de trinta e sessenta segundos, a critério do respectivo partido ou coligação, assinadas obrigatoriamente pelo partido ou coligação, e distribuídas, ao longo da programação veiculada entre as cinco e as vinte quatro horas, nos termos do § 2º do art. 47, obedecido o seguinte: (...) II – (revogado); III – a distribuição levará em conta os blocos de audiência entre as cinco e as onze horas, as onze e as dezoito horas, e as dezoito e as vinte e quatro horas;	O novo artigo 51, como compensação à diminuição da apresentação dos blocos de horário eleitoral gratuito, aumentou de 30 para 70 minutos diários as inserções de candidatos, incluindo, nestas inserções, os candidatos a vereador.
Art. 52. A partir do dia 8 de julho do ano da eleição, a Justiça Eleitoral convocará os partidos e a representação das emissoras de televisão para elaborarem plano de mídia, nos termos do artigo anterior, para	**Art. 52.** A partir do dia 15 de agosto do ano da eleição, a Justiça Eleitoral convocará os partidos e a representação das emissoras de televisão para elaborarem plano de mídia, nos termos do art. 51, para	A presente mudança foi motivada pelas alterações no calendário eleitoral, que reduziram o período de exibição da propaganda eleitoral gratuita no rádio e na TV.

Redação antiga	Nova redação	Comentários
o uso da parcela do horário eleitoral gratuito a que tenham direito, garantida a todos participação nos horários de maior e menor audiência.	o uso da parcela do horário eleitoral gratuito a que tenham direito, garantida a todos participação nos horários de maior e menor audiência.	
Art. 54. Dos programas de rádio e televisão destinados à propaganda eleitoral gratuita de cada partido ou coligação poderá participar, em apoio aos candidatos desta ou daquele, qualquer cidadão não filiado a outra agremiação partidária ou a partido integrante de outra coligação, sendo vedada a participação de qualquer pessoa mediante remuneração. Parágrafo único. No segundo turno das eleições não será permitida, nos programas de que trata este artigo, a participação de filiados a partidos que tenham formalizado o apoio a outros candidatos.	**Art. 54.** Nos programas e inserções de rádio e televisão destinados à propaganda eleitoral gratuita de cada partido ou coligação só poderão aparecer, em gravações internas e externas, observado o disposto no § 2º, candidatos, caracteres com propostas, fotos, jingles, clipes com música ou vinhetas, inclusive de passagem, com indicação do número do candidato ou do partido, bem como seus apoiadores, inclusive os candidatos de que trata o § 1º do art. 53-A, que poderão dispor de até 25% (vinte e cinco por cento) do tempo de cada programa ou inserção, sendo vedadas montagens, trucagens, computação gráfica, desenhos animados e efeitos especiais. § 1º No segundo turno das eleições não será permitida, nos programas de que trata este artigo, a participação de filiados a partidos que tenham formalizado o apoio a outros candidatos. § 2º Será permitida a veiculação de entrevistas com o candidato e	O novo caput do art. 54 disciplinou, de forma mais restritiva, a participação de pessoas não filiadas a partidos políticos nas propagandas eleitorais veiculadas no rádio e na TV, determinando também, a vedação ao uso de montagens, trucagens, computação gráfica, desenhos animados e efeitos especiais. O uso de imagens externas, da mesma forma, passou a ser disciplinado de forma mais clara, objetivando-se um controle maior sobre tal prática, muito utilizada em campanhas eleitorais.

Redação antiga	Nova redação	Comentários
	de cenas externas nas quais ele, pessoalmente, exponha: I – realizações de governo ou da administração pública; II – falhas administrativas e deficiências verificadas em obras e serviços públicos em geral; III – atos parlamentares e debates legislativos.”	
Art. 57-A. É permitida a propaganda eleitoral na internet, nos termos desta Lei, após o dia 5 de julho do ano da eleição.	**Art. 57-A.** É permitida a propaganda eleitoral na internet, nos termos desta Lei, após o dia 15 de agosto do ano da eleição.	O novo art. 57-A reitera a mudança no calendário da propaganda eleitoral, já anunciada em outros dispositivos.
Dispositivo incluído pela Lei nº 13.165/15.	**Art. 58.** (...) § 1º (...) IV – a qualquer tempo, quando se tratar de conteúdo que esteja sendo divulgado na internet, ou em 72 (setenta e duas) horas, após a sua retirada.	Este novo dispositivo veio a preencher uma importante lacuna, ao dispor sobre o prazo para o direito de resposta por ofensas praticadas na internet, durante as eleições.
Dispositivo incluído pela Lei nº 13.165/15.	**Art. 59-A.** No processo de votação eletrônica, a urna imprimirá o registro de cada voto, que será depositado, de forma automática e sem contato manual do eleitor, em local previamente lacrado. Parágrafo único. O processo de votação não será concluído até que o eleitor confirme a correspondência entre o teor de seu voto e o registro impresso e exibido pela urna eletrônica.	O presente artigo, que institui a implementação do voto impresso como instrumento de averiguação da segurança da urna eletrônica, havia sido vetado. Em suas razões do veto, a presidente Dilma Rousseff destacou os altos custos que seriam gerados pela nova regra, que obrigaria à troca das urnas, como motivo maior do veto. Em 18 de novembro de 2015, contudo, em sessão do Congresso

Redação antiga	Nova redação	Comentários
		Nacional, o veto foi derrubado e a impressão do voto será obrigatória a partir das eleições gerais de 2018.
Art. 73. (...) VII – realizar, em ano de eleição, antes do prazo fixado no inciso anterior, despesas com publicidade dos órgãos públicos federais, estaduais ou municipais, ou das respectivas entidades da administração indireta, que excedam a média dos gastos nos três últimos anos que antecedem o pleito ou do último ano imediatamente anterior à eleição.	**Art. 73.** (...) VII – realizar, no primeiro semestre do ano de eleição, despesas com publicidade dos órgãos públicos federais, estaduais ou municipais, ou das respectivas entidades da administração indireta, que excedam a média dos gastos no primeiro semestre dos três últimos anos que antecedem o pleito;	O novo inciso VII do art. 73 modifica a regra de limitação de despesas com publicidade no ano eleitoral, a qual, doravante, só será aplicada no primeiro semestre do ano eleitoral.
Art. 81. As doações e contribuições de pessoas jurídicas para campanhas eleitorais poderão ser feitas a partir do registro dos comitês financeiros dos partidos ou coligações. § 1º As doações e contribuições de que trata este artigo ficam limitadas a dois por cento do faturamento bruto do ano anterior à eleição § 2º A doação de quantia acima do limite fixado neste artigo sujeita a pessoa jurídica ao pagamento de multa no valor de cinco a dez vezes a quantia em excesso § 3º Sem prejuízo do disposto no parágrafo anterior, a pessoa jurídica que ultrapassar o limi-	O artigo 81, e seus parágrafos, foram revogados pela Lei nº 13.165/15.	

Redação antiga	Nova redação	Comentários
te fixado no § 1º estará sujeita à proibição de participar de licitações públicas e de celebrar contratos com o Poder Público pelo período de cinco anos, por determinação da Justiça Eleitoral, em processo no qual seja assegurada ampla defesa § 4º As representações propostas objetivando a aplicação das sanções previstas nos §§ 2º e 3º observarão o rito previsto no art. 22 da Lei Complementar nº 64, de 18 de maio de 1990, e o prazo de recurso contra as decisões proferidas com base neste artigo será de 3 (três) dias, a contar da data da publicação do julgamento no Diário Oficial.		
Art. 93. O Tribunal Superior Eleitoral poderá requisitar, das emissoras de rádio e televisão, no período compreendido entre 31 de julho e o dia do pleito, até dez minutos diários, contínuos ou não, que poderão ser somados e usados em dias espaçados, para a divulgação de seus comunicados, boletins e instruções ao eleitorado.	**Art. 93.** O Tribunal Superior Eleitoral poderá, nos anos eleitorais, requisitar das emissoras de rádio e televisão, no período de um mês antes do início da propaganda eleitoral a que se refere o art. 36 e nos três dias anteriores à data do pleito, até dez minutos diários, contínuos ou não, que poderão ser somados e usados em dias espaçados, para a divulgação de comunicados, boletins e instruções ao eleitorado.	O novo art. 93 reduz o período no qual o TSE poderá requisitar das emissoras de rádio e TV até dez minutos diários, contínuos ou não, que poderão ser somados e usados em dias espaçados, para a divulgação de comunicados, boletins e instruções ao eleitorado, tendo em vista o aumento do tempo de inserções de propaganda eleitoral no rádio e TV, também criada pela lei nº 13.165/15.

Redação antiga	Nova redação	Comentários
Art. 93-A. O Tribunal Superior Eleitoral (TSE), no período compreendido entre 1º de março e 30 de junho dos anos eleitorais, em tempo igual ao disposto no art. 93 desta Lei, poderá promover propaganda institucional, em rádio e televisão, destinada a incentivar a igualdade de gênero e a participação feminina na política.	**Art. 93-A.** O Tribunal Superior Eleitoral, no período compreendido entre 1º de abril e 30 de julho dos anos eleitorais, promoverá, em até cinco minutos diários, contínuos ou não, requisitados às emissoras de rádio e televisão, propaganda institucional, em rádio e televisão, destinada a incentivar a participação feminina na política, bem como a esclarecer os cidadãos sobre as regras e o funcionamento do sistema eleitoral brasileiro.	A nova lei impõe a obrigação ao TSE, bastante salutar, de esclarecer o eleitorado acerca do funcionamento do sistema eleitoral, além de reforçar a necessidade de incentivo à participação feminina na política.
Dispositivo incluído pela Lei nº 13.165/15.	**Art. 94.** (...) § 5º Nos Tribunais Eleitorais, os advogados dos candidatos ou dos partidos e coligações serão intimados para os feitos que não versem sobre a cassação do registro ou do diploma de que trata esta Lei por meio da publicação de edital eletrônico publicado na página do respectivo Tribunal na internet, iniciando-se a contagem do prazo no dia seguinte ao da divulgação.	O novo dispositivo coaduna-se com o princípio da celeridade, próprio do direito eleitoral.
Dispositivo incluído pela Lei nº 13.165/15.	**Art. 96** (...) § 11. As sanções aplicadas a candidato em razão do descumprimento de disposições desta Lei não se estendem ao respectivo partido, mesmo na hipótese de esse ter se beneficiado da conduta, salvo quando comprovada a sua participação.	O presente dispositivo mitiga o princípio da solidariedade entre partidos e candidatos por infrações às regras de propaganda eleitoral.

Redação antiga	Nova redação	Comentários
Dispositivos incluídos pela Lei nº 13.165/15.	**Art. 96-B.** Serão reunidas para julgamento comum as ações eleitorais propostas por partes diversas sobre o mesmo fato, sendo competente para apreciá-las o juiz ou relator que tiver recebido a primeira. § 1º O ajuizamento de ação eleitoral por candidato ou partido político não impede ação do Ministério Público no mesmo sentido. § 2º Se proposta ação sobre o mesmo fato apreciado em outra cuja decisão ainda não transitou em julgado, será ela apensada ao processo anterior na instância em que ele se encontrar, figurando a parte como litisconsorte no feito principal. § 3º Se proposta ação sobre o mesmo fato apreciado em outra cuja decisão já tenha transitado em julgado, não será ela conhecida pelo juiz, ressalvada a apresentação de outras ou novas provas.	O novo art. 96-B estabelece importantes regras processuais eleitorais, estabelecendo a prevenção do juiz ou relator para a distribuição de quaisquer ações eleitorais propostas por partes diversas relativas a um mesmo fato. Além disso, o § 1º do referido artigo destaca que o Ministério Público tem legitimidade para ajuizar ação eleitoral independentemente do seu ajuizamento por candidato ou partido político. Por fim, vale destacar o § 3º do art. 98-B, que impede o conhecimento de ação nova que verse sobre o mesmo fato apreciado em outra ação, transitada em julgado, mesmo que a ação seja de natureza diversa, tendo em vista a ausência de qualquer exceção desta espécie, no novo texto normativo, fato que pode gerar grandes polêmicas.
Art. 100. A contratação de pessoal para prestação de serviços nas campanhas eleitorais não gera vínculo empregatício com o candidato ou partido contratantes.	**Art. 100.** A contratação de pessoal para prestação de serviços nas campanhas eleitorais não gera vínculo empregatício com o candidato ou partido contratantes, aplicando-se à pessoa física contratada o disposto na alínea *h* do inciso V do art. 12 da Lei nº 8.212, de 24 de julho de 1991.	Como novidade, a nova redação do art. 100 da Lei das Eleições estabelece que as pessoas físicas contratadas para prestação de serviços em campanhas eleitorais deverão ser inscritas como contribuintes individuais junto ao Regime Geral de Previdência Social.

Redação antiga	Nova redação	Comentários
	Parágrafo único. Não se aplica aos partidos políticos, para fins da contratação de que trata o caput, o disposto no parágrafo único do art. 15 da Lei nº 8.212, de 24 de julho de 1991.	
Art. 100-A. (...) § 4º Na prestação de contas a que estão sujeitos na forma desta Lei, os candidatos são obrigados a discriminar nominalmente as pessoas contratadas, com indicação de seus respectivos números de inscrição no Cadastro de Pessoas Físicas (CPF).	O § 4º do art. 100-A foi revogado pela Lei nº 13.165/15.	

2. ALTERAÇÕES PROMOVIDAS NA LEI GERAL DOS PARTIDOS POLÍTICOS (LEI Nº 9.096/95)

Redação antiga	Nova redação	Comentários
Art. 7º (...) § 1º Só é admitido o registro do estatuto de partido político que tenha caráter nacional, considerando-se como tal aquele que comprove o apoiamento de eleitores correspondente a, pelo menos, meio por cento dos votos dados na última eleição geral para a Câmara dos Deputados, não computados os votos em branco e os nulos, distribuídos por um terço, ou mais, dos Estados, com um mínimo de um décimo por cento do eleitorado que haja votado em cada um deles.	**Art. 7º** (...) § 1º Só é admitido o registro do estatuto de partido político que tenha caráter nacional, considerando-se como tal aquele que comprove, no período de dois anos, o apoiamento de eleitores não filiados a partido político, correspondente a, pelo menos, 0,5% (cinco décimos por cento) dos votos dados na última eleição geral para a Câmara dos Deputados, não computados os votos em branco e os nulos, distribuídos por um terço, ou mais, dos Estados, com	Com a publicação da lei nº 13.165/15, o § 1º do art. 7º da Lei Geral dos Partidos Políticos teve sua redação alterada coma finalidade de dificultar a criação de novos partidos políticos. Doravante, a colheita de assinatura de eleitores para o apoiamento mínimo necessário para o registro do partido no TSE deverá ocorrer durante o período de dois anos, exigência que não era prevista até então. O processo de criação de um novo partido, assim, será mais moroso do que aquele que

Redação antiga	Nova redação	Comentários
	um mínimo de 0,1% (um décimo por cento) do eleitorado que haja votado em cada um deles.	era observado até a publicação da nova lei, quando não era exigido tal prazo.
Art. 18. Para concorrer a cargo eletivo, o eleitor deverá estar filiado ao respectivo partido pelo menos um ano antes da data fixada para as eleições, majoritárias ou proporcionais.	Artigo revogado pela Lei nº 13.165/15.	Com a publicação da Lei nº 13.165/15, o referido prazo passou a ser de seis meses antes das eleições.
Dispositivos incluídos pela Lei nº 13.165/15.	**Art. 22-A.** Perderá o mandato o detentor de cargo eletivo que se desfiliar, sem justa causa, do partido pelo qual foi eleito. Parágrafo único. Consideram-se justa causa para a desfiliação partidária somente as seguintes hipóteses: I – mudança substancial ou desvio reiterado do programa partidário; II – grave discriminação política pessoal; e III – mudança de partido efetuada durante o período de trinta dias que antecede o prazo de filiação exigido em lei para concorrer à eleição, majoritária ou proporcional, ao término do mandato vigente.	O novo art. 22-A, incluído pela lei nº 13.165/15, disciplinou, finalmente, a fidelidade partidária no plano legal, uma vez que, até então, infraconstitucionalmente, a matéria era disciplinada, tão somente, pela Resolução TSE nº 22.610/07. Como novidade maior, o inciso III do art. 22-A trouxe a possibilidade de uma janela para a troca de partido por mandatários, durante o período de trinta dias que antecede o prazo de filiação exigido em lei para concorrer à eleição, majoritária ou proporcional, ao término do mandato vigente. As demais hipóteses, previstas nos incisos I e II, já eram previstas como situações autorizadoras da troca de partido, sem perda do mandato político, pela Resolução do TSE. Por outro lado, a hipótese também prevista na resolução de troca de partido para fundar partido novo por par-

Redação antiga	Nova redação	Comentários
		te do mandatário, sem perda do mandato, não foi reproduzida pela lei nº 13.165/15. Por fim, vale destacar que o STF, julgando a ADI 5018/DF, decidiu que as normas de fidelidade partidária não se aplicam a mandatos majoritários, aplicando-se, portanto, apenas aos cargos de vereador, deputado estadual, deputado distrital e deputado federal.
Art. 32. (...) § 3º No ano em que ocorrem eleições, o partido deve enviar balancetes mensais à Justiça Eleitoral, durante os quatro meses anteriores e os dois meses posteriores ao pleito.	**Art. 32.** (...) § 3º (Revogado). § 4º Os órgãos partidários municipais que não hajam movimentado recursos financeiros ou arrecadado bens estimáveis em dinheiro ficam desobrigados de prestar contas à Justiça Eleitoral, exigindo-se do responsável partidário, no prazo estipulado no **caput**, a apresentação de declaração da ausência de movimentação de recursos nesse período. § 5º A desaprovação da prestação de contas do partido não ensejará sanção alguma que o impeça de participar do pleito eleitoral.	A lei nº 13.165/15, ao revogar o § 3º do art. 32 da Lei nº 9.096/95, acabou com a obrigatoriedade do partido político, em ano eleitoral, enviar balancetes mensais à Justiça Eleitoral, durante os quatro meses anteriores e os dois meses posteriores ao pleito. Importante também destacar que o novo § 5º ressaltou que a desaprovação da prestação de contas do partido não enseja sanção alguma que o impeça de participar do pleito eleitoral.
Art. 34. A Justiça Eleitoral exerce a fiscalização sobre a escrituração contábil e a prestação de contas do partido e das despesas de campanha eleitoral, devendo atestar se elas refletem	**Art. 34.** A Justiça Eleitoral exerce a fiscalização sobre a prestação de contas do partido e das despesas de campanha eleitoral, devendo atestar se elas refletem adequadamente a real	O novo caput do art. 34 retirou, da Justiça Eleitoral, o papel de fiscal da escrituração contábil do partido político, preservando, contudo, a fiscalização sobre a prestação de contas do

Redação antiga	Nova redação	Comentários
adequadamente a real movimentação financeira, os dispêndios e recursos aplicados nas campanhas eleitorais, exigindo a observação das seguintes normas: I – obrigatoriedade de constituição de comitês e designação de dirigentes partidários específicos, para movimentar recursos financeiros nas campanhas eleitorais; II – caracterização da responsabilidade dos dirigentes do partido e comitês, inclusive do tesoureiro, que responderão, civil e criminalmente, por quaisquer irregularidades; III – escrituração contábil, com documentação que comprove a entrada e saída de dinheiro ou de bens recebidos e aplicados; IV – obrigatoriedade de ser conservada pelo partido a documentação comprobatória de suas prestações de contas, por prazo não inferior a cinco anos; V – obrigatoriedade de prestação de contas, pelo partido político, seus comitês e candidatos, no encerramento da campanha eleitoral, com o recolhimento imediato à tesouraria do partido dos saldos financeiros eventualmente apurados. § 1º A fiscalização de que trata o **caput** tem	movimentação financeira, os dispêndios e os recursos aplicados nas campanhas eleitorais, exigindo a observação das seguintes normas: I – obrigatoriedade de designação de dirigentes partidários específicos para movimentar recursos financeiros nas campanhas eleitorais; II – (revogado); III – relatório financeiro, com documentação que comprove a entrada e saída de dinheiro ou de bens recebidos e aplicados; IV – obrigatoriedade de ser conservada pelo partido, por prazo não inferior a cinco anos, a documentação comprobatória de suas prestações de contas; V – obrigatoriedade de prestação de contas pelo partido político e por seus candidatos no encerramento da campanha eleitoral, com o recolhimento imediato à tesouraria do partido dos saldos financeiros eventualmente apurados. § 1º A fiscalização de que trata o **caput** tem por escopo identificar a origem das receitas e a destinação das despesas com as atividades partidárias e eleitorais, mediante o exame formal dos documentos fiscais apresentados pelos partidos políticos e can-	partido e das despesas de campanha eleitoral. Os novos incisos I e V, bem como o novo § 1º, por outro lado, reproduziu previsão expressa em vários dispositivos inovadores trazidos pela lei nº 13.165/15, extinguindo a figura do comitê partidário nas campanhas eleitorais. Já o inciso II, que previa a responsabilização pessoal dos dirigentes do partido, no âmbito cível e criminal, por quaisquer irregularidades nas contas dos partidos foi revogado.

Redação antiga	Nova redação	Comentários
por escopo identificar a origem das receitas e a destinação das despesas com as atividades partidárias e eleitorais, mediante o exame formal dos documentos contábeis e fiscais apresentados pelos partidos políticos, comitês e candidatos, sendo vedada a análise das atividades político-partidárias ou qualquer interferência em sua autonomia.	didatos, sendo vedada a análise das atividades político-partidárias ou qualquer interferência em sua autonomia.	
Art. 37. A falta de prestação de contas ou sua desaprovação total ou parcial implica a suspensão de novas cotas do Fundo Partidário e sujeita os responsáveis às penas da lei. (...) § 2º A sanção a que se refere o caput será aplicada exclusivamente à esfera partidária responsável pela irregularidade § 3º A sanção de suspensão do repasse de novas quotas do Fundo Partidário, por desaprovação total ou parcial da prestação de contas de partido, deverá ser aplicada de forma proporcional e razoável, pelo período de 1 (um) mês a 12 (doze) meses, ou por meio do desconto, do valor a ser repassado, da importância apontada como irregular, não podendo ser aplicada a sanção de suspensão, caso a	**Art. 37.** A desaprovação das contas do partido implicará exclusivamente a sanção de devolução da importância apontada como irregular, acrescida de multa de até 20% (vinte por cento). (...) § 2º A sanção a que se refere o caput será aplicada exclusivamente à esfera partidária responsável pela irregularidade, não suspendendo o registro ou a anotação de seus órgãos de direção partidária nem tornando devedores ou inadimplentes os respectivos responsáveis partidários. § 3º A sanção a que se refere o caput deverá ser aplicada de forma proporcional e razoável, pelo período de um a doze meses, e o pagamento deverá ser feito por meio de desconto nos futuros repasses de cotas do Fundo Partidá-	De acordo com o novo caput do art. 37, a desaprovação das contas partidárias não acarreta mais a suspensão de novas cotas do Fundo Partidário, com a responsabilização dos responsáveis, mas, tão somente, a sanção de devolução da importância apontada como irregular, acrescida de multa de até 20% (vinte por cento), sem que haja suspensão de órgãos de direção partidária ou declaração de dívida ou inadimplência dos respectivos responsáveis partidários (conforme o novo § 2º). Eventuais descontos nos futuros repasses do Fundo partidário, como consequência da sanção prevista no novo caput do art. 37, deverão ocorrer, segundo o novo § 3º, de forma proporcional e razoável, pelo período de um a doze meses, desde que a prestação

Redação antiga	Nova redação	Comentários
prestação de contas não seja julgada, pelo juízo ou tribunal competente, após 5 (cinco) anos de sua apresentação.	rio, desde que a prestação de contas seja julgada, pelo juízo ou tribunal competente, em até cinco anos de sua apresentação. (...) § 9º O desconto no repasse de cotas resultante da aplicação da sanção a que se refere o caput será suspenso durante o segundo semestre do ano em que se realizarem as eleições. § 10. Os gastos com passagens aéreas serão comprovados mediante apresentação de fatura ou duplicata emitida por agência de viagem, quando for o caso, desde que informados os beneficiários, as datas e os itinerários, vedada a exigência de apresentação de qualquer outro documento para esse fim. § 11. Os órgãos partidários poderão apresentar documentos hábeis para esclarecer questionamentos da Justiça Eleitoral ou para sanear irregularidades a qualquer tempo, enquanto não transitada em julgado a decisão que julgar a prestação de contas. § 12. Erros formais ou materiais que no conjunto da prestação de contas não comprometam o conhecimento da origem das receitas e a destinação das despesas não	de contas seja julgada, pelo juízo ou tribunal competente, em até cinco anos de sua apresentação. Tal desconto, contudo, se ocorrer, deverá ser suspenso durante o segundo semestre do ano em que se realizarem as eleições.

Redação antiga	Nova redação	Comentários
	acarretarão a desaprovação das contas. § 13. A responsabilização pessoal civil e criminal dos dirigentes partidários decorrente da desaprovação das contas partidárias e de atos ilícitos atribuídos ao partido político somente ocorrerá se verificada irregularidade grave e insanável resultante de conduta dolosa que importe enriquecimento ilícito e lesão ao patrimônio do partido. § 14. O instituto ou fundação de pesquisa e de doutrinação e educação política não será atingido pela sanção aplicada ao partido político em caso de desaprovação de suas contas, exceto se tiver diretamente dado causa à reprovação. (NR)	
Dispositivo incluído pela Lei nº 13.165/15.	**Art. 37-A.** A falta de prestação de contas implicará a suspensão de novas cotas do Fundo Partidário enquanto perdurar a inadimplência e sujeitará os responsáveis às penas da lei.	Se antes da lei nº 13.165/15 a falta de prestação de contas implicava a suspensão de novas cotas do Fundo Partidário e sujeitava os responsáveis às penas da lei, agora tal procedimento implicará, tão somente, a suspensão de novas cotas do Fundo Partidário enquanto perdurar a inadimplência, mantendo-se a sujeição dos responsáveis às penas da lei.

Redação antiga	Nova redação	Comentários
Art. 39. (...) § 3º As doações em recursos financeiros devem ser, obrigatoriamente, efetuadas por cheque cruzado em nome do partido político ou por depósito bancário diretamente na conta do partido político.	**Art. 39.** (...) § 3º As doações de recursos financeiros somente poderão ser efetuadas na conta do partido político por meio de: I – cheques cruzados e nominais ou transferência eletrônica de depósitos; II – depósitos em espécie devidamente identificados; III – mecanismo disponível em sítio do partido na internet que permita inclusive o uso de cartão de crédito ou de débito e que atenda aos seguintes requisitos: a) identificação do doador; b) emissão obrigatória de recibo eleitoral para cada doação realizada.	A nova redação do § 3º do art. 39 da Lei Geral dos Partidos Políticos, ao instituir o seu novo inciso III, possibilitou que as doações de recursos financeiros a partidos políticos possam vir a ser realizadas mediante mecanismo disponível em sítio do partido na internet que permita o uso de cartão de crédito ou de débito, o que não era possível, até então. Para que tal forma de doação seja possível, contudo, será necessário que tal mecanismo permita a identificação do doador e emita, obrigatoriamente, recibo eleitoral para cada doação realizada.
Art. 41-A. (...) I – 5% (cinco por cento) serão destacados para entrega, em partes iguais, a todos os partidos que tenham seus estatutos registrados no Tribunal Superior Eleitoral; e	**Art. 41-A.** (...) I – 5% (cinco por cento) serão destacados para entrega, em partes iguais, a todos os partidos que atendam aos requisitos constitucionais de acesso aos recursos do Fundo Partidário; e	O novo inciso I do art. 41-A da Lei nº 9.096/95, a exemplo de outros que tiveram suas redações alteradas pela Lei nº 13.165/15, passou a possibilitar restrições ao recebimento de recursos do Fundo Partidário a partidos políticos que não venham a atender requisitos constitucionais de acesso ao Fundo Partidário. Atualmente, o requisito necessário, conforme previsão do art. 17 da CF/1988, é o registro do partido no TSE.

Redação antiga	Nova redação	Comentários
Art. 44. (...) I – na manutenção das sedes e serviços do partido, permitido o pagamento de pessoal, a qualquer título, observado neste último caso o limite máximo de 50% (cinquenta por cento) do total recebido; (...) V – na criação e manutenção de programas de promoção e difusão da participação política das mulheres conforme percentual que será fixado pelo órgão nacional de direção partidária, observado o mínimo de 5% (cinco por cento) do total. (...) § 5º O partido que não cumprir o disposto no inciso V do caput deste artigo deverá, no ano subsequente, acrescer o percentual de 2,5% (dois inteiros e cinco décimos por cento) do Fundo Partidário para essa destinação, ficando impedido de utilizá-lo para finalidade diversa.	**Art. 44.** (...) I – na manutenção das sedes e serviços do partido, permitido o pagamento de pessoal, a qualquer título, observado, do total recebido, os seguintes limites: a) 50% (cinquenta por cento) para o órgão nacional; b) 60% (sessenta por cento) para cada órgão estadual e municipal; (...) V – na criação e manutenção de programas de promoção e difusão da participação política das mulheres, criados e mantidos pela secretaria da mulher do respectivo partido político ou, inexistindo a secretaria, pelo instituto ou fundação de pesquisa e de doutrinação e educação política de que trata o inciso IV, conforme percentual que será fixado pelo órgão nacional de direção partidária, observado o mínimo de 5% (cinco por cento) do total; VI – no pagamento de mensalidades, anuidades e congêneres devidos a organismos partidários internacionais que se destinem ao apoio à pesquisa, ao estudo e à doutrinação política, aos quais seja o partido político regularmente filiado; VII – no pagamento de despesas com alimenta-	O novo inciso I do art. 44 da Lei Geral dos Partidos Políticos cria, por meio da nova alínea "b", um limite mais amplo, de 60% dos recursos oriundos do Fundo Partidário, para uso dos órgãos estaduais e municipais dos partidos políticos para fins de pagamento de pessoal. O novo inciso V, por sua vez, prevê a possibilidade dos partidos políticos criarem secretarias da mulher, com a finalidade de gerir programas de promoção e difusão da participação política feminina, mister que poderá ser cumprindo, também, por instituto ou fundação de pesquisa mantidos pelo partido para a doutrinação e educação política. O percentual mínimo de utilização de 5% dos recursos do Fundo Partidário para o incentivo à participação feminina na política, já previsto na legislação anterior, foi preservado. De se destacar, também, o novo § 5º-A, incluído pela Lei nº 13.165/15, o qual prevê que os partidos políticos que não aplicarem o percentual de 5% do Fundo Partidário em ações de incentivo à participação feminina na política, conforme o inciso V, deverão transferir o respectivo saldo para

Redação antiga	Nova redação	Comentários
	ção, incluindo restaurantes e lanchonetes. (...) § 5º O partido político que não cumprir o disposto no inciso V do **caput** deverá transferir o saldo para conta específica, sendo vedada sua aplicação para finalidade diversa, de modo que o saldo remanescente deverá ser aplicado dentro do exercício financeiro subsequente, sob pena de acréscimo de 12,5% (doze inteiros e cinco décimos por cento) do valor previsto no inciso V do **caput**, a ser aplicado na mesma finalidade. § 5º-A. A critério das agremiações partidárias, os recursos a que se refere o inciso V poderão ser acumulados em diferentes exercícios financeiros, mantidos em contas bancárias específicas, para utilização futura em campanhas eleitorais de candidatas do partido. (...) § 7º A critério da secretaria da mulher ou, inexistindo a secretaria, a critério da fundação de pesquisa e de doutrinação e educação política, os recursos a que se refere o inciso V do **caput** poderão ser acumulados em diferentes exercícios financeiros, mantidos em contas bancárias específicas, para utiliza-	conta específica, sendo vedada sua aplicação para finalidade diversa, de modo que o saldo remanescente deverá ser aplicado dentro do exercício financeiro subsequente, sob pena de acréscimo de 12,5% (doze inteiros e cinco décimos por cento) do valor previsto, a ser aplicado na mesma finalidade. Por fim, o novo § 7º prevê que o partido político, por meio da sua secretaria da mulher, ou, inexistindo esta, através da fundação de pesquisa e de doutrinação e educação política, poderá acumular os recursos a que se refere o inciso V do caput em diferentes exercícios financeiros, mantidos em contas bancárias específicas, para utilização futura em campanhas eleitorais de candidatas do partido.

Redação antiga	Nova redação	Comentários
	ção futura em campanhas eleitorais de candidatas do partido, não se aplicando, neste caso, o disposto no § 5º.(NR)	
Art. 45. (...) IV – promover e difundir a participação política feminina, dedicando às mulheres o tempo que será fixado pelo órgão nacional de direção partidária, observado o mínimo de 10% (dez por cento).	**Art. 45.** (...) IV – promover e difundir a participação política feminina, dedicando às mulheres o tempo que será fixado pelo órgão nacional de direção partidária, observado o mínimo de 10% (dez por cento) do programa e das inserções a que se refere o art. 49.	O novo inciso IV do art. 45 da Lei Geral dos Partidos Políticos traz, como novidade, a previsão expressa de que o tempo mínimo de 10% da propaganda partidária para difusão da participação política feminina deverá ser observado também nas inserções a que se refere o art. 49 desta mesma lei, não se limitando, portanto, ao programa em bloco.
Art. 49. O partido que atenda ao disposto no art. 13 tem assegurado: I – a realização de um programa, em cadeia nacional e de um programa, em cadeia estadual em cada semestre, com a duração de vinte minutos cada; II – a utilização do tempo total de quarenta minutos, por semestre, para inserções de trinta segundos ou um minuto, nas redes nacionais, e de igual tempo nas emissoras estaduais.	**Art. 49.** Os partidos com pelo menos um representante em qualquer das Casas do Congresso Nacional têm assegurados os seguintes direitos relacionados à propaganda partidária: I – a realização de um programa a cada semestre, em cadeia nacional, com duração de: a) cinco minutos cada, para os partidos que tenham eleito até quatro Deputados Federais; b) dez minutos cada, para os partidos que tenham eleito cinco ou mais Deputados Federais; II – a utilização, por semestre, para inserções de trinta segundos ou um minuto, nas redes nacionais, e de igual tempo nas emissoras-	O antigo artigo 49 havia sido declarado inconstitucional, em virtude do julgamento das ADIs 1.351-3 e 1.354-8, que afastaram a aplicabilidade da cláusula de desempenho dos partidos, prevista no art. 13 da Lei Geral dos Partidos Políticos. Desta forma, a divisão do tempo de propaganda partidária entre os partidos com registro no TSE carecia de uma disciplina legal, que agora foi promovida, com a publicação da Lei nº 13.165/15, que deu nova redação ao art. 49 da Lei nº 9.096/95. Além disso, o novo parágrafo único do art. 49, incluído pela lei nº 13.165/15, estabeleceu a possibilidade de realização de inserções de conteúdo

Redação antiga	Nova redação	Comentários
	estaduais, do tempo total de: a) dez minutos, para os partidos que tenham eleito até nove Deputados Federais; b) vinte minutos, para os partidos que tenham eleito dez ou mais deputados federais. Parágrafo único. A critério do órgão partidário nacional, as inserções em redes nacionais referidas no inciso II do **caput** deste artigo poderão veicular conteúdo regionalizado, comunicando-se previamente o Tribunal Superior Eleitoral.	regionalizado durante o período da propaganda partidária, a critério dos órgãos nacionais dos partidos políticos.
Art. 56. No período entre a data da publicação desta Lei e o início da próxima legislatura, será observado o seguinte. I – fica assegurado o direito ao funcionamento parlamentar na Câmara dos Deputados ao partido que tenha elegido e mantenha filiados, no mínimo, três representantes de diferentes Estados; II – a Mesa Diretora da Câmara dos Deputados disporá sobre o funcionamento da representação partidária conferida, nesse período, ao partido que possua representação eleita ou filiada em número inferior ao disposto no inciso anterior;	Artigo revogado pela Lei nº 13.165/15.	

Redação antiga	Nova redação	Comentários
III – ao partido que preencher as condições do inciso I é assegurada a realização anual de um programa, em cadeia nacional, com a duração de dez minutos; IV – ao partido com representante na Câmara dos Deputados desde o início da Sessão Legislativa de 1995, fica assegurada a realização de um programa em cadeia nacional em cada semestre, com a duração de cinco minutos, não cumulativos com o tempo previsto no inciso III; V – vinte e nove por cento do Fundo Partidário será destacado para distribuição a todos os partidos com estatutos registrados no Tribunal Superior Eleitoral, na proporção da representação parlamentar filiada no início da Sessão Legislativa de 1995.		
Art. 57. No período entre o início da próxima Legislatura e a proclamação dos resultados da segunda eleição geral subsequente para a Câmara dos Deputados, será observado o seguinte I – direito a funcionamento parlamentar ao partido com registro definitivo de seus estatutos no Tribunal Superior Eleitoral até a data da publicação desta Lei que, a partir de sua fundação tenha concorrido	Artigo revogado pela Lei nº 13.165/15.	

Redação antiga	Nova redação	Comentários
ou venha a concorrer às eleições gerais para a Câmara dos Deputados, elegendo representante em duas eleições consecutivas a) na Câmara dos Deputados, toda vez que eleger representante em, no mínimo, cinco Estados e obtiver um por cento dos votos apurados no País, não computados os brancos e os nulos; b) nas Assembleias Legislativas e nas Câmaras de Vereadores, toda vez que, atendida a exigência do inciso anterior, eleger representante para a respectiva Casa e obtiver um total de um por cento dos votos apurados na Circunscrição, não computados os brancos e os nulos. II – vinte e nove por cento do Fundo Partidário será destacado para distribuição, aos Partidos que cumpram o disposto no art. 13 ou no inciso anterior, na proporção dos votos obtidos na última eleição geral para a Câmara dos Deputados; III – é assegurada, aos Partidos a que se refere o inciso I, observadas, no que couber, as disposições do Título IV: a) a realização de um programa, em cadeia nacional, com duração de dez minutos por semestre;		

Redação antiga	Nova redação	Comentários
b) a utilização do tempo total de vinte minutos por semestre em inserções de trinta segundos ou um minuto, nas redes nacionais e de igual tempo nas emissoras dos Estados onde hajam atendido ao disposto no inciso I, b.		

3. ALTERAÇÕES PROMOVIDAS NO CÓDIGO ELEITORAL (LEI Nº 4737/65)

Redação antiga	Nova redação	Comentários
Dispositivo incluído pela Lei nº 13.165/15.	**Art. 7º** (...) § 4º O disposto no inciso V do § 1º não se aplica ao eleitor no exterior que requeira novo passaporte para identificação e retorno ao Brasil."	Este novo parágrafo do art. 7º do Código Eleitoral, incluído pela Lei nº 13.165/15, criou uma exceção à sanção de impedimento de obtenção de passaporte ou carteira de identidade prevista para aqueles que, de forma injustificada, deixarem de votar. Doravante, tal penalidade não será aplicada ao eleitor brasileiro que, estando no exterior, requeira novo passaporte para identificação e retorno ao Brasil.
Art. 14. (...) § 3º Da homologação da respectiva convenção partidária até a apuração final da eleição, não poderão servir como juízes nos Tribunais Eleitorais, ou como juiz eleitoral, o cônjuge, perante consanguíneo legítimo ou ilegítimo, ou afim, até o segundo grau, de candidato a cargo eletivo registrado na circunscrição.	**Art. 14.** (...) § 3º Da homologação da respectiva convenção partidária até a diplomação e nos feitos decorrentes do processo eleitoral, não poderão servir como juízes nos Tribunais Eleitorais, ou como juiz eleitoral, o cônjuge ou o parente consanguíneo ou afim, até o segundo grau, de candidato a cargo eletivo registrado na circunscrição.	O novo § 3º do art. 14 do Código Eleitoral amplia o lapso temporal de impedimento de atuação, na magistratura eleitoral, de cônjuge ou parente até o segundo grau de candidato. Doravante, o impedimento persistirá até a diplomação, e não mais, como outrora, até a apuração final da eleição. Além disso, a nova redação, atualizando a lei eleitoral aos ditames

Redação antiga	Nova redação	Comentários
		constitucionais, extirpou a diferença entre parentes consanguíneos legítimos e ilegítimos, não mais prevista na legislação civil.
Dispositivos incluídos pela Lei nº 13.195/15.	**Art. 28.** (...) § 4º As decisões dos Tribunais Regionais sobre quaisquer ações que importem cassação de registro, anulação geral de eleições ou perda de diplomas somente poderão ser tomadas com a presença de todos os seus membros. § 5º No caso do § 4º, se ocorrer impedimento de algum juiz, será convocado o suplente da mesma classe.”	Os novos §§ 4º e 5º do art. 28 do Código Eleitoral, incluídos pela reforma de setembro de 2015, estabeleceram que, doravante, decisões de TREs que importem cassação de registro de candidatos, anulação geral das eleições ou perda de diplomas somente poderão ser tomadas com a presença dos sete membros da corte. Quando isso não for possível, no caso, por exemplo, de impedimento de algum juiz, o suplente deverá ser convocado. Tal regra, que, certamente, criará dificuldades a alguns tribunais, principalmente porque se tornou comum, nos TREs, julgamentos sem a presença de todos os membros das cortes, já era prevista, no parágrafo único do art. 19 do Código, para o Tribunal Superior Eleitoral.
Art. 93. O prazo da entrada em cartório ou na Secretaria do Tribunal, conforme o caso, de requerimento de registro de candidato a cargo eletivo terminará, improrrogavelmente, às	**Art. 93.** O prazo de entrada em cartório ou na Secretaria do Tribunal, conforme o caso, de requerimento de registro de candidato a cargo eletivo terminará, improrrogavelmente, às	O art. 93 do Código Eleitoral encontrava-se tacitamente revogado desde a publicação da Lei das Eleições, em 1997. Curiosamente, a lei 13.165/15 resgatou o referido dispositivo,

Redação antiga	Nova redação	Comentários
dezoito horas do nonagésimo dia anterior à data marcada para a eleição. § 1º Até o septuagésimo dia anterior à data marcada para a eleição, todos os requerimentos devem estar julgados, inclusive os que tiverem sido impugnados. § 2º As convenções partidárias para a escolha dos candidatos serão realizadas, no máximo, até dez dias antes do término do prazo do pedido de registro no cartório eleitoral ou na Secretaria do Tribunal.	dezenove horas do dia 15 de agosto do ano em que se realizarem as eleições. § 1º Até vinte dias antes da data das eleições, todos os requerimentos, inclusive os que tiverem sido impugnados, devem estar julgados pelas instâncias ordinárias, e publicadas as decisões a eles relativas. § 2º As convenções partidárias para a escolha dos candidatos serão realizadas, no máximo, até 5 de agosto do ano em que se realizarem as eleições.	adequando-o aos novos prazos legais de realização das convenções partidárias e solicitação de registro de candidaturas. Além disso, o novo § 1º do presente artigo reproduziu regra também incluída na lei nº 9.504/97 pela reforma de setembro de 2015, determinando que todos os requerimentos de candidaturas, inclusive os que tiverem sido impugnados, devem estar julgados pelas instâncias ordinárias, e publicadas as decisões a eles relativas até 20 dias antes da data das eleições.
Art. 108. Estarão eleitos tantos candidatos registrados por um Partido ou coligação quantos o respectivo quociente partidário indicar, na ordem da votação nominal que cada um tenha recebido.	**Art. 108.** Estarão eleitos, entre os candidatos registrados por um partido ou coligação que tenham obtido votos em número igual ou superior a 10% (dez por cento) do quociente eleitoral, tantos quantos o respectivo quociente partidário indicar, na ordem da votação nominal que cada um tenha recebido. Parágrafo único. Os lugares não preenchidos em razão da exigência de votação nominal mínima a que se refere o caput serão distribuídos de acordo com as regras do art. 109.	As novas redações dos artigos 108 e 109 do Código Eleitoral, determinadas pela Lei nº 13.165/15, objetivando reduzir o impacto de um fenômeno cada vez mais observado nas eleições proporcionais, a eleição de candidatos pouco votados, em virtude da presença dos chamados "puxadores de voto" em seus partidos ou coligações, reformulou o método de distribuição das cadeiras no sistema eleitoral proporcional, aplicável às eleições de vereadores, deputados estaduais, deputados distritais e deputados federais. Conforme o novo caput do art. 108, em um pri-

Redação antiga	Nova redação	Comentários
		meiro momento, somente serão declarados eleitos, após a distribuição das cadeiras em disputa entre os partidos e coligações, decorrente dos cálculos dos quocientes partidários, os candidatos que obtiverem, no mínimo, votação equivalente a 10% do quociente eleitoral. A partir daí, os lugares não preenchidos em razão da exigência de votação nominal mínima a que se refere o caput serão distribuídos de acordo com as regras do art. 109, que também teve a sua redação reformulada pela Lei nº 13.165/15.
Art. 109. Os lugares não preenchidos com a aplicação dos quocientes partidários serão distribuídos mediante observância das seguintes regras: I – dividir-se-á o número de votos válidos atribuídos a cada Partido ou coligação de Partidos pelo número de lugares por ele obtido, mais um, cabendo ao Partido ou coligação que apresentar a maior média um dos lugares a preencher; II – repetir-se-á a operação para a distribuição de cada um dos lugares. § 1º – O preenchimento dos lugares com que cada Partido ou coligação for contemplado far-se-á segundo a ordem	**Art. 109.** Os lugares não preenchidos com a aplicação dos quocientes partidários e em razão da exigência de votação nominal mínima a que se refere o art. 108 serão distribuídos de acordo com as seguintes regras: I – dividir-se-á o número de votos válidos atribuídos a cada partido ou coligação pelo número de lugares definido para o partido pelo cálculo do quociente partidário do art. 107, mais um, cabendo ao partido ou coligação que apresentar a maior média um dos lugares a preencher, desde que tenha candidato que atenda à exigência de votação nominal mínima;	O novo artigo 109 criou novas regras para o cálculo das sobras decorrentes dos lugares não preenchidos com a aplicação dos quocientes partidários. Doravante, há de se observar, conforme o novo artigo 108, já comentado, o preenchimento das cadeiras em disputa, em um primeiro momento, apenas por aqueles candidatos que tiverem obtido, no mínimo, um quantitativo de votos equivalente a 10% do quociente eleitoral. Assim, candidatos que, na legislação anterior, já seriam declarados eleitos imediatamente após o cálculo dos quocientes partidários, não têm mais asse-

Redação antiga	Nova redação	Comentários
de votação recebida pelos seus candidatos. § 2º - Só poderão concorrer à distribuição dos lugares os Partidos e coligações que tiverem obtido quociente eleitoral.	II – repetir-se-á a operação para cada um dos lugares a preencher; III – quando não houver mais partidos ou coligações com candidatos que atendam às duas exigências do inciso I, as cadeiras serão distribuídas aos partidos que apresentem as maiores médias. § 1º O preenchimento dos lugares com que cada partido ou coligação for contemplado far-se-á segundo a ordem de votação recebida por seus candidatos. § 2º Somente poderão concorrer à distribuição dos lugares os partidos ou as coligações que tiverem obtido quociente eleitoral.	guradas as suas vitórias, uma vez que, no primeiro momento da distribuição das cadeiras, somente serão declarados eleitos os candidatos que tiverem atingido o referido percentual. Como consequência desta nova regra, o número de cadeiras não preenchidas a partir do quociente partidário será maior, aumentando, por conseguinte, o quantitativo de cadeiras a serem distribuídas no cálculo das sobras, normatizado pelo presente artigo 109. A primeira distribuição das cadeiras remanescentes, a partir de agora, privilegiará os candidatos não eleitos pelo quociente partidário que tenham obtido votação igual ou maior que 10% do quociente eleitoral. Apenas quando não houver mais candidatos em tal situação, caso ainda reste alguma vaga não preenchida, é que a regra antiga de distribuição das sobras será aplicada, podendo a cadeira remanescente ser distribuída a candidatos que não obtiveram a votação de 10% do quociente eleitoral.
Dispositivo incluído pela Lei nº 13.165/15.	**Art. 112.** (...) Parágrafo único. Na definição dos suplentes da representação partidária, não há exigência de votação nominal mínima prevista pelo art. 108.	O parágrafo único do art. 112, incluído pela Lei nº 13.165/15, tendo em vista as novas regras referentes à distribuição das cadeiras em disputa nas eleições proporcio-

Redação antiga	Nova redação	Comentários
		nais, estabeleceu que os suplentes das representações partidárias não precisarão obter a votação mínima equivalente a 10% do quociente eleitoral para serem declarados como tais, regra, de certa forma, óbvia, trazida pela nova legislação.
Dispositivos incluídos pela Lei nº 13.165/15.	**Art. 224.** (...) § 3º A decisão da Justiça Eleitoral que importe o indeferimento do registro, a cassação do diploma ou a perda do mandato de candidato eleito em pleito majoritário acarreta, após o trânsito em julgado, a realização de novas eleições, independentemente do número de votos anulados. § 4º A eleição a que se refere o § 3º correrá a expensas da Justiça Eleitoral e será: I – indireta, se a vacância do cargo ocorrer a menos de seis meses do final do mandato; II – direta, nos demais casos.	Os novos §§ 3º e 4º do art. 224 do Código Eleitoral, incluídos pela minirreforma eleitoral de setembro de 2015, põem fim a uma antiga celeuma existente no âmbito da Justiça Eleitoral: a realização, ou não, de novas eleições, em pleitos majoritários, após o trânsito em julgado de decisão que importe o indeferimento do registro, a cassação do diploma ou a perda do mandato de candidato eleito. Doravante, independentemente do número de votos anulados, caso o vencedor do pleito tenha sua vitória anulada pela Justiça, nova eleição deverá ser realizada. Não obstante a importância dos novos dispositivos, já é possível se vislumbrar uma inconstitucionalidade do § 4º, no que se refere aos seus incisos I e II. Tal observação é possível tendo em vista que a Constituição de 1988 é clara ao dispor que, em se tratando

Redação antiga	Nova redação	Comentários
		das eleições presidenciais, caso haja vacância dos cargos de Presidente e Vice-presidente da República nos dois últimos anos de mandato, eleição indireta deverá ocorrer, para a escolha dos novos mandatários, que completarão os mandatos inconclusos. É de se destacar que, pelo princípio da simetria, esta regra vem sendo aplicada aos mandatos executivos estaduais, além de ser prevista, também, em muitas leis orgânicas municipais.
Art. 233-A. Aos eleitores em trânsito no território nacional é igualmente assegurado o direito de voto nas eleições para Presidente e Vice-Presidente da República, em urnas especialmente instaladas nas capitais dos Estados e na forma regulamentada pelo Tribunal Superior Eleitoral.	**Art. 233-A.** Aos eleitores em trânsito no território nacional é assegurado o direito de votar para Presidente da República, Governador, Senador, Deputado Federal, Deputado Estadual e Deputado Distrital em urnas especialmente instaladas nas capitais e nos Municípios com mais de cem mil eleitores. § 1º O exercício do direito previsto neste artigo sujeita-se à observância das regras seguintes: I – para votar em trânsito, o eleitor deverá habilitar-se perante a Justiça Eleitoral no período de até quarenta e cinco dias da data marcada para a eleição, indicando o local em que pretende votar; II – aos eleitores que se encontrarem fora da	A regra do artigo 233-A do Código Eleitoral, criada pela Lei nº 12.034/09, foi ampliada, permitindo, doravante, o voto em trânsito de eleitores não apenas para as eleições presidenciais, mas também nos pleitos de circunscrição estadual e/ou distrital (governadores, deputados e senadores). Além disso, o eleitor poderá, com as novas regras, a partir de 2018, votar em trânsito se estiver em qualquer município do estado (no caso das eleições com circunscrição estadual) ou do país (no caso das eleições presidenciais) que tenham mais de cem mil eleitores, fato que amplia a possibilidade de utilização do instituto.

Redação antiga	Nova redação	Comentários
	unidade da Federação de seu domicílio eleitoral somente é assegurado o direito à habilitação para votar em trânsito nas eleições para Presidente da República; III – os eleitores que se encontrarem em trânsito dentro da unidade da Federação de seu domicílio eleitoral poderão votar nas eleições para Presidente da República, Governador, Senador, Deputado Federal, Deputado Estadual e Deputado Distrital. § 2º Os membros das Forças Armadas, os integrantes dos órgãos de segurança pública a que se refere o art. 144 da Constituição Federal, bem como os integrantes das guardas municipais mencionados no § 8º do mesmo art. 144, poderão votar em trânsito se estiverem em serviço por ocasião das eleições. § 3º As chefias ou comandos dos órgãos a que estiverem subordinados os eleitores mencionados no § 2º enviarão obrigatoriamente à Justiça Eleitoral, em até quarenta e cinco dias da data das eleições, a listagem dos que estarão em serviço no dia da eleição com indicação das seções eleitorais de origem e destino. § 4º Os eleitores mencionados no § 2º, uma vez	Para votar em trânsito, o eleitor deverá habilitar-se perante a Justiça Eleitoral no período de até quarenta e cinco dias da data marcada para a eleição, indicando o local em que pretende votar. Regra polêmica, contudo, é a estabelecida pelo novo § 2º, o qual garante o exercício do voto em trânsito dos membros das Forças Armadas, órgãos de segurança pública e integrantes de guardas municipais que estiverem em serviço, por ocasião das eleições. O problema da nova regra, aparentemente louvável, reside na redação dos §§ 3º e 4º, também incluídos pela reforma, que não restringem tal direito àqueles que estiverem em serviço fora dos seus estados de origem. Pergunta-se: um integrante das Forças Armadas que esteja fora do seu estado de origem, a serviço, na data do pleito, poderá votar para governador, deputados e senadores? Como será a logística desta votação, no que se refere, principalmente, à preparação das urnas? Teremos até as eleições de 2018 para responder a estes questionamentos.

Redação antiga	Nova redação	Comentários
	habilitados na forma do § 3º, serão cadastrados e votarão nas seções eleitorais indicadas nas listagens mencionadas no § 3º independentemente do número de eleitores do Município.	
Art. 240. A propaganda de candidatos a cargos eletivos somente é permitida após a respectiva escolha pela convenção.	**Art. 240.** A propaganda de candidatos a cargos eletivos somente é permitida após o dia 15 de agosto do ano da eleição.	O artigo 240 do Código Eleitoral encontrava-se tacitamente revogado pela Lei nº 9.504/97, a qual passou a dispor sobre a matéria. A nova redação do dispositivo, trazida pela lei nº 13.165/15, reproduziu regra também incluída na Lei das Eleições, relativa ao novo calendário eleitoral, estabelecendo que a propaganda eleitoral terá início após o dia 15 de agosto do ano das eleições, ou seja, a partir do dia 16 de agosto.
Dispositivos incluídos pela Lei nº 13.165/15.	**Art. 257.** (...) § 1º (...) § 2º O recurso ordinário interposto contra decisão proferida por juiz eleitoral ou por Tribunal Regional Eleitoral que resulte em cassação de registro, afastamento do titular ou perda de mandato eletivo será recebido pelo Tribunal competente com efeito suspensivo. § 3º O Tribunal dará preferência ao recurso sobre quaisquer outros processos, ressalvados os de habeas corpus e de mandado de segurança.	

Redação antiga	Nova redação	Comentários
		O novo § 2º do art. 257 do Código Eleitoral, incluído pela reforma de setembro de 2015, inverteu a regra dos efeitos recursais no âmbito eleitoral, em matéria relativa à cassação de registro de candidatura, afastamento de titular de mandato ou perda do mandato eletivo. Doravante, o recurso ordinário interposto contra decisão proferida por juiz eleitoral ou por Tribunal Regional Eleitoral que resulte em cassação de registro, afastamento do titular ou perda de mandato eletivo será recebido pelo Tribunal competente com efeito suspensivo, e não apenas o efeito devolutivo, como ocorria até então. Desta forma, buscar-se-á evitar uma realidade muito observada na prática eleitoral, o troca-troca intenso de exercício da titularidade de mandatos, especialmente os executivos, no curso de processos eleitorais que tenham o condão de afastar o mandatário do seu posto, realidade, muitas vezes, prejudicial ao interesse público, por gerar descontinuidades administrativas.
Dispositivo incluído pela Lei nº 13.165/15.	**Art. 368-A.** A prova testemunhal singular, quando exclusiva, não será aceita nos processos que possam levar à perda do mandato.	Este novo dispositivo, incluído pela reforma eleitoral de setembro de 2015, tem como objetivo evitar a aplicação de sanções de perdas de mandato pautadas em provas frágeis, que

Redação antiga	Nova redação	Comentários
		possam vir a atingir a normalidade e a legitimidade da vontade popular. Assim, não será mais possível a condenação do réu acusado em processo que possa levar à perda de mandato quando a prova se resumir a uma única testemunha. Observe-se que a lei fala em "testemunha singular exclusiva", fato que, portanto, não afasta o uso da prova testemunhal acompanhada de outra prova, mesmo que esta outra prova seja outra prova testemunhal.

4. NOVAS DISPOSIÇÕES LEGAIS PREVISTAS NO CORPO DA LEI 13.165/15[1]

Texto da lei	Comentários
~~**Art. 5º** O limite de gastos nas campanhas eleitorais dos candidatos às eleições para Presidente da República, Governador e Prefeito será definido com base nos gastos declarados, na respectiva circunscrição, na eleição para os mesmos cargos imediatamente anterior à promulgação desta Lei, observado o seguinte:~~ ~~I – para o primeiro turno das eleições, o limite será de:~~ ~~a) 70% (setenta por cento) do maior gasto declarado para o cargo, na circunscrição eleitoral em que houve apenas um turno;~~ ~~b) 50% (cinquenta por cento) do maior gasto declarado para o cargo, na circunscrição eleitoral em que houve dois turnos;~~	~~Até a publicação da Lei nº 13.165, em 29 de setembro de 2015, prevalecia a regra segundo a qual o limite de gastos de campanha deveria ser estipulado por lei federal, em cada eleição específica. Na ausência da lei geral, cada partido político e coligação tinha a obrigação de informar à Justiça Eleitoral, qual seria o seu teto de gastos de campanha, teto este, inclusive, que, de forma justificada, ainda poderia ser alterado durante o processo eleitoral. Na prática, esta regra, altamente liberal, permitiu, nos últimos anos, a multiplicação de campanhas milionárias, não só no âmbito das eleições gerais, mas também nas eleições municipais de todo o país.~~ ~~Com a promulgação da reforma eleitoral de setembro de 2015, passaram a~~

1. Os artigos 5º a 12 da Lei 13.165/15 foram revogados pela Lei 13.488/2017.

Texto da lei	Comentários
~~II – para o segundo turno das eleições, onde houver, o limite de gastos será de 30% (trinta por cento) do valor previsto no inciso I.~~ ~~Parágrafo único. Nos Municípios de até dez mil eleitores, o limite de gastos será de R$ 100.000,00 (cem mil reais) para Prefeito e de R$ 10.000,00 (dez mil reais) para Vereador, ou o estabelecido no **caput** se for maior.~~	~~ser previstos tetos de gastos de campanhas, já válidos para as eleições municipais de 2016, tanto nas eleições majoritárias como nas eleições proporcionais.~~ ~~Assim, de acordo com o art. 5º da referida lei, nas eleições executivas (Presidente da República, Governador e Prefeito), o limite de gastos será definido tendo como base de cálculo os gastos declarados, na respectiva circunscrição, na última eleição para os mesmos cargos (eleições municipais de 2012 e eleições gerais de 2014). A alíquota, por sua vez, será, no primeiro turno eleitoral, de 70% (setenta por cento) do maior gasto declarado para o cargo, na circunscrição eleitoral em que houve apenas um turno, na última eleição antes da publicação da lei; e de 50% (cinquenta por cento) do maior gasto declarado para o cargo, na circunscrição eleitoral em que houve dois turnos.~~ ~~Para o segundo turno, onde houver, de agora em diante, o limite de gastos será de 30% (trinta por cento) dos gastos permitidos para o primeiro turno na respectiva circunscrição eleitoral.~~ ~~Nos Municípios de até dez mil eleitores, o limite de gastos será de, no máximo, R$ 100.000,00 (cem mil reais) para Prefeito e de R$ 10.000,00 (dez mil reais) para Vereador.~~
~~**Art. 6º** O limite de gastos nas campanhas eleitorais dos candidatos às eleições para Senador, Deputado Federal, Deputado Estadual, Deputado Distrital e Vereador será de 70% (setenta por cento) do maior gasto contratado na circunscrição para o respectivo cargo na eleição imediatamente anterior à publicação desta Lei.~~	~~Nas eleições legislativas, conforme o art. 6º da Lei nº 13.165/15, também será firmado um teto de gastos de campanhas, a partir das eleições municipais de 2016. Este teto será de 70% (setenta por cento) do maior gasto contratado na circunscrição para o respectivo cargo na eleição imediatamente anterior à publicação da referida lei (eleições de 2012, para os cargos de vereador, e eleições de 2014, para os cargos de Senador, Deputado Estadual, Deputado Distrital e Deputado Federal).~~

Texto da lei	Comentários
~~**Art. 7º** Na definição dos limites mencionados nos arts. 5º e 6º, serão considerados os gastos realizados pelos candidatos e por partidos e comitês financeiros nas campanhas de cada um deles.~~	~~Tendo em vista que, até as eleições de 2014, ainda estavam previstos os comitês financeiros de campanha, a base de cálculo dos limites de gastos mencionados nos artigos 5º e 6º terão como parâmetro a acumulação dos gastos realizados pelos candidatos e por partidos e comitês financeiros nas campanhas de cada um deles.~~
~~**Art. 8º** Caberá à Justiça Eleitoral, a partir das regras definidas nos arts. 5º e 6º:~~ ~~I – dar publicidade aos limites de gastos para cada cargo eletivo até 20 de julho do ano da eleição;~~ ~~II – na primeira eleição subsequente à publicação desta Lei, atualizar monetariamente, pelo Índice Nacional de Preços ao Consumidor – INPC da Fundação Instituto Brasileiro de Geografia e Estatística – IBGE ou por índice que o substituir, os valores sobre os quais incidirão os percentuais de limites de gastos previstos nos arts. 5º e 6º;~~ ~~III – atualizar monetariamente, pelo INPC do IBGE ou por índice que o substituir, os limites de gastos nas eleições subsequentes.~~	~~A base de cálculo para a divulgação do teto de gastos de cada campanha eleitoral será fundada, como já observado, nas últimas eleições ocorridas antes da publicação da Lei nº 13.165/15. Assim, necessário será que, para cada eleição, doravante, tais valores sejam corrigidos conforme o Índice Nacional de Preços ao Consumidor – INPC da Fundação Instituto Brasileiro de Geografia e Estatística – IBGE ou por índice que o substituir. Até o dia 20 de julho do ano da eleição, caberá à Justiça Eleitoral dar publicidade aos limites de gastos para cada cargo eletivo.~~
~~**Art. 9º** Nas três eleições que se seguirem à publicação desta Lei, os partidos reservarão, em contas bancárias específicas para este fim, no mínimo 5% (cinco por cento) e no máximo 15% (quinze por cento) do montante do Fundo Partidário destinado ao financiamento das campanhas eleitorais para aplicação nas campanhas de suas candidatas, incluídos nesse valor os recursos a que se refere o inciso V do art. 44 da Lei nº 9.096, de 19 de setembro de 1995.~~	~~O artigo 9º da Lei 13.165/15, seguindo tendência da reforma eleitoral de 2015, prevê a reserva, pelos partidos políticos, de percentuais mínimos do montante do Fundo Partidário para aplicação nas campanhas de suas candidatas. Estes percentuais, nas eleições de 2016, 2018 e 2020 serão de no mínimo 5% (cinco por cento) e no máximo 15% (quinze por cento) do montante do Fundo Partidário destinado ao financiamento das campanhas eleitorais para aplicação nas campanhas de suas candidatas, incluídos nesse valor os recursos a que se refere o inciso V do art. 44 da Lei nº 9.096, de 19 de setembro de 1995.~~

Texto da lei	Comentários
~~**Art. 10.** Nas duas eleições que se seguirem à publicação desta Lei, o tempo mínimo referido no inciso IV do art. 45 da Lei nº 9.096, de 19 de setembro de 1995 será de 20% (vinte por cento) do programa e das inserções.~~	~~Este dispositivo prevê que o tempo da propaganda partidária destinado à promoção e difusão da participação feminina na política será, de no mínimo, 20% do programa e das inserções, e não de apenas 10%, como previsto no referido dispositivo, "nas duas eleições que se seguirem à publicação desta lei". Verifica-se, neste dispositivo, uma grave atecnia, uma vez que não há propaganda partidária em período eleitoral, mas apenas propaganda eleitoral, disciplinada pela Lei das Eleições. O legislador confunde a propaganda partidária com a propaganda eleitoral, cometendo um erro crasso. Provavelmente, o TSE deverá interpretar esta norma de forma a determinar que, até 2018, o tempo mínimo de dedicação dos programas e inserções partidários à promoção da participação feminina na política deverá ser de 20%, buscando atender à finalidade aparente da lei.~~
~~**Art. 11.** Nas duas eleições que se seguirem à última das mencionadas no art. 10, o tempo mínimo referido no inciso IV do art. 45 da Lei nº 9.096, de 19 de setembro de 1995 será de 15% (quinze por cento) do programa e das inserções.~~	~~O comentário realizado ao artigo anterior é válido para este dispositivo, com todas as críticas apontadas. De se destacar, apenas, que entre 2019 e 2022, como se depreende desta norma, o tempo mínimo de dedicação dos programas e inserções partidários à promoção da participação feminina na política deverá ser de 15%, buscando atender à finalidade aparente da lei.~~
~~**Art. 12.** Até a primeira eleição geral subsequente à aprovação desta Lei, será implantado o processo de votação eletrônica com impressão do registro do voto a que se refere o art. 59-A da Lei nº 9.504, de 30 de setembro de 1997.~~	~~Este artigo havia sido vetado pela presidente Dilma Rousseff, juntamente com o novo art. 59-A da Lei das Eleições, instituidor da impressão do voto a partir das eleições gerais de 2018. Com a queda do veto, em sessão conjunta do Congresso Nacional realizada em 18 de novembro de 2015, o presente artigo foi promulgado e a nova regra sobre a impressão do voto será aplicável nas próximas eleições gerais, em 2018.~~

Texto da lei	Comentários
Art. 13. O disposto no § 1º do art. 7º da Lei nº 9.096, de 19 de setembro de 1995, no tocante ao prazo de dois anos para comprovação do apoiamento de eleitores, não se aplica aos pedidos protocolizados até a data de publicação desta Lei.	Esta regra de transição, estabelecida pelo art. 13 da Lei nº 13.165/15, deixa de exigir que o prazo mínimo de dois anos para o recolhimento das assinaturas necessárias ao apoiamento mínimo de eleitores para a criação de novos partidos políticos seja aplicado aos processos de criação de partidos já iniciados na data da promulgação dessa lei (29 de setembro de 2015), valendo, nesta hipótese, a legislação anterior.

INOVAÇÕESDA REFORMA ELEITORAL DE 2017 (LEIS 13.487 E 13.488)

Novidades na Lei 9.504/97 (Lei das Eleições)

Redação anterior	Nova redação	Comentários
Art. 4º. Poderá participar das eleições o partido que, até um ano antes do pleito, tenha registrado seu estatuto no Tribunal Superior Eleitoral, conforme o disposto em lei, e tenha, até a data da convenção, órgão de direção constituído na circunscrição, de acordo com o respectivo estatuto.	**Art. 4º.** Poderá participar das eleições o partido que, até seis meses antes do pleito, tenha registrado seu estatuto no Tribunal Superior Eleitoral, conforme o disposto em lei, e tenha, até a data da convenção, órgão de direção constituído na circunscrição, de acordo com o respectivo estatuto.	Nova redação definida pela Lei 13.488/17.
Art. 9º. Para concorrer às eleições, o candidato deverá possuir domicílio eleitoral na respectiva circunscrição pelo prazo de seis meses e estar com a filiação deferida pelo partido no mesmo prazo.	**Art. 9º.** Para concorrer às eleições, o candidato deverá possuir domicílio eleitoral na respectiva circunscrição pelo prazo de seis meses e estar com a filiação deferida pelo partido no mesmo prazo.	Nova redação definida pela Lei 13.488/17.
Art. 11. (...) (...) § 8º. (...) (...)	**Art. 11.** (...) (...) § 8º. (...) (...)	Nova redação definida pela Lei 13.488/17.

Redação anterior	Nova redação	Comentários
III – o parcelamento das multas eleitorais é direito do cidadão, seja ele eleitor ou candidato, e dos partidos políticos, podendo ser parceladas em até 60 (sessenta) meses, desde que não ultrapasse o limite de 10% (dez por cento) de sua renda.	III – o parcelamento das multas eleitorais é direito dos cidadãos e das pessoas jurídicas e pode ser feito em até sessenta meses, salvo quando o valor da parcela ultrapassar 5% (cinco por cento) da renda mensal, no caso de cidadão, ou 2% (dois por cento) do faturamento, no caso de pessoa jurídica, hipótese em que poderá estender-se por prazo superior, de modo que as parcelas não ultrapassem os referidos limites.	
Dispositivo incluído pela Lei nº. 13.488/2017.	**Art. 11.** (...) (...) § 14. É vedado o registro de candidatura avulsa, ainda que o requerente tenha filiação partidária.	
Dispositivos incluídos pela Lei 13.487/2017	**Art. 16 – C.** O Fundo Especial de Financiamento de Campanha (FEFC) é constituído por dotações orçamentárias da União em ano eleitoral, em valor ao menos equivalente: I – ao definido pelo Tribunal Superior Eleitoral, a cada eleição, com base nos parâmetros definidos em lei; II – a 30% (trinta por cento) dos recursos da reserva específica de que trata o inciso II do § 3º do art. 12 da Lei no 13.473, de 8 de agosto de 2017. § 1º (VETADO).	

Redação anterior	Nova redação	Comentários
	§ 2º O Tesouro Nacional depositará os recursos no Banco do Brasil, em conta especial à disposição do Tribunal Superior Eleitoral, até o primeiro dia útil do mês de junho do ano do pleito. § 3º Nos quinze dias subsequentes ao depósito, o Tribunal Superior Eleitoral: I – divulgará o montante de recursos disponíveis no Fundo Eleitoral; e II – (VETADO). § 4º (VETADO). § 5º (VETADO). § 6º (VETADO). § 7º Os recursos de que trata este artigo ficarão à disposição do partido político somente após a definição de critérios para a sua distribuição, os quais, aprovados pela maioria absoluta dos membros do órgão de direção executiva nacional do partido, serão divulgados publicamente. § 8º (VETADO). § 9º (VETADO). § 10. (VETADO). § 11. Os recursos provenientes do Fundo Especial de Financiamento de Campanha que não forem utilizados nas campanhas eleitorais deverão ser devolvidos ao Tesouro Nacional, integralmente, no momento da apresentação da respectiva prestação de contas. § 12. (VETADO). § 13. (VETADO).	

Redação anterior	Nova redação	Comentários
	§ 14. (VETADO). § 15. O percentual dos recursos a que se refere o inciso II do caput deste artigo poderá ser reduzido mediante compensação decorrente do remanejamento, se existirem, de dotações em excesso destinadas ao Poder Legislativo.”	
Dispositivos incluídos pela Lei 13.488/2017	**Art. 16-D.** Os recursos do Fundo Especial de Financiamento de Campanha (FEFC), para o primeiro turno das eleições, serão distribuídos entre os partidos políticos, obedecidos os seguintes critérios: **I** – 2% (dois por cento), divididos igualitariamente entre todos os partidos com estatutos registrados no Tribunal Superior Eleitoral; **II** – 35% (trinta e cinco por cento), divididos entre os partidos que tenham pelo menos um representante na Câmara dos Deputados, na proporção do percentual de votos por eles obtidos na última eleição geral para a Câmara dos Deputados; **III** – 48% (quarenta e oito por cento), divididos entre os partidos, na proporção do número de representantes na Câmara dos Deputados, consideradas as legendas dos titulares;	

Redação anterior	Nova redação	Comentários
	IV – 15% (quinze por cento), divididos entre os partidos, na proporção do número de representantes no Senado Federal, consideradas as legendas dos titulares. § 1º (VETADO). § 2º Para que o candidato tenha acesso aos recursos do Fundo a que se refere este artigo, deverá fazer requerimento por escrito ao órgão partidário respectivo.	
Art. 18. Os limites de gastos de campanha, em cada eleição, são os definidos pelo Tribunal Superior Eleitoral com base nos parâmetros definidos em lei.	**Art. 18.** Os limites de gastos de campanha serão definidos em lei e divulgados pelo Tribunal Superior Eleitoral.	
Dispositivos incluídos pela Lei 13.488/2017.	**Art. 22-A.** (...) (...) § 3º Desde o dia 15 de maio do ano eleitoral, é facultada aos pré-candidatos a arrecadação prévia de recursos na modalidade prevista no inciso IV do § 4º do art. 23 desta Lei, mas a liberação de recursos por parte das entidades arrecadadoras fica condicionada ao registro da candidatura, e a realização de despesas de campanha deverá observar o calendário eleitoral. § 4º Na hipótese prevista no § 3º deste artigo, se não for efetivado o registro da candidatura, as entidades arrecadadoras deverão devolver os valores arrecadados aos doadores.	

Redação anterior	Nova redação	Comentários
Art. 23. (...) (...) § 3º. A doação de quantia acima dos limites fixados neste artigo sujeita o infrator ao pagamento de multa no valor de cinco a dez vezes a quantia em excesso. § 4º. (...) (...) § 6º. Na hipótese de doações realizadas por meio da internet, as fraudes ou erros cometidos pelo doador sem conhecimento dos candidatos, partidos ou coligações não ensejarão a responsabilidade destes nem a rejeição de suas contas eleitorais. § 7º. O limite previsto no § 1º não se aplica a doações estimáveis em dinheiro relativas à utilização de bens móveis ou imóveis de propriedade do doador, desde que o valor estimado não ultrapasse R$ 80.000,00 (oitenta mil reais).	**Art. 23.** (...) (...) § 3º. A doação de quantia acima dos limites fixados neste artigo sujeita o infrator ao pagamento de multa no valor de até 100% (cem por cento) da quantia em excesso. § 4º. (...) (...) **IV** – instituições que promovam técnicas e serviços de financiamento coletivo por meio de sítios na internet, aplicativos eletrônicos e outros recursos similares, que deverão atender aos seguintes requisitos: a) cadastro prévio na Justiça Eleitoral, que estabelecerá regulamentação para prestação de contas, fiscalização instantânea das doações, contas intermediárias, se houver, e repasses aos candidatos; b) identificação obrigatória, com o nome completo e o número de inscrição no Cadastro de Pessoas Físicas (CPF) de cada um dos doadores e das quantias doadas; c) disponibilização em sítio eletrônico de lista com identificação dos doadores e das respectivas quantias doadas, a ser atualizada instantaneamente a cada nova doação; d) emissão obrigatória de recibo para o doador, relativo a cada doação	§§§ 4º, IV; 4º-A; 4º-B; 8º e 9º, e respectivos incisos, incluídos pela Lei nº. 13.488/2017.

Redação anterior	Nova redação	Comentários
	realizada, sob a responsabilidade da entidade arrecadadora, com envio imediato para a Justiça Eleitoral e para o candidato de todas as informações relativas à doação; e) ampla ciência a candidatos e eleitores acerca das taxas administrativas a serem cobradas pela realização do serviço; f) não incidência em quaisquer das hipóteses listadas no art. 24 desta Lei; g) observância do calendário eleitoral, especialmente no que diz respeito ao início do período de arrecadação financeira, nos termos dispostos no § 2º do art. 22-A desta Lei; h) observância dos dispositivos desta Lei relacionados à propaganda na internet; **V** – comercialização de bens e/ou serviços, ou promoção de eventos de arrecadação realizados diretamente pelo candidato ou pelo partido político. **§ 4º-A.** Na prestação de contas das doações mencionadas no § 4º deste artigo, é dispensada a apresentação de recibo eleitoral, e sua comprovação deverá ser realizada por meio de documento bancário que identifique o CPF dos doadores.	

Redação anterior	Nova redação	Comentários
	§ 4º-B. As doações realizadas por meio das modalidades previstas nos incisos III e IV do § 4º deste artigo devem ser informadas à Justiça Eleitoral pelos candidatos e partidos no prazo previsto no inciso I do § 4º do art. 28 desta Lei, contado a partir do momento em que os recursos arrecadados forem depositados nas contas bancárias dos candidatos, partidos ou coligações. (...) § 6º. Na hipótese de doações realizadas por meio das modalidades previstas nos incisos III e IV do § 4º deste artigo, fraudes ou erros cometidos pelo doador sem conhecimento dos candidatos, partidos ou coligações não ensejarão a responsabilidade destes nem a rejeição de suas contas eleitorais. § 7º. O limite previsto no § 1º deste artigo não se aplica a doações estimáveis em dinheiro relativas à utilização de bens móveis ou imóveis de propriedade do doador ou à prestação de serviços próprios, desde que o valor estimado não ultrapasse R$ 40.000,00 (quarenta mil reais) por doador. § 8º. Ficam autorizadas a participar das transações relativas às modalidades de doações	

Redação anterior	Nova redação	Comentários
	previstas nos incisos III e IV do § 4º deste artigo todas as instituições que atendam, nos termos da lei e da regulamentação expedida pelo Banco Central, aos critérios para operar arranjos de pagamento. § 9º. As instituições financeiras e de pagamento não poderão recusar a utilização de cartões de débito e de crédito como meio de doações eleitorais de pessoas físicas.	
Art. 26. (...) (...) IV – despesas com transporte ou deslocamento de candidato e de pessoal a serviço das candidaturas; (...) XV – custos com a criação e inclusão de sítios na Internet; (...)	**Art. 26.** (...) (...) IV – despesas com transporte ou deslocamento de candidato e de pessoal a serviço das candidaturas, observadas as exceções previstas no § 3º deste artigo. (...) XV – custos com a criação e inclusão de sítios na internet e com o impulsionamento de conteúdos contratados diretamente com provedor da aplicação de internet com sede e foro no País; (...) § 2º Para os fins desta Lei, inclui-se entre as formas de impulsionamento de conteúdo a priorização paga de conteúdos resultantes de aplicações de busca na internet. § 3º Não são consideradas gastos eleitorais nem se sujeitam a prestação de contas as seguintes despesas de natureza pessoal do candidato:	Parágrafos 2º e 3º incluídos pela Lei 13.488/2017

Redação anterior	Nova redação	Comentários
	a) combustível e manutenção de veículo automotor usado pelo candidato na campanha; b) remuneração, alimentação e hospedagem do condutor do veículo a que se refere a alínea *a* deste parágrafo; c) alimentação e hospedagem própria; d) uso de linhas telefônicas registradas em seu nome como pessoa física, até o limite de três linhas.	
Art. 28. (...) (...) § 6º (...)	**Art. 28.** (...) (...) § 6º (...) (...) **III** – a cessão de automóvel de propriedade do candidato, do cônjuge e de seus parentes até o terceiro grau para seu uso pessoal durante a campanha.	Dispositivo incluído pela Lei 13.488/2017.
Art. 36. (...). (...) § 2º No segundo semestre do ano da eleição, não será veiculada a propaganda partidária gratuita prevista em lei nem permitido qualquer tipo de propaganda política paga no rádio e na televisão.	**Art. 36.** (...) (...) § 2º Não será permitido qualquer tipo de propaganda política paga no rádio e na televisão.	Redação do § 2º do art. 36 da Lei das Eleições com redação estabelecida pela Lei nº. 13.487/2017.
Art. 36-A. (...) (...)	**Art. 36-A. (...)** **(...)** VII – campanha de arrecadação prévia de recursos na modalidade prevista no inciso IV do § 4º do art. 23 desta Lei.	Dispositivo incluído pela Lei 13.488/2017.

Redação anterior	Nova redação	Comentários
Art. 37. (...) (...) § 2º. Em bens particulares, independe de obtenção de licença municipal e de autorização da Justiça Eleitoral a veiculação de propaganda eleitoral, desde que seja feita em adesivo ou papel, não exceda a 0,5 m² (meio metro quadrado) e não contrarie a legislação eleitoral, sujeitando-se o infrator às penalidades previstas no § 1º.	**Art. 37. (...)** (...) § 2º. Não é permitida a veiculação de material de propaganda eleitoral em bens públicos ou particulares, exceto de I – bandeiras ao longo de vias públicas, desde que móveis e que não dificultem o bom andamento do trânsito de pessoas e veículos II – adesivo plástico em automóveis, caminhões, bicicletas, motocicletas e janelas residenciais, desde que não exceda a 0,5 m² (meio metro quadrado).	Redação do § 2º definida pela Lei 13.488/2017.
Art. 39. (...) (...) § 5º. (...) (...) § 11. É permitida a circulação de carros de som e minitrios como meio de propaganda eleitoral, desde que observado o limite de 80 (oitenta) decibéis de nível de pressão sonora, medido a 7 (sete) metros de distância do veículo, e respeitadas as vedações previstas no § 3º deste artigo.	**Art. 39. (...)** (...) § 5º. (...) **IV** – a publicação de novos conteúdos ou o impulsionamento de conteúdos nas aplicações de internet de que trata o art. 57-B desta Lei, podendo ser mantidos em funcionamento as aplicações e os conteúdos publicados anteriormente. (...) § 11. É permitida a circulação de carros de som e minitrios como meio de propaganda eleitoral, desde que observado o limite de oitenta decibéis de nível de pressão sonora, medido a sete metros de distância do veículo, e respeitadas as vedações previstas no § 3º deste artigo, apenas em carreatas, caminhadas e passeatas ou durante reuniões e comícios.	Inciso IV incluído pela Lei 13.488/2017. Parágrafo 11 com redação definida pela Lei 13.488/2017.

Redação anterior	Nova redação	Comentários
Art. 46. Independentemente da veiculação de propaganda eleitoral gratuita no horário definido nesta Lei, é facultada a transmissão por emissora de rádio ou televisão de debates sobre as eleições majoritária ou proporcional, sendo assegurada a participação de candidatos dos partidos com representação superior a nove Deputados, e facultada a dos demais, observado o seguinte:	**Art. 46.** Independentemente da veiculação de propaganda eleitoral gratuita no horário definido nesta Lei, é facultada a transmissão por emissora de rádio ou televisão de debates sobre as eleições majoritária ou proporcional, assegurada a participação de candidatos dos partidos com representação no Congresso Nacional, de, no mínimo, cinco parlamentares, e facultada a dos demais, observado o seguinte:	Caput alterado pela Lei 13.488/2017.
Art. 49. Se houver segundo turno, as emissoras de rádio e televisão reservarão, a partir de quarenta e oito horas da proclamação dos resultados do primeiro turno e até a antevéspera da eleição, horário destinado à divulgação da propaganda eleitoral gratuita, dividido em dois períodos diários de vinte minutos para cada eleição, iniciando-se às sete e às doze horas, no rádio, e às treze e às vinte horas e trinta minutos, na televisão.	**Art. 49.** Se houver segundo turno, as emissoras de rádio e televisão reservarão, a partir da sexta-feira seguinte à realização do primeiro turno e até a antevéspera da eleição, horário destinado à divulgação da propaganda eleitoral gratuita, dividida em dois blocos diários de dez minutos para cada eleição, e os blocos terão início às sete e às doze horas, no rádio, e às treze e às vinte horas e trinta minutos, na televisão.	Redação dada pela Lei 13.488/2017.
Art. 51. Durante os períodos previstos nos arts. 47 e 49, as emissoras de rádio e televisão e os canais por assinatura mencionados no art. 57 reservarão, ainda, setenta minutos diários para a propaganda eleitoral gratuita, a serem	**Art. 51.** Durante o período previsto no art. 47 desta Lei, as emissoras de rádio e televisão e os canais por assinatura mencionados no art. 57 desta Lei reservarão setenta minutos diários para a propaganda eleitoral gratuita, a serem	Caput com redação dada pela Lei 13.488/2017. Parágrafo 2º incluído pela Lei 13.488/2017.

Redação anterior	Nova redação	Comentários
usados em inserções de trinta e sessenta segundos, a critério do respectivo partido ou coligação, assinadas obrigatoriamente pelo partido ou coligação, e distribuídas, ao longo da programação veiculada entre as cinco e as vinte quatro horas, nos termos do § 2º do art. 47, obedecido o seguinte:	usados em inserções de trinta e de sessenta segundos, a critério do respectivo partido ou coligação, assinadas obrigatoriamente pelo partido ou coligação, e distribuídas, ao longo da programação veiculada entre as cinco e as vinte quatro horas, nos termos do § 2º do art. 47 desta Lei, obedecido o seguinte: (...) § 2º. Durante o período previsto no art. 49 desta Lei, onde houver segundo turno, as emissoras de rádio e televisão e os canais de televisão por assinatura mencionados no art. 57 desta Lei reservarão, por cada cargo em disputa, vinte e cinco minutos para serem usados em inserções de trinta e de sessenta segundos, observadas as disposições deste artigo.	
Art. 57-B. (...) (...) IV – por meio de blogs, redes sociais, sítios de mensagens instantâneas e assemelhados, cujo conteúdo seja gerado ou editado por candidatos, partidos ou coligações ou de iniciativa de qualquer pessoa natural.	**Art. 57-B.** (...) (...) IV – por meio de blogs, redes sociais, sítios de mensagens instantâneas e aplicações de internet assemelhadas cujo conteúdo seja gerado ou editado por: a) candidatos, partidos ou coligações; ou b) qualquer pessoa natural, desde que não contrate impulsionamento de conteúdos	Dispositivos incluídos pela Lei 13.488/2017.

Redação anterior	Nova redação	Comentários
	§ 1º Os endereços eletrônicos das aplicações de que trata este artigo, salvo aqueles de iniciativa de pessoa natural, deverão ser comunicados à Justiça Eleitoral, podendo ser mantidos durante todo o pleito eleitoral os mesmos endereços eletrônicos em uso antes do início da propaganda eleitoral. § 2º Não é admitida a veiculação de conteúdos de cunho eleitoral mediante cadastro de usuário de aplicação de internet com a intenção de falsear identidade. § 3º É vedada a utilização de impulsionamento de conteúdos e ferramentas digitais não disponibilizadas pelo provedor da aplicação de internet, ainda que gratuitas, para alterar o teor ou a repercussão de propaganda eleitoral, tanto próprios quanto de terceiros. § 4º O provedor de aplicação de internet que possibilite o impulsionamento pago de conteúdos deverá contar com canal de comunicação com seus usuários e somente poderá ser responsabilizado por danos decorrentes do conteúdo impulsionado se, após ordem judicial específica, não tomar as providências para, no âmbito e nos limites técnicos do seu serviço e dentro do prazo assinalado, tornar indisponível	

Redação anterior	Nova redação	Comentários
	o conteúdo apontado como infringente pela Justiça Eleitoral. § 5º A violação do disposto neste artigo sujeita o usuário responsável pelo conteúdo e, quando comprovado seu prévio conhecimento, o beneficiário, à multa no valor de R$ 5.000,00 (cinco mil reais) a R$ 30.000,00 (trinta mil reais) ou em valor equivalente ao dobro da quantia despendida, se esse cálculo superar o limite máximo da multa.	
	Art. 57 – C. É vedada a veiculação de qualquer tipo de propaganda eleitoral paga na internet, excetuado o impulsionamento de conteúdos, desde que identificado de forma inequívoca como tal e contratado exclusivamente por partidos, coligações e candidatos e seus representantes. (...) § 2º. A violação do disposto neste artigo sujeita o responsável pela divulgação da propaganda ou pelo impulsionamento de conteúdos e, quando comprovado seu prévio conhecimento, o beneficiário, à multa no valor de R$ 5.000,00 (cinco mil reais) a R$ 30.000,00 (trinta mil reais) ou em valor equivalente ao dobro da quantia despendida, se esse cálculo superar o limite máximo da multa.	

Redação anterior	Nova redação	Comentários
	§ 3º O impulsionamento de que trata o **caput** deste artigo deverá ser contratado diretamente com provedor da aplicação de internet com sede e foro no País, ou de sua filial, sucursal, escritório, estabelecimento ou representante legalmente estabelecido no País e apenas com o fim de promover ou beneficiar candidatos ou suas agremiações.	
Art. 57-I. A requerimento de candidato, partido ou coligação, observado o rito previsto no art. 96, a Justiça Eleitoral poderá determinar a suspensão, por vinte e quatro horas, do acesso a todo conteúdo informativo dos sítios da internet que deixarem de cumprir as disposições desta Lei.	**Art. 57-I.** A requerimento de candidato, partido ou coligação, observado o rito previsto no art. 96 desta Lei, a Justiça Eleitoral poderá determinar, no âmbito e nos limites técnicos de cada aplicação de internet, a suspensão do acesso a todo conteúdo veiculado que deixar de cumprir as disposições desta Lei, devendo o número de horas de suspensão ser definida proporcionalmente à gravidade da infração cometida em cada caso, observado o limite máximo de vinte e quatro horas.	
Dispositivo incluído pela Lei 13.488/2017.	**Art. 57-J.** O Tribunal Superior Eleitoral regulamentará o disposto nos arts. 57-A a 57-I desta Lei de acordo com o cenário e as ferramentas tecnológicas existentes em cada momento eleitoral e promoverá, para os veículos, partidos e demais entidades interessadas, a formulação e a ampla divulgação de regras de boas práticas relativas a campanhas eleitorais na internet.	

Redação anterior	Nova redação	Comentários
Art. 58. (...) (...) § 3º. (...) (...) IV – (...) a) deferido o pedido, a divulgação da resposta dar-se-á no mesmo veículo, espaço, local, horário, página eletrônica, tamanho, caracteres e outros elementos de realce usados na ofensa, em até quarenta e oito horas após a entrega da mídia física com a resposta do ofendido;	**Art. 58.** (...) (...) § 3º. (...) (...) IV – (...) a) deferido o pedido, o usuário ofensor deverá divulgar a resposta do ofendido em até quarenta e oito horas após sua entrega em mídia física, e deverá empregar nessa divulgação o mesmo impulsionamento de conteúdo eventualmente contratado nos termos referidos no art. 57-C desta Lei e o mesmo veículo, espaço, local, horário, página eletrônica, tamanho, caracteres e outros elementos de realce usados na ofensa;	
Art. 93-A. O Tribunal Superior Eleitoral, no período compreendido entre 1º de abril e 30 de julho dos anos eleitorais, promoverá, em até cinco minutos diários, contínuos ou não, requisitados às emissoras de rádio e televisão, propaganda institucional, em rádio e televisão, destinada a incentivar a participação feminina, dos jovens e da comunidade negra na política, bem como a esclarecer os cidadãos sobre as regras e o funcionamento do sistema eleitoral brasileiro.	**Art. 93-A.** O Tribunal Superior Eleitoral, no período compreendido entre 1º de abril e 30 de julho dos anos eleitorais, promoverá, em até cinco minutos diários, contínuos ou não, requisitados às emissoras de rádio e televisão, propaganda institucional, em rádio e televisão, destinada a incentivar a participação feminina, dos jovens e da comunidade negra na política, bem como a esclarecer os cidadãos sobre as regras e o funcionamento do sistema eleitoral brasileiro.	

Redação anterior	Nova redação	Comentários
Art. 99. (...) (...) § 1º. O direito à compensação fiscal das emissoras de rádio e televisão previsto no parágrafo único do art. 52 da Lei nº 9.096, de 19 de setembro de 1995, e neste artigo, pela cedência do horário gratuito destinado à divulgação das propagandas partidárias e eleitoral, estende-se à veiculação de propaganda gratuita de plebiscitos e referendos de que dispõe o art. 80 da Lei nº 9.709, de 18 de novembro de 1998, mantido também, a esse efeito, o entendimento de que:	**Art. 99.** (...) (...) § 1º. O direito à compensação fiscal das emissoras de rádio e televisão estende-se à veiculação de propaganda gratuita de plebiscitos e referendos de que dispõe o art. 80 da Lei nº 9.709, de 18 de novembro de 1998, mantido também, a esse efeito, o entendimento de que:	Redação do § 1º do art. 99 da Lei das Eleições com redação estabelecida pela Lei nº. 13.487/2017.

Novidades da Lei Geral dos Partidos Políticos

Redação anterior	Nova redação	Comentários
Art. 1º. (...)	**Art. 1º.** (...) **Parágrafo único.** O partido político não se equipara às entidades paraestatais.	
Art. 31. É vedado ao partido receber, direta ou indiretamente, sob qualquer forma ou pretexto, contribuição ou auxílio pecuniário ou estimável em dinheiro, inclusive através de publicidade de qualquer espécie, procedente de: (...)	**Art. 31.** É vedado ao partido receber, direta ou indiretamente, sob qualquer forma ou pretexto, contribuição ou auxílio pecuniário ou estimável em dinheiro, inclusive através de publicidade de qualquer espécie, procedente de: (...)	

Redação anterior	Nova redação	Comentários
II – autoridade ou órgãos públicos, ressalvadas as dotações referidas no art. 38; (...) III – autarquias, empresas públicas ou concessionárias de serviços públicos, sociedades de economia mista e fundações instituídas em virtude de lei e para cujos recursos concorram órgãos ou entidades governamentais; (...)	II – entes públicos e pessoas jurídicas de qualquer natureza, ressalvadas as dotações referidas no art. 38 desta Lei e as proveniente do Fundo Especial de Financiamento de Campanha; (...) III – (revogado); (...) V – pessoas físicas que exerçam função ou cargo público de livre nomeação e exoneração, ou cargo ou emprego público temporário, ressalvados os filiados a partido político.	
Art. 44. Os recursos oriundos do Fundo Partidário serão aplicados: (...) III – no alistamento e campanhas eleitorais;	**Art. 44.** Os recursos oriundos do Fundo Partidário serão aplicados: (...) III – (VETADO);	
Art. 45. A propaganda partidária gratuita, gravada ou ao vivo, efetuada mediante transmissão por rádio e televisão será realizada entre as dezenove horas e trinta minutos e as vinte e duas horas para, com exclusividade: I – difundir os programas partidários; II – transmitir mensagens aos filiados sobre a execução do programa partidário, dos eventos com este relacionados e das atividades congressuais do partido; III – divulgar a posição do partido em relação a temas político-comunitários.	Dispositivos legais expressamente revogados pela Lei nº. 13.487/2017.	

Redação anterior	Nova redação	Comentários
IV – promover e difundir a participação política feminina, dedicando às mulheres o tempo que será fixado pelo órgão nacional de direção partidária, observado o mínimo de 10% (dez por cento) do programa e das inserções a que se refere o art. 49. § 1º Fica vedada, nos programas de que trata este Título: I – a participação de pessoa filiada a partido que não o responsável pelo programa; II – a divulgação de propaganda de candidatos a cargos eletivos e a defesa de interesses pessoais ou de outros partidos; III – a utilização de imagens ou cenas incorretas ou incompletas, efeitos ou quaisquer outros recursos que distorçam ou falseiem os fatos ou a sua comunicação. § 2º O partido que contrariar o disposto neste artigo será punido: I – quando a infração ocorrer nas transmissões em bloco, com a cassação do direito de transmissão no semestre seguinte; II – quando a infração ocorrer nas transmissões em inserções, com a cassação de tempo equivalente a 5 (cinco) vezes ao da inserção ilícita, no semestre seguinte.		

Redação anterior	Nova redação	Comentários
§ 3º A representação, que somente poderá ser oferecida por partido político, será julgada pelo Tribunal Superior Eleitoral quando se tratar de programa em bloco ou inserções nacionais e pelos Tribunais Regionais Eleitorais quando se tratar de programas em bloco ou inserções transmitidos nos Estados correspondentes. § 4º O prazo para o oferecimento da representação encerra-se no último dia do semestre em que for veiculado o programa impugnado, ou se este tiver sido transmitido nos últimos 30 (trinta) dias desse período, até o 15º (décimo quinto) dia do semestre seguinte. § 5º Das decisões dos Tribunais Regionais Eleitorais que julgarem procedente representação, cassando o direito de transmissão de propaganda partidária, caberá recurso para o Tribunal Superior Eleitoral, que será recebido com efeito suspensivo. § 6º A propaganda partidária, no rádio e na televisão, fica restrita aos horários gratuitos disciplinados nesta Lei, com proibição de propaganda paga.		

Redação anterior	Nova redação	Comentários
Art. 46. As emissoras de rádio e de televisão ficam obrigadas a realizar, para os partidos políticos, na forma desta Lei, transmissões gratuitas em âmbito nacional e estadual, por iniciativa e sob a responsabilidade dos respectivos órgãos de direção. § 1º As transmissões serão em bloco, em cadeia nacional ou estadual, e em inserções de trinta segundos e um minuto, no intervalo da programação normal das emissoras. § 2º A formação das cadeias, tanto nacional quanto estaduais, será autorizada pelo Tribunal Superior Eleitoral, que fará a necessária requisição dos horários às emissoras de rádio e de televisão, mediante requerimento dos órgãos nacionais dos partidos, com antecedência mínima de quinze dias. § 3º No requerimento a que se refere o parágrafo anterior, o órgão partidário solicitará conjuntamente a fixação das datas de formação das cadeias, nacional e estaduais. § 4º O Tribunal Superior Eleitoral, independentemente do âmbito nacional ou estadual da transmissão, havendo coincidência de data, dará prioridade ao partido que apresentou o requerimento em primeiro lugar.	Dispositivos legais expressamente revogados pela Lei nº. 13.487/2017.	

Redação anterior	Nova redação	Comentários
§ 5º O material de áudio e vídeo com os programas em bloco ou as inserções será entregue às emissoras com antecedência mínima de 12 (doze) horas da transmissão, podendo as inserções de rádio ser enviadas por meio de correspondência eletrônica. § 6º As inserções a serem feitas na programação das emissoras serão determinadas: I – pelo Tribunal Superior Eleitoral, quando solicitadas por órgão de direção nacional de partido; II – pelo Tribunal Regional Eleitoral, quando solicitadas por órgão de direção estadual de partido. § 7º Em cada rede somente serão autorizadas até dez inserções de trinta segundos ou cinco de um minuto por dia. § 8º É vedada a veiculação de inserções idênticas no mesmo intervalo de programação, exceto se o número de inserções de que dispuser o partido exceder os intervalos disponíveis, sendo vedada a transmissão em sequência para o mesmo partido político.		
Art. 47.	Dispositivos legais expressamente revogados pela Lei nº. 13.487/2017.	
Art. 48.	Dispositivos legais expressamente revogados pela Lei nº. 13.487/2017.	

Redação anterior	Nova redação	Comentários
Art. 49.	Dispositivos legais expressamente revogados pela Lei nº. 13.487/2017.	
Art. 52. (...) (...) Parágrafo Único.	Dispositivo legal expressamente revogado pela Lei nº. 13.487/2017.	
Art. 53. A fundação ou instituto de direito privado, criado por partido político, destinado ao estudo e pesquisa, à doutrinação e à educação política, rege-se pelas normas da lei civil e tem autonomia para contratar com instituições públicas e privadas, prestar serviços e manter estabelecimentos de acordo com suas finalidades, podendo, ainda, manter intercâmbio com instituições não nacionais.	**Art. 53.** A fundação ou instituto de direito privado, criado por partido político, destinado ao estudo e pesquisa, à doutrinação e à educação política, rege-se pelas normas da lei civil e tem autonomia para contratar com instituições públicas e privadas, prestar serviços e manter estabelecimentos de acordo com suas finalidades, podendo, ainda, manter intercâmbio com instituições não nacionais. § 1º O instituto poderá ser criado sob qualquer das formas admitidas pela lei civil. § 2º O patrimônio da fundação ou do instituto de direito privado a que se referem o inciso IV do art. 44 desta Lei e o caput deste artigo será vertido ao ente que vier a sucedê-lo nos casos de: I – extinção da fundação ou do instituto, quando extinto, fundido ou incorporado o partido político, assim como nas demais hipóteses previstas na legislação; II – conversão ou transformação da fundação em instituto, assim como deste em fundação.	Parágrafos 1º a 4º, e respectivos incisos, incluídos pela Lei 13.487/2017.

Redação anterior	Nova redação	Comentários
	§ 3º Para fins do disposto no § 2º deste artigo, a versão do patrimônio implica a sucessão de todos os direitos, os deveres e as obrigações da fundação ou do instituto extinto, transformado ou convertido. § 4º A conversão, a transformação ou, quando for o caso, a extinção da fundação ou do instituto ocorrerá por decisão do órgão de direção nacional do partido político.	

Alterações promovidas no corpo do Código Eleitoral (Lei 4.737/1965)

Redação anterior	Nova redação	Comentários
Art. 109. (...) (...) § 2º. Somente poderão concorrer à distribuição dos lugares os partidos ou as coligações que tiverem obtido quociente eleitoral.	**Art. 109.** (...) (...) § 2º. Poderão concorrer à distribuição dos lugares todos os partidos e coligações que participaram do pleito.	
Dispositivo incluído pela Lei 13.488/2017.	**Art. 354-A.** Apropriar-se o candidato, o administrador financeiro da campanha, ou quem de fato exerça essa função, de bens, recursos ou valores destinados ao financiamento eleitoral, em proveito próprio ou alheio: **Pena** – reclusão, de dois a seis anos, e multa.	

Novas disposições legais previstas no corpo da Lei nº. 13.487/2017

Texto da Lei
Art. 3º. O valor a ser definido pelo Tribunal Superior Eleitoral, para os fins do disposto no inciso I do caput do art. 16-C da Lei no 9.504, de 30 de setembro de 1997, será equivalente à somatória da compensação fiscal que as emissoras comerciais de rádio e televisão receberam pela divulgação da propaganda partidária efetuada no ano da publicação desta Lei e no ano imediatamente anterior, atualizada monetariamente, a cada eleição, pelo Índice Nacional de Preços ao Consumidor (INPC), da Fundação Instituto Brasileiro de Geografia e Estatística (IBGE), ou por índice que o substituir.

Novas disposições legais previstas no corpo da Lei nº. 13.488/2017

Texto da Lei
Art. 4º Em 2018, para fins do disposto nos incisos III e IV do **caput** do art. 16-D da Lei nº 9.504, de 30 de setembro de 1997, a distribuição dos recursos entre os partidos terá por base o número de representantes titulares na Câmara dos Deputados e no Senado Federal, apurado em 28 de agosto de 2017 e, nas eleições subsequentes, apurado no último dia da sessão legislativa imediatamente anterior ao ano eleitoral.
Art. 5º Nas eleições para Presidente da República em 2018, o limite de gastos de campanha de cada candidato será de R$ 70.000.000,00 (setenta milhões de reais). **Parágrafo único.** Na campanha para o segundo turno, se houver, o limite de gastos de cada candidato será de 50% (cinquenta por cento) do valor estabelecido no **caput** deste artigo.
Art. 6º O limite de gastos nas campanhas dos candidatos às eleições de Governador e Senador em 2018 será definido de acordo com o número de eleitores de cada unidade da Federação apurado no dia 31 de maio de 2018, nos termos previstos neste artigo. § 1º Nas eleições para Governador, serão os seguintes os limites de gastos de campanha de cada candidato: I - nas unidades da Federação com até um milhão de eleitores: R$ 2.800.000,00 (dois milhões e oitocentos mil reais); II - nas unidades da Federação com mais de um milhão de eleitores e de até dois milhões de eleitores: R$ 4.900.000,00 (quatro milhões e novecentos mil reais); III - nas unidades da Federação com mais de dois milhões de eleitores e de até quatro milhões de eleitores: R$ 5.600.000,00 (cinco milhões e seiscentos mil reais); IV - nas unidades da Federação com mais de quatro milhões de eleitores e de até dez milhões de eleitores: R$ 9.100.000,00 (nove milhões e cem mil reais); V - nas unidades da Federação com mais de dez milhões de eleitores e de até vinte milhões de eleitores: R$ 14.000.000,00 (catorze milhões de reais); VI - nas unidades da Federação com mais de vinte milhões de eleitores: R$ 21.000.000,00 (vinte e um milhões de reais).

Texto da Lei
§ 2º Nas eleições para Senador, serão os seguintes os limites de gastos de campanha de cada candidato: I - nas unidades da Federação com até dois milhões de eleitores: R$ 2.500.000,00 (dois milhões e quinhentos mil reais); II - nas unidades da Federação com mais de dois milhões de eleitores e de até quatro milhões de eleitores: R$ 3.000.000,00 (três milhões de reais); III - nas unidades da Federação com mais de quatro milhões de eleitores e de até dez milhões de eleitores: R$ 3.500.000,00 (três milhões e quinhentos mil reais); IV - nas unidades da Federação com mais de dez milhões de eleitores e de até vinte milhões de eleitores: R$ 4.200.000,00 (quatro milhões e duzentos mil reais); V - nas unidades da Federação com mais de vinte milhões de eleitores: R$ 5.600.000,00 (cinco milhões e seiscentos mil reais). § 3º Nas campanhas para o segundo turno de governador, onde houver, o limite de gastos de cada candidato será de 50% (cinquenta por cento) dos limites fixados no § 1º deste artigo.
Art. 7º Em 2018, o limite de gastos será de: I - R$ 2.500.000,00 (dois milhões e quinhentos mil reais) para as campanhas dos candidatos às eleições de Deputado Federal; II - R$ 1.000.000,00 (um milhão de reais) para as campanhas dos candidatos às eleições de Deputado Estadual e Deputado Distrital.
Art. 8º Nas eleições de 2018, se as doações de pessoas físicas a candidatos, somadas aos recursos públicos, excederem o limite de gastos permitido para a respectiva campanha, o valor excedente poderá ser transferido para o partido do candidato.
Art. 9º Os partidos deverão adequar seus estatutos aos termos desta Lei até o final do exercício de 2017.
Art. 10. Esta Lei entra em vigor na data de sua publicação.
Art. 11. (VETADO).

Anexo 2

Súmulas do TSE

Súmula-TSE nº 1 (Cancelada)

Proposta a ação para desconstituir a decisão que rejeitou as contas, anteriormente à impugnação, fica suspensa a inelegibilidade.

Súmula-TSE nº 2

Assinada e recebida a ficha de filiação partidária até o termo final do prazo fixado em lei, considera-se satisfeita a correspondente condição de elegibilidade, ainda que não tenha fluído, até a mesma data, o tríduo legal de impugnação.

Súmula-TSE nº 3

No processo de registro de candidatos, não tendo o juiz aberto prazo para o suprimento de defeito da instrução do pedido, pode o documento, cuja falta houver motivado o indeferimento, ser juntado com o recurso ordinário.

Súmula-TSE nº 4

Não havendo preferência entre candidatos que pretendam o registro da mesma variação nominal, defere-se o do que primeiro o tenha requerido.

Súmula-TSE nº 5

Serventuário de cartório, celetista, não se inclui na exigência do art. 1º, II, l, da LC nº 64/90.

Súmula-TSE nº 6

São inelegíveis para o cargo de chefe do Executivo o cônjuge e os parentes, indicados no § 7º do art. 14 da Constituição Federal, do titular do mandato, salvo se este, reelegível, tenha falecido, renunciado ou se afastado definitivamente do cargo até seis meses antes do pleito.

Súmula-TSE nº 7 (Cancelada)

É inelegível para o cargo de prefeito a irmã da concubina do atual titular do mandato.

Súmula-TSE nº 8 (Cancelada)

O vice-prefeito é inelegível para o mesmo cargo.

Súmula-TSE nº 9

A suspensão de direitos políticos decorrente de condenação criminal transitada em julgado cessa com o cumprimento ou a extinção da pena, independendo de reabilitação ou de prova de reparação dos danos.

Súmula-TSE nº 10

No processo de registro de candidatos, quando a sentença for entregue em cartório antes de três dias contados da conclusão ao juiz, o prazo para o recurso ordinário, salvo intimação pessoal anterior, só se conta do termo final daquele tríduo.

Súmula-TSE nº 11

No processo de registro de candidatos, o partido que não o impugnou não tem legitimidade para recorrer da sentença que o deferiu, salvo se se cuidar de matéria constitucional.

Súmula-TSE nº 12

São inelegíveis, no município desmembrado, e ainda não instalado, o cônjuge e os parentes consangüíneos ou afins, até o segundo grau ou por adoção, do prefeito do município-mãe, ou de quem o tenha substituído, dentro dos seis meses anteriores ao pleito, salvo se já titular de mandato eletivo.

Súmula-TSE nº 13

Não é auto-aplicável o § 9º, art. 14, da Constituição, com a redação da Emenda Constitucional de Revisão nº 4/94

Súmula-TSE nº 14 (Cancelada)

A duplicidade de que cuida o parágrafo único do artigo 22 da Lei nº 9.096/95 somente fica caracterizada caso a nova filiação houver ocorrido após a remessa das listas previstas no parágrafo único do artigo 58 da referida lei.

Súmula-TSE nº 15

O exercício de mandato eletivo não é circunstância capaz, por si só, de comprovar a condição de alfabetizado do candidato.

Súmula-TSE nº 16 (Cancelada)

A falta de abertura de conta bancária específica não é fundamento suficiente para a rejeição de contas de campanha eleitoral, desde que, por outros meios, se possa demonstrar sua regularidade.

Súmula-TSE nº 17 (Cancelada)

Não é admissível a presunção de que o candidato, por ser beneficiário de propaganda eleitoral irregular, tenha prévio conhecimento de sua veiculação

Súmula-TSE nº 18

Conquanto investido de poder de polícia, não tem legitimidade o juiz eleitoral para, de ofício, instaurar procedimento com a finalidade de impor multa pela veiculação de propaganda eleitoral em desacordo com a Lei nº 9.504/97.

Súmula-TSE nº 19

O prazo de inelegibilidade decorrente da condenação por abuso do poder econômico ou político tem início no dia da eleição em que este se verificou e finda no dia de igual número no oitavo ano seguinte (art. 22, XIV, da LC nº 64/1990).

Súmula-TSE nº 20

A prova de filiação partidária daquele cujo nome não constou da lista de filiados de que trata o art. 19 da Lei nº 9.096/1995, pode ser realizada por outros elementos de convicção, salvo quando se tratar de documentos produzidos unilateralmente, destituídos de fé pública.

Súmula-TSE nº 21 (Cancelada)

O prazo para ajuizamento da representação contra doação de campanha acima do limite legal é de 180 dias, contados da data da diplomação.

Súmula-TSE nº 22

Não cabe mandado de segurança contra decisão judicial recorrível, salvo situações de teratologia ou manifestamente ilegais.

Súmula-TSE nº 23

Não cabe mandado de segurança contra decisão judicial transitada em julgado.

Súmula-TSE nº 24

Não cabe recurso especial eleitoral para simples reexame do conjunto fático-probatório.

Súmula-TSE nº 25

É indispensável o esgotamento das instâncias ordinárias para a interposição de recurso especial eleitoral.

Súmula-TSE nº 26

É inadmissível o recurso que deixa de impugnar especificamente fundamento da decisão recorrida que é, por si só, suficiente para a manutenção desta.

Súmula-TSE nº 27

É inadmissível recurso cuja deficiência de fundamentação impossibilite a compreensão da controvérsia.

Súmula-TSE nº 28

A divergência jurisprudencial que fundamenta o recurso especial interposto com base na alínea b do inciso I do art. 276 do Código Eleitoral somente estará demonstrada mediante a realização de cotejo analítico e a existência de similitude fática entre os acórdãos paradigma e o aresto recorrido.

Súmula-TSE nº 29

A divergência entre julgados do mesmo Tribunal não se presta a configurar dissídio jurisprudencial apto a fundamentar recurso especial eleitoral.

Súmula-TSE nº 30

Não se conhece de recurso especial eleitoral por dissídio jurisprudencial, quando a decisão recorrida estiver em conformidade com a jurisprudência do Tribunal Superior Eleitoral.

Súmula-TSE nº 31

Não cabe recurso especial eleitoral contra acórdão que decide sobre pedido de medida liminar.

Súmula-TSE nº 32

É inadmissível recurso especial eleitoral por violação à legislação municipal ou estadual, ao Regimento Interno dos Tribunais Eleitorais ou às normas partidárias.

Súmula-TSE nº 33

Somente é cabível ação rescisória de decisões do Tribunal Superior Eleitoral que versem sobre a incidência de causa de inelegibilidade.

Súmula-TSE nº 34

Não compete ao Tribunal Superior Eleitoral processar e julgar mandado de segurança contra ato de membro de Tribunal Regional Eleitoral.

Súmula-TSE nº 35

Não é cabível reclamação para arguir o descumprimento de resposta a consulta ou de ato normativo do Tribunal Superior Eleitoral.

Súmula-TSE nº 36

Cabe recurso ordinário de acórdão de Tribunal Regional Eleitoral que decida sobre inelegibilidade, expedição ou anulação de diploma ou perda de mandato eletivo nas eleições federais ou estaduais (art. 121, § 4º, incisos III e IV, da Constituição Federal).

Súmula-TSE nº 37

Compete originariamente ao Tribunal Superior Eleitoral processar e julgar recurso contra expedição de diploma envolvendo eleições federais ou estaduais.

Súmula-TSE nº 38

Nas ações que visem à cassação de registro, diploma ou mandato, há litisconsórcio passivo necessário entre o titular e o respectivo vice da chapa majoritária.

Súmula-TSE nº 39

Não há formação de litisconsórcio necessário em processos de registro de candidatura.

Súmula-TSE nº 40

O partido político não é litisconsorte passivo necessário em ações que visem à cassação de diploma.

Súmula-TSE nº 41

Não cabe à Justiça Eleitoral decidir sobre o acerto ou desacerto das decisões proferidas por outros Órgãos do Judiciário ou dos Tribunais de Contas que configurem causa de inelegibilidade.

Súmula-TSE nº 42

A decisão que julga não prestadas as contas de campanha impede o candidato de obter a certidão de quitação eleitoral durante o curso do mandato ao qual concorreu, persistindo esses efeitos, após esse período, até a efetiva apresentação das contas.

Súmula-TSE nº 43

As alterações fáticas ou jurídicas supervenientes ao registro que beneficiem o candidato, nos termos da parte final do art. 11, § 10, da Lei n° 9.504/97, também devem ser admitidas para as condições de elegibilidade.

Súmula-TSE nº 44

O disposto no art. 26-C da LC nº 64/90 não afasta o poder geral de cautela conferido ao magistrado pelo Código de Processo Civil.

Súmula-TSE nº 45

Nos processos de registro de candidatura, o Juiz Eleitoral pode conhecer de ofício da existência de causas de inelegibilidade ou da ausência de condição de elegibilidade, desde que resguardados o contraditório e a ampla defesa.

Súmula-TSE nº 46

É ilícita a prova colhida por meio da quebra do sigilo fiscal sem prévia e fundamentada autorização judicial, podendo o Ministério Público Eleitoral acessar diretamente apenas a relação dos doadores que excederam os limites legais, para os fins da representação cabível, em que poderá requerer, judicialmente e de forma individualizada, o acesso aos dados relativos aos rendimentos do doador.

Súmula-TSE nº 47

A inelegibilidade superveniente que autoriza a interposição de recurso contra expedição de diploma, fundado no art. 262 do Código Eleitoral, é aquela de índole constitucional ou, se infraconstitucional, superveniente ao registro de candidatura, e que surge até a data do pleito.

Súmula-TSE nº 48

A retirada da propaganda irregular, quando realizada em bem particular, não é capaz de elidir a multa prevista no art. 37, § 1º, da Lei nº 9.504/97.

Súmula-TSE nº 49

O prazo de cinco dias, previsto no art. 3º da LC nº 64/90, para o Ministério Público impugnar o registro inicia-se com a publicação do edital, caso em que é excepcionada a regra que determina a sua intimação pessoal.

Súmula-TSE nº 50

O pagamento da multa eleitoral pelo candidato ou a comprovação do cumprimento regular de seu parcelamento após o pedido de registro, mas antes do julgamento respectivo, afasta a ausência de quitação eleitoral.

Súmula-TSE nº 51

O processo de registro de candidatura não é o meio adequado para se afastarem os eventuais vícios apurados no processo de prestação de contas de campanha ou partidárias.

Súmula-TSE nº 52

Em registro de candidatura, não cabe examinar o acerto ou desacerto da decisão que examinou, em processo específico, a filiação partidária do eleitor.

Súmula-TSE nº 53

O filiado a partido político, ainda que não seja candidato, possui legitimidade e interesse para impugnar pedido de registro de coligação partidária da qual é integrante, em razão de eventuais irregularidades havidas em convenção.

Súmula-TSE nº 54

A desincompatibilização de servidor público que possui cargo em comissão é de três meses antes do pleito e pressupõe a exoneração do cargo comissionado, e não apenas seu afastamento de fato.

Súmula-TSE nº 55

A Carteira Nacional de Habilitação gera a presunção da escolaridade necessária ao deferimento do registro de candidatura.

Súmula-TSE nº 56

A multa eleitoral constitui dívida ativa de natureza não tributária, submetendo-se ao prazo prescricional de 10 (dez) anos, nos moldes do art. 205 do Código Civil.

Súmula-TSE nº 57

A apresentação das contas de campanha é suficiente para a obtenção da quitação eleitoral, nos termos da nova redação conferida ao art. 11, § 7º, da Lei nº 9.504/97, pela Lei nº 12.034/2009.

Súmula-TSE nº 58

Não compete à Justiça Eleitoral, em processo de registro de candidatura, verificar a prescrição da pretensão punitiva ou executória do candidato e declarar a extinção da pena imposta pela Justiça Comum.

Súmula-TSE nº 59

O reconhecimento da prescrição da pretensão executória pela Justiça Comum não afasta a inelegibilidade prevista no art. 1º, I, e, da LC nº 64/90, porquanto não extingue os efeitos secundários da condenação.

Súmula-TSE nº 60

O prazo da causa de inelegibilidade prevista no art. 1º, I, e, da LC nº 64/90 deve ser contado a partir da data em que ocorrida a prescrição da pretensão executória e não do momento da sua declaração judicial.

Súmula-TSE nº 61

O prazo concernente à hipótese de inelegibilidade prevista no art. 1º, I, e, da LC nº 64/90 projeta-se por oito anos após o cumprimento da pena, seja ela privativa de liberdade, restritiva de direito ou multa.

Súmula-TSE nº 62

Os limites do pedido são demarcados pelos fatos imputados na inicial, dos quais a parte se defende, e não pela capitulação legal atribuída pelo autor.

Súmula-TSE nº 63

A execução fiscal de multa eleitoral só pode atingir os sócios se preenchidos os requisitos para a desconsideração da personalidade jurídica previstos no art. 50 do Código Civil, tendo em vista a natureza não tributária da dívida, observados, ainda, o contraditório e a ampla defesa.

Súmula-TSE nº 64

Contra acórdão que discute, simultaneamente, condições de elegibilidade e de inelegibilidade, é cabível o recurso ordinário.

Súmula-TSE nº 65

Considera-se tempestivo o recurso interposto antes da publicação da decisão recorrida.

Súmula-TSE nº 66

A incidência do § 2º do art. 26-C da LC nº 64/90 não acarreta o imediato indeferimento do registro ou o cancelamento do diploma, sendo necessário o exame da presença de todos os requisitos essenciais à configuração da inelegibilidade, observados os princípios do contraditório e da ampla defesa.

Súmula-TSE nº 67

A perda do mandato em razão da desfiliação partidária não se aplica aos candidatos eleitos pelo sistema majoritário.

Súmula-TSE nº 68

A União é parte legítima para requerer a execução de astreintes, fixada por descumprimento de ordem judicial no âmbito da Justiça Eleitoral.

Súmula-TSE nº 69

Os prazos de inelegibilidade previstos nas alíneas j e h do inciso I do art. 1º da LC nº 64/90 têm termo inicial no dia do primeiro turno da eleição e termo final no dia de igual número no oitavo ano seguinte.

Súmula-TSE nº 70

O encerramento do prazo de inelegibilidade antes do dia da eleição constitui fato superveniente que afasta a inelegibilidade, nos termos do art. 11, § 10, da Lei nº 9.504/97.

Súmula-TSE nº 71

Na hipótese de negativa de seguimento ao recurso especial e da consequente interposição de agravo, a parte deverá apresentar contrarrazões tanto ao agravo quanto ao recurso especial, dentro do mesmo tríduo legal.

Súmula-TSE nº 72

É inadmissível o recurso especial eleitoral quando a questão suscitada não foi debatida na decisão recorrida e não foi objeto de embargos de declaração.

Anexo 3

Teses de Repercussão Geral do STF no Âmbito do Direito Eleitoral

A) PRINCÍPIOS DO DIREITO ELEITORAL: PRINCÍPIO DA ANUALIDADE[1]

Tema 387: "Aplicabilidade imediata da Lei Complementar nº 135/2010, que prevê novas hipóteses de inelegibilidade, às eleições de 2010.". **Tese:** "A Lei Complementar 135/2010 não é aplicável às eleições gerais de 2010, em face do princípio da anterioridade eleitoral (art. 16 da Constituição Federal)".
Tema 367: "Inelegibilidade em razão de renúncia a mandato"[2]. **Tese:** "A Lei Complementar 135/2010 não é aplicável às eleições gerais de 2010, em face do princípio da anterioridade eleitoral (art. 16 da Constituição Federal)".

B) MINISTÉRIO PÚBLICO ELEITORAL

Tema 680: "Legitimidade do Ministério Público Eleitoral para recorrer de decisão que defere registro de candidatura, ainda que não haja apresentado impugnação ao pedido inicial". **Tese:** "A partir das eleições de 2014, inclusive, o Ministério Público Eleitoral tem legitimidade para recorrer da decisão que julga o pedido de registro de candidatura, ainda que não tenha apresentado impugnação".

C) ELEGIBILIDADE E INELEGIBILIDADE

Tema 172: "Reeleição de membro do Ministério Público para o exercício de atividade político-partidária após a Emenda Constitucional nº. 45/2004".

1. A tese firmada nos autos não guarda relação direta com o tema tal como classificado pelo STF. A tese firmada, construída a partir da reprodução da tese estabelecida no tema 387, diz respeito à dimensão jurídica do princípio da anualidade eleitoral (art. 16 da Constituição Federal de 1988).

Tese: "Membro do Ministério Público possui direito a concorrer à nova eleição e ser reeleito, nos termos do art. 14, § 5º da Constituição Federal, desde que já ocupe cargo eletivo à época do advento da EC 45/2004".
Tema 564: "Candidatura de prefeito reeleito à chefia do Poder Executivo em Municipalidade diversa e aplicação imediata de modificação jurisprudencial da Justiça Eleitoral". **Tese:** "I - O art. 14, § 5º, da Constituição deve ser interpretado no sentido de que a proibição da segunda reeleição é absoluta e torna inelegível para determinado cargo de Chefe do Poder Executivo o cidadão que já exerceu dois mandatos consecutivos (reeleito uma única vez) em cargo da mesma natureza, ainda que em ente da Federação diverso; II - As decisões do Tribunal Superior Eleitoral - TSE que, no curso do pleito eleitoral ou logo após o seu encerramento, impliquem mudança de jurisprudência não têm aplicabilidade imediata".
Tema 61: "Elegibilidade de ex-cônjuge de ocupante de cargo político quando a dissolução da sociedade conjugal se dá durante o exercício do mandato". **Tese:** "A dissolução da sociedade ou do vínculo conjugal, no curso do mandato, não afasta a inelegibilidade prevista no § 7º do artigo 14 da Constituição Federal".
Tema 678: "Incidência da inelegibilidade prevista no art. 14, § 7º, da Constituição federal e na Súmula Vinculante 18, nos casos em que a dissolução da sociedade conjugal ocorre em razão da morte, durante o curso do mandato, do cônjuge anteriormente eleito". Tese: "A Súmula Vinculante 18 do STF ("A dissolução da sociedade ou do vínculo conjugal, no curso do mandato, não afasta a inelegibilidade prevista no § 7º do artigo 14 da Constituição Federal") não se aplica aos casos de extinção do vínculo conjugal pela morte de um dos cônjuges.".
Tema 157: "Competência exclusiva da Câmara Municipal para o julgamento das contas do prefeito". **Tese:** "O parecer técnico elaborado pelo Tribunal de Contas tem natureza meramente opinativa, competindo exclusivamente à Câmara de Vereadores o julgamento das contas anuais do Chefe do Poder Executivo local, sendo incabível o julgamento ficto das contas por decurso de prazo".
Tema 835: "Definição do órgão competente, se o Poder Legislativo ou o Tribunal de Contas, para julgar as contas de Chefe do Poder Executivo que age na qualidade de ordenador de despesas". **Tese:** "Para os fins do art. 1º, inciso I, alínea "g", da Lei Complementar 64, de 18 de maio de 1990, alterado pela Lei Complementar 135, de 4 de junho de 2010, a apreciação das contas de prefeitos, tanto as de governo quanto as de gestão, será exercida pelas Câmaras Municipais, com o auxílio dos Tribunais de Contas competentes, cujo parecer prévio somente deixará de prevalecer por decisão de 2/3 dos vereadores".
Tema 781: "Aplicabilidade do prazo de desincompatibilização de 6 meses previsto no art. 14, § 7º, da Constituição Federal às eleições suplementares.". **Tese:** "As hipóteses de inelegibilidade previstas no art. 14, § 7º, da Constituição Federal, inclusive quanto ao prazo de seis meses, são aplicáveis às eleições suplementares".

Tema 860: "Possibilidade de aplicação do prazo de 8 anos de inelegibilidade por abuso de poder previsto na Lei Complementar 135/2010 às situações anteriores à referida lei em que, por força de decisão transitada em julgado, o prazo de inelegibilidade de 3 anos aplicado com base na redação original do art. 1º, I, d, da Lei Complementar 64/1990 houver sido integralmente cumprido.".
Tese: ainda não publicada. Por seis votos a cinco, o STF admitiu a retroatividade da Lei da Ficha Limpa a situações pretéritas à sua publicação.

Anexo 4

Resolução nº 23.478, de 10 de maio de 2016

PROCESSO ADMINISTRATIVO Nº 84-36.2016.6.00.0000 CLASSE 26 BRASÍLIA DISTRITO FEDERAL

Relator: Ministro Dias Toffoli

Interessado: Tribunal Superior Eleitoral

Ementa:

Estabelece diretrizes gerais para a aplicação da Lei nº 13.105, de 16 de março de 2015 Novo Código de Processo Civil, no âmbito da Justiça Eleitoral.

O Tribunal Superior Eleitoral, no uso das atribuições que lhe confere o art. 23, inciso IX, do Código Eleitoral, considerando a necessidade de disciplinar a aplicabilidade da Lei nº 13.105/2015, no âmbito da Justiça Eleitoral, resolve expedir a seguinte resolução:

CAPÍTULO I
DISPOSIÇÕES GERAIS

Art. 1º A presente resolução dispõe sobre a aplicabilidade, no âmbito da Justiça Eleitoral, do Novo Código de Processo Civil Lei nº 13.105, de 16 de março de 2015, que entrou em vigor no dia 18 de março de 2016.

Parágrafo único. As disposições contidas nesta Resolução não impedem que outras sejam estipuladas a partir da verificação de sua necessidade.

Art. 2º Em razão da especialidade da matéria, as ações, os procedimentos e os recursos eleitorais permanecem regidos pelas normas específicas previstas na legislação eleitoral e nas instruções do Tribunal Superior Eleitoral.

Parágrafo único. A aplicação das regras do Novo Código de Processo Civil tem caráter supletivo e subsidiário em relação aos feitos que tramitam na Justiça Eleitoral, desde que haja compatibilidade sistêmica.

Art. 3º Aplicam-se aos processos eleitorais o contido nos arts. 9º e 10 do Novo Código de Processo Civil (Lei nº 13.105/2015).

Art. 4º Os feitos eleitorais são gratuitos, não incidindo custas, preparo ou honorários (Lei nº 9.265/96, art. 1º).

Art. 5º Não se aplica aos feitos eleitorais o instituto do Amicus Curiae de que trata o art. 138 da Lei nº 13.105, de 2015.

Art. 6º Não se aplicam aos feitos eleitorais as regras relativas à conciliação ou mediação previstas nos arts. 165 e seguintes do Novo Código de Processo Civil.

CAPÍTULO II
DOS PRAZOS

Art. 7º O disposto no art. 219 do Novo Código de Processo Civil não se aplica aos feitos eleitorais.

§ 1º Os prazos processuais, durante o período definido no calendário eleitoral, serão computados na forma do art. 16 da Lei Complementar nº 64, de 1990, não se suspendendo nos fins de semana ou feriados.

§ 2º Os prazos processuais, fora do período definido no calendário eleitoral, serão computados na forma do art. 224 do Novo Código de Processo Civil.

§ 3º Sempre que a lei eleitoral não fixar prazo especial, o recurso deverá ser interposto no prazo de 3 (três) dias, a teor do art. 258 do Código Eleitoral, não se aplicando os prazos previstos no Novo Código de Processo Civil.

Art. 8º O prazo de 30 (trinta) dias de que trata o art. 178 do Novo Código de Processo Civil não se aplica na Justiça Eleitoral.

Art. 9º Durante o período previsto no calendário eleitoral (Lei Complementar nº 64/90) não se aplica o prazo previsto no art. 234, § 2º, do Novo Código de Processo Civil (três dias), podendo a autoridade judiciária determinar a imediata busca e apreensão dos autos se, intimado, o advogado não os devolver.

Art. 10. A suspensão dos prazos processuais entre os dias 20 de dezembro e 20 de janeiro de que trata o art. 220 do Novo Código de Processo Civil aplica-se no âmbito dos cartórios eleitorais e dos tribunais regionais eleitorais.

CAPÍTULO III
DOS ATOS PROCESSUAIS

Art. 11. Na Justiça Eleitoral não é admitida a autocomposição, não sendo aplicáveis as regras dos arts. 190 e 191 do Novo Código de Processo Civil.

Art. 12. As disposições previstas no artigo 203, § 4º, do Novo Código de Processo Civil são aplicáveis aos feitos eleitorais.

Art. 13. A regra do art. 205, § 3º, do Novo Código de Processo Civil não se aplica aos processos que tramitem durante o período previsto no calendário eleitoral para os quais seja admitida a publicação em cartório, sessão ou a utilização de edital eletrônico (LC nº 64/90, arts. 8º, 9º e 11, § 2º; Lei nº 9.504/97, art. 94, § 5º).

CAPÍTULO IV
DA TUTELA PROVISÓRIA

Art. 14. Os pedidos autônomos de tutela provisória serão autuados em classe própria.

Parágrafo único. Os pedidos apresentados de forma incidental em relação a feitos em tramitação serão encaminhados à autoridade judiciária competente, que determinará a sua juntada aos autos principais ou adotará as providências que entender cabíveis.

CAPÍTULO V
DOS PROCURADORES

Art. 15. Durante o período definido no calendário eleitoral, a carga dos autos para obtenção de cópias no curso de prazo comum às partes, prevista no art. 107, § 3º, do Novo Código de Processo Civil, será automaticamente permitida pela serventia pelo prazo de 2 (duas) horas, cabendo à autoridade judiciária decidir sobre eventual pedido de extensão até o limite de 6 (seis) horas.

CAPÍTULO VI
DA ORDEM DOS PROCESSOS NO TRIBUNAL

Art. 16. Nos Tribunais Eleitorais, o prazo para sustentação oral dos advogados das partes e do representante do Ministério Público será de:

I 15 (quinze) minutos nos feitos originários (art. 937 do Novo Código de Processo Civil);

II 10 (dez) minutos, nos recursos eleitorais (art. 272 do Código Eleitoral);

III 20 (vinte) minutos no recurso contra expedição de diploma, (art. 272, parágrafo único, do Código Eleitoral).

Art. 17. Não se aplica, nos Tribunais Eleitorais, o quórum previsto no art. 941, § 2º, do Novo Código de Processo Civil (arts. 19, parágrafo único, e 28, § 4º, do Código Eleitoral).

Art. 18. Os julgamentos das ações originárias e dos recursos nos Tribunais Eleitorais, inclusive os agravos e embargos de declaração na hipótese do art. 1.024, § 1º, do Novo Código de Processo Civil, somente poderão ser realizados 24 horas após a publicação da pauta.

Parágrafo único: O disposto no *caput* não se aplica:

I - ao julgamento de habeas corpus; recurso em habeas corpus; tutela provisória; liminar em mandado de segurança; e, arguição de impedimento ou suspeição;

II - durante o período eleitoral, aos processos atinentes ao respectivo pleito;

III - às questões de ordem;

IV - à continuidade de julgamento de processos decorrentes da devolução tempestiva de pedido de vista;

V - aos feitos não apreciados cujo julgamento tiver sido expressamente adiado para a primeira sessão seguinte;

VI - aos embargos de declaração, quando julgados na sessão subsequente à respectiva oposição ou, se for o caso, à apresentação da manifestação do embargado;

VII - aos feitos administrativos, com exceção do pedido de registro de partido político;

VIII - às outras hipóteses previstas em lei ou nas resoluções do Tribunal Superior Eleitoral.

CAPÍTULO VII
DOS RECURSOS

Art. 19. As decisões interlocutórias ou sem caráter definitivo proferidas nos feitos eleitorais são irrecorríveis de imediato por não estarem sujeitas à preclusão, ficando os eventuais inconformismos para posterior manifestação em recurso contra a decisão definitiva de mérito.

§ 1º O Juiz ou Tribunal conhecerá da matéria versada na decisão interlocutória como preliminar à decisão de mérito se as partes assim requererem em suas manifestações.

§ 2º O agravo contra decisão que inadmitir o recurso especial interposto contra decisão interlocutória será processado em autos suplementares, prosseguindo o curso da demanda nos autos principais.

Art. 20. A sistemática dos recursos repetitivos prevista nos arts. 1.036 a 1.042 do Novo Código de Processo Civil não se aplica aos feitos que versem ou possam ter reflexo sobre inelegibilidade, registro de candidatura, diplomação e resultado ou anulação de eleições.

CAPÍTULO VIII
DISPOSIÇÕES FINAIS E TRANSITÓRIAS

Art. 21. Até que seja criada a nova classe processual prevista no art. 14 desta Resolução, os pedidos de tutela provisória serão autuados, no Processo Judicial Eletrônico, na classe de Ação Cautelar.

Art. 22. A oitiva de testemunhas e a sustentação oral por meio de videoconferência, previstas nos arts. 385, § 3º, 453, § 1º, 461, § 2º, e 937, § 4º, do Novo Código de Processo Civil, serão implantadas de acordo com a disponibilidade técnica de cada cartório ou Tribunal Eleitoral.

Art. 23. As disposições previstas nesta Resolução não prejudicam os atos processuais praticados antes da sua publicação.

Art. 24. Esta Resolução entra em vigor na data de sua publicação.

Brasília, 10 de maio de 2016.

MINISTRO DIAS TOFFOLI PRESIDENTE E RELATOR

MINISTRO GILMAR MENDES

MINISTRO LUIZ FUX

MINISTRO HERMAN BENJAMIN

MINISTRO NAPOLEÃO NUNES MAIA FILHO

MINISTRO HENRIQUE NEVES DA SILVA

MINISTRA LUCIANA LÓSSIO

Referências

AGRA, Walber de Moura; CAVALCANTI, Francisco Queiroz. **Comentários à Nova Lei Eleitoral**: lei nº. 12.034, de 29 de setembro de 2009. p. 28, Rio de Janeiro: Forense, 2010.

ALENCAR, José de. **Systema representativo** (ed. fac-similar). Brasília: Senado Federal, 1997 (coleção Memória Brasileira).

ALMEIDA, Roberto Moreira de. **Curso de Direito Eleitoral**, 4. ed. Salvador: JusPodivm, 2010.

ANDRADA, Bonifácio de. Direito Partidário: comentários à legislação em vigor. Brasília: Centro de Documentação e Informação, Coordenação de Publicações da Câmara dos Deputados, 1997.

ARAS, Augusto. Fidelidade partidária: a perda do mandato parlamentar. 1. ed. Rio de Janeiro: Lumen Juris, 2006.

AZAMBUJA, Darcy. Introdução à Ciência Política. 13. ed., São Paulo: Globo, 2001.

______. Teoria Geral do Estado. 40. ed., São Paulo: Globo, 2001.

AZUL, Marcelo Antônio Ceará Serra. O princípio da moralidade para o exercício de poder político e sua repercussão no registro de candidaturas. **Suffragium**: Revista do Tribunal Regional Eleitoral do Ceará, Fortaleza, v. 02. n. 03. p. 11-21. mai-dez 2006.

BARREIROS NETO, Jaime. **A Atual Reforma Política Brasileira em Face das Suas Questões Mais Controvertidas**. Salvador: Assembléia Legislativa do Estado da Bahia, 2001.

______. **Fidelidade Partidária**. Salvador: JusPodivm, 2009.

BARRETTO, Lauro. **As pesquisas de opinião pública no processo eleitoral brasileiro**. 1. Ed. Rio de Janeiro: Lumens Juris, 1997.

______. **Das representações no Direito Processual Eleitoral**: representações do art. 96 da Lei nº. 9.504/97 (Lei das Eleições). 1. Ed. Bauru: Edipro, 2006.

BARROS, Francisco Dirceu. **Direito Eleitoral**: teoria, jurisprudência e mais de 1000 questões comentadas. 8. Ed. Rio de Janeiro: 2010.

______. **Direito Processual Eleitoral**. Rio de Janeiro: Elsevier, 2010.

BASTOS, Antonio Adonias. **A Razoável Duração do Processo**, 1. ed. Salvador: JusPodivm, 2009.

BASTOS, Gustavo Henrique Caputo. A nova lei dos partidos políticos. Revista de Informação Legislativa, Brasília, ano 33, n. 129, p. 45-49, jan./mar. 1996.

BERTASSO, Marcelo Pimentel. Antecedentes, vida pregressa e inelegibilidade. **Jus Navigandi**, Teresina, ano 12, n. 1839, 14 jul. 2008. Disponível em <HTTP://jus2.uol.com.br/doutrina/texto.asp?id=11491>. Acesso em 12 set. 2008.

BOBBIO, Norberto. **Teoria Geral da Política**: A Filosofia Política e as Lições dos Clássicos. 1. ed., 6. tiragem, organizado por Michelangelo Bovero; tradução: Daniela Baccaccia Versiani, Rio de Janeiro: Campos, 2000.

______; MATTEUCCI, Nicola; PASQUINO, Gianfranco. **Dicionário de Política**. 12. ed. Coordenação de tradução: João Ferreira, Brasília: UNB; LGE, 2004. 2 v.

BONAVIDES, Paulo. **Teoria do Estado**. 2. ed. Rio de Janeiro: Forense, 1980.

______. Ciência Política. **10. ed., São Paulo: Malheiros, 2003.**

BROZOZA, Edson. **Crimes eleitorais**: conhecê-los para não cometê-los - comentários descomplicados. Porto Alegre: Livraria de Advogado, 2010.

CAGGIANO, Monica Hérman Salem. Partidos Políticos na Constituição. **Informativo Eleitoral**, Campo Grande, v. 1, p. 57-64, 1994.

CÂNDIDO, Joel J. **Direito Eleitoral Brasileiro**. 13. ed. Bauru: Edipro, 2008.

______. **Direito penal eleitoral & processo penal eleitoral**. Bauru-SP: Edipro, 2006.

CANOTILHO, José Joaquim Gomes. **Direito Constitucional e Teoria da Constituição**. 5. ed. Coimbra - Portugal: Livraria Almedina, 2002.

CARDOZO, José Carlos. **A fidelidade partidária**. 1. ed. Rio de Janeiro: Lumen Juris, 1997.

CASTRO, Edson de Resende. **Teoria e prática do Direito Eleitoral**. 4.ed. Belo Horizonte: mandamentos, 2008.

______. Inelegibilidade decorrente de rejeição de contas públicas. In: REIS, Márlon Jacinto; CASTRO, Edson de Resende; OLIVEIRA, Marcelo Roseno de (coordenadores). **Ficha Limpa**: Lei Complementar nº. 135, de 4 de junho de 2010 interpretada por juristas e responsáveis pela iniciativa popular, 1. ed., p. 127-146, Bauru-SP: Edipro, 2010.

CERQUEIRA, Thales Tácito Pontes Luz de Pádua; CERQUEIRA, Camila Medeiros de Albuquerque Pontes Luz de Pádua. **Tratado de Direito Eleitoral**, tomo IV - processo civil eleitoral. São Paulo: Premier Máxima, 2008.

CHACON, Vamireh. **História dos partidos brasileiros**: discurso e práxis dos seus programas. 3. ed. Brasília: UNB, 1998.

CHINAGLIA, Arlindo; PEREIRA, Athos. Sobre a Reforma Política. **Plenarium**, Brasília, ano I, n. 1, p. 152-160, nov. 2004.

CITADINI, Antonio Roque. **Lei Orgânica dos partidos políticos**: comentários, notas e jurisprudência. São Paulo: Max Limonad Ltda., 1983.

CLÈVE, Clemerson Merlin. **Fidelidade Partidária**: estudo de caso. 1. ed. Curitiba: Juruá, 1998.

COELHO, Marcus Vinicius Furtado. A Mudança de Paradigmas Decorrente da Lei Complementar nº 135. In: **Ficha Limpa**: Lei Complementar nº. 135, de 4 de junho de 2010 interpretada por juristas e responsáveis pela iniciativa popular, 1. ed., p. 55-66, Bauru-SP: Edipro, 2010.

COMPARATO, Fábio Konder. A afirmação histórica dos direitos humanos. 3. ed., São Paulo: Saraiva, 2004.

CONEGLIAN, Olivar Augusto Roberti. **Inelegibilidade**: inelegibilidade e proporcionalidade; inelegibilidade e abuso de poder. Curitiba: Juruá editora, 2008.

CORDEIRO, Vinicius; SILVA, Anderson Claudino da. **Crimes eleitorais e seu processo**. Rio de Janeiro: Forense, 2006.

COSTA, Adriano Soares da. **Instituições de Direito Eleitoral**. 8. Ed. Rio de Janeiro: Lumen Juris, 2009.

DAHL, Robert A. **Sobre a Democracia**. Tradução: Beatriz Sidou. Brasília: UNB, 2001.

DALLARI, Dalmo de Abreu. **Elementos de Teoria Geral do Estado**. 25. ed., São Paulo: Saraiva, 2005.

______. **O que é participação política**. 14. reimpressão. da 1. ed. de 1983, São Paulo: Brasiliense, 1999. (Coleção "Primeiros Passos")

DECOMAIN, Pedro Roberto; PRADE, Péricles. **Comentários ao Código Eleitoral**. São Paulo: Dialética, 2004.

DIRCEU, José; IANONI, Marcos. **Reforma política:** instituições e democracia no Brasil atual. 1. ed., São Paulo - SP: Perseu Abramo Editora, 1999.

DUVERGER, Maurice. **Os partidos políticos**. Tradução: Cristiano Monteiro oiticica. 3. ed. Rio de Janeiro: Guanabara, 1987.

Eleições 2010: normas eleitorais e partidárias. Salvador, Tribunal Regional Eleitoral da Bahia, 2010. 797 p.

FAORO, Raymundo. **Os donos do poder**: formação do patronato político brasileiro. 8. ed. São Paulo: Globo, 1989.

FARIAS, Rodrigo Nóbrega. **Ação de Impugnação de Mandato Eletivo**. Curitiba: Juruá, 2008.

FERREIRA, Pinto. **Comentários à lei orgânica dos partidos políticos**. São Paulo: Saraiva, 1992.

FERREIRA FILHO, Roberval Rocha (organizador). **TSE**: principais julgamentos. Salvador: JusPodivm, 2009.

FIGUEIREDO, Marcelo. **O controle da moralidade na Constituição**. 1. ed. São Paulo: Malheiros, 2003.

FRANCISCO, Caramuru Afonso. **Dos abusos nas eleições**: a tutela jurídica da legitimidade e normalidade do processo eleitoral. p. 4-5. São Paulo - SP: Juarez de Oliveira, 2002.

FRANCO, Afonso Arinos de Melo. **História e teoria dos partidos políticos no Brasil**. 3. ed. São Paulo: Alfa-Omega, 1980.

FRIEDE, Reis. Curso de Teoria Geral do Estado: teoria constitucional e relações internacionais. 1. ed., Rio de Janeiro: Forense Universitária, 2000.

FRUET, Gustavo. Reforma e causísmo. Paraná Eleitoral, Curitiba, n. 38, p. 19-38, out./dez. 2000.

FURTADO, Rafael Pordeus Bezerra. O poder de polícia na Justiça Eleitoral brasileira. Suffragium: Revista do Tribunal Regional Eleitoral do Ceará, Fortaleza, vol. 05, número 08, ano 2009.

GARCIA, Emerson. Abuso de poder nas eleições: meios de coibição. 3. ed. Rio de Janeiro: Lumen Juris, 2006.

GOMES, José Jairo. **Direito Eleitoral**, 4. ed. Belo Horizonte: Del Rey, 2010.

GOMES, Suzana de Camargo. Crimes Eleitorais. 3. ed. São Paulo: Revista dos Tribunais, 2008.

GONÇALVES, Arnaldo Manuel Abrantes. Os partidos políticos e a crise da democracia representativa. **Jus Navigandi**, Teresina, a. 9, n. 707, 12 jun. 2005. Disponível em: ‹http://jus2.uol.com.br/doutrina/texto.asp?id=6818›. Acesso em: 26 out. 2005.

HARADA, Kiyoshi. Inelegibilidade: barrando os "ficha suja". **Jus Navigandi**, Teresina, ano 12, n. 1847, 22 jul. 2008. Disponível em ‹HTTP://jus2.uol.com.br/doutrina/texto.asp?id=11521›. Acesso em 12 set. 2008

HOBBES, Thomas. **Leviatã**. Tradução de João Paulo Monteiro e Maria Beatriz Nizza da Silva., v. XIV. São Paulo: Editor Victor Civita, 1974. (Coleção "Os Pensadores")

JARDIM, Torquato. **Introdução ao Direito Eleitoral Positivo**. São Paulo: Brasília Jurídica, 1998.

LULA, Carlos Eduardo de Oliveira. **Direito Eleitoral**. 2. ed. Leme-SP: Imperium Editora, 2010.

MACIEL, Eliane Cruxên Barros de Almeida. Reforma política e construção democrática. **Revista de Informação Legislativa**, Brasília, ano 41, n. 161, p. 9-14, jan./mar. 2004.

______. Fidelidade partidária: um panorama institucional. **Revista de Informação Legislativa**, Brasília, ano 41, n. 161, p. 67-76, jan./mar. 2004.

MACIEL, Marco Antônio de Oliveira. Reforma político-partidária: o essencial e o acessório. In: VELLOSO, Carlos Mário da Silva; ROCHA, Cármen Lúcia Antunes. **Direito Eleitoral**. 1. ed. Belo Horizonte: Del Rey, 1996. Cap. VII, p. 85-95.

MALHEIROS, Arnaldo. Fidelidade Partidária. **Boletim Eleitoral TRE/SP**, São Paulo, a. XVI, n. 5, jan./mar. 1977.

MALUF, Sahid. Teoria Geral do Estado. São Paulo: Saraiva, 1999.

MARINHO, Josaphat. Direito, Sociedade e Estado. 1. ed., Salvador: Memorial das Letras, 1998.

MELO, Carlos Ranulfo. **Retirando as cadeiras do lugar**: migração partidária na Câmara dos Deputados (1985-2002). Belo Horizonte: UFMG, 2004.

MELO, Henrique. **Direito Eleitoral para concursos**. São Paulo: Método, 2010.

MELO, Osvaldo Ferreira de. **Dicionário de Direito Político**. Rio de Janeiro: Forense, 1978.

MENDES, Gilmar Ferreira; COELHO, Inocêncio Mártires; BRANCO, Paulo Gustavo Gonet. Hermenêutica Constitucional e Direitos Fundamentais. Brasília: Brasília Jurídica, 2002.

MEZZAROBA, Orides. **Introdução ao Direito Partidário Brasileiro**. 2. ed. Rio de Janeiro: Lumen Juris, 2004.

MICHELS, Robert. **Sociologia dos Partidos Políticos**. Tradução Arthur Chaudon. Brasília: UNB, 1982.

MICHELS, Vera Maria Nunes. **Direito Eleitoral**. 2. ed. Porto Alegre: Livraria do Advogado, 2002.

MILL, John Stuart. **Considerações sobre o governo representativo**. Tradução Jacy Monteiro. São Paulo: IBRASA, 1964. (Coleção "Clássicos da Democracia")

MILPACHER, Pe. Pio. **O governo dos povos**: a organização correta da democracia. São Paulo: LTr, 1998.

MIRANDA, Jorge. **Manual de Direito Constitucional**. Tomo II: Constituição. 4. ed. Coimbra, Portugal: Coimbra Editora, 2000.

MIRANDA, Renan Garcia. Política, mentiras e videotape. **Desvendando a História**, São Paulo, ano 1, n. 5, p. 10-13, jun. 2005.

MORAES, Alexandre de. Reforma política do Estado e democratização. **RT**, Rio de Janeiro - RJ, ano 89, v. 776, p. 34-59, jun. 2000.

MOTTA, Rodrigo Patto Sá. **Introdução à História dos Partidos Políticos Brasileiros**. Belo Horizonte: Editora UFMG, 1999.

NETO, Casimiro. **A Construção da Democracia**, p. 595, Brasília: Câmara dos Deputados, Coordenação de Publicações, 2003.

NICOLAU, Jairo Marconi. **Multipartidarismo e democracia**: um estudo sobre o sistema partidário brasileiro (1985-1994). 1. ed. Rio de Janeiro: Fundação Getúlio Vargas, 1996.

______. **História do voto no Brasil**. 1. ed. Rio de Janeiro: Jorge Zahar, 2002.

______. **Sistemas eleitorais**. 5. ed. Rio de Janeiro: FGV, 2004.

NIVALDO JUNIOR, José. **Maquiavel, o poder, história e marketing**. 4. ed. São Paulo: Martin Claret, s.d.

OLIVEIRA, Flávio. Troca-troca de partidos se intensifica: prática antiga, que remete aos tempos do Brasil colonial, é vista por cientistas políticos como ruim à democracia. **A Tarde**. Salvador, p. 10, 24 set. 2005.

______. Troca de partidos mobiliza deputados. **A Tarde**. Salvador, p. 13, 29 set. 2005.

PETRACIOLI, Rafael da Silveira Petracioli. A minirreforma eleitoral e o ativismo judicial do TSE. **Jus Navigandi**, Teresina, ano 13, n. 2291, 9 out. 2009. Disponível em: ‹http://jus2.uol.com.br/doutrina/texto.asp?id=13654›. Acesso em: 06 ago. 2010.

PINTO, Djalma. Direito Eleitoral: anotações e temas polêmicos. 3. ed. Rio de Janeiro: Forense, 2000

_____. Elegibilidade no direito brasileiro. São Paulo: Atlas, 2008.

_____. Direito Eleitoral: improbidade administrativa e responsabilidade fiscal – noções gerais. 5. ed. São Paulo: Atlas, 2010.

_____. A vida pregressa no contexto da inelegibilidade. **Semestre Eleitoral**. Salvador, v. 2, n. 2, p. 231-240, jul. dez. 1998.

PORTO, Walter Costa. O Voto no Brasil, da Colônia à 6ª República. 2. ed., revista, Rio de Janeiro: Topbooks, 2002.

______. Andrae, Hare, Baily, Assis Brasil, Borges: o longo caminho da proporcionalidade em nosso país. In: VELLOSO, Carlos Mário da Silva; ROCHA, Cármen Lúcia Antunes. **Direito Eleitoral**. 1. ed. Belo Horizonte: Del Rey, 1996. Cap. VI, p. 71-83.

RAMAYANA, Marcos. **Direito Eleitoral**. 8. ed. Niterói: Impetus, 2008.

______. **Comentários sobre a reforma eleitoral**. 1. ed. Niterói: Impetus, 2010.

REINER, Lúcio. **Fidelidade Partidária**. Disponível em: ‹http://legis.senado.gov.br/xsqlj/xsql/cat565.htm› . Acesso em: 26 abr. 2005.

REIS, Márlon Jacinto. O princípio constitucional da proteção e a definição legal das inelegibilidades. In: REIS, Márlon Jacinto; CASTRO, Edson de Resende; OLIVEIRA, Marcelo Roseno de (coordenadores). **Ficha Limpa**: Lei Complementar nº. 135, de 4 de junho de 2010 interpretada por juristas e responsáveis pela iniciativa popular, 1. ed., p. 23-66, Bauru-SP: Edipro, 2010

RIBEIRO, Fávila. **Direito Eleitoral**. 4. ed., Rio de Janeiro: Forense, 1996.

______. **Pressupostos constitucionais do Direito Eleitoral**: no caminho da sociedade participativa. Porto Alegre: Sergio Antonio Fabris Editor, 1990.

ROLLO, Alberto. **Fidelidade partidária**: Excrescência da Ditadura. Disponível em: ‹http://www.emporiodosaber.com.br/estante/colunas/pp_coluna_index.asp?chobrainte=302› . Acesso em: 26 abr. 2005.

SAMPAIO, Nelson de Sousa. Perda de mandato por infidelidade partidária? **Revista de Informação Legislativa**, Brasília, ano 19, n. 76, p. 135-152, out./dez. 1982.

SARTORI, Giovanni. **Teoria Democrática**. Rio de Janeiro: Fundo de Cultura, 1965.

______. **A teoria da representação no Estado representativo moderno**. Trad. Ernesta Gaetani e Rosa Gaetani. Belo Horizonte: Edições da Revista Brasileira de Estudos Políticos da Faculdade de Direito da Universidade de Minas Gerais, 1962.

______. **Partidos e sistemas partidários**. Brasília: Zahar, 1982.

SCHWANKA, Cristiane. Fidelidade partidária: uma questão de ideologia ou dever de imposição do poder público? **Paraná Eleitoral**, Curitiba, n. 50, p. 59-64, out./dez. 2003.

SERRA, José. **Reforma política no Brasil**. 3. ed. São Paulo: Siciliano, 1995.

SILVA, Amaury. **Reforma Eleitoral**, 1. ed., p. 179-180, Leme-SP: J. H. Mizuno, 2010.

SILVA, Henrique Neves da. A vida pregressa dos candidatos e a moralidade para o exercício do mandato. In: **Estudos Eleitorais**, Brasília, v. 2, n. 3, mai/ago 2006.

SILVA NETO, Manoel Jorge e. **Curso de Direito Constitucional**. Rio de Janeiro: Lumen Juris, 2008. V. 1. 900 p.

SOARES, Carlos Dalmiro da Silva. Evolução histórico-sociológica dos partidos políticos no Brasil Imperial. **Jus Navigandi**, Teresina, a. 2, n. 26, set. 1998. Disponível em: <http://www1.jus.com.br/doutrina/texto.asp?id=1503>. Acesso em: 26 abr. 2005.

SOBRINHO, José Bispo. **Comentários à lei orgânica dos partidos políticos (lei nº 9096, de 19 de setembro de 1995)**. Brasília: Brasília Jurídica, 1996.

TJADER, Ricardo da Costa. Enfoques jurídico-políticos das trocas de partidos. **Informativo Eleitoral**, Campo Grande, v. 1, p. 65-75, 1994.

TRINDADE, Fernando. Financiamento eleitoral e pluralismo político. **Revista de Informação Legislativa**, Brasília, ano 41, n. 161, p. 47-57, jan./mar. 2004.

VASCONCELOS, Clever Rodolfo Carvalho; VISCONDE, Giovanna Gabriela. **Direito Eleitoral**. São Paulo: Atlas, 2010.

VELLOSO, Carlos Mário da Silva. A reforma eleitoral e os rumos da democracia no Brasil. In: VELLOSO, Carlos Mário da Silva; ROCHA, Cármen Lúcia Antunes. **Direito Eleitoral**. 1. ed. Belo Horizonte: Del Rey, 1996. Cap. I, p. 11-30.

ZILIO, Rodrigo López. **Direito Eleitoral**: noções preliminares, elegibilidade e inelegibilidade, processo eleitoral (da convenção à prestação de contas), ações eleitorais. 2. ed. Porto Alegre: Verbo Jurídico, 2010.

Anotações

EDITORA JusPODIVM
www.editorajuspodivm.com.br

Impressão e acabamento:
Geográfica editora